本书为国家社科基金西部项目"社会主义核心价值观建设与西北地区族际交往交流交融国家文化基础构建研究"（15XMZ075）成果

社会认同、交往及心态若干重要问题研究

Shehui Rentong Jiaowang Ji Xintai
Ruogan Zhongyao Wenti Yanjiu

马 进 乔 娟 王瑞萍 著

中国社会科学出版社

图书在版编目(CIP)数据

社会认同、交往及心态若干重要问题研究/马进，乔娟，王瑞萍著.
—北京：中国社会科学出版社，2018.8
ISBN 978－7－5203－2882－1

Ⅰ.①社… Ⅱ.①马…②乔…③王… Ⅲ.①社会心理学—研究—中国②民族心理学—研究—中国 Ⅳ.①C912.6-0②C955.2

中国版本图书馆 CIP 数据核字(2018)第 168524 号

出 版 人	赵剑英
责任编辑	田　文
特约编辑	武　云
责任校对	张爱华
责任印制	王　超

出　　版	中国社会科学出版社
社　　址	北京鼓楼西大街甲 158 号
邮　　编	100720
网　　址	http://www.csspw.cn
发 行 部	010-84083685
门 市 部	010-84029450
经　　销	新华书店及其他书店

印　　刷	北京君升印刷有限公司
装　　订	廊坊市广阳区广增装订厂
版　　次	2018 年 8 月第 1 版
印　　次	2018 年 8 月第 1 次印刷

开　　本	710×1000　1/16
印　　张	30.25
插　　页	2
字　　数	476 千字
定　　价	108.00 元

凡购买中国社会科学出版社图书，如有质量问题请与本社营销中心联系调换
电话：010-84083683
版权所有　侵权必究

序

本书是在社会认同理论和社会心态理论视域下研究西北少数民族的国家认同、民族认同及民族交往心态的学术专著。全书共十三章，全面深入系统地研究了西北地区国家认同、民族认同、宗教认同等社会认同过程中的重要问题，包括西北少数民族日常交往的心态构成、西北民族地区社会偏差行为与社会心态建设、西北民族地区民族关系与民族团结、民族团结教育中的社会心态的调节和生成、社会主义核心价值观引领各民族跨文化交往。全书由十二个富有创新精神、独到见解、经过反复推敲和提炼的核心观点构成，有的观点是学术界首次提出，这些观点是作者积数十年研究成果结晶而成，政府工作部门对其中的成果已经采纳并且运用到实际工作中，收到了较好效果。

为了帮助读者节省阅读本书的时间和精力，也为了把这个篇幅较长的书的核心内容简明扼要地概括出来，我们对本书的十二个核心观点在篇首作出简短介绍和扼要解释。

本书第一个核心观点是，社会认同理论的基本问题是解决好民族认同和国家认同问题，处理好两者的关系。社会认同理论对于我们研究社会认同特别是民族认同、国家认同具有重要的指导作用。社会认同的重要基础是处理好个人利益与社会利益的关系。只有把个人的利益与社会利益相结合，才能形成对社会的正确认同。在社会认同理论看来，认同生成于个体社会化过程。这个过程由两个不同阶段构成，即群体对个体的社会认同和个体对群体的社会认同。群体对个体的社会认同通过五个规范进行，即权威主义人格规范、我群中心主义规范、挫折—侵犯假说规范、相对剥夺规范、功能互依模型（现实利益冲突理论）规范。这就启示我们，实现从民族认同到国家认同的转变，不能仅仅依靠教育引导，还要考虑人们的经济和物质利益，注意经济手段和物质刺激手段的运用。个体对群体的社会认同通过自我的范畴化进行。自我范畴化就是将自我分类,以便确定自我的归属。分类过程就是认知过程。如果认知全面、系统,个体对群体的社会认同就容易形成和发展;否则,就会冲突和对立。在民族认同、国家认同中,这个认知一方面指认识,另一方面指集体意识。埃米尔·涂尔干指出:"社会成员平均具有的信仰和情感的总和,构成了他们自身明确的生活体系,我们可以称之为集体意识或共同意识。"① 集体意识或共同意识不可能在一个封闭的、静态的孤立个体生命中产生。相反,在社会实践活动过程中,个体通过与其他人、群体进行生活或生产交往,建立一定的社会关系,并在一定的社会关系中扮演一定的社会角色,进而以这些社会角色与其他人发生相互作用,才能产生集体意识或共同意识。因此,从民族认同到国家认同的转变特别要注意个体全面的社会化过程的开展。

本书第二个核心观点是,社会心态健全与民族认同、国家认同的关系表现为自我的四个新变化和新进展:其一,自我开始民族认同、国家认同的历程。其二,自我产生民族认同、国家认同的心理需求。其三,自我产生民族认同、国家认同的社会需求。其四,自我产生民族认同、国家认同的完善自我的需求。社会心态健全的自我将认知、情感、意志和行为相统一为一个整体,构建了一套完整的心理反应机制,能够做出对民族认同和国家认同的正确抉择。只有社会心态健全的自我才能为民族认同、国家认同提供必要的个人条件和必要的心理基础。民族认同、国家认同只能通过社会心态健全的自我展开正确的构建。社会心态健全的自我是以赞成什么、反对什么的态度作出的心理反应,是以做什么、不做什么的行为开始的意志选择,是以爱什么、恨什么的情感取向表现的行为特点。社会心态健全的自我的心理反应机制是完整性与结构性的结合。这个自我从认知开始就把行为与认知、情感和意志相结合,进入一个连续的行为过程链。社会心态健全的自我对民族认同和国家认同的反映不仅仅是自我主观世界的活动,而且是自我客观世界的活动。在主观世界里,这个自我满足于认识和理解民族认同与国家认同的含义、实质以及相关的内容。在客观世界里,这个自我不满足于认识和理解,更要把认知活动、情感活动和意志活动付诸实施,以行为显示对民族认同与国家认同的追求,以追求显示对民族认同与国家认同的坚定性。

---

① [法]埃米尔·涂尔干:《社会分工论》,渠东译,上海三联书店2000年版,第42页。

本书第三个核心观点是，和谐的社会心态不仅是构建和谐社会的重要前提，也是构建和谐社会的重要内容和过程，还是检验社会是否和谐的重要标尺。因此，构建和谐社会必须重视对和谐社会心态的构建和培育。社会心态是一种不容忽视的精神文化，它是人们各种心态特征的综合，它属于主观精神世界领域，是人们长期积淀起来的意识和心灵深处的稳定性倾向、定势。社会心态在本质上属于低水平的、不系统的、不定性的、自发性的社会意识。社会心态作为一种心态文化，它是隐性、隐晦的甚至是不可直接被感知的，但它又通过一定的方式表现出来。大体上来说，社会心态主要通过价值取向、思维方式、行为模式、情感态度这些知、情、意结构而表现出来。社会心态并不可以直接等同于价值取向、思维方式、行为模式、情感态度等。社会心态应当是价值取向、思维方式、行为模式、情感态度等背后更加隐蔽和深层次的因素。社会心态具有大众性、广泛性的特点。由于社会心态以具有各种稳定性的心态特征为主要内容，因此它具有突发性、大众性的特点。如果仅仅是个别人的心理定势，就不具有普遍的特征，不是大多数人所拥有的心态，因此就不是大众的主流心理，也就无法反映社会心态的总体特征。只有社会大众普遍具有的心态主流才能成为社会心态。

本书第四个核心观点是，日常交往是在日常生活中的最基本、最经常、最频繁的交往关系，其特点是"视角互易性"为最常见的交往，"变形的自我"为这种交往的主题。"视角互易性"、"变形的自我"均为美国社会学家舒茨提出。前者的意思是面对面的反复重复的交往；后者的意思是在交往中互相认识和理解。面对面的交往构成了人与人的最基本、最普遍、最经常的社会关系。互相认识和理解是自我深层地融入社会和进一步展开日常交往的过程。西北少数民族日常交往最重要的八大心态，即西北少数民族日常交往社会心态、法制心态、民族群体心态、爱国心态、宗教心态、伦理心态、同情心态以及幸福心态。

本书第五个核心观点是，个体的性质、结构、民族身份和国家公民身份的关系决定了宗教认同和国家认同的关系，乃是大群体和小群体、整体性和局部性的关系。对于西北民族地区信教群众来说，这个关系的逻辑规律是国家认同和宗教认同并行不悖，互相不排斥。作为"参与式"的国家认同在其形成过程中，"各民族的相遇"乃是不可避免的、谁也不能逃脱的现实。谁来适应谁的问题不可回避地摆在各民族面前。这就需要国家认同来表达和描述各民族相遇的过程和结果。中国共产党为解决我国宗教信仰与社会主义的关系提出的"文化适应"的重要理论的逻辑结论就是宗教认同应该与国家认同相结合，不互相排斥，在坚持宗教认同的同时，必须毫不动摇地坚持国家认同。我国社会生活的性质和结构决定了宗教认同和国家认同的关系，不仅不矛盾和冲突，而且相互包容，紧密结合。对于信教的西北民族地区的群众来说，其宗教信仰是自由的，其宗教生活是自主的，是受到国家保护的，是法律允许的，可以根据个人情况做到多样化和个人化。但是，任何人、任何团体都不能借宗教信仰自由政策破坏国家制度，妨碍公共秩序和影响社会生活的安定。所以，信教群众要处理好宗教认同和国家认同的关系，就其底线要求看，必须做到不要以自己的宗教信仰与国家法律相违背；就其高线要求看，就要注意宗教认同和国家认同的并行不悖。只有宗教认同和国家认同相互结合，才能坚持各民族的相互团结和尊重，凝聚人心。只有宗教认同还不能说西北民族地区信教群众精神健全，宗教认同和国家认同的结合才是西北民族地区信教群众精神健全的证明。原因是我国社会生活的性质和结构是整体性的，每个民族作为这个整体性的一个部分，不可以脱离这个整体性，而是要加强这个整体性。与此同时，西北民族地区信教群众不仅要有"小群体"的意识，而且要有"大群体"的意识，既要坚持文化多元主义，也要坚持文化一元主义，多元与一元在民族生活中应该统一起来，这就是习近平总书记在第二次中央新疆工作座谈会上指出的各民族"要像石榴籽一样紧紧抱在一起"①的原因。在整体的中华文化中，不存在所谓少数民族的亚群体、亚文化这样一种让少数民族宗教居于社会的次要位置，成为随时被改造和改变的对象的问题，我国各个少数民族的族群权利和文化权利已经被我国法律和民族政策规定为"可以与众不同"。②

　　本书第六个核心观点是，从宗教认同到国家认同的生命体本源规律。对于作为国家疆域内的信教群众来说，仅仅具有宗教认同显然尚未达到国家对公民的一般要求，信教群众从宗教认同到国家认同的历程不是一条马上看清楚的直线，还有一些隐蔽的线路需要进一步挖掘和阐述。宗教认同

---

① 《习近平在第二次中央新疆工作座谈会上发表重要讲话》，《人民日报》2014年5月29日第一版。
② ［美］米尔顿·M. 戈登：《美国生活的同化》，译林出版社2015年版，第1页。

是人类作为生命体进化过程中生命冲力的第一个阶段、第一个时期的产物，表现人类生命体本源的自然一面。国家认同是人类作为生命体进化过程中生命冲力的第二个阶段、第二个时期的产物，表现人类生命体本源的社会一面。宗教认同对应人类的本能或者直觉，国家认同对应人类的理性或者理智。宗教认同和国家认同是人类生命体本源的表现。人在生命冲力作用之下其生命本源产生的超社会现实的神话创造机制和在社会现实之中的电影放映机认识机制的结合表明，每个人身上都有一个社会自我，社会自我发展的最高境界就是国家认同。人类生命冲力的两个发展高峰是宗教认同和国家认同。这两个认同不仅仅是信教群众精神发展和完善的必经阶段，而且是人类精神发展和完善的必经阶段。宗教认同的生命力不仅仅植根在其超自然力、超现实存在的神那里，而且植根在人类生命体本源的生命冲力里。有些人不相信宗教，并不意味着他们没有宗教认同的意识。这个意识表现形式可能是曲折、隐晦的，也可能是明朗、直接的。但是，这一切说明每个人的生命体存在一个与宗教认同对应的本能或者直觉构成的神话创造机制，也存在一个在社会现实之中的电影放映机认识机制。如果通过理性或者理智的发展和完善，就不仅可以达到国家认同的境界，也可以将宗教认同与国家认同协调和统一。一个人可以不要宗教认同，不必活在神话里，但是一个人不能不要国家认同。原因就是人不能没有理性，人是理性的动物，人必须活在现实里。

本书第七个核心观点是，中国伊斯兰教团结思想通过宗教信仰、宗教节日、知恩图报、和谐相处、交往平等影响回族群众，与民族团结形成良性互动关系，巩固和增强了回族群众国家认同意识，促进了民族团结和民族进步。藏传佛教团结思想通过宗教信仰、知恩图报、众生平等影响信教群众，与民族团结形成互动关系。特别是对党和国家的知恩图报的感恩情感，促进信教群众形成国家认同，有效促进了民族大团结。事实无可辩驳地证明，伊斯兰教和藏传佛教不是有些人误解的是动乱之源，而是讲求团结之源。应该注意发挥宗教在团结人民、促进民族发展和进步、加强民族团结中的重要作用，引导宗教与社会主义相适应。宗教信仰在西北少数民族互动关系中的特殊位置表现为通过构建"趋社会性情感"的联动机制构建民族共同体的共同情感世界、想象共同体世界和智者世界。这三个世界里的内生性、外生性和共生性相互交融的民族互动关系，构成西北少数民族的对民族和国家的"共有态度"，即以中华民族一体化凝聚力的总体场域促进各民族的交流和互动，构建和谐平等互助合作的社会主义民族关系，进一步加强各民族的大团结，增强中华民族的整体凝聚力。本书认为宗教信仰不仅具有民族共同体精神生活的图腾价值和凝聚意义，而且具有形成民族关系的内生性、外生性和共生性相互交融的价值和意义。宗教信仰与民族关系互动的紧密结合是西北少数民族交往的最大特点。

本书第八个核心观点是，西北民族地区的许多社会偏差行为是与社会心态中的认知、情感、意志、行为密切相关的。解决民族地区的社会偏差行为不能仅仅局限在政治手段、法律手段、政策手段、文化手段，还必须注重社会心态的建设。通过加强日常交往的社会心态建设、加强宗教社会心态建设，是解决好民族地区出现的社会偏差行为的新途径、新方法，可以促进民族地区的社会和谐，加强民族团结，维护祖国统一，推动民族地区的社会进步。加强日常交往的社会心态建设就是抓住日常交往心态的特点开展心态建设，构建多元化矛盾纠纷解决机制，建立民族关系的调节机制，建立与民族区域自治相适应的国家法心态。要建设三大宗教社会心态：建设坚持党的宗教政策的社会心态、建设宗教与社会主义相适应的社会心态、依法管理宗教事务的社会心态。

本书第九个核心观点是，社会心态通过四个方面重要关系的调节生成四种心态，促使自我形成对民族团结教育的正确反应和正确态度，建立民族团结观。调节"自我的心理状态"与"其他人的心理状态"的关系、调节"主我"与"客我"的关系、调节个体与群体的关系、调节心态的各个成分的关系。正确处理多与少的关系，构建各民族互相理解的认同关系。多就是多讲共同点，少就是少讲分歧点。少讲分歧点，多讲共同点，可以避免引起文化冲突，有利于构建各民族互相理解的认同关系。正确处理大和小的关系，构建各民族互相平等的友善关系就是要进行大文化交往，要把西北民族地区的文化放进中华的大文化里、西北的大文化里互相交流，这样才能眼界开阔，胸襟豁达，才能彼此平等对待，互相一视同仁。小就是小文化交往，只是在本民族的范围内交往，自我欣赏，自我陶醉，故步自封。把本民族的文化作为优秀文化看待而贬低别的民族文化是没能正确处理大和小的关系的结果。小文化沟通特别容易产生民族偏见。一个有民族偏见的人，不大喜欢与自己不同的民族、不同的文化的人交往，就容易产生歧视其他民族文化的言论，总认为自己高人一等，别人都不如自己。西北的有些非少数民族、有些少数民族不善于处理大和小的关系，讲到中华民族的文化,竟然把西北少数民族的贡献排除在外;讲到西北文化,竟然把有的少数民族排斥在外;谈到西北少数民族则津津乐道历史上西北民族地区的各种纠纷和不可避免的战争,把"三股势力"的少数代表人物制造的民族动乱说成这个民族爱闹事,让少数民族听后产生厌恶心理。由此可见,只有正确处理大和小的关系,才能构建各民族互相平等的友善关系。要正确处理浓和淡的关系,构建各民族互相尊重的情感关系。浓就是把自己归属的民族的感情因为看得重要而表达得过于浓烈,淡就是把别人归属的民族的感情因为看得次要而淡漠对待。人们习惯于抬高自己归属的民族,压低别人归属的民族。这种偏颇的社会认同感对跨文化交往的影响,主要就表现在"它会以特定的感情、特定的分析事物的原因与结果的方式以及特定的行为倾向方式划定一个泾渭分明的界限,厚此薄彼"。①

本书第十个核心观点是,西北民族地区跨文化沟通的冲突表现为宗教信仰引起的文化冲突、生活习俗引起的文化冲突、现实发展引起的文化冲突、"高情景文化沟通"引起的文化冲突。寻找共同点是解决跨文化沟通中冲突的最为重要的方法,也是跨文化沟通能够保持和进行下去的最为重要的环节。本书提出以四个共同点来解决跨文化沟通中冲突的方法,即寻求彼此经历的共同点、寻求现实交往的共同点、寻求未来民族关系的共同点和寻求"和而不同"的共同点。

本书第十一个核心观点是,社会主义核心价值观引领西北民族地区跨文化交往。社会主义核心价值观建设为各民族跨文化交往提供了共同共享共荣的国家文化基础,为发展和谐的社会主义民族关系指明了正确方向。当前,民族研究的重要课题就是探讨如何把各民族的多元文化、多元价值统一到社会主义核心价值观的引领之下,建设社会主义先进文化。西北民族地区要精神崛起、思想崛起、文化崛起,就必须加强社会主义核心价值观建设。这是西北民族地区文化和道义的制高点,体现了西北少数民族共同的价值目标、共同的精神纽带、共同的理想追求。通过社会主义核心价值观引领西北民族地区的跨文化交往,各民族才能够继承和发扬本民族文化的优良传统,学习其他民族的长处,改造自己的文化,在统一意志和统一行动中实现中华民族的文化发展和繁荣。我们

---

① [美]罗伯特·F. 墨菲:《文化与社会学引论》,张鲲译,商务印书馆1991年版,第10页。

说要以社会主义核心价值观引领各民族跨文化交往不是说不要和排斥少数民族文化，也不是说少数民族文化就被社会主义核心价值观代替。我们说以社会主义核心价值观引领各民族跨文化交往是为了提供各民族跨文化交往的文化基础。这个文化基础就是各民族互相之间认识和理解、交流和交往的共同点。有了这个共同点，无论各个少数民族是在自己的家乡还是在异乡他地，无论是在自己的民族之中还是在其他民族之中，都有一种归属共同精神家园的自豪感，都会寻求到理解和关心，都会获得被认同的民族身份和国家身份。这就是社会主义核心价值观引领各民族跨文化交往的真正和确切含义。社会主义核心价值观是社会主义先进文化的具体体现。以社会主义核心价值观引领各民族跨文化交往就是为了建设国家的先进文化。但是，建设国家先进文化不是不要各少数民族的文化，更不是说各少数民族文化落后。这是因为社会主义核心价值观贯穿于各民族文化的各个层次、各个领域，是民族文化的灵魂。加强民族文化建设最重要的就是推进国家文化建设，把社会主义核心价值观与各民族文化发展相结合，形成你中有我、我中有你、互相之间谁也离不开谁的良性互动局面。能不能进行跨文化交往，敢不敢进行跨文化交往，是封闭与保守、落后与先进之间矛盾和冲突的表现。"综观历史，一种文明不能自身封闭、孤立生成与发展，不同文明总是在和谐的跨文化交往中，互相融会与学习，从而不断丰富与发展，这是人类文明进步史的主流。跨文化交往历来是多样性世界文明发展的重要动因。"① 西北少数民族要进步和发展，要走在时代前列，需要大踏步追赶世界文明大潮。这里的一个关键问题就是要在社会主义核心价值观引领下提高民族素质。西北少数民族的素质包括政治素质、法律素质、道德素质、文化素质、教育素质等。这些综合素质的提高和增强离不开跨文化交往。跨文化交往就是提高民族素质的机会，民族素质也要通过跨文化交往进行检验。

本书第十二个核心观点是，西北民族地区的中国梦理论的集体行动逻辑表现了理论最基本的结构和功能，这就是理论的整体性结构、转换性结构和激励性功能。西北民族地区中国梦现实的集体行动逻辑表现了实践意义上的体验基模和诠释基模。所谓体验基模就是各民族进入新的经验脉络

---

① 姚介厚：《跨文化交往和世界文明共同进步》，《浙江大学学报》（人文社会科学版）2007年第7期。

里再次体验原来在理论脉络里体验到的那种理想化的兴奋。所谓诠释基模就是将理论的集体行动逻辑转化为现实的集体行动逻辑。西北少数民族要从四个方面进一步构建中国梦的理论和现实的集体行动逻辑，即：构建中国梦的信仰体系，构建中国梦理论与现实集体行动逻辑的视域，构建趋社会性情感，构建文化的根行动逻辑力量。

上述十二个核心观点有的已经被实践检验、被实践证明是正确的，有的正在实践中接受检验。上述观点都是我们长期探索和艰苦研究的产物，都需要在实践中进一步补充、完善、发展。我们衷心希望出版和发表这方面研究的更多成果，以便将这方面的研究进一步推向一个新的高度、新的深度、新的宽度。我们在从事研究时有一个理念，这就是马克思在《关于费尔巴哈提纲》说的："哲学家们只是以不同的方式解释世界，而问题在于改变世界。"我们从事研究的目的不是为了好看，自娱自乐，自我欣赏，而是为了解释和改造世界。解释世界就要有理论创新、理论突破的勇气和能力，改造世界就要把学术研究和中国社会的现实紧密结合，为我们的民族和国家谋取利益。为我们的民族和国家谋取利益应该是学术界的崇高使命和神圣职责。我们的本事和才干就在于能不能从理论上说明各种急需说明的问题，能不能在实践中解决各种急需解决的问题。在给研究生讲授"马克思主义经典著作选读"这门课的时候，我们常常把费尔巴哈在《未来哲学原理》的一段话拿出来作为与马克思主义相对照的插曲。这段话是："未来哲学应有的任务，就是将哲学从僵死的精神境界重新引导到有血有肉、活生生的精神境界，使它从美满的神圣的精神乐园下降到多灾多难的人间。为了达到这个目的，只需要一种人的理智、人的语言。"[①] 今天我们面临着建设国家现代化的艰巨而繁重的任务，我们要繁荣哲学社会科学，就要像费尔巴哈说的，"只需要一种人的理智和人的语言"。这个"人的理智和人的语言"只能在解释和改造世界中实现。令我们欣慰的是，虽然我们在这方面的尝试还有待进一步实践和发展，但是，也已经有了一些收获。我们播下的种子，开始生长。下面是甘肃省民族事务委员会和甘肃省宗教局出具的对本书成果采纳的证明。

甘肃省民族事务委员会在成果采纳证明中写道：

---

① 《费尔巴哈哲学著作选集》，荣振华、李金山译，商务印书馆1984年版，第120页。

甘肃政法学院马进教授的研究成果提出的重要建议、意见均被我委采纳。对于我委按照党的十八大的要求，对我委牢牢把握各民族共同团结奋斗、共同繁荣发展的主题，深入开展民族团结进步教育，加快民族地区发展，保障少数民族合法权益，巩固和发展平等团结互助和谐的社会主义民族关系，促进各民族和睦相处、和衷共济、和谐发展起到了积极的促进作用。马进教授提出的通过社会心态建设纠正和解决民族地区社会偏差行为对于我们做好社会主义条件下的民族工作提供了新的思路、新的方法和新的内容。

马进教授本人在我委和甘肃省委统战部组织的每年 5 月的民族团结进步教育中，运用该成果在甘肃省民族地区的党政机关、各类学校和企事业单位宣讲，仅仅学生听众就达到 20 万人。马进教授去的地方最多，宣讲的次数最多，受到干部群众、教师学生的一致好评和高度赞扬。

我委采纳的马进教授的研究成果包括以下三个方面的内容。

一、在跨文化沟通中寻找四个共同点，即寻求彼此经历的共同点、寻求现实交往的共同点、寻求和谐团结的民族关系共同点、寻求"和而不同"的共同点；处理好跨文化沟通的三个重要关系，即多与少的关系、大和小的关系、浓和淡的关系。

二、抓住日常交往心态的特点开展以下方面的心态建设：社会公德建设、职业道德建设、民族团结的教育，充分利用甘肃省的"民族团结月"等载体开展以热爱祖国、热爱中国共产党、热爱社会主义制度的教育，培养甘肃少数民族群众对中华民族、对祖国、对党、对社会主义道路和制度的认同意识和认同感情。开展法制宣传教育，培养少数民族群众遵纪守法的意识，提高遵纪守法的水平、建立与民族区域自治相适应的国家法心态。

三、构建民族地区多元化矛盾纠纷解决的七个机制。

四、建立民族关系的行政、政策、法律三大调节机制。

五、建设与社会发展相一致的三大宗教社会心态：建设坚持党的宗教政策的社会心态、建设宗教与社会主义社会相适应的社会心态、建设依法管理宗教事务的社会心态。

甘肃省宗教局在成果采纳证明中写道：

马进教授等提出的建议、意见符合我省民族宗教工作实际，均被我局采纳。对于我局按照党的十八大的要求，牢牢把握各民族共同团结奋斗、共同繁荣发展的主题，深入开展民族团结进步教育，加快民族地区发展，保障民族少数民族的合法权益，巩固和发展平等团结和谐的社会主义民族关系，引导宗教与社会主义相适应，依法管理宗教事务，促进各民族和睦相处、和衷共济、和谐发展起到了积极的促进作用。马进教授等提出的人认识宗教的长期性和复杂性、防止宗教偏差行为影响民族团结、引导宗教与社会主义相适应的建议均被我局采纳。马进教授等提出的正确认识我国宗教问题，特别是正确认识伊斯兰教和藏传佛教对民族团结的积极作用，通过社会心态建设纠正和解决民族地区的宗教偏差行为，对于我们做好新形势下的宗教工作提供了新的认识、新的思路和新的方法。

我局采纳的马进教授等的研究成果包括以下五个方面的内容。

一、建设信教群众健康的宗教社会心态，即价值取向性心态、思维方式性心态、行为模式性心态、无意健全与有意健全的民族团结的宗教心态。

二、建设坚持党的宗教政策的心态。不仅仅是信教群众，党和政府的工作人员也要认真学习党的宗教政策，以党的宗教政策处理宗教问题。这样的社会心态如果形成就会把党的宗教政策落到实处。

三、建设宗教与社会主义相适应的社会心态。建设宗教与社会主义相适应的社会心态关键是加强五个认同教育，增强五个认同的吸引力和感召力。五个认同教育即对祖国的认同教育、对中华民族的认同教育、对中华文化的认同教育、对中国特色社会主义道路的认同教育、对中国共产党领导执政的认同教育。引导信教群众积极参加各项事业的建设，投身改革开放的伟大实践。

四、建设依法管理宗教事务的社会心态。引导信教群众正确理解依法管理宗教事务的涵义，维护法律的尊严，承担公民法律义务。

　　五、建设跨文化沟通的社会心态。在跨文化沟通中寻找四个共同点，即寻求彼此经历的共同点、寻求现实交往的共同点、寻求和谐团结民族关系共同点、寻求"和而不同"的共同点。

　　看到我们的学术成果走出学校和书斋，走向宽广的社会，运用到实际工作中，产生一定影响和效果，我们感到很高兴，也受到很大激励。我们还应该更努力，更积极，创造出来更多、更好、更有学术价值和社会价值的成果。限于水平和能力，本书缺点在所难免，恳请读者理解，并期待读者不吝赐予批评和建议。

作者谨识 2016 年 10 月

目　　录

第一章　社会认同理论 ……………………………………（1）
　第一节　认同理论的缘起与发展 ………………………（1）
　　一　认同的含义 ……………………………………（1）
　　二　认同的根源 ……………………………………（2）
　　三　认同理论的缘起与发展 ………………………（6）
　第二节　社会认同理论 …………………………………（14）
　　一　社会认同理论的产生 …………………………（15）
　　二　社会认同理论的四个基本概念 ………………（15）
　　三　社会认同构建的益处 …………………………（18）
　　四　社会认同缺乏的危害 …………………………（19）
　第三节　社会认同的实现 ………………………………（21）
　　一　社会认同的实现 ………………………………（21）
　　二　社会认同实现的方式 …………………………（22）
　　三　社会认同理论的借鉴 …………………………（27）
　　四　社会认同理论与族群认同和国家认同 ………（29）

第二章　社会心态理论 ……………………………………（40）
　第一节　心态理论 ………………………………………（40）
　　一　心态问题研究 …………………………………（40）
　　二　心态构成要素 …………………………………（41）
　　三　心态的特征 ……………………………………（42）
　第二节　社会心态理论 …………………………………（43）
　　一　社会心态释义 …………………………………（43）

二　社会心态的本质、特征及表现 …………………………（44）
　　三　社会心态产生的根源 …………………………………（46）
第三节　社会心态健全 ……………………………………………（48）
　　一　社会心态健全释义 ……………………………………（48）
　　二　社会心态健全的表现 …………………………………（49）
　　三　社会心态健全与民族认同、国家认同的关系 …………（50）
　　四　社会心态健全的自我与民族认同、国家认同的关系 ……（53）

第三章　国家认同、民族认同与文化、秩序及心态教育 …………（56）
第一节　国家认同文化解释的"深描"与"浅描" ………………（56）
　　一　国家认同与文化解释的"深描"与"浅描" …………（57）
　　二　国家认同与文化解释的"深描"与"浅描"
　　　　构建的认知—情感反应模式 …………………………（59）
　　三　认知—情感反应模式与符号体系的构建 ……………（61）
第二节　从民族认同到国家认同的实质和秩序 …………………（65）
　　一　社会认同理论是认识和理解中国民族问题的
　　　　重要话语 …………………………………………………（65）
　　二　从民族认同到国家认同的关键是形成中华民族
　　　　认同的国家秩序 …………………………………………（65）
　　三　以知觉行为主义理论为基础的社会认同类型和秩序 …（68）
第三节　重视和加强党的民族理论和民族政策教育中的
　　　　心态教育 …………………………………………………（73）
　　一　心态教育在党的民族理论和民族政策教育中的
　　　　重要性 …………………………………………………（73）
　　二　心态教育在党的民族理论和民族政策教育中的重点 …（75）
　　三　心态教育在党的民族理论和民族政策教育中的方法 …（76）

第四章　道德行为形成与社会心态的五个认同功能 ……………（78）
第一节　道德行为形成过程中社会心态的起点作用 ……………（78）
　　一　道德行为形成过程中社会心态的两个主要特点 ………（79）
　　二　社会心态构建道德行为起点的表现 …………………（81）

三　社会心态对道德行为产生的起点作用 …………………（84）
　第二节　道德行为形成过程中的伦理心态的构建作用 …………（88）
　　　一　伦理与心态 …………………………………………………（88）
　　　二　道德行为形成过程中伦理心态构建作用的主要表现 …（89）
　　　三　道德行为形成过程中伦理心态构建作用的评价 ………（94）
　第三节　社会心态的五个认同功能 ………………………………（98）
　　　一　对祖国的认同 ………………………………………………（99）
　　　二　对中华民族的认同 ………………………………………（102）
　　　三　对中华文化的认同 ………………………………………（102）
　　　四　对中国特色社会主义道路的认同 ………………………（104）
　　　五　对中国共产党领导执政的认同 …………………………（107）

第五章　西北民族地区宗教认同和国家认同的关系 …………（114）
　第一节　西北少数民族宗教状况 …………………………………（114）
　　　一　西北少数民族的基本状况 ………………………………（114）
　　　二　西北少数民族的伊斯兰教 ………………………………（116）
　　　三　西北少数民族的藏传佛教 ………………………………（119）
　第二节　宗教认同到国家认同的生命体本源 ……………………（123）
　　　一　从生命体本源聚焦宗教认同和国家认同的关系 ………（124）
　　　二　相关调研样本分析 ………………………………………（127）
　　　三　宗教认同和国家认同与人类生命体本源进化 …………（129）
　第三节　宗教认同与国家认同的关系 ……………………………（132）
　　　一　我国社会生活的性质和结构决定宗教认同和国家
　　　　　认同关系 …………………………………………………（133）
　　　二　国家公民身份和族群身份与宗教认同和国家认同 ……（136）
　　　三　认识宗教认同和民族认同的两个重要概念 ……………（138）

第六章　西北少数民族心态研究 ………………………………（143）
　第一节　西北少数民族心态 ………………………………………（143）
　　　一　西北少数民族及其心态含义 ……………………………（143）
　　　二　西北少数民族心态现状 …………………………………（144）

三　西北少数民族心态的四个影响因素 …………………………（150）
　第二节　西北少数民族心态与适应型角色和创新型
　　　　　角色的关系 ……………………………………………………（151）
　　一　心态和角色的关系 …………………………………………（152）
　　二　西北少数民族的心态与适应型角色和创新型
　　　　角色的关系 …………………………………………………（153）
　第三节　西北少数民族心态：社会变迁中兰州少数民族
　　　　　心态研究 ………………………………………………………（159）
　　一　社会变迁中的兰州市少数民族 ……………………………（160）
　　二　社会变迁中的兰州市少数民族心态的特点 ………………（162）
　　三　构建和谐的兰州市民族心态 ………………………………（163）

第七章　西北少数民族日常交往心态 …………………………………（165）
　第一节　西北少数民族日常交往心态 …………………………………（166）
　　一　西北少数民族的日常交往 …………………………………（166）
　　二　西北少数民族以善、诚、情为本的日常交往心态 ………（168）
　　三　西北少数民族日常交往心态产生的原因 …………………（173）
　第二节　西北少数民族日常交往心态的特色 …………………………（175）
　　一　多元性与包容性统一 ………………………………………（175）
　　二　优越感与危机感并存 ………………………………………（176）
　　三　宗教性与政治性牵连 ………………………………………（177）
　　四　地区性与国际性结合 ………………………………………（178）
　第三节　西北少数民族日常交往心态的三个善特点 …………………（179）
　　一　西北少数民族日常交往心态数据检测分析 ………………（179）
　　二　西北少数民族日常交往心态的三个"善" ………………（180）
　　三　西北少数民族日常交往心态的善特点形成的原因 ………（183）

第八章　西北少数民族日常交往的八大心态 …………………………（187）
　第一节　西北少数民族日常交往的社会心态 …………………………（187）
　　一　西北少数民族日常交往社会心态的诠释 …………………（188）
　　二　西北少数民族日常交往社会心态的特点 …………………（190）

三　西北少数民族日常交往社会心态的表现形式 …………（193）
　　四　西北少数民族日常交往社会心态的功能和作用 ………（196）
第二节　西北少数民族日常交往的法制心态 …………………（198）
　　一　西北少数民族的法制心态在日常交往中的特殊性 ……（198）
　　二　西北少数民族法制心态形成经历的三个阶段 …………（201）
　　三　西北少数民族心态法制化建设的构想 …………………（206）
第三节　西北少数民族日常交往的民族群体心态 ……………（208）
　　一　民族群体心态的相关理论阐释 …………………………（208）
　　二　西北少数民族日常交往民族群体心态的特点 …………（213）
　　三　西北少数民族日常交往民族群体心态评价 ……………（217）
第四节　西北少数民族日常交往的爱国心态 …………………（221）
　　一　西北少数民族爱国主义的鲜明特点 ……………………（221）
　　二　西北少数民族日常交往的三大爱国心态 ………………（225）
　　三　西北少数民族日常交往爱国心态与社会
　　　　发展的关系 …………………………………………………（232）
第五节　西北少数民族日常交往的宗教心态 …………………（236）
　　一　西北少数民族日常交往宗教心态构成的三要素 ………（237）
　　二　西北少数民族日常交往的宗教心态表现 ………………（239）
　　三　宗教对西北少数民族日常交往宗教心态
　　　　形成的影响 …………………………………………………（242）
　　四　西北少数民族日常交往宗教心态形成的
　　　　数据检测分析 ………………………………………………（245）
第六节　西北少数民族日常交往的伦理心态 …………………（248）
　　一　伦理心态 …………………………………………………（248）
　　二　西北少数民族的日常交往伦理心态的四个构建 ………（250）
　　三　西北少数民族日常交往伦理心态形成的原因 …………（256）
第七节　西北少数民族日常交往的同情心态 …………………（260）
　　一　有关同情的理论阐释 ……………………………………（260）
　　二　西北少数民族同情心态的表现 …………………………（263）
　　三　西北少数民族日常交往同情心态的
　　　　三个重要特点 ………………………………………………（268）

第八节　西北少数民族日常交往的幸福心态 …………………（270）
　　一　马克思关于幸福的阐释 …………………………………（271）
　　二　幸福心态的含义 …………………………………………（278）
　　三　西北少数民族日常交往幸福心态的三个表现 …………（279）

第九章　西北民族地区宗教信仰与民族团结的互动关系 …………（290）
第一节　中国共产党的宗教理论与民族团结理论 ……………（290）
　　一　中国共产党五代中央领导集体的宗教理论 ……………（290）
　　二　中国共产党五代中央领导集体的民族团结理论 ………（294）
　　三　正确认识宗教的长期性、复杂性和群众性 ……………（297）
第二节　伊斯兰教与民族团结 …………………………………（300）
　　一　中国穆斯林特色的三个团结思想 ………………………（300）
　　二　伊斯兰教反对民族压迫、民族歧视 ……………………（303）
　　三　伊斯兰教团结思想与民族团结的互动关系 ……………（304）
第三节　西北地区藏传佛教与民族团结 ………………………（310）
　　一　藏传佛教团结思想的本源 ………………………………（311）
　　二　藏传佛教的团结观念 ……………………………………（313）
　　三　藏传佛教团结思想与民族团结的互动关系 ……………（314）
第四节　宗教信仰与西北少数民族的互动关系
　　　　——以"趋社会性情感"联动机制为视角的研究 ………（322）
　　一　"趋社会性情感"与民族共同体的"三个世界" …………（322）
　　二　"趋社会性情感"与"三个世界"和宗教信仰的
　　　　关联性 ………………………………………………………（329）
　　三　宗教信仰的"趋社会性情感"对民族共同体
　　　　互动关系的影响 …………………………………………（332）

第十章　宗教信仰与西北地区回族日常交往心态 …………………（335）
第一节　宗教信仰与回族日常交往心态的二元建构 …………（335）
　　一　回族日常交往心态的二元建构的数据检测分析 ………（336）
　　二　回族无意健全的宗教心态和有意健全的生活心态 ……（337）
　　三　回族日常交往心态二元建构的分析 ……………………（341）

四　回族日常交往心态二元建构的原因 …………………………（342）
第二节　回族日常交往的认同心态 ………………………………………（344）
　　一　回族日常交往认同心态的数据检测分析 ……………………（345）
　　二　回族日常交往认同心态的阶段 ………………………………（347）
　　三　回族日常交往认同心态的社会凝聚力 ………………………（353）
第三节　后现代语境中的回族日常交往 …………………………………（354）
　　一　后现代语境简述及皮尔逊级差相关检测分析 ………………（354）
　　二　后现代语境中回族日常交往的表现 …………………………（357）
　　三　后现代语境中回族日常交往的研究 …………………………（362）
第四节　宗教信仰与回族日常交往心态的关系
　　　　——以A县B回族乡为视角 …………………………………（364）
　　一　A县B回族乡基本概况 ………………………………………（364）
　　二　A县B回族乡宗教态度与宗教心态 …………………………（367）
　　三　宗教态度的意义 ………………………………………………（370）

第十一章　西北民族地区社会偏差行为与社会心态建设 ……………（374）
第一节　社会偏差行为的理论研究 ………………………………………（374）
　　一　偏差行为 ………………………………………………………（374）
　　二　社会偏差行为的实质、特征和表现 …………………………（375）
　　三　社会偏差行为产生的一般原因 ………………………………（376）
第二节　西北民族地区宗教偏差行为 ……………………………………（382）
　　一　宗教仍是西北少数民族的主要信仰 …………………………（382）
　　二　西北民族地区宗教偏差行为 …………………………………（383）
　　三　引导发挥宗教的正面社会功能 ………………………………（385）
第三节　民族地区社会群体事件背后的群体心态 ………………………（386）
　　一　群体心态 ………………………………………………………（387）
　　二　社会群体事件中的群体心态表现 ……………………………（388）
　　三　辩证看待社会群体事件背后的群体心态的
　　　　善和恶 …………………………………………………………（392）
第四节　西北民族地区社会心态建设 ……………………………………（393）
　　一　加强日常交往社会心态建设 …………………………………（394）

二　建设坚持党的宗教政策的社会心态 …………………（395）
　　三　建设宗教与社会主义相适应的社会心态 ……………（397）
　　四　建设依法管理宗教事务的社会心态 …………………（399）

第十二章　西北民族地区民族团结教育、民族发展与民族关系 ……（401）
　第一节　民族团结教育中社会心态的调节和生成 ……………（401）
　　一　民族团结与社会心态 …………………………………（401）
　　二　社会心态对民族团结教育的调节 ……………………（404）
　　三　通过社会心态的调节发挥民族团结教育作用 ………（409）
　第二节　西北民族地区民族关系发展与民族团结对策
　　　　　研究 ………………………………………………（411）
　　一　民族关系释义 …………………………………………（411）
　　二　影响西北民族地区民族关系的因素 …………………（412）
　　三　处理好各民族之间的关系、促进民族团结的对策 …（415）
　第三节　西北民族地区和谐民族关系的构建 …………………（420）
　　一　正确处理多与少的关系，构建各民族互相理解的
　　　　认同关系 ………………………………………………（420）
　　二　正确处理大和小的关系，构建各民族互相平等的
　　　　友善关系 ………………………………………………（421）
　　三　正确处理浓和淡的关系，构建各民族互相尊重的
　　　　情感关系 ………………………………………………（421）

第十三章　西北民族地区的跨文化沟通和交往 ………………………（423）
　第一节　西北民族地区的跨文化沟通问题 ……………………（423）
　　一　跨文化沟通的含义 ……………………………………（423）
　　二　西北民族地区跨文化沟通冲突的表现 ………………（424）
　　三　解决跨文化沟通的偏差行为 …………………………（426）
　第二节　社会主义核心价值观引领西北民族地区跨
　　　　　文化交往 …………………………………………（427）
　　一　西北民族地区跨文化交往概述 ………………………（428）
　　二　西北民族地区跨文化交往路径 ………………………（431）

三　跨文化交往的文化自觉和文化自信 …………………（433）

第三节　跨文化交往与西北民族地区中国梦的实现 …………（435）

　　一　中国梦与社会主义理想 ……………………………（435）

　　二　跨文化交往是西北民族地区中国梦夯实的基础 ……（442）

　　三　跨文化交往是西北民族地区中国梦关系处理的
　　　　基础 ……………………………………………………（444）

　　四　跨文化交往是西北民族地区中国梦实现的基础 ……（446）

　　五　坚持"三个"原则，促进西北民族地区民族
　　　　文化转型 ………………………………………………（448）

　　六　加强文化交流与推动西北民族地区民族文化创新 …（450）

　　七　西北民族地区的中国梦理论和现实的集体行动
　　　　逻辑 ……………………………………………………（452）

第一章

社会认同理论

社会认同理论是建立在人和社会的关系以及社会本质属性的假设之上。这个假设认为从个体方面讲，每个人都需要获得积极的社会认同，每个人都希望归属于一个能够实现个人理想的社会群体，都需要一个稳定的精神归属的家园。从群体方面看，每个集体都需要个体的认同，都需要千千万万的个体构成声势浩大的团结紧密的强大阵容，一心一意实现集体目标。本章以认同理论为主轴，阐释社会认同理论的相关问题，分析社会认同的益处和缺乏的弊端，指出实现社会认同的方式，举出案例揭示社会认同理论对于我们研究民族认同、国家认同的重要参考价值。

第一节 认同理论的缘起与发展

认同是心理学、哲学、社会学、政治学等学科共有的概念，最早产生于拉丁文，16世纪开始在英语中出现。自20世纪90年代开始，认同被引入我国学界，现已成为国内社会科学研究的重要概念。认同指人的归属和身份认定，表现为自我在认识、情感、信念和行为规范等方面与他人、集体和社会连接为一体的心理归属和身份认定过程。本节主要阐述认同理论的形成和发展，说明认同作为一种心理归属和身份认定的社会形式。

一 认同的含义

认同（identity）一词最早来自于拉丁文，其意是"相同"或"同一"，16世纪认同出现在英文中，起初表示鉴定、辨认、验明、证实和认可、赞同、一致、同一等意思。从洛克时代开始，认同与哲学的认识主体相关联,以此,英文的认同具有多种含义,除了认出、确认、认明、认为同一或使一致等意思之外,也包括人们彼此之间在心理感应上的一致性以及由此而形成的个人与社会的一致关系。汉语的认同译自英语指一种归属感,表现为自我在认识、情感、信念和行为规范等方面与他人、集体和社会连接为一体的心理归属和身份认定的过程。

不同研究领域对认同的界定和研究具有不同的侧重点。在心理学理论中,认同关注个人认同,特别是关注某一个体对于另一个体的内心接纳,认同在心理学里被理解为个人的心理归属。哲学、社会学、政治学则多从群体层面的社会性入手研究认同,着重强调个人对群体、小群体对大群体的归属。在政治学领域,认同不仅用来解释政治行为的非工具性,而且强调身份认同和集体认同对个人政治行为合法性的深刻影响。社会学和政治学注重把认同当作"原因"或"动力",用来解释群体特性、群体感情和群体行为等社会政治现象。

对于生活世界而言,现存的个体是以多样性、差异性的特点作为其存在的必要条件,以共在作为其存在的存在论条件。个体的各种存在的相互配合、和谐共处使每个个体存在达到最优状态。因此,认同作为人的一种心理归属和身份的确认,根源于人自我存在的需要,也根源于与人融合的需要,生成于个体社会化过程。作为社会性的个人不仅需要在与他人的社会交往中建立起自己的身份,明确"我是谁",还需要在有"他群"(the other groups)存在的情况下,建立起归属于社会群体的社会认同,明确"我们是谁"。

二 认同的根源

认同根源于个体存在的需要、个体融合的需要和个体社会化的需要。

（一）个体存在的需要

个体具有独特的个性和互相区别的差异性,能够以此证明自己的存在。人就是在个体的个性和个体的差异性中寻求"类"的共同点。这个共同点构成了个体存在的需要。因此,真正展现在人们面前的个人,就不只是一个单纯的"人自身",而是由多种多样需要构成的人的社会存在的画卷。马克思深刻地批判了旧唯物主义关于个体认识的错误,深刻指出:"从前的一切唯物主义(包括费尔巴哈的唯物主义)的主要缺点是:对对象、现实、感性,只是从客体的或者直观的形式去理解,而不是把它们当作感性的人的活动,当作实践去理解，不是从主体方面去理解。"① 如果把人理解为客体和直观的形式，就看不到人作为个体存在的需要，看不到人通过实践构建的各种社会关系，个体存在的需要是个体现实性和实践性的表现。

人的存在需要不仅体现在物质的满足、基本生活条件的满足，而且体现在拥有自我意识的精神满足。所谓自我意识的精神满足就是对自我的认识满足，包括对其生理状况、心理特征、社会地位、与他人关系意识的满足。自我意识的精神满足是一个人成熟的、独特的、个性的个体的诞生，这是自我认同产生的前提和基础。具有自我意识的精神满足的个体拥有明确的理智感和现实感，能够操纵和控制个性的表现，使其更符合人类社会活动和人际交往的要求，能够意识并体验自身的存在价值和自我利益的需求，以及非我的存在与非我利益的需求。能够从个体与社会关系的角度生成个性，并且控制和引导个性的发展和进步，以增加个体的社会适应能力，保证个性的同一性和连续性，进而构建一个成熟的具有独特个性的自我。1890年，美国心理学家詹姆士（William James）在《心理学原理》一书中把自我区分为物质自我、社会自我、精神自我三个部分。在他的理论中，"物质自我"包括身体、衣着、家庭等方面。"社会自我"指个人从周围环境中所获得的角色与身份等。"精神自我"则是个人的心理能力和爱好的总和。1909年美国社会学家库利在《社会组织》一书中把人对自我的意识叫作"镜中之我"，意思是个人是通过他人这面镜子认识自己。库利的"镜中之我"表明由于他人的存在，个人才能意识到自己是有别于他人的存在。个人从他人对自己言行的反应中了解自己言行的特点和性质，认识自己作为行为主体的作用。个人从他人的思想和言行的作用中认识自己是一个行为的客体，并从他人的思想和言行中吸取养料，使之转变为自我成长的能力。个人从他人对自己的评价中解了自己，确证自己的归属。由此可见，自我认同就是自我意识精神满足需要的实现，认同就是以此为基础形成和建构。

（二）个体融合的需要

个体融合的需要指人对社会的依赖关系和人与人之间社会关系的形成。按照马克思的人的发展阶段理论，原始社会，由于生产力水平低下，个人不得不过着原始共产主义集体生活，依靠血缘共同体的力量维持自己

---

① 《马克思恩格斯选集》第1卷，人民出版社2012年版，第137页。

的生存和生活。奴隶社会，个人的劳动能够生产剩余产品，但奴隶及其劳动直接归属于奴隶主，人们普遍处于一种人身依附关系之中。在封建社会中，社会成员直接或间接地依附于土地，有的因拥有土地而成为统治者，有的因必须依附于土地而成为劳动者和被统治者。从原始社会到封建社会是人的发展的第一个阶段，即人的依赖关系阶段，个人绝对从属于群体，个人的主体地位没有确立，不存在严格意义个体存在。人的历史发展的第二个阶段是资本主义社会。这时的人普遍解除了人身依附关系，个体有了人身的独立性，即以物的依赖为基础的人的独立性阶段。但由于劳动分工和商品交换关系的普遍化，劳动处于异化状态，人对人的剥削和压迫是以人对物的依赖关系、以物对人的支配形式表现出来，无人不受商品、货币和资本的控制，社会关系仍然作为异己的力量支配着人的一切活动。在这个阶段中，人的个性解放与伸张，必然反抗社会关系对个性的压抑。个体在伸张个性时也必须依存于一定的社会关系，因而此时的个人并不是完整、自主、自由的个人。只有到了人的发展的第三个阶段——共产主义社会，人的个性才能得到真正自由发展，达到自由个性的境界，人才真正成为自主的主体，那时，社会关系将被置于人的自觉控制之下，不再作为异己之物与个人相对立。在这个阶段，人的个性和才能的发展将不会受到阻碍，每个人的发展将成为一切人的自由发展的条件。对个体融合的需要还可以从人的发展和完善方面进一步认识和理解。每一个实存的个体都是一个非完满存在。这种非自足性、有限性和不完整性决定了个人的存在与发展对社会、对他人的依赖性不可避免。

个体融合的第一原因是个人始终面临着来自自然的威胁，而消除自然的威胁需要人类携手共济。正如卢梭所说："在由自然状态转入公民国家的过程中，人类的生存状态发生了醒目的变化——正义代替了本能，他们的行动也就具有了从未有过的一种道德性。……虽然，在这种状态中，他被剥夺了他从自然那里获得的一些好处，然而他却从这里面重新得到了前所未有的回报：他的能力获得了激励和发展，他的视野变得非常开阔，他的情感也高尚起来了，而且他整个人的灵魂被提升到空前的程度。……他便从此永远地脱离了自然状态，使他从一种愚昧的没有想象力的动物变成了一种有智慧的生物——人。"[①]

---

① ［法］卢梭：《社会契约论》，施新州译，北京出版社2007年版，第23—24页。

个体融合的第二个原因是人需要形成法国社会学家涂尔干指出的"集体良知",即通过个人团结起来的内在凝聚力解决人们面对的社会问题。当每个人的"集体良知"形成之时便是这个人的社会认同形成之时。"集体良知"使人们在与群体共生的同时,必然要形成一套群体共享的价值观念或知识体系,包括广泛持有的信念、文化价值观和共同的行动图式,并以此作为群体中的个人思考自我和世界的共生方式,以及理解社会实在的共有的参考框架。

个体融合的第三个原因与消除每个人面临的孤独威胁相关联,唯有人们相互间的认同、理解与接纳,才能消除人的孤独之感。认同就是消除孤独威胁的最重要的方式。首先,人是社会性动物,为了自身的生存与发展,必须进行社会交往,参与社会群体活动,并在群体共生中实现其生存的意义和价值,群体活动是个人生命中最重要的活动。然而,对于个体而言,如何被其他个体或群体接纳,寻求属于自己发展的空间和实现群体认同就成为消除孤独威胁的关键一步。此外,人是灵与肉、精神与生命的有机结合体,在人们的生活实践中,随着社会交往的不断扩大与深入,孤独的威胁并未消除,反而越来越深刻地影响着个体的生活与成长,只是不同的人处于不同情形下,孤独的表现形式与程度不同而已。对此,心理学、社会学、哲学都认为孤独的产生是由人类精神本能和生命本能之间的矛盾运动引起的。生命为了自身的增值和延续,必须不断地同周围环境以及与别的生命进行交往,产生物质、能量和信息的交换。个体与他人和社会结成同盟或联系就成为必需。个体的理想、志气与抱负,以及对自由的追求,使其与外在压力与束缚形成难以避免的矛盾与冲突,精神本能的反抗必然导致孤独感的萌芽。不仅如此,人的精神追求越高,这种反抗越强烈,孤独感也就越强烈。显然,扩大和深化社会交往,发展友谊、结识知己、交流思想、获得朋友的理解、支持、认同、接纳就成为最佳的选择。由此看来,以认同方式存在的个人才能自我发展,自我完善,处理好个人与他人、个人与集体的关系,实现对孤独威胁的消除。

(三) 个体社会化的需要

认同作为人与人、群体与群体交往的产物,是自我与非我同时在场的语境下,个人确认自己属于哪个群体的精神性活动,因而,认同是人社会化的需要。涂尔干指出:"社会成员平均具有的信仰和情感的总和,构成了他们自身明确的生活体系,我们可以称之为集体意识或共同意识。"① 集体意识或共同意识就是个体社会化需求的表现形式。集体意识或共同意识的形成表明,社会将每一个人置于一定的角色关系中,引导个人去学习和进行角色的扮演。随着个人的成长,个人在角色学习和角色扮演的活动中学会了语言、思维和生活技能,也正是在这种角色学习和角色扮演活动中,个人意识到自己与他人的角色关系,学会了区分他人与自己、意识到自己是一个与他人有着千丝万缕联系但又有区别的独立个体。个体的这种角色意识正是在个体不断社会化和个性化过程中形成的。这说明,个体社会角色的确定、变化与丰富,不仅促进了个体认同的实现,而且满足了个体的社会化需求。

在这一过程中,个体所有的一切主体性能力是通过社会比较而获得的。通过内群的社会比较,社会群体就共享的知识体系达成高度的认同,形成群体的内聚力,并维系着群体的和谐秩序。通过群际间的社会比较,个体在尽可能多的维度上对自我与他我作出尽可能多的区分,并由此形成内群的高度一致性和与外群的多维差异性。个体的个性化与个体的社会化是个体社会需求的两个重要方面。

自我意识的产生也是个体社会需求不断发展,不断满足的产物。自我意识的产生及其发展依赖两个基础条件:一是反映者自身由低级到高级的发展;二是反映者与被反映者相互作用的活动。前者的发展高峰是"人脑",后者的发展高峰是"劳动"。自我意识就是在具有了"人脑"的人的"劳动"基础上产生的。因此,自我意识不可能在一个封闭的、静态的个体生命的孤立状态中产生。在社会实践活动过程中,个体的人通过与他人、各种群体进行生活交往或生产活动,建立一定的社会关系,并在一定的社会关系中扮演一定的社会角色,进而以这些社会角色与社会上其他人发生角色相互作用,产生自我意识以及认同需求。因此,个体社会化就是认同需求的产生和满足的过程。

三 认同理论的缘起与发展

认同理论最早在心理学领域出现,发端于心理分析学派创始人、奥地利心理学家弗洛伊德的自我领悟。后经埃里克森等人的发展,形成了今天

---

① [法]埃米尔·涂尔干:《社会分工论》,渠东译,上海三联书店2000年版,第44页。

较为成熟、完善的认同理论。

（一）认同理论的缘起

1. 弗洛伊德的认同理论

自我领悟是弗洛伊德精神分析学说的重要概念，也是认同理论缘起的第一个重要概念。弗洛伊德将人类行为动机来源归因于每个个体内部的心理能量。他假设每个人都具有与生俱来的本能或者驱力，这些本能和驱力成为身体器官产生的张力系统。这些能量来源一旦被激发就会以各种各样的方式表达出来。在弗洛伊德看来，认同是由人们对待本能和驱力方式的不同引发的。为了揭示认同的来源，弗洛伊德描绘了人的两个不同部分——本我和超我——之间无休止的战斗。本我可以看作是原始驱动力的储存处，它由快乐原则支配，非理性地运作着。本我跟随冲动并追求快乐的满足感，不考虑所渴望的行为是否具有现实的可行性，也不考虑是否被社会所认可。超我是一个人的价值观的储存处，包括从社会习得的道德态度以及理想自我。超我大致上和良心的概念相对应，受合目的原则的支配，经常与本我发生矛盾。自我（ego）基于现实调和本我冲动与超我需求之间的冲突。自我代表一个人关于生理和社会现实的观点，是他（她）对关于行为的原因和结果的理性认识。自我本着现实原则，为快乐的需求提供现实的选择。当本我与超我发生矛盾后，自我会进行调节以满足两者需要。然而，当本我和超我之间矛盾非常紧张时，自我很难制定出最优的折衷。因此，在弗洛伊德看来，认同就是个人与他人、群体或模仿人物在感情上、心理上趋同的过程。"首先，认同是与一个客观对象形成情感联系的最初形式；其次，它以回复的方式成为性本能对象联系的替代，就像是将对象注入到自我之中；再次，它可能引起除性本能之外的各种新感受，即自我与他人同享某种共同品格的感受，这可能意味着某种新的联系的发端。"[①] 可见，弗洛伊德把认同看作是个人对他人的价值、规范与面貌的模仿、内化，并形成自己的行为模式的心理过程，这种心理过程是个体与他人的情感联系的原初形式。弗洛伊德的这种内省式的自我领悟所表示的认同，从人体本能的角度，从人的生物性方面解释了认同产生的生物基础，但是也不可避免地脱离了构成人的本质的社会关系和历史文化的发展，因而其理论的唯心主义色彩较为浓厚，缺乏科学合理的说服力。

---

① 《弗洛伊德后期著作选》，林尘、张唤民等译，上海人民出版社1986年版，第99页。

2. 埃里克森的认同理论

在弗洛伊德研究的基础上,美国心理学家埃里克森认真研究了认同的个体过程,提出"认同危机"理论。认为个体必须成功地通过一系列发展阶段克服在这些发展阶段的危机才能够形成认同,"在个体的每个发展阶段中,都伴随着冲突,形成冲突危机,即认同危机"。①

根据埃里克森的个体发展的分阶段理论,持续人的一生的自我意识的形成和发展分8个阶段进行。这8个阶段的顺序由年龄决定,每一阶段能否顺利度过则由解决危机的程度决定。

(1) 婴儿期(0—1.5 岁):这个阶段危机是信任和不信任之间的矛盾引起。儿童需要通过与看护者之间的交往建立对环境的信任感。信任是对父母的强烈依恋关系的自然伴随物,因为父母为儿童提供了食物、温暖和由身体接触带来的安慰。但是,如果儿童的基本需要没有得到满足,经历不一致的回应,缺乏身体的接近和温暖的情感,以及看护者经常不出现,儿童就会发展出一种强烈的不信任感、不安全感和焦虑感,形成最初的认同危机。

(2) 儿童期(1.5—3 岁):这个阶段危机是自主与害羞、怀疑和信任之间的矛盾引起。儿童探索和操作物体、与人交往的能力逐渐扩大,随之而来的是一种安全的自主感和有价值的感受的产生。这一阶段过分的约束和随便的批评将导致儿童的自我怀疑和自我信任出现问题。

(3) 学龄初期(3—5 岁):这个阶段危机是主动和被动之间矛盾引起。在这一时期如果幼儿表现出的主动探究行为受到鼓励,幼儿就会形成主动性和独立性,这为儿童将来成为一个有责任感、有创造力的人奠定基础。如果成人讥笑幼儿的独创行为和想象力,那么幼儿就会逐渐失去自信心,这使儿童更倾向于生活在别人为他们安排好的狭窄圈子里,缺乏自己开创幸福生活的主动性。当儿童的主动感超过内疚感,他们就有了"目的"的品质。埃里克森把目的定义为:"一种正视和追求有价值目标的勇气,这种勇气不为幼儿想象的失利、罪疚感和惩罚的恐惧所限制。"② 因此,在学前期结束前,能否养成基本的信任感是儿童能否主动产生自主的

---

① [美]理查德·格里格、菲利普·津巴多:《心理学与生活》(第16版),王垒、王甦等译,人民邮电出版社2003年版,第305—306页。

② 同上。

运动行为，并进而产生对环境的信任，尔后形成对自我信任的关键。

（4）学龄期（6—12岁）：这个阶段是勤奋与自卑之间的矛盾引起。到了小学阶段，如果儿童顺利解决了以前的发展危机，就必然系统地发展自己的各项技能，能够产生自我认同感。这个阶段的儿童必然为追求理想而勤奋努力。如果儿童之前经历太多的失败，便会产生自卑感，无法面对下一个发展阶段的问题，面对事情的时候，儿童更愿意扮演旁观者而不是扮演参与者。

（5）青春期：青春期阶段的危机由扮演不同的角色，无法找到正确身份（同一性）的矛盾引起。解决这个危机使个体培养出对自我角色一致的态度和感觉。建立了稳定同一的自我形象。

（6）成年初期：成年初期的危机是亲密和孤独之间的矛盾引起，亲密要求人对他人作出情感、道德承诺，克制一些个人的偏好，承担一些责任，放弃一些隐私和独立。解决这个危机如果遭遇失败，很可能导致心理学意义上的孤独感和没有能力与他人交流的无助感。

（7）成年中期：成年中期的危机被称之为再生产力危机。人到了30—40岁时，把对自己对伴侣的承诺扩展到家庭、工作、社会以及后代，对自我的能力进行了再生产。没有妥善地解决好之前各发展阶段的危机的个体，仍然沉湎于自我中心，质疑自己决定和目标是否正确，依然不顾安危地追求无拘无束的独立和自由，不会顾及到家人和其他社会成员的感受。这就会出现所谓的再生产力危机。

（8）成年后期：成年后期的危机是自我完善和无法实现之间的矛盾引起。对以前阶段危机的解决使成人可以回顾往事而没有遗憾，可以享受一种成功感。如果以前的危机没有解决好，预定的愿望没有实现，个体就会产生挫折感、绝望感和自卑感。

综上所述，埃里克森把认同理论分析的焦点从弗洛伊德的本能冲动转向自我的现实世界以及该世界构成的各种冲突。在他看来，认同就是在与他者的比较中形成的自我认知和自我界定，认同具有自身独特的、与他人不同的特征，是与他人共享社会规范的过程，是在人与人、个人与群体的交往中所发现的差异、特征及其归属感。在自我与他人互动过程中，个人的自我经验和适应能力构成了"整合功能"。自我稳定的认同的形成依赖于对每个阶段中可能遭遇的认同危机的有效处理。认同不仅是个体的，而且是群体的、社会的。认同是自我与他人和社会互动和不断沟通的结果。

意大利学者菲尼进一步发展了埃里克森的认同理论，提出认同发展的四阶段说：弥散性认同（个体认同缺失或弥散）、排斥认同（个体表现出对种族特性的关注）、延迟认同（个体继续探索族群特性，期间往往要经历深度混乱）、获得性认同（个体或群体将认同成功地整合到自我概念中，个人自尊是这一理论的主线，可以影响个体发展的各个阶段）。

（二）认同理论的发展

当代社会科学卷帙浩繁文献中的认同理论已经超越了弗洛伊德的个体同一性和埃里克森的自我同一性的认同理论，较为一致地认为认同是行动者对自身独特品质或特征积极的认知评价、情感体验和行动承诺。美国心理学家戴维·迈尔斯在其《社会心理学》一书中指出，你的自我概念（对自己是谁的认识）不仅包括你的个人身份（你对自己个人属性的认识），也包括你的社会身份。对于你是谁的社会定义——你的民族、信仰、性别、学术专业等——也暗含着你不是谁的定义。可见，这个范畴包括"我们"而排斥"他们"。[①] 当代认同理论的代表思想包括以下四个方面。

1. 认同是自我身份的确认

美国社会学家戴维·迈尔斯认为："当我们是一个大团体中的某个小团体的一部分时，我们经常会意识到自己的社会身份；当我们的社会团体占多数时，可能我们就不太考虑它。"[②] 如作为白人学校中的黑人学生或黑人学校中的白人学生，个体都会敏感地意识到自己的种族身份并因此而做出反应。又如在加拿大，大多数人把自己看作是"加拿大人"——除非是在魁北克，那里少数法国血统的人更多地感觉自己是"魁北克省人"（Kalin&Berry，1995）。[③] 因此，自我概念的基础是你对界定自我的特殊信念，是你的自我图式（self-schemas）（Markus & Wurf, 1987）。[④] 因此，"一个具有相互依赖自我的人会具有更加强烈的归属感。相互依赖型的人在与家人、同事和朋友完全分开后，会失去那些定义自己的社会联系"。[⑤] 按照迈尔斯的理论，正是在人与人之间复杂多样的关系中，认同才能出

[①] ［美］戴维·迈尔斯：《社会心理学》（第8版），侯玉波、乐国安、张智勇等译，人民邮电出版社2006年版，第30页。
[②] 同上书，第31页。
[③] 同上。
[④] 同上书，第30页。
[⑤] 同上书，第34页。

现，认同表现为自我对自己身份和角色的确定。

2. "镜中自我"是自我认同产生的根源

美国社会学家库利提出"镜中自我"（the lookingglass-self）的概念解释认同产生的根源。库利认为每个人的自我认同都是在他人影响下产生的，个体不可能孤立的、无他人在场产生自我认同。所谓"镜中自我"就是想象我们站在他人立场上，并以我们所认为他人看我们的方式来评价自己。这是我们通过他人的眼光对自己认同的评价。我们有能力站在他人的视角看问题，这是所有社会行为的基本要求。"镜中自我"由三个阶段构成：一是我们想象自己在他人面前的样子；二是我们想象他人如何评价我们；三是我们会基于想象中他人的评价产生各种反应。有研究者指出，"镜中自我"在自我认知中发挥着"放大镜"的功能，对他人在场时人们如何看待自己，对他们的行为和自我意象有着极其强大的影响。其中，自我意象是我们在相对短时期内对自己的自我概念或自我意象。随着我们从一个情境走入另一个情境，它会发生改变。自我概念是对我们自己最重要的看法，跨越时间的自我感——真正的自我，通常在一段时间内日积月累构成。最重要的是，这些自我意象对我们更加准确确定的自我概念只是起着编辑的作用而非替代的作用。从这样的意义上说，库利的"镜中自我"概念，已经触及自我认同概念的核心，对乔治·米德等符号互动论者关于自我的概念以及角色互动理论产生重大的影响。

3. 主我和客我的结合构成自我认同

在库利之后，芝加哥社会学派的巨擘、符号互动论的主要代表人物乔治·米德对于自我认同提出独到的看法，其基本观点是主我和客我的结合构成自我认同。米德认为，人的心灵与自我完全是社会的产物。凭借语言这个媒介，出现了作为主体的自我"I"和作为客体的自我"me"。"主我"是我对他人态度的反应，"客我"是我采取的有组织的一组他人态度。我们就是通过他者的态度开展自我认同的。米德的观点可以总结为以下几点：其一，他认为我们在意识中采用了双重视角——观察的主体和观察的客体，并在想象中站在他人立场上认同我们自己。其二，米德提出主我和客我的概念。米德认为自我是社会角色的内化，是社会对自我的认同。主我代表的是作为一个主体的自我，而客我代表的是作为一个客体的自我。米德进一步指出，与我们的自我概念有关的并不是别人实际上如何评价我们，而是我们觉得他们如何评价我们。我们通常感到赞扬别人比批评别人更自在。但如果个体因此而高估我们对他的评价,其自我意象就会变得膨胀。显然米德没有注意到在一个既有的文化环境中,人们会形成多种意识形态和实际生活经验,影响到高度统一的认同的形成。

4. 自我和社会之间的交互关系产生认同的多样性

在西方当代认同理论学者看来,作为不同文化、种族、性别的群体中的个体,可能会注意到自己和其他人的不同,以及他人对这些差异的反应。然而,在每个人的心中,自己比其他任何事件、任何人物都关键,为了给他人留下一个良好的印象,人们常常寻求认同满足他人对自己的期望,并随之调整自己的行为,人们的这些行为的目的就是依据众多的社会关系中界定自我。他们认为认同导源于人们在社会扮演的各种角色的多重社会建构,还认为在社会生活中承担的角色不同决定了人们自我认同的不同。斯特莱克在《符号互动论:一种社会结构观点》一书中指出,相对于我们在社会生活中所具有的每一种角色位置,我们都具有迥然不同的自我成分,即所谓角色认同(角色认同是各种自我知觉、自我参照认知或自我界定的有机体,人们能够将其作为他们所占据的结构性角色位置的结果加以运用)。由于人们在社会生活中扮演的角色具有多元性,角色认同也具有多维性。

(三)认同理论的新进展

关于认同,学术界形成了丰富的理论和较深刻的认识,"社会认同是自我概念的组成部分,它源于个体的社会群体成员身份,以及与此身份相关的价值观和情感。国外很多有关社会认同的研究都集中在对族群认同(ethnic group identity)的研究上"。[1] 西方的族群理论在社会认同研究领域独树一帜。巴特(Fredrick Barth)的"族群边界理论"强调成员的归属认同对群体的意义,"原生论"侧重探讨族群成员的"原生情感"与文化象征意义等;阿伯乐·库恩(Abner Cohen)等人强调在族群认同与文化认同的过程中,族群精英对认同的操控以及政治性认同的趋向。[2]

族群认同研究的另一个研究领域是跨文化的族群、文化认同研究。这一研究的兴盛是基于世界经济的全球化、大量移民的涌现、族群矛盾与冲

---

[1] 陈理、祁进玉:《当前高校民族观与国家观状况的调查分析》,《民族研究》2015年第5期。

[2] 祁进玉:《第二代民族政策——促进民族交融一体和繁荣一体》,《新疆师范大学学报》2011年第5期。

突以及族群间互动的进一步深入。"西方学术界有关族际交往与文化认同的相关研究,比较典型的有法兰博伊斯(La Fromboise)等,菲尼(Phinney)、塞勒斯(Sellers)、罗利(Rowley)等的研究。这些研究表明,个体对少数族群文化与主流文化的认同程度不同所导致的不同认同类型。其大概有四种:'双文化认同'(即对主流与族群文化都有高度认同);'单一性族群文化认同';'同化性认同';'边缘游离性认同'。上述认同类型主要侧重于高扩族群主体对于主流文化的态度、角色体验,从而产生认同或拒斥、亲近与疏远的意识。"[1]

美国学者罗斯姆(Rotheram)和菲尼等人的研究表明,族群或民族认同至少包括四个要素:一是族群知觉,即个体对自己的族群和其他族群的了解,包括与族群有关的知识,如族群属性、特征、历史、习俗和其他族群间的差异等,以此为基础,个体才能正确地辨识和标记出自己所属的族群;二是自我的族群身份认同;三是族群态度,即个体回应本族群和其他族群意识的方式,它可能是正向积极的,也可能是负向消极的;四是族群行为,即个体在对本族群认知的前提下,其行为是否与本族群的要求相符。菲尼提出了民族认同的发展模型,并将民族认同分为三个阶段:第一阶段,个体缺乏对民族认同的主义,也未出现对主流文化的偏好;第二阶段是寻求民族认同,也就是说,个体在融入自己文化的同时,排斥主流文化;第三阶段是民族认同的实现,在与主流文化相互接触的过程中,能正确地评价自己的民族文化。[2]

此外,美国学者克罗斯在前人的研究基础上发展了黑人认同模型,认为认同个体在不同的阶段,对于认同内涵的认识不同。在第一阶段,主要是从家庭和社区中没有疑问地接受自己的民族认同;在第二阶段,主要是结合自己的民族文化,通过与社会接触,探求民族身份对自己的意义;在第三阶段,承认并接受自己的民族身份。[3] 西方族群认同理论及其研究同样对我们今天研究民族问题有着积极的借鉴意义。总的说来,西方学术界的认同理论揭示了个体认同(包括个体对族群的认同,对国家的认同等)的一些规律和特征,发现认同具有一定的阶段性、发展变化性,以及结构

---

[1] 陈理、祁进玉:《当前高校民族观与国家观状况的调查分析》,《民族研究》2015年第5期。
[2] 同上。
[3] 同上。

上的多重性和复杂性等。① 我们在研究西北少数民族问题时，可以利用认同理论加以学理上的分析与借鉴。

第二节　社会认同理论

　　20世纪60年代的欧洲社会逐步走向分化和动荡，在这一背景下，认同理论开始关注社会存在的现实问题并注重对之提供有效的解释和有效的解决途径。认同理论因此从关注个体和自我认同转变为关注社会的社会认同。社会认同理论起源于20世纪70年代，1972年社会认同理论的研究成果第一次公开发表。直至1978年，社会认同这个概念才被学术界公开接受。澳大利亚社会心理学家迈克尔·A.豪格和英国社会心理学家多米尼克·阿布拉姆斯在1987年出版的《社会认同过程》是研究社会认同理论的经典之作。他们认为："归属于某个群体（无论它的规模分布如何）在很大程度上是一种心理状态，这种状态与个体茕茕独立时的心理状态截然不同。归属于一个群体就会获得一种社会认同，或者说是一种共享的集体表征，它关乎的你是谁？你怎样行事才是恰当的。"② 迈克尔·A.豪格和多米尼克·阿布拉姆斯把研究的视角放在个体中的群体这个反传统的社会认同路径上，试图说明两个问题，"一是群体对个体的社会认同。二是个体对群体的社会认同。"他们认为："自我在社会认同中扮演的是被赋予社会内容的角色。"③ "我们不需要一种先验的、与生俱来的无意识的自我。"④ "社会认同被定义为个体知晓他/她归属于特定的社会群体，而且他/她所获得的群体资格会赋予其某种情感和价值意义。"⑤ 他们认为社会认同就是社会群体将自我的内涵赋予个体、个体归属社会群体的互动过程。

---

　　① 陈理、祁进玉：《当前高校民族观与国家观状况的调查分析》，《民族研究》2015年第5期。
　　② [澳]迈克尔·A.豪格、[英]多米尼克·阿布拉姆斯：《社会认同过程》，高明华译，中国人民大学出版社2011年版，第4页。
　　③ 同上书，第3页。
　　④ 同上书，第24页。
　　⑤ 同上书，第9页。

一 社会认同理论的产生

社会认同理论是建立在两个假设之上的,一个假设是个人的归属,一个假设是集体的归属。无论是个人归属还是集体归属都需要被社会接纳和认同,社会认同理论就是在这个基础之上产生。社会心理学家泰弗尔(Henry Tajfel)认为:"个体知晓他/她归属于特定的社会群体,而且他/她所获得的群体资格(group membership)会赋予其某种情感和价值意义。"他认为:"社会认同是一个人自我概念的一部分,它来自于个人对自己属于特定的社会群体的认识,这种群体成员的资格对他有某种情感的和价值的重要意义。"①

从群体方面讲,由个体组成的社会是由建立在彼此之间存在着权力和地位关系的不同社会类别组成的。这里的社会类别指人在互动过程中,根据民族、阶级、职业、性别、宗教等对于他人的分类,因而更多是心理和认知意义上的分类。"权力和地位关系"指的是这样一种事实:在社会上一些类别的成员要比其他类别的成员拥有更多的权力、地位和声望等。与此相关联,泰弗尔还提出了与社会认同有关的两个基本概念:内群体和外群体。内群体就是一个人所隶属的群体,外群体就是不为一个人所隶属的其他群体,但外群体并不是与内群体处于隔绝状态,在交往日益扩大的情况之下,有可能同内群体产生某种联系。

二 社会认同理论的四个基本概念

社会认同理论发展出了社会分类、认知价值观、社会比较和群体的心理独特性四个基本概念。社会认同理论所进行的研究就是从社会分类这个最基本的概念和这个最基本的事实开始。社会分类是社会认同这个理论大厦的根基和起点。

(一)社会分类

通过分类这种人类认识和理解世界的基本方式,人们不仅从环境中获得信息,而且在获得信息的同时,忽视不同对象之间的某些不同点,强调甚至夸大它们之间的相同点来使信息处理简化。虽然在认知科学中,对于

---

① [澳]迈克尔·A. 豪格、[英]多米尼克·阿布拉姆斯:《社会认同过程》,高明华译,中国人民大学出版社2011年版,第321页。

人们如何对信息进行处理还存在许多矛盾的说法，但是对于分类在信息处理过程中所起的重要作用却已经基本达成共识。泰弗尔就是从研究分类的认知基础开始研究社会认同。他通过在非社会刺激和社会刺激情景下所进行的一系列实验说明了分类现象的存在及其认知基础。他认为社会分类是人的一种最基本的认知机制。在一定情景下，当人对社会分类（内群体、外群体）比较明确的时候，人们会有不同的心理状态和行为反应，人们会进而更加强调内群体与外群体之间的差异和每个群体内部的同质性，同时，当人们存在着一定的"资源分配权"的时候，他们会表现出"内群体偏私"现象。

（二）认知价值观

这个概念具有两个基本特征：一是群体成员身份是由个人的主观感觉确定；二是对群体成员身份的价值评判有一个不断强化的过程。认知价值观表明人们都希望获得一种正面的社会认同。获得正面的社会认同的一个主要因素就是群体成员的身份必须得到群体和他人有价值的评判，所以当一个人意识到他的群体身份没有得到有价值的评判的时候，这个人很可能就会采取有效的行为策略改变自己的群体身份，采用社会流动、社会竞争和社会创造等方式来让自己进入到可以得到正面评价的群体中去。这就是对群体成员身份的价值评判的强化。认知价值观在社会认同中之所以重要就在于认知价值观决定了每个人的社会身份的归属，决定了每个人社会认同的方式和方法。

（三）社会比较

人们进行社会比较的目的是为了对自己进行社会认同时减少社会认同的不确定性，以决定社会认同的有效性和正确性。只有通过社会比较，个人才会获得对他们自己所在群体的地位和价值的认识和理解，对他们在群体中通过成员身份而获得的地位和价值的认识理解。社会比较的目的是要获得一种自尊感、自信感和自我群体的优越感。

（四）群体的心理独特性

群体的心理独特性指在群体间互动情景中，人们都希望获得不同于其他群体的独特性，而不是与其他群体趋同或变得更加相似，都希望自己所在的群体有自己独特的心理归属、心理感受。社会认同理论通过认定这个群体心理的独特性，假定群体成员在与其他群体进行比较的时候都希望能够获得既与众不同的独特个性而又获得积极正面的评价。这个群体心理独特性显然是今天建立独立的民族国家的理论基础。每个独立的民族国家都认为自己的历史和文化是独一无二的，是构成世界历史和文化的瑰宝，所以，越是增强这种群体心理的独特性越能够激发公民的爱国主义思想和感情的产生和形成，越能够凝聚人心，团结奋斗。

从社会分类、认知价值观、社会比较和群体的独特性这四个基本概念，我们可以对社会认同理论进行清晰描述。社会认同理论是从分类研究开始的，分类是人的一个基本的认知功能。通过分类人可以对社会环境进行识别，同时定义自己在其中的位置。把分类这种认知策略用于社会，就可以把社会分为不同的人群。社会认同就是一个人属于某个群体的认知以及与此相关的价值和评判。它形成了个人自我概念。人们都希望自己属于受到赞同、不同于其他群体的、同时能给自己带来正面评价的群体。通过群体间比较，人们会把他们自己归属的群体看成在心理上是独特的，同时在与有关群体联系在一起的时候，人们会更加肯定自己所在的群体。

由此出发，社会认同理论还对一些潜在的社会变化以及群体间关系作出解释。认为如果一个人的群体成员身份给他提供的是消极的社会认同或者没有达到个人满意水平，这个人就会寻求新的社会认同。如果将宏观的社会结构或者群体间关系考虑进来，很显然，在一个社会中处于不利地位的群体成员或处于少数地位的群体成员就义无反顾地开始了他们新的社会认同。对于处于统治群体的成员来说，他们所要做的就是保持或扩大他们的相对优势地位。处于不利群体地位的成员或处于少数群体地位的群体所要考虑的是在群体间关系中新的认同地位。这就会导致群体之间出现竞争和冲突。

社会认同理论一经提出，就带动了许多相关理论的发展，其中之一就是由泰弗尔的学生约翰·特纳（John C. Turner）所提出的自我分类理论。自我分类理论是有关群体环境下个体行为的认知理论，它强调的是共享的社会认同可以使个人的自我知觉和社会行动去个性化。该理论通过考察从个体水平认同到群体水平认同所发生的变化，强调群体互动环境中的心理过程和社会比较。自我分类理论作为一种强调社会结构因素的群体关系理论，忽视了社会结构因素对于自我分类的影响。因此，在未来的研究中，社会认同理论还有待于进一步发展，包括对社会认同概念的进一步明晰、对社会认同比较策略的选择、多元文化背景下的社会认同的研究以及对社会认同内在机制构建等许多有待从理论和实践结合上回答的问题,可以说是任重道远。

三 社会认同构建的益处

在社会认同的研究范式、理论来源、发展轨迹以及研究重点等方面存在差异性,并不妨碍对社会认同益处研究的一致性。不仅理论研究是如此,就是从社会生活的观察中也能够看到社会认同的益处。

(一)社会认同是有意义的建构

个体或者群体所建构和赋予的意义是构成社会认同的重要基础。社会认同并非是个体或者群体所固有的特质,而是在特定的、具体的社会文化情境中,通过人际、群际间的相互作用而得以建构的过程与结果。其原因是:人具有超越自然的文化构建能力,并以文化展现自己的生命和生活,人创造文化又被文化所创造。这就是说,社会认同作为一种有意义的建构可以使社会成员保持文化的一致性,减少因为文化冲突带来的民族矛盾、社会动荡和心理危机。

(二)社会认同可以使个体保持确定性

为了寻找个体确定性,人们在社会认同的建构过程中必然形成较为明显的共同性,并以共同性体现其主动建构的权利。原因是:人既是社会历史的创造者,也是社会历史的创造物,是能动性与受动性的统一。作为受动性的存在,一切社会关系的总和构成了人的客观性本质,由此而决定现实存在的个人一开始就是一个"他在"。作为能动性的存在,实践活动体现了人的本质力量,确证了人的主体地位,使人拥有了"存在"的能力。通过实践活动,人从动物界走出来,并创造性地形成了以生产关系和交往关系为核心的社会关系体系,从而使人超越了自然,进入了社会,成为名副其实的被确定的主体。正如马克思、恩格斯在《德意志意识形态》一文中所说:"人们为了能够'创造历史'必须能够生活。但是为了生活,首先就需要衣、食、住以及其他东西。因此,第一个历史活动就是生产满足这些需要的资料,即生产物质生活本身。同时这也是人们仅仅为了能够生活就必须每日都要进行的一种历史活动,即一切历史的基本条件。"[①] 实践活动使人的主体地位不断得以确证、巩固、提升。在实践活动中,作为主

---

① 《马克思恩格斯选集》第 1 卷,人民出版社 2012 年版,第 158 页。

体的人可以将自己的目的、计划、能力和需要外化、物化到对象中去，使对象成为人的目的性存在，从而展现和确证人的主体性本质。

（三）社会认同可以保持社会的团结和稳定

泰勒认为认同与社会团结稳定密切相关。"只有形成自我认同和社会认同的个体才能在社会行动中掌握正确的方向，顾全大局，乐于奉献。"[1]埃里克森认为社会认同有助于个体人格的完善发展以及健康心理的形成。马克思主义认为，人们在社会生活中究竟形成什么样的社会认同，并不取决于他们的主观意志和愿望，而取决于他们从前辈那里所继承的生产力，以及在这一特定生产力基础上建立起来的现成的生产关系和社会关系。在人的社会化过程中，个体与自己处于其中的社会建立各种各样的关系，这些关系对个体的互动影响，诸如群体间的相互作用、群体自尊等，都会对个体的成长和心理健康产生一定的影响。因此，从个体层面上看，社会认同在很大程度上影响着一个人的各种行为和基本偏好，甚至一个人对社会的态度和感情是正面的还是负面的。从社会层面上讲，社会认同是保持社会团结和稳定的基本条件，是社会产生向心力和凝聚力的客观基础。

（四）社会认同可以促进社会变迁

随着社会认同形成过程中的时空边界与参照群体的不断变化，由此而造成社会认同的动态性发展，出现了激发大家渴望改革和发展的强烈愿望。社会认同把大家凝聚起来，决不是为了保留落后、不合时宜的旧的观念、旧的思想和旧的行为，而是要把大家的积极性、创造性和自觉性发挥出来，寻找社会进步的方向和道路。

四　社会认同缺乏的危害

一个社会如果社会成员缺乏社会认同，就会给社会造成不同程度的危害。

（一）产生社会偏差行为

社会认同的缺乏往往是产生社会偏差行为的原因。偏差行为指社会成员不同程度地偏离或违反了既有的社会规范的行为，也被称为越轨行为、离轨行为或差异行为等。偏差行为表现形式多样。主要通过日常所说的不

---

[1]　［加］查尔斯·泰勒：《自我的根源：现代认同的形成》，韩震等译，译林出版社 2001 年版，第 35—37 页。

适当行为、不良行为、不道德行为、心理偏差行为等来表现。偏差行为在社会各种群体中都有不同程度的体现。偏差行为毫无疑问是负面行为。社会偏差行为可以分为不同层次、不同等级。违法乱纪、破坏国家法律和公共秩序、影响人民正常的生活生产的偏差行为属于最严重的反社会行为，危害最大，影响最恶劣。一般的偏差行为指偏离基本的社会规范的行为，对社会和他人造成伤害较轻，产生的负面影响较小。

（二）产生干扰社会生活秩序的行为

社会认同的缺乏导致社会成员干扰社会生活秩序的行为损害多数成员的利益，直接影响社会成员参与和管理社会政治、经济和文化事务的主动性和积极性，干扰社会政治、经济和文化生活的有序进行。这类社会行为妨碍了社会的政治体制改革，危害了社会成员的利益实现，拉大了不同群体的收入差距，破坏了文化的创新与繁荣，不利于社会稳定和社会发展。

（三）引发民族群体之间矛盾的行为

在社会发展过程中，部分社会成员，尤其是少数民族成员的不公平感，使社会成员产生心理失衡，从而引发民族群体之间矛盾。不同民族群体在生活水平与生活质量上存在着差异，在相互接触中通过比较会导致生活水平较低的民族成员产生巨大的心理落差。不同民族的成员由于知识、财富、能力等方面存在的不同，在利益分配中存在的差距，也会使弱势民族群体及其成员产生心理失落等。这种心理落差、心理压力、心理失落等会引发不同民族群体之间的矛盾，影响社会的稳定和发展。这类问题原本通过社会认同是容易解决的，但是，如果社会认同缺乏和不在场，就极有可能被别有用心的不法分子利用，导致严重的后果。

（四）产生弱化政府的政治权威的行为

缓解或解决社会问题，是政府拥有公信力，提升政治权威的重要方面。然而，当前社会在一定范围内普遍存在的贫困问题、就业问题、教育问题、生态问题等，若长期得不到妥善地缓解将会导致社会成员对现行的社会制度和社会政策产生质疑，出现社会认同缺乏，在一定程度上将会降低政治制度的合法性。反之，政府通过公正合理的社会问题解决方案，就能够增强社会成员对现行制度的支持和认同，提升政府的政治权威，维护社会的稳定和发展。

（五）促使极端民族主义行为滋生和蔓延

由社会认同产生的偏差行为直接地危害到社会的公共安全。事实证明，社会认同缺乏和不在场,往往成为某些霸权主义国家和国际组织干涉其他国家内政的借口,这极可能会促使极端民族主义行为滋生和蔓延。极端民族主义将会转变成一种反社会稳定、反革命事业、反社会主义制度的群体暴力行为,会对社会的政治稳定产生破坏后果。事实证明,由社会认同缺乏和不在场带来的极端民族主义,会引起民族之间的暴力冲突与种族仇杀,导致局部地区长期处于动荡状态,影响社会稳定、社会发展和国家进步。

第三节 社会认同的实现

在社会认同理论看来,社会认同实现是有路径和方式的,同时还应该避免刻板印象产生。本节分析社会认同的实现,分析社会认同理论可资借鉴之处,运用社会认同理论分析马来西亚华人穆斯林的族群认同和国家认同。

一 社会认同的实现

社会认同能不能实现呢?以孔德、涂尔干等为代表的共识结构论认为社会认同是社会的必然产物,不存在实现还是不实现的问题。他们把社会看作一个结构化的整体。在这个整体中,群体之间只存在角色的差异,没有意识形态的分歧。人们对社会角色存在高度一致的认同感。与社会角色不一致的行为被视作偏差行为。以马克斯·韦伯等为代表的冲突结构论认为社会认同难以实现,他们特别强调人们在意识形态方面存在深刻的差异,根据这些差异,不同群体的权力与地位关系不可调和,群体之间的冲突就是由权力与地位的差异引起。澳大利亚社会心理学家迈克尔·A. 豪格和英国社会心理学家多米尼克·阿布拉姆斯认为社会认同可以实现,他们提出了社会认同的一些方法。归纳起来看,社会认同的实现要通过下列方式完成。

社会认同实现的路径:"社会"范畴

社会认同实现的路径由社会范畴组成。社会范畴依靠权力与地位的关系加以界定,而不是依靠思维和意识加以界定。社会范畴的本质乃是一个范畴与另一个范畴互相联系,通过彼此的独立性显示意义。这种范畴与范畴的关系表明社会范畴是个体范畴存在的前提。社会范畴不是一成不变,处于变动之中。随着社会的发展,旧的社会范畴消失,新的社会范畴产生,一些社会范畴有了新内涵。因此,豪格和阿布拉姆斯认为要认识清楚社会认同就必须认识清楚社会认同与社会心理学、与社会的关系。豪格和阿布拉姆斯认为:"社会心理学是对人类社会行为的科学研究……社会心理学是一门科学,因为它使用了科学的方法。"① 当社会心理学抛弃了内省的不科学方法转而采取把个人作为一个在历史中建构出来的自我整体考察、重视冯特主张的实验方法,社会心理学才能成为科学。"我们需要一个更宽泛的社会心理学,才能理解和解释个体的思想、感情和行为怎样受到他人实际的、想象的或暗示的在场影响。"②

豪格和阿布拉姆斯认为,社会心理学中的"社会"不同于其他学科的社会。这里的"社会"就是实施第一个社会心理学实验的社会心理学家特里普利特说的"个人行为怎样受到他人在场的影响"。早期的社会心理学研究群体性事件中的"他人在场"。弗洛伊德研究"他人在场"的群众释放本能的社会群体心理动力机制。麦孤独引入"群体心智"研究"他人在场"。奥尔波特则研究个体心智在"他人在场"的变化。社会心理学通过研究"他人在场",对社会进行转换视角的研究,构建社会认同理论。

二 社会认同实现的方式

社会认同实现的方式是双向式的,不是单向式的,是通过群体对个体的社会认同和个体对群体的社会认同两种方式实现。这两个方面对于社会认同的实现来说缺一不可。

(一)群体对个体的社会认同

群体对个体的社会认同通过以下五种方式实现。

1. 权威主义人格规范

权威主义的人格规范形成自儿童时期被父母压抑的性格。权威主义人格规范表现为:个体对权威人物的尊敬和顺从,对等级地位的痴迷,不能容忍模糊性和不确定性,需要一个明确的定义和严格的组织的世界,对弱势他人表现出憎恨和歧视。具有权威主义人格的人预先决定了他们是有偏见的人。③

---

① 《社会认同过程》,高明华译,中国人民大学出版社2011年版,第11页。
② [澳]迈克尔·A.豪格、[英]多米尼克·阿布拉姆斯:《社会认同过程》,高明华译,中国人民大学出版社2011年版,第14页。
③ 同上书,第42页。

2. 我群中心主义规范

坚定归属所属的群体，拒绝与其他群体有任何关系。其基本特征是：对权威屈从，对弱者攻击，对权力痴迷，对性产生罪恶感，拥有迷信和刻板化的信念。豪格和阿布拉姆斯认为，越是具有权威主义人格规范的人越是我群中心主义者。

3. 挫折—侵犯假说规范

豪格和阿布拉姆斯引用杜拉德的挫折—侵犯假说解释群体行为规范的"无中生有""指桑骂槐"。杜拉德在心理动力论的框架内提出挫折—侵犯假说，他认为：挫折总是导致某种形式的侵犯，侵犯行为总是意味着此前存在的挫折。如果实现目标的行为受挫，导致目标没有实现，这时候，能量没有排遣，就会唤起心理紧张导致的侵犯冲动。当侵犯无法朝向真正的"元凶"，侵犯会导致惩罚，侵犯就会转向一个替代性的目标，表现为刺激的推广或泛化，例如，一个被同伴欺侮的孩子可能把怒火转向另一个同伴。还表现为刺激的错置。这是指侵犯指向一个完全不同的目标，例如，一个被侵犯的孩子可能把怒火发向一只猫。

4. 相对剥夺规范

越来越多的证据表明，在没有挫折的情况下，侵犯行为也会发生。由斯托菲尔在1949年推出的相对剥夺理论认为如果某个个体被剥夺了他想要的东西，其他个体却拥有了这些东西就表现出来侵犯行为。豪格和阿布拉姆斯认为相对剥夺理论包括两个类型的剥夺。其一，个人／自我的相对剥夺。指一个人与自己相似的个人进行比较，产生剥夺感。其二，集体相对剥夺。指一个人与自己不相似的个人比较，特别是与另外的群体比较产生的剥夺感。相对剥夺论认为相对剥夺感是任何民众暴乱的必备条件，是匮乏感和实得感之间的差异导致，是现实状态与没有实际得到的状态参照认知的结果。

5. 功能互依模型（现实利益冲突理论）规范

豪格和阿布拉姆斯引用谢里夫在1982年创立的这个理论解释该规范。谢里夫从功能关系的角度定义群体行为，认为群体成员的角色和地位是互相依赖的，他们的态度和行为由一系列的规范和准则决定。内群成员的关系可能会导致对外群成员的敌意。谢里夫对美国中学生集体生活的研究表明，内群活动可以让内群成员更有凝聚力和吸引力，但是，内群凝聚力和吸引力会导致内群成员的排外和仇外情绪。豪格和阿布拉姆斯引用泰费尔在 1970 年提出的最简群体范式理论解释功能互依模型（现实利益冲突理论）规范，认为在没有任何经济、政治、文化关系的素不相识的个人组成的最简单的群体中，人们依然凭借认知将群体划分为内群和外群。

（二）个体对群体的社会认同

豪格和阿布拉姆斯认为个体对群体的社会认同通过自我的范畴化进行。豪格和阿布拉姆斯认为自我范畴化就是将自我分类，以便确定自我的归属。个人属于哪一个群体，不属于哪一个群体，需要自我把自己进行分类，按照最简群体范式理论，分类过程就是认知过程。认知一方面强化了自我社会范畴化能力，划清楚了群际的边界；另一方面也可能弱化自我社会范畴化能力，模糊群际边界。豪格和阿布拉姆斯认为为什么内群总是比外群得到内群成员积极评价，其原因就是定位后的自我赋予所在范畴以积极的价值，赋予他人所在范畴以消极的价值，自我定位后追求自尊。"正是对这种积极自尊的追求，解释了群际差异中的我群中心主义特征以及群际差异在极端性上的差异。"①

豪格和阿布拉姆斯认为个人范畴化很大程度上是自我主观感知和社会客观比较的结果。所以，自我的范畴化可以通过两个方式实现。

1. 社会流动

豪格和阿布拉姆斯认为自我的感知系统拥有一种可以在两个群体之间互相流动的信念体系。自我可以退出一个他认为不满意的群体，加入另一个他满意的群体。这种对群体的去认同化如果遭到新群体的排斥会造成自我边缘化。"对于离开那些原初群体的成员来说，如果新的群体不接纳他们，他们会有边缘化的感觉。"②

2. 社会变迁

豪格和阿布拉姆斯认为自我的感知系统还拥有一种基于群际边界不可渗透的认识而形成的社会变迁的信念体系。这个信念系统使人相信群体资格的负面意涵不仅仅能够通过重新定义自我而得到改变，而且可以通过重新定义该群体而得到改变。这个策略通过三种方式实现。其一，在一个新的维度上将自我所在的群体与其他群体进行比较。其二，重新定义群体的

---

① ［澳］迈克尔·A. 豪格、［英］多米尼克·阿布拉姆斯：《社会认同过程》，高明华译，中国人民大学出版社 2011 年版，第 86 页。
② 同上书，第 70 页。

价值。其三，选择新的外群与内群进行比较。

（三）社会认同避免的刻板印象问题

社会认同的实现还要注意避免刻板印象的产生。刻板印象对社会认同的影响是与刻板印象的认知偏差相关。对刻板印象也要两面看，既要看到其消极一面，也要看到重要的社会功能这一面。

1. 刻板印象的含义

刻板印象是一种认知偏差。豪格和阿布拉姆斯认为认知偏差产生刻板印象。所谓刻板印象是基于人的范畴资格而产生的推论。刻板印象认为特定群体的所有成员都具有相同的特质，这些特质界定了这些群体，同时也将该群体与其他群体区分开来。① "存在这样一种趋势，将贬义的刻板印象赋予外群，将褒义的刻板印象赋予内群。"② 刻板印象的一个重要特征是，共享彼此的社会共识即通过采取"内群同质性"和"群际差异性"等心理形式，产生"共享文化意义原型"。③

2. 刻板印象的作用

（1）个人认知明晰化。刻板印象导致内群成员对内群的认知明晰化，对外群的认知也明晰化。豪格和阿布拉姆斯引用泰费尔和威克斯的实验表明人们所以会有这个认识功能，是因为人们在认知时以核心维度作为标准，以与核心维度关联的边缘维度为补充。

（2）认知刻板化。即把内群的共同性夸大，把与外群的差异性夸大。"我们应该提醒自己，对人的范畴化很少是以公正客观、不掺杂私人感情的方式进行的……人们将其他人不断感知为与自我是同一范畴的成员（内群成员），或者感知为与自我是不同范畴的成员（外群成员）。"④

（3）产生群体凝聚力。豪格和阿布拉姆斯认为群体凝聚力产生在"个体处于一个共同的或共享的社会自我范畴化或社会认同之中"。⑤ 群体凝聚力是一个"总体场域"，"会提升内群的生产力和群体表现，促进对群体规范的遵从，改善群体成员的精神状态和工作满意度，促进内群沟通"。⑥ 豪

---

① ［澳］迈克尔·A. 豪格、［英］多米尼克·阿布拉姆斯：《社会认同过程》，高明华译，中国人民大学出版社2011年版，第81页。
② 同上。
③ 同上。
④ 同上书，第27页。
⑤ 同上书，第115页。
⑥ 同上书，第117页。

格和阿布拉姆斯以社会凝聚力模型说明群体凝聚力。这个模型把群体比作分子，分子中的原子是个体，人际吸引时原子结合为分子，分子形成合力。这个合力包括实现共同目标的合作性互依、群体任务成功的快乐、态度的相似性、共同命运、空间接近等。

3. 刻板印象具有重要的社会功能

刻板印象具有重要的社会功能，主要表现为以下三个方面。

（1）社会解释。指对复杂的、主要是创伤性大规模事件的理解。对这类事件的社会解释就是要找到一个被指责为对事件负有直接责任的社会群体。豪格和阿布拉姆斯认为社会解释的结果产生"替罪羊现象"。

（2）行为合法化。"详细阐述对某一群体的具体刻板印象，目的是证明对这一群体采取的行动是合理的。"①

（3）增强我群中心主义的发展趋势。我群中心主义"指的是这样一个趋势：在群际特异性正在受到侵蚀，变的不安全，或者群体所处的低地位被认为不合法的并且可以改变这两种情况下，我群中心主义就会得到增强"。②

4. 正确看待刻板印象问题

对刻板印象的认识应该结合社会表征理论开掘理解的深度和广度。社会表征理论在涂尔干的集体表征理论基础上发展起来。社会表征理论认为社会是一个相对的同质性整体，被人们共享。社会流行的语言、思想、文化等共识性的标准构成了该社会的社会表征。社会表征就是人们对社会共识性的理解，是"认知锚点""范畴原型"的统一。社会表征就是人们对社会现象的常识性理解。社会表征的作用是构建日常沟通的同化。社会表征与刻板印象的相似性就是两者都表现了共享性的特征，都满足个体对世界解释的心理需要，都巩固了社会既成的思想观念。

刻板印象形成集体凝聚力。豪格和阿布拉姆斯认为群体凝聚力就是内群吸引力的形成，就是社会吸引和个人吸引的形成。内群吸引力形成的标志是内群成员互相喜爱。自我范畴化是产生内群吸引力的最重要的原因。内群吸引具有两种结果。其一，将自我和他人划在同一范畴，在认知、情

---

① ［澳］迈克尔·A. 豪格、［英］多米尼克·阿布拉姆斯：《社会认同过程》，高明华译，中国人民大学出版社2011年版，第95页。

② 同上书，第96页。

感上达成一致,互相喜爱。豪格和阿布拉姆斯认为喜爱同一群体的成员实际上是喜爱自身和对自我作出积极评价。其二,内群成员自尊感建立,成员彼此可以把自身积极的特质赋予对方。其三,社会吸引和个人吸引的形成。"我们将这种根植于群体资格,产生于自我范畴化过程的人际吸引形式称作社会吸引。"① 豪格和阿布拉姆斯认为内群凝聚力来源社会吸引。个人吸引是建立在个人习性癖好基础上的植根亲密人际关系的吸引,归因于个人的习性特征和双方的亲密关系。社会吸引是共享范畴资格和对立范畴资格的归因,是个体心理群体的归属。"基于共享范畴资格和对立范畴资格建立起来的关系经由自我范畴化产生的是社会吸引。而基于个人习性建立起来的个人关系经由信念的相似性或互补性、社会支持、可爱性所产生的是个人吸引。"②

三 社会认同理论的借鉴

社会认同理论对于我们研究民族认同、国家认同具有重要参考价值。社会认同理论中的思想、观点、方法值得我们在研究民族认同、国家认同中引以为鉴。例如,自我范畴化、最简群体范式、相对剥夺、刻板印象、社会吸引、个人吸引这些概念都可以为我所用,进行中国化的实践和改造,如社会认同理论中的社会认同与自我认同的关系就值得借鉴和学习。社会认同理论认为自我认同是社会认同的基础和前提。自我认同包括对个人身份和社会身份的认同。对个人身份的认同不仅包括对个人的国家、种族、性别、职业归属等身份的认同,还包括自我描述和自我评价。自我描述和自我评价被组织到一个系统里就形成了个人的社会认同。

社会认同理论对于我们研究社会认同特别是民族认同、国家认同具有重要指导作用。例如,处理好自我认同与社会认同的关系必须注意对个人身份和社会身份的认同,形成对自我描述和自我评价。这就是说,社会认同的重要基础是处理好个人利益与社会利益的关系。只有把个人的利益与社会利益结合,才能形成对社会的正确认同,在社会认同理论看来,认同生成于个体社会化过程。这个过程由两个不同阶段构成,即:群体对个体

---

① [澳]迈克尔·A. 豪格、[英]多米尼克·阿布拉姆斯:《社会认同过程》,高明华译,中国人民大学出版社2011年版,第133页。
② 同上书,第135页。

的社会认同和个体对群体的社会认同。群体对个体的社会认同通过五个规范进行，即：权威主义人格规范、我群中心主义规范、挫折—侵犯假说规范、相对剥夺规范、功能互依模型（现实利益冲突理论）规范。这就是说，如果个体不属于这五个规范的其中之一，就可能遭到群体对个体认同的拒绝。我们因此可以思考一个问题，怎样实现从民族认同向国家认同的转变。按照社会认同理论，权威主义人格规范是以服从权威为特点、我群中心主义规范是以我所在的群体为中心。在民族认同向国家认同的转变过程中，如果有一个权威引导，这个过程就容易实现。民族认同之所以容易实现，原因是民族认同可以围绕权威进行，国家认同之所以容易实现，就在于国家认同也可以围绕权威形成。在民族认同中，这个权威可以是具有生命的人，也可以是没有生命的地域、还可以是信仰的力量。在国家认同中，这个权威的有生命的个人就是领袖，没有生命的地域就是祖国的疆域。信仰的力量由国家观、民族观、价值观等构成。这就是说借助权威的力量实现从民族认同到国家认同的转变较为简单、较为容易。挫折—侵犯假说规范、相对剥夺规范则表现了民族认同、国家认同的另一个特点，这就是个人利益与认同的紧密结合。挫折—侵犯假说规范以个人受挫后的情绪转化为社会认同基础。相对剥夺规范以在比较中个人利益受损被弥补为社会认同基础。这就启示我们，实现从民族认同到国家认同的转变，不能仅仅依靠教育引导，还要考虑人们的经济和物质利益，注意经济手段和物质刺激手段的运用。此外，精神的东西在民族认同、国家认同的地位和作用也应该引起重视。个体对群体的社会认同通过自我的范畴化进行。自我范畴化就是将自我分类，以便确定自我的归属。分类过程就是认知过程。如果认知全面、系统，个体对群体的社会认同就容易形成和发展，否则，就会冲突和对立。在民族认同、国家认同中，这个认知一方面指认识；另一方面指集体意识。埃米尔·涂尔干指出："社会成员平均具有的信仰和情感的总和，构成了他们自身明确的生活体系，我们可以称之为集体意识或共同意识。"[①] 集体意识或共同意识不可能在一个封闭的、静态的孤立个体生命中产生。相反，在社会实践活动过程中，个体通过与其他人、群体进行生活或生产交往，建立一定的社会关系，并在一定的社会关系中扮演一定的社会角色，进而以这些社会角色与其他人发生相互作用，才能产生

---

① ［法］埃米尔·涂尔干：《社会分工论》，渠东译，上海三联书店2000年版，第42页。

集体意识或共同意识。因此,从民族认同到国家认同的转变特别要注意个体全面的社会化过程的开展。

社会认同理论的最简群体范式表明人们无论身处何地,都能够凭借认知将群体划分为内群和外群。豪格和阿布拉姆斯认为,刻板印象是一种认知偏差,将群体划分为内群和外群就是刻板印象的结果。刻板印象认为特定群体的所有成员都具有相同的特质,共享彼此的社会共识。因此,在民族认同、国家认同中,要特别注意刻板印象社会功能的副作用。我群中心主义包括大汉族主义和地方民族主义。纠正我群中心主义的最好方法是开展党的民族团结进步事业教育,引导大家和谐相处,形成正确认知。

对社会认同理论,最重要的是通过学习和借鉴,形成中国特色的中国气派和风格的社会认同理论话语体系,我们要洋为中用,创造出更多更好的无愧我们这个伟大时代的新社会认同理论学术成果。

四 社会认同理论与族群认同和国家认同

因为作者在马来西亚国立博特拉大学(University Putra Malaysia)语言暨传播学院担任教授、课程主任8年,所以选出马来西亚华人穆斯林的族群认同和国家认同进行社会认同的研究,着重运用社会认同理论分析马来西亚华人穆斯林的身份转换这一现象的表现和背后的本质。从社会认同理论的角度看,马来西亚华人穆斯林选择信仰伊斯兰教,加入马来族群。这种身份转换从表面看,是经济利益驱动所致,即:他们希望借助族群身份的转换享受国家给予土著原住民族群的优惠政策。然而,透过现象看本质,则是族群认同和国家认同出现断裂和冲突所致。一方面他们已经加入信仰伊斯兰教的土著原住民族群,一方面他们又是非土著华人。这个悖论揭示了一个深刻的道理,这就是马来西亚华人穆斯林的身份转换的目的不是单纯的经济因素的考量,而是为了追求社会公正、社会平等和人格尊严。

马来西亚的1969年"5·13"事件后,马来西亚政府实施的旨在保护马来人利益的"新经济政策"延续至今。这个新经济政策的核心已经被马来西亚宪法确认,这就是"马来人至上"。与此同时,马来西亚政府对马来人实施了覆盖全社会的照顾政策。比如马来人在购房、购车等方面可以享受5%—10%的折扣。马来西亚国立大学必须保证招收60%的马来人大学生。凡是招工聘用均必须有一定的马来人比例。马来西亚华人被比例化、边缘化之后如何融入马来人社会就成为他们生存和发展必须要面对的问题。笔者认为马来西亚华人穆斯林的身份转换其表面是经济因素的考量,其本质乃是他们对社会公正、社会平等和人格尊严的追求。

(一)马来西亚华人族群身份的两次转换

在马来西亚生活的现实告诉马来西亚华人的一个生存发展之道是:马来西亚华人只有通过转换族群身份加入马来人土著原住民族群才能与马来人享有同等权利,如果依然保持华人的族群身份则只能远离主流社会,一而再,再而三被边缘化。对马来西亚华人来说改换族群身份,意味着不仅仅只是加入马来西亚的国籍,成为马来西亚的公民,而且必须要与马来人通婚,通过选择信仰伊斯兰教把原有姓名改为穆斯林姓名,把原有信仰改为伊斯兰教,这样才能使自己和子孙后代获得和享受马来人独有的土著原住民族特权。所以,当我们看到马来西亚一些华人更名改姓,选择信仰伊斯兰教,就会知道造成这个结果的原因是马来西亚政府实施的"新经济政策"。这是马来西亚华人族群分化的最直接和最重要的原因。马来西亚华人意识到自己之所以在马来西亚受到压制和排斥,不是别的原因,乃是自己的华人身份使然。由此,少数马来西亚华人开始了第二次身份之转换,转而信仰伊斯兰教,希望成为地地道道马来人。相比之下,20世纪五六十年代马来西亚华人族群身份的第一次转换则更多、更直接、更主要的是文化方面的考量。那个时代,马来西亚华人惧怕因为自己的华人身份被政府和土著原住民族群歧视,也担心在国外被欧美国家歧视,被迫放弃母语转学英语,并且公开宣称以英语作为自己的母语。这些人被称为"香蕉人"。[①] 这个词语的意思是黄种皮肤的华人,骨子里的白种欧美人。一些华人为了让自己更像欧美人甚至不惜整容,或者使用各种名贵的化妆品涂白皮肤。有的还嫁给或者娶回非华人丈夫和妻子。随着中国在世界范围的崛起,昔日被人瞧不起的"东亚病夫"一跃而成为世界之强国。目前,中国已经代替日本成为马来西亚最大的贸易伙伴。从2005年开始,双边进出口贸易总额达到800亿美元。马来西亚的橡胶、棕油80%出口中国。[②] 在这个背景下的马来西亚第一次身份转换的华人遭遇了前所未有的尴尬,无论在马来西亚国内还

---

① 林书豪:《马来西亚华人历史》,马来西亚佳慧出版社2012年版,第218页。
② 蕉风:《中马贸易的顺差问题》,《南洋商报》2015年1月21日第2版。

是在欧美国家，这些华人因为放弃母语而被遭受歧视，出现文化身份的严重边缘化。无法使用母语沟通交流是他们文化身份危机的最大成因。欧美国家对这部分华人文化身份的不认同也让他们感到自尊心受辱，本国日渐兴起的学习中文热让他们产生落在时代之后的痛苦感。相比之下，20世纪七八十年代马来西亚华人族群身份第二次转换表面看更多、更主要、更直接的是经济方面的考量。但是，这个现象后面依然是复杂的文化问题与经济问题的纠结。因为经济和文化等原因的叠加和交错，马来西亚华人第二次身份转换所遭遇的尴尬也是前所未有的，主要表现在两个方面，一方面是对自己所在的族群认同出现尴尬；另一方面是对自己所在的国家认同出现尴尬。当这些马来西亚华人穆斯林认同马来西亚原生态族群时，其华人身份与之矛盾，乃至冲突。当这些马来西亚华人穆斯林认同自己所在的国家时，又因为政府对马来人的偏袒政策以及政治整合等方面的问题而与之矛盾，乃至冲突。所以，处于第二次身份转换的马来西亚华人穆斯林依然处于一个两难境地，即：文化认同和族群身份在断裂中混淆和矛盾，即：如果马来西亚华人穆斯林宣称自己是马来人，那么，他们的华人身份与之矛盾和冲突。如果马来西亚华人穆斯林宣称自己是华人，那么，他们的穆斯林身份与之矛盾和冲突。如果马来西亚华人穆斯林认同中华文化，其现有的穆斯林身份又与之矛盾和冲突。如果马来西亚穆斯林华人认同穆斯林文化，其华人身份又与之矛盾和冲突。为此，我们不禁要问为什么马来西亚华人穆斯林一定要进入这个无法跳出的怪圈呢？有的学者认为这个表面看起来的悖论揭示了一个深刻的道理，这就是马来西亚华人穆斯林最根本、最本质的追求乃是经济自立和政治方面的自强不息。因为这个原因我们不仅不应该责备他们，反而应该对他们表示由衷的敬佩。[①] 但是，仅仅这样去认识马来西亚华人穆斯林的身份转换还不能说明问题的全部，还需要进一步作出政治方面、经济方面、社会方面，文化方面原因的深刻探究，才能透彻揭示问题的本质，作出有说服力的回答。

（二）马来西亚华人穆斯林族群身份转换的原因

马来西亚华人皈依伊斯兰教，转换身份既有政治方面、经济方面、社会方面，也有文化方面的原因。总而言之，这个原因单一看较为简单，综

[①] 刘午求：《马来西亚的选举之思考》，马来西亚星星出版社2013年版，第98页。

合起来看则较为复杂。在对这些原因分析的时候，不能以一种倾向掩盖另一种倾向，必须将各种原因结合起来，形成一个综合的观点。下文列举的政治、经济、社会和文化方面的原因表明，马来西亚华人皈依伊斯兰教，转换身份，最重要原因乃在于被一种包含着中华文化的大同世界的趋同感所致，这个趋同感被一种表面的经济倾向和经济利益所掩盖。只有透过经济的面纱才能看到文化的力量。中华文化的力量对于马来西亚穆斯林来说，乃是无法丢弃的根。这个根是身份转换无法掘走的中华文化的活的灵魂。马来西亚华人穆斯林的族群认同和国家认同，都是与中华文化不可分割的一种选择，是寻求与其他族群在权利、利益方面一致的趋同感。这当然是他们被排斥、被压制的趋异感导致的反弹，但是这个反弹的力量不仅仅是经济利益，更重要的是中华文化生命对外在压力的反抗和搏击。以中华文化为导向的马来西亚华人的这种族群认同、国家认同如果在一个外来民族和土著民族同处一个国家的地域和社会环境之中就会出现外来民族文化身份和族群身份的断裂和尴尬。这个断裂和尴尬表现在族群认同和国家认同上就会出现上文提及的悖论。

从政治方面看，马来西亚华人政党在马来西亚的政治生态分布图里力量较为弱小。号称拥有两百万党员的代表马来西亚华人利益的马华公会是执政的马来西亚国民阵线联盟（巫统）的重要政党，其分支机构虽然遍布马来西亚各个州，但是，马华公会在马来西亚华人中间的认同度比较低，大多数马来西亚华人不认可马华公会是马来西亚华人代表的提法，认为这是一个游走在政治利益之中的政党，是一个为马来西亚华人政治人物谋求权力的政党。马华公会为了改变华人的这种看法，为了树立自己的形象，开展了许多为华人服务、谋取利益的活动，比如建立拉曼学院，解决华人子弟上国立大学难的问题，专门设立基金资助华人困难家庭孩子上学。在2012年马来西亚大选中，马华公会更是为选举做了大量艰苦细致的工作，一些选举人在华人的大排档里与小商小贩一起洗菜淘米，煮饭炒菜，甚至在乡间小道步行去到偏远的农村进行宣传，拉选票。但是，此次大选，华人选民纷纷临阵倒戈，80%的华人竟然投票支持反对党，马华公会遭遇了史无前例的最大失败，在37个国会议席当中仅保住7个席位，原任正副部长所剩无几。这比2008年3月8日大选马华公会得到的15个国会议席还要少。现任马华总会长蔡细历面临着各州地方组织和广大党员要求立即辞职的强烈呼声，多次主动提出辞去马华公会会长的职务。① 这就表明寻求稳固的政治依靠对于马来西亚华人来说，是可望而不可即的事情。通过政治诉求解决生存和发展问题，乃是水中之月，镜中之花。

从经济方面看，马来西亚华人自19世纪末到20世纪初移居马来西亚以来，从一个难民到现在掌握了马来西亚除国有的航空、港口、公路、铁路、石油、银行、电台、电视台等国有经济和社会资源之外的全部经济资源和社会资源，先进的科技、四通八达的互联网、遍布东南亚和世界各地的投资，构成了马来西亚华人庞大的经济生态圈。这个畅通无阻、效率极高、与全球沟通的经济圈为马来西亚华人带来了巨大的经济财富。马来西亚排名前十位的财富超过亿的富人都是华人。马来西亚云顶世界级赌城经营大王财富达到2亿马币的林梧桐先生去世前感叹：他这一辈子最大的问题就是钱太多，所以，麻烦也最多。这个现象一方面说明了华人的勤劳、能干和善于经营；另一方面也引起马来原住民族的嫉妒和担忧。这就是马来西亚究竟属于谁掌控争论的来源。解决族群矛盾和冲突，对于马来西亚华人来说，不可能借助国家法律和制度，不可能依靠政府，只能另辟蹊径，寻找更加符合自身实际的道路。这就是在不触犯国家制度的前提之下，寻求通过身份转换的族群和解、族群利益妥协的发展之路。

从社会方面看，因为马来西亚华人是从中国来到的"他人"，不管这些华人怎样吃苦耐劳，怎样努力奋斗，在原著的马来民族眼里，他们依然是外来户和外国人，而不是土生土长的马来人。对这种社会身份认同的差异导致了马来西亚华人被主流社会边缘化。在马来西亚，有一个很奇特的现象，公职人员基本上是马来人垄断，华人通常对公职人员的职位不感兴趣，乃至不屑一顾，认为那是没有本事的人干的事情。有本事的人自己干自己的事情，靠自己的双手成家立业，自我发展。马来西亚华人喜欢按照自己的喜好经商、开饭馆商店、办企业、办学校等。马来西亚华人的公民身份尽管被法律和制度确认，但是，这个确认依然不能掩盖事实上的身份尴尬，这就是被马来人标签化的外来人身份。"滚回中国"依然是马来人和华人对彼此族群的社会身份认同的矛盾和冲突的表现。马来西亚华人在马来西亚的族群社会身份确认不可能仅仅通过

---

① 刘午求：《马来西亚的选举之思考》，马来西亚星星出版社2013年版，第98页。

坚守华人这个底线就能够解决，依然需要一种社会身份转换乃至族群身份转换才能得到根本解决。

从文化方面看，马来西亚华人文化与本地马来文化呈现了各自不同的鲜明特色。以儒家文化为核心的马来西亚华人，虽然也建立了祭拜道教始祖、祭拜佛教始祖的庙堂庙宇以及基督教会，但是却没有一处华人建立伊斯兰教清真寺。原因是马来西亚华人都是来自福建、广东、海南等地的汉族。这些地方的华人绝大部分信仰妈祖、佛教和道教，不信仰伊斯兰教。所以，在这个文化背景之下，马来西亚华人坚守的是以儒家文化为核心的儒道释互补的中华文化传统。作为中国伊斯兰教发源地和起始地的西北地区的穆斯林在当时尚无人移居马来西亚。中国穆斯林在马来西亚定居的是20世纪80年代从台湾嫁到马来西亚的维吾尔族女性，其父亲是1949年随国民党政府败逃台湾的国民党维吾尔族议员。因为马来人接触的都是非穆斯林华人，而且是相当坚守中华文化传统的华人，所以，在他们看来，华人文化与马来的穆斯林文化具有很大差别，无法进行跨文化对话和族群沟通。例如，华人喜欢吃猪肉，马来人禁食猪肉；华人注重现世生活，马来人注重宗教的两世生活；华人强调艰苦奋斗，马来人强调乐天安命。马来西亚前首相马哈蒂尔在回忆自己童年生活时说，他家的对面是一个华人办的汽车修理店，这个店的主人每天6点起床，晚上10点关门。马哈蒂尔感慨地说："如果马来西亚所有的人都像华人这么勤奋，马来西亚迈入先进国的行列指日可待，一定能够实现。"①

华人文化和穆斯林文化在马来西亚并存的事实表明，两种文化分别代表了两个族群的不同认同，两个族群的分界就是以各自的文化为标志。如果华人成为马来人，或者反过来，马来人成为华人，彼此都需要族群文化身份的转换。但是，这个转换实际上是不可能的。马来西亚华人穆斯林的身份转换事实上并没有触及族群文化身份的转换，只是一种经济利益的获取和社会权利的交换。按照美国文化人类学家威斯勒的观点，文化是一种传统的延续，是每个人先天的遗传。如果这个族群的文化受到威胁，"奋起保卫这个文化传统的反应乃是先天的不可改变的种质"②。中华文化作为

---

① 马来西亚华社研究中心：《马来西亚华人社团及其理念和活动》，马来西亚华研出版社2013年版，第596页。
② ［美］克拉克·威斯勒：《人与文化》，钱刚强、付志强译，商务印书馆2010年版，第250页。

华人的根,在华人穆斯林的身份转换中的力量和作用无法改变,在他们的族群认同和国家认同的选择中所显示的力量和起的作用更是根本性的,是什么力量都无法撼动的。

(三)马来西亚华人穆斯林族群身份转换的相关检测分析

为了证明马来西亚华人穆斯林因为改换信仰,转换身份导致的文化认同和族群身份断裂带来的族群认同和国家认同的尴尬,笔者对马来西亚华人穆斯林协会的500位会员进行了问卷调查和皮尔逊级差相关检测,结果表明笔者的结论是正确的、可信的,见表1-1。

表1-1　　　　　马来西亚华人皈依伊斯兰教原因（N=500）

Variable 变项	M 中数	SD 离散差	ICC 关联度	R 相关系数
政治原因	8.60	0.77	0.22*	0.32
经济原因	7.23	0.76	0.25*	0.35
社会原因	7.70	0.79	0.22*	0.31
文化原因	8.57	1.00	0.19*	0.18

说明:* $p<0.05$ 皮尔逊级差相关系数（信赖水准为95%）。

M 这个中数表明本研究选取的政治、经济、社会和文化四个原因对马来西亚华人皈依伊斯兰教、转换身份的影响具有集中趋势,这说明这四个原因都构成了对马来西亚华人皈依伊斯兰教、转换身份的影响。

(1) SD 离散差在 -1 和 +1 之间表明本研究选取的政治、经济、社会和文化四个原因对马来西亚华人皈依伊斯兰教、转换身份构成不同程度的影响。其中政治原因、经济原因、社会原因的影响最大。文化原因影响最小。这个结果符合实际,具有说服力。马来西亚华人皈依伊斯兰教,成为穆斯林的经济考量占到第一位,接下来就是政治、社会因素的考量。文化虽然也是一个考量,但是,这个考量与经济等因素的考量相比较就显得较为弱小。马来西亚华人的这个 SD 离散差分析表明,马来西亚华人皈依伊斯兰教、转换身份并不是要放弃华人文化,他们所要争取的乃是一个平等的社会身份和与此相联系的平等的社会权利和人格尊严。

(2) ICC 关联度表明本研究选取的政治、经济、社会和文化四个原因与马来西亚华人皈依伊斯兰教、转换身份的关联度达到了 $p<0.05$ 的信赖水准。这就是说95%的样本人数与之具有关联性。

(3) R 相关系数表明本研究选取的政治、经济、社会和文化四个原因都在相关系数之内,因此,统计结果是真实的、可信的。

表 2 – 2　　　　　马来西亚华人皈依伊斯兰教原因 (N = 500)

项目	信仰伊斯兰教	族群认同	国家认同	相关系数范围
政治原因	0.18*	0.37**	0.19*	0.32
经济原因	0.58**	0.35**	0.13*	0.35
社会原因	0.47*	0.32*	0.20*	0.31
文化原因	0.10*	0.62**	0.13*	0.18

说明:* $p < 0.05$ 皮尔逊级差相关水准(信赖水准为95%);** $p < 0.01$ 皮尔逊级差相关水准(信赖水准为99%);" – "为负相关。

政治原因与马来西亚华人选择信仰伊斯兰教、选择国家认同的关联度较低,与他们的族群认同关联度较高。这说明马来西亚华人选择信仰伊斯兰教、转换身份不是为了寻求政治依靠,不是为了寻求国家认同。而是在改换华人身份的同时,保存自己的族群认同。这个矛盾心理再次暴露了马来西亚华人穆斯林的两难处境,这就是既要信仰伊斯兰教,享受原住民的优惠,又要留住自己文化的根。

经济原因与马来西亚华人选择信仰伊斯兰教、选择族群认同的关联度较高,与他们的国家认同关联度较低。这说明马来西亚华人选择信仰伊斯兰教的经济原因是主要的,是占居首位的原因。经济原因导致马来西亚华人对自己的族群认同不仅没有被削弱,反而被强化。经济原因还导致马来西亚华人穆斯林对国家认同的弱化。从经济发展与马来西亚华人穆斯林切身利益关系的角度看,马来西亚华人穆斯林之所以选择信仰伊斯兰教、转换身份毫无疑问是因为经济方面的考虑,越是经济方面考虑多,越是经济原因的重要性超过其他原因越说明这种选择的复杂性和隐蔽性。在经济原因的决定下,华人族群认同不仅没有削弱反而增强的事实说明马来西亚华人文化具有的凝聚力、感召力以及对族群团结具有重要意义都没有弱化,马来西亚华人的国家认同不仅没有因为他们皈依伊斯兰教,转换身份得到加强,反而依然处于原来水平的事实说明马来西亚华人穆斯林选择信仰伊斯兰教、转换身份并不代表他们增强了对国家的认同,也不代表他们族群文化身份的转换。他们的国家认同水平的停滞不前恰好说明他们对自己族群文化身份的认同和对自己个人文化身份的认同是不会改变的。

社会原因与马来西亚华人选择信仰伊斯兰教关联度较高,与他们的族群认同、国家认同的关联度较低。这说明马来西亚华人穆斯林选择信仰伊斯兰教、转换身份是处于对一个特定的社会身份的考虑,这就是希望通过自己社会身份的改换,获得社会平等、社会公正和对每个人平等对待的待遇和一视同仁的利益。马来西亚华人穆斯林选择信仰伊斯兰教与他们的族群认同、国家认同没有紧密的联系这个事实进一步揭示了他们选择信仰伊斯兰教、转换身份并不是要放弃自己的华人文化,也不是为了国家认同的需要,而是为了争取得到与土著原住民族一样的社会权利和人格尊严。

文化原因与马来西亚华人选择信仰伊斯兰教、选择国家认同关联度较低,与他们族群认同的关联度较高。这说明马来西亚华人选择信仰伊斯兰教不是处于文化的考虑,即:不是为了放弃自己的根文化,更不是为了迎合政府去选择国家认同,而是另有原因。这个原因就是追求与土著原住民族一样的一样的平等权利、平等利益和平等待遇。

(四)马来西亚华人穆斯林族群身份转换的本质

以上分析表明,马来西亚华人穆斯林之所以通过选择信仰伊斯兰教转换身份,其本质昭然若揭,这就是通过迂回曲折之方式,追求与马来人一样的平等权利、平等利益和平等待遇。马来西亚华人穆斯林所以采用这个方式,就政治方面看,不仅与马来西亚华人政党存在的合法性危机关系密切,而且与马来西亚缺乏一个把各个族群、各个阶层联合和团结起来的政党关系密切。马来西亚是一个多元族群、多元政治的国家,其政党除了马来西亚国民阵线联盟(巫统)外,还有代表遍布广大农村穆斯林的回教党,代表华人知识分子的民主行动党。回教党坚持以古兰经倡导的教义作为党的执政理念和行动纲领,提出均贫富、关心和改善底层群众民生的政治主张,与执政的马来西亚国民阵线联盟(巫统)倡导的国家发展优先、追求奢华发展的执政理念、执政纲领针锋相对,对广大下层穆斯林具有重要的影响力和号召力。最近,马来西亚国民阵线联盟(巫统)注意到了马来西亚多源族群的现实,于是调整党的执政思路和执政理念,更提出各个族群平等团结的主张,颇得民心。马来西亚政府为了与在野党特别是回教党抗衡,争取华人支持,计划推出《国家和谐与和解委员会法案》,并专门设立仲裁庭,审理涉及种族歧视以及侮辱性言行等案件。根据新法案,谩骂华人者有可能被起诉。

尽管如此，马来西亚依然既缺乏把各个族群、各个阶层联合和团结起来能够有效进行政治整合、族群整合的政党，也缺乏在每个族群内把自己民族联合和团结起来的政党。马来西亚华人社会面临的最大问题是不能在华人社会和华人党内形成统一的共识去发扬光大从中国带来的文化。虽然马华公会宣称自己是华人社会的代表，但是，大多数华人并不这样看。与之相对立的是华人的教育组织"华人教育董事联合会"。这个组织负责的不仅仅是几所民办大学和90多所中学和400多所小学的华文教育，而且传承"华教斗士林连玉等的华语宁死都不放弃的理念"[1]，坚持在中小学用华语授课，坚决抵制前总理马哈蒂尔提出的多种种族同处一所学校以英文教数理的主张。在这样的政治背景下，马来西亚华人选择伊斯兰教作为自己的信仰，选择马来人的身份不仅是一种政治无奈的表现，更是一种国家认同无法达成的表现。马来西亚华人穆斯林尽管迫于环境压力和出于实际考虑作出这种看起来很实际的选择，但不意味着他们为了一种迫不得已的"适应"而彻底放弃母族文化，也不意味着他们为了把"他人"身份转化为"与国家一致"的国家公民。通过他们的迫不得已的选择，我们看到中华文化的浓厚情结依然重重地在他们心底沉积，成为他们挥之不去的族群记忆和文化烙印。在马来西亚的2000多名华人穆斯林的外表已经马来人化，男子头戴白帽，女子裹着艳丽的纱巾，但是，他们的内心世界还是由中华文化构成。这不仅表现在他们以儒家经典解释伊斯兰教的经典，在电视台、电台和华人穆斯林的聚会中添加中华文化的成分，而且表现在他们就没有放弃自己的母语，坚持学习中文，彼此以中文交流，在家庭中以中文为基本话语。笔者曾经参加过马来西亚华人穆斯林协会新年聚会。当时，笔者以为这些华人穆斯林经过这么多的历程，恐怕早已对母语生疏，就以英语作为讲话语言。没想到，在座的华人穆斯林一致要求笔者改用纯正中文讲话。笔者记得清清楚楚，在座的华人穆斯林听到自己母语的那种激动、那种痴情和那种欣喜若狂。语言学理论告诉我们，在界定民族的边界时，没有任何一种东西能够像语言那样，可以成为最可以辨认、最可以标志一个民族的界碑。一个民族只要把语言保存下去，并且让语言活在沟通和交流之中，这个民族的原生态文化就会保存下去，这种文化就是这个

---

[1] 马来西亚华社研究中心：《马来西亚华人社团及其理念和活动》，马来西亚华研出版社2013年版，第596页。

民族谁也斩不断的"根"。这就是威斯勒指出的文化在反思性活动中通过语言达到维护和传承。

在马来西亚，族群和族群之间的文化整合、政治整合、社会整合、经济整合之所以步履维艰，困难重重，一方面是政党文化纷乱、政党合法性危机、政党意识形态分裂；另一方面是各个族群历史和文化反差强烈、各个族群诉求的实现途径不平等。如果要实现文化适应，获取相关利益，就要更换族群身份，改变信仰。当这种文化适应出现的时候，我们看到的并不是族群和族群之间的理解和信任的出现，并不是族群认同和国家认同的一致，而是一个悖论的出现，这就是在一个族群内部又多了一个"异文化人群"。这个"异文化人群"从表面上看，其信仰、习俗、行为都已经同化和融化在新的文化种质之中。但是，现象后面的实质则是这个"异文化人群"的文化心理、文化记忆依然与自己的原生态母族别无二致，这个"异文化人群"依然保存和坚持的自己文化身份，而与国家认同相冲突。这个悖论的文化现象告诉我们，马来西亚华人穆斯林最根本、最本质的追求不是成为马来人，不是去信仰伊斯兰教，不是为了身份转换，而是为了获得与土著原住族群一样的社会公正、社会平等、社会权利和人格尊严。

第二章

社会心态理论

心态（attitude）是心理态度的简称，原是社会心理学的一个重要名词。现在已经成为研究国家、民族、社会、个体的多样化关系、丰富性内涵和千姿百态的表现形式及其重要特征的一个综合性概念。社会科学的各学科、各领域都在作为一种认识工具使用这个概念。本章主要分析和研究心态理论、社会心态理论以及社会心态健全等重要问题。

第一节 心态理论

心态决不只是简单的个人对外界存在和变化的心理反映，而是由人生观、价值观、世界观、思维模式、行为模式等熔铸而成的人的丰富性、多样性以及复杂性。换句话来说，心态是历史和现实、精神和物质、感觉与理性、知识和经验等多种多样的因素的沉淀和交错而成的人的丰富多彩、五颜六色的心理世界、精神世界以及情感世界的表现和反映。

一 心态问题研究

心态一词来自英语的 Mental，17 世纪就开始出现在英国。关于英国为什么最先出现了心态一词，是有其必然性的原因的。根据科学社会学的代表人物默顿在《十七世纪英格兰的科学、技术与社会》一书中的看法，由于当时英国社会各个领域都以清教的价值观作为衡量对错、是非、善恶的标准，造成人们的心态也发生了难以想象的变化。默顿认为："清教主要是明显地与占主导地位的文化价值相结合的宗教运动。正因为如此，它可以作为测量不同社会运动价值的杠杆。"①当时的人们很想知道为什么清教的作用大到连人们内在的心理状态都可以改变。那时人们对体现资本主义精神的新教的传播速度之快、影响之广感到不可思议，后来发现这是人们的心态接受了新教倡导的价值观的结果。当时，人们反对空谈、追求务实、崇尚业绩、赞美现实的心态与新教倡导的"以成就给上帝带来荣耀"的理念不谋而合，互相激荡，汇合成为新的时代精神，由此带来整个英国社会思想观念翻天覆地的巨大变革。

19世纪末诞生的法国年鉴学派的心态史学派则使用心态这个词语研究法国各个历史时期人们的思想感情、精神状态，探讨历史发展对人们精神世界的影响。20世纪初的美国社会学家托马斯开始借助心态理论研究波兰移民的适应能力。奥尔波特则在1935年对心态作出了最早的也是最具有影响力的定义。奥尔波特这样表述心态的含义："一种心理的神经的准备状况，由经验予以体制化，对个人的所有反应过程起指示性动力性的影响作用。"②奥尔波特对心态的定义表明，其一，心态是自我做出的反应，自我表示的态度；其二，心态与人的行为是一致的，有什么样的心态就有什么样的行为；其三，心态是自我以肯定和否定的方式作出的决定。

二 心态构成要素

心态由四个重要要素构成：认知、情感、意志、行为。认知是心态以观念的方式作出的反应，表示的态度；情感是以感受的方式作出的反应，表示的态度；意志是以选择的方式作出的反应，表示的态度；行为是以实践的方式做出的反应，表示的态度。心态的反应和态度不是四个因素中某一个因素起作用的结果，而是四个因素形成的心理反应机制将四个因素整合的结果。正因为心态的内涵这样丰富和具体，是自我的反应和自我态度的体现，而自我不论在哪一个领域从事什么样的活动，是精神的还是物质的，是脑力的还是体力的，无论这个领域的这种活动是复杂的还是简单的，是综合性的还是单一性的，都和心态密切相关，不可分离，通过心态的研究，我们不仅可以认识自我的需求、发展和实现所出现的各种问题，

---

① ［美］罗伯特·金·默顿：《十七世纪英格兰的科学、技术与社会》，范岱年等译，商务印书馆2002年版，第123页。

② Alcock J. Eed, *Social Psychology*, Canada: Joho Deyell Company, 2008, p. 96.

也可以解析社会与人的关系中的冲突、矛盾和整合之路等问题，而且可以通过心态的研究，认识自我的世界观、人生观、价值观和荣辱观、时代的精神状态。正因为如此，心态这个概念现在已经成为社会科学中使用最广泛、最频繁来研究许多领域的社会与人生问题的基本概念。

三 心态的特征

心态特征是从各种各样心态中抽取的最能够表现心态活动的最为显著、最为突出的方面综合而成的描述，心态特征主要包括以下几个方面。

（一）心态是人们对世界的认知的心理化反映

心态是人们认识和理解世界的第一步。心态不是一张白纸，只能把世界原封不动的复印上去。心态不是照相机，只是把世界静态地反映到心理世界里去。心态是对世界积极的反映。心态对世界的反映是直觉的，更是知觉的，因此，心态第一个特点就是表现为作出一个决定后的心理状态。例如，一个人想买一部汽车，这是一个决定，但是，当这个人看到市场上汽车的款式比其计划的汽车的款式更好或者更差，这个人就会产生一种心理状态。

（二）心态在一定条件下会发生变化

如果人的观念和信念与人所接触的事物一致，心态就是和谐的，如果不一致，心态就会失衡，出现不和谐。例如，国家政策强调尊重和保护西北少数民族，国家有责任帮助他们实现共同富裕的理想，这与西北少数民族认为政府处理问题是公正的观念和信念是一致的，那么，在这个时候，在这种情况之下，西北少数民族的心态就是平衡的、和谐的。

（三）心态具有自我保护的功能

心态的自我保护功能决定了其通常产生趋向快乐的对人有益的感觉，避免不快乐的对人有害的感觉。心态的自我保护功能还导致人们认同符合其价值观的事物，厌恶背离其价值观的事物。

（四）心态以行为显示其状态

当观念、信念和行为三者一致，心态是平衡的、和谐的，三者不一致，心态就出现不平衡、不和谐。无论和谐还是不和谐，都以行为为标志。这个行为可以是语言的行为，也可以是非语言的行为；可以是动姿，也可以是静姿。不论哪一种行为，都是人的心态的表现。其内容和含义都是丰富和多样的。美国社会心理学家沃斯特（Walster）[①] 以"分阶段后悔"（regret phase）阐述了心态的历程。首先，心态是平衡的、和谐的，但是，人们接触了外部事物，特别是作出了一个决定后，人们就开始反思自己的决定，难免对之前不够完善的决定产生后悔之感。因为决定与现实总是存在一个距离，现实和理想也存在一个距离。这是第一个后悔，实现这个决定后，虽然心态出现相对平衡与短暂和谐，但是人还要评估这个决定，这又出现第二个后悔，因为决定的缺陷会很清楚的在评估中暴露出来。人就在后悔的交替中，在平衡和不平衡中、和谐与不和谐中，进一步完善了自己的认知系统，实现了自我认知能力和认知心态的发展。

第二节 社会心态理论

社会心态是由认知、情感、意志和行为构成的心理反映机制，是心理活动中的没有表现出来的判断是非曲直的立场、观点和方法。社会心态理论是对社会心态逻辑构成、理论凝结和实践总结的结果。社会心态理论有其自身构成要素、本质规律、标志性特征以及表现特有的形式，研究社会心态理论具有着重要的理论及现实意义。

一 社会心态释义

19 世纪中叶，法国年鉴学派所创立的心态史学将社会心态作为正式的研究领域确立下来，以社会心态表示一个时期普遍存在于法国社会中的主流习俗，以概括和反映法国社会新出现的文化共同现象。在法国年鉴学派的影响下，西方学者多把社会心态等同于一个社会中普遍流行的占主导地位的文化趋势。真正开始心态研究的是美国社会心理学家托马斯在 1918 年对波兰移民的研究。

在我国，对社会心态最有代表性的定义有两个。王雅君认为："社会心态是某一社会时期社会群众普遍存在的心理状态，表现为人心民气或者社情民意，简单说就是指人民群众的愿望、呼声、意见、态度或情趣，因

[①] Walster Eed, *The Temporal Sequences of Post-decision Processes*, Stanford University Press, pp. 112 - 128.

人们所处的生活环境和社会阶层的不同产生差异。"① 杨宜音认为："社会心态一般指在一段时间内，弥散在整个社会或者社会群体、社会类别中社会共识、社会情趣和感受以及社会价值取向。"② 我国学者对社会心态表述可以概括为法国社会学家迪尔凯姆提出的"集体意识"。集体意识是一个社会里普遍存在的为大多数人拥有的意识，是社会共有的思想感情、感觉感受。综合中外关于社会心态的观点，社会心态可以表述为社会共同体的心理共识，是共同的思想感情、共同的价值取向、共同的社会生活、共同的符号体系的产物。

根据以上研究结果，我们可以给社会心态一个比较完整、比较准确的定义，即：社会心态是社会认知和社会心理的统一，也是历时性和共时性的统一、个人心态与族群心态的统一、文化心态与历史心态的统一，同时还是跨民族、跨文化、跨地域心态的统一，是系统化、功能化和有机化的心理状态。

二 社会心态的本质、特征及表现

社会和谐，不仅表现为社会结构，社会阶层，社会群体、个体间、社会区域等方面的和谐，而且表现为人们自我心灵的和谐，也就是深层次的社会精神文化和社会心态的和谐。和谐的社会心态不仅是构建和谐社会的重要结果，也是构建和谐社会的重要内容和过程，更是检验社会是否和谐的重要标尺。因此，构建和谐社会必须重视对和谐心态的构建和培育。

社会心态是一种不容忽视的精神文化，它是人们各种心态特征的综合，它属于主观精神世界领域，是人们长期积淀起来的意识和心灵深处的稳定性倾向、定势。社会心态在本质上属于低水平的、不系统的、不定性的、自发性的社会意识。

（一）社会心态的主要特征

社会心态作为一种心态文化，它是隐性、隐晦的、甚至是不可直接被感知的，但它又通过一定的方式表现出来。大体上来说，社会心态主要通过价值取向、思维方式、行为模式、情感态度这些知、情、意结构而表现

---

① 王雅君：《"无直接利益冲突"与社会心态调试》，《理论探讨》2008年第4期。
② 杨宜音：《个体与宏观社会的心理关系：社会心态概念的界定》，《社会学研究》2006年第4期。

出来。社会心态并不可以直接等同于价值取向、思维方式、行为模式、情感态度等等、社会心态应当看成是价值取向、思维方式、行为模式、情感态度等背后更加隐蔽和深层次的因素。

社会心态具有大众性、广泛性的特点。由于社会心态是以具有各种稳定性的心态特征为主要内容，因此它具有突发性、大众性的特点。如果仅仅是个别人的心理定势，就不具有普遍的特征，不是大多数人所拥有的心态，因此就不是大众的主流心理，也就无法反映社会心态的总体特征。只有社会大众普遍具有的心态主流才能成为社会心态。

总之，社会心态是具有广泛基础的、无形的、隐性的文化形态。它与物质形态文化、制度形态文化和观念文化一起共同构成一定社会的文化整体系统。这表明，从整体文化系统来看，社会心态是一种不容忽视的文化。社会心态看不见、摸不着，但是又确确实实的存在着，并且左右着人们的言行。

（二）社会心态的表现形式

应该来说，迄今学术界对社会心态的研究还很不够。较早提出重视社会心态建设的是李君如教授。他认为，社会心态具体表现为人们的思想方式、价值取向、行为模式、审美情操、抒情方式和礼仪习俗等。这种对心态文化的概括，我们基本赞同。社会心态的表现形式主要有以下几个方面。

1. 价值取向性心态

价值取向性心态是集中反映在人们价值取向当中的心态特征。这指的是人们在生活中对待各种事物的欲望、信念、意向、兴趣、目的等心理凝聚。它是社会心态的一种主要表现。人们在社会生活实践活动中总会持有一定的价值取向。而价值取向是人们对"是好是坏""有用无用""值不值得"等价值取向的取舍。价值取向性心态是价值取向背后的因素，但它不同于价值观念。价值观念就是价值论，它包括人生观、生活观、价值观、历史观等，是关于价值取向的理论学说，它属于意识形态层面的问题，是观念形态的文化。而价值取向性或称价值尺度性心态是潜藏在人们心灵深处的评估事物的好坏轻重、权衡得失弃取的"天平"和"尺码"。

2. 思维方式性心态

同价值取向性心态密切相关的就是思维方式性心态，它是人们对事物的认识方法的心理凝聚，也是社会心态的一种主要表现。思维方式是人们遇到问题而感到应该想一想的时候，往往凭借以往的经验、知识、兴趣而形成起来的一种自以为符合思维顺序的思考模式。人们在思考问题、认识事物的时候，总要按照一定的模式、方式或路径去进行。而在这些模式、方式、路径后面还隐藏着更深刻的原因。这些与思考问题的方式、模式密切相关的心理源头，就形成一定的思考性心态。每个社会的人们都必须一刻不停地思考、认识事物，这样相应的思考方式所体现的心态特征就具有不可避免性。

3. 行为模式性心态

受价值取向和思维方式影响的就是人们的行为模式。而任何一种行为模式都会被相应的心理定势所左右。这些左右人们行为模式的心理凝聚就是行为模式的心态，它是人在实践活动中所采取的方式和手段的心理凝聚，是一种不假思索的行为定势。它同样是社会心态的一种表现。例如中庸之道，它驱使人们对待人接物方面以中规中矩为行动准则，不为福始，不为祸先。

三　社会心态产生的根源

社会心态是一定社会发展时期内，弥散在整个社会或社会群体中的社会心境状态，是整个社会的感受、社会情绪基调、社会共识和社会价值观心理反映的总和。社会心态随着社会的变化而变化，了解社会心态对于了解社情民意、社会热点以及公众情绪非常重要。社会心态是面对社会问题产生的心理反映，特别是对社会问题压力产生的心理反映。在社会主义市场经济条件下，我国城乡民众对所遇到的压力评价由大到小的顺序是住房、医疗、下岗失业、教育、家庭收入、赡养老人、人情支出、社会治安、社会风气、家庭矛盾和邻里矛盾，民众社会心态主要是面对经济压力、社会压力、人际压力而生。我们可以通过下列问题认识社会心态产生的根源，找到解决的办法，促进社会稳定，推动社会进步。

（一）生活压力感

城乡居民遇到最多、感觉最大的生活压力来自经济方面。近年来，教育、医疗、住房负担过高是民众反映比较突出的问题。调查显示城乡居民遇到最多的生活问题是"家庭收入低，日常生活困难"；其次是"医疗支出大，难以承受"；最后是"住房条件差，建不起房，买不起房"。这些问题反映到民众的社会心态之中就会形成一些消极的社会行为，例如不去主动作为而是一味等待政府救助，不从自我能力改善入手而是怨天尤人，敌视社会，嫉妒他人。

（二）社会安全感

社会安全感是民众对社会信赖和依赖的主观感受，是人们对于目前处境的一种主观判断。调查发现，民众安全感最高的是个人信息、隐私安全，最低的是食品安全，其他各项由高到低分别是人身安全、劳动安全、财产安全、交通安全、医疗安全。如果一个社会民众的社会安全感降低，说明该社会的法律和纪律秩序尚未完全建立，法治建设、道德建设和社会管理都有待加强。这些问题反映到民众的社会心态之中就会形成社会认同危机。解决社会认同危机就要加强社会治理能力和社会治理体系现代化建设，增强人们对社会发展和社会进步的信心。

（三）社会支持感

家庭、亲友是最主要的社会支持来源。社会支持是指人们遇到困难和自己无力解决的问题时可以获得建议、指导、鼓励、帮助的社会性资源。社会支持可以帮助人们减轻社会压力、改善情绪和行为反应。调查问卷表明民众感受的社会支持来源主要表现在三个方面，分别是"家庭"，"家族、宗族"和"私人关系网（朋友、同乡、战友、生意伙伴等）"，"家庭"介于"帮助较大"和"帮助很大"之间，"家族、宗族"和"私人关系网"介于"帮助较少"和"帮助较多"之间。"社区组织""工作单位""地方组织"和"党组织"得分稍高，介于"没有帮助"和"帮助较少"之间。正因为如此，从社会支持感存在的问题看，社会心态难免夹杂了浓厚的人际关系特别是血缘关系在其中。所以，民众遇事不是先找工作单位、社区组织、地方组织，而是先找他们私人关系网上的各种关系。这种社会心态是产生熟人社会的根源。我们今天建设的社会主义市场经济，就是要破除熟人社会滋生的种种消极现象，构建一种新型的、建立在法律和纪律之上的人际互动关系。

（四）社会信任

信任是人们对他人或者组织的依赖。这里的社会信任感是指人们对于所处的社会组织、社会角色、信息来源是否可以信任的主观感受。调查表明社会信任目前出现危机，民众对社会问题持有眼见为实的态度，对媒体和宣传的信任度较低。听其言、观其行成为民众对社会信任持有的基本态度。正因为如此，从社会信任引发的社会心态看。民众总有害怕吃亏上当的胆怯和懦弱心态存在。由于这种社会心态的存在，社会发展和进步的成本相应提高。因为说服和动员的成本和投入相应提升。

（五）社会公平感

制度公平高于机会公平。社会公平感在一定程度上反映出社会制度的公正性。调查结果显示，城乡居民对总体上的社会公平状况的评价接近比较公平。公平程度最高的是高考制度，其次是义务教育和实际享有的政治权利，最不公平的是城乡之间的差别，特别是人们收入之间的差别。其他的不公平是提拔干部、不同地区、行业之间的待遇、社会保障和财富分配。综合起来看，民众对制度公平感评价较高，而对机会公平感评价较低。社会公平感失衡反映到人们的社会心态之中就会形成社会心态的失衡。这个失衡是社会心态的认知、情感之间的失衡、主观和客观关系的失衡，这种失衡必然产生一些偏差思想和偏差行为。值得注意的是，这些偏差思想和偏差行为主要不是针对社会制度而生，是针对具体民生问题而生。在处理这些偏差思想和偏差行为的时候，应该注意区分两类不同性质的矛盾，最大限度团结一切可以团结的力量，最大限度孤立和打击一小撮敌人。

社会心态是一定社会发展时期内，弥散在整个社会或社会群体中的社会心境状态，是整个社会的感受、社会情绪基调、社会共识和社会价值观的总和。在社会转型过程中，社会心态随着社会的变化而变化，了解社会心态不仅对于了解社情民意、社会热点以及公众情绪非常重要，而且是进一步采取有效措施实现党提出的"塑造自尊自信、理性平和、积极向上的社会心态"的前提。

第三节 社会心态健全

社会心态的构成要素不是一个，而是四个，即认知、情感、意志和行为。这四个要素互相配合，互相和谐，社会心态才能产生积极、正面的效果，否则就会产生消极的、负面的效果。因此，社会心态健全就绝不是一个可有可无的小事，而是一个必须解决好的大问题。

一 社会心态健全释义

社会心态健全包括心态四要素认知、情感、意志和行为四个方面的健全。认知健全表现为许可、认可的判断必须建立在正确的世界观、人生观和价值观之上，这样才能正确判断和识别真善美和假恶丑，给行动以正确的指导。情感健全表现为立场坚定，爱憎分明，是非清楚。一个人的社会心态健全既是认知系统的健全，也是情感系统的健全，更是认知和情感两个方面的双重统一和一致。这个双重统一和一致就是社会心态的健全。社会心态的健全不仅仅指认知的正确，即对现实反映的客观和真实，而且指情感体验的正确，既对外界反映的倾向和态度正确。情感来自社会实践并且正确反映社会实践的规律和特点。健全的社会心态能够整合认知、情感、意志和行为，构建完整的心理反应机制，产生感觉和感受的一致性。社会心态健全的人能够把握社会发展的规律和演进方向，紧跟时代潮流，充分利用一切机会，施展自己的聪明才智，发挥自己的一技之长。他们积极乐观，奋发向上，敢作敢为，一往无前。他们看问题总是着眼于事物积极的一面，总是能够发现别人的长处，严于律己，宽以待人。与人相处，泰然处之，不卑不亢，不骄不躁，心胸豁达大度，善于学习和赞美别人的长处，善于取长补短。

二 社会心态健全的表现

社会心态是否健全，直接影响社会关系是否和谐、社会局势是否稳定，进而影响一个国家经济社会发展的大局。社会心态健全主要表现为四个方面。

（一）社会成员能够恰当判断和识别真善美、假恶丑，给行动以正确的指导

社会心态的健全最直接的反映就是人们在日常生活中的行为取向，社会心态范畴的价值观就是人们对是非、善恶、美丑、真假、好坏的评价标准，对自由、平等、正义、荣辱、幸福、公平等观念的理解，以及在日常交往过程中如何选择交往对象、采取适当的方式方法、对自我得失的客观评判等。

（二）社会成员能够正确表达情感，情感的价值取向明确

社会心态的健全还反映在社会成员能够拥有健全的人格，能够正确表达各自的情感。"人格健全的人往往具有较强的认知能力、具有解决矛盾的独立性和自信心，富有责任感、进取心和抵抗挫折的能力。"[①] 人格的健

---

① 柴素芳：《大学生幸福观教育论》，人民出版社2013年版，第47页。

全进一步促使人们能够客观地分析社会现象及社会矛盾,冷静地处理遇到的问题,增强自己的心理调适能力、抵抗挫折能力和适应社会的能力,进而能够正确地表达自己的情感与诉求,其情感的价值取向正确。

(三)社会成员能够驾驭意志,专注于目标,行不旁骛

社会心态的健全促使社会成员能够驾驭自己的意志,专注于自己的人生目标,人生态度积极乐观、身心健康发展,成为有理想、有道德、守纪律、有社会责任感的人。拥有健全的社会心态的社会成员就能够在社会生活实践中面对各种困难、挫折、问题时作出符合社会历史规律、事物发展规律的选择。拥有健全的社会心态的社会成员能够专心致志于自己的目标,坚定自己的理想信念,从而具有披荆斩棘、锲而不舍的动力,这些都会带给其他社会成员以积极的影响。

(四)社会成员能够通过行动体现认知、情感和意志的一致性,行动坚决果断

社会心态的健全最终会落实到行动之中。拥有健全社会心态的社会成员能够通过行动体现认知、情感和意志的统一,行动坚决果断。健全的社会心态不仅需要情感的支撑,还需要社会成员自我的创造热情和精神力量支撑,可以保证社会成员在正确思想的支配下行动,从而有效地实现目标,而不感情用事,跟着感觉走,"对于一个社会来说,任何目标的实现,任何规则的遵守,既需要外在力量的约束,也需要情感的维系和激励,更需要内在的自觉"。① 从这个角度来说,社会心态的健全必须建立在广大人民群众普遍认同和自觉参与的基础之上,需要每个社会成员对自己的目标以及社会成员共同目标有清醒的认识,升华自己的情感,主动担当起自己的责任,共创社会和谐的美好生活。

三 社会心态健全与民族认同、国家认同的关系

社会心态健全与民族认同、国家认同的关系表现为自我的四个新变化和新进展,即:其一,自我开始民族认同、国家认同的历程。其二,自我产生民族认同、国家认同的心理需求。其三,自我产生民族认同、国家认同的社会需求。其四,自我产生民族认同、国家认同的完善自我的需求。

---

① 郑承军:《理想信念的引领与建构——当代大学生的社会主义核心价值观研究》,清华大学出版社2010年版,第183页。

（一）社会心态健全是自我民族认同与国家认同的开端

社会心态是人以赞成什么、反对什么的态度形式作出的心理反应，是行为的开始。人从反应开始就进入一个连续的行为过程链。美国社会学家米德第一次明确提出了态度是行为的开端的观点，他写道："人们必须坚持的是，可以客观地观察的行为在个体内部得到表达，其含义并非指它存在于另一个世界、一个主观世界，而是指——即行为的开端——的东西表现出来。现在我们如果回过头看这些态度，我们就会发现，是它引起各种反映。"① 社会心态的健全意味着从态度开始民族认同的历程。

当社会心态健全开启民族认同、国家认同之时，也意味着社会心态开始民族认同、国家认同的心理表现过程。这个过程分为社会分类心态、社会比较心态、民族和国家归属心态三个阶段。通过社会分类心态可以进行民族和国家的心理识别，从心理上区别自己所在的民族和国家与他人所在的民族和国家。其结果常常对自己所在的民族和国家情有独钟，赞誉有加。久而久之，这种心态就成为我们认识和理解自己所在的民族和国家的固定标准，导致我们总是在不知不觉之间赞美自己所在的民族和国家，看低别人所在的民族和国家。通过社会比较心态会产生所谓的"内群"和"外群"的区别，即：自己所在的民族和国家是内群，自己之外的民族和国家是外群。通过社会分类和社会比较，人们的群体归属心态将强化"内群"和"外群"的意识。进一步确立自我对所在民族和国家的归属。

（二）社会心态健全产生民族认同、国家认同的自我心理需求

"某个人心态"和"其他人心态"是英国哲学家艾耶尔提出的社会心态健全的表现，原因是这个结合可以产生自我的道德感。在民族认同、国家认同方面，这个结合产生了自我的主动和积极的需求。这就是说，民族认同、国家认同对自我来说不是外在的强迫和引诱的结果，而是我自己的内在需求和强烈愿望，是自我的主动性、自觉性产生的结果。之所以如此就在于社会心态的构成要素的组合产生新的变化。"某个人的心态"和"其他人心态"由认知、情感、意志和行为构成。当这两个方面结合时，认知就不以个人的认知为转移，情感也会走出个人的限制。自我不仅在认知和情感方面注意了他人的认知和情感，不在固执己见，而且认知和情感的客观性与主观性、自我评价与他人评价出现较好结合。民族认同、国家

---

① ［美］米德：《米德文选》，丁东红等译，社会科学文献出版社2009年版，第6页。

认同方面的自我心理需求的"其他人心态"和"某个人心态"的结合标志着个人已经把社会所要求的价值观内化为自我的需求。相比较之下，个人的自我的价值低于民族的价值，民族的价值低于国家价值。所以，黑格尔认为国家就是地上行走的神。

（三）社会心态健全产生民族认同、国家认同的自我社会需求

美国社会学家米德认为自我由"主我"和"客我"的统一构成。按照米德的看法："主我是当共体的态度出现在个体的自己的经验之中对个体这种态度所作的反应。"①"客我本质上是社会群体的成员，因而代表该群体的价值观，代表该群体成为可能的那种经验，它的价值观是该社会所有的价值观。"② 在米德看来，"主我"仅仅代表个人，"客我"才代表社会。两者的结合，构成了完整的自我。"主我"对"客我"的适应、接受和改造。"客我"对"主我"的约束和控制构成的社会心态的健全，也产生自我的社会需求。只有"主我"的社会心态是缺乏实际内容、不完整的、片面的社会心态，就是个人主义、利己主义的自私的社会心态，就是德国哲学家费希特批判的"人的恶根"的本源。只有"客我"的社会心态，缺乏自主性、独立性和能动性，同样是社会心态的不健全，是外在于人的马克思批判的"虚幻的共同体"、"不真实的共同体"。社会心态健全的两个方面的统一意味着个人能够正确处理社会利益与个人利益的关系，正确对待民族认同、国家认同过程中的问题，坚持民族认同、国家认同的成长之路。一个人的民族认同、国家认同是这个人社会需求的表现。一个人的社会需求的产生需要"主我"与"客我"的结合。

（四）社会心态健全产生民族认同、国家认同的自我完善需求

社会心态形成的自我心理反应机制借助认知、情感、意志和行为的一体化做出反应和进行感受。这些反应和感受归根结蒂表现了自我对民族认同和国家认同的态度，决定着个人的归属是否能够实现。当一个人社会心态健全，就能够自觉自愿产生归属需求，积极将自己归属民族和国家。

美国社会学家柯林斯认为："仪式是一种相互关注的情感和关注机制，它形成了一种瞬间的关注现实，因而会形成群体团结和群体成员性的符

---

① ［美］米德：《米德文选》，丁东红等译，社会科学文献出版社2009年版，第6页。
② 同上。

号。"① 社会心态健全就是"自我的关注机制"与"社会的关注机制"的统一。"自我的关注机制"只是产生民族认同,与"社会关注机制"统一起来,才能产生国家认同。"自我关注机制"与"社会关注机制"统一起来,自我才可以在多种多样的事物中选择大家认可的、赞赏的、接受的事物,抛弃大家讨厌的、争议的、无法容忍的事物。由众人决定什么是真善美,什么是假恶丑就是"关注机制"的社会心态健全的含义。"最大多数的人总是正确的、是代表社会进步趋势的"作为一个定势定论构成"关注机制"的社会心态健全的支撑点。"关注机制"中的社会心态的健全建立在"群众是真正的英雄、而我们自己则往往是幼稚可笑的"的基础之上。所以,"关注机制"的最终结果就是形成民族认同和国家认同。因为,只要一个人关注自己的民族和国家,就会产生民族意识和国家意识,形成与民族和国家共进退的感情。这种意识和感情就是对民族和国家的认同。

自我对民族和国家认同的表现就是承认自己是所在民族的一员、所在国家的一员。各少数民族通过民族认同和国家认同留住了两个根,一个根是民族之根,一个根是国家之根。民族认同、国家认同都需要以社会心态的健全为条件。社会心态的健全就是各民族的精神健全、文化健全,是通向民族认同、国家认同的必经之途径、必由之路线。

四 社会心态健全的自我与民族认同、国家认同的关系

社会心态健全的自我将认知、情感、意志和行为相统一为一个整体,构建了一套完整的心理反应机制,能够作出对民族认同和国家认同的正确抉择。只有社会心态健康的自我才能为民族认同、国家认同提供必要的个人条件和必要的心理基础。民族认同、国家认同只能通过社会心态健康的自我展开正确的构建。社会心态健康的自我是以赞成什么、反对什么的态度作出的心理反应,是以做什么、不做什么的行为开始的意志选择,是以爱什么、恨什么的情感取向表现的行为特点。社会心态健全的自我的心理反应机制是完整性与结构性的结合。这个自我从认知开始就把行为与认知、情感和意志相结合,进入一个连续的行为过程链。美国社会学家米德认为:"人们必须坚持的是,可以客观地观察的行为在个体内部得到表达,

---

① [英]兰德尔·柯林斯:《互动仪式链》,林聚任、王鹏、宋丽君译,商务印书馆2009年版,第469页。

其含义并非指它存在于另一个世界、一个主观世界,而是指——即行为的开端——的东西表现出来。现在我们如果回过头看这些态度,我们就会发现,是它引起各种反映。"① 社会心态健全的自我对民族认同和国家认同的反映不仅仅是自我主观世界的活动,而且是自我客观世界的活动。在主观世界里,这个自我满足于认识和理解民族认同与国家认同的含义、实质以及相关的内容。在客观世界里,这个自我不满足于认识和理解,更要把认知活动、情感活动和意志活动付诸实施,以行为显示对民族认同与国家认同的追求,以追求显示对民族认同与国家认同的坚定性。

(一)社会心态健全的自我形成完整的民族意识

社会心态健全的自我将民族认同的族源、族体、族际和族神统一起来,形成了完整的民族意识。对于中华民族来说,完整的民族意识反映的是各个民族的一致性和共同性。这个一致性和共同性不仅表现为一个民族自身的不可分割、彼此不可须臾离开的一致性和共同性,而且表现为中国各个民族的不可分割、不可须臾离开的一致性和共同性,即:各民族团结和谐、多元一体、互相包容,共同团结奋斗,共同繁荣发展的一致性和共同性。中华民族的一致性和共同性表明,各个民族从古至今具有同种、同根和同源的特点。如果忽视各个民族从古至今具有的同种、同根和同源的特点,否认民族认同的一致性和共同性,就会导致将"内群""外群"区分的简单化、绝对化和片面化,出现所谓"看别人豆腐渣,看自己一朵花"的狭隘民族主义倾向。这是民族认同最应该注意和解决的问题。

(二)国家认同与社会心态健全的自我

社会心态健全的自我的国家认同是通过比较实现的。通过比较,才能看清楚自己国家的优势和劣势,才能寻找摆脱国家贫困落后的特色之路,才能产生建设国家、发展国家的紧迫感和使命感。如果通过对比,看不到自己国家的优势,只看到自己国家的缺陷,一方面会产生崇洋媚外的思想,一方面会产生自暴自弃的心理。有些人可能就会希望脱离这个国家,远走高飞,另谋出路。"相对剥夺"就是这样产生。美国社会心理学家斯托佛等人在1949年首次提出的"相对剥夺理论",包括"个人相对剥夺"和"集体相对剥夺"。"个人相对剥夺"指自我与另一个与他条件相似之人比较产生被剥夺感。"集体相对剥夺"指自我与另一个与他条件不相似之

---

① [美]米德:《心灵、自我与社会》,赵月琴译,上海译文出版社1992年版,第186页。

人比较产生所在集体被剥夺感。如果能够保证每个民族、每个公民在国家的政治、经济、文化等各项生活中，都能够享受平等的权利和利益，就不会出现相对剥夺的问题。

（三）社会心态健全的自我对民族认同、国家认同的结果

社会心态健全的自我的民族认同与国家认同的实现经过民族和国家分类心态、民族和国家比较心态、民族和国家归属心态三个阶段。通过社会分类心态，社会心态健全的自我进行民族和国家的心理识别，从心理上区别自己所在的民族和国家与他人所在的民族和国家。社会心态不健全的自我总是在无意和有意之间过度赞美自己所在的民族和国家，看低别人所在的民族和国家。社会心态健全的自我通过社会比较虽然也产生所谓的"内群"和"外群"的区别，即：自己所在的民族和国家是内群，自己之外的民族和国家是外群。但是这个"内群"和"外群"之分只是一种区别和分辨的符号，不是比较各个民族或国家谁落后、谁先进的尺度。通过民族和国家的分类和比较所产生的结果就是民族认同和国家认同的形成。

对民族认同、国家认同的结果就是承认自己是所在民族的一员、所在国家的一员，并且自觉按照所在民族和所在国家的要求进行自我完善。我国各民族的民族认同与国家认同在本质上是一致的，互相配合，互相依存。通过民族认同、国家认同的伟大实践，西北少数民族留住了两个根，一个根是民族之根，一个根是国家之根。社会心态健全的自我作为民族认同、国家认同的基础和条件，反映了西北少数民族总体上的精神健全、思想健全、心理健全和文化健全。民族认同、国家认同只有建立在精神健全、思想健全、心理健全和文化健全的条件和基础之上才能成为各民族之自觉行为。

第三章

国家认同、民族认同与文化、秩序及心态教育

一般而言，民族认同与国家认同既相互联系又相互区别，民族认同与国家认同相辅相成，互相促进。在现代社会，每个个体一定隶属于某个民族，同时也一定隶属于某个国家，民族认同与国家认同共存于个体的观念和意识中，有机地统一在一起。本章主要从文化的角度解释国家认同，阐述从民族认同到国家认同的实质和秩序，提出重视和加强党的民族理论与民族政策教育中的心态教育。

第一节 国家认同文化解释的"深描"与"浅描"

对国家认同的文化解释是"深描"与"浅描"的结合，这个结合表现为认知—情感反应模式的构建。这个构建的形成标志着被称为人的"社会性大脑"的国家认同的形成和确立。在认知—情感反应模式里，国家认同构建最重要的路径是符号体系的构建。对国家认同构建起作用的符号大致可以分为三类：文字符号、象征符号、转化符号。这三类符号共同使用、交替使用和互相配合使用，就能够促进各民族的互动和交往，促进国家认同的构建。

一个概念被熟知之后，无论怎样运用，怎样流行，都不如回归到文化这个"最复杂的整体"之中清晰。对国家认同的研究也应该遵循这个路径展开。对国家认同的文化解释指将国家认同纳入文化范畴进行细部"深描"和整体"浅描"的结合。当前，对国家认同的研究多聚焦在对国家发展理论、国家发展道路和国家政治制度等方面的"宏大叙事"的"浅描"上，"醉心于国家认同的变迁与再建构的宏观研究层面，停留在公民认同、

民族认同、政治认同等领域"。① 对国家认同文化解释的"浅描"和"深描"的结合明显注意不够，导致对国家认同的理解无法深化，对国家认同的细节难以解释。

笔者认为对国家认同深刻内涵、科学实质、实现路径以及重要价值的解释是文化解释的"深描"与"浅描"的结合，这个结合是一个认知—情感反应模式的构建。这个构建是被称为人的"社会性大脑"的国家认同形成和确立的标志。

一 国家认同与文化解释的"深描"与"浅描"

文化解释的"深描"是美国社会学家米尔顿借用另一位社会学家赖尔表达文化分析方法的概念。他以"眨眼"和"挤眼"为列，说明了文化分析的方法就是通过细节描述，把一种社会现象的文化底蕴揭示出来，以此洞彻事物的本质。文化解释的"浅描"也是美国社会学家米尔顿表达文化分析方法的概念，是与"深描"相反的文化分析方法，是通过对一种社会现象的"宏大叙事"的概括，表现这个社会现象的一般特点和整体构成。文化解释中"深描"与"浅描"最主要区别是，文化解释的"深描"以文化有一个隐藏在外表下面的微言大义为逻辑前提，描写文化的细微之处和本性所在。文化解释的"浅描"则以文化为公共产品、公共服务为逻辑前提，描写文化的公共特色、公共形态。文化解释的"深描"最重要的是要在形态上、在功能上把文化呈现为一个细节，一个微观的组合。文化解释的"浅描"最重要的是要在形态上、功能上把文化呈现为一个整体，一个轮廓的构成。文化解释的"深描"描写社会现象的一个个个别细节、一个个具体局部；文化解释的"浅描"则对社会现象的整体、对社会现象的大局从宏观上把握和处理，以完整呈现社会现象的全貌。文化解释的细节、细部和细致入微的部分则交由"深描"解决。文化解释的"深描"与"浅描"的结合表明文化的"树木"只能在文化的"森林"里才能得到纤毫毕露、无所遮拦的展现，文化的"森林"蕴含其中的价值和意义只有通过文化的"树木"才能最终泄露其中不为人知或者知之甚少的一面。文化解释的"深描"和"浅描"的结合就是既要把文化作为一个总体性构成体系对待，也要把文化作为细节、细部的组合对待，文化这个总体性体系和

---

① ［美］米尔顿·M. 戈登：《美国生活的同化》，译林出版社2015年版，第15页。

无数细节、细部构成社会现象的完整性、丰富性和多样性。

  文化作为总体性体系是一个框架，是一个整体，文化作为许多部件的组装，是文化总体性体系的表现，可以拆卸下来，反复捉摸，逐一研究。在文化解释"深描"与"浅描"的结合语境里，文化这个复杂乐章的演奏，不等同于乐器集合发出的声响，是乐章所依赖的总谱，是一个"时间上发展了的音调结构，是模式化的声音的连贯序列"①，文化解释"深描"和"浅描"的结合关注的是文化这个音乐本身的总谱和以总谱为依据的每个细节合成所构成的华美乐章。文化解释的"深描"和"浅描"的结合表明文化的意义是公有和私有的结合，是一个整体张力和细节张力的合成，是森林和树木的关系总和。从这个角度认识文化。文化就不是一个引发各类社会事件的诱因，而是一个解释平台。在这个平台上，文化表现为通过反思的积累性思维的构建、当事人经历的融入。概而言之，文化就是人，人就是文化，这两个因素乃是一个不能分开的、结合在一起的整体。通过这个整体，我们才能理解文化。在文化解释的"深描"和"浅描"的结合视域下，国家认同不是一个"某种被制造出来的东西"，不是"一个被捏出来的东西"，更不是被某种力量"虚构出来的东西"。国家认同显然是从历史和文化中自然而然形成的历史积淀物，是历史和文化这个整体在现实中的对意识的重新构建，是时代精神通过"当下社会性话语"的断裂和重组。文化解释中"深描"和"浅描"的结合表明国家认同不仅仅是文化的"历史话语"，而且是文化的"现实话语"与"历史话语"的相互结合。国家认同的行动逻辑不仅要满足"历史话语"的这个"浅描"，还要与"现实话语"的"深描"紧密结合。对此可以举例说明。中国古代文化中家国一体同构的国家认同的思想和传统，在改革开放时代，其"浅描"的价值和意义依旧。但是，这个"浅描"的思想和传统如果没有现实中无数细节补充和完善，继承和发展，创新和突破也很难继续发展为"现实话语"的"深描"。家国在中国古代社会的一体化同构很大程度上取决于中国古代社会的家和国的界限模糊，家就是国，国就是家，家国不分，乃是中国古代社会"浅描"的产物。中国古代社会的二元融合的社会结构将国与家同构为一个异字同义的概念。今天的国家认同视域下的家国一体同构已经不是皇权统治之下的家国一体不分的同构，是家国有别的一体同构。

---

① ［美］米尔顿·M.戈登：《美国生活的同化》，译林出版社2015年版，第15页。

家是享有法律保护、具有基本人权、社会关系的权利平等、人格独立的家，国是富强、民主、文明、和谐的国，是自由、平等、公正、法治的国，是爱国、敬业、诚信、友善的国。无论家还是国，责任主体、行为主体和人格主体都有明确区别，彼此的权利和义务的界限都被国家法律和政策所明确规定，国和家、集体和个人都不能随意逾越这个界限。现代意义的家国一体同构只能通过文化解释的"深描"才能阐述清楚和明白。

上述分析表明，国家认同的文化解释是将历史和现实、古代和现在、思想和实践同构的"深描"和"浅描"相结合。这个"浅描"和"深描"的两面性很明显，一方面就是传承和表达"历史话语"，展览历史遗存，表明历史记忆；另一方面则要发出和表达"当下社会性话语"，体现时代精神，发出时代声音。这两个方面的结合表明，国家认同的基本理论、基本观念和基本思想等大的方面通过文化解释的"浅描"完成，国家认同的民族特色、文化特色和实现路径等小的方面通过文化解释的"深描"完成。国家认同的文化解释一方面要大，一方面要小，是大和小的结合和处理。

二　国家认同与文化解释的"深描"与"浅描"构建的认知—情感反应模式

笔者查阅近年来对国家认同的研究发现，对国家认同解释的书籍和论文的数量逐年增加，而且这方面的国家社会科学基金项目的立项也在逐年增加。例如，研究国家认同的发表在中文社会科学引文索引（CSSCI）期刊的论文数量2012年为170余篇；2013年为近200篇；2014年则为创纪录的240余篇。这说明国家认同日益被广大学者关注，国家认同日益成为我国社会生活的突出问题。就上述成果的研究范式看，所有研究成果的共同性都是把国家认同变为类型学，集中研究国家认同的外在方面，较少深入到国家认同的内在方面。所谓国家认同的外在方面指对国家认同分析和阐述，主要通过界定和划分国家认同的概念进行。在这样的研究框架内，国家认同和民族认同相比较，国家认同在概念上显然是更高一级的社会认同。在国家认同实现的路径上，有的研究主张通过加强法治建设，推进依法治国实现国家认同，有的研究主张通过各级各类学校教育，加大国家认同教育力度实现国家认同，有的研究建议通过政府主导、社会参与、整章建制实现国家认同。所谓国家认同的内在方面指对国家认同文化解释的研究。这方面代表性的观点认为,文化认同是民族凝聚力和国家向心力的动力之源,是国家认同最深厚的基础。以文化认同强化国家认同的心理依据和思想基础,有利于多民族国家增强和拓展国家认同的空间。① 另一个代表性的观点认为,国家认同中的文化认同的误解和差别可以通过各民族和谐相处和逐渐融合得到解决。② 总而言之,这两类研究的通病是"概念走多远,研究走多远"。③

笔者采用"深描"和"浅描"的文化解释方法就是要把国家认同置放在一个完整的认知—情感反应模式之中来认识和理解。国家认同通过这样的反应模式而成为对先前概念的推进,对先前假说的检验,对先前定理的充实,表现为体系的连贯,无停止的尝试,以创新构成向纵深推进的一次比一次大胆的"浅描"和"深描"的结合。

完整的认知—情感反应模式的构建是国家认同形成的条件和基础。国家认同在这个模式里已经不是"由头脑中发生的事情构成",而是由现实生活的活生生的逻辑构成,支配人的国家认同的认知模式不再是个人的自我独白和好恶感觉,而是"当下社会性的话语"的力量,是国家的他我与自我的结合。这个意义上的国家认同首先导致国家凝聚力的形成。不管哪一个民族,哪一个地区,都以国家为核心构建思想观念,表现自己的文化特色。国家成为不同思想观念构建的核心和标准。这个意义上的国家认同促进文化格局的形成。国家认同的文化格局就是多元一体。无论国家认同的文化元有多少种、多少类,国家认同的中华文化一体不能动摇。这个一体是中华文化凝聚力和生命力的根源所在。这个意义上的国家认同促进社会心态的互释。所谓社会心态互释指在某种文化形态下形成的社会心态在另一种文化形态中与之产生互相的解释,彼此结合为不同视角的新的社会心态。一个人在儒家文化形态中形成的社会心态在伊斯兰文化形态中就会产生新视角的社会心态,这个新视角的社会心态已经包含了伊斯兰文化的社会心态,对这个人所见所闻所感的解释是儒家文化和伊斯兰文化产生的两种社会心态的交融。社会心态的互释越多,国家认同的文化解释越丰富,越牢固。国家认同的构建依赖这个认知—情感反应模式。假如这个模

---

① 刘社欣、王仕民:《文化认同视域下的国家认同》,《学术研究》2015 年第 12 期。
② 杨圣敏:《认识当代中国民族问题——以新疆为主要案例的分析》,《西北民族研究》2015 年第 3 期。
③ [奥]维特根斯坦:《哲学语法》,商务印书馆 2012 年版,第 97 页。

式不去产生人对国家认同的态度，人的天生的反应能力所具有的笼统性、善变性和不确定性就会导致人对国家认同的认知缺陷，人的认知功能就很难健全。这个认知—情感反应模式可以提供人们稳定的对国家认同的态度，即：由认知、情感和行为的结合构成的态度。认知在国家认同中居于主导地位，情感对认知则起到支撑、促进发展的作用。认知的第一步是感觉，这个感觉是情感好恶的向导，凡是我们认为感觉好的东西，往往是情感所喜欢的，凡是我们感觉不好的东西，往往是情感排斥的。在国家认同的文化解释的认知—情感反应模式里，情感贯穿认知全过程，加强认知的力度，决定认知的持久。无论是贬低认知要素还是贬低情感要素在国家认同的认知—情感反应模式中的作用，都无意中陷入了国家认同的概念分类法的迷茫和陷阱之中。因为认知要素如果可有可无，国家认同作为与其他方面认同的分别，也只是体现在其概念的分类上具有重要性。如果认为情感要素可有可无就否认了国家认同的爱憎，就会把国家认同变成离开文化解释的抽象的概念分类。在认同—情感反应模式里，国家认同的文化解释的重要性就在于国家认同不仅是认知—情感的结合，而且是理性—情感的结合，即：通过认知—情感的力量，赋予国家认同的文化解释以理性和情感的价值和意义。理性的价值和意义在国家认同的文化解释中，不仅仅表现为对概念在分类学和类型学意义上的明晰和清楚，而且表现为个人对国家前途和命运的深刻思考以及与之同呼吸、共命运的坚定理想信念，表现为对历史的反思、对现实的同构、对精神的再塑造。情感的价值和意义在国家认同的文化解释中，不仅表现为一个人的爱憎分明，是非清楚，而且表现为一个人对国家的难舍难分的依恋之情、一种对国家伦理和国家道德在观念上、行为上的深度依赖。这种对国家认同文化解释的理性和情感相结合的特点反映了国家认同是人作为生命体进化的重要历程，是每个人都无法逃脱的生命活动的乐章。

三 认知—情感反应模式与符号体系的构建

在认知—情感反应模式里，国家认同构建的最重要的路径就是一套符号体系的构建。这个符号体系的价值和意义不仅表现为对国家认同文化解释的准确性，而且表现为能够为每一个运用这个符号体系的人带来国家认同的功能，这个国家认同的功能不仅是认识和理解的功能，而且是享受快乐和享受幸福的功能。从这个角度看，每个人的国家认同的功能共同点聚焦为"经历过的事情和正在经历的事情"。这个双重经历乃是一个人分享国家发展的快乐和幸福。符号体系的意义模式表明符号可以保存、丰富和发展某些对国家认同的文化解释有用的符号，也可以抛弃、贬低和停止使用某些对国家认同的文化解释无用和损害的符号。在国家认同的文化解释的意义上研究认知—情感反应模式里的符号体系，我们能够看到国家认同在符号互动中产生和形成的过程。对国家认同形成和发展起作用的符号大致可以分为三类：一类是文字符号，一类是象征符号，一类是转化符号。

文字符号源远流长，表意清楚，便于理解。这类符号使用的最经常、最普遍，也最容易产生效果。在我国，为了培养各民族的国家认同，国家出面推行普通话学习方案，每个人学普通话，讲普通话实属大势所趋，乃是必须实行的基本国策。人人都听得懂、人人都可以说的语言，其意义不仅能够推动和促进各民族之间的互动交流，而且能够推动和形成对中华民族文化的认同，使各民族产生国家认同意识。

象征符号乃是语言符号不便表达和难以表达的另一类符号。这类符号既有历史遗留下来的古代符号，也有现代创造的表达时代特色的符号。古代的宫廷楼阁、秦砖汉瓦、精美器物不仅仅是某个朝代的象征，某种艺术的再现，某种审美的凝聚，而且代表国家的历史和文化。对这些古物、古玩和古董的认同，往往表达对国家历史和文化的认同。一个人可以不懂这些遗存遗物的价值，不知道怎样欣赏这些遗存遗物的美学意义，但是，这种"书卷气"的缺陷并不妨碍这个人的国家认同的文化解释在象征符号中的建立和形成，原因是人的原生性认知—情感在国家认同的认知—情感反应模式中具有先天性和先发性，往往可以引导再生性、继发性的认知—情感反应方向、反应效果。由于时代的变迁、社会的进步，国家认同的象征符号不仅表现在国旗、国徽的构造上，而且表现在旧符号被赋予新的内涵方面。最明显的例子莫过于孔子的形象内涵。古代的孔子形象不过是儒家思想象征的历史人物，现代的孔子形象则成为跨越古今的中华民族精神气质的象征。

转化符号是可以变动其含义的符号，此符号和彼符号因人而异，因事而异，因地而异。每个人因为学识、阅历、认识和理解事物的角度等方面的差异，不可能事事达成一致，分歧时常产生，对符号的认识和理解也会仁者见仁，智者见智。在我国这样一个多民族、多文化的国家，转化符号往往是文化差异性、多样性、地域性、民族性的体现。例如，在汉民族的传统文化里，绿色固然有其积极意义，象征了希望和活力，但是，如果以戴绿帽子描述某人的处境，那就表现了含有讽刺挖苦某人的贬义在其中。但是，在信仰伊斯兰教的少数民族中，一些民族同胞在社会生活中常常戴着绿色的帽子，戴着绿色的盖头出现在大庭广众之中，无所顾忌。原因是这个语境下的绿色与刚才提及的绿色的含义有天壤之别，在信仰伊斯兰教的少数民族眼里，绿色是吉祥、美好和幸福的象征，是民族认同的标志。如果不了解国家认同文化解释的符号体系里转化符号的作用和意义，就很难认识和理解国家认同的文化解释的多姿多彩和博大精深。

在各民族的互动和交流中，要构建国家认同的认知—情感反应模式，一方面应该加强语言符号、象征符号体系的建设，让语言符号的一致性、共同性、广泛性、规范性的功能充分体现，让象征符号的直观性、生动性、时代性、大众性的功能充分体现，以促进国家认同文化解释的符号系统的功能发挥。相比较而言，在国家认同的文化解释之中，要更加注意转化符号的作用。对于中华民族的各民族群众来说，他们对转化符号的确认和使用与其民族文化、民族历史和民族心理相结合。他们往往认同他们能够接受、理解和习惯的转化符号，排斥他们无法理解、内心厌恶和与习俗冲突和对立的转化符号。他们对转化符号的辨析建立在所处地域、所经历的人生和所掌握的信息基础之上。如果他们遇到陌生的转化符号，可能就与他们既成的认知—情感反应模式相抵触、相冲突。在这种情况之下，对他们陌生的转化符号作出必要的文化解释就显得十分重要。文化的解释往往能够消除国家认同过程中产生的文化歧义。弗洛伊德的研究表明，初始的文化解释在种系发展过程中先于人类的继发性文化解释。但是，继发性文化解释往往可以与初始的文化解释相一致。这就说明人的思维和情感发展与人的文化发展同步，构成文化发展的一般基础。从国家认同的文化解释的角度看这个问题，就可以得知，人的思维和情感比较容易接受文化的说服、劝导、鼓励，比较容易排斥非文化的强迫、欺骗、侵略、剥削等。为此，应该在转化符号方面注意某个民族文化的符号向中华民族文化符号的转化，一方面保持转化符号的本色本意；另一方面丰富、扩大和延伸转化符号的时代特色，使之可以成为各民族交往沟通的抓手。这就是说一定要注意转化符号的"同"，以这个"同"构建各民族一致的国家认同的文化解释的认知—情感模式。

正像一个词可以不止一个意思，可以有两三个乃至更多意思一样，转化符号的意思也可以在时代变迁和社会发展的过程中，随着各民族交往和个人沟通的扩大日益丰富和增加其内涵，这个现象今天已经屡见不鲜。例如，宗教作为民族历史文化、民族发展变化的凝结和记录的活化石，虽然依然以信仰的方式扎根于人民群众的社会生活之中，但是，中国特色社会主义条件下的宗教不仅要满足信教群众精神需求，构筑他们的精神世界，而且也要适应社会主义社会发展的需要，成为社会主义精神文明建设不可缺少的重要组成部分，发挥稳定社会，团结人民，打击敌人，推动社会进步的重要作用。由此看来，宗教这个符号在今天不仅具有原始的古老的意义，而且具有新时代的新思维、新观点、新发展的意义。宗教不仅仅通过语言符号、象征符号以活化石身份存在，更是以转换符号方式以构建个人和社会和谐关系的身份存在。依靠宗教这个转换符号，我们就多了一个实现中华民族伟大复兴中国梦的文化和社会力量。

文化解释中"深描"和"浅描"相结合形成的认知—情感反应模式的构建是一个人国家认同形成和确立的标志。现实生活告诉我们，公众有时候认同的未必是国家宣传和渲染的某种状态，某种表现甚至是自认为的某种优势；恰恰相反，公众认同的是国家对民意的完整体现、国家对人的尊重理解关心爱护的社会公正程度、国家达到的人性化程度、国家的各民族社会生活的和谐和睦程度。原因是国家认同的文化解释与认知—情感反应模式密切相关。在认知—情感反应模式里，认知要素尽管可以确立标准分辨好国家、坏国家，能够确定是非认识国家的现实和未来，但是，因为认知要素受到人的阅历、经历和理性的局限，作用有限。相比之下，国家认同的情感要素的作用更大，更能促进国家认同的文化解释的形成和建立。原因是认知通过情感起作用，情感决定认知的走向。情感所接受的认知都能够接受，认知接受的情感未必接受。情感以心理的好恶引导认知。国家认同的文化解释在这个意义看就是一种情感的倾向性，甚至一种情绪的倾向性。对国家的情感是历史话语和现代话语、历史精神与现代精神结合的产物。就这些结合的构建看，符号是重要构件。因为国家认同不是人的头脑和心灵的一厢情愿的单方面的产物，而是在符号交往和互动中形成。各民族的交往和互动形成的历史话语面临数量不足、表达有限的问题，这就需要转化符号的加入。这个转化符号有认知成分，也有情感成分，情感的倾向性决定了认知的倾向性。转化符号与文字符号、象征符号共同使用、交替使用和互相配合使用，就能够促进各民族的互动和交往，促进国家认同的形成和建立。

第二节 从民族认同到国家认同的实质和秩序

将社会认同理论运用于民族问题研究是研究范式的转变。民族认同和国家认同的本质是知觉认同观念的形成。在对认同知觉解构的基础之上可以把社会认同划分为三个类型和三种秩序，即：混沌的对民族国家的初级认同是认同的物理秩序，可变动的对民族和国家的中级认同是认同的生命秩序，象征的对民族和国家的高级认同是认同的国家秩序。

一 社会认同理论是认识和理解中国民族问题的重要话语

进入21世纪以来，对中国民族问题探讨的研究范式发生转变，即：如果不涉及社会认同问题，几乎就不能引起学术界和实务部门注意，作者也很难把问题说清楚。由此可见，社会认同理论已经成为认识和理解中国民族问题的重要话语。这种研究范式的转变，说明了两个重要问题，其一，研究中国民族问题必须与民族利益、国家利益相结合。凡是脱离民族利益和国家利益的民族问题研究，都很难解释清楚中国民族问题的普遍性、长期性、复杂性和国际性。其二，研究中国民族问题的社会背景发生了变化。在这个背景下，研究者需要新的思维、新的观点，构建新的富有活力的创造性见解。墨守成规解决不了中国的民族问题，离开中国国情也解决不了中国的民族问题。学者叶江以社会认同为视角对中国民族问题实质的阐述，即："民族问题的实质是民族在自身民族认同基础上加强中华民族认同，实现中华民族伟大复兴"[①] 是中国民族问题研究范式转变的代表。

二 从民族认同到国家认同的关键是形成中华民族认同的国家秩序

社会认同可以划分为三个类型和三种秩序，即：混沌的对民族国家的认同是认同的物理秩序。可变动的对民族和国家的认同是认同的生命秩序。象征的对民族和国家的认同是认同的国家秩序。从民族认同到国家认

[①] 叶江：《民族问题概念及民族问题实质新论——以社会认同为视角的分析》，《学术界》2014年第2期。

同的关键是形成中华民族认同的国家秩序。"确立当今处理和解决民族问题新的指导思想，我们才能切实推行中华民族群体认同建构。"① 这一观点触及了社会认同的实质，提示解决中国民族问题离不开社会认同理论的作用。在改革开放的时代，社会认同理论对于我们研究民族认同、国家认同的确具有重要的指导作用。

根据社会认同理论，处理好自我认同与社会认同的关系必须注意对个人身份和社会身份的认同，形成对自我所在民族的正确描述和做出正确评价。这就是说，社会认同的关键是处理好个人利益与社会利益、民族利益与国家利益的关系。只有把个人的利益与社会利益相结合、民族利益与国家利益相结合，才能形成对社会的正确认同，构建正确的社会认同观。社会认同生成于个体社会化过程。这个过程由两个不同阶段构成，即：群体对个体的社会认同和个体对群体的社会认同。

澳大利亚社会心理学家豪格和英国社会心理学家阿布拉姆斯认为群体对个体的社会认同通过五个规范进行，即：权威主义人格规范、我群中心主义规范、挫折—侵犯假说规范、相对剥夺规范、功能互依模型（现实利益冲突理论）规范。这就是说，如果个体不属于这五个规范的其中之一，就可能遭到群体对个体认同的拒绝。我们因此可以思考一个问题，怎样实现从民族认同向国家认同的转变。

按照豪格和阿布拉姆斯的社会认同理论，权威主义人格规范是以服从权威为特点、我群中心主义规范是以我所在的群体为中心。挫折—侵犯假说规范、相对剥夺规范则和功能互依模型（现实利益冲突理论）规范体现了民族认同、国家认同的另一个特点，这就是个人利益与社会认同的关联性。挫折—侵犯假说规范表明个人受挫后如不及时引导，就会转化为反社会行为。相对剥夺规范表明在比较中个人利益受损如不及时弥补也会转化为反社会行为。功能互依模型（现实利益冲突理论）规范表明每个人都是社会人，加强互相之间的联系就能够产生功能互补。恩格斯指出："这样，我们看到，一方面是一定的权威，不管它是怎样造成的；另一方面是一定的服从，这两者，不管社会组织怎样，在产品的生产和流通赖以进行的物

---

① 叶江：《民族问题概念及民族问题实质新论——以社会认同为视角的分析》，《学术界》2014 年第 2 期。

质条件下，都是我们所必需的。"① 在民族认同向国家认同的转变过程中，如果注意权威引导、群体归属的作用，这个过程就会降低风险，减少冲突，加快实现过程。相比较而言，民族认同比国家认同容易实现，原因是民族认同可以围绕历史和文化形成的民族权威和群体归属进行，在这个认同过程中，民族共同体成员只要遵从风俗习惯乃至习得的本能的引导就可以实现民族认同的目标。国家认同之所以比民族认同难以实现，就在于国家认同虽然可以围绕国家权威和群体归属形成，但是，对国家权威的认可、对群体归属的认可则会产生疑议。在国家认同过程中，统一的意志、统一的指挥之所以必要和不可缺少，就是因为国家权威的建立和群体归属需要一个强力引导和规范的过程。在这个过程中，强制性、规范性乃至服从性都是必要的。在民族认同中，这个权威可以是具有生命的人，也可以是没有生命的地域，还可以是信仰的力量。这就是说民族权威和群体的力量在民族认同中，比较容易形成，比较容易找到，很多时候，起作用的是民族权威和群体归属力量的历史惯性和历史延续。

在国家认同中，历史惯性和历史延续也会起作用，但是，由于条件和环境的变化，民族认同的单一性、随意性在国家认同中不容易形成国家权威的至上性和群体规模的强制性。要使国家认同形成，还要考虑人们对权威和群体的认知效果。在从民族认同到国家认同的转变过程中，认知表现为集体意识或者共同意识的形成。埃米尔·涂尔干指出："社会成员平均具有的信仰和情感的总和，构成了他们自身明确的生活体系，我们可以称之为集体意识或共同意识。"② 集体意识或共同意识形成的基础是信仰和情感。建立信仰和情感一致性的基本条件是共同的理想信念和共同的目标追求。在今天，全国各族人民形成国家认同的条件是具备的，培养全体人民的国家意识、国家观念则是这个条件的必然产物。

社会认同理论是建立在群体逻辑之上的"集团理论"，表明一个民族不能只是一味强调本民族的特殊利益，停留在民族认同阶段止步不前，而应该加入更大的民族共同体使自身获益，既获得本民族自我的充分表现，也获得本民族安全的充分保证。通过这样的"民族集团"构建，各个民族不仅具有自我的民族意识，而且形成由内群吸引力形成的民族共同体的群

---

① 《马克思恩格斯选集》第 3 卷，人民出版社 2012 年版，第 320 页。
② ［法］埃米尔·涂尔干：《社会分工论》，渠东译，上海三联书店 2000 年版，第 42 页。

体凝聚力。

　　民族共同体的群体凝聚力就是内群吸引力的形成。内群吸引力形成是一个民族共同体真正形成的标志。因为内群吸引力乃是民族范畴化的开始。民族范畴化意味着将自我所在的民族与和他人所在民族划在同一范畴，彼此形成认知、情感上的一致，紧密联系，互相关心和帮助，对他我作出积极评价，彼此把自身积极的特质赋予对方。民族范畴化还意味着社会吸引和个人吸引的形成。根植于群体资格，产生于自我范畴化过程的人际吸引形式称作社会吸引。个人吸引是建立在个人习性癖好基础上的植根亲密人际关系的吸引，归因于个人的习性特征和双方的亲密关系。社会吸引是共享范畴资格和对立范畴资格的归因，是个体心理群体的归属。"基于共享范畴资格和对立范畴资格建立起来的关系经由自我范畴化产生的是社会吸引。而基于个人习性建立起来的个人关系经由信念的相似性或互补性、社会支持、可爱性所产生的是个人吸引。"①

三　以知觉行为主义理论为基础的社会认同类型和秩序

　　仅仅把社会认同定位在利益归属的"民族集团理论"还不能说明社会认同的实质，因为社会认同的思想基础不同，对社会认同的态度就会产生差异。社会认同固然是个体对群体、局部对整体的归属，但是，在这个归属的过程中，特别应该重视精神的作用。以知觉行为主义理论为基础的社会认同证明了在对中华民族认同中没有任何东西是外在于精神的。这个理论基础的含义是世界所包含的客观关系的整体，人们"能够在一个被视为自在的自然中发现各种结构，以便把它构成精神"。② 在这个意义上，对民族和国家的观念，"在我们面前被构成、被改变和被重组"。③ 所以，"我不在能够把我所知觉的东西与事物本身相等同"。④ 对民族和国家的观念是感性事物在我们身上的模仿、复制和在心灵的实现；是知觉产生于某一事物对心灵的作用，是自然事件、机能（身体）事件、思想事件互相影响、

---

　　① ［澳］迈克尔·A. 豪格、［英］多米尼克·阿布拉姆斯：《社会认同过程》，高明华译，中国人民大学出版社2011年版，第81页。
　　② ［法］梅洛·庞蒂：《行为的结构》，杨大春、张尧均译，商务印书馆2005年版，第137页。
　　③ 同上书，第138页。
　　④ 同上书，第18页。

互相作用的结果。

(一)民族认同和国家认同本质上是知觉认同观念的形成

在现代社会,各个民族发展的不均衡不仅表现为"人类能力发展的一般性不均衡",而且表现为人类社会中的理性和道德。社会主义社会不允许这种不均衡的存在和发展,更不能以这种不均衡为基础,社会主义社会与这种不均衡完全不相容。知觉作为精神的力量对于解决不均衡问题的作用是巨大的。各个民族完全可以通过感受推动社会主义社会发展的彼此之间日益相互密切的依存关系,缩小"社会不均衡"造成的民族隔阂、民族矛盾和民族心理距离。用知觉行为主义理论的话语表述就是意识状态的连续性、思想逻辑结构都不能解释知觉。在知觉向他者开放的范围内,在它是对一种生存的经验的范围内,知觉隶属于某种只能被它本身所理解的原初观念,隶属于某种在其间知性的区别完全被取消了的生命秩序。知觉的最高境界是我们已经完全摆脱了感性事物在精神中的真实传达这一观念不可避免地造成的那些神话。现代社会在民族认同和国家认同方面的上述知觉特征表明,任何一个国家和民族都比以往任何时候难以接受"非理性的情感震荡"。所以,稳定的促进发展和进步的民族和国家认同秩序必须以知觉认同为精神依托。

(二)以知觉行为主义理论为基础的社会认同的三种类型与三种秩序

我们可以在上述对认同知觉解构的基础之上把以知觉行为主义理论为基础的社会认同分为三个类型和三种秩序。

1. 混沌的对民族和国家的初级认同是认同的物理秩序

这是认同的初始阶段,是被动的认同行为,由人们在一个特定环境中产生的几乎依靠生物性本能决定的认同行为。这种认同行为与情境的抽象方面或者非常特殊刺激的特定情结相联系。梅洛·庞蒂把这种行为概括为条件情结引起的生物法则支配的行为。按照这种认同生活的人总活在混沌的认同状态中,不能辨别民族认同和国家认同的意义和价值,不加分析地总是认为自己的民族好,别人的民族不好,对自己民族的长处津津乐道,对别人民族的长处视而不见,乃至贬低。这就像把一条蚯蚓隔着玻璃放到一只蟾蜍面前,蟾蜍的本能使它执着地扑向蚯蚓,无论怎样碰壁,蟾蜍还是重复之前的动作。这种观念表现在认同方面,就是一种混沌的对民族和国家的认同行为。混沌的对民族和国家的认同行为导致对民族和国家认同的物理秩序。物理秩序的特征是"对于每一个被孤立看待的部分而言,就不存在任何可以表述出来的法则"。① 物理秩序是梅洛·庞蒂所说的"局部的整体",即:一个像旋律一样的系统,一个内在的统一体,同时又是一个个个体,一个个形式。每一个个体、每一个形式都有其自身运行的规律,整个系统具有自我调节、重新分配力量和形成新秩序的能力。物理秩序可以借助非连续的原则,允许跳跃、骤然发展、一个事件、一个历史的独自出现。物理秩序的真理存在于这些"局部的整体"的组合之中,不存在一个个被理解的定律之中。形式的协调构成物理秩序。物理秩序就是根据形式、为了协调形式被建立起来的。梅洛·庞蒂认为"形式总是分散于各个场所"。这个形式像冯友兰指出的是自然境界,即人的本能或社会的风俗习惯。在这个形式的引导下,处于这种境界的人就像小孩和原始人那样做他所做的事。他们对这个事情的意义不理解,也没有能力理解。这样,他们所做的事,对于他们只是随波逐流,而没有探究蕴含其中的意义。

2. 可变动的对民族和国家的中级认同导致对民族和国家认同的生命秩序

这是一种格式塔心理学的完形行为的表现,即:主动的认同意识和认同行为。这种意识和行为既不存在于客体中,也不存在于物理世界的客观关系中,而是存在于在其中各个部分属性取决于整体的另一个世界中。这种人生境界,就是冯友兰所说的功利境界,即:主观为自己客观为他人,动机是利己主义的,后果则是既有利于自己,也有利于他人。生命秩序的特点就是梅洛·庞蒂所说的具有"原则结构的生命的原初活动"②。生命秩序"事实上是一种意义的统一体,是一种康德意义的现象。它是和我们已经描述过的原初特征一道呈现在知觉中"。③ 与认同的物理秩序比较,认同的生命秩序是一种理智类型手段,可以把一个机体的特殊性与它的活动能力结合起来,认同物理秩序是各种关系的统一,认同生命秩序是各种意义的统一,认同物理秩序通过各种定律达到统一,认同生命秩序通过意义达到统一,在认同生命秩序之中,人的身体是个性的表达。同时,"对结构

---

① [法]梅洛·庞蒂:《行为的结构》,杨大春、张尧均译,商务印书馆 2005 年版,第 218 页。
② 同上书,第 208 页。
③ 同上书,第 218 页。

的领会应该被视作一种不能被还原为对定律的领会知识"。① 认同的生命秩序是对民族和国家的生命冲动。"生命冲动与生命冲动之间的关系是无法想象的，是神秘的。"这种生命的冲动"是来自事实的不透明，是对没有料到的结论的震惊，或者是对一种难以表达的体验"。② 在生命秩序之下，生命的意义"是一种隐匿的精神，它不以精神本身的形式呈现出来。它只对认识它的精神的精神来说才是精神：它是自在的精神，而非自为的精神"。③ 在认同的生命秩序里，人们能够把握个体和自己民族生命的意义和价值，为自己，也为自己的民族谋求利益。原因就是个人生命的意义与民族共同体的生存和发展紧密相关，人们不再把自己看作是单一的、分散的单个个体，而是把自己置身于民族共同体里，视自己为民族共同体中一个不可缺少的分子，已经知道做什么事情对自己的民族有意义，做什么事情对自己的民族没有意义。

3. 象征的对民族和国家的高级认同行为导致国家秩序

梅洛·庞蒂认为这是人的劳动开启的第三辩证法。象征的对民族和国家的认同行为是一个视角多样化的行为，也是认知行为和认同行为合二为一。"伴随象征形式，出现了这样一种行为：它为它自己表达刺激，它向真理、向事物本身的价值开放，它趋向于能指与所指、意向与意向所指的东西之间的相符。在这里，行为不是只是具有一种含义，它本身就是含义。"④ 国家秩序"构成了人类特有的环境并使各种新的行为全涌现出来，包括"劳动产物""文化对象""被知觉情景"。

（1）国家秩序是劳动的产物。猴子把树枝作为一根木棍后就取消了树枝的存在，树枝不能成为完全意义的工具被猴子占有。人则能够以多种视角为自己建造工具，对于人来说，树枝成为木棍后，树枝还是树枝，是一根成了木棍的树枝。国家秩序的劳动意义就在于人们通过劳动超越当下环境，在一个多维视角下看见民族和国家，认识了自己不仅是民族的一员，也是国家的一员。

（2）国家秩序具有对"文化对象"的"反射先天论"的特点。根据

---

① ［法］梅洛·庞蒂：《行为的结构》，杨大春、张尧均译，商务印书馆2005年版，第232页。
② 同上书，第233页。
③ 同上书，第242页。
④ 同上书，第137页。

梅洛·庞蒂的解释，"反射先天论"就是事先构建知觉的能力，就是通过以建立在我们实行定向反射意识基础上的早熟空间。比如进入一个公寓，即使不知道这里面住户的真实性格详细细节，也可预感住户性格的大致情况。这种"反射先天论"具有一下子把握某不可分解的事物的本质的能力。这种"反射先天论"具有"潜在的内容"和"无意识的知识"，① 能够把民族和国家作为一个文化对象整体把握和对待。人对待民族和国家的态度是一种文化的合成，以文化不是以小群体、以整体不是以个体处理民族和国家关系，爱国成为超越各类认识和分歧的标志。

（3）认同的国家秩序是各种"被知觉情景"的统一。在国家秩序中，我们要改变不得不形成的单一的、片面的"被知觉情景"，单一的、片面的"被知觉情景""只应该把它的特殊规定性归因于内容的杂多性"。② 在这种"知觉情景"之中，知觉世界被分割为不连续的区域，意识被分为不同类型的各种活动，各种思维不可能拥有一种意义，在国家秩序之中，人们的"被知觉情景"不再单一化、片面化，而是多样化、丰富化和整体化，构成对民族和国家认同的一致性、共同性和全面性的坚实基础，"这种觉解为他构成了最高的人生境界"，这就是我们都是国家这个共同体的紧密结合的成员。

这三种类型和三种秩序其实就是三种认同思想和行为所处的三种场。在物理场的认同行为，是一种狭隘的低级认同，在生命场的认同，是一种意义化的功利认同。在国家场的认同是一种真正意义的高级认同，由物质、生命和精神构成。从民族认同到国家认同就是这三种类型和三种秩序的发展和进步。第一种类型和秩序构成的场是个人化的小场，作用和力量有限；第二种类型和秩序构成的场是民族化的中场，作用和力量也是有限的；只有第三种类型和秩序构成的场是国家民族一体化的大场，具有万众一心、众志成城之作用和效果。

我们正处于"不同时代之物同一时代"的相互适应的"社会不均衡"的变革时代。社会认同充当了各个民族日益相互依赖、相互和谐的黏合剂，民族认同与国家认同通过社会认同的三个类型和三种秩序达到统一，

---

① ［法］梅洛·庞蒂：《行为的结构》，杨大春、张尧均译，商务印书馆2005年版，第258页。
② 同上书，第256页。

这完全是为了表明，"这些结构是不能被还原为物理刺激与肌肉收缩的辩证法，并且在这个意义上，行为远不是一种自在存在的东西，而是面对思考它的意识的一种意义整体"。① 社会认同的实质就是通过对民族和国家认同的物理秩序、生命秩序和国家秩序形成中华民族统一的意志和行动，凝聚中华民族的团结力量，实现中华民族伟大复兴的中国梦。这就是曼海姆指出的通过对冲动系统的控制"按照一定目标协调行动"。② 在这个意义上的社会认同表现为各个民族共同体对民族认同和国家认同的知觉认同的实质性理性和功能性理性的构建，即：理性思维、理想化思维被稳步构建和情绪化、偏激化思维被彻底排除，以及将自己所在民族与中华民族相结合的共同进步、共同繁荣的知觉认同意识的建立。

第三节 重视和加强党的民族理论和民族政策教育中的心态教育

心态是心理态度的简称，在党的民族理论与民族政策教育中，心态教育具有形成正确的态度取向、评价取向、价值取向的重要作用，可以将受教育者的认识、情感、行为统一起来，增强教育效果，提高教育质量，创新教育方法。在加强党的民族理论和民族政策的教育中，重视和加强心态教育可以理顺感情，化解矛盾，疏导情绪，创新方法，增强教育效果。心态问题在党的民族理论与民族政策的教育中占有如此重要的地位，就应该重视和加强心态教育。

一 心态教育在党的民族理论和民族政策教育中的重要性

在党的民族理论和民族政策教育中，开展心态教育，是研究教育对象的需要，更是增强教育效果的需要。所以，心态研究的开创者托马斯指出："研究任何科学都必须研究最基本的心态的科学"。心态教育在党的民族理论和民族政策教育中的重要性可以形成三个正确取向进行概括：态度取向、评价取向、价值取向。

---

① ［法］梅洛·庞蒂：《行为的结构》，杨大春、张尧均译，商务印书馆2005年版，第305页。
② ［德］卡西尔·曼海姆：《重建时代的人与社会》，张旅平译，译林出版社2011年版，第12页。

所谓正确态度取向就是受教育者形成的态度是积极的。这与受教育者的认识紧密相关。如果受教育者的认识到位，就能够形成正确的态度取向，如果认识存在偏差，就会形成错误的态度取向。心态教育通过引导，使受教育者认识提高，情感健康，情绪舒畅，达到形成正确态度取向的目的。形成正确态度取向的方法除了注意引导受教育者认识提高，思想统一外，还要注意引导受教育者解决好自身的思想困惑，切实排除思想障碍。

所谓正确的评价取向就是受教育者对教育过程认知的程度较高。如果受教育者对教育过程的认知程度较高，就容易接受教育产生的积极影响，如果受教育者对教育过程的认知程度较低，就容易产生对教育的抵触情绪，影响教育效果。这就告诉我们在进行党的民族理论和民族政策教育中，应该十分注意教育过程的科学合理的安排。常见的问题是，其一，摆位不对，对党的民族理论与民族政策教育往往是说起来重要，做起来次要，忙起来不要。其二，安排缺乏科学合理性，表现为教育的虎头蛇尾，教育的不系统、不完整。所谓正确价值取向就是受教育者能否对教育的结果产生认同心理。如果受教育者对教育结果产生认同心理，说明受教育者已经开始认识和接受教育所产生的价值和意义，这时，受教育者就会自觉运用教育传授的立场、观点和方法分析和解决自身面临的问题。

形成正确价值取向的方法是注意教育的效果。教育的效果是教育者和受教育者共同产生的结果。教育者不仅仅要有良好的动机，更要有把良好的动机与良好的效果结合起来的方法。这个方法就是引导受教育者产生对教育结果的认同心理。党的民族理论和民族政策是解决中国民族问题的最好的、最合适、最符合中国特殊国情的理论与政策。只有通过党的民族理论与民族政策教育，才能"牢牢把握各民族共同团结奋斗、共同繁荣发展的主题，巩固和发展平等团结互助和谐的社会主义民族关系，促进各民族和睦相处、和衷共济、和谐发展"①。要把这个道理让受教育者接受，教育者仅仅一般化的讲道理还远远不够，还要注意理论联系实际，以丰富的材料、铁定的事实、现身说法、各方面的反映进一步说明这个道理，让受教育者感到心服口服，心悦诚服。正确的态度取向、评价取向、价值取向的形成，表现为认识、情感和情绪与所受教育相一致和大致相似，进一步

---

① 胡锦涛：《坚定不移沿着中国特色社会主义道路前进　为全面建成小康社会而奋斗》，人民出版社2012年版，第56页。

说，当受教育者形成正确的态度取向、评价取向、价值取向，就会产生与所受教育相一致的思想、观点、行为、情感和情绪，采取正面评价、充分肯定、感情接受、情绪愉快的态度和心理。当受教育者没有形成正确的态度取向、评价取向、价值取向，就会产生与所受教育相抵触的思想、观点、行为、情感和情绪，采取负面评价、大胆否定、感情抵触、情绪厌恶的态度和心理。

二 心态教育在党的民族理论和民族政策教育中的重点

有好的心态才有好的教育效果，这已经被教育的理论和实践所证明。简单说来，心态教育在党的民族理论和民族政策教育中的开展就其总的任务而言，乃是注意保持受教育者最佳心态。心态教育涉及认知、情感、情绪以及行为等重要问题，保持受教育者的最佳心态就要做到：把受教育者对教育的接受保持在认知和认同水平上，把受教育者对教育的情感和情绪保持在喜爱和钟爱程度上，把受教育者的行为保持在教育内容所要求的标准和尺度上。保持最佳心态只是手段，接受和认可党的民族理论与民族政策才是目的。心态教育的任务就是依靠最佳心态达到最佳的教育效果。

（一）注意受教育者认知的形成

这个目标的实现可以为党的民族理论和民族政策的教育取得良好效果奠定坚实的思想基础。认知是受教育者接受和认同党的民族理论与民族政策的第一步。受教育者对党的民族理论和民族政策的认知问题解决了，就能够认识到这个教育重要性和必要性，真心相信和接受党的民族理论和民族政策。由于受教育者的认知具有分化性、概括性和传递性的特点，所以，党的民族理论与民族政策的教育，应该由浅入深、由表及里、由此及彼，一步步打开受教育者的眼界，一点点开启受教育者的情感源泉，促进受教育者思想转变，认识提高，心理认同。

（二）注意调整受教育者的感情和情绪

这个目标的实现可以为党的民族理论和民族政策教育取得良好效果奠定坚实的心理基础。心理学研究的结果告诉我们，受教育者正确的认识和积极态度的形成从外表看似乎与感情和情绪无关，而实际上，则关系密切。事实上，受教育者的感情和情绪在左右着认识的走向。在进行党的民族理论与民族政策的教育中，要注意受教育者感情和情绪的调整，引导受教育者多从亲身经历、亲眼所见的事实和实践中感受党的民族理论与民族政策的重大意义和深远影响，体会民族团结、祖国统一给每一位热爱祖国、建设祖国的中华儿女带来的民族尊严、社会进步、国家富强、人民幸福的中国梦的巨大精神力量。

（三）注意整合受教育者知情行三者的关系

这个目标的实现可以为党的民族理论和民族政策教育取得良好效果奠定坚实的行为基础。实践证明，受教育者心态的知情行三要素相互协调、步调一致才能形成良好行为，并且保持良好行为的持久和一致，做到表里如一，言行一致。受教育者心态的知情行三要素不协调、不一致则会导致受教育者言行脱节，产生说一套、做一套的两面行为和虚假行为，即受教育者在此场合说一套，做一套，在彼场合则说另一套，做另一套，产生难以克服的矛盾心理。整合这三要素的关键是要教育者在教育中要说理充分，以理服人，以情感人，将历史逻辑和现实逻辑有机结合，心战为本，攻心为上。

三 心态教育在党的民族理论和民族政策教育中的方法

加强心态教育在党的民族理论和民族政策教育中的方法有以下三方面。

（一）实现共性教育与个性教育的有机结合

"教育促进人的发展的两种职能决定了教育的两种责任：对个体的人负责，对社会负责。"① 党的民族理论与民族政策教育中贯彻心态教育，就是要使个体以一种平和的、兼收并蓄的心态在社会化的过程中既能保持自己优良的个性，又能符合社会全面发展的需要。心态教育是一种全面和谐发展的教育，在实践中，我们不能抹杀个性只求共性，或者抹杀共性只求个性。心态教育应该做到促进个体个性教育与共性教育的和谐统一。党的民族理论和民族政策教育中的心态教育从某种意义上讲，就是要使社会个体认识到人是权利与义务的统一体，人们在追求自己的生活幸福的同时，也要履行人的道德义务。教育者不仅要帮助被教育者掌握有关社会心态方面的理论知识，而且要帮助他们用科学的理论指导自己的行为，养成良好的社会心态。

（二）实现理论教育与实践教育的有机结合

英国著名思想家葛德文认为："知识以两种方式增进我们的幸福：第

---

① 柴素芳：《大学生幸福观教育论》，人民出版社2013年版，第219页。

一，它给我们开辟了享乐的新的源泉；第二，它给我们提供了选择一切其他乐趣的线索。"① 心态教育，应该引导人们在理论上对心态有正确的认知，尤其要知道心态在民族理论和民族政策教育中的作用，一方面，将心态教育纳入到民族理论和民族政策教育内容之中；另一方面，要注重实践教育。马克思在《关于费尔巴哈的提纲》中指出："全部社会生活在本质上是实践的。"② 一系列的教育原则、教育方法都需要在实践中得以生成和转换。走进生活、体验生活，才能更好地养成良好的社会心态，通过实践环节促使个体在改造客观世界的同时改造自己的主观世界。

（三）实现显性教育与隐性教育的有机结合

"显性教育以正面宣传为主，具有直接性、公开性、强制性、规范性、实效性等特点，其优势在于教育目的明确，教育主张公开，教育条件充足，教育氛围浓厚，教育管理规范，教育实效突出。"③ 显性教育要求教育者既要有理论上的灌输，又要有有效的沟通，既要发挥教育者的主导作用，又要发挥受教育者的主体作用。心态教育需要一个熏陶的过程，这就要求我们还要通过各种隐性的手段将教育内容进行渗透于环境、文化、生活、娱乐、服务、制度、管理等活动之中，从而起到"润物细无声"的效果。

教育是互相联系、相辅相成的一个系统。重视和加强党的民族理论和民族政策教育中的心态教育，就会取得交往行动理论的创始人哈贝马斯提出的"由语言协调、由规范引导的交往结果"，④ 才能开创党的民族理论与民族政策的教育的新局面。

---

① 曹辉、朱春英：《论大学生幸福教育的基本内涵》，《教育探索》2008 年第 1 期。
② 《马克思恩格斯文集》第 1 卷，人民出版社 2009 年版，第 501 页。
③ 柴素芳：《大学生幸福观教育论》，人民出版社 2013 年版，第 219 页。
④ ［英］提姆·梅依、詹森·L. 鲍威尔：《社会理论的定位》，中国人民大学出版社 2012 年版，第 192 页。

第四章

道德行为形成与社会心态的五个认同功能

道德行为的形成是各种因素互相结合、互相作用、互相渗透、互相影响的结果。社会心态是由这些因素构成的道德反应机制，道德行为要通过这个反应机制形成。伦理心态既从道德反应和道德态度两个方面构建道德行为，也从道德反应和道德态度两个方面完成对自己的构建。社会心态的五个认同功能是对祖国的认同功能、对中华民族的认同功能、对中华文化的认同功能、对中国特色社会主义道路的认同功能、对中国共产党领导执政的认同功能。本章主要阐述了道德行为形成过程中社会心态的起点作用、道德行为形成过程中伦理心态的构建作用以及社会心态的五个认同功能。

第一节　道德行为形成过程中社会心态的起点作用

道德行为的产生由复杂的因素构成和决定，其逻辑起点是人的需要，其情感起点是人的同情心，其认识起点是人的道德反应，其社会起点是人的教育水平，其个人起点是人的修养程度和精神境界。从哲学的层面看，道德行为是主客体交互作用的结果；从伦理学的层面看，道德行为是利益作用的结果；从行为学的角度看，道德行为是刺激—反应的结果；从心理学看，道德行为是自我意识形成、自我意志选择的结果。道德行为的产生不是一个或者某几个因素导致的，而是各个因素在自我这个反应机制里构成了一个综合体后这些因素互相结合、互相作用、互相渗透、互相影响的结果。笔者把这个接纳了各个因素的反应机制概括为社会心态，认为社会心态是道德行为产生的起点。笛卡儿认为事物的意义就来自这个命名。意义在命名中出现，命名是理解意义的方法。以社会心态对人的道德反应机制命名更能够体现社会心态在道德行为产生过程中的起点作用。

一　道德行为形成过程中社会心态的两个主要特点

社会心态是一个社会普遍存在的心理、精神、情感的状态，可以从两个方面界定：就社会方面看，心态是社会精神、情感状态的心理反应，是"我"中的"他们"的反应；从个人方面看，心态是个人世界观、价值观、人生观、荣辱观、法制观的心理反应，是"他们"中的"我"的反应。美国社会心理学家奥夫兰和卢森堡[1]认为社会心态由认知、情感、行为三要素构成。人依靠这三个要素对外界作出反应，表达看法，作出判断，采取行动。英国社会心理学家奥斯卡姆在《心态与观念》[2]一书中认为这三个要素是人的三种认识、理解和评价世界的反应方式。认知就是人的理性、抽象、逻辑的认识、理解、评价和把握世界的方式。情感就是人的直观的、不受大脑皮层控制的情绪化的认识、理解、评价和把握世界的方式。行为是认知、情感、意志的外在化的认识、理解、评价和把握世界的方式。认知反映了人的理性能力、逻辑能力和构建精神世界的能力。情感反映了人的意志自由的能力、感受世界的能力和内省调控能力。行为反映了人的实践理性的能力、实现自我的能力和变革现实的能力。社会心态具有下列两个主要特点。

（一）社会心态的复杂性特点

社会心态并不是人的完全的、纯粹的、单一的理性化、逻辑化、抽象化的精神世界，如果这样理解社会心态，就把社会心态等同于人的直觉能力、认识能力、情感能力和审美能力，类似于康德先天的道德意志；社会心态也不完全、纯粹是人的行为、经验、验证和实现自我的人的现实的世界。如果这样理解社会心态，就把社会心态等同于人的实践能力、意志能力、改造能力和创新能力，类似于休谟的后天的经验化的"习惯"。作为带有共同性、普遍性、一致性的反映社会主流的思想感情、意志欲望、人性要求的社会心态，是把全社会共同的理想信念、精神寄托、思想观念、

---

[1] J. E. Alcock D. W. Carment and S. W. Sadava, *Social Psychology*, Canada: Prentice-Hill Inc, 1988, p. 96.

[2] Ibid., p. 196.

风俗习惯、心理素质等因素整合后构建的心理反应机制，而不是人的一种或者几种能力的简单相加。这个反应机制由理性与非理性、认识与感觉、本能与自由、情感与知觉等因素组成。从理性的构成看，包括纯粹理性、认识理性、实践理性；从情感的构成看，包括同情感、共识感、美感；从意志的构成看，包括自由意志、选择意志、社会意志和个人意志。其中并不都是积极、正面的因素，也不可避免地带有消极、反面的因素，包括旧的、落后的、不合时宜的传统观念和习惯势力的影响也在这个心理机制中发挥作用。任何一种源于自我作出的反应，皆有社会心态的原因，这个把人的本质是精神、是实践、是自由自觉的劳动都概括进来的社会心态，的确因为包括了如此多的复杂的构成因素，才必然影响、左右、支配人对外界的反应和采取的行动。

（二）社会心态的丰富性特点

社会心态所体现的是社会的物质文明、精神文明和人的文明的状况，包括人的各种需要状况、人对社会的满意度以及人与社会关系的状况。社会心态不仅能够反映人的认知水平、情感水平、行为水平是否与社会期望值相一致，而且成为人以精神、实践、审美来把握世界之外的另一种把握世界的方式。它不同于精神的以认识为主的把握世界的方式、实践的以改造为主的把握世界的方式、审美的以本质对象化为主的把握世界的方式，而是以感受、感知、感悟为主的把握世界的方式。社会心态具有与以精神、实践、审美把握世界的方式共有的直观性、认知性、价值性和现实性的特点，但是直接性、分化性、传递性的特点则为其所独有，而分化性和传递性最能够反映社会心态的作用，是其他方式所不具备的。与此同时，社会心态是人的行为的内驱力和动力因，它能够把人的最真实、最个性化的认知、情感、欲望以及人的独特的、隐秘的心理意识层面的难以言传的活动表象为可以观察和认识的行为。对行为的评价又是认识和理解人性、人的本质、人的价值以及人与社会、自然的关系的最重要的依据。由此可见，人的世界的丰富性、复杂性和多样性在社会心态中得到了最真实、最生动和最直接的表现。正因为如此，社会学、社会心理学、政治学、民族学、语言学、伦理学等多学科都在各有侧重地研究社会心态。社会学研究社会发展变迁对社会心态的影响；社会心理学研究社会心态的发生机制；政治学研究如何建立稳定的政治心理机制；民族学研究多民族社会心态对社会发展的影响；语言学研究语言心理机制与社会心态的关系。伦理学研究社会心态对道德行为形成的作用。第一位从事社会心态研究的美国社会心理学家托马斯甚至说社会科学就是研究社会心态的科学。托马斯在 1918 年说的这个话今天看来更能够表明社会心态对各个学科的重要性。

二 社会心态构建道德行为起点的表现

社会心态构建道德行为起点的表现主要表现在社会心态以态度的方式、以感觉的方式、以理性的方式、以规定道德行为标准的方式、以"场"效应的方式以及以构建和传播道德价值观的方式来构建道德行为的起点。

（一）以态度的方式构建道德行为的起点

任何一个行为的形成，都要借助态度。有了态度，才有反应；有了反应，才有行为。态度不仅是道德行为的开端，也是所有非道德行为的开端。美国社会学家米德第一次明确提出了态度是行为的开端的观点，他写道："人们必须坚持的是，可以客观地观察的行为在个体内部得到表达，其含义并非指它存在于另一个世界、一个主观世界，而是指它存在于该个体的有机内部。这种行为的某些成分通过我们可以称之为'态度'——即行为的开端——的东西表现出来。现在我们如果回过头看这些态度，我们就会发现，是它引起各种反映。"① 社会心态是道德行为的起点的具体表现是对外界的刺激以态度的方式做出第一反应，并且决定采取的道德行为的类型。人的道德行为分为以下三种类型：一是理性的、经过深思熟虑型的道德行为；二是非理性的、冲动型的道德行为；三是启发感染、培养训练型的道德行为。在不需要迅速做出行为决定的情景里，社会心态里的认知成分将起到主导作用，人的理性的、经过深思熟虑型的道德行为就成为这个情景中的社会心态的结果。在需要迅速做出行为决定的情景里，社会心态里的情感成分将起到主导作用，非理性的、冲动型的道德行为就是这个情景中的社会心态的结果。在群体聚集的偶然性、突发性的互动情景中，社会心态的分化性、传递性的特点被突出出来，启发感染、培养训练型的道德行为就成为这个情景中的社会心态的结果。

（二）以感觉的方式构建道德行为的起点

社会心态一方面以社会认可和接受的道德意识为依据做出反应，构成对外界的态度；另一方面也以感觉的快乐与痛苦作为构建道德行为的起

---

① ［美］米德：《米德文选》，丁东红等译，社会科学文献出版社 2009 年版，第 6 页。

点。在道德实践中,人对自己的道德行为的原因经常感觉很难做出合情合理的解释,而又在事后对自己的道德行为感觉心安理得,不存愧疚。人也对自己的非道德行为的原因能够做出合情合理的解释,而又在事后对自己的非道德行为的感觉恍惚不安,心存愧疚。究其原因,就是社会心态以快乐与痛苦的方式抉择道德行为与非道德行为,以此构建道德行为的起点。社会心态的感觉特征就成为了决定道德行为的起点。

(三)以理性的方式构建道德行为的起点

道德是人的本质、人的本性的象征和确认。正确认识人的本质、人的本性才能正确认识道德。笛卡儿说:"凡是我领会清楚、明白的,都毫无疑问是实在、肯定的东西……"①笛卡儿所说的清楚、明白的东西包括道德在内。只有理性才能把道德包括的思想观念、原则规范行为选择等认识清楚,认识明白。理性的这个认识能力就构成了道德行为的起点。这个能力通过社会心态的认知方式发挥作用。表面看来,社会心态与道德行为的联系的直觉直观的成分大于理性理智的认知成分,社会心态似乎可以脱离理性理智的控制而仅仅凭借直觉直观就能够构建道德行为的起点,其理由是道德行为产生之前的痛苦的、激烈的思想斗争、观念交锋、情感冲突好像没有出现。其实,这正是社会心态以理性的方式构建道德行为起点的独到之处。社会心态可以让人的道德反应和道德行为一步到位,而省略了从过程到结果的繁杂的推理判断的步骤和过程。通过道德行为之后的反思,人才能知道社会心态第一反应的直觉行为里包含的道德标准究竟是什么。而在身历其境的当时的情景中,人自己都无法理解和清楚自己为何如此行动。只是感觉应该这样行动,而不应该那样行动。这一方面表明,人的社会心态里的信仰信念、传统习惯、文化积累、思想意识、心理反应诸因素互相结合、互相作用、互相渗透、互相影响;另一方面也表明这些因素最终以理性的方式对社会心态产生影响,引导个体的反应与社会所要求、所提倡的道德规范相一致。认识社会心态的理性方式与道德行为形成的关系,要循着理性反思的从结果到原因的特殊认识路线,而不是经验直觉的从原因到结果的认识路线。英国伦理学家艾耶尔对此认为这是道德中的价值陈述不能被观察制约导致的结果。

---

① [美]罗伯特·金·默顿:《十七世纪英格兰的科学、技术与社会》,范岱年等译,商务印书馆2002年版,第99页。

（四）以规定道德行为标准的方式构建道德行为的起点

社会心态的人民性、公共意识性、情感共通性的特点决定了它可以对道德行为的标准做出规定。"社会心态是某一社会时期社会群众普遍存在的心理状态，表现为人心民气或者社情民意，简单说就是指人民群众的愿望、呼声、意见、态度或情趣，因人们所处的生活环境和社会阶层的不同产生差异。"① "社会心态一般指在一段时间内，弥散在整个社会或者社会群体、社会类别中的社会共识、社会情趣和感受以及社会价值取向。"② 社会心态以社会价值取向、社会共识、社会情趣的共同性原则划出了一个道德行为的界限，规定了社会道德形态的总体性、概观性的面貌。社会心态一方面把人的种种行为限制在道德的范围内，制止越轨行为的发生。一方面设定道德行为与非道德行为的边界，以共同反应、共同认可的方式规定了什么行为是社会允许的、能够产生良好社会效果的行为，什么行为是社会不允许的、可能产生有害社会效果的偏差。社会心态的这个作用不见诸法律法规、组织条例、乡规民约等外显的制度化形式，而以约定俗成、不约而同的方式被人们以同意、认可、赞许等的社会习惯方式体现出来。

（五）以"场"效应的方式构建道德行为的起点

社会心态的复杂性突出表现为社会心态的"场"效应的二重性，"场"效应乃是社会心态的聚合作用对道德行为的催生。当"场"效应聚合了正面、积极的社会心态将激发催生道德行为的产生，当"场"效应聚合了消极、落后的社会心态将阻碍破坏道德行为的产生。我们看到，一个职场平庸的人可能在需要挺身而出的时刻奋不顾身站出来，表现了他自己也不敢相信的勇气和胆量，一个高谈阔论道德理论的人可能在需要挺身而出的时刻反而踌躇不前、瞻前顾后，与平常的表现大相径庭，表现了他自己也感到羞愧难言的懦弱和无能。此类充满矛盾的社会现象只能以社会心态"场"效应的复杂性解释才能令人信服。职场平庸的人遇到的是正面、积极的社会心态的"场"效应的聚合，高谈阔论道德理论的人遇到的是负面、消极的社会心态"场"效应的聚合。

（六）以构建和传播道德价值观的方式构建道德行为的起点

"社会心态"一词的起源能够说明这一点。"社会心态"一词来自英语

---

① ［法］笛卡儿：《第一哲学沉思录》，庞景仁译，商务印书馆1997年版，第52页。
② 王雅君：《"无直接利益冲突"与社会心态调试》，《理论探讨》2008年第4期。

的 Mental，17 世纪开始出现在英国，与新的道德价值观的广泛传播密切相关。而社会心态对新的道德价值观的构建和传播的贡献功不可没。根据科学社会学的代表人物默顿在《十七世纪英格兰的科学、技术与社会》①一书的看法，当时占主导地位的清教主义所倡导的新思想、新观念渗透到这个时期人们活动的各个领域，引起了社会各个领域，尤其是科学技术领域的道德价值观的巨大而深刻的变革，英国的社会风气开始从崇尚精神领域的思想观念的建构向务实、求变、功利的现实方向转变。那时，选择最能为上帝服务、对公共事业最有贡献、最能够为公众行善的事业就成为当时的英国人普遍遵循的道德价值观。由于当时英国社会各个领域都以清教的道德价值观和生活方式作为衡量对错、是非、善恶的标准，人们的社会心态也为此发生了难以想象的巨大改变，人们认同清教的道德价值观和生活方式，鄙视高谈阔论、远离现实、不切实际的空疏作风，形成了积极进取、面向现实、为现实服务的务实作风。这种社会心态的转变起到了形成和传播新道德价值观的积极作用。当时英国人的行为是否道德也以此为衡量标准。这也是意识形态对社会现实的反作用的表现，正如恩格斯所说："对历史斗争的进程发生影响并且在许多情况下主要决定这一斗争形式的，还有上层建筑的各种因素。"②

三 社会心态对道德行为产生的起点作用

社会心态的上述五个方面包含的各个因素之间的互相结合、互相作用、互相渗透、互相影响，形成了道德行为的起点，这些因素在下列三种社会心态里所表现的综合性、多样性、丰富性有助于我们更加清楚地认识和理解社会心态作为道德反应机制对道德行为产生的起点作用。

（一）"自我觉知的社会心态"的作用

社会心态对道德行为产生作用的奥秘在于社会心态各要素可以形成合力。这个合力就是美国社会心理学家克里斯普和特纳提出的"自我觉知"的社会心态③。"自我觉知"的社会心态指人意识到自己的特质、感觉和行

---

① 杨宜音：《个体与宏观社会的心理关系：社会心态概念的界定》，《社会学研究》2006 年第 4 期。
② ［英］理查德·克里斯普、里安依·特纳：《社会心理学精要》，赵德雷、高明华译，北京大学出版社 2008 年版，第 83 页。
③ 周晓虹主编：《社会心理学名著菁华》，社会科学文献出版社 2006 年版，第 17 页。

为的价值，产生对作为社会的个体性存在的自我的伦理心理意识。人就是依靠"自我觉知"的社会心态把抽象的客观伦理，通过主体的自我醒悟和主体内容的形式化，变为可以感知和把握的具体行为。按照黑格尔的解释，转化为"自由的理念，变为活的善"。正因为只有在形成道德行为过程中，人才能体验到"自我觉知"的社会心态的多样性、丰富性和复杂性，所以，道德就不是简单的规范的汇集和对人提出的单纯的义务的要求，而成为被黑格尔说的"人类把伦理看成是永恒的正义，是自在自为存在的神"。在"自我觉知"的社会心态中伦理的客观性与人的道德主观性结合在一起，最大限度体现了人的意志自由、选择自由和行动自由。这说明"自我觉知"社会心态中，认知、情感和态度达到了一致性促成了道德行为的产生，其矛盾性、不协调性将抑制道德行为的产生，甚至将行为引导到错误的歧路上。一般说来，"自我觉知"社会心态强的人将通过道德行为体现自我与他人、个人与社会关系的互谅互让，融洽和睦。"自我觉知"的社会心态薄弱和有缺陷的人则停留在"自我觉知"的各个要素的矛盾中无法超越个人与集体、自我与社会的冲突而形成道德行为。"自我觉知"的社会心态证明了人类精神的本质是与社会的伦理的本质是一致的，人就是通过把道德中包含的客观性的要求和人的主观需要结合在社会心态的反应机制里，整合自我与社会、理性与非理性、客观我与主观我的关系，体现道德的崇高性、权威性和尊严性。

（二）群体社会心态的作用

社会心态由群体心态构成，群体心态包括固定型的、已经常规化的职业群体心态、年龄群体心态、性别群体心态、地域群体心态、民族群体心态等容易认识和把握的、有规律可以遵循的心态，也包括非固定型的、没有规律可以遵循的美国社会心理学家黎朋所说的"人群聚集"[①]导致的由一定事件和问题引发的突发性、随机性的群体心态。个人的集合体、偶然相遇的人群所聚合的群体心态受到时间、地点和社会事件的影响，表现了无限制性、无规则性的特点，带有很大的偶然性、突发性和不可预测性。固定型的群体心态经过组织化、结构化和规范化的同化和整合，一般不会导致非道德行为的出现。非固定型的群体心态没有经过组织化、结构化和规范化的同化和整合，容易表现出来反社会、反传统、破坏社会秩序的消

---

① ［美］米德：《米德文选》，丁东红等译，社会科学文献出版社2009年版，第82页。

极、偏激的心态，容易促使非道德行为出现。所以，群体心态对道德行为具有两重性的起点构建，一方面是激发、激励和催生道德行为，树立正面的道德形象；另一方面是激发、激励非道德行为的产生，树立道德的反面形象。在群体心态中，人的理性与非理性、主观我与客观我、本能与自由、情感与理智互相结合、互相作用、互相推动，共同构成道德行为与非道德行为的起点。

（三）主我与客我结合的社会心态的作用

主我与客我的概念是美国社会学家米德提出。按照米德的解释："主我是有机体对其他人态度作出的反应；客我则是一个人自己采取的一组有组织的其他人的态度。"[①] 米德认为在主我与客我的关系里，社会心态起到了关键的作用。一是社会心态导致对他人的反应，形成了自我的意识；二是社会心态的反应，导致了客我的出现。这个客我就是可以察觉的自我。客我作为社会的规范、社会的需要、社会的心态等一系列社会因素的合成体，对作为主我的信仰信念、思维方式、行为方式、反映模式、心理状态都提出了规范化、理性化的要求，主我对客我的关系是要求与合乎要求的关系、需求和满足需求的关系。就道德行为的形成看，主我落后的、非理性的、低俗的、反社会的各种自我意识和自我心态在客我的压力下都要做出清除。主我在没有进入客我设定的情境的时候，其动机不论是好是坏，都停留在自我的世界里，不能转化为道德行为。主我甚至无法对即将采取的行为做出预测和估计。在客我的要求下，主我才能做出反应。正是客我的现实要求的偶然性和出乎意料的必然性，主我才使自我抛弃了个人的非道德的一面，而表现了个人道德的一面。米德借用黑格尔对道德的表述，把这个现象称为"自由感的出现"。"自我觉知"的社会心态、群体的社会心态、"客我与主我"结合的社会心态与道德行为的关系表明，道德行为的产生从表层看是理性、欲望、意志与环境等多因素共同作用的结果，从深层看，不能不归之于社会心态将认知、情感、行为汇拢、整合而形成的心理反应机制的结果。从这个意义上看，道德行为的产生是复杂的心理建构过程，理性等精神层面的要素只是道德行为形成的指导原则，欲望、意志等心理层面的因素也只是道德行为形成的动力原则，这些因素尚未构成道德行为产生的起点。

---

① ［德］黑格尔：《法哲学原理》，范扬、张企泰译，商务印书馆1996年版，第134页。

社会心态才是道德行为产生的起点。这是因为理性作为一般的、抽象的指导原则，如果不与社会心态结合，将无法推动道德行为的产生，而只能依靠强制力产生道德行为。这就可能造成道德的二律背反，表现为两面人格、虚假行为，产生所谓的伪君子、两面派等一类与道德适得其反的、令人作呕的社会丑恶现象。欲望、意志作为人的活动的动力，只有与社会心态相结合，才能推动道德行为的产生，如果放任欲望，让意志自由选择，只能产生反道德的行为。社会心态肯定要依靠理性的指导、欲望的推动和意志的选择构建道德行为的起点。但是，社会心态的特殊性决定了其对理性的依靠是建立在对理性的反思的基础上，是将理性包含在直觉直观中，以无理性的行为表现理性，以情感冲动的方式体现理性的约束。社会心态的特殊性也决定了其一定要对欲望、意志进行控制和调整而将它们纳入规范中使之符合社会的要求。理性原则的正确认识和理解事物的方面与错误认识和理解事物的方面构成了理性的两重性和矛盾性，决定了理性单独产生道德行为的艰巨和困难，克服理性的这个矛盾，没有更好的方法，就要借助社会心态的力量，避免理性原则走向自身的反面，把认识推向极端，造成理性的毁灭。此外，理性原则的空洞、抽象和缺乏现实性的缺陷也需要社会心态纠正和克服。因为理性作为行为规律的指导原则和行为对错判断的尺度，仅仅预设的是行为实现的可能性、理想性，而不是行为实现的必然性、现实性，何况理性本身不能产生道德行为，还要借助社会心态所形成的心理反应机制实现预期目标。黑格尔对此认识的很清楚，在谈到理性的优越性时，他深刻指出："凡是我的判断不合乎理性的东西，我一概不予承认，这种法是主体最高的法。"[①] 同时，黑格尔也看到了理性的另一面，他说："由于这种法的形式上的规定，判断也可能是真的，也可能是单纯私见和错误。个人达到他的那种判断的法，依然属于道德领域的观点，是属于他特殊的主观教养问题。"[②] 对于什么是"道德领域的观点""特殊的主观教养问题"，黑格尔解释说："谁要是在这现实世界中行动，他就得服从现实世界的规律，并承认客观性的法。"[③] 由此可见，理性只是道德行为产生

---

① ［德］黑格尔：《法哲学原理》，范扬、张企泰译，商务印书馆1996年版，第134页。
② 同上。
③ ［美］米德：《米德文选》，丁东红等译，社会科学文献出版社2009年版，第18—19页。

的条件之一，不是道德行为产生的决定条件。道德行为的产生还要依靠人的精神世界的各个要素的配合。如果说理性是人的道德行为产生的最高的法，社会心态则是人的道德行为产生的现实的法。欲望、意志的自然属性和社会属性的两重性，决定了欲望、意志单独产生道德行为的艰难和麻烦，在欲望、意志与行为之间，还存在一个心理反应机制。社会心态作为这个心理反应机制对欲望与意志要进行检查和监督，不让其自然属性居于主导位置。米德很清楚地指出了这一点，他说："社会心态这种机制是个体在一种已经被激发起来的活动实际完成之前，在内心中检验这种活动所可能具有的各种结局——从而使他能够根据这种检验过程，为他自己选择他最希望明确地完成或实现的那种结局。"① 社会心态这个心理反应机制，在对外界作出应该有的反应之时，将对欲望实施"选择"的处理。

第二节 道德行为形成过程中的伦理心态的构建作用

伦理心态是以道德的认知方式、道德的情感方式、道德的行为方式构成的道德心理反应机制，认知形成信念，情感形成爱憎，行为形成人格，伦理心态既从道德反应和道德态度两个方面构建道德行为，也从道德反应和道德态度两个方面完成对自己的构建。伦理心态在道德行为形成过程中扮演了四个构建角色，即：构建自我的共同体的道德态度、道德思维，构建自我的道德本性、伦理本性，构建自我的非"绝对自我例外"的道德态度，构建自我的道德创造能力。伦理心态对道德行为的构建作用来自三大资源的支撑：认知、情感和意志资源。

一 伦理与心态

伦理是一个内涵丰富的概念。哲学意义上的伦理表示认识和研究道德现象的世界观和方法论，包含对善以及体现善的诸范畴的观念意义上的认识和理解。道德意义上的伦理是对道德的各个组成要素的认识和理解，包

---

① ［美］米德：《米德文选》，丁东红等译，社会科学文献出版社 2009 年版，第 18—19 页。

括对道德的功能、价值、效果以及道德原则和规范的认识和理解。心理学意义上的伦理是对构成道德行为的心理机制的认识和理解,包括对道德动机、道德心态、道德的自我意识的发展过程等的认识和理解。经验意义上的伦理则是指对道德的正确和错误、善良与邪恶、价值与事实的判断。从主观方面看,伦理是主体的主观能动性的规定性、自我意志的自律规定性,从客观方面看伦理是善的理念的实现、是善的理想对现实的改造。正如黑格尔指出:"主观的善和客观的、自在自为地存在的善的统一就是伦理。"[①] 从主客观的关系看,伦理是自我通过自由选择把"自由的理念、活的善"(黑格尔语)对象化的产物。从伦理与道德的关系看,伦理比道德更有理想的色彩,道德比伦理更有现实的色彩。伦理是道德的哲学,道德是伦理的体现。道德是人的行为的规范,伦理是人的行为的理想。道德是自我活动的依据,伦理是自我活动的指导。

心态是自我的心理状态的简称,是自我对一定对象表达的情绪化的、经过组织化的心理倾向,是人以隐性的感觉的形式表达的含有世界观、人生观、价值观、荣辱观和法制观为依据的心理评价,是自我对外界刺激表达的态度。综合各方面对心态的定义,结合伦理的定义,伦理心态指自我以道德的认知方式、以道德的情感方式、以道德的行为方式构成的道德心理反应机制。伦理心态就是通过这个心理反应机制以道德的眼光观察世界,以道德的情感体会世界,以道德的行为改造世界。自我通过这个心理反应机制以道德的认知方式发挥辨别善恶、是非、美丑的功能,形成道德信念。以道德情感的方式发挥体验真善美、鞭挞假恶丑的功能,形成道德态度。以道德行为的方式创造道德环境,实现道德理想,形成道德人格。伦理心态以道德的世界观、人生观、价值观、荣辱观和法制观构成人的精神世界的丰富内容。伦理心态从道德反应和道德态度两个方面完成对自己的构建。

二 道德行为形成过程中伦理心态构建作用的主要表现

伦理心态构建的道德心理反应机制包括道德认识、道德情感、道德意志等知情意、真善美的因素。伦理心态因此能够把人的追求独立性、

---

① J. E. Alcock D. W. Carment and S. W. Sadava, *Social Psychology*, Canada: Prentice-Hill Inc, 1988, p. 96.

自主性的冲动提高到道德意识的高度，并且将这些分散的因素和自然的冲动整合为一个互相结合的整体，以模式化、统一体的方式对世界采取道德说明和道德改造的行动。自我也因此掌握了对世界的道德话语权，开始了对世界的道德命题，以祈求、劝导、约束、呼吁、希望和亲身实践的方式展开道德行动。"无论是道德命题还是祈使句，主要都是用来鼓励、改变或者约束人们的行为和目的。"① 与此同时，伦理心态构建的道德心理反应机制使自我形成了道德的反应和道德的态度，建立起自由的道德意志，勇敢地履行做人的道德职责。伦理心态的构建作用表现在以下四个方面。

（一）构建共同体的道德态度、道德思维

共同体的态度、共同体的思维是美国社会学家米德提出的，意思是自我的态度和思维均来自与他人、与集体的结合。自我是共同体的自我，共同体是自我的共同体。伦理心态构建的以共同体的意志和利益为考量标准的道德态度和道德思维的基本原则是绝大多数人的绝大多数利益至高无上，自我必须按照共同体的要求形成态度和思维。共同体的道德原则、道德标准是自我的出发点和归宿点。伦理心态通过两种方式构建共同体的道德态度、道德思维：其一，"泛化的他人"的方式。这个方式就是自我把自己的反应和思维放在他人的位置上进行，以他人的视角和方式处理问题。这个他人不是一个小集体，而是大的社会共同体。米德对此进行了解释："他把自己置于泛化的他人的位置，后者代表了群体所有成员的有组织的反应，正是它指导着受原则控制的行为，而具有这样一组有组织的反应的人便是我们在道德意义上所说的有品格的人。"② 其二，两种思维方式的运用。两种思维方式的运用实际上是两种观念形成的两种态度。抽象的思维代表一般的"泛化的他人"的态度，是对"泛化他人"的认识，具体的观念代表实际的"泛化的他人"的态度，是对"泛化的他人"观念的运用。米德正是在这个意义上解释了两者的差异。"在抽象的思维中，个体对他自己采取泛化的他人的态度，并不考虑其他任何特定个体是如何表达的；而在具体思维中，他采取那

---

① 万俊人主编：《20世纪西方伦理学经典》第1卷，中国人民大学出版社2004年版，第212页。

② [美]米德：《心灵、自我与社会》，赵月琴译，上海译文出版社1992年版，第144页。

一态度是因为它表现那些和他一起卷入特定社会情境或动作的其他个体对他的行为所持的态度之中。"①

由此可见，共同体的道德态度和道德思维是自我与他人的互相承认，是个人的心态与社会的心态的互相结合。共同体的道德态度和道德思维要求自我具有集体性，克服个人主义、利己主义、自私自利等缺陷，学会以他人的态度和思维与自我沟通，改正自我的缺点，对自我进行完善。自我的道德态度和道德思维只有在承认他人、与他人沟通的基础上才能形成。自我在这个意义上才能够成为真正的自我。正如米德所说："我们要求在自己的经验中承认他人，并在他人的经验中承认我们自己。如果我们不能在他人与我们的关系中承认他人，我们便不能实现我们自己。当个体采取他人的态度时，也才能够使他自己成为一个自我。"②"当共同体的反应被输入个体时，便有一种新的经验价值和一种新的反应等级。"③

（二）构建自我的道德本性、伦理本性

道德本性、伦理本性是德国哲学家费希特提出的。费希特认为："可以断言，在人心中会表现一种驱迫感，要求全然独立于外在目的，去做一些事情，既单纯为了它们会发生而做它们，并且要求同样独立于外在目的，不做一些事情，既单纯为了它们不会发生不去做它们。就人毕竟是人，因而这样一种驱迫感在他心中必然要表现出来而言，我们把人的这种性状称为他的一般道德本性或伦理本性。"④ 费希特认为这个道德本性、伦理本性表现为人自己规定自己、实现自我的纯粹的冲动。"这种冲动给我提供尊重感，要求我尊重自己，并且给我规定了高于一切自然事物的尊严；这种冲动绝不以享受——无论什么样的享受为目的；这种冲动藐视享受本身，仅仅以维护我的尊严为宗旨，而我的尊严就在于绝对的独立不倚和自力更生。"⑤

伦理心态之所以能够构建自我的道德本性、伦理本性，就在于伦理心

---

① ［美］米德：《心灵、自我与社会》，赵月琴译，上海译文出版社1992年版，第138页。
② 同上书，第173页。
③ 同上书，第172页。
④ ［德］费希特：《伦理学体系》，梁志学、李理译，中国社会科学出版社1995年版，第15页。
⑤ 同上书，第141页。

态能够把知情意、真善美的诸要素整合为一个心理反应机制,并且通过这个心理反应机制构成自我的道德反应和道德态度,以此来表现自我的道德本性、伦理本性。伦理心态的任何一个要素都不能单独构建自我的道德本性、伦理本性。认知可以作出道德判断,决定道德立场,引导道德行为。但是仅仅依靠认知还不能构建自我的道德本性、伦理本性。认知所要解决的仅仅是道德信念的问题,还不能解决道德情感所产生的爱憎问题。情感表现了自我的爱憎,可以产生道德态度,表达自我的道德倾向性。但是仅仅靠情感也不能构建自我的道德本性、伦理本性。情感解决的是道德态度的问题,还不能解决道德意志的问题。道德意志虽然解决了自我的动机和选择问题,但是不能解决道德原则和道德标准的问题。知情意的配合才能产生自我的道德本性、伦理本性。道德本性、伦理本性是道德信念、道德情感、道德意志的统一。由此可见,单一的认知不能让人有道德,单一的情感也不能让人有道德,单一的意志同样无法让人有道德。道德本性、伦理本性才能让人有道德。伦理心态则可以让人恢复这个本性。自我根据这个本性行动才能有道德。费尔巴哈深刻地指出:"真正有道德的人不是根据义务,根据意志(因为这会成为道德是由虚无中创造出来的)而有道德,而是根据本性就是道德的,虽然他也借助于意志而成为有道德的,但意志不是根据,不是他的道德性的来源。"①

(三)构建自我的非"绝对自我例外"的道德态度

"绝对自我例外"的道德态度是美国伦理学家斯蒂文森对西季威克质疑道德原则"没有明确给出完整指南"②的反驳时提出的观点,意思是一切道德原则、道德规范只对他人有效,对自我则无效。显然,这是虚伪的两面人格的产物,是伪君子的道德。斯蒂文森写道:"我偷东西是正当的,别人偷东西是不当的——不管别人的天性和环境与我何其相似,永远如此。这样的判断可称之为'绝对自我例外'。"③"非绝对自我例外"的道德态度与"绝对自我例外"的道德态度相对立,指一切道德原则、道德规范对所有的人都有效,没有任何人可以例外。斯蒂文森对"非绝对自我例

---

① [德]费尔巴哈:《费尔巴哈哲学著作选集》上卷,荣振华、李金山等译,商务印书馆1984年版,第590页。

② 万俊人主编:《20世纪西方伦理学经典》第1卷,中国人民大学出版社2004年版,第212页。

③ 同上书,第227页。

外"的解释是:"有些人被嘉许地被看作是为他人着想的,或好心的、体贴的、仁慈的、献身于社会公益等等。他们不仅希望他人的福利,而且在很大程度上也为福利本身而希望福利。他们也许相信,他人的福利是达成自己福利的手段,但即使他们发现这一点,甚至发现别人的福利在相当大的程度上要以牺牲自己的福利为代价,也没有什么关系:他们为别人谋福利的愿望仍然是占支配地位的。这样的人显然不可能有自我例外的态度。"①

伦理心态不允许有任何背离道德原则和道德规范的例外,要求道德动机与道德效果相一致。在伦理心态的支配下,自我的道德意识得到充分发展,道德信念与道德态度高度一致,自我做人的原则就是以道德的反应为自己的反应,以道德的态度为自己的态度。长江大学的15位学生组成的"10·24"群体就是"非绝对自我例外"的典型。他们为救两位落水少年的英雄事迹说明崇高的道德品质与"非绝对自我例外"紧密结合,不能分开。"绝对自我例外"则是非道德行为产生的温床。

(四)构建自我的道德创造能力

传统的自我表现在两个方面,其一,在米德概括的完全以大众意愿、以公众标准为尺度的所谓"通用话语中的理性共同体"中,自我已经习惯遵从传统和群体的压力,表现为从俗从众的心理,创造性的活力的一面不容易展现出来。其二,是黑格尔批判的"把自己看作最终审的主观性的顶峰"的"而仍然只是那种自命为真理、法和义务的仲裁员和裁判员的主观性……"② 伦理心态构建的道德心理反应机制通过对保守的、陈旧的自我的反应和态度进行根本的、革命的改造,通过创造以国家和社会利益为第一位、自我的利益为第二位的道德自我,完成了对自我的道德创造能力的构建。道德的自我可以造成非道德的自我平常不可能产生或者不愿意产生的新的精神状态,促使平常看似平庸平淡的自我作出令人敬佩和赞叹的壮举。这就是伦理心态对自我的道德创造能力的构建的结果。米德以"我们所能期待的最迷人的内容"描绘这一人生景象。费希特以"驱迫感"和"伦理冲动"描绘这一人生景象,黑格尔以"普遍义务"和"有教养的

---

① 万俊人主编:《20世纪西方伦理学经典》第1卷,中国人民大学出版社2004年版,第227页。
② [德]费希特:《伦理学体系》,梁志学、李理译,中国社会科学出版社1995年版,第55页。

人"描绘这一人生景象。人的这种由伦理心态焕发出来的超乎寻常的道德创造能力在日常生活里处于被压抑的状态，在一般化的大众状态下不容易找到表现的舞台，常常被释放在人们对所崇拜的英雄人物、传奇人物的业绩的赞叹和追寻中。这就是说，平常的自我是以替代者的超现实的表象代替真实的有道德潜力的自我。伦理心态所形成的道德心理反应机制则颠倒了日常生活的这个规则，把道德的自我推到最前沿，激励道德的自我敢于产生道德创造能力，展示人性美好、高尚的一面。道德创造能力使自我的道德潜能喷涌而出。

三　道德行为形成过程中伦理心态构建作用的评价

伦理心态通过心理反应机制的对道德的构建作用乃是来自三大资源的支撑：认知、情感和意志。正是这三大资源的支撑作用才能够保证伦理心态的功能发挥出来。

（一）道德认知资源的支撑

道德认知资源的支撑作用充分表现为理性的自由功能的最大发挥上，这就是伦理心态自己规定自己的自由活动。"自由活动不服从任何规律，而是单纯在它自身就包含着它的规定性的依据，而它的规定性属于后来被设想为存在根据的思维。"[①]"正因为自由是自由，因而能用可能的方式加以规定，所以我们也能够在一个固定的规则下设想自由，关于这个规则的概念当然只能由自由理智的力量予以制定，只能由自由理智的力量通过自己的自由，照这个规则予以规定。"[②]伦理心态的认知资源的目的就是要形成道德信念。

伦理心态虽然被理性赋予绝对自由的权利，自己规定自己，但是就方式方法而言依然服从道德自律的规律。道德自律的规律要求伦理心态构建的心理反应机制所形成的道德反应和道德态度，一方面要与人的现实需要吻合；一方面要毫无例外的普遍有效，不仅是对一个人有效，而且对所有的人有效，任何人都不能例外。无一例外的原则表明："整个道德生活无非是理性存在物不断给自己制定规律的活动，在什么地方制定规律的活动

---

① ［德］费希特：《伦理学体系》，梁志学、李理译，中国社会科学出版社1995年版，第157页。

② 同上书，第55页。

停止了，在什么地方非道德性就开始了。"① 费希特把这个制定规律的活动称为"相对的合目的性"，康德把它称为"绝对命令"，黑格尔把它称为"伦理的命令"，罗斯把它称作"义务优先"。当伦理心态达到完全意义上的理性自由时，就"从这方面也就产生一种道德目的，即憎恨和铲除没有规定性的恶"。② 伦理心态的完全自由的合目的性则完全符合道德的规律，其三个含义是：其一，道德规律的内容是独立性、自主性，也就是不能由伦理心态之外的力量规定道德反应和道德态度。其二，道德的规律是自我行动的准则，也就是自我完全按照伦理心态构建的道德心理反应机制作出反应，形成态度。其三，对道德规律的服从是在人的独立性和人的本质中形成的，也就是说，从伦理心态之外寻找道德规定的依据是对道德规律的违背。

（二）道德情感资源的支撑

道德情感资源支撑的作用表现为以态度体验的方式表达对真善美的赞赏，对假恶丑的憎恶，并且通过这个方式建立道德的态度。艾耶尔认为："伦理的词不仅用作表达情感，这些词也可以用来唤起情感，并由于唤起情感而刺激行动。"③ "只表达道德判断的句子没有说出任何东西，它们纯粹是情感的表达。"④ 斯蒂文森认为：道德评价表示的是元评价性的，不是价值的判断，而是描绘判断理由的情感特征。⑤

伦理心态的情感资源可以促进道德态度的形成，其一，道德态度的形成最根本的还是依赖道德情感。道德认知解决的是信不信的问题，道德情感解决的是爱不爱的问题。一个人相信什么，不相信什么只是表明一个人的道德信念，一个人爱什么，恨什么则表明了一个人的道德态度。从功能上区分，道德信念表示对道德行为描述和解释后的确认，是理性上的接受。道德态度则表示对道德行为的肯定和赞美，是态度上的接受。只有理性的接受的而没有情感的接受，不能形成积极有效的态

---

① 万俊人主编：《20 世纪西方伦理学经典》第 1 卷，中国人民大学出版社 2004 年版，第 4 页。
② ［德］费希特：《伦理学体系》，梁志学、李理译，中国社会科学出版社 1995 年版，第 55 页。
③ 万俊人主编：《20 世纪西方伦理学经典》第 1 卷，中国人民大学出版社 2004 年版，第 185 页。
④ 同上。
⑤ 同上。

度。道德态度表达的不仅仅是道德信念,而且是复杂的道德感情。斯蒂文森正是在这个意义上分辨了两者的区别,认为"两种分歧的差别主要表现在两个方面:前者是关于怎样如实描述和解释事情的问题;后者是关于怎样才能赞成或不赞成这些事情。并因此怎样通过人的努力形成或修正这些事情的问题"。① 其二,道德情感资源对伦理心态的支撑作用还表现为可以通过形成道德态度恢复人的本性,向道德回归。爱不爱的道德情感资源表达了人的最真实、最淳朴的感情,也就是人的本源的情感,这是没有任何掩饰的、没有任何雕琢的情感,反映了人的真实的本性。当人的真实的本性出现的时候,也就是道德出现的时候。费尔巴哈赞同这个观点,他写道:"道德不是别的,而只是人的真实的完全健康的本性,因为错误、恶德、罪过不是别的,而只是人性的扭曲、不完整、与常规相矛盾,并且常常是人性的低能儿。"②

(三)道德意志资源的支撑

道德意志资源的支撑作用是形成道德行为。道德行为是道德人格的另一种称呼。黑格尔认为意志就是实践理性,康德把实践理性看作道德。可见,道德意志是道德行为形成的最直接的动因。但是,道德意志的形成需要中介环节,也需要转换环节。没有这些环节,道德意志也无法形成。此外,道德意志还需要强制环节。没有强制环节,道德意志就不能向道德行为转化。现分别论述这三点。其一,意志与伦理心态的结合产生道德意志。伦理心态是道德意志产生的本质和根源。伦理心态就是道德意志产生的中介环节。费尔巴哈非常准确地看到这一点,他指出:"意志只是道德的帮工,而不是道德的匠师;只是德行的产科医生,而不是德行的父亲;只是道德本性的后嗣,而不是它的祖先;简言之,意志不是首要的、根本的,它不是创造道德的本质。"③ 其二,道德意志是善的意志,善的意志是道德意志的转换环节。康德写道:"善的意志的价值,不依靠它的实现或成功,也不依靠它对某种限定的目的的有用,而只依靠善良意志,也就是

---

① 万俊人主编:《20世纪西方伦理学经典》第1卷,中国人民大学出版社2004年版,第234页。

② [德]费尔巴哈:《费尔巴哈哲学著作选集》上卷,荣振华、李金山等译,商务印书馆1984年版,第590页。

③ 万俊人主编:《20世纪西方伦理学经典》第1卷,中国人民大学出版社2004年版,第208页。

说。价值在于它自身。"① 善的意志就是道德意志，道德意志是人的感性的实践经历，是理性与意志的结合，能够把自我的品质高尚化、纯洁化，引导自我追求道德理想，为道德理想而奉献和牺牲。费尔巴哈认为道德意志的真实本性就表现为按照道德理想而活动。"为了实现道德的理想，道德意志被限制、经受磨难而显示其真实的本性。"费尔巴哈还认为道德意志就是自我对现实的真实的感受。"没有痛苦的实体是没用根据的实体，只有能感觉痛苦的东西才值得存在。只有具有丰富的惨痛的经验的实体才是神圣的实体。""没有限制、没有时间、没有痛苦的地方，也就没有性质、没有力量、没有精神，没有爱。"② 其三，道德意志具有法律的效力，可以强制道德行为产生。这个法律效力既是道德意志的强制环节，也是向道德行为的转化环节，它本身就构成了道德行为。康德看到了道德意志的法律效力的一面，把法律的纯粹形式转变为规定意志的对象和根据，从而把意志转变为不同于愿望的感性能力和特殊能力，转变为纯粹的"思想物"，转变为只为法律决定的而不以任何感情倾向为转移的能力——纯意志。但是，康德忽视了道德意志本身的强制效力，仅仅把法律效力等同于道德意志的效力，移花接木。道德意志是结合理性、结合认知、结合情感的意志，理性的认知功能就是对道德价值的认定，自我被理性赋予履行道德职责的能力和义务。道德意志也是结合感情的意志，道德感情对自我作出爱和恨的规定，要求自我的道德态度要表现鲜明的爱憎。正是在道德认知和道德情感的驱动下，意志才能够定向，才能被约束和限制。意志也才能够赋予自我以最好的方式形成道德行为。正如斯玛特指出的："一个好的行动者就是一个比一般的人更接近于以普遍的最佳的方式行动的人，一个坏的行动者就是一个不如一般人那样以最佳方式行动的人。"③ 由此可见，道德认知和道德情感能够产生对道德意志的法律效力。道德意志的法律效力成为自我的道德义务产生的源泉。道德义务与法律具有同等的约束、控制的自我的作用，道德义务构成了自我必须履行的人生职责。笔者探讨了道

---

① 万俊人主编：《20世纪西方伦理学经典》第1卷，中国人民大学出版社2004年版，第208页。

② ［德］费尔巴哈：《费尔巴哈哲学著作选集》上卷，荣振华、李金山等译，商务印书馆1984年版，第590页。

③ 万俊人主编：《20世纪西方伦理学经典》第1卷，中国人民大学出版社2004年版，第208页。

德行为产生过程中伦理心态的构建作用，归根到底，伦理心态的构建的道德心理反应机制所形成的是道德反应和道德态度。伦理心态既凭借道德反应和道德态度完成对道德行为的构建，也从道德反应和道德态度两个方面完成对自己的构建。

第三节　社会心态的五个认同功能

社会心态的"五个认同"功能是：对祖国的认同功能、对中华民族的认同功能、对中华文化的认同功能、对中国特色社会主义道路的认同功能、对中国共产党领导执政的认同功能。课题组对甘肃省甘南藏族自治州、临夏回族自治州、张家川回族自治县、天祝藏族自治县、肃南裕固族自治县、肃北蒙古族自治县、阿克塞哈萨克族自治县的回、藏、东乡、土、裕固、保安、蒙古、撒拉、哈萨克、满等16个民族的大约2万多人进行了长达6个多月的调查访谈。调查访谈的结果表明甘肃少数民族在社会心态的认知、情感、行为等方面都表现了对祖国的认同、对中华民族的认同、对中华文化的认同、对中国特色社会主义道路的认同、对中国共产党领导执政的认同。这几个方面的认同率达到98%。

甘肃省地处青藏、内蒙古、黄土三大高原交会处，地域辽阔，资源丰富，自然条件复杂多样。全省包括汉、回、蒙古、裕固、东乡、保安等45个民族，其中东乡、裕固、保安族为甘肃特有民族。甘肃省民族地区不仅是多民族共聚区，而且是多文化共生区，伊斯兰文化圈、藏传佛教文化圈与汉文化圈交错互生，同时，民族地区尚处于欠发达阶段。

甘肃民族地区自古以来就是个多民族聚居的省份。2009年年底，甘肃总人口为2617.16万人，其中民族地区总人口达328.22万，占甘肃全省总人口的15%左右，民族地区的少数民族人口为188.98万，占民族地区总人口的57.6%。在少数民族中，人口在千人以上的有回、藏、东乡、土、裕固、保安、蒙古、撒拉、哈萨克、满等16个民族，此外还有39个少数民族成分。东乡、裕固、保安为3个特有少数民族。从分布情况看，回族主要聚居在临夏回族自治州和张家川回族自治县，散居在兰州、平凉、定西等地市；藏族主要聚居在甘南藏族自治州和河西走廊祁连山的东、中段地区；东乡、保安、撒拉族主要分布在临夏回族自治州境内；裕固、蒙古、哈萨克族主要分布在河西走廊祁连山的中、西地区。作为一个多民族的省份，甘肃省在行政区划上有两个民族自治州——甘南藏族自治州（辖合作市、夏河县、玛曲县、碌曲县、卓尼县、临潭县、舟曲县、迭部县），临夏回族自治州（辖临夏市、临夏县、永靖县、和政县、康乐县、广河县、东乡族自治县、积石山保安族东乡族撒拉族自治县）和五个民族自治县（即阿克塞哈萨克族自治县、肃北蒙古族自治县、肃南裕固族自治县、天祝藏族自治县、张家川回族自治县）。

甘肃民族地区总面积18万平方公里，约占全省总面积的39%。甘肃民族地区大多人口稀少，交通不便，自然环境普遍比较差，大多处于偏远和高寒阴湿缺氧地区，主要产业为牧业和半农业半牧业，工业比较落后，其经济、科技、文化教育、卫生体育以及其他社会事业的总体发展水平等都比较落后。另外，甘肃民族地区往往又是人文独特、生态资源、矿产资源富集的地方，长期以来由于受资金、技术、专业人才、交通等因素的制约，整个民族地区的经济社会发展受到影响，严重滞后于其他地区。统计数据表明，2009年，甘肃省民族地区国内生产总值完成200.13亿元，全社会固定资产投资212.08亿元，大口径财政收入22.59亿元，地方财政收入11.08亿元，农牧民人均纯收入达到2253元。目前，甘肃民族地区公路通车里程达15000公里；完成了第四批农村电气化县建设任务和民族地区农村电网改造工程；城镇化建设步伐加快，完成了一批城镇化建设项目，民族地区城镇基础设施有了明显改善。在牧区，现已基本形成了"县城定居型""乡镇定居型""村社定居型""零散定居型"四种格局的牧民定居形式。

一 对祖国的认同

对祖国认同是甘肃少数民族的共同认识和共同心愿。对祖国认同的表现、对祖国认同的原因表明甘肃少数民族热爱自己的祖国，对自己的祖国具有深厚的感情。

（一）对祖国认同的表现

课题组对甘肃少数民族的调查结果表明，西北少数民族对祖国认同有如下三个表现。

1. 对故土家园的热爱

即对甘肃少数民族脚下这块世世代代劳动、生息繁衍、依存的辽阔大地、生于斯、长于斯的故土家园的热爱。甘肃少数民族普遍认为：祖国之所以令他们热爱，不仅在于祖国幅员辽阔、物产丰富、山河壮丽，更重要的是因为祖国包括甘肃少数民族地区，拥有世世代代生息在这片土地上的勤劳、勇敢、善良、智慧的各族人民。

2. 对国家的热爱

即对为了维护社会共同体的和谐秩序、领土安全、主权统一以及社会稳定、实施阶级统治的强大政治机构——中华人民共和国的热爱。甘肃少数民族的爱国情怀突出表现为他们维护国家统一，反对国家分裂。98%的甘肃少数民族认为应该坚决的、毫不动摇地反对"三股势力"的分裂活动，坚决反对"藏独"分子的分裂活动。

3. 对各民族共同缔造了我们这个伟大国家的认同

课题组的访谈表明，甘肃各族人民对祖国的高度认同突出表现为认同我们伟大祖国自古以来就是一个统一的多民族国家，各族人民共同缔造了伟大祖国，共同捍卫了祖国的领土完整和国家主权。维护祖国统一是国家的最高利益之所在，也是各族人民的根本利益之所在。在祖国这个大家庭里，每个民族、每个人的命运都与祖国的命运紧密联系在一起，只有祖国的强大繁荣、文明昌盛，才有每个民族的繁荣进步和各个民族的幸福生活。

（二）对祖国认同的原因

甘肃少数民族之所以对祖国认同具有这样高的一致性和共同性，能够热爱祖国，反对分裂，能够拥护统一，反对独立，原因很多。根据课题组调查的结果，主要是甘肃民族地区"十二五"时期从以下方面加快了文化、教育、医疗卫生等社会事业的发展，为民族地区经济社会发展提供必要的支撑，增强了发展的内驱力。西北少数民族看到了西北少数民族只要在祖国大家庭里，才有发展进步的机会，才能享受美好幸福的新生活。

1. 甘肃民族地区文化的发展

甘肃民族地区从下面六个方面推进文化事业发展。①加快县市级图书馆、文化馆以及乡镇文化站和村级文化室等公共文化基础设施建设进度，健全公共文化服务体系。②建立公共文化服务机构基本运行经费保障机制。③加强重点文物、重要遗址、民族文化等物质及非物质文化遗产保护和传承。④加快广播电视"村村通"工程建设，扩大农牧村广播电视覆盖面。⑤开发、打造少数民族文化精品，扶持和引导民族文化企业走市场化路子，发展壮大具有民族特色的文化产业。⑥加强少数民族历史、文化研究。

2. 甘肃民族地区教育的发展

甘肃民族地区党和政府组织坚持把教育摆在优先发展的战略地位，实施《国家中长期教育改革和发展规划纲要（2010—2020）》。①大力发展职业教育，如筹建临夏民族职业技术学院和甘南示范性中等职业学校。②加强学前教育，扩大幼儿园办学规模，学前教育向乡村延伸。③建立巩固提高"两基"成果的长效机制，巩固提高九年义务教育。④继续实施寄宿制中小学建设工程，提高义务教育阶段寄宿学生生活补助标准。⑤支持民族地区"双语"教学，加强"双语"教学信息化建设，完善"双语"教学体系，提升"双语"教学水平。⑥加快普及高中阶段教育，努力提高高等教育质量。

3. 甘肃民族地区医疗卫生事业发展

①全面落实医疗卫生体制改革方案，扩大实施新型合作医疗覆盖面，提高补助标准和医疗保障水平。②加强州、县市、乡镇和农林场医疗卫生机构业务用房和附属设施建设及基本设备配置，加大基层医疗队伍培养力度，完善基本医疗服务体系。③提高突发公共卫生事件处置能力，完善紧急医疗救治和医疗卫生信息网络，建设州县疾病预防控制中心、加强地方病、高原性疾病防治。④完善紧急救援综合协调机制，增加应急物资储备。⑤加强食品药品监管基础设施和能力建设。⑥建设基层计划生育服务设施和妇幼保健机构，健全计划生育流动服务体系，加快实施农牧区住院分娩补助政策，提高妇幼保健水平。⑦建立覆盖城乡的基本医疗卫生制度，重点建设县乡村三级医疗卫生服务网络和城市社区卫生服务网络。

4. 实施积极的就业政策

把扩大就业作为经济和社会发展的重要目标，改善创业环境，广开就业渠道，建立健全政策扶持、创业服务、创业培训"三位一体"的工作机制。①建立健全就业援助制度。加强对零就业家庭的就业援助，对就业困难人员实行优先扶持和重点帮助。鼓励劳动者参加各种形式的培训，支持各类职业院校、职业技能培训机构和用人单位依法开展就业前培训、岗位培训、再就业培训和创业培训。②建立健全失业保险制度。强化保障基本生活与鼓励再就业相结合的机制，更好地发挥失业保险在"保生活"和"促就业"方面的作用。加强就业服务和管理。加大对人力资源市场信息网络及相关设施建设的投入。③建立健全人力资源市场信息服务体系，完善市场信息发布制度。鼓励社会各方面依法开展就业信息、技能培训、劳务租赁、劳务输出等就业服务活动。

二 对中华民族的认同

甘肃少数民族对中华民族高度认同,这与他们世世代代与汉族等民族长期交往、长期合作密切相关。在共同的生活和交往中,甘肃少数民族对中华民族的认识和感情与日俱增。

(一)对中华民族认同的内容

在当代,对中华民族的认同可以分为三个层面来认识:一是共同的民族渊源;二是共同的民族文化;三是共同的国家。这三个层面共同构成对中华民族的认同。

(二)对中华民族认同的表现

课题组对甘肃少数民族的调查结果表明,甘肃少数民族的中华民族的认同表现在以下方面。

(1)对社会主义的团结和谐的民族关系的认同。98%的甘肃少数民族认同我国现阶段的民族关系是团结和谐的。

(2)对中华民族大团结的认同。98%的甘肃少数民族认为中华民族的大团结是中华民族走向繁荣昌盛的必由之路。任何人都不能破坏中华民族的大团结,谁破坏中华民族的大团结,谁就是中华民族的千古罪人。

(3)对各民族谁也离不开谁的认识。98%的甘肃少数民族认为西北各族人民世世代代互相帮助,互相支持,形成了谁也离不开谁的亲密关系。这个关系来之不易,应该倍加珍惜。

三 对中华文化的认同

甘肃少数民族因为世世代代与汉族等民族长期交往交流,合作共事,各民族文化之间的学习交流也从未间断。甘肃少数民族不仅热爱和传承自己民族的传统文化,而且注意尊重、爱护和学习其他民族的文化,对中华文化是认同的。

(一)文化的含义

文化有狭义和广义之分,广义的文化是指人类在社会历史实践中创造的物质和精神产品的总和。狭义的文化则是指关系人类社会生活的思想理论、道德风尚、文学艺术、科学教育等观念形态的内容。中华文化也有广义和狭义之分,广义的中华文化是指中华民族创造的物质产品和精神产品的总和。狭义的中华文化则是指中华民族语言、文字、艺术、宗教、教育以及包括一切意识形态在内的精神产品。

(二)对中华文化认同的表现

文化认同是文化人类学的一个重要概念,也是当代社会的一个重要的论域,是指人与人之间、群体与群体之间以及个人同群体之间的文化确认。课题组的调查结果表明,西北少数民族对中华文化的认同表现为各民族之间文化的相互理解、沟通、彼此认可与尊重。"生活在同一社区之内的人,如果不和外界接触,就不会自觉地认同,民族是一个具有共同生活方式的人们的共同体,必须和'非我族类'的外人接触才能发生民族的认同。"[①] 文化认同就是我之为我的界定过程。这一过程包含了伦理道德规范的认同、宗教信仰的认同、风俗习惯的认同、文化艺术的认同等。使用相同的文化符号,遵循共同的文化理念,秉承共有的思维模式和行为规范是文化认同的基本依据。西北各民族文化认同表现除了高低不同的层次,即"多元一体"格局内部的各族群之间存在着民族认同意识的多层次性。但是,各民族共同创造的文化的一致性和差异性成为各民族达成中华文化高度认同的现实基础。

(1)各民族关心中华文化的传承与创新,具有良好的中华文化认同意识。关心中华文化的传承和创新表明甘肃各少数民族是热爱中华文化的,希望中华文化代代相传。调查显示,甘肃各少数民族对关系国家民生的重大事件非常关注,对国家及时果断应对灾情,广大人民万众一心、众志成城抗击灾害表示认同,为中华民族在灾难面前表现出来的伟大民族精神感到自豪和骄傲,这些都表明了他们具有良好的中华文化认同意识。

(2)渴望相互交流,具有良好的求同存异的意识。调查表明,甘肃少数民族跨文化交往意识强烈,不仅渴望学习中华文化的优秀部分,而且渴望认识和理解各个少数民族的文化和历史,对民族团结的重要意义认识深刻,对来之不易的民族团结倍加珍惜,对党的民族政策予以充分肯定。他们普遍要求加强民族团结,促进各民族之间和睦相处,尤其是对各民族人民之间相互尊重、相互交流、相互了解、相互学习的愿望和要求比较

---

① 费孝通:《中华民族多元一体格局》(修订本),中央民族大学出版社2003年版,第9—10页。

强烈。

（3）接受各民族文化，具有良好的中华文化认同感。调查显示，甘肃少数民族认同中国是由 56 个民族组成的中华民族统一体，新疆、西藏、台湾自古以来就是祖国不可分割的一部分，自己既是本民族的一员，也是中华民族的一员。人们对我国五千年文明发展史和灿烂优秀的中华文化感到自豪，愿意学习和掌握中华文化之精华，为传承中华文化作贡献，了解和接受其他民族的风俗习惯和生活方式。甘肃少数民族学生对"双语"教育持积极肯定态度，主动学习国家通用语言，对了解和掌握中华文化很感兴趣，表现出良好的中华文化认同感。

四 对中国特色社会主义道路的认同

甘肃少数民族走上社会主义道路才算真正获得解放，实现了民族平等团结互助和谐。他们珍惜社会主义制度下来之不易的幸福生活，追求幸福美好、山清水秀、生活富裕的理想。他们在社会主义大道上，越走越宽广。

（一）中国特色社会主义道路的含义

党的十八大报告指出，中国特色社会主义道路就是在中国共产党领导下，立足基本国情，以经济建设为中心，坚持四项基本原则，坚持改革开放，解放和发展社会生产力，巩固和完善社会主义制度，建设社会主义市场经济、社会主义民主政治、社会主义先进文化、社会主义和谐社会，建设富强、民主、文明、和谐的社会主义现代化国家。甘肃少数民族从切身体会中，表现了中国特色社会主义道路的高度认同。

（二）对中国特色社会主义道路的认同表现

据了解，近几年甘肃省委、省政府先后制定出台了推进藏区、临夏州经济社会跨越发展和长治久安的意见，编制实施了全省民族地区经济社会发展规划，将民族地区 18 个县市列为全省扶贫攻坚重点，实施"1414"对口支援行动，将民族地区全部纳入生态功能区转移支付范围。2014 年甘肃省级财政对民族地区州县均衡性转移支付补助系数高于其他地区平均水平 3 个百分点以上，下达各类补助资金达到 300.7 亿元，积极落实中央调整工资转移支付政策，省级对民族地区实行全额补助，补助资金比例高于其他地区 25 个百分点。据统计，2014 年甘肃省预计全省民族地区生产总值达到 465 亿元，是 2010 年的 1.9 倍；固定资产投资 707 亿元，是 2010 年的 2.5 倍；公共财政预算收入36亿元,是2010年的2.6倍;社会消费品零售总额126亿元,是2010年的1.7倍;城镇居民人均可支配收入、农牧民人均纯收入分别达到16470元和4500元,是2010年的1.8倍和1.9倍。

调查表明,甘肃少数民族对中国特色社会主义道路的认同表现为甘肃少数民族对甘肃民族地区沿着中国特色社会主义道路前进的发展感到满意。所有被调查的群众、干部都表示沿着中国特色社会主义道路前进,甘肃少数民族地区前程似锦,大有希望,实现甘肃民族地区建成小康社会的必由之路。

(三)对中国特色社会主义道路认同的原因

由于对甘肃省委、省政府在"十二五"期间采取的以下六大措施发展和建设甘肃民族地区,感到备受振奋,欢欣鼓舞,甘肃少数民族对未来甘肃民族地区沿着中国特色社会主义道路前进的未来充满信心。这是课题组调查结果反映出来的甘肃少数民族对中国特色社会主义道路认同的主要原因。

1. 进一步明确战略定位

甘肃民族地区聚居了回族、藏族、东乡族、保安族、撒拉族、裕固族、蒙古族、哈萨克族共8个少数民族,人口占全省的12%,国土面积占全省的40%,是连接黄土高原和青藏高原的战略通道和交通枢纽,是全省重要的能源和资源基地,是全省乃至全国重要的生态安全屏障,是维护各民族团结稳定的重要区域,是抵御境外敌对势力进行渗透和破坏活动的前沿阵地,是建设各民族共同团结奋斗,共同繁荣发展示范区的核心。没有民族地区的发展繁荣,就没有全省的发展繁荣;没有民族地区的小康,也没有全省的小康。支持民族地区经济和社会加快发展是一项长期而艰巨的战略任务,事关民族团结、边疆稳定、区域协调发展和国家生态安全大局。

2. 实施区域发展战略

按照国办发〔2010〕29号文件精神,充分发挥民族地区比较优势,支持甘南、临夏两州加快特色产业发展,集中连片扶贫攻坚,构建以甘南黄河重要水源补给生态功能区建设、"两江一水"流域水土保持与生物多样性保护、祁连山冰川与水源涵养生态保护、石羊河流域生态保护治理、肃北荒漠自然保护区建设等为主体的生态安全战略格局。

3. 促进藏族聚居区跨越式发展

藏族聚居区包括甘南州、天祝县、肃南县、武都区坪垭藏族乡、武都区磨坝藏族乡、文县铁楼藏族乡、宕昌县新城子藏族乡、瓜州县广至藏族乡。总体思路是贯彻落实中发〔2010〕5号文件和省委〔2010〕5号文件精神，推动藏区经济和社会实现跨越式发展，紧紧抓住发展和稳定两件大事，以改善民生为出发点和落脚点，以保护生态环境为基本前提，以基础设施建设为切入点，以转变经济发展方式为着力点，以改革开放为动力，以科技进步和人才培养为支撑，以维护民族团结和社会稳定为保障，实施跨越式发展战略，全面加强经济建设、政治建设、文化建设、社会建设以及生态文明建设和党的建设，不断提高甘肃省藏区可持续发展能力，努力实现生态良好、经济发展、生活宽裕、社会和谐。"十二五"时期，甘南州、天祝县生产总值年均增长15%以上，全社会固定资产投资年均增长30%以上，社会消费品零售总额年均增长15%以上，人均财政支出高于全省平均水平，城镇居民可支配收入年均增长15%以上，农民人均纯收入年均增长15%以上，城镇化率达35%以上。肃南县生产总值年均增长14%以上，全社会固定资产投资年均增长20%以上，社会消费品零售总额年均增长14%以上，人均财政支出高于全省平均水平，城镇居民可支配收入年均增长12%以上，农民人均纯收入年均增长13%以上，城镇化率达35%以上。5个藏族乡全社会固定资产投资年均增长20%以上，人均财政支出高于全省平均水平，农民人均纯收入年均增长13%以上。

4. 加快回族聚居区发展步伐

回族聚居区包括临夏州、张家川县。总体思路是积极争取国家优惠政策措施，围绕依托藏区大市场，融入兰州都市圈的战略目标。以建设临夏市区域经济中心为重点，努力走出一条符合实际的科学发展道路。加强基础设施和生态环境建设，改善生存和发展的基本条件，坚持把发展的基点放在教育上，加快人力资源开发，提高人口整体素质，实施转移就业工程，把人口压力转化为人力资源优势。发挥少数民族群众善于经商的优势，振兴商贸流通，把临夏州建成面向藏区的重要商贸物流中心，探索走出一条以商促工的工业化新路子。加快培育以农牧业为基础的清真食品、皮革加工和民族特需用品、现代旅游业等特色产业，形成支撑科学发展的产业优势。加大民生保障力度，加快基本公共服务均等化进程，认真解决好人民群众最关心、最直接、最现实的利益问题。深入开展民族团结进步创建活动，依法加强宗教事务管理，大力推进平安建设，促进社会和谐稳定。"十二五"时期，主要经济指标年均增长高于全省平均水平，城乡居民收入达到"十一五"末的西北平均水平,基本公共服务达到西部地区的平均水平,城乡基础设施有明显改善,生态环境恶化的趋势初步遏制,特色优势产业得到较快发展,扶贫开发取得明显成效,人民生活显著改善。

5. 推动肃北和阿克塞县向小康迈进

肃北和阿克塞县经济和社会发展基础较好,"十二五"期间经济和社会发展的总体思路是以团结发展为主题,以富民兴边为目标,以做大电矿工业、做优现代牧农业、做强民族旅游业、做特城市建设、做好民生改善为重点,进一步扩大经济总量,继续保持经济高速增长态势,不断提高人民生活水平,促进人的全面发展。"十二五"奋斗目标是:经济持续快速增长,力争地区生产总值、人均生产总值在 2010 年基础上再翻一番,提前五年实现全面建设小康社会目标。

6. 加大散居民族乡村发展扶持力度

除自治州、县外,全省还有 35 个民族乡(镇),人口 31 万,其中少数民族人口 21 万人,经济和社会发展水平明显低于当地。"十二五"期间,进一步加大了对民族乡镇的扶持力度,加快脱贫致富进程。

五 对中国共产党领导执政的认同

没有共产党就没有新中国,没有共产党就没有甘肃少数民族的翻身解放,就没有甘肃少数民族的今天和明天。甘肃少数民族对中国共产党执政地位是高度认同的。他们对中国共产党的认识和感情持之以恒,历久弥坚。

(一)对中国共产党执政认同的表现

课题组的调查结果表明,甘肃少数民族对中国共产党执政认同表现为,甘肃少数民族认为中国共产党是全心全意为人民服务的党,是为各族人民带来团结、发展和幸福的党。中国共产党的一切奋斗和工作都是为了造福人民。甘肃少数民族尤其对中国共产党十八大报告提出的以下主张高度认同,即要始终把实现好、维护好、发展好最广大人民的根本利益作为党和国家一切工作的出发点和落脚点,做到发展为了人民、发展依靠人民、发展成果由人民共享。

(二)对中国共产党执政认同的原因

与甘肃少数民族地区"十一五"以及"十二五"时期的成就密切相关。这些成就的取得是西北少数民族对中国共产党执政认同的基础和原因。被调查的甘肃少数民族干部和群众普遍认为只有在中国共产党的领导下，甘肃民族地区才能取得这样巨大的建设成就。他们说没有共产党就没有新中国，没有共产党就没有西北少数民族的今天。

1. "十一五"期间，甘肃少数民族地区取得七项巨大成就，前所未有，意义重大，令人振奋和鼓舞

（1）积极参与民族地区经济社会发展中长期规划。"十一五"期间，在民族经济工作中，甘肃省委、省政府始终把编制中长期规划，施行宏观指导作为党和政府重要的工作来抓。2005年中央民族工作会议后，省发改委编制了《甘肃省少数民族地区经济和社会发展"十一五"规划》。同时，为了体现因地制宜，分类指导的原则，根据民族工作的实际，甘肃省先后编制了《甘肃省兴边富民行动"十一五"规划》《甘肃省扶持人口较少民族发展"十一五"规划》《甘肃省扶持人口较少民族专项建设规划（2005—2010）》《甘肃省以工代赈易地搬迁规划》《甘肃省牧民新村建设规划》《甘肃省社会主义新农村建设规划》等。这些规划为甘肃省的民族地区经济社会发展发挥了重要的推动作用。

（2）加大投入拉动民族地区经济快速增长。"十一五"期间，甘肃省进一步加大了对民族地区的投资力度，通过投资拉动，促进了民族地区经济又好又快发展的态势。2006—2009年，民族地区全社会固定资产投资累计完成563亿元，年均递增34.5%；生产总值由126.34亿元增长到213.43亿元，年均递增17.23%；人均生产总值由3911元增长到6285元，年均递增15.17%；地方财政收入由5.8亿元增长到11.4亿元，年均递增23.96%；社会消费品零售总额由38.6亿元增长到76.8亿元，年均递增31.3%；外贸进出口总值由3495万美元增长到6213万美元，年均递增33.9%。

（3）加强基础设施建设。"十一五"期间，在民族地区实施"五路优先"战略，以建设民族团结路为目标，在发展政策上给予优惠，在项目安排上优先考虑，在资金投入上重点倾斜，在全省少数民族地区优先实施了一大批通乡油路和农村公路通达、通畅工程。临夏州已通高速公路，民族地区县城通二级公路，乡镇通油路，基本解决了行政村不通路的问题。甘南拉卜楞飞机场已开工建设。实施了东乡南阳渠工程田间配套、牧区节水示范、人饮安全等在建项目的建设，刘家峡库区水土保持综合治理一期工程、临夏市大夏河南岸综合治理工程等一批大项目相继开工建设，加快了

以节水为主的农田水利设施建设，提高了灌溉用水有效利用水平。实施了"村村通"电视工程、"村村通"电话工程。农牧村信息化建设进程加快，基本解决了行政村通电话难、通邮难、听广播看电视难的问题。民族语言文字信息平台建设进一步加强。大力开发"一江四河"（白龙江、黄河、洮河、大夏河、黑河）水电资源，已建成炳灵水电站、莲麓水电站、首曲电站、巴藏水电站等一批水电站。加强电网改造力度，完善电网骨架，提高电网输送能力。建成临夏至兰州、合作至临洮、迭部至陇西、合作至玛曲等330千伏输变电工程和一批110千伏输变电工程。通过电网延伸、小水电、太阳能光伏电源等形式，解决牧区和边远山区行政村的不通电问题。

（4）推进特色产业发展。"十一五"期间，甘肃省民族地区加大资源开发力度，加快产业化进程，进一步提高农业产业化和市场化水平，继续推进工业结构调整，加快传统工业改造升级步伐，发展特色经济，产业结构趋于优化。一、二、三产业结构由2006年的24.78∶31.77∶43.75调整到2009年的20.18∶35.50∶44.32。在农区，着力培育和发展"高效农业""高原特色农业""特色旅游业""优势工业""民族商贸业"等产业，初步建成了以羔羊、肉牛、洋芋、药材花椒、豆类等为主的特色产业基地。在牧区，以畜产、矿产、水电、藏药和山野珍品等优势资源的开发为重点，积极推进草畜承包，发展以优势资源为依托的特色产业。在城镇、交通沿线，以市场为依托，放手发展民营经济，使民营经济逐步成为民族地区经济发展的主导力量。充分发掘农牧资源潜力，以畜产品、马铃薯加工、玉米淀粉加工、果蔬制品加工等为重点，发展了一批农畜产品储运、加工、销售的骨干龙头企业，提高加工能力和深度，培育名优产品和地方品牌。加快高原中藏药材种植基地、保护基地、研发基地和交易中心建设。依托现有的藏药有限公司、拉卜楞藏药厂等企业，积极采用现代技术改造提升传统工艺，努力提高技术装备水平和产品档次，做大做强藏医药产业。加大藏药宣传促销力度，促进藏药走出藏区。大力发展清真食品加工业，逐步培育清真饮品、清真乳制品、清真肉制品等品牌，集中力量扶持优势行业和重点企业，扩大生产规模，推进技术升级，清真牛羊肉年加工能力达到10万吨，洋芋系列清真食品年加工能力达到10万吨，以干酪素为主的清真乳制品年生产能力达到5万吨，千方百计延伸清真食品产业链，着力培育具有较强竞争力的清真品牌，使临夏成为重要的清真食品生产基地。加强景区基础设施建设，逐步改善道路、供电、供水、通信、食宿等条件，"夏河拉卜楞民族宗教风情""临潭冶力关风景区""和政松鸣岩旅游风景区""和政古生物化石博物馆""刘家峡恐龙国家地质公园""永靖县炳灵寺石窟""天祝县石门沟风景区""肃南县马蹄寺旅游风景区"等已经成为初具规模的旅游资源的品质，加快旅游配套服务体系建设，延伸旅游产业链条，将旅游业培育为新的支柱产业。

（5）重视生态建设和环境保护。甘肃民族地区是黄河、长江重要的水源补给区和涵养区，是全省重点林区及草原、湿地分布区，生态地位非常重要，但大部分处于高海拔区域，生态环境十分脆弱。近年来，在民族地区陆续实施了天然林保护、退耕还林、退牧还草、游牧民定居、甘南黄河重要水源补给生态功能区生态保护与建设、石羊河流域生态综合治理等一大批生态保护项目，生态环境恶化的趋势有所减缓。甘南州加快牧区封地育草和"三化"草地治理，局部生态恶化的趋势初步得到遏制。甘南黄河重要水源补给生态功能区保护与建设项目的启动，黄河流域民族县天然林保护、退耕还林还草、重点防护林、淤地坝等生态建设工程顺利建设，为保持水土流失起到一定的作用。

（6）统筹研究解决藏区经济社会发展问题。"十一五"以来，甘肃省委、省政府紧紧抓住国家支持藏区经济社会发展的重大历史机遇，把甘南藏族自治州、天祝藏族自治县及7个藏族乡作为一个整体进行研究，始终关注着藏区经济社会的发展问题。在深入调查研究的基础上，省委、省政府提出了加快藏区基础设施建设的意见和建议。2007年提出了《西北藏区经济社会发展政策措施研究报告》，报国家有关部门，全面地反映了西北藏区经济社会发展现状及存在的问题，规划了西北藏区到2020年的发展目标和设想，提出以农牧业发展、生态保护与治理、基础设施、工业和水电能源、旅游设施、社会事业等方面的建设项目，总投资633亿元。同时，也提出了加快藏区发展的40条政策建议。中央第五次西藏工作会议后，省民委进一步调查研究了全省藏区经济社会发展，会同省发改委、省财政厅、省农牧厅、省水利厅等部门向省政府报告了《关于加快西北藏区经济社会发展的调研报告》，编制了《"十二五"西北藏区经济社会发展规划》。甘肃省委、省政府于2011年7月召开了全省藏区工作会议，印发了《关于推进全省藏区跨越发展的意见》。甘肃省藏区经济社会发展迎来了一个前所未有的历史性机遇，各方面将会实现跨越式发展，小康社会建设进程将大大加快。同时,省民委就临夏州比照藏区政策有关情况向省委、省政府及国家民委进行了汇报,引起国家领导人的高度重视,目前正在研究制定支持临夏州经济社会发展的政策措施。

(7) 组织实施"三个工程"。"十一五"期间,按照国家民委安排部署,组织实施"扶持人口较少民族发展""兴边富民行动"和"牧民定居"3 个专项工程,取得明显成效。

2000 年肃北蒙古族自治县被国家民委和财政部列为"全国兴边富民行动重点县"。省委、省政府充分利用兴边富民行动这个平台,围绕打造"西部少数民族地区经济强县"目标,抢抓机遇,真抓实干,使肃北县进入了城乡面貌深刻变化、产业层次迅速提升、经济实力快速增强、发展步伐加速推进的新阶段。五年来,省民委和财政厅投入兴边富民行动专项资金 2200 万元,先后实施兴边富民行动项目 56 个,建成了马鬃山镇饮用水净化工程、肃北县芦草湾党河大桥、蒙古族学校学生宿舍楼、国门小学、马鬃山镇红柳河水库工程、马鬃山镇防风林带及育草基地、马鬃山镇驼马滩人畜饮水工程等基础设施和民生工程项目,有效地改善了肃北县基础设施条件,增强了发展后劲,推动了持续快速发展。兴边富民行动为肃北县提供了难得的发展机遇,不仅成为肃北实现跨越式发展的重要载体,也成为乘势而上、创新发展的助推器。"十一五"时期是肃北建县以来建设项目最多、经济效益最好、环境改善最明显、人民得实惠最多的时期。到 2009 年年底,全县生产总值达到 13.71 亿元,是 2005 年 3.009 亿元的 4.6 倍,年均递增 35.4%;全社会固定资产投资完成 13.021 亿元,是 2005 年 2.69 亿元的 4.8 倍,年均递增 48.3%;财政收入完成 2.2 亿元,是 2005 年 0.4075 亿元的 5.4 倍,年均递增 52.4%;社会消费品零售总额达到 8473 万元,是 2005 年 4647 万元的 1.8 倍,年均递增 16.2%;城镇居民人均可支配收入达到 14907 元,是 2005 年 8809 元的 1.7 倍,年均递增 14.1%;农牧民人均纯收入达到 7609 元,是 2005 年 5301 元的 1.4 倍,年均递增 9.4%。人均生产总值、人均财政收入、城镇居民人均可支配收入、农牧民人均纯收入、城乡居民人均储蓄存款等指标位居全省前列。

2006 年甘肃省保安族、撒拉族、裕固族 3 个人口较少民族被列入国家《扶持人口较少民族发展规划(2006—2010)》,积石山县、肃南县、酒泉市肃州区黄泥堡裕固族乡的共 116 个行政村被确定为"甘肃省人口较少民族聚居村"。2006—2010 年,国家民委、国家发改委、财政部安排甘肃省扶持人口较少民族发展资金共 25724 万元，在人口较少民族聚居区实施各类项目 636 个。其中国家民委与财政部下达扶持人口较少民族发展资金 12524 万元，安排项目 311 个。国家发改委安排我省扶持人口较少民族发展专项建设资金 12000 万元，省财政配套 1200 万元，实施各类项目 325 个。五年来，省委、省政府坚持"国家扶持、省负总责、县抓落实、整村推进"的方针，认真组织实施规划，顺利完成了扶持人口较少民族发展的阶段性任务，取得了显著成效。据统计，116 个人口较少民族聚居村中，已有 79 个村达到考核验收标准，提前实现"四通五有三达到"的目标，占较少民族聚居村总数的 68%。通过集中扶持，使全省人口较少民族聚居村生产生活基本条件得到明显改善，基本解决人口较少民族聚居村群众的吃水难、行路难、上学难、看病难、用电难、通信难等问题，经济社会发展水平基本达到当地中等或以上水平，逐步缩小了发展差距。

甘肃省 21 个民族县（市）中，合作、夏河、碌曲、玛曲、卓尼、迭部、天祝、肃南、肃北、阿克塞 10 个县（市）属牧业县。总人口为 66 万人，占民族地区人口的 21%，土地面积 16.6 万平方公里，占民族地区土地面积的 92%。多年来，省民委十分重视牧区建设和牧民生活水平的改善，多次进行了深入调查研究，向省政府报告了《关于推动我省牧区牧民定居及小城镇建设的意见》，会同省发改委、民政厅等部门联合编制了《甘肃省牧民新村建设规划》，筹集专项资金，实施了牧民定居工程。"十一五"以来，省委、省政府进一步加大各类牧区建设资金的整合力度，推动牧民定居与小城镇建设相结合，与教育、卫生、文化等社会事业发展相结合，与牧区产业结构调整及牧区生产方式的转变相结合，通过县城集中定居、乡镇集中定居、村社集中定居和零散定居等方式，加快了牧民定居步伐，促进了广大牧民群众过上稳定定居生活的进程。经过长期努力，甘南州 6686 户牧民实现了定居，其他牧区也通过多种渠道和方式，加速了牧民定居进程，依靠牧民定居这个平台为牧区发展提供了良好的基础。

2. "十二五"（2011—2015）期间主要成就

"十二五"期间，甘肃省 2011 年出台《甘肃省"十二五"民族地区经济和社会发展规划》，确立了"四个坚持"指导思想，进一步指导民族地区发展。

（1）坚持改善民生与和谐共享相结合。要把改善民生作为经济和社会发展的根本立足点和出发点，着力解决群众最关心、最直接、最现实的民生问题，逐步实现基本公共服务均等化。大力发展社会事业，提高人民生活水平，逐步缩小发展差距，使广大人民群众共享改革与发展成果。

（2）坚持转变方式与突出特色相结合。要把转变发展方式作为加快发展的根本途径，继续保持投资快速增长，增强消费拉动能力，提高出口规模和水平，积极培育战略性新兴产业，发展循环经济，推进产业转型升级和经济结构调整，实现国民经济持续快速增长。

（3）坚持统筹协调与持续发展相结合。实施区域发展战略，形成统筹城乡和区域发展的新机制，促进城乡和区域的协调发展。依据资源环境承载能力，建立资源节约型生产体系和生态补偿机制，促进资源、环境、人口与经济社会良性发展和可持续发展。

（4）坚持国家扶持与自力更生相结合。在国家不断加大政策支持力度的同时，民族地区各族群众要坚持自力更生、艰苦奋斗的优良传统和作风，发扬"人一之、我十之，人十之、我百之"的西北精神，将政策优势转化为发展优势，将资源优势转化为经济优势，将后发优势转化为现实优势。

经过几年的努力，据统计，2014年甘肃预计全省民族地区生产总值达到465亿元，是2010年的1.9倍；固定资产投资707亿元，是2010年的2.5倍；公共财政预算收入36亿元，是2010年的2.6倍；社会消费品零售总额126亿元，是2010年的1.7倍；城镇居民人均可支配收入、农牧人均纯收入分别达到16470元和4500元，是2010年的1.8倍和1.9倍。

通过这些喜人的成就，民族地区群众切身感受到了没有中国共产党就没有新中国，没有中国共产党就没有中国特色社会主义的伟大实践。

第五章

西北民族地区宗教认同和国家认同的关系

宗教认同是人类作为生命体进化过程中生命冲力的第一个阶段、第一个时期的产物，国家认同是人类作为生命体进化过程中生命冲力第二个阶段、第二个时期的产物。人类就是通过这样的历程不断进化、不断发展和不断完善。各民族共同体就是通过这个历程实现宗教认同到国家认同的发展。对于西北民族地区信教群众来说，坚持宗教认同就必须同时坚持国家认同，不能以宗教认同排斥国家认同，不能以宗教认同脱离国家认同，离开国家认同的宗教认同就会失去存在的价值和意义，失去促进社会进步、服务民族团结和社会安定的功能。本章重点阐释西北民族地区宗教认同和国家认同的关系。

第一节 西北少数民族宗教状况

我国是一个多民族国家，宗教信仰和宗教活动在少数民族日常交往和民族传统文化中占有很大的比重，宗教的影响随处可见。宗教在西北少数民族中，是一种普遍存在的历史和文化现象，西北少数民族的宗教与他们的日常生活、风俗习惯和行为方式相结合，扎根他们的思想、意识、感情、行为和习惯之中。

一 西北少数民族的基本状况

我国的西北地区，自古便是一个多民族聚居的地方。先秦时，西北少数民族一般被称为"西戎"（包括犬戎、骊戎、姜戎、陆浑之戎，以及扬拒、泉皋、伊洛之戎、戎蛮等众多不同的氏族部落和部落联盟），其后，从西戎中演化出来的氐族和羌族，也是历史悠久、影响深远的少数民族。与此同时，在当时被称作西域的新疆地区，则产生了大小月氏、乌孙等古老的游牧民族以及"西域"诸国。秦汉以后，丁零兴起，到三国魏晋南北朝时发展为敕勒，而从鲜卑慕容部中分出的吐谷浑也活跃在大西北这片土地上。此后，突厥从敕勒中脱颖而出，在隋唐时成为西北主要民族。南北朝末期，党项羌初露头角，到北宋时已成为一支重要力量。在西北的新疆地区，继丁零、敕勒、突厥后，回纥崛起，叱咤风云，此后又被从敕勒中分出的黠戛斯击败，从此开始有名的回纥西迁。元明清以来，回族、维吾尔族、东乡族、土族、撒拉族、裕固族、保安族等少数民族陆续形成，其间乌兹别克族、塔塔尔族、俄罗斯族相继迁入新疆。藏族、蒙古族的主体部分虽然不在西北地区，但是，藏传佛教的格鲁派创始人宗喀巴诞生在西北地区，尽管信奉藏传佛教的西北少数民族只有5个，但是这5个民族是西北少数民族的重要组成部分，依然值得好好研究。锡伯族虽然是清代迁徙而来的民族，但是因为其信仰的原因，同时为研究的方便，也列入世居西北少数民族之列。

西北地区的少数民族主要有回族、维吾尔族、藏族、蒙古族、哈萨克族、东乡族、柯尔克孜族、土族、撒拉族、锡伯族、塔吉克族、乌兹别克族、保安族、裕固族、塔塔尔族等民族，目前，除汉族外，西北地区有55个少数民族。西北少数民族地区不仅流行伊斯兰教、藏传佛教，还曾有萨满教、袄教（俗称拜火教）、道教、景教（基督教聂斯托里派）、摩尼教以及天主教和基督教的其他一些派别的传布，有些宗教如袄教、景教、摩尼教在西北少数民族地区衰灭了；有些宗教如道教、天主教在西北少数民族地区的流传时停时续；有些宗教如东正教与基督教在西北少数民族地区输入较晚，影响微弱。萨满教是阿尔泰语系诸民族古代信仰的宗教，萨满教在我国古代北方游牧民族如匈奴、乌孙、鲜卑、柔然、铁勒、突厥、契丹、回纥、蒙古等族中曾普遍存在。新疆的维吾尔、哈萨克、乌兹别克、柯尔克孜族的先民曾信仰过萨满教。锡伯族、达斡尔族至近代仍完整地保留着萨满教习俗。新疆古代各民族历史文献与考古文化中有着丰富的萨满教文化遗存。

西北民族地区多种宗教并存，宗教的影响广泛深远，民族性、群众性、国际性特点十分突出。宗教问题常常同政治、经济、文化、民族等方面历史和现实的矛盾相交错，具有特殊的复杂性。在西北各民族传统宗教中，影响较大的宗教就是伊斯兰教和藏传佛教。所以，在论及西北少数民族的形成和发展时，可以划分为信奉伊斯兰教的少数民族和信奉藏传佛教的少数民族。

二　西北少数民族的伊斯兰教

西北少数民族伊斯兰教的特点可以概括为以下三个方面。

（一）六大信仰

在基本信仰上，伊斯兰教规定，每个穆斯林在思想意识方面必须保持六大信仰，即信真主、信经典、信天使、信后世（或信复生）、信前定、信使者。信真主即要相信真主安拉是宇宙万物的创造者和主宰者，是全知全能的，是特仁慈的，是无形无象，无所不在的。伊斯兰教要求每一个穆斯林要"心里诚信、舌肉召认"地归顺真主，对真主所启示的一切要无条件的顺从。信仰真主是伊斯兰教六大信仰的核心。信天使即相信在真主之下，存在一种受命于真主、传达真主命令的媒体。人的肉眼看不见，只能闻其声。《古兰经》中说："每个人前面和后面，都有许多接踵而来的天神，他们奉主命来监护他。""他每说一句话，他面前都有天神当场监察。"[①] 天使，就是在真主与人之间代替真主掌管世界的代理人，他们不分性别、不婚、不生、不食、不饮、不睡、不分老幼，按照真主使命，执行真主的各项命令掌管宇宙各个区域和人类的各种行为。按照伊斯兰教的说法，人的左肩和右肩各有一个天使，分别记录每个人一生所做的好事和坏事，到此人死后一并清算，真主会按照这个记录罚恶赏善。信经典即信仰真主下降的各种经典都是真实的，是不可怀疑的真理。伊斯兰教认为，真主曾在不同时期下降了114部经典，其中最后一部，就是启示给穆罕默德的《古兰经》。穆斯林们一定要以《古兰经》为准则，相信《古兰经》是天启的。信使者即相信真主在不同时期派遣了许多使者到各民族中来，传播真主之道。穆罕默德是真主最后派遣的一位使者，"是一切圣人和使者的封印者"，但他是人不是神。信复生即相信真主在世界末日那一天，要对以往的人类进行审判。在末日那天，过去世界的一切都会死亡或毁灭，曾在今世生活过的一切人都将复生，受真主安拉的审判，行善者入天堂，

[①] 《古兰经》，马坚译，中国社会科学出版社1996年版，第212页。

永享欢乐；作恶者入地狱，自食恶果。不论什么人都不会逃避这一审判。信前定即相信世间一切事物都由真主预先定下来。如生死吉凶、富贵贫贱、四季变化、山川草木、日月星辰，等等。每一个穆斯林都要以这六大信仰作为日常行为准则，要坚信不疑，否则，便是叛道，误入迷途，死后坠入火狱，永受烈火烧身之苦。这六大信仰也是伊斯兰教各种宗教仪式和活动以及功修的基础。

（二）严禁偶像崇拜

伊斯兰教作为严格的一种神教，首要的核心信条被简单地表述为："除真主外，别无神灵。"伊斯兰教的基础不是"道成肉身"，而是"道成经典"，从而，在理论上排除了任何人充任"中介"而被神化的可能。所以，穆斯林对于"穆罕默德教"的提法非常反感。他们认为，基督教徒崇拜基督，因此叫基督教徒非常合理。但穆斯林敬仰先知，却并非崇拜穆罕默德。他们自称穆斯林，是顺从真主的人，他们的宗教是伊斯兰教，即服从真主意志的宗教。穆罕默德是真主的使者，是伟大的先知。但是，与所有的先知一样，他是凡人，是"只像我们一样的凡人"。穆罕默德自己也说："我跟你们一样，只是一个凡人，我奉到启示；你们所应当崇拜的，只是独一的主宰。"[①] 对于众先知所显示的奇迹，《古兰经》指出：这是真主为证实先知的使命而创造的反常之事。如果没有真主的许诺和意愿，什么奇迹也不能发生。《古兰经》宣布：穆罕默德和众先知，与普通人一样会死亡。《古兰经》中已经说得很明确，穆罕默德只是一个使者。

伊斯兰教是坚决禁止偶像崇拜的。在伊斯兰教中，最恶劣、最不可饶恕的罪恶，就是"什克尔"，即崇拜多神和偶像。伊斯兰教严禁偶像崇拜（包括禁止图像）。认为这样做可以将偶像教铲除干净。因为它们所引起的不良习性和一切纷争攻击就能止息。伊斯兰教反对偶像崇拜，但不反对各人自己使用合乎教义要求的美丽整洁的装饰、服装、饮食。

伊斯兰教严厉禁止偶像崇拜的态度，与其创立及早期发展的社会背景有关，也与《古兰经》对末日审判的强调有关。伊斯兰教以前的阿拉伯社会，在宗教上是盛行偶像崇拜的社会。阿拉伯部落的原始拜物教，所崇拜的偶像大多是石块、树木一类的自然物。在氏族社会解体、部落战争频繁

[①] 《古兰经》，马坚译，中国社会科学出版社1996年版，第186页。

的历史条件下,这种多神和偶像崇拜是民族统一和社会发展的严重障碍。穆罕默德的宗教革命,要以宇宙唯一、真神统一繁多的神灵世界,实现由部落到民族和国家的转变,就必然要消灭各部落的偶像崇拜。崇拜偶像的麦加贵族对穆斯林的排斥和迫害,使"真主独一"与"偶像崇拜"在教义上日趋尖锐对立,势不两立。伊斯兰教的主要敌人就是以麦加贵族为代表的多神教徒。当伊斯兰教在阿拉伯人中全面传播开来时,每个阿拉伯部落都面临着信仰伊斯兰教或死亡的抉择。按照部落传统,除了结盟以外,任何部落之间必然处于敌对状态。一个部落要么与穆罕默德结盟,要么与之为敌。这在宗教上意味着,要么放弃偶像崇拜,成为穆斯林,要么作为多神教徒,处于死亡的威胁之下。

《古兰经》认为,真主是不宽恕以物配主的罪恶的,谁以物配主,谁便是犯了大罪。穆罕默德坚持将偶像崇拜者罚入地狱,即使亲生父母也无一例外。他坚持真主独一,坚决扫荡一切虚妄的偶像。塔伊夫人归降时,曾要求暂缓捣毁部落的偶像,穆罕默德一天也不允许延缓,并重申凡结盟的部落都必须放弃偶像崇拜,否则,解除盟约和禁止朝觐。《古兰经》认为多神教徒是火狱的居民,不该为他们求饶恕,即使是他们自己的亲戚。《古兰经》要求人们畏惧死后复活和末日审判,赶快放弃偶像崇拜,皈依独一至尊的真主。

(三) 修行上有一套严格的规矩

伊斯兰教要求每个穆斯林在思想上要有信仰,在行动上还应严格遵行五种宗教功课。穆斯林将这五种宗教功课称作"五功",即念、礼、斋、课、朝。

(1)念。所谓念便是以诚信严肃的态度用阿拉伯语念"作证词"。这个"作证词"主要内容是为真主的独一无二、穆罕默德是真主使者作证。

(2)礼。所谓礼便是礼拜,是穆斯林面向麦加做祈祷的一种宗教仪式,是每个成年穆斯林的天职,伊斯兰教规定每天礼拜五次,即早晨,晨礼(从拂晓到日出之间),阿拉伯语称"发吉尔";中午,晌礼(从中午刚过到日偏西之间),阿拉伯语称"祖合尔";傍晚,晡礼(从日偏西至日落之间),阿拉伯语称"阿苏尔";日落至晚霞消失,昏礼(从日落到晚霞消失之间),阿拉伯语称"买格利布";夜间,宵礼(从晚霞消失至次日拂晓之间),阿拉伯语称"尔沙宜"。此外,每周一次"聚礼",在周五的晌礼时间,要求穆斯林都到清真寺集体礼拜。一年两次"会礼",在

"开斋节"和"宰牲节"进行。礼拜为的是清邪念和疑虑,清洁身体,保持心灵的纯洁,所以,按规定,礼拜者在礼拜前身上和衣服都要洁净。用清水做部分清洗叫"小净";做全身清洗叫"大净"。在没有水或身体有病不能接触水的情况下可以沙土水,叫"土净"。礼拜的地点是灵活的,只要是干净无污的地方,礼拜的时间到了就可随地举行。

(3)斋。所谓斋便是斋戒。白天应不吃不饮,戒房事,戒恶语,通常称"封斋""把斋"。以太阳出来前一个半小时到当天太阳落为限。这样坚持一个月,因而叫"斋月"。按规定,未成年儿童、丧失理智、身体有病的、孕妇可免除斋戒。"斋戒"一词是阿拉伯语"索姆"的意译。波斯语叫作"肉孜"。

(4)课。所谓课便是天课,是伊斯兰教的一种施舍,又称"济贫税"。伊斯兰教认为,这是最能获得安拉喜悦的天职,交付"天课",可以使自己的财产更加"洁净"。按规定,每年除正常开支外,其余财产(包括动产和不动产)要以2.5%的比例交付天课,其他能谋利的,如牲畜、田园、房产等,按时价折钱算交付天课,每年交付一次。接受天课的对象主要是:穷人、欠债的人、有急需的人、断绝路费的旅行者等。

(5)朝。所谓朝便是朝觐。伊斯兰教规定,凡有条件的男女穆斯林一生必须朝觐麦加城的"克尔白"一次。朝觐的时间应是伊斯兰教历的12月9—12日,主要仪式有受戒,转"天房"、住"来那"、站"阿拉法特山"、在"萨法"与"麦尔卧"两山之间奔跑、射石等。朝觐者的条件是:成年人、身体健康、有足够旅费而无债务者,此外,路途是否安全,国内外形势是否稳定,也是朝觐者要考虑的因素。"轵觐"一词是阿拉伯语"罕吉"的意译,朝觐过的人被称为"哈吉"。

三 西北少数民族的藏传佛教

藏传佛教也叫喇嘛教或西藏佛教。藏传佛教可分为两个时期:第一个时期为前弘期,从7世纪中叶至9世纪前半叶,前后约200年;第二个时期为后弘期,从10世纪后半叶至今,约1000余年。藏传佛教各派别主要有宁玛派、噶当派、萨加派、噶举派、格鲁派。在西北地区,影响最大的是格鲁派,西北地区信奉藏传佛教的民族主要以格鲁派的思想为其信仰。

(一)藏传艨教的传入

佛教传入西藏的最早记载是一个传说,据说,有一天,松赞干布的前辈拉脱脱多日年赞在王宫屋顶休息时，忽然从天上降下几样东西，第一件是《百拜忏悔经》（印度密教经典）；第二件是舍利宝塔（密教供养之物），第三件是六字真言，即唵嘛呢叭咪吽（莲花上的宝座），是密宗的真宝言，第四是法教规则（密宗修行法则）。一位神在空中对拉脱脱多日年赞说：在你五代以后，将有一位知晓这些东西的赞普出世。这个传说可能是有意编造的，其中赞普（国王）显然指松赞干布。

佛教是吐蕃第32代赞普松赞干布时期从印度和汉地两个方向传入西藏的。以松赞干布与尼泊尔和唐朝联姻为标志。松赞干布先娶尼泊尔尺尊公主，后又娶唐朝的文成公主，两位公主进藏时都带来佛像，并分别建了大昭寺和小昭寺供养佛像。此后，尼泊尔和汉地沙门先后来西藏传教，加之松赞干布也支持佛教，佛教逐渐流传。译经事业也已开始，译出的经典既有小乘佛教经典，也有大乘佛教和密教经典。藏传佛教具有如下三个特点。

一是政教合一。

从1571年，清政府下令七世达赖喇嘛格桑嘉措掌握西藏地方政权，就开始了黄教政教合一的统治，以后一直延续下来。达赖喇嘛既是宗教最高统治者，也是世俗最高统治者，集政权、教权于一身。正是这种政教合一的统治，使宗教统治了政治、经济、文化各个方面，支配了整个社会生活，渗透在各个角落，使藏族居住的区域充满宗教气息。据说达赖是观世音的化身，班禅是阿弥陀佛的化身。

二是活佛转世制度。

达赖与班禅都是通过寻访发现的，这是以佛教的灵魂转世理论和佛教精神活动连续不断的理论为基础的。寻访程序对每一位达赖和班禅都是相似的。

寻找新达赖或班禅转世灵童的第一条线索是他们即将去世时将一些明确的暗示告诉身边官员，在许多情况下，也许不留这些暗示。第二条线索是神谕所提供。这些神谕在降神做法时，可以看见一个转世灵童的降生地及其周围环境，还可看见转世灵童家庭的某些迹象。第三条线索来自拉姆拉措。拉姆拉措在拉萨东南约90英里处，被称作圣湖，湖面平静，水呈深蓝色，周围很寂静，天空总是蔚蓝色的。湖中所显示的倒影据说会告诉所寻访的转世灵童的出生方位、周围环境、家庭住址等情况。

掌握这些线索、幻影和迹象，再经政府批准认可，就可以开始寻访工作了。据说，灵童具有识别其前世活佛生前用具和人物的能力。如班禅圆寂时，则由达赖邀集司伦噶伦和西藏三个大寺的大喇嘛若干人共同决定转世问题，如达赖圆寂，则由班禅胺以上人员等级召集商议转世问题。

所获灵童姓名，用汉、满、藏合璧文各写一签，纳入清高宗所颁发的钵巴瓶中，由驻藏大臣主持抽签仪式，抽中者就是达赖或班禅的转世灵童。然后，驻藏大臣呈报中央。达赖则被迎至布达拉宫举行典礼。典礼后，依班禅达赖互为师徒之例，拜班禅为师，教授经典，由荣增师傅或副荣增师傅抚抱看护，并给予初期教育，并且受小戒大戒，跟博学喇嘛学习经典，坐较低座位。此时，西藏政教大权，由司伦代摄 18 年，转世灵童期满后，正式就教王位，启用佛印，总揽大权，执行西藏元首的职权。

三是显密结合，以密为主。

汉族佛教各派大多学习显宗大乘经典，不学密宗经典，密宗也不学显宗经典，显密之间，互不通气，互相对立。藏传佛教则显密兼修，先学显宗，后学密宗，以密为主。显密二教，并行相通。"应化开说，名曰显教，言谴略逗机，法佛谈话，谓之密藏。"① 密教的道理，在显教便是"悲悯""菩提心""正心"三者，密教仿佛是根基坚固的基础。显教所讲的去恶积善，调伏自心，不能遵照去做，便不能证明密谛。这就是"他受用应化身随机之说，谓之显也，自受用法性佛说内证智境，是名秘也"。②

所谓密，含有两方面的意思：一是众生秘密；二是如来秘密。众生以无明妄想，覆藏本性真觉，所以说众生秘密。但只要应化施法，逗机施乐，就能使众生以内心来印证，但并不说出，所以说如来秘密，当众生的内心能达到这种本觉状态时，那就等于有了真正的秘藏。

（二）对西北少数民族影响最大的格鲁派

格鲁派（黄教）是藏传佛教的一个影响最大的教派，兴起于 15 世纪初叶，是在宗喀巴进行宗教改革基础上建立的。13—14 世纪末，藏传佛教各派得到迅速发展，萨迦、噶举各派盛极一时。这些教派上层人士参与政治、经济活动，享有特权，争名夺利，各派之间钩心斗角。由于戒律松弛，教法不灵，僧侣腐化，各派渐渐失去人心，丧失宗教号召力量。宗喀巴目睹这一情况，倡导宗教改革。他主要依据噶举派教义，主

---

① 刘俊哲、罗布江村编：《藏传佛教哲学思想辑要》，民族出版社 2007 年版，第 298 页。
② 同上。

张僧侣严守戒律,独身不娶,脱离农事,严格寺院组织和竹外事务,使世俗贵族不能操纵寺院事务,并倡导显宗和密宗并重的学说,创立了格鲁派。"格鲁"意为善规,又因他提倡戴黄帽,所以,也称"黄敦"。1409年,宗喀巴在拉萨郊外建立了一个寺院,命名为甘丹寺,标志格鲁派成立。

格鲁派主张"缘起性空论"。所谓缘起,即待缘而起,就是说万物都是由因缘和合而产生的,性空是说一切法都没有自性,一切法皆由因缘而生,缘起即性空,性空即缘起。该派强调业报轮回,善恶有报,明嘉靖二十一年(1542年),该派采用活佛转世制度,把索南嘉措迎到哲蚌寺继承寺主取位,定为三世达赖喇嘛,并追认宗喀巴弟子根敦主和根敦主的转世灵童根敦嘉措为一世和二世达赖喇嘛。1578年,索南嘉措应蒙古与族土默特部汗王、成吉思汗第17世孙被明顺宗封为顺义王的俺答汗之邀到青海。两人相见如故,互赠尊号。俺答汗赠给索南嘉措的尊号是"圣识一切瓦齐尔达喇达赖喇嘛"。"圣"意为超凡,"识一切"灶对精通显宗人的称号,"瓦齐尔达喇"是梵文译音,意为执金刚,是对精通密宗人的称号,"达赖"为蒙语,是大海,"喇嘛"是藏语,意为上师。这个尊号赞扬索南嘉措在显密两方面都修到最高阶段,是个超凡入圣、学问像大海一样渊博的大师。这就是达赖喇嘛名号的开端。索南嘉措死后1年,俺答汗孙子出生,这个幼童被认定为索南嘉措的转世灵童,这就是四世达赖喇嘛云丹嘉措。1589年,西藏方面派人将云丹嘉措迎到拉萨哲蚌寺坐床。1602年蒙古方面派军队护送云丹嘉措进藏。四世达赖和蒙军到来,使后藏地区新兴贵族十分不安,其领袖彭措南杰建立的藏巴政权,势力逐步扩展到拉萨周围,与黄教和蒙军对立。其子丹回旺南所发动的反黄教运动,迫使五世达赖在拉萨无法立足,只好逃到山南地区。

清顺治九年(1652年)达赖五世亲赴北京朝觐,次年受清政府册封为"西天大善自在佛所领天下释教普通瓦赤喇达赖喇嘛",取得藏蒙佛敦总首领的地位。五世达赖还大规模扩建布达拉宫,作为黄教首脑机关,采取一切措施,把权力集中在自己手里。出生于宁玛派喇嘛家庭的仓央嘉措(1683—1706),15岁被迎进宫成为六世达赖。但是,他厌倦深宫生活,写了不少热情奔放的情歌,后因政治原因,被康熙帝废黜,在解送北京途中,死在青海湖畔。1721年,清政府派兵护送七世达赖噶桑嘉措(1708—

1757）进藏，平定战乱，加强对西藏的统治。1751年，清政府下令由七世达赖掌握西藏地方政权，黄教政教合一的地方政权从此开始。从这时起，西藏的噶厦（政府）归于达赖喇嘛领导下。西藏地方政府的系统和俗官系统也逐渐发达起来。以后十一世达赖喇嘛，既是宗教领袖，又是政府首脑，一身兼二职。

黄教除达赖喇嘛活佛系统外，还有班禅活佛系统。"班"为梵文"班智达"（学者）的略称，"禅"是藏语"大"之意，"班禅"即大学者。班禅活佛转世系统是从四世班禅罗桑却吉坚赞（1567—1662）开始的，前几世班禅都是后来追认的。罗桑却吉坚赞是宗喀巴的四传弟子，在黄教历史上是十分重要的人物。在四世达赖死后，五世达赖年幼时，他实际领导黄教事务，以灵活的政治策略，在各种势力争斗的复杂局面中应付自如，使黄教在西藏取得绝对优势的地位。清圣祖康熙五十二年（1713年）封班禅五世洛桑益西（1663—1737）为"班禅额尔德尼"（满语意为珍宝），并赐金册金印，确认班禅在格鲁派的地位。格鲁派的寺院有一套系统的组织机构，其中最完整的是拉萨三大寺：哲蚌寺、色拉寺、甘丹寺。

第二节 宗教认同到国家认同的生命体本源

在研究社会认同时，最不能回避的问题就是宗教认同与国家认同的关系。宗教作为一种文化和历史现象，与人类社会发展的各个阶段相伴随，具有自己特定的生存方式和发展方式。信教群众作为宗教这个文化和历史现象的载体，维系着宗教的生命和活力。有宗教就有信教群众，对于作为国家疆域内的信教群众来说，仅仅具有宗教认同显然尚未达到国家对公民的一般要求，信教群众从宗教认同到国家认同的历程不是一条马上看清楚的直线，还有一些隐藏的线路需要进一步挖掘和阐述。宗教认同是人类作为生命体进化过程中生命冲力的第一个阶段、第一个时期的产物，表现人类生命体本源的自然一面。国家认同是人类作为生命体进化过程中生命冲力的第二个阶段、第二个时期的产物，表现人类生命体本源的社会一面。宗教认同对应人类的本能或者直觉，国家认同对应人类的理性或者理智。宗教认同和国家认同是人类生命体本源的表现。人在生命冲力作用之下其生命本源产生的超社会现实的神话创造机制和在社会现实之中的电影放映机认识机制的结合,表明每个人身上都有一个社会自我,社会自我发展的最高境界就是国家认同。

一 从生命体本源聚焦宗教认同和国家认同的关系

从生命体本源揭示宗教认同与国家认同关系的研究尚未引起国内学术界关注。国内学术界对宗教认同与国家认同的研究集中在以下方面:其一,和谐融洽的民族认同关系通过共同的宗教信仰形成。① 其二,通过社会认同机制解决民族认同和国家认同问题。② 其三,通过国家治理现代和国家认同体系的不断完善,解决国家认同和民族认同问题。③ 我们从一个新的视角研究社会认同问题,从生命进化的历程聚焦在宗教认同和国家认同的关系,说明宗教认同和国家认同都是生命进化过程中不可缺少的要素和结果,都是人类社会不断进步、不断发展的必然结果。

与上述观点不同,本书从一个新的视角研究社会认同问题,即从人类生命体本源进化的历程聚焦揭示宗教认同和国家认同的关系,说明宗教认同和国家认同都是人类生命体本源进化过程中不可缺少的要素和结果,都是人类生命历程不断进步、不断发展的必然阶段和逻辑结果。从我国民族生态构成看,我国境内的一部分少数是全民信教民族。这些民族的生存和发展与宗教难舍难分,交织在一起。他们的社会认知也在宗教影响下表现了一个富有特色、为其所独有的结构。既然宗教认同乃是他们形成认同意识的初级阶段,我们就不能回避宗教认同和国家认同的关系。只有把这个关系搞清楚,我们才能更好引导这些民族实现宗教认同到国家认同的发展。人类离不开宗教的原因很多,就认知方式看,人类对宗教的依附源于一种有别于我们今天思维的"原始思维"。法国社会学家布留尔的"原始思维"的思想基于原始人思考问题的方式与现代人不同。他们不是按照事物本来的面貌认识和理解事物,而是按照"万物有灵"的观念认识和理解事物。法国社会学家涂尔干认为这种原始思

---

① 陈景凤、曾少聪:《论多元文化背景下社会认同的机制分析》,《回族研究》2013 年第 4 期。
② 陈永涌、霍涌泉:《论多元文化背景下社会认同的机制分析》,《青海社会科学》2015 年第 4 期。
③ 蔡文成:《多民族国家的国家认同:危机与重构——以国家治理为视角》,《理论探索》2015 年第 5 期。

维方式的特点表现为一个"共同感觉"。这个"共同感觉"使得宗教不是个体思维的结果,而是全体思维的结果,不是分散个体意图的结合,而是全体意图的凝聚。个人对这个结果和意图,不是能不能接受的问题,是必须接受的强迫。如果不是这样,集体和社会就很难维持和生存。各民族的宗教既有原始思维之特点,也具有共同感觉之存在。例如,西北地区的伊斯兰教各个门宦教派都无一例外认为世界所有的生命都是真主创造,因此所有的生命都打上造物主的印记,都能够在回应真主的召唤中走向生命的完美,达到至善至诚的境界。西北地区的藏传佛教认为万物由佛性所构成,都是在佛性这个基本点上生存发育,不断成长。佛性被发扬光大的人,有的进入天堂,获得幸福。有的转世再生,成为大家顶礼膜拜的活佛。佛性似乎是潜藏在生命体里的种子,能不能发育生长,决定因素是能不能被修炼的阳光所照耀,如草木般茂盛成长。通过佛性和修炼两者的配合,人才能放下世间烦恼,立地成佛。草木动物不能成佛不是这些生命体没有佛性,而是这些生命体无法像人那样执着追求成佛境界,不能像人那样以生命自觉持之以恒,坚持不懈追求。比较起来,无论伊斯兰教还是藏传佛教其相同之处就是都认为"万物有灵"。这个观念是我们认识和理解这两大宗教的关键。正是在"万物有灵"的共同感觉之下,两大宗教开辟了走向凝聚信教群众开启天国之路。伊斯兰教强调的内修五德、外修五功,就是要把这个被真主注入身体的"灵"修炼出来,以便与真主对话,接受真主教导,实现真主意愿。没有这个"灵"的人当然就是非我族类的非穆斯林,这样的人肯定与伊斯兰教徒没有共同感觉。藏传佛教强调的佛、法、僧三宝,就是要通过对教徒的严格约束和限制,把这个佛的"灵"诱导和训练出来,发扬光大佛性,打开成佛之门。没有对佛、法、僧三宝的共同感觉,就没有对藏传佛教的共同信仰。

无论从宗教的原始思维特点看,还是从宗教的共同感觉看,都不能否认存在于其中的生命冲力对人类生命体本源发展的功劳。这个生命冲力乃是人类最原始、最古老、最本质的生命存在形式和生命本源的动力。在人类进化的历史中,个体生命远不是一个完美和谐的机体,原因是生命的初级形式所保留的原始生命冲动,只是为个体利益的生存和发展服务,而不顾及其他生命体的存在和发展,各个生命体之间难免产生竞争和斗争。但是,真正能够存活下来的生命体乃是适应外界环境的生命体，不能适应外界环境的生命体则被无情淘汰。所谓适应外界环境，不仅仅是生命体对环境的"加入"，而且是生命体接受环境积极影响的"融入"。无论是"加入"还是"融入"，都是为了实现一种"机械的嵌入"。所谓"机械的嵌入"是指要把一种生命体原本没有的东西"嵌入"到生命体里。对这种"嵌入"，历来存在两种解释，一种是"社会契约论"，即人类把最不愿意接受但是又不能不接受的约定作为一个"嵌入"接受下来，通过契约形成人类和睦相处的法律。一种是"精神互助论"。所谓"精神互助论"是指把人类最需要、最缺乏的精神要素"嵌入"。这种互助论编制意识形态的精神织网撒遍整个人类社会，囊括人类全部精神生活，使人类在精神方面形成互助。宗教作为人类精神不可缺少的元素补充了人类精神的缺陷。当人类达到生命冲动之高峰时，其标志就是精神构造趋于完善和成熟。生命冲动的必然存在决定了宗教对于人类精神的不可或缺性。生命冲动对宗教产生的关系表明人类的需要与自然关系密切。生命冲动以自然赋予人类的能力为基础，经过充分发展和进一步完善才能完全有益人类。宗教认同是生命冲动的第一个阶段、第一个时期的结果。这就是说宗教认同是人类在生命体进化过程中进行的第一个精神完善，这个完善是对人类生命体的原始、本初能力的确认和肯定。当人类生命体进化到这个阶段时出现精神自觉的第一个高峰，即本能或者直觉达到宗教认同的高峰。本能或者直觉到了这个高峰就已经达到极限，不可能再去凭其单独之力创造和构建。但是，生命进化体的另一个高峰还树立在旁边，依然有待人类攀登，这个高峰就是理性或者理智建立的国家认同。就宗教认同和国家认同的认识方面相比较而言，理性和本能的最大区别是，理性以认识事物之间的关系为基础形成观念，本能以认识具体事物为基础形成直觉。理性可以把一个部分与另一个部分、一个方面与另一个方面联系起来形成更大、更深刻的能够揭示事物本质的观念。本能则只能孤立的、无综合性地缺少辩证眼光的确定具体的事物，只是适合一个特殊的对象，甚至是这个特殊对象的某个方面，是对内容片面和狭隘的认识。理性超过直觉的优势是提供了认识的形式，而且可以将这个形式与所认识的内容相结合，引导人类方便认识和深入理解任何事物。理性具有无限性，本能具有有限性。理性拿着形式去寻找内容，本能则把事物图像化、具体化、经验化。宗教乃是人类经验的图像化、具体化、经验化，通过这个图像，宗教描绘了人类生活的理想形态。无论宗教希望的理想生活还是宗教不希望的苦难生活都是人类现实生活的图像化、具体化、经验化，都是人类曾经经历的和可能经历的现实生活对天国的逼真投影。正因为如此，每个人都可以在宗教的图像集里找到自己向往的位置、理想生活的状态和脱离现实世界的观测点。人类本能的生命冲动在宗教的图像集里达到高峰。理性则要把统一性赋予宗教生活的多种多样性，通过分解和重组达到新的统一。理性的第一个任务就是"制造"出来比宗教更具有国家特色、社会特色的现实生活。相比较宗教描绘的天国生活。理性"制造"的现实生活更有关系方面的限制和法律道德管理的要求。在这种生活里，法律、道德和国家认同交织在一起，成为对人的自由的分割、补充和进一步的完善。个人权利与义务在这种生活里被整体利益与个人利益的关系决定，被国家至上的理念所制约。生命冲动可以创造宗教，也可以创造理性。这两者只有相互结合、相互发展、相互制约，人类的生命进化才可以说达到完整和完善。缺乏其中之一，人类生命体的进化就只是完成了一半，另一半也是人类生命体的不可缺少的组成部分。人类生命体的进化既要经过宗教认同阶段，也要国家认同阶段。宗教认同是本能或者直觉的产物，国家认同则是包含这个本能或者直觉的理性化或者理智化的产物。宗教认同和国家认同都是人类生命体本源的要素。

二 相关调研样本分析

笔者的观点，即宗教认同源于人类生命体冲动的初级阶段，是人类最原始、最本初的生命体本源进化的表现，国家认同则是人类生命体本源冲动的进一步发展、进一步完善的产物。这个观点毕竟是理论猜想、理论推断。究竟是不是真实的，还需要进一步在实践中证实。为此，本课题组选取甘肃临夏回族自治州的三甲集镇，青海黄南藏族自治州隆务镇的1200名国家机关干部、中小学教师、农牧民、个体商人作为样本进行了随机调查分析。甘肃临夏回族自治州的三甲集镇是明朝茶马互市重镇，历史悠久，信仰伊斯兰教的少数民族占98%。青海黄南藏族自治州隆务镇为藏族"热贡唐卡艺术"发源地，以出产精美的热贡唐卡闻名遐迩，前来购买热贡唐卡的中外游客络绎不绝，信仰藏传佛教少数民族占人口50%以上。著名的青海藏传佛教隆务寺夏日仓活佛就诞生在这里。

(一)皮尔逊极差相关检测的数据结果,见表 5-1、表 5-2

表 5-1　　　对宗教认同的皮尔逊级差相关检测结果 (N = 1200)

项　目	与环境俱来	与民族俱来	通过教育获得	通过交往获得
机关干部	0.98**	0.98**	-28	-56
中小学教师	0.138**	0.118**	-38	-18
农牧民	0.128**	0.129**	-96	-96
个体商人	0.188**	0.199**	-93	-83

说明:* $p < 0.05$ 皮尔逊级差相关系数(信赖水准为 95%);** $p < 0.01$ 皮尔逊级差相关系数(信赖水准为 99%);"-"为负相关。

表 5-2　　　对国家认同的皮尔逊级差相关检测结果 (N = 1200)

项　目	与环境俱来	与民族俱来	通过教育获得	通过交往获得
机关干部	-88	0.78**	0.198**	0.190**
中小学教师	-68	0.68**	0.158**	0.128**
农牧民	-36	-56	0.78**	0.79**
个体商人	-43	-73	0.88**	0.99**

说明:* $p < 0.05$ 皮尔逊级差相关系数(信赖水准为 95%);** $p < 0.01$ 皮尔逊级差相关系数(信赖水准为 99%);"-"为负相关。

(二)皮尔逊级差相关检测数据结果分析

(1)这里选取样本的国家机关干部、中小学教师、农牧民、个体商人对宗教认同与环境俱来、与民族俱来的认识和理解是一致的,达到 $p < 0.01$ 以及相关的 99% 的信赖水准。这个数据充分说明上述人员对宗教认同源于生命冲动深信不疑的真实性和客观性。与此相关的是他们对宗教认同是通过教育获取、通过交往获取都持有反对态度,都与此负相关。这就说明生命冲力的第一步、第一阶段的"嵌入"活动带有的原始思维、群体的共同感觉之特点,都不过是为了把周围的环境变成"可理解的世界"。数据分析表明,生命冲力这个阶段对精神的完善只能依靠宗教。如果说以认识能力完善为核心的哲学可以更好履行这一使命,那么,这个阶段的哲学也还是蛰伏在宗教里,尚不能独立挑起这个重担。事实上,大多数人并

不了解哲学的确切含义究竟是什么，哲学因为是对世界概念化、抽象化的图解，无论哪个时期，哲学都打上了形而上的鲜明特色，多数人可能只是望其项背而已，只有到了物质文明和精神文明发展的一定阶段，哲学才能从哲学家手中解放出来，成为亿万群众手中的认识武器。宗教是大多数人可以理解的生命形式，源于宗教从本质上看是一种直觉的延续，一种本能的释放，雅俗共赏，老少咸宜。所以民族地区大多数人认识世界的方式宁肯选择宗教，也不选择哲学。

（2）笔者所选取样本的农牧民、个体商人对国家认同的认识和理解正好与对宗教认同的认识和理解相反，他们对国家认同是与环境俱来、国家认同是与民族俱来两个观点持否定的态度，他们都与此负相关。国家机关干部、中小学教师的看法与农牧民、个体商人有差别，认为国家认同虽然不是与环境俱来，但是与民族俱来。通过深度访谈和进一步归纳分析，课题组对这个问题的认识有了答案。这就是国家机关干部、中小学教师认为中国的56个民族，手足相亲，荣辱与共，共同构成中华民族，所以，宗教认同与国家认同都是民族这个共同体的内涵，两者不可分割地结合在一起。这说明，农牧民、个体商人更看重直觉、本能对宗教认同的作用，国家机关干部、中小学教师更看重理性、理智对国家认同的作用。理性、理智能力在人生的发展阶段上是教育的结果。国家机关干部、中小学教师更看重理性、理智在国家认同形成中的重要作用，这和他们对国家与民族关系认识相关，与他们长期接受的党和政府的教育相关。

三 宗教认同和国家认同与人类生命体本源进化

在人类生命体本源进化过程中，人的意识分裂为直觉和理性，两者分别沿着各自方向继续发展，直觉发展围绕宗教进行，以宗教扩展生命冲力的范围和远景以宗教对现实的超验性、图画性解释为满足。理性的发展则围绕国家进行，以认识国家的本质、作用以及与个人的关系为满足。直觉通过宗教这个非现实的构建越来越具有想象力和创造性，理性通过国家这个现实的关系越来越向形而上学发展构建统一的意识和思想。人在生命冲力作用之下其生命本源一方面产生了超社会现实的神话创造机制，一方面产生在社会现实之中的电影放映机认识机制。这两个机制表明了每个人身上都有一个社会自我，社会自我发展的最高境界就是国家认同。直觉的想象力和创造力是神话创造机制的形成。宗教是这个机制的最富有创造性和想象力的结果。宗教是一个包含现实的神话，宗教的信仰在天国，宗教的仪式在人间。天国和人间的结合正好就是宗教魅力之所在。理性的形而上学化是一种认识机制的形成。如果说人的活动不仅仅是外在的，也是内在的，那就是说人的内在活动主要围绕观念的发展和变化进行。每个人对国家认同不仅仅是行为的体现，而且表现为国家观念的构建。

  人类生命体的进化就这样向两个方向进化，一个方向就是本能和直觉；另一个方向就是理性或者理智。这两个方向是人类生命体进化越来越完善的表现。在动物、昆虫那里生命本源只有一个本能的演进方向。人类本能进化的方向是生命本源向更文明、更高级的阶段发展。人类理性进化方向，以社会作为一个整体、一个群体构成生命本源进化的基础。人类生命体本源的进化就是围绕这个基础不断发展和持续进步。所以，人类生命体进化的过程就是整体与个体一起进步的过程，就是个体服从整体的过程，就是超社会现实的神话创造机制与在社会现实之中的电影放映机认识机制不断交融发展的过程。因为文明的修饰和包装，人的理性就在生命体的进化过程中，掩盖了生命本源中的本能进化，缩小了本能在生命本源的作用，减弱了本能对生命本源的冲动力量。本能逐渐成为环绕理性的一层薄薄的外层。我们在人类社会所看到的法律和道德的活动构成人类全部活动的实际情景正好就是人类生命体作为生命本源进化结果的表现。理性固然给了人类服从和约束的能力，但是，理性自私一面也是难以避免的要表现出来，理性谋取个人一己私利、为自我服务常常导致一个人成为十足的功利主义者。这是理性的弱点和缺陷。所以，国家认同的形成不可避免要注意直觉或者本能的这一面，一方面，国家认同要求个人服从国家，个人接受国家的约束；另一方面，国家认同也不排斥个人正当、合理的利益，倡导个人利益与国家利益的结合，要求两者互相促进，共同发展。国家这种神的地位确立表明，人类生命体的进化一方面以理性排斥直觉的简单、幼稚和异想天开；另一方面又以直觉为中介回到原始思维形成的共同感觉里，表现为对人的约束和管理不仅仅依赖理性化的法律和道德，而且依赖宗教。宗教的地位和人类对宗教的深度依赖都说明直觉与理性不仅仅存在对立一面，还存在互补和互助一面。如果要消灭宗教，就要等到理性足够强大，完全代替直觉。这是根本做不到的。宗教作为人类生命体本源的本能表现，已经植根到人的生命里，成为人生命体的要件，甚至成为对抗理性不良作用的抗毒剂，能够消解理性的负面作用，使理性变得规规矩矩，老老实实，不去胡作非为。所以，柏格森认为宗教是"对付危险采取的防范手段",是"自然为对付理智表现出的防卫性反应"。理性和本能分别产生的宗教认同和国家认同形成人类文明发展的两个高峰。理性和本能怎样结合呢,这个结合的中介是什么呢?一种结合就是通过道德和法律规则。无论宗教禁忌还是法律、道德约束和限制都必须通过一个中介,古希腊把这个中介创造为女神。古希腊的专司正义和法律女神的一个作用是代表道德规则,在希腊语里,法律、正义、道德、规则的词义相似或者接近,都是表示对人行为的调整和调节。一种结合就是如伊斯兰教、藏传佛教把这个中介创造为至高无上的神。这个人格化的神其实就是本能或者直觉和理性或者理智结合的杰作。人的本能或者直觉都把世界图像化、具体化和经验化,总是把世界进行神话化,幻想"万物有灵",对不可思议的事情和事物都心存崇拜。这种把世界人格化的做法在理性那里经过改造和加工,表现为现实生活的文明化,交际语言和沟通交流的各种表意符号。现实生活不仅没有把宗教完全排除在外,而且依然允许宗教存在,发挥作用。现代社会的法律和道德旁边依然站立着经过打扮的宗教。例如,在许多法律和道德警示牌旁边,站着对违犯法律和道德警示的提示和惩罚的治安人员就是一个很好的案例。这个警示牌代表法律和道德,旁边的治安员则代表表现正义和惩罚宗教的神。现代社会的法律和道德的限制,依然是半道德和半法律的限制;另一半在被法律和道德文字遮盖的类似神的执行者那里。所以,宗教对社会秩序的维护,是通过理性化和直觉或者本能结合的法律和道德进行的,这就说明了人类生命体进化过程中生命冲力所形成的两个阶段、两个时期的成果最终是结合在一起的。这个结合的成果既超越了宗教的原生性、原始性,也超越了理性的自我性和自私性,形成了一种新的认知方式,这就是对国家认同的国家观。这个国家观是生命冲力将原始思维的共同感觉与现代思维的共同感觉,将直觉的超社会现实的神话创造机制,与理性的电影放映机认识机制相结合的产物,是直觉和理性平衡的产物。直觉或者本能和理性或者理智都是生命本源里的生命冲动的结果,直觉或者本能以强烈的感受为创造神话的动力,直觉或者本能的功能就是创造不存在非现实的神话,这个创造神话的结果就是宗教,就是无限放大人类能力的对未来的幻想。理性的功能就在于形成观念,在观念中创造现实,把物质变为精神。推动生命体本源进化的生命冲动一方面产生了超出社会现实之外的神话;一方面产生了在社会现实之中的电影放映机认识机制。前者是人类生命体的直觉或者本能所产生的功能;后者是人类生命体的理性所产生的功能。电影放映机的认识机制将人固定在社会性之中，使人的认识和活动都围绕社会现实进行，神话创造机制则把人推向社会生活之外去构想理想化、超现实的生活。这个由人类生命体本源通过生命冲动表现的两种创造形态告诉我们，我们每个人身上都存在着一个社会自我，这个社会自我不仅仅表现为人是作为一个在社会现实之中的人，具有人的物质、精神生活，而且表现为人之为人的思想、感情和态度是与宗教认同和国家认同相关，人类生命体进化的结果是个人的宗教认同与国家认同的结合，这个结合是人类自尊心的建立。一个人可以随波逐流活着，表现生命冲力自然的一面，但是，一个人绝不可能永远随波逐流活着，因为人的另一面即社会自我不允许这个人这样逆着人的生命冲动而活动，要求这个人必须提升他的人格和人性，展现作为人的自豪感和自尊心。人的自豪感和自尊心来自他的价值等级序列的逐一实现，是人理性的最好果实，国家认同价值的实现。

人类生命冲力的两个发展高峰是宗教认同和国家认同。这两个认同不仅仅是信教群众精神发展和完善的必经阶段，而且是人类精神发展和完善的必经阶段。宗教认同的生命力不仅仅植根在其超自然力、超现实存在的神那里，而且植根在人类生命体本源的生命冲力里。有些人不相信宗教，并不意味着他们没有宗教认同的意识。这个意识表现形式可能是曲折、隐晦的，也可能是明朗、直接的。但是，这一切说明每个人的生命体存在一个与宗教认同对应的本能或者直觉构成的神话创造机制，也存在一个在社会现实之中的电影放映机认识机制。如果通过理性或者理智的发展和完善，就不仅可以达到国家认同的境界，也可以将宗教认同与国家认同协调和统一。一个人可以不要宗教认同，不必活在神话里，但是一个人不能不要国家认同。原因就是人不能没有理性，人是理性的动物，人必须活在现实里。

第三节　宗教认同与国家认同的关系

群体生活的性质和结构、个人的民族身份和国家公民身份的关系决定了宗教认同和国家认同的关系乃是大群体和小群体、整体性和局部性的关系。对于西北民族地区信教群众来说，这个关系的逻辑规律是国家认同和宗教认同并行不悖，互相不排斥，作为"参与式"的国家认同在其形成过程中,"各民族的相遇"乃是不可避免的、谁也不能逃脱的现实。谁来适应谁的问题不可回避地摆在各民族面前。这就需要国家认同来表达和描述各民族相遇的过程和结果。中国共产党为解决我国宗教信仰与社会主义的关系提出的"文化适应"的重要理论创建引出的逻辑结论就是宗教认同应该与国家认同相结合,不互相排斥,在坚持宗教认同的同时,必须毫不动摇地坚持国家认同。

一 我国社会生活的性质和结构决定宗教认同和国家认同关系

宗教认同和国家认同的关系首先涉及的是群体生活的性质和结构。如果不认识和理解群体生活的性质和结构,就不能看到坚持宗教认同和坚持国家认同的逻辑关联和互相结合的必然性。这个性质和结构可以用整体性而不是分散性、中心为轴而不是多元分散表达。整体性群体生活的性质和结构在我国的法律中都有完整的表达和体现。新中国成立60多年来,我国已经初步形成了中国特色的民族法律法规体系,涉及少数民族的政治、经济、文化、教育、科技、卫生、体育、社会各个方面。我国群体性生活的性质就是我国《宪法》表述的"中华人民共和国的一切权利属于人民"①、国家权力机关,"对人民负责,受人民监督"。② 国家机关工作人员,"接受人民监督,努力为人民服务"。③ 这个结构就是我国《宪法》第四条专门规定的:"中华人民共和国各民族一律平等。国家保障各少数民族的合法权利和利益,维护和发展各民族的平等、团结、互助关系。禁止对任何民族的歧视和压迫,禁止破坏民族团结和制造民族分裂的行为。"④ 我国《宪法》还特别规定:"国家根据各少数民族的特点和需要,帮助各少数民族地区加速经济和文化的发展。"⑤ "各少数民族聚居的地方实行区域自治,设立自治机关,行使自治权。各民族自治地方都是中华人民共和国不可分离的部分。"⑥

上述载于宪法之中的文字表述明确规定了我国整体性群体生活的性质

---

① 《中华人民共和国宪法》,人民出版社2004年版,第3页。
② 同上书,第5页。
③ 同上书,第6页。
④ 同上书,第9页。
⑤ 同上。
⑥ 同上书,第6页。

乃是社会主义的人民至上，人民是国家的主人这个社会主义的核心价值观标志着全国各族人民都享有国家主人的地位和待遇。与此同时，宪法也明确了我国群体性生活的结构是依靠平等作为这个结构的布局和逻辑关联。群体性生活结构性质的平等，表现了国家对阶层、群体及其个人的制度性安排，也表现了国家对存在于制度中的全国各族人民的权利和义务的明确要求和规定，我国法律体系中对公民应该做什么，不应该做什么，要求和规定的一清二楚。我国法律体系对每个民族、对每个少数民族成员的规定和要求虽然没有指名道姓反映出来，也没有进行识别和描述，但是，对每个民族与国家的关系、与社会主义制度的关系则有相当清楚的表述。我国《宪法》第四章对公民的基本权利和义务作出了明确规定："中华人民共和国公民有宗教信仰自由。"[1] 我国宪法还特别强调："任何国家机关、社会团体和个人不得强制公民信仰宗教或者不信仰宗教，不得歧视信仰宗教的公民和不信仰宗教的公民。"[2] "国家保护正常的宗教活动。任何人不得利用宗教进行破坏社会秩序、损害公民身体健康、妨碍国家教育制度的活动。"[3]

如果把社会结构理解为一套经过制度构建的社会关系，那么，每个人与社会结构的联系就不仅仅表现为其所在的工作岗位，所体现的社会地位与社会制度的一致性，而且表现为其所扮演的社会角色、所表现的社会关系与社会制度的一致性。这个一致性表明我国各族人民无论处于社会结构哪一个层次，彼此之间的关系毫无疑问是互相平等、互相尊重、互相爱护、手足相望、心心相印的关系。在这个关系里，既有制度性安排、政党主导和社会支持，也有历史传承、文化自觉和民心维系，只要不分高低贵贱、尊卑上下，大家都是国家的主人，都是地位身份平等的社会主义公民。

作为对国家法律执行和表述的国家政策都将上述意思给予具体体现和落实。在国家的基本政策方面，法律所规定的少数民族的权利和义务都得到完整落实和体现，在国家具体政策方面，法律所规定的少数民族的权利和义务的完整性、关联性变为可以让少数民族群众看得见、感受得到的可

---

[1] 《中华人民共和国宪法》，人民出版社2004年版，第9页。
[2] 同上。
[3] 同上。

操作性利益。每年高考给少数民族考生加分,每年从新疆、西藏等民族自治区招收高中生进行定向培养的内招班以保证他们进入内地一流大学就是一个例子。由此可见,我国社会生活的性质和结构都在国家的法律和政策中得到明确规定和具体表述。概括起来,其要点如下:其一,我国作为一个多民族的社会主义国家,各民族社会生活的性质是平等尊重团结互助的关系,其中,平等尊重尤为重要,只要在社会生活中,各民族一律平等相处,互相尊重,各民族就能和睦相处,才谈得上团结互助。对国家机关、国家机关工作人员的定位也是与平等相关,为人民服务、接受群众监督都是对社会主义国家群体生活性质的另一种表述方法。其二,各民族社会生活的结构是统一和多样、自治和一统的结合。我们国家地大物博,人口众多,中央人民政府在国家治理上采用国家一统和民族地方自治的结合,在民族关系上采用统一和多样的结合,客观上反映了国家治理体系的包容性和差异性的多样化,有利于国家的多民族发展和国家整体功能性显现。我国社会结构不是西方社会的分层结构交叉,既以社会地位、经济实力和政治权力为背景和以民族和族群为背景构成的十字结构交叉,具有明显的民族不平等特征。我国社会结构是不分层的结构融合,即以每个人所处的社会位置、社会关系作为互相连接的网点和所在民族、地区为线构成的融合,具有明显的民族平等特征。从西方的社会分层结构里,可以看到由于社会地位、经济实力和政治权力的差别导致的各民族的不平等。从我国的社会不分层的融合结构里,可以看到各民族在国家社会生活里的平等和和睦。所以,在社会主义社会各民族的交往、交流、交融不是为了显示社会地位、经济实力和政治权力,而是为了促进民族关系的和睦团结,是为了凝聚人心,万众一心,共同为国家的繁荣昌盛、民族的长治久安、个人的美好幸福生活而奋斗。

我国社会生活的性质和结构决定了宗教认同和国家认同的关系,不仅不矛盾和冲突,而且相互包容,紧密结合。对于信教的西北民族地区群众来说,其宗教信仰是自由的,其宗教生活是自主的,是受到国家保护的、是法律允许的,可以根据个人情况做到多样化和个人化,但是,任何人、任何团体都不能借宗教信仰自由政策破坏国家制度、妨碍公共秩序和影响社会生活的安定。所以,信教群众要处理好宗教认同和国家认同的关系,就其底线要求看,必须做到不要以自己的宗教信仰与国家法律相违背;就其高线要求看,就要注意宗教认同和国家认同的并行不悖。只有宗教认同和国家认同相互结合,才能坚持各民族的相互团结和尊重,凝聚人心。只有宗教认同还不能说西北民族地区信教群众精神健全,宗教认同和国家认同的结合才是西北民族地区信教群众精神健全的证明。原因是我国社会生活的性质和结构是整体性,每个民族作为这个整体性的一个部分,不可以脱离这个整体性,而是要加强这个整体性。与此同时,西北民族地区信教群众不仅要有"小群体"的意识,而且要有"大群体"的意识,既要坚持文化多元主义,也要坚持文化一元主义,多元与一元在民族生活中应该统一起来,这就是习近平总书记在第二次中央新疆工作座谈会上指出的各民族"要像石榴籽一样紧紧抱在一起"①的原因。在整体的中华文化中,不存在所谓少数民族的亚群体、亚文化这样一种让少数民族宗教居于社会的次要位置,成为随时被改造和改变的对象的问题,我国各个少数民族的族群权利和文化权利已经被我国法律和民族政策规定为"可以与众不同"。②

二 国家公民身份和族群身份与宗教认同和国家认同

从世界范围看,新教改革和民族国家的兴起造就了民族疆界和国家概念,人类由此进入新的纪元,不同血缘的群体、不同宗教的群体、不同文化的群体都被国家和民族这个疆界分离和固定而成为超越时空和社会结构的新功能共同体。国家和民族这个结构和功能一体化的共同体的形成客观上将统一整体的各个要素相分离,民族共同体也因为一致的语言、一致的风俗习惯、一致的社会生活、一致的心理反应而促进了族群意识的形成。族群意识一经形成不仅顽强地存在于民族生活的方方面面里,而且具有"自身的灵巧多变"。③ "可以强使人们把自己的个体身份融进某种有共同祖先记忆的团体身份之中。"④

宗教在民族共同体形成和巩固的过程中扮演了依靠形而上学而建立的对神的崇拜。这个对神的崇拜就不同民族来说,其称呼各有其名,但是,这个神其实就是这个民族的整体性的称呼,只不过每个民族以自己特有的语言对这个神赋予不同的内涵。当我们提及西北少数民族中信仰伊斯兰教

---

① 《习近平在第二次中央新疆工作座谈会上发表重要讲话》,《人民日报》2014年5月29日第一版。
② [美]米尔顿·M.戈登:《美国生活的同化》,译林出版社2015年版,第1页。
③ 同上书,第21页。
④ 同上。

的民族和信仰藏传佛教的民族，我们往往以藏传佛教诸神作为这些民族的称呼，以伊斯兰教真主作为这些民族的称呼，这就有了佛的民族和真主的民族的称呼。国家认同不仅要对这些历史和文化的记忆进行保存和接受，而且要进行必要的提升和改造，国家认同不仅是新的历史和文化的构建，而且是新的思想观念的构建。就国家认同角度看，佛的民族和真主的民族将要以中华民族代替，宗教的责任和义务要与国家的责任和义务并存，双方产生矛盾冲突时，国家认同就要上升为第一位，宗教认同要服从国家认同。

国家公民身份与族群身份在宗教认同和国家认同的关系中是最应该处理好的问题。每个人的身份认同既基于所在的群体确定，也基于其宗教信仰确定，清晰可以辨认的民族共同体身份就是在这个双重确定中产生。在坚持原有的民族共同体身份的同时，每个民族共同体成员还要适应社会变迁的需要，在原有的身份基础之上，努力获得国家公民身份。个人信仰的相似性和族群的一致性构成宗教认同，命运的相互依赖性和相互结合性构成国家认同。当特定的民族共同体身份确定之后，其与之交流和互动的国家共同体身份也在被发展和强化，不同的民族共同体成员都在一个国家的疆界内分享一种持久和亲密的国家认同意识。民族共同体成员的这种双重的身份，一经形成，就可能被整个社会标签化，就不可能按照个人意愿随便改变，与民族共同体成员如影随形，相伴终身。这种身份的确立，也可以说是一种群体范畴的确立，与之相随的是美国社会学家戈登指出的"社会惯性"的产生。这就是说，民族共同体成员的双重身份确立后，该成员就会按照所在民族共同体和国家共同体的要求说话办事，构建行为模式。其思想观念、行为方式和生活习惯无不打上民族共同体和国家共同体的烙印，这个人干什么、不干什么已经不能由个人的好恶、个人的意志随便决定，而是由"社会惯性"决定。在这个"社会惯性"中，民族共同体的人际关系既被其所在族群导向，也被其所在的国家共同体导向。在国家共同体的政治法律体系中，民族共同体的民族、宗教和文化差别被一种基于国家公民的一致性、共同性和普遍性的要求取代，所有人都在一个尺度下生活。在西北地区调研的过程中，我们发现信仰伊斯兰教和藏传佛教的信教群众，不仅这种双重身份的意识明显，而且在这种双重身份主导下，可以把个人所在的小群体与其民族所在的大群体分别开来，对国家的认识和感情与日俱增。原因是小群体做不到的事情，大群体可以做到。大群体做到的都是与他们民生有关的事情，是他们求神拜佛、烧香磕头所追求的，是他们终身向往和梦寐以求的。所以，宗教认同构成的信教群众的信仰和精神家园还不够完整和内涵深刻，还必须依靠国家认同作为依靠对象、发展源泉和融入更加宽广世界的精神动力，以此补充宗教认同的不完善。在甘肃省甘南藏族自治州的桑科牧区草原定居的一个六口藏族之家里，不懂汉语的主人以喜悦之口通过翻译告诉我们，他一家一年收入达到 5 万元，饲养着 5 头牛和 30 多只羊，三个儿子和一个女儿都上了大学。如果急需要钱，可以随时出售牛羊。他告诉我们这样的幸福生活仅仅依靠他个人的力量是办不到的，想也不敢想，只能依靠当地政府帮忙，也是菩萨施舍的结果。政府不仅减免了他的各种税收，而且提供了很多优惠政策，比如牛羊的免费定期检疫，出售牛羊的搭桥牵线，孩子上学的学费照顾、大学毕业后的工作安排等。西北民族地区信教群众的宗教认同和国家认同在社会发展的巨流中并行不悖，已经是西北地区少数民族文化发展的新趋势、新走向和新特色。上述例子表明，西北少数民族世俗的日常生活和神圣的宗教生活在一个时代点、一个发展点上聚合在一起，形成了他们追求美好幸福生活的双重动力，一重动力是党和政府的政策，一重动力是他们的宗教信仰。

三　认识宗教认同和民族认同的两个重要概念

在研究西北民族地区宗教认同和民族认同的关系中，有两个概念很重要，对认识和理解西北少数民族的宗教认同和国家认同关系至关重要。

（一）"初级群体"概念

第一个概念就是美国社会学家库利提出的"初级群体"，其意指民族共同体成员的联系是由世世代代居住的地域关系、历史形成的民族血缘关系、祖辈相传的亲属亲密关系构成。这个"初级群体"是民族共同体的原初形式和与生俱来的社会构成，是凭借个人意志和行为无法改变的基本现实。但是，这个形态的民族共同体仅仅是一种历史记忆和文化记忆的延续和传承，必然随着时代和社会的发展改变自己的原初面貌。这个改变不仅仅是物质的富足、生活的舒适和交通便利的出现，更重要的是精神家园构筑方式方法的创新。无论从哪个方面看，"初级群体"作为一个现存的民族共同体，虽然具有完全的"族群性"的特征和形态，但是并不具备完全的"国家性"的特征和形态。相比较而言，国家首先是一个地理的概念，然后才是为一定目的活动的人们构建政治组织。以此衡量"初级群体",可以看到这个群体的不完备的外延和不充足的内涵。受到疆域的限制,"初级群体"的成员被一个地域"围栏"圈住,活动范围狭小,活动区域有限,"初级群体"的成员还被所谓的"亚文化"制约,文化影响力有限,与外界沟通和互动受阻。国家的核心乃是一种人为性很强的制度构建,是占统治地位、掌握统治资源的统治阶级所建立的政治制度。这个政治制度是这个国家存在的依据,也是这个国家发展和进步的动力。国家的政治、经济和社会的诸要素乃是政治制度的衍生物,是政治制度转化为新的生产形态的结果。政治制度对"初级群体"的改变和提升主要通过文化适应进行。在政治制度的框架里,"初级群体"成员的民族、宗教、文化、习惯等的差别,被公民的责任和义务、职责和准则代替。为了适应和生存,"初级群体"成员不得不改变自己原有的生活和生存方式,不仅要对自己的行为加上公民法律和道德的约束,而且要学习新的思想观念、思维方式和交往沟通的方式方法。我们把这一转变过程称作"文化适应"。我们发现,在分析西北民族地区信教群众"初级群体"的文化行为时,文化的差异比民族的差异更明显。西北地区信仰伊斯兰教和藏传佛教的少数民族文化是"信仰文化"。这些民族基本上是全民信教,依靠信仰维系着分布在不同区域、社会身份各异的民族共同体成员的交往和沟通。相应地,"初级群体"的认同乃是"历史意识的认同",是对与生俱来的民族身份、宗教信仰和生活方式的一脉相承和全盘肯定。这就像一个新生婴儿的胎记鲜明地打在西北民族地区信教群众身上,挥之不去。国家认同则是与之不同的"参与式认同"。国家的构建不管其创始者的动机和需要怎样不同,但是,最根本的出发点和归宿点都是相同的,这就是吸引人民群众参与国家政治制度建设和国家事务的管理。在国家认同的形成过程中,"各民族的相遇"乃是不可避免的、谁也不能逃脱的现实。谁来适应谁的问题不可回避地摆在各民族面前。这就需要国家认同来表达各民族相遇的过程和结果。西北民族地区信教群众的"各民族的相遇"在改革开放时代随处可见,如果没有国家认同的支撑,这种"各民族的相遇"的交往交流交融就会出现许多难以解决的问题,大汉族主义和地方民族主义就会趁机兴风作浪,地域封闭造成的精神封闭的格局就难以改变。

(二)"文化适应"概念

第二个概念需要在本书中介绍和运用,这就是美国人类学家雷德菲尔德等在20世纪30年代提出的"文化适应"概念，用来解决"各民族的相遇"的宗教问题。"文化适应"原意指"当具有不同文化的各群体进行持续而直接的接触后，双方或一方原有的文化模式因之而发生变迁"。①"文化适应"是交往双方共同适应和共同改变。在"文化适应"中，最可能出现的状况就是一方分享另一方的历史、文化记忆、价值取向和人生态度，双方互相欣赏，互相学习，取长补短，共同发展进步。积极引导宗教与社会主义相适应是中国共产党为解决我国宗教信仰与社会主义关系提出的"文化适应"的重要理论创建。该命题自1993年提出后，中国共产党的领导人在许多重要场合对这个命题进行解释和阐述。其核心要义就是宗教要服从国家法律、制度安排和政治体制的现实要求，要促进各个民族发展和中华民族的伟大复兴。习近平总书记最近指出："积极引导宗教与社会主义社会相适应，必须坚持中国化方向，必须提高宗教工作法治化水平，必须辩证看待宗教的社会作用，必须重视发挥宗教界人士作用，引导宗教努力为促进经济发展、社会和谐、文化繁荣、民族团结、祖国统一服务。"②对于我国这个多民族、多宗教的社会主义国家来说，中国共产党的"文化适应"思想就是宗教与社会主义相适应不仅表现为宗教要接受国家法律的引导，拥护中国共产党的领导和社会主义制度，服务国家建设大局，不能被"三股势力"利用破坏国家统一、民族团结和社会秩序，而且表现为宗教的积极一面是能够为"促进经济发展、社会和谐、文化繁荣、民族团结、祖国统一"服务。归根结底，中国共产党的宗教与社会主义相适应的"文化适应"思想引出的逻辑结论就是宗教认同应该与国家认同相结合，在坚持宗教认同的同时，毫不动摇地坚持国家认同。这个重要的逻辑结论被证明宗教如果要在中国特色社会主义的伟大事业中发挥重要作用，就要处理好和国家认同的关系，在保存自身传统和特色同时，接受国家认同。我国西北地区的伊斯兰教和藏传佛教从其源头看也将中国共产党确定的宗教在"文化适应"中的宗教认同和国家认同相结合作为其基本职责，人们高举爱国爱教爱民的旗帜，凝聚人心，团结民众。伊斯兰教传入西北地区后的

---

① ［美］米尔顿·M. 戈登：《美国生活的同化》，译林出版社2015年版，第55页。
② 中央文献研究室：《积极引导宗教与社会主义相适应》，《新疆工作文献选编》，中央文献出版社2010年版，第635页。

各个门宦教派虽然在认识和理解伊斯兰教经典的文句方面存在分歧,无法达成统一,但是都强调国家、宗教信仰的一体化,都注意维护国家的权威。藏传佛教的高僧九世班禅大师 20 世纪 30 年代在祖国大西北宣讲佛法时一而再、再而三强调全国各族人民要广结善缘,爱国爱教,要大团结,要万众一心抵御列强对我国的侵略。前贤的高行高言无可辩驳地证明了西北少数民族的宗教始终沿着与国家认同一致的方向发展。

宗教认同和国家认同的结合是中国共产党"文化适应"思想的题中应有之义,是中国共产党在文化建设的创举。中国共产党"文化适应"思想不仅为西北民族地区的宗教的生存和发展指出了方向,而且强调了制度安排在"文化适应"中的重要作用。宗教不仅要在法律和政策许可的范围内活动,而且要与国家的制度安排相适应。前面我们谈到国家认同是信教群众幸福生活的源泉和融入世界发展大潮的动力,是他们必须完成的精神建设的必经阶段,就制度安排来说,宗教在社会主义社会的"文化适应"的表现乃是以个人行为与集体行为相结合为前提,以个人行为善变和无规则为预设。制度关注的法律要求、整体一致和规范强制都可以看作是对宗教本身具有的信仰的一致性、要求的整体性和心理活动的内省性的延伸和现代表现。制度所具有的规范性、规模性和构成的社会互动网络恰恰是宗教的个人性、地域性和松散性的补充和完善。制度的效力表现为覆盖面广、对所有人约束、对所有人有效。西北民族地区的宗教在社会主义的"文化适应"中能够扮演积极的、进步的角色就在于可以对社会主义制度的巩固发展提供稳固的精神基础,提供与国家认同结合的现代解释。宗教正是凭借与社会主义制度的联系为广大信教群众提供向国家认同的过渡和对接。信教群众看到的信仰的力量不仅仅表现为再现自己的民族性、文化传承和历史记忆,而且表现为党和政府对自己民生改善的帮助和推动。信教群众选择的信仰恰好是对制度安排的确认,信教群众追求的天国目标恰好是对国家认同这个中国今天最大的现实的印证。

综上,宗教认同和国家认同的结合,是我国社会主义初级阶段的一种特有的文化现象,反映了我国特殊的国情、民情,体现了社会主义社会文化的丰富内涵和包容精神。对于西北民族地区信教群众来说,在这个结合中,坚持宗教认同就必须同时坚持国家认同,不能以宗教认同排斥国家认同,不能以宗教认同脱离国家认同,离开国家认同的宗教认同就会失去存在的价值和意义,失去促进社会进步、服务民族团结和社会安定的功能。

同样的道理，坚持国家认同，也不能排斥、拒绝和贬低宗教认同。宗教认同是西北民族地区信教群众国家认同的基础和条件，研究和现实都表明，只有以国家认同才能表达清楚和描述准确"各民族相遇"的过程和结果，才能吸引不同民族、不同信仰的群众参与国家社会生活，共同享受管理国家和治理国家的主人地位和待遇。

第六章

西北少数民族心态研究

通过对西北少数民族的公务员、学生、商人、农牧民问卷调查，运用统计检测的方法，分析调查样本的角色特征，我们发现，西北少数民族的心态是健康的、积极的，是与整个国家的发展、社会的进步以及民族的进步相一致的，这可以从文化、民族、爱国、变革四个方面加以证明。但是，我也发现缺乏足够的创造力是西北少数民族心态的最大"软肋"，带来的直接后果就是对新的、重要的、可能会改变民族地区的有用信息的错失、对新的信息的发现权和使用权的错失。解决的方法是创造新的认知模式。西北少数民族在适应型角色的扮演方面是成功的，在创造型角色的扮演方面则存在明显不足。本章主要阐释西北少数民族心态现状、西北少数民族的心态与适应型角色和创新型角色的关系，并以社会变迁中兰州少数民族心态为个案研究。

第一节 西北少数民族心态

西北少数民族的心态是和谐的、积极健康的，这可以从文化、民族、爱国、变革四个方面的心态加以证明。影响西北少数民族心态的要素很多，这也是我们分析和研究西北少数民族心态问题过程中不能忽视的。只有把这些因素逐一研究，整体来看，才能正确认识和理解西北少数民族心态。

一 西北少数民族及其心态含义

西北少数民族的含义由三个概念组成：历史的概念、民族成分的概念、居住区域的概念。就历史的概念来说,西北少数民族指的是世世代代在西北地区居住的少数民族群体,不是指单个或者数量不多的非西北地区的其他少数民族。本书所指的西北少数民族的概念不包括临时来西北地区经商、打工、旅游、休闲或者与当地居民通婚的非原住的西北地区的外来少数民族,而是西北少数民族的原住民。

就民族成分来说,西北少数民族由信仰伊斯兰教的回、维吾尔、哈萨克、塔吉克、东乡、保安、撒拉、乌兹别克、柯尔克孜、塔塔尔10个民族和信仰藏传佛教的藏、蒙古、土、裕固、锡伯5个民族所组成。就居住地域来说,这些少数民族"大分散,小聚居",主要居住在甘、宁、青、新4个省区的280万平方公里的土地上。统计表明,4个省区的少数民族人口达到近2000万人,占西北四省区总人口的40%以上。①

西北少数民族的心态则是一种心理倾向,其和谐的积极健康的主流毋庸置疑,这可以以文化、民族、爱国、变革四个方面的心态加以证明。心态的重要性在于能够与人所扮演的社会角色相联系。不同的社会角色会产生不同的心态。我们运用英国学者卡尔通在1976年首次提出的适应型和创造型的角色的模式②,以问卷调查和统计分析的方法,通过对西北少数民族的公务员、学生、商人、农牧民四类角色样本特征的分析,发现缺乏足够的创造力则是其最大的心态"软肋",这个"软肋"是妨碍西北少数民族进步的最大心理障碍。

二 西北少数民族心态现状

西北少数民族的心态究竟怎样呢?总的看来,是和谐的,这表现在他们的心态是积极健康的,是与整个国家的发展、社会的进步以及民族的进步相一致的,这可以从文化、民族、爱国、变革四个方面加以证明。

(一)文化心态

文化是观念与工具的结合,由此,可以从不同方面和不同角度划分其结构和层次。总的说来,观念文化是一个民族的世界观、人生观、伦理观、审美观、思维观等各种观念的集合,也是科学、哲学、文学等各个学

---

① 根据四省区2004年统计年鉴整理。
② Kiron, M. J. ed., *Adaptors and Innovators: A Description and Measure*, London: Journal of Applied Psychology, 1976, pp. 622–629.

科知识的总和。工具文化则是人们以观念文化来适应社会发展和变革的方法，表现为人们对各种观念和知识的运用。文化心态指对一种文化现象的心理反应和心理认同，通常表现为喜欢和厌恶、赞美和批评等感情。要确定西北少数民族的文化心态，就不能脱离西北少数民族的宗教信仰。无论是信仰伊斯兰教的西北少数民族，还是信仰藏传佛教的西北少数民族，其文化心态的核心是都是向善。这个善凝集了西北少数民族对世界、人生、社会以及世间所有具体事物的看法，也是西北少数民族的处世态度和处世方法。善是这种文化心态的最通俗的描写。善在信仰伊斯兰教的西北少数民族那里，首先被解释为一种服从真主、在真主的指引下的坚守穆斯林道德的信念和意识。此外，还表现为对《古兰经》《圣训》等伊斯兰教经典著作所规定的品行的严格遵守。① 这就是说，善既是每一个穆斯林必须具备的素质，也是每一个穆斯林必须表现的道德行为。《古兰经》强调"善有善报，恶有恶报"，《圣训》要求穆斯林施舍、行善、济贫、救助弱者，劝告穆斯林勿为非作歹。伊斯兰教要求穆斯林应该坚持公正、宽恕、克己的原则，做人讲诚信、讲原则，言必信、行必果，做老实人、说老实话、办老实事，强调天下穆斯林是一家，注重兄弟姐妹的情意，维护穆斯林之间的团结以及穆斯林与非穆斯林的团结。强调善待客人，施舍时既不吝啬，也不过分。② 藏传佛教对善的理解是这样的："害人终害己，而致自他俱害，故为恶。利他终利己，而成自他俱利，故为善。"③ 这种善表现在实践上就是慈悲为怀、为本。慈悲不是一时一事引发的冲动，不是做给他人看的样子，是一种植根在内心的信念、信心、信仰，也是心理活动与情感活动统一的人的素质。所以，藏传佛教认为心为善恶之源，行乃有慈悲之举。藏传佛教还把善分为自性善、相应善、等起善、胜义善四类，这些善的基本内容排除了"我"这个会引发"贪""嗔""痴"等恶的出现的障碍。这种从本质上来讲是"排我主义"的善的思想突出强调了三个方面的重要内容：一是强调对佛门戒律的遵守：不杀、不盗、不妄语、不饮酒、不邪淫。二是强调"无贪""无嗔""无痴"。三是强调布施的重要性。布施为"四摄""六度"的第一条，分为财施、法施、无畏施。财施又具体

---

① 马坚峰：《回教哲学史》，商务印书馆1944年版，第26、56页。
② 《辨显密二教论》，甘肃图书馆藏1920年版，第77、88页。
③ 马坚峰：《回教哲学史》，商务印书馆1944年版，第26、56页。

分为外财施、内财施两种。以金银财宝、饮食衣物施舍叫作外财施；以自己的体力、脑力施舍叫作内财施，包括以自己的生命和身体救助众生的舍生取义之举。说法教化叫作法施。救人所急、帮人所难、解危救困叫作无畏施。

在这样的背景下，西北少数民族的文化心态，首先表现为宗教信仰的坚定性、牢固性和持久性，并由此表现为尊崇宗教对人的要求的各种宗教仪式，以及强烈的修身养性的向善的追求。我们看到的穆斯林的礼拜、佛教徒的烧香拜佛的虔诚和恭敬，就是一种追求善的努力和为积善成德的永无止境的追求。这种把自己完全置于宗教信仰的控制之下、与信仰须臾不可分开的心态，充分表现了西北少数民族特有的文化风采和文化内涵。

（二）民族心态

西北少数民族的民族心态可以概括为对自己的民族身份的认同。这个层面的心态与西北少数民族的历史和文化紧密结合在一起。

1. 以宗教信仰显示其民族的特点

众所周知，西北少数民族的宗教信仰对于这些民族的形成起了决定性的作用。伊斯兰教从唐宋时代开始由阿拉伯世界传入中国已经有1400多年的历史。先有了宗教，才有了穆斯林的民族，是中国穆斯林民族形成的过程和特点。此外，伊斯兰教的基本信条是除真主外，再无神灵，穆罕默德是真主的使者。围绕这个核心层次，是伊斯兰教一整套观念构成的思想体系。与这个思想体系相适应的和把这些观念表现出来的是各种宗教仪式、典章制度、教派组织。而宗教学校、宗教场所、宗教典籍、宗教建筑、宗教艺术品则是伊斯兰教的物质的层面。伊斯兰教的信仰、观念层面是信仰伊斯兰教的西北少数民族的民族心理的思想层面的部分，伊斯兰教的制度层面是信仰伊斯兰教西北少数民族的心理的行为规范和道德规范层面的部分，伊斯兰教的物质层面是信仰伊斯兰教的西北少数民族心理的生活层面的部分。这三个部分构成了信仰伊斯兰教的西北少数民族的民族心理的精神和物质的基础。① 藏传佛教则强调显密兼修，先学显宗，后学密宗，以密宗为主。"应化开说，名曰显教，言显略逗饥，法佛谈话，谓之密藏。"密宗的道理在显宗上就是"悲悯""菩提心""正心"三者，显宗

---

① 《辨显密二教论》，甘肃图书馆藏1920年版，第77页。

则要证明密宗所倡导的去恶从善、言行如一的原则。在这种宗教思想的影响下，信仰藏传佛教的西北少数民族形成了由九世班禅大师所概括的"信解行证"的民族心态。所谓信就是相信佛教的经典，坚持佛教的信仰；所谓解就是要理解佛教的道理；所谓行就是按照佛教的要求去身体力行；所谓证就是通过个人的实践来证明佛教的信仰和道理的正确性。

2. 以其身份的独特性显示他们的民族特点[①]

伯芮（Berry）在1966年出版的《民族关系》一书中认为民族的概念包括十个方面的含义：一个国家的居民、固定的语言、宗教信仰、内部的等级制度、人种、一个类型、一个被划分的物种、民族的意识、文化和传统。[②] 共同的历史、宗教、地域、环境、语言，形成了西北少数民族的共同心理特征，培养了他们独特的思维模式、行为模式和独特的观念、意识。因为他们的利益是一致的，所以，他们对自己的民族格外爱护，对于贬损本民族的言论格外敏感。此外，他们非常喜欢穿戴民族服装，按照本民族的特点打扮自己。伯芮认为，身份的特点可以从这样一个有趣的事实观察出来：一个民族的成员习惯把自己民族的成员称作"我们"，而把另一个民族的成员称作"他们"。

3. 风俗习惯的独特性

西北少数民族在民族信仰的熏陶和影响下形成了注重道德修养、讲究文明礼貌、喜欢卫生清洁的民族心理。酗酒、偷盗、抢劫、背信弃义、为非作歹、不讲礼貌、不敬重长者、不爱护幼小则是西北少数民族最为厌恶的恶习。伊斯兰教法对信仰伊斯兰教少数民族的约束已经由外在的戒律变为内在的道德要求，成为人人遵守的基本要求。在严格的戒律的影响下，信仰藏传佛教的少数民族的戒、定、慧三学既是道德准则、生活纪律，也是人生的追求和人生的目标。西北少数民族尽管居住、饮食等条件不是很好，但是，待客热情，彬彬有礼，凡是去过民族地区的人对此感受很深。西北少数民族讲究卫生是出名的，这一点著名记者范长江在他的《中国西北角》一书中赞不绝口。特别值得注意的是，西北少数民族对中华传统文化的三纲五常等儒家伦理做了吸收和融合。刘智在《天方典礼》中对此做了精彩的论述："人伦之理，本乎三，尽乎五。三者：男女也、尊卑也、

[①] 本部分参见马坚峰《回教哲学史》，商务印书馆1944年版，第56页。
[②] Berry, ed., *Racial Relationship*, New York: Academic Press, 1966, p. 104.

长幼也;五则君臣、父子、夫妇、昆弟、朋友也。"这等于把宗教的伦理与儒家的伦理等同起来。

可以说,西北少数民族的民族心态就是从宗教信仰的独特性、民族身份的独特性、风俗习惯的独特性表现出对自己民族身份的认同的心态。

(三)爱国心态

中国自古以来就是多民族共同居住和生活的统一的多民族的国家。较为流行的认识是中华民族是一个多元一体的民族。多元就是民族多、信仰多、风俗习惯多,一体就是各个民族共同创造和构成了一个完整统一的中华民族。西北少数民族的爱国心态就是对祖国的认同的感情,这种心态的形成有两个重要原因。

1. 民族关系的原因

从时间上看,西北各少数民族与汉族的关系可以追溯到秦汉时期。西北各少数民族与汉族既有经济、政治、文化方面的联系和交往,也有战争和斗争的一面。这种全面的发展的民族关系为我国形成多元一体的统一的多民族的国家奠定了坚实的基础。此外,在长期的历史发展过程中,西北少数民族与汉族形成了互相依存、互相信赖的稳固的民族关系。这就决定了西北少数民族和汉族和睦关系是在历史上占主导地位的关系。

2. 地域方面的原因

西北少数民族所居住的地域始终是中国领土的一部分。不论各个少数民族建立什么样的政权和什么形式的王朝,都是在中国境内建立的,都是中国疆域里面的政权的更迭和变化,与国家与国家的关系有着本质的不同。中国的西北部是中国西北各个民族共同建设和开发出来的中国的一个部分。元代是西北少数民族逐步形成和各个民族大融合的时代。明清时代,西北少数民族都已经形成了固定的居住区域、固定的风俗习惯、固定的生活方式。世世代代居住在祖国大西北的少数民族热爱自己的故乡,热爱生养自己的土地,也热爱自己的祖国。

所以,西北少数民族的反抗外来入侵的历史与中国近现代史是结合在一起的。新疆各个少数民族积极参加1871年反击沙俄入侵、保卫伊犁的战斗。锡伯族人民从1764年迁入新疆伊犁驻防,就没有停止与分裂祖国的行为作斗争。1867年,他们与阿古柏的"苏丹汗国"展开长达两年的斗争。西北少数民族积极参加抗日战争,为抗战的胜利作出重要贡献,涌现了以马本斋等为代表的一批抗日英雄人物。为西北的解放作出重要贡献的回民骑兵团的事迹可歌可泣，团长马思义受到毛泽东主席的接见。值得一提的是班禅九世以佛教领袖的身份呼吁信徒爱国爱民，努力为国家的强盛作出贡献。其爱国之情，令人肃然起敬。西北少数民族的爱国心态突出的表现为对祖国统一和民族团结的维护。

（四）变革心态

西北少数民族长期在环境艰苦、自然条件恶劣的大西北生活，形成了吃苦耐劳、坚忍不拔、克己忍让的良好品质。穆斯林的"五功""斋戒"更是对穆斯林意志的磨炼。藏传佛教严格的戒律也是对佛教徒的意志的磨炼。所以，西北少数民族特别能够吃苦。但是，这并不意味着西北少数民族就安于现状、不思进取、无所作为。因为心态是动态的、变化的，不是静止、凝固的。在改革开放政策的影响下，西北各个少数民族不甘落后，发愤图强，顽强拼搏，西北少数民族地区的面貌发生了巨变。穷则思变，变则通，这已经是西北少数民族群众的共识。西北少数民族之所以会有要求变革的心态，原因在于泰勒（Taylop）等在2000年出版的《社会心理学》一书中所论及的心态三要素的重要影响。这三个要素是影响要素（affecttive component）、行为要素（behavioral component）、认知要素（cognitive component）。从心态的影响要素看，中国的改革开放以来的巨变极大影响了西北少数民族的思想和行为，改变了他们的旧的观念、旧的思想、旧的行为；对党和国家民族平等和民族团结政策的积极评价的态度又影响了他们的行为，增强了他们与祖国的亲密感情，促使他们积极贯彻改革开放的政策，努力改变民族地区的社会面貌，实现各个民族共同富有的理想。认知要素在其中的作用尤为巨大。认知与认识既有联系，又有区别，它是建立在知识和经验基础上的人的认识能力和认识水平、理解能力和理解水平的体现，也是建立在信念基础上的感情态度、感情倾向。西北少数民族世世代代居住在祖国的大西北，通过与其他民族，尤其是与汉族的历史和文化的交流，谁也离不开谁的观念，深入到他们的心中，根深蒂固。通过吸收和学习汉族的先进的一面，比较彼此之间的社会状况，他们产生了更加急切的发展和变革的观念和行为。例如，元代的"回回满天下"的局面，今天仍然是一个现实。这是回族富有变革精神的表现。现在，西北的富有回族特色的小吃、饭馆、民族手工艺品已经走向全国，经商的回族，包括女回族不仅全面介入民族地区经济和社会的发展，而且遍布全国，声势浩大，参与了整个国家的建设和发展。至于西北草原的牧民，广泛采用先进的科学技术处理牲畜的喂养、畜产品的加工更是司空见惯，不足为奇。更令人赞叹的是，许多富起来的西北少数民族投资兴办教育，资助贫困生入学，送子女出国留学，形成了一道新时代的亮丽的风景线。据统计，在马来西亚留学的1.2万名中国学生中，西北少数民族的学生占了一成左右。

综上所述，西北少数民族的心态表现在观念上是爱教、爱国、爱家乡，表现在信念上是信教、信党、信政府，表现在行为上是守教规、守传统、思变革。

三 西北少数民族心态的四个影响因素

形成西北少数民族心态的因素有很多，西北少数民族心态受到社会、自然、国际环境以及民族自身等因素的影响。这些因素促使西北少数民族心态呈现出不同的面貌。

（一）社会因素

影响西北少数民族心态的社会因素与其所处的社会环境密切相关，涉及社会环境的诸多方面，诸如政治、经济、文化等社会领域。整个社会环境是个庞大、有机、统一的系统。改革开放以来，西北民族地区人民群众的社会生活发生了很大的变化。一方面，人民生活水平发生了天翻地覆的变化；另一方面，西部地区与东部发达地区相比，仍然有很大的差距。城市化的进程加快，引起各族人口大规模的流动，人们的观念在更新，接触的新事物越来越多。互联网的迅速普及大大改变了以往人们的学习、生活和交往的方式，不同民族的人们可以通过网络认识彼此，加深了解，这些都促使了西北少数民族的心态发展。

（二）自然因素

自然环境是民族生存、发展的自然物质基础。从一定意义上说，"一个民族人均拥有的自然资源量越大，这个民族发展的潜在优势就越大，发展机遇就越多，反之，这个民族发展潜力就会受到很大制约"①。西北部分少数民族和民族地区发展困难，有的甚至脱贫困难，很大程度上与其恶劣的自然条件有关。自然生态环境的恶化，影响了当地少数民族的生存和发展，进而影响了他们的心态。

---

① 金炳镐：《民族关系理论通论》，中央民族大学出版社2007年版，第262页。

（三）国际环境因素

随着交通、通信和互联网技术的发展，国与国之间的联系日益频繁。西北地区特殊的地理位置使得它受到国际因素的影响越来越大。各国之间经济、政治制度的差异，文化思想、价值观念的不同，一些西方国家利用中国少数民族问题妄图挑起中国内乱，"藏独""疆独"分子不失时机地在各民族人民之间煽风点火。此外，世界性的宗教影响诸如因宗教信仰引发的民族冲突、纠纷甚至流血事件在很多民族国家也时常出现。当前，我们面临的国际环境越来越复杂。如果不能正确看待这些新问题的出现，不能有很好的宗教认同、民族认同和国家认同，西北少数民族的心态就会受到影响。

（四）民族自身因素

一般情况下，民族自身因素包括很多方面，如民族内部构成、民族成员素质、民族意识、民族发展等。历史上，西北少数民族都有自己长期生活、劳动和繁衍的地域，各地区、各民族的人们很早就有过经济上的交往、文化上的交流。通过对各自区域的开放，西北少数民族为我国的社会主义建设作出了卓越的贡献，他们也倍加珍视现有的来之不易的成果。"西北少数民族还开发、发展了沟通中国与中亚、南亚、西亚、非洲和欧洲的重要通道——丝绸之路，推进了我国与中亚、南亚、西亚以及欧洲、非洲之间的政治、经济、文化交流，为古代世界了解中国，中国了解世界起了重要作用，作出了突出贡献。"[1] 这就促使了西北少数民族深爱着自己所在的土地，有着强烈的爱国心态。

第二节　西北少数民族心态与适应型角色和创新型角色的关系

从角色的理论看，西北少数民族都扮演了特定的角色，履行着角色规定的权利和义务。本书所探讨的是他们在组织中的角色与足够创造力、效率和团体规则的关系，目的是认识和定位他们的角色特征，特别是认识和定位他们的角色优势和角色不足。本书运用英国学者贝尔宾（Belbin）的"角色模式"和英国学者卡尔通（Kirton）的"认知模式"，

---

[1]　杨建新：《中国少数民族通论》，民族出版社2009年版，第125页。

采用统计分析的方法,对上述问题作出分析和综合,其结论是:西北少数民族在适应型角色的扮演方面是成功的,在创造型角色的扮演方面则存在明显不足。

一 心态和角色的关系

角色理论是社会科学研究的一个重要领域。一般来说,角色指对担当特定职位的人的一套期待和规范。期待指对于担当某一特定角色的"可能"如何表现,规范指它"应该"如何表现。角色也可以看作担任某一职务的人的权利和义务。角色所涉及的内容和活动领域的多样性决定了某一个人的角色的多样性。例如,一个人既可以扮演国家公务员、行政领导、上级等角色,也可以扮演学者、父亲、朋友、消费者等角色。

(一)角色与心态存在密切的联系

角色与心态存在密切的联系,这可以从奥泡特(Allpott,1935)的定义来认识。奥泡特认为心态是实践中人们对与个人有关的东西的一种直接和生动的反映。显然,这个定义至少包括了两个假设:首先,心态是一种承受。人们总是会遇到许多意想不到的事情,并且对这些事情表示自己的态度。无论这个态度是对还是错,人都要把它承受下来。其次,心态总是会直接和强有力地影响个人的行为。因此,心态就是已经显示出来的态度和行为,它决定着个人如何对待面对的问题和怎样有针对性地采取必要的行动。

角色的扮演与心态的联系就表现为心态对角色包含的要求的承受、对角色所涉及的责任和义务采取的态度和作出的反应。这可以从两个方面来认识:一是心态表现为人们对自己所扮演的角色的态度和反应是积极的还是消极的、是正面的还是负面的,这决定了人的角色的扮演是否成功。二是心态从人的自我实现等高级需要能否被满足方面来决定人的角色的扮演是否成功。

奥斯卡姆等人认为:人们重视自己的心态的一个重要原因是心态可以给人们一个需要被满足的感觉。[1] 这就是说,如果对角色的心态有问题,往往意味着自己想要的东西在所扮演的角色里没有出现,或者是自己的需要没有被扮演的角色所满足。

---

[1] See Oskamp. S., *Attudes and Opinions*, London: Englewood Cliffs, 1977, p. 43.

（二）心态的功能和角色的功能的一致性

进一步来看，心态的功能影响着角色的功能。根据卡卢斯的看法，心态的功能和角色的功能的一致性，表现在下面四个重要方面。[①]

1. 角色和心态的效用和方法的一致功能

心态可以帮助我们激励自己和减少我们做事的成本。在一些特别有意义的事情上，保持一种心态可以让我们从另外的人那里学习和吸收对我们有用的东西。这个功能可以简单表述为，心态可以帮助调整自我在社会和组织中所扮演角色的关系的功能。

2. 角色和心态在保存知识方面的一致功能

心态能够使我们取得我们对角色的感觉，更好地理解我们扮演的角色的意义。这是因为心态可以让我们避免不愉快和不舒服的感觉，从正面和负面解释和反映我们面对的问题。角色依靠心态的这个功能可以让人们更成功地发现角色的意义和价值。

3. 角色和心态的自我保护的一致功能

人们经常以自己的方式来感觉和反映那些威胁到自己的事情，心态可以帮助人们免除那种苛刻、不好的感觉的折磨。偏见的态度也容易导致自我封闭的心态的出现。角色同样需要心态的自我保护以免除角色利益受损，避免偏见的心态对角色的功能的误解。

4. 角色和心态的评价的一致功能

这个功能可以使我们把心态集中在有意义的事情上，以积极的态度和正面的评价去思考角色的含义。这可以促使人们把角色的扮演与所从事的工作价值和意义联系起来，努力完成角色所要求的工作质量和工作效率。

二 西北少数民族的心态与适应型角色和创新型角色的关系

研究角色，离不开两个重要的模式：一个是英国学者贝尔宾的角色模式理论；一个是英国学者卡尔通的认知模式。

（一）贝尔宾的角色模式理论

英国学者贝尔宾在1981年发表的《管理团队：为什么他们成功或者失败》一文中首次提出角色模式的理论，他认为个人在组织里能够扮演八

[①] Kraus, S. J. ed., *Personality and Social Psychology Bulletin*, New York: Academic Press, 1995, p. 45.

个角色。经过多年的使用,他在 1992 年又把个人在组织中的角色由原来的 8 个增加为 9 个:计划者、成型者、资源使用者、执行者、全面完成工作者、专业者、监督者、协调者、管理者。这个模式起初是用来证明组织里的个人角色类型,后来,被广泛运用于组织中的角色分析。现在,凡是研究角色的学者,都离不开这个模式。

(二)卡尔通的认知模式

卡尔通在 1976 年首次提出角色的认知模式后,又在 1989 年出版《适应者和创造者》一书,对适应型角色和创新型角色在认知模式上进行了全面界定。他认为适应型角色的特征有 6 个:准确、可靠、效率、慎重、纪律和规则。这些特征决定了适应者在组织中扮演着润滑和维系组织的角色。他们坚持原则,遵循规则,工作勤奋,不知疲倦,对工作的细节了如指掌。他们谦虚、善于控制自己的情绪,严守组织的秩序和规则。这些优点都证明了适应者是组织正常运行的齿轮和润滑剂。卡尔通认为在一个组织里,适应者适合扮演执行者、全面完成者、单位工人、专业者的角色,经验也表明:如果要成功扮演适应型的角色,就应该不折不扣执行上级的指示,全面完成工作的任务,埋头苦干,讲究工作效率,严格遵守组织的规定。

卡尔通对创新型的角色也进行了界定。他认为创新型的人在一个组织里适合扮演计划者、成型者、资源使用者的角色。他把创新型的角色的特征描绘为具有反规则的意识、善于提出创意的方法。他认为一个典型的创新型的角色对问题的认识达到一定的深度、能够对问题进行创造性的分析,甚至能够以独特的见解颠覆组织的决定。在追求组织的目标方面,创新型角色不太关注现成的规则,工作的随意性较大,可以在无规则的情况下控制工作的进程。他们经常从细节方面挑战组织的规则,很少自我怀疑倾向,他们倾向追求组织的完美,是真正的理想主义者。他们是组织的改变者,也是组织里不和谐的声音,常常带来组织的震动。创新型的角色是组织变革和进步的齿轮和润滑剂。他还以足够的创造力、效率、团体规则三个重要因素分别代表了创新型角色和适应型角色的特征。足够的创造力是创新型角色的最重要的特征,效率和团体规则是适应型角色的最重要的特征。适应者的效率来自对组织的惯例、尺度和传统的遵从;相反,创新者的效率则来自对惯例、尺度和传统的改变。集体规则是适应者的法律,创新者的法律是创新的价值。这样看来,一个典型的适应者是一个解决组织问题的范式。因为,其对固定的认知模式的使用高于创新者。一个典型的创新者是一个能够提出许多新的思想而可能缺乏实现这些思想的能力的人。这与创新者不断更新旧的认知模式有关。自从麦卡斯（Mcgrath）在1964年首次提出了单位效率的产入和产出的理论以来，研究者开始重视对组织中的角色的研究，特别是注意了组织成员的构成、分类及其特征的研究。卡尔通的"适应—创新模式"则从认知模式方面发现了角色模式和认知模式的关系、角色的类型和其基本特征的关系，对我们划分角色，认识角色的本质，更重要的是认识心态与角色的关系提供了重要的方法。这个模式发展了之前的研究成果，代表了当前这方面研究的最新发展。

下面，对卡尔通的"适应型—创新型角色"所涉及的三个重要因素与西北少数民族的关系进行检测分析，以便证明西北少数民族心态的优势和存在的问题。这个检测分析的资料通过调查问卷、面对面访谈、小范围座谈、不拘形式的交谈等方法搜集。为了保证检测分析的真实性、准确性，笔者分别从甘肃省甘南州、临夏州政府机关随机抽样100位少数民族国家公务员，从西北民族大学随机抽样100位少数民族大学生，从新疆的乌鲁木齐地区随机抽样100位少数民族商人，从新疆的南疆地区随机抽样100位农牧民。调查样本的男女比例各为50%，年龄20—55岁不等，民族成分包括了西北的15个原住少数民族。其中回、藏、维吾尔3个人口多的民族占到调查样本总数的60%。其他12个民族占到调查样本总数的40%。调查样本的平均数是0.96，接近卡尔通的"适应—认知模式"的普通人员调查样本的平均数0.95—0.96，具备了统计检测的条件。表6-1是对调查资料整理后，所进行的皮尔逊级差相关系数（the Pearson product momentcorrelation coefficient）统计检测的结果，从中可以看到足够的创造力、效率、团体规则与西北少数民族的关系。

表6-1

项　目	足够创造力	效率	团体规则
公务员	-304**	0.230**	0.299**
学生	-0.210**	0.228**	0.227**
商人	-164*	0.296**	0.299**
农牧民	-180*	0.228**	0.165*

*$p < 0.05$ 皮尔逊级差相关系数（信赖水准为95%）；**$p < 0.01$ 皮尔逊级差相关系数（信赖水准为99%）。

－为负相关，*和**分别为在95%和99%的信赖水准上相关。表6-1表明，效率和团体规则这两个属于适应型角色的特征与所调查的对象是一致的、无冲突的，但是，足够的创造力这个属于创造型角色的特征则与所调查的对象呈现负面的联系。学生可能最不需要创造力，因为学生的任务是学习，其消化知识的任务远远超过创造知识的任务，但是，公务员、商人、农牧民则应该表现出足够的创造力。可是，调查结果表明，公务员、商人、农牧民与足够的创造力的联系是负面的。正因为缺乏或者没有足够的创造力是西北少数民族的心态"软肋"，所以，比较沿海地区，西北少数民族地区的经济、社会的发展有一定差距。资料表明：2002—2003年，西北少数民族地区的GDP低于东部地区0.2—1.1个百分点。2000—2002年，全国、东部、西北民族地区人均GDP是7078、1.1334、6443和8184、1.4159、7027。① 这里还可以一个例子证明：2005年中国的外资企业产品的62%出口到国外，排在世界第一位。这些外资企业几乎全部集中在沿海地区。沿海地区可以把外资企业吸引过去，固然与那里的地理位置、自然环境、基础设施等有联系，但是，沿海地区的心态的优势也是一个重要条件。

事实上，西北民族地区和沿海地区的真正差距最主要的是观念的差距，也就是心态的差距。西北少数民族最缺的就是心态的创造力。从认知的角度看，就是缺乏创新的思维观念和思维模式。这样，就造成了一个严重的后果：对新的、重要的、可能会改变民族地区的有用信息的错失。这可以从三个方面证明：一是西北少数民族地区的信息相对闭塞，心态是人对事物的态度和评价，是决定个人行为的内在动力。心态可以使人很快接近相关的信息和产生相关的态度。因为相关的信息与人之前储存的信息存在对应关系，双方的连接是很容易的。西北民族地区的开放度还不够大，所以，那里的人们对信息的需求度低，对新的信息也不够重视。不善于利用资讯捕捉有效的重要信息，对许多有价值的信息可能会视而不见。二是西北少数民族对新的信息的敏锐程度不够高。心态能够使人很快做出决定，因为，心态有一个重要的功能，就是借助原有的观念，选择适合的信息，放弃不适合的信息。由于缺乏创新的心态，西北少数民族也相应缺乏

---

① 中华人民共和国统计局：《中国统计年鉴》，2004年。

筛选信息的决断能力，所以很多可能产生财富和机遇的信息就被忽略了。三是西北少数民族对过时的旧信息的过分依靠。心态理论告诉我们，当现实与人的认识产生矛盾时，如果没有创新的心态，人很容易回到旧的思维模式、旧的传统习惯行为上去，津津乐道与之相关的信息，而不愿意改变自己的态度和行为，去发现与建立新的思维模式、行为模式相关的信息。今天的社会，是信息社会，信息是开放的、公开的，接受和理解信息则需要一个由认知模式支撑的心态。没有这样的心态，将导致对新信息的发现权、使用权的错失，这正是制约西北民族地区发展的一个不容忽视的问题。按照美国社会心理学家沃斯特的观点，解决这个问题的关键就是建立新的认知模式，其核心是观念的更新和知识的更新。

西北少数民族之所以缺乏足够的创造力，可以从两个方面进行解析，即思维方式、思维观念和价值取向。

1. 思维方式、思维观念的原因

西北少数民族之所以缺乏足够的创造力，与他们的思维方式、思维观念有直接的联系。按照卡尔通在《适应者和创造者》一书中对创新型角色的认知模式进行界定，创新型角色与一个含有创造性的方法、规则联系在一起。这包括两个方面的含义：第一，创造力从本质上讲就是遵循正确的规则和方法，去发现和创造最佳的管理方法和工作方法的过程。这个过程首先表现为对新的知识、新的观念、新的理论、新的信息的占有和运用。如果能够在角色中体现出这个能力，那就会在角色的扮演方面表现出足够的创造力来，特别是在制订工作计划、做决策、开发组织资源、落实计划要求等方面显示出创造性的精神和创造性的素质。问题在于，如果没有掌握这些新的知识、新的观念、新的理论、新的信息，如果观念依然陈旧保守，那么，也很难运用正确的规则和方法做创造性的工作，更谈不到扮演创新型角色的问题。第二，科学的规则和方法是工作效率的保证。美国公共管理学学家沙夫瑞茨在 2003 年出版的《公共管理学导论》中指出：管理者的效率来自科学的规则和方法的创造性运用。因为科学的规则就是科学的方法，可以省时省力。如果能够把这些科学的规则和科学的方法加以创造性的运用，角色的扮演将是成功的。他特别举了拿破仑的例子，说明科学的规则和方法的创造性运用对拿破仑取得战争胜利的重要作用。因此，西北少数民族缺乏足够的创造力，实际上，就是缺乏对科学规则和方法创造性运用的意识和使用能力。

科学的规则和方法的运用,首先表现在计划、成型和资源使用的效率上,也就是开展科学的决策和科学的管理上。这方面的不足就表现为在具体工作中决策水平低、管理水平低。这与今天迅速发展的形势的要求显然是有距离的。创造力弱正是制约西北民族地区发展的重要问题,这可以从西北一些少数民族地区没有获得过一个国家级别的科学进步奖证明。比起创新型角色的扮演,对于西北少数民族来说,适应型角色的扮演就要容易很多。根据卡尔通在《适应者和创造者》一书中对适应型角色在认知方面的界定,适应型角色的认知特征有6个:准确、可靠、效率、慎重、纪律和规则。西北少数民族做到这些要求是不存在问题的,其原因主要在于文化的作用。西北的信仰伊斯兰教和藏传佛教少数民族,都以服从真主和佛、菩萨作为最高追求,都真诚地遵守教规和教义的要求,这与遵守组织的纪律和规定,服从组织的领导和指挥是相通的。这些有信仰、有教规的少数民族,以"善"为最高追求,特别讲求真诚和信誉,说到做到,言行一致,表里如一,与在组织中准确、可靠地履行角色的责任也是相通的。他们性格方面的淳朴和老实,也与他们在组织中谨言慎行是相通的。由于居住、宗教、家族和生活方式等原因,他们喜欢集体行动,强调集体的作用和价值,反对与集体规则相矛盾和冲突的行为,因此,正如前面提及的卡尔通的认知模式所指出的:适应型角色的法律是集体规则。这在西北少数民族那里得到确切的验证。人们评价西北少数民族干部和群众"老实",包含着规规矩矩、恭恭敬敬的意思。

一般来说,旧的认知模式是一个不开放的环境和相对落后的组织系统的产物,新的认知模式则是一个开放的环境和开放的组织系统的产物。旧的认知模式表现为对新的东西的排斥,或者表现为对新的东西不敏感,吸收新的东西的能力老化。新的认知模式则有对新的东西反应灵敏、快速,善于吸收消化新的东西的特质。按照卡尔通的认知模式的观点,西北少数民族目前最应该做的就是适应开放的大趋势,在开放的环境里,不断更新认知模式,尤其是要建立与时代发展要求相适应的新观念、新思想、新理论、新知识,形成以提高足够的创造力为核心的新的思维方式和思维能力,这是本书得到的最重要的结论。

2. 价值取向的原因

荷兰著名社会心理学家吉尔特·霍夫斯泰德从6个维度分析了各国文化差异,这6个维度分别是:权力距离、对不确定因素的避免、个人主义—集体主义、阳刚性—阴柔性、放纵—克制。笔者从以上维度中选取个人主义—集体主义维度对西北少数民族缺乏足够创造力进行解析。个人主义—集体主义维度指个人与集体的关系，反映了一种价值取向，这就是将集体作为价值取向还是将个人作为价值取向。在个人主义—集体主义价值取向方面，西北少数民族偏重集体主义价值取向，反对个人主义价值取向。这个价值取向与他们信仰的宗教密切相关，也与他们生活的环境密切相关。无论是西北少数民族信仰的伊斯兰教还是藏传佛教都强调整体的作用大于个体的作用，都注重群体力量的形成而反对分散。从生活环境方面看，西北少数民族面对严酷的自然环境，必须形成集体的合力才能生存。在集体主义—个人主义的维度上，个人主义指一种松散的社会结构，更宽容他人，性格更外向。集体主义则是一种紧密的社会结构，更注重服从集体规则，更注重对集体的孝顺，性格倾向内向，西北少数民族传统文化中从集体取向考虑较多，从个人取向考虑较少。在这种传统文化影响之下，西北少数民族重视集体，愿意寻求集体归属感，注重行为规范，讲求对朋友诚信，期待在他人心目中留下好的印象、得到好的评价。这样的价值取向有助于减少和避免人际交往中的对立和冲突，减少人际摩擦和社会内耗，使人际关系充满人情味，人与人之间容易形成亲密的关系。但是，过多顾及他人和集体，喜欢随大流，容易压抑个性发展，使人缺乏足够创造力。西北少数民族传统文化中有许多集体活动，如信仰伊斯兰教少数民族的开斋节、古尔邦节等，信仰藏传佛教少数民族的晒佛节、浪山节等，西北少数民族愿意参加这些节庆活动的原因与集体主义—个人主义密切相关。这就使他们担心不被集体认可，被集体抛弃。

第三节　西北少数民族心态：社会变迁中兰州少数民族心态研究

　　自从17世纪"心态"一词开始在英国出现，社会科学界就一直关注心态变化对于社会发展稳定的作用。随着社会变迁的加快，城市中少数民族心态也出现了新的变化，这在多民族杂居的城市来说尤为明显。兰州作为西北重镇，是一个多民族居住的城市，研究兰州的城市民族心态，对于西北地区的民族关系的和谐发展，对于西北地区社会经济的平稳发展具有重要的现实意义。社会变迁中的兰州少数民族在居住格局、民族经济、民族教育、族际通婚和宗教方面都呈现出了新的特点,这些都对兰州市少数民族的心态产生了很大的影响。

一 社会变迁中的兰州市少数民族

甘肃省兰州市作为西北的一个重镇,在大西北处于"坐中四连"① 的位置,是大西北的交通通信枢纽和商贸中心,辖城关、七里河、西固、安宁、红古5区和永登、榆中、皋兰3县。常住人口360多万人,全市有汉、回、满、东乡、藏、蒙古、土家等55个民族,近16万人。② 少数民族人口占总人口的4.4%。其中城关区主要有汉、回、蒙古、维吾尔等33个民族,其中汉族人口占94%,其他民族人口占6%,其中有伊斯兰教、佛教、道教、天主教、基督教5种宗教,批准开放的宗教场所57个。③

(一)居住格局

以回族的居住格局为例,城关区在清末民初形成四大聚居区:绣河沿、漙沱、南滩、金城关,后来随着城市化进程的加快,原有的四大聚居区在1980年以后被打破,形成了以新关、庙滩子(包括靖远路一带)、伏龙坪、桃树坪等城市边缘地带的新聚居区。居住格局的变迁给民族交往带来了便利条件,促进了民族的团结和社会的稳定。④ 信仰伊斯兰教的东乡、保安、哈萨克、维吾尔等族与回族一起"围寺而居"。单位集体户中各民族人口规模大小不一,但是他们会住在同一栋楼上(并不一定是同一单位),这样形成的民族混杂居也便于民族交往,使原来各民族"大聚居、小杂居"的格局逐渐演变为"大杂居、小聚居"格局,而且这种变化还在不断地进行当中。

(二)民族经济单位

兰州现有83个宗教活动场所,信教群众达18万人,其中仅城关区的宗教活动场所佛教有4处、道教有3处、伊斯兰教有38处、天主教1处、基督教有11处。由于伊斯兰教基本上以回、东乡、保安、撒拉、维吾尔、

---

① 兰州是中国陆地区域的几何中心,在陕、甘、宁、青、新五个省份当中,除了陕西省,更是西北其他四省区的桥头堡,交通、地理等众多因素,使这里成为一个"坐中四连"的核心区域。
② 兰州市情,http://www.lzszs.gov.cn/news_view.asp?ID=10,2011年8月4日。
③ 城关区概况,http://www.lzszs.gov.cn/news_view.asp?ID=59,2011年8月4日。
④ 虎有泽:《兰州市城关区回族的居住格局与宗教生活的变迁的调查研究》,博士学位论文,西北民族学院,1998年,第6页。

哈萨克等族全民信仰而其他民族加入的较少，佛教以汉、藏、土等族为主要信仰者，道教、天主教、基督教以汉族为主要信仰者。五教建立初期，由于各种原因带来的失业和饥饿成为严重的民族问题。当时政府组织群众开展自救活动，通过各种渠道安排少数民族人员就业，在兰州市就有了现代意义上的民族经济单位。如创办于1951年4月的兰州团结公司，就是一个多民族联合创办的企业，当时是由汉、回、东乡、藏、保安、撒拉、维吾尔等8个民族的各界人士积极投资共同筹建的。后来随着社会的发展，又成立了子公司，包括清真食品、煤炭、建筑、奶牛等厂。现在兰州的雅尔佳商贸公司、基隆大厦、民基大厦、忠华手抓、东乡老字号、中西医结合医院、安多饭店等民族企业中，虽然发起人以回、撒拉、东乡、藏等族为主，但是在具体部门领导及员工中有不少人是其他民族，他们在工作和生活中能够和睦相处，为兰州的经济建设添砖加瓦。在这些民族经济单位中，一般情况下民族关系常被同事关系所掩盖。美国学者泰勒（Taylor）指出："只要雇主对雇员的人员搭配做某些调整，就可以在一半的程度上消除今后几代在雇员中存在的民族间或性别间的不平等现象。"[1] 泰勒的这一研究在兰州的民族经济单位中得到了证实。

（三）民族学校

创办于民国时期的兰州清华小学、新关小学、西北中学及新中国成立后的金城关回民中学、回民中学（现兰州市第16中学）虽然以回、东乡、维吾尔、保安、撒拉等族为主要招生对象，但是也兼收居住在学校周围的其他民族学生，如汉、藏、蒙古、土家、满等，同样在教师中还聘任汉、藏、蒙古、土家等族老师，这种情况一直到现在。这种在小学、中学中回、汉、藏、满等族师生在校共同生活和学习的情况，有利于民族间互相学习，有利于民族间思想感情的交流，同样有利于民族团结。

（四）族际通婚

不同民族的族际通婚的比率是衡量任何一个社会中人民之间的社会距离、群体间接触的性质、群体认同的强度、群体规模、人口异质性及社会整合过程的敏感指标。[2] 现在兰州市的族际通婚较以前频繁，由于居住格

---

[1] Taylor Ronald L., "Black Ethnicity and the Persistance of Ethnogeness", *American Jornal of Sociology*, Vol. 15, No. 2, May 1965, pp. 70–82.

[2] 潘乃谷、马戎：《边区开发论著（导言）》，北京大学出版社1993年版，第17—19页。

局、工作、经济、学习等原因,民族交往的频率在逐渐加快,人们已经在通婚方面冲破了族际界限,如以回族为代表的信仰伊斯兰教者一直不主张教外、族外通婚,但是近几年族际通婚有上升的趋势。在调查中笔者发现兰州市区族际通婚多发生在同一职业、受汉文化程度影响大的范围内,而且随经济交往比率会增大。在族际通婚中的亲戚关系、夫妻关系也会超越民族关系。

（五）宗教

兰州市是一个少数民族散杂居地区,同时又是中国五大宗教俱全的都市,全市五大宗教平时的宗教活动互不影响,信教群众和平共处,很少有宗教纠纷发生。虽然宗教的聚会会影响群众交往,但是不同民族信仰同一宗教时,信教者的民族身份会失去意义,往往会以教友关系为表现形式。[①]

二　社会变迁中的兰州市少数民族心态的特点

兰州市少数民族作为一个特殊的群体,社会变迁使得兰州市少数民族心态呈现以下特点。

（一）爱国心态与日俱增

社会变迁过程中,一些少数民族聚居区的群众渴望进入城市过上更加美好的生活。在这种"推拉"的作用下,少数民族人民进入城市打工、经商、学习。在兰州市见到卖烤羊肉串、葡萄干的新疆少数民族和宁夏少数民族成员,穿着藏袍卖藏刀的藏民,挂着清真风味牌子的"兰州牛肉拉面"馆等都是其很好的体现。随着少数民族流动人口的增多和他们对本民族聚居区的致富作用的发挥,使得少数民族和汉族的相互学习、相互帮助的关系在社会变迁中更显得紧密,使得少数民族更加体会到中华民族大家庭的温暖,爱国心态与日俱增,更加体会到了汉族离不开少数民族、少数民族离不开汉族、少数民族之间相互离不开的真理。

（二）宗教心态相对浓厚

大量少数民族人口进入城市,将各民族的文化也带入城市。进入兰州市的少数民族成员几乎都是有宗教信仰的人,他们在进入城市之后,往往会依靠同样的宗教进行本民族成员或具有相同宗教信仰的民族成员之间的

[①] 虎有泽、冯瑞:《兰州市区民族关系研究》,《西北民族学院学报》（哲学社会科学版）2001年第3期。

交往。在西北少数民族成员中有宗教信仰的人在为人处世方面谨小慎微，颇多讲究。他们认为无论身在何处，无论做什么事情，都有神在观察和记录。如果善事做多了，就会因善得福，进入天堂，转世顺利，享受快乐。所以，无论信仰伊斯兰教的少数民族还是藏传佛教的少数民族，在进入城市之后，可以凭借共同的宗教信仰和城市原有的少数民族进行交往。宗教信仰不同的少数民族一般不容易进行沟通和交往。

三　构建和谐的兰州市民族心态

（一）加快经济发展，加强爱国心态建设

解决好兰州市的民族问题，核心是加快发展。要牢牢抓住这个核心，千方百计加快经济社会的发展步伐，全面推进兰州的改革开放和现代化建设的进程。促进民族贸易和民族用品的生产。使少数民族在自身发展中感受到汉族和少数民族谁也离不开谁、少数民族之间也相互离不开的关系，在经济发展、社会进步中增强对中华民族的认同，对社会主义道路的认同，对中国共产党领导的认同，增强他们对祖国的热爱之情，加强爱国心态的建设。

（二）做好外来少数民族流动人口的管理工作，引导宗教心态更好发展

在对待流动少数民族的问题上，首先要肯定他们的经济活动对活跃城市生活、带动城市经济发展的积极意义。同时对他们要加强管理，坚持管理和服务并重的原则。在思想上关心他们，在生活上关照他们。由于外来少数民族流动经商人员来到人生地不熟的地方，往往感到无依无靠。这时他们会以宗教场所作为相互交流的场地，作为民族事务管理部门，要肯定宗教在少数民族交往过程中的心理凝聚作用，但同时必须制止不良的甚至有害的思想来左右信教少数民族的心理。在西北少数民族中，为了捍卫自己的宗教信仰，他们愿意付出一切，甚至生命。这种宗教价值取向心态如果走向极端就会形成唯我独尊、唯我独大的感觉，很容易被利用成为影响和谐民族关系的势力。如果被别有用心的人或者势力利用，就会造成负面影响。[1]

作为城市管理部门，应该积极地引导宗教在调节人与人、人与社会之

---

[1] 马进：《西北世居少数民族日常交往心态研究》，民族出版社2011年版，第77页。

间的关系方面发挥其作用，这在客观上有利于家庭、地区乃至国家的团结稳定。通过对宗教仪式的管理和引导，可以帮助外来少数民族和城市少数民族统一行为、集中力量，实现群体活动的基本一致，增强他们之间的沟通和团结。

第七章

西北少数民族日常交往心态

举凡民族共同体所涉及的大至政治、经济、文化、思想领域的变化，小至每天的见面问候、礼尚往来、工作学习尽被囊括在西北少数民族日常交往心态的范围内。日常交往心态是民族共同体生存、发展、繁衍的基础，是体现民族关系的连续性、多样性、丰富性和互动性最为重要的内容。研究西北少数民族日常交往心态的深刻含义、独特面貌和别开生面的表现形式，不仅可以认识和理解西北少数民族日常交往的特殊性，也有利于拓展、深化、开辟民族关系的领域，体现"在当代中国，民族问题的表现形式是复杂多样"①的学术理念。

西北少数民族日常交往心态指由认知、情感、意志、行为构成的心理反应机制对日常交往所作出的反应，所表现的态度。认知心态是以信念为核心的心态，情感心态是以爱憎为核心的心态，意志心态是以尊重准则为核心的心态，行为心态是以表现得体为核心的心态。贯穿西北少数民族交往心态的是以"善"为核心的民族文化的影响。西北少数民族在宗教信仰"善"的影响下，在长期的交往实践中形成了以善为本、以情为本、以诚为本的日常交往心态。西北少数民族日常交往的心态乃是非功利的心态，是希望表达真情实感的心态，也是利他主义的心态。本章主要阐释西北少数民族日常交往心态的含义、表现、特色等内容。

---

① 郝时远：《坚持中国特色社会主义理论体系　推进民族理论的发展》，《民族研究》2007年第6期。

第一节　西北少数民族日常交往心态

研究西北少数民族日常交往心态，我们首先要给"西北少数民族日常交往"下一个定义，在此基础上分析西北少数民族日常交往心态的含义、表现形式及其原因，宗教对西北少数民族日常交往心态的影响。

一　西北少数民族的日常交往

交往是人的基本需求，也是民族关系存在、维持和发展的基本条件。一个人要生存，要发展就必须与他人结成交往关系。一个民族要生存，要发展也必须与其他民族结成交往关系，通过交往，才能够学习他民族的长处，获取物质和精神的资料，改善本民族的生活和生产状况，提高本民族生存、发展和进步的能力，开启新的智慧。交往关系是民族关系中最普通、最重要、最经常的关系，是所有社会关系产生的基础和前提。离开交往关系，人的基本需求不仅无法满足，民族关系也无法存在。人是交往的产物，民族也是交往的产物。

西北少数民族不仅是地域环境的产物，也是社会进步、历史文化发展的产物，还是上述各个因素互相结合、互相影响、共同作用的产物。交往作为民族内部、民族之间的交流沟通的手段，是伴随着民族共同体成长的脚步一起成长的，是随着民族关系的发展成熟而不断发展成熟的。民族关系的历史有多悠久，民族交往的历史就有多悠久。日常交往指日常生活的交往。日常交往构成了人们最基本、最经常、最普遍、最普通的交往。这种交往既包括民族共同体内部的交往，也包括此民族共同体与彼民族共同体的交往。这种交往既是人与人、人与社会、人与自然的交往，也是各种思想观念、情感情绪、心理反应的交往，这种交往既是民族共同体相同一面的同质交往，也是民族共同体不同一面的异质交往。

英国现代文化学家海默尔对日常生活做出了这样的描写，他指出："一方面，它指的是那些人们司空见惯、反反复复出现的行为，那些游客熙攘、摩肩接踵的旅途，那些稠密的人口空间，它们实际上构成了一天又一天（但是并不对它们做出判断）。这是和我们最为切近的那道风景，我们随时可以触摸、遭遇到的世界。"① 日常生活的这种丰富性、多样性和重复性构成了日常交往的丰富性、多样性和反复性。日常交往的三种理论分别是古典交往理论、现代交往力量、马克思主义的交往理论。古典交往理论以哈贝马斯为代表,哈贝马斯认为日常交往作为一种交往行动是包括工具交往和意义交往在内的"以相互理解为目的的、促进社会进步的交往"。② 工具交往是促进和发展生产力的活动,意义交往是上层建筑的建设活动。哈贝马斯的交往行动理论以人类认识和改造社会的活动为主题,重点强调人的以理性为中心的实践活动的能动性。海默尔则赋予日常交往以现代意义。海默尔认为现代交往理论的日常交往是人的日常状态的代名词,表现为社会的急剧变化所引起的各种情绪的转换,既包括"新异所具有的震撼"(海默尔语),也包括"最具有革命精神的创新如何坠入鄙俗不堪的地步"(海默尔语)。海默尔把现代意义的日常交往变为个人频繁适应生活的改变而调整情绪的复杂过程。海默尔指出:日常交往"使不熟悉的事物变得熟悉了;逐渐对习俗的溃决习以为常;努力抗争以把新事物整合进来;调整以适应不同的生活方式"。③ 马克思主义的交往理论,不仅在哈贝马斯的意义上强调交往对社会发展的促进作用,也在海默尔的意义上强调交往对人的革命性变革的重要作用,更从社会发展规律的高度,强调交往孕育着新社会诞生的可能性,是社会主义共产主义产生的基本条件。马克思恩格斯在阶级斗争的意义上使用交往这个词语,指出:"一切历史冲突都根源于生产力和交往形式之间的矛盾。"④ 马克思恩格斯认为阶级斗争意义上的交往的发展和扩大将改变资本主义条件下各个人彼此孤立的状态,而使全世界无产阶级联合起来,形成新的自由联合体。马克思恩格斯在《共产党宣言》中指出:"代替那存在着阶级和阶级对立的资产阶级旧社会的,将是这样一个联合体,在那里,每个人的自由发展是一切人自由发展的条件。"⑤

西北少数民族日常交往是指发生在民族共同体内部和民族共同体之间

---

① [英]本·海默尔:《日常生活与文化理论导论》,王志宏译,商务印书馆2008年版,第4—5页。
② 侯钧生主编:《西方社会学理论教程》,南开大学出版社2005年版,第318页。
③ [英]本·海默尔:《日常生活与文化理论导论》,王志宏译,商务印书馆2008年版,第5页。
④ 《马克思恩格斯选集》第1卷,人民出版社2012年版,第71页。
⑤ 同上书,第270页。

的最经常、最普遍、最大量的交往。这种交往的形式可以是面对面的直接交往,也可以是通过各种传媒所进行的间接交往,可以是语言为主体的交往,也可以是非语言为主体的肢体语言、无声语言的交往,可以是空间式的建立在现代信息网络基础上的交往,也可以是时间式的建立在过去与今天对话联系基础上的交往。西北少数民族就是借助这个交往,维持民族共同体的关系,获取物质和精神方面的资源,取得所认识和改造世界的信息,扩大民族活动的范围,得到民族进步的动力。

二 西北少数民族以善、诚、情为本的日常交往心态

研究西北少数民族日常交往的心态,就不能忽略宗教的影响。西北少数民族都是全民信教的民族,宗教的影响力很大。西北少数民族在宗教信仰"善"的影响下,在长期的交往实践中形成了以善为本、以情为本、以诚为本的日常交往心态。西北少数民族日常交往的心态乃是非功利的心态,是希望表达真情实感的心态,也是利他主义的心态。西北少数民族以善为本、以情为本、以诚为本的日常交往心态已经成为他们待人处事的传统习惯。

(一)以善为本的日常交往心态

1. 宗教信仰观念里充满了善的引导

善在信仰伊斯兰教的西北少数民族那里,首先被解释为一种服从真主、在真主的指引下坚守穆斯林道德的信念和意识。此外,还表现为对《古兰经》《圣训》等伊斯兰教经典著作所规定品行的严格遵守。藏传佛教从本质上来讲是"利他主义"善的思想突出强调了三个方面的重要内容:一是强调对佛门戒律的遵守,不杀、不盗、不妄语、不饮酒、不邪淫。二是强调"无贪""无嗔""无痴"。三是强调布施的重要性。布施为"四摄""六度"的第一条,分为财施、法施、无畏施。财施又具体分为外财施、内财施两种。以金银财宝、饮食衣物施舍叫作外财施;以自己的体力、脑力施舍叫作内财施,包括以自己的生命和身体救助众生的舍生取义之举。说法教化叫作法施,救人所急、帮人所难、解危救困叫作无畏施。信仰伊斯兰教的西北少数民族和信仰藏传佛教的西北少数民族在宗教信仰的影响下形成了日常交往重要的善原则,这就是善有善报,恶有恶报。亚当·斯密指出:"判断行为功过的那些一般准则就这样被看出某个无所不能的神的规则,这个神在观察我们的行为,并在来世报答遵守这些

规则的人和惩罚违反他的人。"①

2. 善还体现在日常交往的做人待人的基本责任里

对善有善报,恶有恶报这条基本原则的尊重和遵守,不仅体现在西北少数民族的宗教仪式过程中和对宗教虔诚的感情里,而且体现在西北少数民族日常交往做人待人的基本责任里。伊斯兰教和藏传佛教的"善"不断强化西北少数民族的这个基本责任。在日常交往中,西北少数民族形成了一个普遍的共识,这就是体现伊斯兰教以善为本精神的"劝善戒恶"、藏传佛教的"广结善缘"是他们日常交往的基本原则。秉承这个精神、按照这个原则交往的人就是亚当·斯密指出的诚实正直、谨慎小心的谦谦君子。亚当·斯密指出:"人们通常会非常相信似乎深受宗教思想影响的那些人,诚实正直。人们认为,这些人的行为除了受到别人行为同样起调节作用的准则的约束,另外还有一种约束……这就是,他不干则已,一干起来就要像那位至尊的神在场那样审慎,这位至尊的神最终会根据他的实际行动给以补偿。"② 与西北少数民族展开日常交往的任何人都有一个共同的感受,这就是西北少数民族天性善良、为人本分。究其原因,就是以善为本的精神渗透和贯穿在西北少数民族的日常交往的做人做事的理念和行为中,成为西北少数民族的待客之道、为人之道和行事交往之道。2009年全国助人为乐道德模范提名奖获得者、宁夏中卫市海原县海城镇南居委会回族居民马志英就是一个典型的例子。她在先后两次下岗待业,四次大手术和经济贫困的重压下,以羸弱的身躯和慈母的爱心坚持救助了185名贫困和残疾儿童,其中76名考入各大中专院校,还有65名儿童生活在这个温暖的大家庭。这就是以善为本精神在助人为乐的日常交往行为中的体现和升华,感人至深。

(二) 以诚为本的日常交往心态

1. 西北少数民族以诚为本的日常交往心态源自宗教的要求

以诚为本的日常交往心态指交往的诚信。交往要重承诺,要守信用是西北少数民族日常交往的基本原则。东汉许慎的《说文解字》把"诚"诠释为内心的真诚,把信诠释为对真诚的表现。信是诚的形式,诚是信的内容。西北少数民族以诚为本的日常交往心态则源自宗教的要求。伊斯兰教

---

① [英] 亚当·斯密:《道德情操论》,商务印书馆2006年版,第207页。
② 同上书,第208页。

的基本信条是除真主外，再无神灵，穆罕默德是真主的使者。围绕这个核心层次，是伊斯兰教一整套观念构成的思想体系。与这个思想体系相适应的和把这些观念表现出来的是各种宗教仪式、典章制度、教派组织。而宗教学校、宗教场所、宗教典籍、宗教建筑、宗教艺术品则是伊斯兰教的物质层面。伊斯兰教的信仰、观念层面是信仰伊斯兰教的西北少数民族的民族心态的思想层面的部分，伊斯兰教的制度层面是信仰伊斯兰教少数民族的心态的行为规范和道德规范层面的部分，伊斯兰教的物质层面是信仰伊斯兰教的西北少数民族心态的生活层面部分。这三个部分构成了信仰伊斯兰教的西北少数民族日常交往心态的精神和物质基础。藏传佛教则强调显密兼修，先学显宗，后学密宗，以密宗为主。"应化开说，名曰显教，言显略逗饥，法佛谈话，谓之密藏。"① 密宗的道理在显宗上就是"悲悯""菩提心""正心"三者，显宗则要证明密宗所倡导的去恶从善，言行如一的原则。在这种宗教思想的影响下，信仰藏传佛教的西北少数民族形成了由九世班禅大师所概括的"信、解、行、证"的日常交往心态。所谓信就是相信佛教的经典、坚持佛教的信仰；所谓解就是要理解佛教的道理；所谓行就是按照佛教的要求去身体力行；所谓证就是通过个人的实践来证明佛教的信仰和佛教道理的正确性。伊斯兰学者编辑的《圣训之冠》将伊斯兰教义概括为四个字：知、信、行、戒的日常交往心态，知、信、行、戒与藏传佛教的"信、解、行、证"大同小异，都强调要言行一致，表里如一，学以致用。

2. 诚信在西北少数民族那里就是人的良心

良心就是亚当·斯密所谓的"公正的旁观者"。在亚当·斯密看来，一个诚信的人"他从来不敢有片刻时间忘掉公正的旁观者对他行为和感情所作的评价。他从来不敢有片刻时间放松对内心这个人的注意。他总是习惯于用同他共处这个人的眼光观察与自己有关的事物。这种习惯对他来说已经非常熟悉了"。② 2009年全国诚实守信道德模范，51岁的维吾尔族邮递员艾克拜尔·依明就是这方面的一个典范。他26年投送各类邮件1700余件，无一差错，行程超过35万公里，相当绕地球行走近9圈。维吾尔

---

① 王岱舆：《正教真诠 清真大学 希真正答》，余振贵校点，宁夏人民出版社1996年版，第20页。

② ［英］亚当·斯密：《道德情操论》，商务印书馆2006年版，第177页。

族谚语"许人一物,千金不移"生动解释以诚为本的他与接收邮件顾客的日常交往行为的体现。

(三)以情为本的日常交往心态

1. 中西方历史上以情为本的观点

在西方历史上有两大以情为本的流派:以情为本的感觉主义流派、以情为本的理性主义流派。在中华文化历史上,孟子代表了以情为本的感性主义流派。

(1)英国哲学家休谟(1711—1776)代表了以情为本的感觉主义流派。休谟认为人们共同的感觉是以情为本的根源,这个共同的感觉就是同情。休谟指出:"总起说来,除了同情的原则之外,不再有其他什么东西使我们尊重权力和财富,鄙视卑贱的原因;借着同情的作用,我们才能体会富人与贫人的情绪,而分享他们的快乐与不快。"①

(2)伦理学家亚当·斯密(1723—1790)代表了以情为本的理性主义流派。亚当·斯密把情感与理性的平衡、自我与他人情感配合的合宜性看作以情为本的根源,强调理性对情感控制的必要性,认为:"它(平衡、合宜性)是理性、道义、良心、心中的那个居民、内心的那个人、判断我们行为伟大的法官和仲裁人。"②

(3)孟子代表了以情为本的感性主义流派。孟子把以情为本看作以"不忍之心"表达出来的痛苦感觉。孟子认为:"人皆有不忍人之心。先王有不忍人之心,斯有不忍仁之政矣。以不忍人之心,行不忍人之政,治天下可运之于掌。"③

2. 西北少数民族对以情为本的解释与宗教信仰紧密结合

藏传佛教以"菩提心"解释以情为本,指出菩提心就是慈悲的感情。在藏传佛教看来,这是人最基本的善良感情,也是所有人的感情源泉。只有本着慈悲之心去做人做事,才能够得到善报,消灾解难,修成正果。这个"菩提心"无比高尚和纯洁,包含的"四无量心"囊括了人的全部高尚的感情。这个"四无量心"是舍心、悲心、喜心、慈心。舍心是舍去一切私心杂念,保持心灵的纯洁;悲心乃是以天下之人痛苦为痛苦,以解除天

---

① [英]休谟:《人性论》下册,关文运译,商务印书馆1996年版,第401—402页。
② [英]亚当·斯密:《道德情操论》,商务印书馆2006年版,第65页。
③ 杨伯峻:《孟子译注》上册,中华书局1981年版,第78页。

下之人的痛苦为愿望；喜心乃是以天下之人的快乐为快乐，希望天下之人皆欢乐；慈心指忧天下之人的忧，喜天下之人的喜。这个"四无量心"乃是无私之心、利他之心、天人合一之心。伊斯兰教以"同胞主义"解释以情为本，即把世界所有的人以同胞之情善待。穆斯林民族的斋戒习俗和节日文化完整体现了以情为本的精神。斋戒习俗通过人对人的体恤培养以情为本的精神，节日文化的某些重大节庆活动通过人对动物的体恤培养以情为本的精神。《古兰经》对斋戒的规定分为天命斋、当然斋、圣行斋、可憎斋、犯禁斋五种。每年的斋月穆斯林群众都要根据伊斯兰教的要求封斋一个月。在封斋期间，可以通过反省一年的所作所为，检查缺失，明确努力方向，更重要的是要培养同情怜悯之情，培养戒心、戒口的毅力，使口总是发善言，使心总是充满善良同情之情。特别是通过亲身体验饥饿干渴的痛苦感觉，体会普天之下处于饥寒交迫的百姓痛苦生活，建立感恩之情、人道之情和悲悯之情。一年一度的穆斯林群众最盛大的节日古尔邦节来自易卜拉欣献祭的故事，所以古尔邦节又叫宰牲节。这一天，过节的各族群众家家户户都要宰羊、牛和骆驼。宰牲时，不能宰不满两岁的羊羔和不满3岁的牛犊、骆驼，不能宰眼瞎、腿瘸、缺耳、少尾的牲畜。所宰的肉要分成三份，一份自己吃，一份送亲友邻居，一份济贫施舍。通过宰牲，穆斯林群众要培养同情之情、手足之情和怜悯之情。尽管藏传佛教的"发菩提心"和伊斯兰教的斋戒习俗，节日文化的某些要求皆是宗教的产物，但是，经过一代一代不断的传承和现实生活的流变，已经与民族共同体的日常生活紧密结合在一起，成为民族共同体日常生活的组成部分和民族共同体的风俗习惯。以情为本进一步表现为以下三种感情。

（1）西北少数民族以情为本的日常交往心态表现为感恩之情。这以锡伯族的西迁节为范例。18世纪清政府为加强西部边境的建设，从东北调防1018名锡伯族官兵戍边，原计划60年换防，但是这些官兵一驻防就是几代人。每年农历四月十八日，西迁锡伯族的男女老少都要举行祭祖活动，表示对祖先的怀念，献上感恩之情。

（2）西北少数民族以情为本的日常交往心态表现为同情之情。穆斯林群众的斋戒由体会感受自我饥饿干渴之苦进而体会感受天下之人的痛苦，培养了强烈的与人交往的同情之情。穆斯林群众的宰牲节由体会感受动物之苦进而体会感受天下之人的痛苦，培养了浓厚的与人交往的同情之情。

（3）西北少数民族以情为本的日常交往心态表现为慈悲之情。慈是爱之情，悲是悯之情。西北少数民族是爱憎分明、表里如一、疾恶如仇的民族。在大是大非面前，他们永远旗帜鲜明，立场坚定。这突出表现在对民族团结和祖国统一的维护，各民族和谐相处方面。2009年全国见义勇为道德模范、75岁的哈米提·爱合买提老人在乌鲁木齐"7·5"事件中冒着生命危险保护了20多位各民族群众，就是以情为本的精神在见义勇为交往行为中的体现和升华。

三 西北少数民族日常交往心态产生的原因

西北少数民族日常交往的心态乃是非功利的心态、希望表达真情实感利他主义的心态。这种利他主义心态的特点是亚当·斯密所指出的对信赖和信任的报答，其实质就是希望被平等公正的尊重和信任。亚当·斯密认为："每一种美德也必然会得到适当的报答，得到最能够鼓励它，促进它的那种补偿……什么报答最能够促使人们做到诚实、公正和仁慈呢？我们周围那些人的信任、尊敬和敬爱。许多人并不追求显赫的地位，但是希望受人敬爱。诚实和公正的人不会因得财富而欣喜。他感到欣喜的是被人信赖和信任。"[①] 西北少数民族在日常交往中所表现的以善为本、以情为本、以诚为本的交往心态就是亚当·斯密所指出的必然会得到报答的美德，而最好的报答就是这种美德已经内化在西北少数民族的心理反应机制里，成为他们处理日常交往的反应和态度。

西北少数民族日常交往的心态之所以是非功利、利他的、富有真情实感的心态，与西北少数民族的民族文化传统中的伦理道德观密切相关。信奉伊斯兰教的西北少数民族的民族传统文化是在伊斯兰教的影响下培养出来的。信奉藏传佛教的西北少数民族的民族传统文化也是在藏传佛教的影响下培养出来的。宗教对于西北少数民族日常交往来说已经成为其文化传统最重要的组成部分。与人为善、劝善戒恶是伊斯兰教和藏传佛教所共同倡导的西北少数民族最核心的伦理道德观，也是西北少数民族与宗教一起成长的民族文化传统。这个伦理道德观的形成可以从两个方面理解。

（一）伊斯兰教和藏传佛教都倡导以伦理道德作为人生的准则

伊斯兰教和藏传佛教规定了一系列涉及政治、经济、文化、军事、政治、外交、婚姻、家庭等几乎所有社会领域的行为准则。在处理人与人的

---

① ［英］亚当·斯密：《道德情操论》，商务印书馆2006年版，第177页。

关系上,伊斯兰教和藏传佛教都要求以公平正义、诚实忠厚、扶危济贫、善良仁慈之心为准则。《古兰经》指出:"你们……当孝敬父母,当优待亲戚,当怜恤孤儿,当救济平民,当亲爱近邻、远邻和伴侣,当款待旅客,当款待奴仆。"① 藏传佛教主张"惠施"为处理人与人关系的准则,即要有给别人带来好处,包括让别人欢喜的舍心、悲心、喜心、慈心的"四无量心"在内的帮助。伊斯兰教认为,要做善事,反对"罪恶和横暴"。藏传佛教主张要发"菩提心",要以利他的思想和感情处理人际关系。伦理道德不但是信奉伊斯兰教的穆斯林群众和信奉藏传佛教的群众处理人与人关系的准则,也是他们处理人与自然关系的准则。信奉伊斯兰教的穆斯林群众从大自然中感念真主的伟大,寻求真主的恩惠。信奉藏传佛教的群众把天地都看作一个整体,看作佛统治的世界,各种事物都互为条件,互相不能分开,彼此和谐相处。所以,真正信奉藏传佛教的少数民族群众对人仁慈,对社会仁慈,对大自然也仁慈。正因为如此,西北少数民族都有强烈的环保意识,这不能不得益于信仰的作用。宗教里的这些丰富的伦理道德思想通过开办经堂教育、举行各种宗教和社会仪式以集体记忆的方式被传承下来,成为西北少数民族珍贵的伦理文化传统,并且积淀为西北少数民族日常交往的心态。与此同时,这些伦理道德的传统也促使西北少数民族构建了人与人、人与社会、人与自然的和谐世界。追求和谐、向往和谐、维护和谐、促进和谐就成为西北少数民族伦理心态的最重要内容和基本特征。

(二)伊斯兰教和藏传佛教的"前定""现定"构成伦理道德的规范

所谓"前定"就是今世的生活由前世决定。所谓"现定"就是后世的生活由现在决定。"前定"可以培养西北少数民族日常交往心态的沉着淡定、置功名利禄于度外的宽广胸怀,也可以培养他们的性格开朗豪爽、为人坦荡真诚、处事豁达大度的良好习惯。"现定"则可以培养西北少数民族日常交往心态中遵守规范传统的谨慎小心、与人为善、多做好事的良好习惯。"前定"是人生的预先安排,是规范,必须遵守而没有例外。"现定"是人生的自由选择,是认知模式的再现,可以因人而异,不必千人一面。这个"两生论"所体现的是对人生的自由和不自由的限定,等于是制

---

① 王岱舆:《正教真诠 清真大学 希真正答》,余振贵校点,宁夏人民出版社1996年版,第24页。

定了有形和无形的人生伦理道德规范。王岱舆对此作出如下解释:"若无前定,亦无自由。非自由不显前定,然自由不碍前定。"[1] 王岱舆的意思是"前定"是不自由的,是宿命论。"现定"则是自由的,是在偶然性中显示必然性的自由。

综上所述,西北少数民族日常交往心态的形成乃是经过宗教文化、世俗文化交融在一起的双重熏陶、双重潜移默化而逐步形成具有鲜明特色的伦理文化体现。

第二节　西北少数民族日常交往心态的特色

西北少数民族日常交往心态体现出与其他地区少数民族不同的特色,即多元性与包容性统一,优越感与危机感并从,宗教性与政治性牵连,地区性与国际性结合。

一　多元性与包容性统一

著名敦煌学家季羡林指出,世界上历史悠久,地域广阔,自成一体、影响深远的文化体系只有四个:中国、印度、希腊、伊斯兰,再没有第五个了,而这四个文化体系汇流的地方只有一个,就是中国的敦煌和新疆吐鲁番地区,再没有第二个。这既反映出西北少数民族文化的稀有和独特,也反映出西北少数民族交往心态的多元性和包容性。

从历史角度看,在广大的西北地区,各民族长期交往的过程,就是其文化相互交流和融合(当然也有过冲突)的过程。在各种交流(冲突)中,各民族的交往心态尽管在某些时期并不一定都是非常包容,甚至有过激烈冲突(如排外、敌视等),但最终都以包容和共处的方式深深嵌入到多元的西北少数民族文化体系中。如仰韶文化(前期)、龙山文化(后期)、大地湾文化(前期)、马家窑文化、齐家文化(晚期)等奠定了古代西北少数民族多元文化的基础。夏商周时期的周秦文化、甘青文化、新疆北部天山文化、新疆南部绿洲文化等,经过秦汉至隋唐,各民族的多元地域文化相应发生了变异,而推动、促进这一变异的动力,除各族文化自

---

[1] 王岱舆:《正教真诠　清真大学　希真正答》,余振贵校点,宁夏人民出版社1996年版,第23页。

身的发展之外，还有来自汉族传统文化，印度、中亚的佛教文化以及游牧文化，尤以佛教文化为主。从五代至明朝中叶，统治今新疆的各政权统治者，通过"圣战"和大力推行伊斯兰教，使该地区原有的各族文化发生了第二次大的变异，从而奠定了近现代西北少数民族多元文化的基础。随着近代各民族为争取民族解放和国家独立，反对外国侵略者的斗争中共同努力，特别是新中国成立以来，我国多民族国家达到空前的统一和民族区域自治政策的深入贯彻落实，西北少数民族交往心态的多元性与包容性相统一的特点表现得更为突出，这不仅为西北少数民族的平等、共同繁荣和发展奠定了良好的基础，更为中华民族的文化大发展、大繁荣作出了积极贡献。

从现实角度看，西北民族地区世居少数民族多，多民族、多语言、多文字、多习俗导致文化的多元性，儒家文化、藏传佛教文化、伊斯兰教文化和现代各种文化在西北民族地区融合发展。在西北民族地区，无论是信仰伊斯兰教的少数民族，还是信仰藏传佛教的少数民族，其交往心态的文化核心都是善。如在信仰伊斯兰教的西北少数民族那里，善首先被解释为一种服从真主、在真主指引下坚守穆斯林道德的信念和意识，还表现为对《古兰经》《圣训》等伊斯兰教经典规定的品行的严格遵守。藏传佛教对善的理解是："害人终害己，而致自他俱害，故为恶。利他终利己，而成自他俱利，故为善。"[①]"善"与儒家思想中的"和"具有相当程度的契合性。在伊斯兰教中，孝是主命善行，人道之首，与天道一起成为伊斯兰教不可缺少的两大基础之一，这与儒家的"孝"观念也是不谋而合。可见，就西北少数民族交往心态历史形成和现实表现而言，西北少数民族在长期的交往、融合中，其交往心态具有鲜明的多元性与包容性相统一的特色，这是西北少数民族交往心态最典型、最突出、最根本的特色。

二 优越感与危机感并存

西北少数民族地区4个省区的少数民族人口近两千万，占西北四省区总人口的40%以上，占全国总人口的约1.5%，但西北少数民族大分散，小聚居，主要居住在甘、宁、青、新4个省区的280万平方公里的土地

---

① 马进：《西北少数民族伦理道德研究》，宁夏人民出版社1995年版，第87页。

上，西北少数民族居住的空间占全国国土总面积的约29.2%。从资源拥有量来看，西北少数民族地区孕育了丰富的自然资源。矿产资源如新疆的莫托拉沙锰铁矿、式克布尔铁矿等都是全国知名的富铁矿床。西北有"中国有色金属之乡"之美誉，全省有41个矿种的保有储量位居全国前10名，其中镍、钴、锗、锇等11种居全国第一位。宁夏"贺兰石"闻名遐迩，石嘴山有"塞上煤城"之称。此外，新疆、青海、宁夏等省区，石油和天然气储量都极为丰富。西北少数民族地区拥有广阔的草原牧场，是我国主要的牧区和牧业生产基地，青海有5亿多亩天然草场，西北有草原面积2.5亿亩，宜牧草的山草坡7000多万亩。西北少数民族地区是我国大小牲畜和牛羊肉以及皮毛等的主要产区。西北少数民族地区拥有种类繁多的动植物资源，盛产土特产和名贵药材。例如，青海的名贵药材达50多种，雪莲、贝母、发菜、冬虫夏草等深受国内外欢迎。西北有野生药材1270多种，品种之多居全国之首。其中当归、大黄、木耳、百合、白兰瓜等高质优产，在国内外市场享有盛誉。新疆的天麻、虫草、雪莲等名贵药材也畅销国内外。所以，在与其他地域民族交往的过程中，西北少数民族无疑有一种"地大物博"的优越感。但值得注意的是，由于在资源开发利用方面，一定程度上没有很好地处理资源开发地与资源消费地之间的关系，没有统筹好区域之间的协调发展。长此以往，如果不能够很好地照顾到西北少数民族群众的应得利益，西北少数民族的交往心态往往会走向另外一种可能，那就是产生危机感。担心在与其他地区交往中失去自己的"金山银山"，而这种心态在民族交往中往往会以比较极端的行为表现出来，其影响不仅仅是西北少数民族地区了。所以，从资源配置角度而言，西北少数民族交往心态优越感与危机感并从。

三 宗教性与政治性牵连

西北少数民族地区自古以来就是一个多宗教并存的地区，伊斯兰教、佛教、基督教、天主教、东正教、道教及原始宗教并存。如伊斯兰教于7世纪中叶传入中国，主要为回、维吾尔、哈萨克、柯尔克孜、东乡、保安、撒拉、塔塔尔、塔吉克、乌兹别克等民族信仰。传入我国的伊斯兰教主要是逊尼派，它在我国又分为格迪目（俗称老教）、伊赫瓦尼（俗称新教）、卡迪林耶、虎非耶、哲合林耶、库不林耶（以上四派，俗称"四人门宦"）以及依禅等主要派别。现在，宗教信仰作为公民的政治权利和文化权利，作为一种文化和信仰，在西北少数民族地区影响深远。西北少数民族地区全民信教的民族多（10个民族全民信仰伊斯兰教、4个民族全民信仰藏传佛教），教派多（佛教、伊斯兰教都有众多支系和门派），教众多（宗教具有群众性，从一定意义上讲，正确对待宗教问题就是正确对待群众的问题。如果不注意尊重各少数民族群众的宗教信仰，就会影响我们同少数民族群众的关系，影响民族团结和国家的统一）。虽然我国实行政教分离政策，但由于历史惯性，西北少数民族地区宗教文化非常发达，宗教在交往活动中具有相当重要的地位，宗教人士往往成为政治活动的参与者、组织者，当代西北少数民族地区社会政治意识和政治参与中的宗教性特点依然突出。加之跨国民族多，受境外民族、宗教的影响大，西北少数民族地区宗教问题易国际化、政治化。因此，就西北少数民族交往心态的性质而言，西北少数民族交往心态脱离不了宗教性与政治性的牵连。

四 地区性与国际性结合

西北少数民族地区是我国与中亚、南亚、西亚及欧洲联系的枢纽地区和交通要冲，同时也是联系欧亚各国内陆客流、物流与信息流的国际走廊，地缘战略地位重要。西北少数民族中10个伊斯兰教民族与中亚地缘文化和地缘关系密切。甘、青藏族地区也因与西藏的关系，具有地缘文化的性质。宗教信仰不只是一个国家一个地区的现象，而且是一种国际现象。佛教、伊斯兰教和基督教是世界性大宗教，对许多国家的政治生活和精神生活发生重大影响。这些宗教都有自己的国际性组织，通过有组织的宗教交往活动，强化着宗教的国际联系。同时，各个国家和地区宗教组织之间的横向联系和友好交往也日益频繁，各国宗教界的动向往往相互影响、相互作用，从而影响国际关系。所以，宗教不仅仅是一个信仰问题，同时也是一个民族交往问题，甚至是一个国际性的民族交往问题。国际民族分离主义、极端宗教主义、国际恐怖主义的文化渗透对国家边疆安全影响较大。所以，就影响力而言，西北少数民族交往心态，不仅影响着西北少数民族地区，甚至会影响到西北少数民族地区以外更加广阔的空间。因此，调适西北少数民族交往心态，将其控制在一个合理的空间之内，这是对历代统治阶级统治艺术的一种考验。

第三节　西北少数民族日常交往心态的三个善特点

从善去恶是各民族无一例外的共同追求。不同文化背景下对善的不同认识和不同理解，构成心态的不同善特点。西北少数民族日常交往心态的善特点是以幸福为善、以慈悲为善、以平等为善。西北少数民族对善的独特认识和理解，是其心态善的特点形成的重要原因。研究西北少数民族日常交往心态的善特点，对于认识和理解西北少数民族的历史文化、促进民族关系的团结和谐、加深各民族的相互理解都具有重要的意义。

一　西北少数民族日常交往心态数据检测分析

在祖国宽广辽阔的西北高原，各个民族每日每时进行的最经常、最频繁的交往就是日常交往。心态（attitude）是对交往的心理反应方式，由四要素构成：认知、情感、意志和行为。心态以认知为基础，以情感为核心，以意志为保证，以行为为结果。笔者以善作为研究单位，研究西北少数民族日常交往心态的善特点。为了认识西北少数民族日常交往心态的善特点，笔者从西北少数民族的国家机关干部、中小学教师、农牧民、个体商人中各选取300人为样本进行了皮尔逊极差相关检测。

（一）皮尔逊级差相关检测的数据结果，见表7-1

表7-1　　　　　　皮尔逊级差相关检测结果（N=1200）

项　目	以幸福为善	以慈悲为善	以平等为善	以其他为善
机关干部	0.188**	0.218**	0.218**	-156
中小学教师	0.238**	0.218**	0.218**	-118
农牧民	0.298**	0.209**	0.218**	-160
个体商人	0.188**	0.199**	0.218**	-133

说明：* $p<0.05$ 皮尔逊级差相关系数（信赖水准为95%）；** $p<0.01$ 皮尔逊级差相关系数（信赖水准为99%）；"-"为负相关。

（二）皮尔逊级差相关检测数据结果分析

（1）西北少数民族的国家机关干部、中小学教师、农牧民、个体商人以幸福为善、以慈悲为善、以平等为善的关联度达到了 $p<0.01$ 以及99%

的信赖水准。说明西北少数民族日常交往心态的善特点,存在真实性和客观性。

(2)西北少数民族的国家机关干部、中小学教师、农牧民、个体商人与以幸福为善、以慈悲为善、以公正为善的 $p<0.01$ 以及 99% 的信赖水准说明,幸福、慈悲、平等与西北少数民族的宗教信仰、道德原则密切相关。

(3)西北少数民族的国家机关干部、中小学教师、农牧民、个体商人与上表中的其他善包括:以谋取个人利益为善、以照顾好自己、与亲朋好友相处为善呈现负关联,也就是说上述三种假设没有构成西北少数民族心态的善特点。

皮尔逊级差相关检测数据结果表明,西北少数民族日常交往心态的善特点是以幸福为善、以慈悲为善、以公正为善。

二 西北少数民族日常交往心态的三个"善"

以幸福为善、以慈悲为善、以公正为善在信仰伊斯兰教的西北少数民族和信仰藏传佛教的西北少数民族那里,均表现了宗教信仰和民族历史文化传统的鲜明特色。

(一)以幸福为善

1. 信仰伊斯兰教的西北少数民族日常交往以幸福为善的心态

伊斯兰教强调信教的人们都要经历今世和后世。今世行善的人,后世必有好报;今世作恶的人,后世必有恶报。世间一切事物都是真主预定安排好的,包括人们的富贵贫贱、吉凶祸福、美丑善恶、生死寿限、自然界风雨雷电、四季变化、山川草木、日月星辰、宇宙循环。

在这样的背景下,信仰伊斯兰教的西北少数民族,以幸福为善心态表现在两个方面。其一,与人交往,注意发现对方的优点和长处。在信仰伊斯兰教的西北少数民族看来,人的优点来自真主。看到对方的优点,就是对真主创造的世界的回应,是信教者心灵纯洁的表现。其二,与人交往,注意广结善缘。信仰伊斯兰教的西北少数民族不仅注意成人之美,而且注意帮助人解除困难。2008年汶川地震发生后,所有的西北清真寺不仅均设有捐款箱,而且都捐出数量可观的善款,支援各民族同胞抗震救灾,重建家园。其三,与人交往,满足真主的安排,表现快乐的心情。"一个人归信了伊斯兰,生活便有所依靠,安拉又使他对他所得的给养十分满足。这种的人一生最成功，最快乐。"① 信仰伊斯兰教的西北少数民族具有较好的满足感，生活中的幸福指数也比较高。原因是在他们看来，他们所有的一切都是真主的安排。对自己生活的满足就是对真主的赞扬和敬重。所以，与之交往，他们的真诚溢于言表，发自内心，接人待物没有丝毫虚假。

2. 信仰藏传佛教的西北少数民族日常交往以幸福为善的心态

以内心世界的无我、无常为幸福的构成和表现，是信仰藏传佛教的西北少数民族日常交往以幸福为善的心态。在藏传佛教里，无我、无常是幸福的最高境界，自性善、相应善、等起善、胜义善是幸福的四个范畴，十一个心所（心的归宿）是幸福具体的、可以感知的表现。八正道则是达到幸福境界的八条道路。笔者曾经到达平均海拔达到3700米的甘肃省甘南藏族自治州的玛曲县调查研究。与生活在这个游牧文化与农耕文化结合地带圈里的藏族同胞交往，你是感觉不到他们的内心世界里还有一个自我。他们想你之所想，急你之所急，你的事情再小也是他们的大事。如果你需要留宿，他们将让你住在他们家中最好的房间里；如果你需要饮食，他们会准备最好的饭菜招待你；如果你要与他们交谈，他们对你总是有问必答，从不离开你关心和感兴趣的话题。

（二）以慈悲为善的心态

1. 信仰伊斯兰教的西北少数民族日常交往以慈悲为善的心态

慈悲在伊斯兰教的含义是仁慈。慈是爱人之心，悲是悯人之心。这就是说，慈是对人的关心和爱护，悲是对人的同情和怜悯。信仰伊斯兰教的西北少数民族日常交往的慈悲善心态表现在以下四方面：其一，关心和爱护人。与人相处，信仰伊斯兰教的西北少数民族总是嘘寒问暖，对人关心备至，使客人感觉宾至如归之温暖；其二，同情怜悯。与人交往，信仰伊斯兰教的西北少数民族对他人的不幸和痛苦，不仅给予同情怜悯，真情溢于言表，而且表现出来慷慨解囊的实际行动；其三，与人相处，信仰伊斯兰教的西北少数民族胸怀宽广，不计较个人得失；其四，与人交往，注重培养良好的品行。伊斯兰教强调要注意培养"助丧、探病、释讼、解事、顾爱亲戚、和睦邻里、恤孤弱、悯贫困"②的品行。信仰伊斯兰教的西北少数民族与人交往，很注意这些品行的培养。

---

① 马进：《西北少数民族伦理道德》，宁夏人民出版社1995年版，第245页。
② *The Teaching of Buddha*, Tokyo: Bukkyo Dendo Kyokai, 1985, pp. 424–426.

2. 信仰藏传佛教的西北少数民族日常交往以慈悲为善的心态

藏传佛教的慈悲来自梵文。慈是给人以快乐，悲是解除人的痛苦，两个字合起来就是"拔苦与乐"。藏传佛教把这种以慈悲为善的心态叫作"发菩提心"。《金刚经》说："凡人欲，为善之与恶皆先标其心，而后成其志，是以欲依密教之教旨求无上菩提者，当发菩提心。"① 信仰藏传佛教的西北少数民族注意发藏传佛教要求的三种菩提心。其一，"白净信心。"发这种菩提心的人天生具有慈悲之心，有上根太智，表现出来的慈悲是大慈大悲，一心为他。其二，"胜义菩提心。"发这种菩提心的人通过学习和修行表现慈悲之心，表现出来的慈悲是中慈中悲，为他为己结合。其三，"摩地菩提心"。发这种菩提心的人，虽然不能言说慈悲的深奥道理，但是能够践行慈悲于实践，表现慈悲于具体行为。所谓"佛心者慈悲也"② 便是这个道理。总之，信仰藏传佛教的西北少数民族强调的慈悲之善心是同情他人之悲、解救他人之苦的仁慈、仁爱之心，是放诸四海皆准的有益于他人和众生之心。"大慈与一切众生乐；大悲拔一切众生苦。大慈以喜乐因缘与众生；大悲以离苦因缘与众生"。③

（三）以平等为善的心态

1. 信仰伊斯兰教的西北少数民族日常交往以平等为善的心态

信仰伊斯兰教的西北少数民族日常交往以平等为善的心态，主要表现在两个方面。其一，相信真主末日审判的公正。伊斯兰教认为：善恶由人，赏罚由主。根据这样的理念，信仰伊斯兰教的西北少数民族为了避免因为离开善的正路而被真主审判，很注意一言一行的中规中矩。他们认为作为无所不知、无所不能、无所不全、无所不善的真主，聚万世如一世，合万古于一时，对万众如一人，理万事如一事，毫厘不爽，微尘不遗。所以，真主的末日审判对所有的穆斯林都是公正的。每个穆斯林必须一心向善，严于律己，才能得到公正的善结果。其二，平等就是坚持真理面前人人平等，秉公去私。穆罕默德认为："人们的威胁不能阻止你们中的任何一人说出真理，只要真理在他们手中。"④《古兰经》指出："信道的人们啊！你们当维护公道，当为真主而作证，即使不利于你们自身、父母和至

---

① *The Teaching of Buddha*, Tokyo: Bukkyo Dendo Kyokai, 1985, pp. 424 – 426.
② 桑杰端智：《藏传佛教心理学内涵与文化更新》，《西北民族大学学报》（哲学社会科学版）2005 年第 1 期。
③ 同上。
④ 《穆罕默德生平》，北京清真书报社 1951 年版，第 78 页。

亲。无论被证的人，是富足的，还是贫穷的，你们都应当秉公作证，真主是最宜于关切富翁和贫民的。你们不要顺从私欲，以致偏私。如果你们歪曲事实，或拒绝作证，那么，真主确是彻知你们的行为的。"① 信仰伊斯兰教的西北少数民族深恶痛绝自私自利的行为，身体力行有利于他人和社会的品行。与人相处，他们坚持真理，秉公去私。

2. 信仰藏传佛教的西北少数民族日常交往以平等为善的心态

藏传佛教的平等观，不仅认为人与人平等、人与一切有生命的动植物平等，而且认为个人与政府也应该平等。九世班禅大师曾以孙中山先生的三民主义平等观与藏传佛教平等观作对比，认为二者在强调人与人、人与政府的平等方面是相同的，没有一点不一样的地方。藏传佛教进而认为，"我执"所酿成的种种自私自利、舍公求私一类事端，皆使平等无从体现。所以，平等最主要的含义是，不能只求物体或地位的平等，必须先有平等的"心"，不把心调伏，不把私利除却，以观出本然清净的光明，平等也许只能达到物体和地位的平等而已。九世班禅大师以为："讲求平等的道理便是以慈爱心为先导，富救贫，有知识有学问的人拿出知识和学问去救无知识无学问的人，使大家都得到学问和智慧，更需将自己的一切财产、生命、智能拿出去，贡献给国家和人民，以谋公众利益。"② 藏传佛教认为不能专一为自己求利益，或用自己的势力去侵占他人的利益。如果因无法获得而怀恨或仇恨，这不叫平等，反而会破坏世间一切幸福。有平等心，就是念前世时曾受众生种种大恩，此生应对他人讲求平等、慈爱，更应回报恩心，去为人民救苦，为国家效忠。信仰藏传佛教的西北少数民族与人交往，对人对事都按照平等的观念处理。例如，在吃饭的时候，给这个客人敬酒，献哈达，也要给那个客人敬酒，献哈达，决不因为这个客人地位高、那个客人地位低就厚此薄彼。

三 西北少数民族日常交往心态的善特点形成的原因

西北少数民族日常交往心态的善特点形成有两个方面的重要原因。

（一）宗教信仰

宗教信仰对于西北少数民族日常交往心态的三个善特点形成提供了权

---

① 《古兰经》，马坚译，商务印书馆1999年版，第22页。
② 《班禅大师全集》，正中书局1942年版，第157页。

威的话语支持。伊斯兰教认为：人生的最终目的是"取悦安拉，代治今世"。所以，人最根本的需要，就是信仰真主，遵循真主的教诲。"谁遵循我的正道，谁不会迷误，也不会倒霉；谁违背我的教诲，谁必过窘迫的生活。"① 因此，信仰伊斯兰教的西北少数民族与人交往坚持"认主归真"，一方面表现为对真主的信仰坚定不移，纯洁无瑕。一方面注意把真主诸多的完美品德体现在日常的交往中，即以坚强的意志履行对真主的责任，以广博的知识认识真主的全能，以优良的品性与主合一。伊斯兰强调作为一个穆斯林，其言行既不能与《古兰经》相抵触，也不能与伊斯兰教的教法相抵触。宗教信仰对于信仰伊斯兰教的西北少数民族日常交往心态善特点形成的作用是：为这种善特点提供了基本的观念。以幸福为善、以慈悲为善、以平等为善都可以在伊斯兰教的经典文献中找到源起。没有伊斯兰教，就没有这些善。伊斯兰教所不允许的犯罪行为是六大罪行，其中以叛教罪为最严重的罪行。所以，伊斯兰教对日常交往心态的这个善特点起到了源泉、维护和使之神圣的重要作用。

藏传佛教也为西北少数民族日常交往心态的善特点提供了源起。藏传佛教强调"佛、法、僧"为信仰的三宝，要求在个人的内心世界里建立佛国净土，返回到自性清静，革除私欲贪欲就是以幸福为善、以慈悲为善、以平等为善的基础。藏传佛教尤其注意正精进和正语对善心态形成的作用。正精进，即精进努力，不逸杂念，念念趣求，勤于善业。《维摩经》中说"精进是菩萨净"② 正语，即不说妄语欺骗别人、不以两舌搬弄是非、不以恶口辱骂他人、不作巧语。为人之言做到诚实、和蔼、礼貌。信仰藏传佛教的少数民族与人交往一方面强调内心和动机的真诚，一方面也强调真诚与行为的结合、动机与效果的结合，表现出表里如一、言行一致的品行来。

（二）道德原则

伊斯兰教和藏传佛教都认为，对神的信仰要通过道德原则来实现。对其原因，笔者认为康德的观点最值得我们注意。康德指出："所有的东西包括最崇高的东西，只要他们把它用来满足自己的需要，就会在人们的手

---

① 马坚峰：《回教哲学史》，商务印书馆1944年版，第99页。
② 马进：《西北少数民族伦理道德》，宁夏人民出版社1995年版，第170页。

下变得渺小。"① 这段文字告诉我们，宗教信仰在道德方面的崇高性、至尊性如果仅仅作为人们顶礼膜拜的对象，很可能被一些别有用心之徒利用行个人之私。为了预防这种情况出现，康德告诫我们："凡是只有在被自由地敬重时才能确实受到崇敬的东西，都必须服从于只有借助强制性法则才能获得威望的那种形式。"② 宗教信仰的崇高性、至尊性还不能保证西北少数民族日常交往心态善特点的最终形成，宗教信仰与道德原则的结合才能保证这种善特点的最终形成。宗教信仰只是提供了善心态的信仰支持，以"可能、应该"的形式存在。通过道德原则才能把宗教信仰的崇高性、至尊性转化为对人的约束，也才能构成人的道德行为，形成心态的善特点。在这方面，伊斯兰教和藏传佛教都成功实现了宗教信仰与道德原则的结合。穆罕默德指出："我的使命就是完美人类的道德。"③ 伊斯兰教认为，道德原则是对一个人行为对与错的判断，其标准就是天使穆罕默德的行为和《古兰经》。具体来讲，有以下道德原则：其一，要信真主、信末日、信天神、信经典、信先知。要相信《古兰经》具有绝对的权威性和正确性。其二，凡是崇拜真主的信教者，要禁吃自死物、血液、猪肉以及诵非真主之名而宰杀的动物。隐讳真主所降示的经典，并以廉价出卖它的人，将受痛苦的惩罚。其三，将所爱的财产施舍给亲戚、孤儿、贫民、旅客、乞丐和赎取奴隶，要谨守拜功，完纳天课，履行约言，忍受贫困、患难、战争。其四，斋戒和朝觐制度必须遵守。

信仰伊斯兰教的西北少数民族与人交往之所以坚持以善为本的道德原则，是与其宗教信仰密切相关。如果不坚持宗教信仰与道德原则的结合就会受到真主的末日审判。伊斯兰教认为：每个人的左肩、右肩上各有一位天使，右边的天使记录善行，左边的天使记录恶行。在末日审判来临之际，真主将根据天使的记录，进行审判。善行者进天堂，恶行者入火狱。

藏传佛教的道德原则是对戒律的遵守。戒律在藏传佛教之中是梵文意译。"戒"指教徒个人修持，含有制止身、口、意三业不做恶，也叫止持。"律"原指僧团团体制度，其目的原来是为了保证持戒从善。戒律作为藏传佛教的三学之一，是所有藏传佛教徒必须遵守的道德原则。戒律既是道

---

① ［德］康德：《单纯理性限度内的宗教》，李秋零译，商务印书馆2012年版，第6页。
② 同上。
③ 《穆罕默德生平》，北京清真书报社1951年版，第78页。

德行为，又是生活纪律。戒按其内容可以划分为止持戒和作持戒两类，前者指被动遵守的戒律，后者指主动表现自我能动性的戒律。对于信仰藏传佛教的西北少数民族来说，最重要的是遵守五戒，即不杀生、不偷盗、不邪淫、不妄语、不离间语。藏传佛教的萨迦派除了强调戒律的道德原则之外，还提出了"舍"的道德原则。"萨迦"（sa-skya）的藏语原意为灰白色的土地。萨迦派的经典《十三种不越外围之金法》①认为通过三"舍"，可以达到至善心态境界。其一，舍去"非福"（"恶业"做坏事），专心行善，来生即可投生三善趣之中。其二，舍去"我执"（指执于一切有形或无形的事物）。"我执"一舍去，烦恼苦痛便无从生起，人也可从流转轮回的痛苦中得以解脱。其三，舍去"一切见"。一切见指"断见"（指片面解释"宇宙万物皆非实有"）和"常见"（指一般人的见解）。

西北少数民族日常交往心态的三个善特点，依靠宗教信仰维系，依靠道德原则支撑。宗教信仰和道德原则造就了西北少数民族日常交往心态的善。维柯指出："在所有的民族之中的民政世界都是从宗教开始的。"②西北少数民族也不例外。西北少数民族不仅作为一个民族共同体存在，也作为一个宗教共同体存在。维柯认为："一切优良的品质都植根于虔诚与宗教。"③伊斯兰教、藏传佛教构成了西北少数民族日常交往心态的善与恶的价值取向。道德原则构成了西北少数民族日常交往心态的是与非的选择标准。仅仅具有宗教价值取向的善，是理想的善。仅仅具有道德价值取向的善，是现实的善。这两个方面的哪一个方面都不能造就西北少数民族日常交往心态的善特点。西北少数民族日常交往心态的善特点是宗教信仰与道德原则结合的产物。宗教信仰提供了西北少数民族日常交往心态善特点的基本原则，道德原则造就了西北少数民族日常交往心态善特点的基本规范。两者结合就把西北少数民族日常交往心态善特点的理想与现实相结合、一般与个别相结合、外在约束与自我约束相结合。

---

① 马进：《西北少数民族伦理道德》，宁夏人民出版社1995年版，第221页。
② ［意］维柯：《新科学》上册，朱光潜译，商务印书馆1997年版，第10页。
③ 同上。

第八章

西北少数民族日常交往的八大心态

日常交往指在日常生活中的最基本、最经常、最频繁的交往关系，其特点是"视角互易性"为最常见的交往，"变形的自我"为这种交往的主题。"视角互易性"、"变形的自我"均由美国社会学家舒茨提出。前者的意思是面对面的反复重复的交往，后者的意思是在交往中互相认识和理解。面对面的交往构成了人与人的最基本、最普遍、最经常的社会关系。互相认识和理解是自我深层地融入社会和进一步展开日常交往的过程。西北少数民族日常交往心态内容丰富，形式多样，特色鲜明，生活气息浓厚，表现了西北少数民族博大精深、多姿多彩的精神世界、情感世界和生活世界的内涵。本章主要分析和阐述西北少数民族日常交往最重要的八大心态，即西北少数民族日常交往社会心态、法制心态、民族群体心态、爱国心态、宗教心态、伦理心态、同情心态以及幸福心态。

第一节 西北少数民族日常交往的社会心态

西北少数民族日常交往的社会心态源于民族共同体的宗教信仰、传统习惯、地域环境、性格气质、心理素质，其最鲜明的特色是民族性与宗教性的结合、民族性与地域性的结合、民族性与心理倾向性的结合。在内容方面显示了丰富的民族历史文化内涵、民族传统习俗底蕴。在形式方面具有规则性、活泼性与包容性的结合。在功能上具有定位、定情、定向的作用。其结果是形成了融民族宗教信仰、民族历史文化意识、民族思想感情、民族日常交往仪式为一体的善行，这个善行把对宗教的敬仰从神坛转移到日常生活中来,构成了西北少数民族日常交往的社会心态的客观实用的风格。

一 西北少数民族日常交往社会心态的诠释

西北少数民族日常交往社会心态不是孤立、封闭的个人心态的表现和结果,而是个人心态融入社会心态的结果和产物,是将两者通过各种方式结合起来的心态。这种心态与日常生活交织在一起,成为日常生活的重要组成部分,其构成较为丰富多样。所以,认识和理解西北少数民族日常交往的社会心态就要从以下两个方面进行,既要认识和理解什么是日常生活,也要在此基础之上认识和理解日常交往的社会心态。

(一)关于日常生活定义最具代表性的观点

对于日常生活的定义,最具代表性的观点如下。

1. 日常生活就是维持社会的生产与再生产

匈牙利的马克思主义学者阿格尼丝·赫勒是代表,她认为,日常生活就是"为那些同时使社会再生产成为可能的个体再生产的要素的集合"[1]。在赫勒看来个人的日常生活就是个人和社会再生产的过程,"个人只有通过再生产作为个人的自身,才能再生产社会"[2]。赫勒认为:日常交往的形式有四种:偶然随机交往、习惯性交往、依恋、有组织的交往。

2. 日常生活就是我们之外的客观的社会现实

现象学社会学的代表人物伯格和勒克曼在《实在的社会建构》一书中认为,日常生活是由语言维持的秩序井然的实在界。[3]

3. 日常生活就是交往行动

交往行动理论的代表人物哈贝马斯认为,日常生活就是人与人的交往,就是人与社会的互动,这种互动首先是作为一种交往的行动而存在,交往行动包括支配这个行动的动机、兴趣和由此表现出来的行动类型。哈贝马斯认为:交往行动由三个部分构成,即交往行动的兴趣、交往行动的方式、交往行动的类型,包括目的性行动、循规性行动、戏剧性行动、沟通性行动。[4]

---

[1] [匈]阿格尼丝·赫勒:《日常生活》,衣俊卿译,重庆出版社1990年版,第3页。
[2] 同上。
[3] 侯钧生主编:《西方社会学理论教程》,南开大学出版社2005年版,第254页。
[4] 同上书,第317—318页。

4. 日常生活就是对社会的适应

实证主义代表人物斯宾塞认为，人们日常生活的唯一的目就是追求幸福，每个人只有在实现他人的幸福中才能得到自己的幸福，所以，每个人只有适应社会的现实，遵循社会的规范，才能得到幸福，否则只能得到痛苦。斯宾塞写道："他过去，现在，并将长时间处于适应过程中，对于人类可完善的信念，只不过是人类将通过这一过程最终成为完全适应其生活方式的信念。"①

5. 日常生活就是精神对现实的态度

元伦理学的代表人物摩尔认为精神对生活有三种态度，日常生活就是对实在所采取的态度。摩尔在《伦理学原理》一书中说："从康德以来，人们习惯于断言：认识、意志与感觉是精神对实在的三种基本态度。它们是经验的三种不同方式，其中每一种都告诉我们一种样式，可以用来思索实在。"② 西方学者对日常生活定义的五种观点的共同点可以表述为日常生活就是社会的互动、沟通、交换，就是各种共同体、各类人群互相适应、互相依赖的循环往复的认识理解的深化过程。

(二) 西北少数民族日常交往社会心态含义

西北少数民族日常交往的社会心态指西北少数民族在日常生活里进行交往时所具有的心理状态。是社会认知和社会心理的统一；也是历时性和共时性的统一、个人心态与族群心态的统一、文化心态与历史心态的统一；同时还是跨民族、跨文化、跨地域心态的统一，是系统化、功能化和有机化的心理状态。包括三个要件：认知、感情、行为。认知就是对日常交往意义和价值的理解和把握，包括对民族共同体的生存环境和条件、对民族历史文化、传统习惯的理解和把握，主要指以什么样的思想意识、思维方式、感情投入对待和处理日常交往。西北少数民族认知的最大特点，是理性与非理性的统一、直觉思维与情感思维的统一、社会的自我与民族宗教自我的统一。西北少数民族的认知通常以民族宗教的视角、以直觉直观的感受分析判断对待日常交往的意义和价值。认知所产生的是对民族共同体的维护、巩固和加强的思想观念。爱憎分明、敢爱敢恨是西北少数民族日常交往认知感情的最大特点和基本表现形式，言行一致、表里如一则

---

① [德] 斯宾塞：《社会静力学》，张雄武译，商务印书馆1996年版，第27页。
② [英] 乔治·摩尔：《伦理学原理》，上海出版世纪集团2005年版，第123页。

是西北少数民族的认知行为的最大特点和基本表现形式。

二 西北少数民族日常交往社会心态的特点

西北少数民族日常交往的社会心态最鲜明的特点是民族性与宗教性的结合、民族性与地域性的结合、民族性与心理倾向性的结合。这三个特色决定了西北少数民族日常交往在内容方面具有丰富的历史文化内涵、多姿多彩的民族传统习俗底蕴。

(一)民族性与宗教性心态的结合

西北少数民族的民族性不仅表现在人种、性格、外貌、穿着打扮等外在的可以辨认的方面,而且表现在心理、精神、气质等内在方面,特别是表现在由历史和文化的积累和传承所形成的独特的认知模式方面。这个认知模式与西北少数民族的宗教信仰紧密结合,以宗教为触角认识和感受客观世界,回答和解读客观世界提出的问题。西北的回、维吾尔、哈萨克、东乡、保安、撒拉、塔吉克、塔塔尔、乌兹别克、柯尔克孜 10 个民族信仰伊斯兰教,西北的藏、蒙古、土、裕固、锡伯 5 个民族信仰藏传佛教。伊斯兰教强调"认主归真","真"在伊斯兰教里是至高无上的善,这个善不仅体现在对真主的信仰上必须坚定不移,纯洁无瑕,而且要把真主诸多的完美的品德体现在日常的行为中。对真主的诸多美德,《古兰经》有很多表述,主要是强调真、善、美的结合,其基本点是以坚强的意志履行对真主的责任,以广博的知识认识真主的全能,以优良的品性与主合一。藏传佛教强调"佛、法、僧"为三宝,要求在个人的内心世界里建立佛国净土,返回到自性清净。在藏传佛教里,无我、无常是善的最高境界,自性善、相应善、等起善、胜义善是善的四个范畴,十一个心所(心的归宿)是善的具体的、可以感知的表现,八正道则是达到善的境界的八条道路。

1. 民族性与宗教性相结合的社会心态的第一个表现是日常交往的真诚性

在对真主的崇敬、对"佛、法、僧"三宝的崇敬之下,西北少数民族形成了高尚的真、善、美相结合的精神境界。他们在民族共同体内部与同民族的同胞交往,肝胆相照,荣辱与共;在民族共同体外部与他民族交往,表里如一,胸怀坦荡,一诺千金,以诚相待;在民族共同体自己的家族里,则敬老爱幼,以身作则,吃苦在前,享受在后,默默奉献。

2. 民族性与宗教性相结合的社会心态的第二个表现是谦恭

《古兰经》要求穆斯林对真主必须谦恭，藏传佛教要求教徒对"佛、法、僧"三宝必须谦恭。经过长期的实践，在历史和文化的积累和传承过程中，西北少数民族把这个宗教的谦恭转化到日常交往中，他们不仅对真主，对"佛、法、僧"三宝毕恭毕敬，而且对本民族共同体和外民族共同体的长者、尊者、客人也时时处处表现出谦恭的态度。

（二）民族性与地域性心态的结合

地域就是民族共同体生存的地理和人文环境，任何一个民族都是地域的产物，地域对民族的作用充分表现在进化论的"物竞天择、适者生存"的原理中。斯宾塞对此有一段精彩的描述："单独耸立的一棵树长得粗壮，而在树群中的一棵树就长得细弱；可以肯定地说，铁匠的臂膀长得很长，劳动者的手皮肤粗糙……可以肯定地说，被人漠视的良心会变得迟钝，而被人遵从的良心会变得活跃；可以肯定地说，诸如习惯、风俗、惯例这类名词都具有意义——同样可以肯定地说，人类的各种技能必然会被训练成完全适合于社会状态；可以肯定地说，邪恶和不道德必然要消失，人必然要变得完美无缺。"① 斯宾塞关于进化过程中的物种变异的原理，也适合对西北少数民族日常交往的社会心态的分析。西北少数民族生活在幅员辽阔、山脉纵横、气候寒冷、多旱缺水的西北黄土高原，为了适应这个严酷的自然环境，他们在保留自己的民族性与宗教性的同时，也适当改变了不适合这种生存环境的民族和宗教的某些特点。

1. 民族性与地域性结合的心态的第一个表现是对宗教戒律的遵守的调整

按照伊斯兰教和藏传佛教的规定，信仰伊斯兰教和藏传佛教的民族是不能饮酒的，但是，在实际生活中，则突破了这个戒律，其原因在于饮酒有利于西北少数民族取暖和在寒冷的条件下生活和工作。尽管如此，信仰伊斯兰教和信仰藏传佛教的民族都反对酗酒，严格区分饮酒与酗酒的界限。

2. 民族性与地域性结合的社会心态的第二个表现是待人接物的纯朴性

西北少数民族的纯朴就像裸露的、无遮无拦的青藏高原，令人一览无余。他们不善言辞，没有花言巧语，对本民族共同体的同胞以行为证实自

---

① ［德］斯宾塞：《社会静力学》，张雄武译，商务印书馆1996年版，第28页。

己的品行，说得少，做得多；对家庭以默默奉献证实自己的感情；对长辈以孝道证实自己的爱心；对外民族共同体以自己的诚实证实着内心的光明磊落。笔者曾经到地处祖国边疆的最西侧、平均海拔在4000米、素有"中国冰川"之称的地处帕米尔高原的塔吉克族自治县，访问一个塔吉克家庭。女主人36岁，男主人近60岁，女主人毫不掩饰地告诉笔者她对自己的丈夫爱得很深，为了让长年累月在荒山野岭放牧、含辛茹苦的丈夫看到我们这些远方来到的客人，能够开怀笑一笑，女主人甚至派自己的孩子去叫远在80公里之外牧马的丈夫赶回来见我们。按照塔吉克人的习俗，男女一旦结婚，就不能离异，丈夫必须疼爱妻子。所以，女主人不后悔嫁给大她20多岁的对她百依百顺的忠厚老实的丈夫。笔者也能够感到女主人生活得很幸福。纯朴的女主人还把远从几百公里外买来的、本地不出产的、一家人舍不得吃的几颗小白菜炒给我们吃，令人肃然起敬。

（三）民族性与心理倾向性的结合

斯大林在1913年提出的对民族这个概念的定义的四个特征之一就有表现于共同文化之上的共同心理素质。这个共同的心理素质是历史、文化与环境长期作用和积淀的结果，也是长期社会交往的产物。心理素质是静态的，必须以心理的倾向性的方式表现出来才能被感知。心理的倾向性是理性与非理性、情感与意志、愿望与思想的混合物，其复杂性不是单一的心理素质元素能够解释清楚的。对于心理倾向的复杂性，美国心理学家班杜拉认为："我们说人的许多行为以思想为基础，这并不一定意味着，他们始终是客观的和理性的。理性依赖于推理的技能，而这种技能并非发展得很好或被有效运用。"[①] 西北少数民族的心理倾向性反映了民族共同体的独特的民族性，这个民族性就情感的表达来说体现了民族共同体的喜怒哀乐；就其结果来说，最终凝聚为民族认同的心理。对于西北少数民族来说，他们认同的人和事，往往就是他们热爱和喜欢的人和事，他们不认同的人和事往往就是他们厌恶和排斥的人和事。

1. 从社会认知的角度看

西北少数民族的这个心理倾向性着重表现为对反映民族共同体的文化和历史、风俗习惯、宗教信仰的符号的认同。按照班杜拉的观点，任何一

---

① ［美］班杜拉：《思想和行动的社会基础》（上册），林颖等译，华东师范大学出版社2006年版，第17页。

个共同体的心理倾向性其实就是对符号的使用、解读和转化能力，一个符号不论是简单的还是复杂的都是一个民族共同体的标志。

2. 从交往方面看

民族共同体最重要的符号就是语言，语言是民族共同体互相识别、互相认同的最明显的标志。话语体系则是语言符号的合成和汇集。无论西北的伊斯兰教民族共同体还是藏传佛教民族共同体都有自己独特的话语体系，这个话语体系既有宗教的神圣语言、书面的规范语言，也有日常生活的通俗易懂的白话式的语言，大量的富含哲理的、为西北少数民族群众所喜闻乐见的俚语俗语谚语。在民族共同体的话语体系里，大众化、通俗化、社会化的表层结构的语言是字面意义上的交际语言，深层结构的语言则与日常交往的社会心态紧密结合，反映民族共同体的心理倾向性的宗教信仰、性格气质、思想感情、文化历史的独特性的语言。西北少数民族日常交往的语言分为两个部分：民族共同体特有的语言与各个民族共同体共同使用的公共交际语言。穆斯林群众见到同民族共同体的客人会说"托真主的福我们见面了"，见到外民族共同体的客人则说"感谢真主让我们相识"。藏传佛教的群众见到本民族共同体的客人会向佛像鞠躬感谢，见到外民族共同体的客人一样照此行礼，都会说许多祈祷和感谢佛祖的谦恭话语。这些含有宗教色彩的语言为西北少数民族日常交往所特有，包含了他们的话语体系的深层结构的民族宗教、文化历史、传统习惯积淀而成的心理因素。

三 西北少数民族日常交往社会心态的表现形式

上述三方面的结合决定了西北少数民族日常交往在表现形式方面是规则性、活泼性与包容性的结合。规则性指西北少数民族日常交往的社会心态具有规范约束的特点。这个规范约束不是来自法律和政策以及任何外在的强迫力量，是在传统文化习俗的积累和延续中形成的历史规范，在民族性与宗教性结合中产生的权威规范，在民族共同体成员内心世界里孕育出来的自控规范。这个规范的宗教性随着时间的推移而逐渐淡化，形成了宗教规范与日常交往的规范合二为一的世俗化的特点。西北少数民族将原本是属于社会认知范围的宗教规范、日常交往的行为规范，与原本属于社会心理范围的民族心态规范合而为一，紧密结合起来，构成了日常交往的特色鲜明的具有规范约束的社会心态。他们以这样的心态处理日常交往的人际关系，表达对日常交往的态度，进一步强化了以宗教规范心态为基础的融日常交往的行为规范为一体的社会心态规范。

（一）宗教规范对日常交往的社会心态规范影响最大

宗教规范来自宗教戒律。伊斯兰教的戒律突出表现在修行方面，要求每个穆斯林不仅在思想上有信仰，而且要严格遵行五种宗教功课，即念、礼、斋、课、朝。伊斯兰教认为犯罪的行为包括酗酒、偷盗、抢劫、诬陷、叛教等。藏传佛教的佛法有教法、理法、行法、果法四种，其中行法指戒、定、慧"三行"。这里的戒指戒律，是佛教徒的个人修身养性的必由之路，是防止身、口、意不作恶的基本保障。藏传佛教的戒分为止持戒和做持戒，前者指防范各种恶的戒律，后者指奉行各种善的戒律。藏传佛教的戒律很复杂，也很严格，既有对一般在家修行信教群众的戒律，还有针对出家修行的僧人的戒律。无论多少戒律，最基本的是五戒：不杀生、不偷盗、不淫邪、不妄语、不饮酒。其他的戒律都是在五戒的基础上发展、延伸和深化的。伊斯兰教和藏传佛教都对信教群众提出了严格、具体和涉及行为、动机、目的等各个方面的要求，可谓无所不包，什么都管。在这样的戒律的基础上形成的西北少数民族的日常交往的社会心态规范自然是循规蹈矩。西北各少数民族凡见面必互致问候，长者尊者上座，余者下座；长者尊者讲话，晚辈幼者必洗耳恭听，不得插话或者反驳。凡遇重要场合，穆斯林群众必在仪式开始前高声诵《古兰经》的章节；藏传佛教的群众则上拜天，下拜地，再拜列祖列宗，同时祈求佛祖保佑，普降福祉。西北少数民族与外民族共同体的人员交往，注意民族特色。远道的客人来到家里，要穿民族服装，以民族传统食物招待客人，敬酒时要唱民族歌曲。虽然西北少数民族日常交往的社会心态是在宗教规范的基础上形成的，但是不等于复制宗教规范，也没有以宗教规范代替社会交往的个性。

（二）西北少数民族日常交往社会心态的两面

西北少数民族日常交往的社会心态既有严守交往规则的一面，也有以活泼热情的形式表现这些规则的一面，原因可以归纳为三个方面。

1. 西北少数民族把交往的规则性看作应该在交往中遵循的限制性义务

这种限制性的义务的功能在于："一方面，它摆脱了对赤裸裸的自然冲动的依附状态，在关于应该做什么，可做什么的道德反思中，又摆脱了它作为主观特殊性所陷入的困境；另一方面，他摆脱了没有规定的主观性，这种主观性没有达到定在，也没有达到行为的客观规定性，而仍然停留在自己内部，并缺乏现实性。在义务中，个人达到解放而达到实体性的自由。"①

2. 西北少数民族的日常交往的社会心态是社会心理和社会认知两个部分的统一

西北少数民族的日常交往的社会心态包含着丰富的历史和文化内涵、独特的民族性格气质的成分，这就决定了其表现形式必然是生动活泼的，充满民族情趣特色。就社会心理的特点看，西北少数民族是天性的好动的民族。这与西北少数民族居住的文化区域直接相关，藏传佛教的各民族共同体以游牧起家，与草原、白云、蓝天为伴，富有活泼好动、热情似火、磊落大方的性格和习惯，他们身上体现了草原文化的特征。伊斯兰教的各民族共同体一部分以经商起家，一部分也依靠草原文化起家，前者以回族、维吾尔族为代表，后者以哈萨克族、塔吉克族为代表，商业文化与草原文化的结合造就了这些民族与藏传佛教的民族共同体同样的活泼好动、热情奔放、心胸宽广的性格和习惯。内容决定形式，西北少数民族必然以他们的性格和习惯，以他们的历史和文化的形态，表现他们的日常交往的社会心态的生动活泼的特点。

3. 西北各少数民族都有独特的交往模式，仪式化的特点鲜明突出

仪式是人们在日常交往中交流思想感情信息时借助的某种原则和方法的综合，它与一定的历史和文化相联系，反映了社会文明风尚的程度，既具有稳定社会秩序、协调人际关系的功能，又是人们表达思想感情的惯用形式。仪式化表现为西北少数民族日常交往的社会心态被符号化。符号的标志、顺序、位置等构成了西北少数民族日常交往的仪式。"符号化涉及人的生活的每一个方面，因此应用符号的这种显著能力为人提供了改变与适应环境的有力手段。人借助符号加工和转换经验，使之成为指导未来的行动模型。同样他们借助符号给自己经受的经验以意义、形式和连续性。"② 西北少数民族的日常交往的仪式化符号包括个人符号、社会符号和物质符号。个人符号包括言谈举止、着装打扮、性格气质、思维方式等。社会符号包括宗教标志、民宅住家里的各种器皿、服装、语言文字、规范

---

① [德]黑格尔：《法哲学原理》，范扬、张企泰译，商务印书馆1996年版，第167—168页。

② [美]班杜拉：《思想和行动的社会基础》（上册），林颖等译，华东师范大学出版社2006年版，第25页。

化的习俗和仪式等。物质符号包括西北少数民族地区独特的山川河流、独特的民居建筑、独特的宗教活动场所等。这三类符号将西北少数民族的日常交往的社会心态控制在民族化、宗教化、习惯化的网络里，西北少数民族就是凭着这三类符号形成仪式，开展并保持日常交往。一般说来，在日常交往时，标志着民族宗教的符号都安排在显著的位置和靠前的序列，而无关民族宗教的符号则被安排到次要位置和靠后的顺序。包容来自伊斯兰教的"善念"，即善待一切生命体，包括飞禽走兽；也来自藏传佛教的"慈悲"，即对一切生命体发慈悲心；还来自多民族、多宗教信仰、多元文化格局并存文化传统习俗。笔者走访过甘肃省甘南藏族自治州，该州下辖7个县，在近60万人口中有24个民族，在该州的临潭县境内两个最大的少数民族共同体回族和藏族都有自己的寺院，回族著名的西道堂、藏族著名的明代修建的侯家寺都在落户该县。该县从未发生过民族宗教纠纷。各个民族日常交往以礼相待，相敬如宾，同时，从不干涉彼此的民族习惯和宗教信仰。两个民族共同体、两大宗教派别相安无事，和谐相处。如果没有民族共同体的包容的社会心态，决不会出现这样的民族史的独特景观。

四　西北少数民族日常交往社会心态的功能和作用

西北少数民族的社会心态作为社会认知和社会心理的混合体，对日常交往起着定位、定情、定向的作用。

（一）定位

所谓定位，就是确定交往双方的位置，以决定交往的距离。这个位置包括对交往对象所属的民族共同体位置的确定，对交往对象的居住区域位置的确定，对交往对象的血亲关系、辈分性别等位置的确定，在确定位置后，分别采用不同的交往方式，以不同的心态与之交往。在民族共同体内部的交往中，多采取彼此可以理解和接受的民族和宗教方式与之互动，心态具有全面开放的特点，与各类辈分和不同性别的同族交往，采用传统的敬老爱幼、男女有别的方式与之互动，心态也根据与之交往的对象的不同而做出适当调整，表现出多样化的特点。与民族共同体外部人员的交往则多所顾忌，戒律较多，以惯常待客的方式与之互动。

（二）定情

所谓定情，就是在日常交往时的感情投入的程度。在同一个民族共同体里交往，则心态里的喜爱快乐的感情居多，对长辈则心态里的尊敬的感情居多，对平辈则心态里的互换的感情居多，对晚辈则心态里的爱护和帮助的感情居多；与另外的民族共同体的人员交往，则心态里的客气的感情居多。

（三）定向

所谓定向，指对日常交往的走向的确定。与同一个民族共同体同族的交往把交往的方向指向民族和宗教的内容，而畅所欲言，进行较深度的思想感情的交流和沟通。不过，也分为不同层次。与长辈交往则注意保持交往的距离；与同辈交往则注意保持和发展彼此的情谊；与晚辈交往则注意身份，谨言慎行。与另外的民族共同体的人员交往则以礼相待，敬而远之。最重要的是，西北少数民族的日常交往行动是德国社会学家哈贝马斯所说的"以理解为方向的行动"，其含义可以简单地概括为善解人意、通情达理、主客平等。伊斯兰教的"天下一家"、藏传佛教的"众生平等"的宗教民族理念正是产生这个社会学现象的根源。

综上所述，西北少数民族日常交往的社会心态源于民族共同体的宗教信仰、传统习惯、地域环境、性格气质、心理素质，其结果是形成了融民族宗教信仰、民族历史文化意识、民族思想感情、民族日常交往仪式为一体的西北少数民族独特的善行。在此背景下，行善的宗教、虚幻的意义被赋予了新的现实的功利因素，现实的功利化的行善就是参与日常交往为主的世俗事务，而不是仅仅局限在纯粹的宗教活动里。日常交往则是对真主、对"佛、法、僧"三宝的崇敬和赞美，在"视角互易性"、"变形的自我"中的世俗化体现，表现在为民族共同体服务和待客的礼仪中。在日常交往中确立的这个现实主义原则与其源头的那些古朴的思想感情相互配合、相互依赖和相互交融，构成了西北少数民族日常交往的社会心态的客观实用的风格。就伊斯兰教的各民族共同体来说，既然真主无处不在，无处不有，而宗教生活、现实生活都能够体现对真主的敬仰，所以，就要在日常交往中保持恭敬虔诚的心态善待各个交往对象。藏传佛教的各民族共同体则在果报观念的指导下，把日常交往看作行善的机会和广结的善缘，也对此抱以恭敬虔诚的心态与各个交往对象交往，在这个背景下，宗教的力量转化成为推动世俗生活的动力，转变成为促进日常交往的社会心态的积极因素。西北少数民族由此形成的宽容、开朗和友善的社会交往心态对各个民族共同体的人员往来、商业互动、文化交流、思想沟通、资源互补都起到了促进作用。这个意义上的善行就把对真主、对"佛、法、僧"三宝的宗教崇敬从神坛转移到日常生活中来，更具有社会价值和社会意义。

第二节　西北少数民族日常交往的法制心态

西北少数民族的法制心态既具有一般法制心态的普遍性、共同性，也具有其特殊性。法制心态与民族性、宗教性、地域性的结合是这个特殊性最鲜明的特色，由此形成了日常交往中的法制心态的开放与封闭的结合、遵法与感情用事的结合、权利与义务不合比例的结合的表现形式。这与西北少数民族的法制心态经历的家庭法阶段、社会法阶段、国家法阶段相关，尤其是国家法阶段在西北少数民族地区时间短相关。为此，应该加强西北少数民族的法制心态建设。

法制心态是心态的最高层次，是个人和民族共同体在心态方面的最高境界。一般说来，时时处处都以法制的纯粹心态处理日常生活中的问题的个人和民族共同体是没有的，因为心态是由多种因素构成的，而且日常生活的繁杂性、琐碎性通常也与法制的严肃性、原则性相矛盾。但是，任何一个人、任何一个民族的进步都表现在法制心态的形成过程中，没有构建法制心态的个人、民族共同体无法达到现代化水平的个人和民族共同体。同时，对日常生活问题的处理，如果与法制心态结合起来，将推动日常生活的规范化、条理化，促进文明的进步。由于法制心态对于正在走向现代化的西北少数民族如此重要，笔者将探讨西北少数民族的日常交往的法制心态的含义、构成、表现形式和建设问题。

一　西北少数民族的法制心态在日常交往中的特殊性

法制对西北少数民族具有多方面的积极的、深远的作用和意义，最重要的是促进了西北少数民族对我们这个多民族的统一的社会主义国家的认同感，促进了西北少数民族离不开汉族、汉族离不开少数民族、少数民族之间相互离不开的民族团结和民族进步的意识。[1] 通过法制的中介，西北少数民族不仅增强了民族自信心和民族自豪感，提高了思想政治觉悟，而且认识了自己的权利和义务，增强了以法律的手段维护本民族利益的自觉意识。

就心态的特殊性方面看，心态有自己的发展变化的规律。当对法的认识

---

[1]　金炳镐：《中国共产党民族政策发展史》，中央民族大学出版社2010年版，第38页。

问题解决后，不意味着人的心态一定与这个认识同步发展，心态仍然可能滞后于认识的速度，这就是我们在日常生活中常常听见有人说"我觉得、我感觉"，而很少听见有人说"我经过深思熟虑、我反复思考"等的原因。心态之所以会滞后，原因在于心态的形成与传统习惯有密切的关系。传统习惯的形成是历史反复积淀、社会长期发展、几代人心理感觉积累和传承的结果。所以，社会进步可以改变思想观念，可以以高科技促进工作效率的提高，可以形成更舒适、更便捷的生活方式，但是，前辈遗传下来的传统习惯则似乎不受社会进步的直接影响，仍然左右着人们的生活方式、行为方式、思维方式，即使这些方式是旧式的，是与新的潮流格格不入的，也会在日常生活中发挥作用。对于这个问题，英国哲学家休谟以"联系理论"进行解释。所谓"联系理论"，简要说，就是在联系中加强的意思。当一个印象出现后，会引起相应的观念的出现，使这个印象成为一个记忆，以后再遇见类似的印象，就会以相应的观念强化这个印象，使这个印象不仅仅具有记忆的特点，而且被强化为感情。久而久之，这种带着感情、观念的印象就成为人的根深蒂固的习惯，而环境的变化总是抹不掉这个习惯，只能一次一次反复加强这个习惯。人们就是运用这个习惯认识世界的因果关系。"联系理论"对于解释传统习惯的传承和根深蒂固具有重要意义。

西北少数民族的日常交往的法制心态既具有一般的法制心态的特点，又有自己的特殊性。就一般性来说，这种法制心态在认知方面对法律的内容、作用、地位均有正确的认识和理解，能够辨析法与不法的关系，在行为上遵守法律的规定。就特殊性看，这种法制心态又受到民族传统习惯的深刻影响，表现为遵守法律的意愿与亲情关系的矛盾，遵守法律的意识与环境制约的矛盾，维权的动机与旧的思维方法的矛盾。总之，西北少数民族的日常交往的法制心态表现了民族传统文化与现代社会要求的矛盾，表现了时代转型时期新与旧、进步与保守、先进与落后的矛盾。

西北少数民族的日常交往的法制心态的特殊性表现为民族性、宗教性、地域性相结合，表现为日常交往中的法制心态的开放与封闭的结合、遵法与感情用事的结合、权利与义务不合比例的结合。

（一）开放与封闭的结合

西北少数民族由两个宗教信仰的民族共同体构成：伊斯兰教民族共同体和藏传佛教民族共同体。西北的回、维吾尔、哈萨克、东乡、保安、撒拉、塔吉克、塔塔尔、乌兹别克、柯尔克孜10个民族信仰伊斯兰教，西北的藏、蒙古、土、裕固、锡伯 5 个民族信仰藏传佛教。伊斯兰教民族共同体长期受到商业文化的影响，藏传佛教民族共同体长期受到游牧文化的影响，两个共同体都以热情豪放、开朗乐观、光明磊落的性格闻名遐迩。随着改革开放的深入，他们的生活水平、教育水平都在不断提高，其性格开放活泼的一面更加明显。但是，他们的开放尚存在一个问题，这就是对本民族共同体的开放超过对外民族共同体的开放。伊斯兰教民族共同体与藏传佛教的民族共同体在其民族共同体内部的日常交往中，表现了相当高的自由度和灵活度。其成员可以自由地、无拘无束地交流和沟通，可以通婚联姻，可以亲密无间地合作共事，可以肝胆相照、荣辱与共，可以在宗教、习俗、传统等方面互相信任、互相依靠、互相帮助。但是，一旦超出本民族共同体的范围他们的许多人就会出现心理封闭、半封闭乃至全封闭的问题。西北少数民族在民族共同体内部的日常交往的法制心态是淡薄的，其交往的基础是亲缘族缘血缘，这种亲近的关系看重的是人情亲情族情，而不是看重看似冷酷无情的法制。以法制心态为基础开展的日常交往通常发生在民族共同体之外。

（二）遵法与感情用事的结合

今天的西北少数民族已经告别了刀耕火种、人身依附、被剥削被压迫的人身自由没有保障的野蛮落后的旧时代，社会主义法律体系提供了西北少数民族当家做主、民族平等、进步、发展和繁荣的保障，西北少数民族与全国各族人民一样享受着作为民族大家庭一员的当家做主的权利。他们遵守国家的法律，坚持民族团结、民族和睦、民族进步的基本原则，坚决反对分裂祖国、破坏民族团结的行为。但是，由于种种原因，他们中的一些人还没有摆脱血缘、亲缘、族缘的限制，容易感情用事，以感情代替法律，乃至不惜违法违纪，丧失原则立场，而为违法乱纪的亲朋好友提供庇护，甚至经不起钱权色的诱惑而走上犯罪的道路。

（三）权利与义务不合比例的结合

"义务是首先是我对于某种在我看来是实体性的，是绝对普遍东西的关系；权利则相反，它总是这种实体性东西的定在，因而也是它的特殊性和个人特殊的自由方面……"① 这说明权利是个人的自由的表现，义务是个人不自由的表现，权利和义务都体现了人类的人身自由的原则。但是，

---

① ［德］黑格尔：《法哲学原理》，范扬、张企泰译，商务印书馆 1996 年版，第 178 页。

西北少数民族的两大民族共同体：伊斯兰教民族共同体和藏传佛教民族共同体，就其族源来说，都是在西北高原成长起来的族群，伊斯兰教民族共同体有先天经商的传统，喜好自由流动和自由发展；藏传佛教民族共同体具有游牧的传统，也喜好自由流动和自由发展。他们都看重权利的价值，而对义务则稍次之。这种不合比例的结合，就使他们中的一些人较为强调民族本身的利益而轻视大局利益，容易形成日常交往中的狭隘的民族性、地域性、封闭性的问题。

综上所述，西北少数民族的日常交往的法制心态的独特性就表现在它是与民族共同体的宗教信仰的独特性、民族共同体的民族身份的独特性、民族共同体的风俗习惯的独特性结合在一起的心理表现形式，具有意识里的混杂性、动机中的依存性、心理中的矛盾性的特点。按照交往行动理论的创始人哈贝马斯的观点，这种社会现象产生的原因是没有发展出来一套制约和调整交往行动的与法制紧密联系的规则，人们拥有庞大的"背景资料"过于沉重。① 现象学的代表人物胡塞尔认为这种现象的产生乃在于"生活世界"是"前科学"的。胡塞尔认为"前科学"就是"生活世界"是由非我的经验构成的主观的共同世界，存在着"预先解释的领域、文化传播和语言组织起来的解释性范式储存库"。②

二 西北少数民族法制心态形成经历的三个阶段

西北少数民族的法制心态在日常交往中的繁杂性、混杂性、不和谐性表明，其心态处于传统与现代、血缘与规则、保守与开放、新与旧的转换时期，法制心态尚未表现为应该有的形态，还被其他非法制因素所影响和牵制，究其原因，主要在于西北少数民族的法制心态所经历的阶段，存在着一个明显的问题，这就是国家法阶段的时间短。家庭法和社会法的阶段长，这一长一短就造成了西北少数民族日常交往的法制心态尚不够健全和完善。按照休谟的"联想理论"，日常交往的法制心态存在的问题不是天生的、不可更改的，而是一个环境问题。对于这一点，斯宾塞更明确地指出："为什么人不适应社会性的状态呢？……他原始的环境要求他为自己

---

① ［德］哈贝马斯：《交往行动理论》第 1 卷，洪佩郁等译，重庆出版社 1996 年版，第 161 页。
② ［美］乔纳森·特纳：《现代西方社会学理论》，范扬译，天津人民出版社 1988 年版，第 280—281 页。

的福利牺牲别人的福利,他现在的环境要求他不要这样做;只要他身上还顽固地留有旧的属性,也就不适应社会性状态。"①

西北少数民族的法制心态的发展经过了家庭法、社会法和国家法三个发展阶段。

(一)第一阶段:家庭法阶段

家庭通常由三个部分构成:婚姻、子女和家庭财产。在这个阶段里,与任何一个社会的家庭要经过的阶段一样,西北少数民族的家庭也经历了群婚制、对偶制和一夫一妻制。家庭法指对家庭所有成员都适用的行为准则。家庭法的颁布者即来自以往流传下来的传统习惯,也来自家庭成员的互相约束,主要指作为一家之长的父亲的权威。在西北少数民族的家庭里,父亲是最有尊严和权威的人,家庭所有的成员都要服从父亲的管束。父亲不仅掌握了家庭的财权、物权,而且掌握了子女的婚嫁权。无所不在的父权牢牢控制着家庭的一切。在西北少数民族的藏传佛教和伊斯兰教家庭里,父亲与母亲的关系一方面表现为社会习俗规定的服从被服从、服务与被服务的关系;另一方面表现为婚姻特有的两性具有法的意义的伦理的爱。前者表现为媒妁之言、父母之命;后者表现为"爱慕表现为当事人即在这两个无限异化的人的心智的出现"。(黑格尔语)这种独特的家庭法的最主要的特征是程序化、规则化。我们看到,所有的西北少数民族家庭的婚姻都经过提亲、订亲、婚礼这样一个过程,虽然现在的西北少数民族的年轻人寻求自由恋爱,但是,其婚礼的实质依然遵循民族传统习惯,而不论这个婚姻是旧式程序的结果还是新式程序的结果。西北少数民族的婚姻与宗教的结合,在程序化、规则化方面表现了明显的特色。伊斯兰教民族共同体的家庭的婚姻要经过清真寺里的阿訇念《古兰经》祝福,新郎新娘要有阿訇起的属于自己的经名;藏传佛教民族共同体的家庭的婚姻要经过佛教寺院的许愿的程序,新郎新娘要接受高僧的诵佛经的祝福。在民族聚居区的西北少数民族有一个不成文的规定,就是结婚的男女如果没有特殊的原因是不能离婚的。还有的民族如新疆地区的哈萨克族、乌兹别克、塔塔尔等民族甚至规定男子一旦娶妻就要白头偕老,决不能离婚。而且在民族聚居区"亲密、相识和改天换地的习惯都应该在结婚以前存在,而应该

---

① [德]斯宾塞:《社会静力学》,张雄武译,商务印书馆1996年版,第27页。

初次在婚姻关系中发生,这种发展,其内容愈丰富,方面愈多,其价值愈大"①。

(二)第二阶段:社会法阶段

人和人的交往和需要的扩大,突破了家庭的狭隘的关系的限制,而构成了更大范围、更深程度、更多方面的需要和交往,这就是社会规模的扩大和人们联系的紧密。这时的社会特点是:"每个人都以自身为目的,其他在他看来都是虚无,但是,如果他不同别人发生关系,他就不能达到他的全部目的,因此其他人便成为特殊人达到目的的手段。"② 社会由三个部分构成:个人和民族的需要的体系、对所有权的保护的体系、对个人与社会利益维护的体系。社会对人际关系的在家庭基础上的重新组合改变了人和人在家庭里形成的相对封闭、相对狭隘的关系,把人置放在被需要和交流驱动的时间和空间里,这时"在一切人相互依赖全面交织所含有的必然性,现在对每个人来说,就是普遍持久的财富,这种财富对他来说包含一种可能性,是他通过教育和技能分享到其中的一部分,以保证他的生活;另外,他的劳动所得又保持和增加了普遍财富"③。这种因为人与人交往和互相需要产生的必然性,改变了家庭法阶段父权决定一切的局面,将父权限制在家庭的范围内,甚至限制在夫妻关系的范围内,造成了父权在社会领域的空白。填补这个空白的不是真正意义的法律,而是西北少数民族特有的宗教法。宗教法就是宗教中的各项规定具有了法的严肃性、权威性、神圣性和裁决性。人们的行为正确与否不取决于法律的规定,而是取决于宗教的判决。伊斯兰教信教群众的邻里纠纷、家庭矛盾、婚丧嫁娶的问题均交清真寺里的阿訇处理,阿訇的决定就是最权威的决定,必须服从,不能违背。藏传佛教的信教群众的上述问题也要由寺庙的活佛决定,活佛的权威性和神圣性无可争议。藏传佛教寻找转世灵童最有这方面的代表性。在藏传佛教里,大大小小的活佛都要经过灵童转世的过程,而这样一个类似产生国家领袖的神圣的大事竟然不是由法律决定,而是出自宗教的习俗,足见宗教作为社会法的巨大威力。

---

① [德] 黑格尔:《法哲学原理》,范扬、张企泰译,商务印书馆1996年版,第184—185页。
② 同上书,第197页。
③ 同上书,第210页。

(三) 第三阶段:国家法阶段

由于"分享财富的可能性,即特殊财富,一方面,受到自己的直接基础(资本)的制约;另一方面,受到技能的制约,而技能又转而受资本,而且也受到偶然情况的制约,后者的多样性产生了原来不平等的禀赋和体质发生的差异。这种差异在特殊性的领域中表现在一切阶段一切方面,并且连同其他偶然性和任性,产生了各个人的财富和技能的不平等为其必然后果"①。

正如黑格尔指出的那样,国家法诞生在对社会问题的公平的处理的呼唤中,家庭法、宗教法是无力解决存在于社会、各个阶层中的不公平问题的。所以,国家法就由此产生出来。国家法被许多学者看作绝对自在自为的理性、实体意志的伦理精神、客观精神。② 国家法的原则就是绝对意志,所以,国家法具有至高无上的权威,体现了人民意志的合理性、公平性。这个意志被卢梭解释为作为单个人的共同意志,被费希特解释为单个人的意志的集合,被黑格尔解释为国家的客观性、真理性和伦理性。对于西北少数民族来说,国家法就是以宪法为核心和指导的社会主义法制体系。在这个体系中,最有中国特色、中国风格、中国气派的法律就是《民族区域自治法》,它是被实践证明的解决中国民族问题的最成功的法律机制,充分体现了社会主义制度能够保障各个民族共同团结奋斗、共同繁荣发展的优越性。《民族区域自治法》所阐明的民族区域自治制度主要包括下面三方面内容。

1. 民族区域自治的性质

《民族区域自治法》指出:"民族自治地方的各族人民和全国人民一道,在中国共产党的领导下,在马克思列宁主义、毛泽东思想、邓小平理论的指引下,坚持人民民主专政,坚持改革开放,沿着建设有中国特色社会主义的道路,集中力量进行社会主义现代化建设,发展社会主义市场经济,加强社会主义民主与法制建设,加强社会主义精神文明建设,加速民族自治地方经济、文化的发展,建设团结、繁荣的民族自治地方,为各民族的共同繁荣,把祖国建设成为富强、民主、文明的社会主义国家而努力奋斗。"

---

① [德] 黑格尔:《法哲学原理》,范扬、张企泰译,商务印书馆1996年版,第252页。
② 同上书,第254—255页。

2. 民族区域自治的意义

《民族区域自治法》指出:"民族区域自治是在国家统一领导下,各少数民族聚居的地方实行区域自治,设立自治机关,行使自治权。实行民族区域自治,体现了国家充分尊重和保障各少数民族管理本民族内部事务权利的精神,体现了国家坚持实行各民族平等、团结和共同繁荣的原则。"

3. 民族区域自治的范围

《民族区域自治法》指出:"民族自治地方的建立、区域界线的划分、名称的组成,由上级国家机关会同有关地方的国家机关,和有关民族的代表充分协商拟定,按照法律规定的程序报请批准。"民族自治地方的人民代表大会中,除实行区域自治的民族的代表外,其他居住在本行政区域内的民族也应当有适当名额的代表。自治区主席、自治州州长、自治县县长由实行区域自治的民族的公民担任。自治区、自治州、自治县的人民政府的其他组成人员,应当合理配备实行区域自治的民族和其他少数民族的人员。

民族区域自治制度是真正保护西北少数民族的公民权利的制度。公民权利,分为三类:财产权、生存权和管理权。财产权表现为占有、支配和使用生产资料和生活资料的权利;生存权涵盖受教育、择业、劳动、居住、迁移、人身安全、诉讼和申辩、人格尊严等;管理权具体表现为政治权利,诸如知政、参政、议政、决政和监督政权,选举、被选举权和检举权、罢免权,结社、集会、言论、出版自由权,等等。《民族区域自治法》对这些权利的保障都有具体而严格的规定。此外,在保护少数民族的语言文字、宗教、风俗等方面《民族区域自治法》也有明确严格的规定。

尽管社会主义的法律体系对西北少数民族的法制心态的作用和意义是家庭法、社会法不可比拟的,但是,其实施的时间毕竟很短,而对西北少数民族的法制心态的形成在起到巨大促进作用的同时,还未发挥到理想作用的层面。马克思指出:"环境的改变和人的活动方式或自我改变的一致,只能被看作并合理地解释为革命的实践。"① 国家法阶段的时间短其实就是马克思解释的法制的革命实践阶段还发展得不够充分,无论环境还是人都没有在之前的阶段与改造世界的活动结合起来,人的能动性、积极性没有被发挥出来。随着社会主义法制阶段的到来,西北少数民族已经能够把法

---

① 《马克思恩格斯选集》第1卷,人民出版社2012年版,第19页。

制的建设与自身的发展结合起来,健全和完善日常交往的法制心态的过程正在进行。

三 西北少数民族心态法制化建设的构想

马克思在批判旧唯物主义的缺点时指出:"这种学说忘记了:环境正是由人来改变的,而教育者本人一定是受教育的。"① 我们不能被动地依靠社会主义法制自发对西北少数民族的日常交往的法制心态起作用,还要主动加强西北少数民族心态的法制化建设,两方面的结合是解决西北少数民族日常交往心态法制缺失的根本出路。以下三个方面的建设,是促进西北少数民族法制心态形成的关键。

(一)建立健全西北少数民族利益诉求机制

(1)党务诉求机制。西北少数民族地区的各级党组织要自觉遵守法律,要在法律的范围内活动。不能随意以"民族问题具有敏感性"为借口而以党的名义代替法律。同时,要提供西北少数民族群众的投诉的管道。

(2)政务诉求机制。西北民族地区的各级人民政府及其职能部门,都要依照法律特别是《民族区域自治法》的规定履行自己的职责。尤其是民族事务部门,要依法建立"民族纠纷"管理机制,并使之制度化、规范化和程序化,依法保障各少数民族的合法权利和利益。譬如,在实施《民族区域自治法》问题上,不存在"协调协商"的回旋空间,而是必须保证不折不扣地贯彻实施,这是"依法行政"的本质和要求。

(3)司法诉求机制。在民族问题的司法程序方面,无论是实体法或程序法,都要切实依法保障少数民族的合法权利不受侵犯。

(二)进一步完善相关的法律法规

(1)对西北少数民族传统文化产权的保障的法律法规要进一步完善。当今时代,许多优秀的少数民族传统文化资源,已经逐渐被打造为"企业文化"或"产业文化",从而引发许多侵权问题。另外,许多优秀的少数民族传统文化资源遭到破坏甚至失传。因此,保障少数民族文化产权和知识产权迫切需要在法律方面体现出来。

(2)保障西北少数民族风俗习惯和宗教信仰自由权的法律法规要进一步完善。宪法规定:"各民族都有保持或者改革自己的风俗习惯的自由",

---

① 《马克思恩格斯选集》第1卷,人民出版社2012年版,第19页。

"中华人民共和国公民有宗教信仰自由"。宪法规定的这两个"自由权"，目前还没有专门的立法保障与之配套。所以，保障各民族及其公民的宗教信仰自由，保障各民族及其公民的风俗习惯自由，尚需要专门的立法和相应的法律规定落到实处。

（三）建立民族关系的调节机制

（1）行政调节。行政调节是指行政机关包括那些经过授权的组织通过制定、实施政策或直接查处、干预有关事件，来调节民族关系，它是各国政府在民族关系调节中经常而普遍使用的一种调节方式。中国调节民族关系的政策主要有：民族区域自治政策、民族干部政策、民族经济政策、民族文化教育政策、民族风俗习惯政策、民族宗教信仰政策、民族统一战线政策等。在我国以民族政策调节民族关系已基本形成了一个内容丰富、范围广泛的体系。但是还应该根据民族心态的变化用动态的思维方法不断调整和完善行政调节机制，扩大调节的范围和手段，更好地促进西北少数民族形成日常交往的法制心态。

（2）社会调节。所谓社会调节，就是利用民间（非官方）——个人、团体和舆论的力量处理民族关系中出现的问题。利用个人调节民族关系。一是指由双方代表直接面谈，协调解决问题，达成协议或取得一致意见后，各自再去做本民族群众的工作。通过直接交谈，不仅可以消除误会，缓和紧张关系，而且为一方向另一方表示歉意或承认错误提供了适宜的场所。二是通过与当事人双方联系密切、关系友好、有较大影响力的第三者（中间人），在当事人双方之间牵线搭桥，沟通联络，传递信息，为双方当事人表达意见、看法，提供一条畅通的渠道。中间人还可以利用与双方的关系做一些规劝、说服工作。与政策调节方式所不同，社会调节不是运用官方的强制力，来要求人们做什么、怎么做，而是依靠民间的自发力量，促使人们按一定的是非标准去自觉、自愿地规范自己的行为。因此，应充分发挥民间团体和舆论的调节作用，使西北少数民族的日常交往的法制心态与社会主义法制建设相适应。

（3）法律调节。法律调节就是指通过法律的制定、执行、遵守以及宣传教育来规范民族关系。中国制定了一批专门调节民族关系的法律法规和大量的有民族关系调节内容的法律法规。截至2004年年底，各地共制定现行有效自治条例133个，单行条例418个，变通和补充规定68件。这些法律法规的颁布实施对促进民族关系的健康发展起到了重要作用，但还要加快我国民族区域自治法配套法规建设步伐，以使社会主义法制在正确引导和调适西北少数民族的日常交往的法制心态方面发挥更积极的作用。

社会调节只能充当辅助手段，而不能作为主要手段，行政调节和法律调节两种方式是主要手段。从根本上来说，还是要依靠不断完善社会主义法制建设来达到最终调适西北少数民族日常交往的法制心态的目的。

第三节 西北少数民族日常交往的民族群体心态

任何一个民族共同体都由两个"自我"构成，一个是民族共同体的"自我"，一个是民族群体的"自我"。在民族共同体的"自我"里机械团结导致的"客我"支配的同质交往占主导地位，在民族群体的"自我"里有机团结导致的"主我"支配的异质交往占主导地位。本书中的民族群体的"自我"是西北少数民族的各个民族共同体"人群聚集"的"杂处"的结果。民族群体的"自我"的日常交往心态表现为：民族性与宗教性结合之外的中立性、民族性与地域性结合之外的超脱性、民族心理倾向性之外的混杂性。群众的作用，直接性、分化性、传递性的作用，实践逻辑的作用是创造民族群体"自我"及其心态的主要原因。从民族群体心态中，可以看到西北少数民族文化的独特品格和个人自主活动的发展。

一 民族群体心态的相关理论阐释

笔者借助法国社会学家涂尔干的两种团结形式表示西北少数民族各个民族共同体与民族群体的一般差别。笔者还借用美国社会学家、芝加哥学派代表人物米德的自我的概念来表示西北各个少数民族共同体成员彼此交往的不同形式的互动。涂尔干认为："在第一种团结里，个人不带任何中介地属于社会；在第二种团结里，个人所以依赖于社会，是因为他属于社会的各个部分。"①"第一种情况指的是，社会在某种程度上是由所有成员的共同感情和共同信仰组成的：即集体类型。第二种情况指的是，当我们与社会发生连带关系时，社会是由一些特别的而又不同的职能通过相互间

---

① ［法］埃米尔·涂尔干：《社会分工论》，渠东译，生活·读书·新知三联书店2008年版，第46页。

确定的关系结合而成的系统。"① 米德的自我是"主我"和"客我"的对立统一体,"自我"是泛化的他人,"客我"是共同体的复制。米德认为,"客我"本质上是一社会群体的成员,因而代表该群体的价值观,代表该群体是指成为可能的那种经验,它的价值观是该社会所有的价值观。②"主我是当共同体的态度出现在个体的自己的经验之中对个体这种态度所作的反应。"③ 当主我与客我相遇在一个"新颖的情境"(米德语)之中时,米德认为就会出现共同体成员以前没有经验过的东西,人们就会改变以前形成的心态。由西北少数民族各个民族共同体的"人群聚集"的不规则的"杂处"形成的异质交往导致了主我与客我在互动中形成了民族群体心态的新变化、新特点、新形式、新内容,既体现了西北少数民族各个民族共同体在历史和文化积淀过程中形成的独特的民族品格,也体现了马克思恩格斯论断的重要意义:"旧的交往形式被适应于比较发达的生产力,因而也适应于进步的个人自主活动的方式的新交往形式所代替。"④

笔者研究的西北少数民族日常交往的民族群体心态,不是指某个民族共同体中的某个特定的规则的民族群体或者某几个特定的规则的民族群体的常态心态,如民族共同体里的特定职业群体、特定年龄群体、特定性别群体、特定地域群体的"人群聚集"的整齐规则的"同处"构成的民族群体的常态心态,而是指由各个民族共同体的"人群聚集"的不规则的"杂处"所构成的民族群体变异心态。这就是说,西北少数民族日常交往的民族群体心态是在不同的民族共同体的"人群聚集"的交往和沟通中形成的不同于同一个民族共同体"人群聚集"在交往和沟通中形成的规则的常态心态,而是民族共同体心态在新的条件下、新的因素的催化下的变异、变体、变化和转化。

"人群聚集"的不规则的"杂处"是笔者概括、描述、确定西北少数民族日常交往的民族群体心态的特定名词。所谓"人群聚集"的不规则的"杂处"指各个民族共同体的各个阶层、各个群体、各个区域的成员在自由流动、自由交往时互相影响、互相启发、互相推动而产生的立体式、多

---

① [法]埃米尔·涂尔干:《社会分工论》,渠东译,生活·读书·新知三联书店2008年版,第91页。
② [美]米德:《心灵、自我与社会》,赵月琴译,上海译文出版社1992年版,第190页。
③ 同上书,第175页。
④ 《马克思恩格斯选集》第1卷,人民出版社2012年版,第86页。

层次、混合型的民族交往，是由于投入新的因素对原有的常态心态的改变。由于"人群聚集"的不规则的"杂处"导致了民族共同体之间的各个职业、各个家庭背景、各个性别、各个年龄、各个居住区域的人群的自由流动、自由交往，所以民族群体的心态表现了与民族共同体的常态的心态不同的新特点、新形式和新内容。

在社会不断进步的新的形势下，各个民族共同体在保留原有的同质交往圈的同时，还形成了异质交往圈。"人群聚集"的有规则的常态心态的"同处"属于同质交往圈。"人群聚集"的无规则的异态心态的"杂处"属于异质交往圈。在同质交往圈里，民族群体按照相同的一面聚集和组合而成，如按照宗教信仰的类型、职业的归属、家庭背景、一致的性别、年龄处于一个阶段、居住地点接近形成规则的常态心态交往圈，这个交往圈所表现的在宗教信仰、传统习惯、文化历史、民族意识、心理活动等重要方面的共同性、一致性和相似性在另外的那个不固定、不规则的交往圈中是难以看到的。在异质交往圈里，起作用的是各种宗教信仰、各种民族特色、各种性格气质、各种爱好情趣、各种饮食起居、待人接物、文化传播等社会和个人因素混合而成的特色鲜明、形式多样、丰富活泼的日常交往心态。"人群聚集"的"杂处"属于同质交往圈与异质交往圈的结合，是不同民族共同体成员的"主我"与"客我"的互相交往。美国社会学家柯林斯对此有一段精彩的描写："我们看到，这些聚集也可能是相当小规模的：两三熟人停下来谈话，或仅仅点头而过，甚至陌生人在街上瞥一眼；或者中间规模的，一个小群体聚在一张桌子上吃喝。关键的并不是有最好的互动这一平庸的想法；其更强的含义是：社会高于一切具体活动。"①

这个不规则的"人群聚集"的"杂处"带有很大的偶然性、随意性与不可预期性，富有特色的独特个性化的思维方式、行为方式和交往方式，在"人群聚集"的不规则的"杂处"中，彼此互相结合、互相渗透、互相作用，不仅改变了同一个民族共同体的个人的固定的、沿袭已久的、基本一致的心态，而且造成了心态在改变过程中的复杂性、丰富性、变异性的特点。

美国社会学家柯林斯把"人群聚集"的不规则的"杂处"概括为仪式

---

① ［美］兰德尔·柯林斯：《互动仪式链》，林聚任、王鹏、宋丽君译，商务印书馆2009年版，第69—70页。

社会学。柯林斯认为:"仪式社会学因而是关于人群、会员、会众、观众聚集的社会学。"① 对这种仪式的特点,柯林斯写道:"仪式是一种相互关注的情感和关注机制,它形成了一种瞬间的关注现实,因而会形成群体团结和群体成员性的符号。"② 对于"人群聚集"的不规则的"杂处"的结果,柯林斯认为:"当人们聚集在同一地点,具有身体的协调一致性:涌动的感觉、谨慎或利益感、可察觉的气氛的变化。人们之间相互关注,不管一开始是否对其有明显的意识。这种人身的相互注意是接下来要发生的一切的起点。"③

著名科学家达尔文在《人类的由来》一书中认为"人群聚集"的意识有别于民族共同体的意识是因为人的社会本能与社会群体相互冲突的结果,达尔文认为这将导致新的群体规则的产生。达尔文写道:"社群的成员们所表达出来的意愿和意见,无论起初用口传的也罢,或后来用文字表达的也罢,有的构成我们行为的唯一的指引,有的成为可以大大地巩固我们的社会性本能的一种力量;但有的时候,社群的意见或有和这些本能直接发生抵触的倾向。所谓'同辈间体面的礼法'就是这种矛盾的好例子。这种礼法以社会地位相等的同辈意见为依据,而并不以全国国民的意见为依据。对这种礼法的一度违反,即便明知其为严格的合乎道德的要求,也曾在不少人身上引起比一件真正的犯罪行为所能引起的更为难堪的苦恼。"④ 达尔文的观点表明,一个民族共同体内部的"人群聚集"的不规则的"杂处"将出现不同于这个民族共同体原有的传统的价值观、交往方式和礼仪方式的新特点、新形式、新内容。按照达尔文的观点,不同民族共同体的人群聚集的不规则的"杂处"还将带来比同一个民族共同体"人群聚集"的不规则的"杂处"更多、更大的变化。

法国社会学家涂尔干在《社会分工论》一书中认为,"集体意识"是"人群聚集"不规则"杂处"的结果。涂尔干认为:"社会成员平均具有的信仰和感情的总和,构成了他们自身明确生活的集体体系,我们可以称

---

① [美]兰德尔·柯林斯:《互动仪式链》,林聚任、王鹏、宋丽君译,商务印书馆2009年版,第36页。
② 同上书,第69—70页。
③ 同上书,第69页。
④ [英]达尔文:《人类的由来》上册,潘光旦、胡寿文译,商务印书馆1996年版,第182—183页。

之为集体意识或者共同意识。"① 涂尔干的观点表明只要形成社会，不论社会规模大小，都会产生集体意识。"人群聚集"不规则"杂处"产生的集体意识肯定不同于"人群聚集"规则"同处"的集体意识。在涂尔干看来，不论民族共同体全体成员还是民族共同体中的人群聚集所产生的"集体意识"都是为了维护一个共同体的团结和秩序。涂尔干认为有两种团结，即机械团结和有机团结。"前一种团结是建立在个人相似性的基础之上的，后一种团结是以个人的相互差异为基础。前一种团结之所以能够存在，是因为集体的人格完全吸纳了个人的人格；后一种团结之所以存在，是因为每个人都拥有自己的行动范围，能够自臻其境，都有自己的人格。"②

马克思主义认为共产主义意识是"人群聚集"不规则"杂处"的结果。对交往的重要性认识最深刻的马克思站在历史唯物主义的高度把交往放置在社会发展规律的过程中给予阐述，认为交往不仅是无产阶级生存的必要条件，也是共产主义实现的必要条件。只有把交往变成世界性的交往，共产主义意识才能产生。马克思写道："交往的任何扩大都会消灭地域性的共产主义……因为无产阶级只有在世界历史意义上才能存在，就像共产主义——它的事业——只有作为'世界历史性的'存在才可能实现一样。而各个人的世界历史性的存在，也就是与世界历史直接相联系的各个人的存在。"③ 马克思恩格斯认为："地域性的个人为世界历史性的、经验上普遍的个人所代替。不这样，一是共产主义就只能作为某种地域性的东西而存在；二是交往的力量本身就不可能发展成为一种普遍的因而是不可忍受的力量：它们会依然处于地方的、笼罩着迷信气氛的'状态'；三是交往的任何扩大都会消灭地域性的共产主义。共产主义作为占统治地位的各民族'一下子'同时发生的行动，在经验上与此相联系的世界才是可能的，而这是以生产力的普遍发展和与此相联系的世界交往为前提的。"④ 马克思恩格斯的观点表明，局限于地域的"同质"交往只有被扩大为无地域限制的普遍的"异质"交往代替，才能实现无产阶级的理想——共产

---

① ［法］埃米尔·涂尔干：《社会分工论》，渠东译，生活·读书·新知三联书店2008年版，第89—90页。
② 同上。
③ 《马克思恩格斯选集》第1卷，人民出版社2012年版，第54页。
④ 《米德文选》，丁东红等译，社会科学文献出版社2009年版，第8页。

主义。

笔者认为,"人群聚集"不规则"杂处"产生的民族群体心态是各民族共同体的一群人不受民族宗教信仰限制,打破地域、民族界限,无固定职业约束的感觉和感情的情绪化的凝聚和表现。这一群人来自各个民族共同体,处于不同的职业中,信奉着不同的宗教,具有不同的民族成分,抱着不同的交往动机,他们对世界、对社会、对各类问题的感受和体验是理性与非理性的结合,是感情与直观的结合,也是共同性与个性的结合。就情绪的取向看,有民族宗教的情绪,也有非民族宗教情绪,还有个人化鲜明的情绪,更有社会发展引发的正面的、积极的、乐观的情绪,也有社会矛盾引发的消极、负面、悲观的情绪。就表达的方式看,直观的、直接的、直爽的情绪比理性的、加工的、掩饰的情绪多。混杂的、多样的、一时一地的情绪比单纯的、单一的、固定的情绪多。人群聚集的情绪感受不可能总是埋藏在心里,隐而不发,正像高兴要笑、难过要哭一样,这个感受要宣泄出来,而这种宣泄如果以情绪化的直觉方式表达,就是他们的心态,如果以理性、逻辑的规则的方式表达,就是他们的认识。心态是这一群人当下的、非掩饰性的、没有来得及以理智加工的直观心情,与现在的时间相匹配的、与现场感觉相联系的、调动过去积累的经验和所有阅历的直接的心理反应。与作为带有整体性、全局性、普遍性的民族共同体的心态相比较,民族群体心态在内容方面具有现实特色鲜明的特点,在形式方面具有多样化兼容的特点,在结构方面具有多层级心态共存的特点。民族群体心态的特殊性的鲜明特色就在于它所涉及的问题仅仅与"人群聚集"的切身利益相关,主要是与民生问题中的衣食住行、生老病死、吃喝玩乐相关,民族群体心态所要表达的就是对这些基本民生问题的看法。民族共同体的心态与民族群体心态两者的关系不是互相代替、互相等同、互相一致的关系,而是普遍与特殊、一般与个别、单一与复杂的多样化的关系。

二 西北少数民族日常交往民族群体心态的特点

一个民族要生存、要发展和进步一刻也离不开交往,尤其是日常的交往。各个民族通过交往才能获得所需要的各种资源,才能满足各种需求,才能以人之长补己之短。西北少数民族的日常交往是涵盖所有交往活动的最经常、最普遍、最常见的交往,在"人群聚集"的不规则的"杂处"里,在异质交往圈里,民族群体交往的心态在时间上具有不确定性,在空间上具有接触点多样化，在内容上具有多主题、多内容、多兴趣的特点，在形式上具有表达的不拘礼节、随心所欲的个性化特点。上述特点可以概括为：民族性与宗教性结合之外的中立性、民族性与地域性结合之外的超脱性、民族心理倾向性之外的混杂性。

（一）民族性与宗教性结合之外的中立性

民族群体不规则的"杂处"的结合点就一个民族共同体本身来说，是心理的共同性、生活习惯的共同性、历史文化与宗教信仰的共同性等。就不同的民族共同体来说，则是公共生活领域、个人生活领域带有共性的问题。这些共同点在不同的环境和不同的条件下具有不同的表现形式和不同的特点。在宗教场所、民族共同体的各种仪式里，这个共同点突出而明显，同大于异。在日常交往中则因为随意性、自由性和非限制性的作用而表现为异大于同。这个"异"指人群聚集时每个人的心态具有民族性与宗教性结合之外的中立性。

1. 日常交往的话语的中立性

日常交往的话语主要来自日常生活。这与宗教活动的话语来自宗教经典、非宗教活动的民族共同体仪式的话语来自传统习惯是不同的。日常生活的话语固然与民族性与宗教性不可截然分开，但是，毕竟两者的主题和重点不同而有各自的特点。日常生活的话语更多地关注的是现实生活的衣食住行、家长里短、婚丧嫁娶、国内外形势、逸闻趣事等无限制的现实问题。宗教话语、仪式话语则与宗教信仰、民族文化、民族心理、民族习俗密切相关。

2. 交往和沟通中的互相尊重的原则带来的"闪避"

所谓"闪避"指为了保证日常交往的流畅和快乐、互相友好和仁爱，交往的双方都有意识闪避敏感的、容易产生冲突和造成压力的话题，而以双方感到轻松的、无压力的问题为接触点、合作点和汇合点。"闪避"的另一个含义是交往的双方对彼此的背景都是了解和清楚的，不需要再把熟悉的背景资料拿出来交流。所以，"闪避"是对民族宗教一致性的"语法解释"，也是对民族宗教一致性的"心理解释"。"语法解释"和"心理解释"均来自德国社会学家施莱尔马赫，前者的意思是对一般规则的强调和遵守，后者的意思是放弃某些东西而互相迁就。"语法解释"对于民族群体的"杂处"来说，已经成为交往的潜规则而融合在民族性与宗教性结合之外的中立性的"心理解释"中。在日常交往中，各个民族共同体的成员都以这个潜规则为依据,有意识放弃一些妨碍不同民族共同体交往的东西而创造交往的条件。笔者到甘肃省临夏州的东乡县调查时发现,这个地处青藏高原与黄土高原的交会地带的少数民族中总共5.1万个家庭中的每一个家庭都有一个外出务工人员,多聚集在甘肃省的省会兰州市从事旧家具家电的收购、工程建设、牛羊肉的屠宰、清真餐饮等职业。笔者注意到他们与不同的宗教信仰、不同民族成分的群众交谈时,很注意回避敏感的宗教民族话题,总是围绕一般的社会问题、生活问题、劳动生产问题与对方展开交流。所以,在甘肃省省会兰州市聚集的东乡族外来务工人员的1万多人没有因为民族宗教问题而与当地居民发生任何冲突,彼此和睦相处,情同手足。

(二)民族性与地域性结合之外的超脱性

所谓超脱性指交流和沟通的范围的扩大。不仅包括观察理解问题的视角、维度向个人方向的转换,而且包括交往圈由"同质"向"异质"的转化。仪式活动分为民族共同体的仪式和民族群体的仪式,划分民族共同体仪式与民族群体仪式的标准是法国社会学家涂尔干提出的"集体意识"。

1. 民族共同体仪式

在以民族共同体为名义的仪式活动里,反映民族共同体集体意识的民族宗教活动居于主导地位,贯穿在各类大小仪式活动里,伊斯兰教的信教群众的民族共同体的仪式活动主要是围绕清真寺进行的礼拜、祷告、婚礼葬礼、经典学习活动,藏传佛教的信教群众的民族共同体的仪式活动主要是围绕佛教寺院进行的法事、祷告、婚礼葬礼和经典学习活动,这些活动经过长期的历史文化积淀不仅形成了一套章法严密的规章制度,而且成为民族共同体的传统习俗。

2. 民族群体仪式

在民族共同体的反映集体意识的仪式活动中,民族共同体的成员的观察和认识问题的视角、维度以民族共同体的集体意识为轴心,以传统习惯为标准,以共同的民族宗教文化为主题,笼罩着浓厚的民族和宗教的色彩,任何偏离民族共同体的这个集体意识的思想和行为都被认为是越轨行为,而以离经叛道的名义被拒绝和排斥。所以,民族共同体的仪式里的"集体意识"占据了活动的全部空间、个人的思想空间,个人被视为表现集体意识的符号,是被仪式规定、安排好的样本。在民族群体的"杂处"的仪式里,个人的活动空间大于集体活动的空间,个人意识可以不被集体意识管束得那样严格。个人观察和认识问题的视角、维度呈现了多元化、多样化的特点，个人可以从自我的角度而少从集体的角度感受和理解各种问题，这就无意中在民族群体的仪式里淡化了民族宗教的色彩，表现了民族性与地域性结合之外的超脱性。甘肃省会兰州市城关区的农民巷全长1500米，居住了约100户600余位回族群众，其余的千多户群众都是汉族。回族群众除了在坐落在该街道的拱北清真寺里从事反映集体意识的宗教活动仪式时，严格遵循宗教仪式的要求，开展宗教活动外，日常交往时的在饭馆商铺吃饭购物，与汉族群众交谈走动，几乎不涉及民族宗教的话题。笔者注意到回汉群众所谈话题是日常生活的住房、看病、物价、工资、孩子等一般的民生的问题。

（三）民族心理倾向性之外的混杂性

在民族群体的不规则的"杂处"里，个人一方面根据本民族共同体的审美、善恶、是非标准解析各种问题，作出各种判断，表达本民族的喜怒哀乐；另一方面也在各种心理因素的互相结合、互相作用、互相推动下变更、修改和创造着自己的看法、观点和认识，表达着自己的个人化的见解，这个见解有些与所在的民族共同体是一致的，有些是不一致的，更具有鲜明的个人的特点和风格。所以，在民族群体的"杂处"里，个人所喜欢的未必是民族共同体所喜欢的，个人所厌恶的也未必是民族共同体所厌恶的。

达尔文提及的"同辈间体面的礼法"作为一种特殊的社会现象也表现在西北少数民族日常交往的群体心态中。当前，处于社会转型期的西部民族地区所遇到的新与旧、落后与先进、适应与不适应、民族化与现代化的矛盾和问题，纷至沓来，不可避免反映在民族群体成员的社会心态里，造成了他们观察和处理日常交往的多重心态。在兰州市的15所大学学习的西北少数民族的8个民族的学生有近万人。那些来自基层的少数民族学生确实很想保持纯粹的民族倾向性、思想意识、传统习惯：一些穆斯林学生甚至建议学校建立供他们做礼拜的清真寺；一些藏区的学生要求学校每天播放他们家乡的民族歌曲，制作他们喜爱的糌粑等食品。但是，经过一段与其他民族学生的交往，他们的心态有所改变。他们的一些人不再以是否按时祈祷、是否听到民族歌曲、是否吃到民族传统食物作为保持民族传统习俗的尺度，一些民族学生的交往圈开始从"同质"发展到"同质"和"异质"并存。他们与其他民族学生谈论的话题更多的是他们对社会问题、学术问题、老师同学的看法，即便是民族宗教方面的话题，也是在改变的心态下，以宽容大度、谅解不计较的态度对待其他民族的"偏激"的言论。

三 西北少数民族日常交往民族群体心态评价

民族群体社会交往心态的独特性、丰富性和复杂性来自其日常交往的独特性、丰富性和复杂性。西北少数民族的民族群体心态对于西北少数民族日常交往产生了积极、正面和增进各民族互相认识、互相理解、互相取长补短的良好作用。社会越进步、越发展，民族群体心态越健康，越产生正能量。

（一）西北少数民族日常交往的民族群体心态的积极影响

民族群体的"杂处"所形成的交往环境和气氛不同于民族共同体的交往环境和气氛，更具有开放性、多元性和混杂性的特色，在民族性、宗教性和地域性中掺进了异质因素，导致了与民族共同体日常交往不同于原始交往意义的变异，造成了西北少数民族日常交往心态的改变。这些改变丰富了民族关系的内容，促进了各个民族的理解和团结，丰富了个人的生活内容，推动了个性的发展，这是民族进步和发展的表现。

法国社会学家涂尔干认为，个人的这些改变之所以是进步原因有两个：一是这种发展没有离开民族共同体单独发展，而是与民族共同体的发展共同发展、共同进步和共同繁荣，是在维护民族共同体的秩序和利益的前提下的发展。二是这种发展不是"那种只专注于自己、置外部世界于不顾的绝对个性的张扬，而是具有自身特定功能的器官的部分的完善和成熟，如果它脱离了有机体的其他器官，就会面临死亡的危险"[1]。民族群体心态的形成、发展、成熟和完善，是民族共同体的成员交往扩大的产物，是各个民族互相学习、互相尊重、互相提高的产物。不断扩大的交往，不仅拓宽了民族关系的领域，而且丰富、充实了民族关系的内容。历史唯物主义的一个重要的思想就是资本主义、社会主义、共产主义的产生无一不是交往不断扩大的产物，只有在交往活动中一个民族才能发现自己的短处和缺陷，才能找到自己的光明前景，创造出新的世界。民族与民族的交往

---

[1] ［英］达尔文：《人类的由来》上册，潘光旦、胡寿文译，商务印书馆1996年版，第182—183页。

是通过个人实现的,个人的交往是在群体交往中发展、成熟和完善的。

马克思恩格斯在论及共产主义时有一个重要的思想,这就是共产主义是交往范围扩大的产物,没有交往,不仅没有分工和生产力的发展,而且没有共产主义的产生。资本主义社会的一个弊端就是造成交往的限制范围。马克思、恩格斯写道:资本主义的个人的交往范围不仅狭小,而且"这个范围是强加于他的,他不能超出这个范围"。"而在共产主义社会里,任何人都没有特殊的活动范围,而是都可以在任何部门发展,社会调节着整个生产,因而使我很有可能随自己的兴趣今天干这事,明天干那事,上午打猎,下午捕鱼,傍晚从事畜牧,晚饭后从事批判,这样就不会使我老是个猎人、渔夫、牧人或批判者。"①

(二)民族群体的日常交往心态与民族共同体的日常交往心态

民族群体的日常交往心态之所以与民族共同体的日常交往心态有所不同,具有自己独特的形成方式,主要由以下三个原因导致。

1. "群众"的作用

美国社会心理学家黎朋所说的"群众"②类似本书的"人群聚集"。黎朋认为"群众"是个人的集合体,是偶然相遇的人群。黎朋称这样的"群众"为"组织化的群众"和"心理学的群众"。黎朋的"群众"是介于正式组织和非正式组织之间的非组织人群。他们既不是经过法律程序批准的由政府任命的正式组织里的成员,也不是存在于正式组织里的为缓解组织的层级化、正规化、等级化的压力而形成的非正式组织成员。他们是以其不同职业、不同身份、不同喜好、不同性格的相异点为基础,在交往的意义上形成的特殊的社会群体。就西北少数民族的民族群体而言,他们作为民族共同体的成员,具有民族共同体的基本特征,作为独立的个人,有自己的独立性、自主性、多样性的个人特征。在民族群体里,上述两个特征溶解到群体的心态里,表现为普遍性和个别性的统一、自我与民族共同体的统一、理性与非理性的统一。笔者在新疆进行田野调查时,曾乘车翻越天山到伊犁采访。同车的36位乘客,10位维吾尔族,5位哈萨克族,5位蒙古族,3位回族,13位汉族。同车的乘客的交谈都与新疆的风土人情、名胜古迹、大河名川、地理位置、风俗习惯相关,没有人谈及民族宗教的

---

① 《马克思恩格斯选集》第1卷,人民出版社2015年版,第52页。
② 周晓虹主编:《社会心理学名著精华》,社会科学文献出版社2006年版,第17页。

话题。大家好像约定俗成似的都回避那些敏感的话题。其实,这就是"人群聚集"的"群众"的作用。

2. 直接性、分化性、传递性的作用

在民族群体里,个人受各种情绪的感染,与平时的心态有明显的不同,对有的人来说,还有很大的不同,表现为直接性、分化性、传递性的特点。所谓直接性就是不像平时,心态受到环境的制约,表现为民族性与宗教性的高度一致、个人与民族共同体的高度的一致,而是一反常态,表现出互相矛盾的意识和情绪,甚至出现不带情绪色彩的中立意识。所谓分化性就是把过去对某一件事情的心态表现在目前的这件事情上,移花接木。所谓传递性就是各种意识、情绪、情感互相传递、互相影响、互相感染和互相混杂,构成了错综复杂的情绪场,催生了个人在民族共同体里所没有的心态。一个民族共同体越是开放,越是进步,与外部的日常交往就会越多,越频繁,越密切,直接性、分化性、传递性的特点就越体现得充分。2008 年 5 月,笔者在马来西亚大学开学典礼的午宴上,遇到了 200 位来自西北的各个穆斯林民族和非穆斯林民族的学生和家长,整个午宴大家的谈论焦点不是民族宗教问题,而是民族地区的未来发展、中国的前景和社会改革问题,对马来西亚的国教——伊斯兰教的评价大家也是从对经济社会发展的促进方面进行,而不是从对伊斯兰教的教义的保存方面进行。大家更感兴趣的是马来西亚的伊斯兰教的功能问题,认为伊斯兰教作为马来西亚的国教,是国家意识形态的本质,但是,与社会的发展进步竟然保持了一致,成为推动社会走向现代化的动力。伊斯兰教强调和重视教育的作用是马来西亚利用伊斯兰教取得成功的原因。由此可以看出,在不同民族构成的民族群体里,大家的心态充分表现了直接性、分化性、传递性的作用。

3. 实践逻辑的作用

实践的逻辑是法国社会学家布尔迪厄提出,原意是指人的实践活动的模糊性、盲目性和不确定性。用在对社会心态的分析上则表示实践本身的力量导致原有的心态出现新变化。康德是实践逻辑的信奉者,以实践理性表示实践逻辑对纯粹理性的制约、控制的作用,认为纯粹理性不能完成的实践理性则可以完成,实践逻辑的力量来自民族群体的"杂处"的不同的层次、不同背景、不同地域的各个民族共同体的成员的交往所产生的合力。在交往的过程中,实践逻辑的作用大过宗教逻辑、文化逻辑、仪式逻辑的作用。这就是说，实践逻辑在改变着固有的、常态的心态，不断添加着新的因素而促使民族群体心态出现变异。不同民族共同体的成员聚集在一起的动机，不是为了形成正式的组织，形成民族宗教仪式；也不是为了功利主义地互相认识、互相熟悉，以便为今后的发展创造条件；而是偶然相遇，聚在一起而已，大家交往和沟通是社会生活的分工导致。其行动资本不是性别、年龄、职业、职务、学历、权力、民族成分等硬实力资本，而是文化资本、感情资本、情绪资本等软实力资本和虚拟资本。后一种资本的各个因素在交往行动的实践中互相影响、互相作用，改变了心态的固有形态，使心态按照实践逻辑的作用改变。内高班[①]就是一个典型的例子。内高班这个词始于2000年，是国家西部大开发的重要措施。从这一年开始，有1000多名来自新疆的偏远农牧民家庭的初中毕业生经过考试，被选拔到北京、上海、广州等地的最好的中学，完成高中学业。每人每年平均花费1万元左右，学生只需要缴纳800元，其余由国家负担。迄今为止，已经有3万名初中生接受内高班的教育。内高班学生参加高考，本科生录取率高达90%以上，其中重点高校录取率达到85%以上。这些来自新疆的各个少数民族的学生通过与内地其他民族学生的交流和沟通，通过教育和训练，不仅知识水平、教育水平大幅度提升，而且心态也有了改变。由对本民族的宗教信仰、文化历史、风俗习惯、地理位置的认同，发展为对整个国家的核心价值体系、文化历史、传统习俗、山川地名的认同。

（三）民族群体和民族共同体的两个自我的关系

民族共同体的自我构成了民族共同体的整体性、全局性的"客我"的社会心态，民族群体的自我构成了新颖的、自我得到独特化展示的"主我"的个性心态。第一个自我是历史文化的产物，已经模式化、概念化和共同化。群众的作用，直接性、分化性、传递性的作用，实践逻辑的作用正好创造了第二个自我。在民族共同体的自我里机械团结的同质交往占主导地位，在民族群体的自我里有机团结的异质交往占主导地位。"人群聚集"的不规则的"杂处"的交往显示了民族共同体交往的独特性、复杂性和多样性，更能够表现西北少数民族文化的独特品格和丰富的内涵。正如米德指出的："主我的可能性属于实际上正在发生、正在进行的事情，并

[①] 丁燕：《阳光洒满上学路》，《光明日报》2009年12月24日第4版。

且它在某种意义上是我们经验中最迷人的部分。新奇事物产生在那里，我们最重要的价值定位在那里。我们不断寻求的便是这一自我在某种意义上的实现。"① 但是，无论"人群聚集"的不规则的"杂处"怎样富有个性，怎样超越原有的传统，也不可能脱离整个民族共同体的范围而彻底独立，而一定要表现民族共同体在交往方面的基本特征。两个自我里的"主我"与"客我"是紧密结合在一起的。关于这一点，美国社会学家米德明确指出："只有根据个体作为其成员的整个社会群体的行为，才能理解一个个体的行为，因为他的个体的活动被包含在一个更大的、超出他自身并且牵涉到该群体其他成员的社会活动中。"②

第四节 西北少数民族日常交往的爱国心态

西北少数民族日常交往的爱国心态的内容极为丰富和深刻，既包含对自己的民族和自己生长的土地的热爱和眷恋，对自己的故乡壮丽山河的开发和改造，又包含维护各民族的安定团结，维护祖国的独立、完整、统一和尊严的思想、感情和行为。这几个方面的内容集中到一点，就是西北少数民族的爱国心态表现了强烈的民族自豪感和民族自尊心。西北少数民族日常交往的爱国心态就是这个自豪感和自尊心凝聚而成的依恋之情。依恋自己的故乡、依恋自己的民族、依恋自己的祖国构成了西北少数民族日常交往的爱国心态。西北少数民族日常交往的爱国心态就是以这种依恋之情对日常交往作出的反应，表现出来的态度。

一 西北少数民族爱国主义的鲜明特点

西北少数民族人民的爱国主义扎根于各民族血肉关系的沃土中，反映了各民族人民热爱祖国和团结奋斗的思想和感情，体现了各民族的民族意识和民族意志，所以具有牢固性、广泛性、民族性这样一些基本特点。

（一）牢固性

西北少数民族人民的爱国主义伦理作为民族关系的产物，不仅反映了各民族在地缘上的紧密联系，也反映了各民族在经济、政治、文化方面的

---

① [美] 米德：《心灵、自我与社会》，赵月琴译，上海译文出版社1992年版，第182页。
② 周晓虹主编：《社会心理学名著精华》，社会科学文献出版社2006年版，第170页。

紧密联系,是这几个方面紧密联系在伦理道德上的反映。这种紧密联系是由中国是一个多民族的统一的国家这一现实所决定的,是随着中国民族关系的巩固和发展形成的。由各民族的统一和牢固的民族关系所形成的爱国主义观念也必然是牢固的。由于牢固性这个特点的存在,所以,西北少数民族人民始终坚持维护祖国的统一和民族的团结,并且同一切分裂祖国和侵略祖国的思想和行为展开坚决和持久的斗争,表现出一种强烈的民族自尊心和自信心。任何分裂和侵略祖国的思想和行为,从来不会在他们这里得逞,必然会遭到失败的命运。

随着我国这个统一的多民族国家历史的不断延续,随着各民族人民在祖国这个范围里各种联系和交往的不断扩大和增多,西北少数民族人民的爱国主义观念越来越牢固,内化为这些民族的责任和义务,促使这些民族更加主动和自觉地去保卫祖国和建设祖国。近代以来,西北少数民族人民中之所以涌现出许多可歌可泣的爱国主义感人事迹,其主要原因便在于爱国主义已成为各民族人民的重要伦理思想。依据这样一个思想,各民族人民就能主动评价善恶、是非,冷静地观察和处理民族与民族、个人与国家的关系,自觉将国家和民族利益置于首位。

(二)广泛性

中国是一个统一的多民族的国家,由于这样的历史和现实,从秦汉以来各民族便杂居和相互交往,各民族的联系不仅局限于某一个方面和某一个层次,而是从经济、政治、文化、民族心理等各个方面和各个层次上展开,也从未因战争或别的原因使这种联系中断和停止过。各民族人民长期生活在一起,并越来越扩大合作和交往,不仅有力地促进了各民族人民的相互学习、相互理解和共同发展,而且促进了各民族人民在认识自己利益时,也认识到了其他民族乃至整个中华民族的利益。当各民族人民在对待和处理利益关系时,就不仅会对自己的利益有所克制和忍让,而且会对别的民族的利益有所尊重和宽容,并对反映各民族利益的祖国利益给予热爱且奉为道德原则和规范。

爱国主义观念作为各民族利益的根本体现,必然从各个方面和各个层次反映各民族的联系和交往,必然是各民族人民共同遵循的道德准则,指导各民族的道德思想和道德行为。爱国主义观念在西北少数民族人民那里,不仅是指互相交往合作,而且包含反对剥削和压迫,反对外来侵略和干涉,维护民族团结和祖国统一,热爱祖国和建设祖国等广泛的内容。在我国西北少数民族发展和形成的历史上，既有全面和广泛地反映爱国主义内容的人物和事件，又有深刻和具体地反映爱国主义某个方面的人物和事件。不论是全面和广泛的反映，还是深刻和单一的反映，所体现的都是爱国主义的伦理道德，都是对祖国和民族利益的维护，都应该给予肯定。

（三）民族性

民族是具有共同地域、共同语言、共同经济生活和表现在共同文化上的共同心理素质的人民共同体。西北少数民族人民的爱国主义观念，正是随着民族这个共同体的形成而逐渐发展起来的，因而，必然打上鲜明的民族烙印，表现出一定的民族特点。

从地域上看，我国自历史上形成的汉族集中和少数民族分散的大杂居、小聚居、交错居住的分布格局，使得西北少数民族人民一方面在实践中开发和建设了祖国的边疆；另一方面也保卫和维护了祖国的统一和民族的团结。由于西北少数民族人民世世代代居住或迁住在大西北地区，长期的生活和生产实践，使这些民族的人民形成了对自己所居住地区的深厚的感情。由这种地域条件所产生的感情，随着与各民族扩大合作和交往，就会引起更大范围的感情变化，进而认识到本民族所住的地域是整个中华民族的一个组成部分，不是一个脱离祖国的孤立存在。这样，不仅保卫自己民族的土地不受侵犯成为爱国主义的重要内容，保卫中华民族的领土完整也由此显示出来。西北少数民族人民将自己居住的地区视如生存之根源，认为是他们所拥有的自然权利，谁也不能剥夺。所以，任何形式的剥夺占领、迁移的行为，都会被看作对他们自然权利的危害，必然引起他们的反抗斗争。

从共同的生活来看，由于中华民族联系的紧密性，不仅经济生活相互谁也离不开谁，而且政治、文化生活相互谁也离不开谁。这随着历史的发展所形成的共同的生活方式，反映在爱国主义观上，就使得西北各少数民族人民，在反对民族的剥削和压迫方面，在反对外来侵略和维护祖国统一方面，能够相互支援和配合，共同团结战斗。所以，纵观西北少数民族的成长壮大史，不难看到，各民族共同战斗和团结抗敌的事例，越到近代，越层出不穷，越感人至深。究其原因，主要是爱国主义观念作为各民族人民共同生活的产物，已成为指导和激励各民族人民的巨大精神力量和主要的思想意识。由于爱国主义观念成为西北少数民族人民的社会意识，就使得各少数民族人民通过正确评价自己在社会中的地位和作用，更好地协调与其他民族的关系。因此，尽管西北少数民族人民有不同的利益和需要，从不同的思想、观点出发去认识和处理所面临的困难和问题，但是，在热爱祖国、建设祖国这个根本性的问题上，认识则是一致的，充分反映了西北少数民族人民对民族关系的正确认识。西北少数民族人民处于这样一种经由历史形成的民族血肉关系中，就感到自己是祖国的一员，脱离这种关系或这种关系被破坏，他们就会感到失去祖国。

西北少数民族的爱国主义观念，既不同于中国的儒家的政治伦理道德，也不完全等同于西方的宗教伦理道德，而是一种融现世与理想的未来道德为一体的道德意识。我国儒家言德必称尧舜，言政必举成周。合伦理与政治为一是儒家伦理道德的一个十分重要的特色。西方的伦理道德则起源于希伯来教义、古希腊哲学、罗马法典。从基督教兴起到经院哲学，则将上述三方面的思想改变性质，加以融合，使道德归属于宗教。西北少数民族人民爱国主义的伦理道德观念的产生既是由现实社会经济、政治、文化关系及其所表观出来的利益关系所形成的，又是同各民族的道德实际密切结合而成的。这种在西北少数民族人民中普遍通行的、占据支配地位的应世道德，直接包含有为各民族现实生活服务的功能。西北少数民族人民的爱国主义观念，又是顺应社会发展的必然趋势而萌发的道德，寄寓着西北少数民族人民对祖国统一和团结繁荣的憧憬和希望，鼓励和鞭策他们的道德进取心，引导着应世道德。

不能否认，宗教因素在西北少数民族人民的爱国主义观念形成和发展过程中所发生的作用，特别是伊斯兰教和藏传佛教的影响是很大的。比如伊斯兰教和藏传佛教所倡导的善行、诚实、公正、团结互助、舍己为人、为别人排忧解难等良好的品德行为，就对爱国主义中所包含的加强民族团结和民族交往有着积极作用。伊斯兰教和藏传佛教所倡导的利他主义，对西北少数民族人民的爱国主义中所包含的多做有利于国家和民族的事及不做损害国家和民族利益的事有良好的影响。同时，必须看到，爱国主义观念作为对民族关系和我国民族历史的反映，是现实社会关系的产物，是与生活紧密联系在一起的，不是也不可能是宗教影响的产物。同时还应该看到，由于宗教思想对西北少数民族空前的影响，所以，借助宗教力量来反对剥削和压迫，抵抗外来侵略，也是西北少数民族人民表达爱国主义思想和行为的方式之一。西北少数民族人民还从认同感方面来表达自己的爱国主义感情，对长期与之交往、尊重自己的宗教和民俗民风的民族，不论与自己在宗教、语言、习俗方面有怎样大的差距，也会与之建立密切的联系，频繁展开交往。但是，对尊重自己民族的宗教、风俗习惯的氏族，却充满反感和敌意，坚决与之进行斗争，决不会屈服下来。当面对帝国主义侵略和欺负时，这种认同感往往会成为很有感染作用的旗帜，动员和鼓舞各民族投入反侵略的斗争。

二　西北少数民族日常交往的三大爱国心态

西北少数民族日常交往的爱国心态，内容丰富，含义深刻，是与民族的发展和社会的进步紧密结合在一起的，从其表现来看，充分体现了中国是一个统一的多民族国家的不可否认的现实。西北少数民族日常交往的爱国心态，深刻地反映了我国民族关系的历史和现实，不仅具有鲜明的民族特色，而且也丰富和发展了中华民族的爱国主义的思想和感情，成为我国各族人民宝贵的精神财富和团结、鼓舞、凝聚各民族人民建设我们伟大祖国的强大精神支柱。

西北少数民族在社会历史发展的长河中经历千难万险，饱经磨炼和考验，依然保持与祖国的血肉联系，维护中华民族的大团结和大统一，就因为爱国主义心态已成为西北少数民族日常交往的对祖国、对民族、对故乡的依恋之情心态。这个依恋之情心态植根在中华民族是一个统一的多民族国家的历史和现实中，牢不可破，坚不可摧。

（一）对祖国依恋之情的爱国心态

西北少数民族日常交往的对祖国依恋之情的爱国心态，不仅是离不开祖国的心态，而且是对祖国热爱的心态。西北少数民族之所以产生这样的心态，主要原因如下。

1. 对祖国依恋之情的心态源于各个民族的共同经历

西北少数民族对祖国的依恋之情源于各个民族的共同经历，尤其是近代以来中华民族经受的苦难历程和新中国成立以后各个民族经历的共同发展、共同繁荣的历程。西北少数民族从自己的历史和亲身经历中深刻感受到祖国与自己的民族共同体的关系是牢不可破的关系。只有在祖国大家庭的温暖怀抱里，本民族的共同体才能获得发展和进步，也才有民族的尊严和民族的解放。笔者与其研究团队对世居西北的15个少数民族的问卷调查表明：各个少数民族都是热爱自己的国家的民族，都是坚决反对分裂祖国、破坏祖国统一和破坏民族团结的民族。在进行问卷调查的对象中，既包括国家公务员、学校教师、企事业单位的人员即所谓"吃皇粮"的群体，也包括自食其力、自谋职业的农牧民，个体工商户，以及在校大学生。大家异口同声表示热爱祖国的思想和感情是任何一个民族、任何一个人都不能缺少的基本感情，热爱祖国就要维护国家的统一、反对分裂祖国的行为，敢于与这些错误言论行为展开斗争。这是最基本的爱国之情，这也是一致的民族责任和民族义务。

2. 对祖国的依恋之情心态源于党和政府实行的正确的民族政策

在现实生活中，西北少数民族的爱国之情的产生还有一个重要的原因，这就是党和政府实行的正确的民族政策。这个正确的民族政策不仅体现在民族区域自治的制度方面，而且体现在每个时期、每个阶段国家的大政方针上。对我国少数民族实行的民族平等、民族团结的政策，党和政府一以贯之，从来都没有改变，而且随着我国社会主义现代化建设和改革开放的伟大事业的深入发展，民族区域政治制度越来越完善，党和国家的民族政策也越来越完善。这说明只有在社会主义制度下，各族人民才能够享受当家作主的平等地位，才能够享受幸福的生活。西北少数民族的幸福体现了存在决定意识、一切历史冲突都根源于生产力与交往形式之间的矛盾这些历史唯物主义的基本原理。对于西北少数民族来说，消灭阻碍他们的幸福实现的东西，只能依靠建立人们互相联合起来的共同体，即建立社会主义社会。社会主义是集体性，民族分裂主义是孤独性，集体性是自由和无限性，孤独性是有限性和限制性。这个哲学原理可以解释西北少数民族与社会主义制度的关系。事实证明，只有社会主义制度才能给西北少数民族带来光明的未来和前途。

这里仅仅举出国家对噶苏怒人口较少民族的扶持的例子就可以证明这一点。新中国成立以来，在党和国家的帮助下，这些人口较少民族生产生活水平有了很大的提高，社会经济面貌发生了很大变化。但由于人口少、居住分散、交通不便、环境封闭、社会发展的历史基础差等因素，其经济社会发展程度不高，发展水平不平衡，很大程度上影响着其进一步发展的进程，面临着很多实际困难。比较突出的是基础设施落后、生产生活方式落后、教育医疗卫生条件简陋、人民生活仍普遍比较贫穷、生态环境恶化等问题。人口较少民族的人口数量很少，经济规模在国民经济总量中的比重也很小，但扶持人口较少民族的发展是一项大政策，对解决中国民族问题可以产生很大影响。解决了这些人口较少民族的发展问题，也就解决了我国 1/3 以上的民族的发展问题。这对体现党的民族平等政策，体现社会主义制度的优越性，巩固和发展"三个离不开"的民族关系，将产生重大而积极的作用。所以被费孝通先生称之为"小民族，大政策"。国务院于 2001 年 8 月 10 日，以国办函〔2001〕44 号批复《关于扶持人口较少民族发展问题的复函》，同意国家民委提出的包括通路、通电、通广播电视、解决人畜饮水、解决基本的人口素质教育、建设基本的医疗机构和设施、加大财政投入等内容的具体建议，并责成有关部门、单位和地方负责落实。2005 年 8 月国务院召开"全国扶持人口较少民族发展工作会议"，会议要求各地要进一步贯彻国务院领导同志关于扶持人口较少民族发展的指示精神，动员各方面力量，加大扶持力度，促进人口较少民族加快发展。2006 年底，国家发改委和国家民委共同批复了《甘肃省扶持人口较少民族发展专项建设规划（2006—2010 年）》。规划在"十一五"期间安排甘肃省扶持人口较少民族发展项目 325 个，总投资规模 20638 万元，其中中央预算投资 12000 万元，省级配套 1200 万元，市（州）自筹 5253 万元。从国家对少数民族各项政策中不难看出，少数民族和民族地区在整个国家的经济、政治、社会生活中，有着极其重要的位置。少数民族和民族地区发展起来，对整个国家的未来，对中华民族的复兴，都将作出不可估量的贡献。毫无疑问，加快人口较少民族的发展，在中国民族发展史上将成为一个新的里程碑。

实践证明，只有在温暖的祖国大家庭里，各民族才能共同团结奋斗，共同繁荣发展。西北少数民族对祖国依恋之情的心态与国家对他们的帮助有着密切的关系。祖国成了西北少数民族的真正的"共同利益共同体"（马克思）。

（二）对本民族依恋之情的爱国心态

西北少数民族日常交往的爱国心态还表现为对本民族依恋之情的心态。这不仅表现在对自己民族身份的依恋之情，反对民族压迫、民族歧视上，而且表现为对自己民族的信仰、文化、历史和风俗习惯的依恋之情。下面，从两个方面说明这个问题。

1. 反对民族压迫、民族歧视

西北少数民族反对任何人、任何组织以任何名义实施民族压迫、民族歧视政策，表现民族压迫、民族歧视的言行。他们视自己的民族如生命。从历史上看，清朝是对回族最歧视的朝代。清朝曾颁发了许多限制回族的法令，拆毁了全部新教清真寺，不许多建清真寺，不许回族集聚清真寺礼拜。《清律》规定："回民结伙三人以上，执持凶器，纠人殴斗，共殴之犯，发云、贵、两广极边烟瘴充军。""回民行窃，结伙三人以上，不分首从，不计赃数次数，而俱徒手，并无执持绳鞭器械者，于军罪上减一等，杖一百，徒三年。"① 清朝的民族歧视政策激起回族的强烈反抗。陕甘回民大起义进行了 12 年，自清顺治年间开始到清同治年间发展到高潮，遍及现在西北的全部地区，其面积之广、人口之多，都是历史上所没有的。陕西的回民起义还与太平天国取得联系，形成汉回人民联合反抗清王朝的客观形势。但由于缺乏统一领导，没有争取汉族人民共同反抗清朝廷，到 1874 年终于被左宗棠指挥的优势兵力镇压下去。回族在这次起义中被屠杀的人口不可计数。就陕西来讲，回族人口，十不存一。就西北来讲，回族人口的 2/3 被杀。左宗棠除大肆屠杀回民外，还强迫陕西回民迁至今泾源县，强迫西北回民分批移至灵武、金积一带，使原来居住西北整块领土上的回族被迫分散，大大削弱了回族的力量和团结。

2. 热爱本民族的文化

什么是文化？从目前文献对文化的记载看，对文化的定义至少有 350 个之多。从这些对文化的定义看，无论观念、表述、文字的差异有多大，有一点是共同的，是不谋而合的，这就是文化是民族的文化，是与民族的心态认同结合在一起的。凡是本民族认同的，都是本民族接受的文化；凡是本民族不认同的，都是本民族排斥的文化。本民族的文化就是大家一致认同的东西。这个观点拿来解释西北世居少数民族热爱本民族的文化是有效的。所以，热爱本民族的文化与一个心理过程不可分割，这个心理过程可以从三方面进一步探讨。

（1）对民族信仰的坚守。无论信仰伊斯兰教的还是信仰藏传佛教的西北少数民族在信仰问题上，都坚守自己的信仰不动摇。对于信仰伊斯兰教的西北少数民族来说，饮食及生活习俗都严格遵循伊斯兰教的相关规定，每年有开斋节、古尔邦节、圣纪节等宗教节日。每个星期五被称作"主麻日"，是穆斯林群众按照伊斯兰教礼仪举行集会的日子，认为是吉祥、特殊的日子，婚礼及其他喜庆事情一般都选择在"主麻日"举行。对于信仰藏传佛教的西北少数民族来说，饮食及生活习俗都严格遵循藏传佛教的相

---

① 《甘、青、宁史略》，1915 年，甘肃省图书馆藏。

关规定，每年有传大召、传小召的法会，还有诸佛菩萨圣诞。信教群众在这些重大节日里，要去佛寺上香拜佛、许愿还愿、摸顶转经。藏传佛教与汉传佛教的明显不同之处是在"佛、法、僧"三宝之外，置放一喇嘛，归此四宝被称作"四皈依"。在信教群众中流传着"无喇嘛上人，如何近得佛"。所以，藏传佛教信教群众不依喇嘛引导，不知有佛，不遵从喇嘛的教诲，无从理解佛教的道理，更谈不到入佛、成佛。所以，喇嘛在信教群众中具有极高的威信，他们就是活在人间的活佛。

（2）对民族风俗习惯的坚守。西北少数民族的每个民族都有自己独特的风俗习惯，对这个风俗习惯的坚守，是历史和文化的传承，经过一代一代人的坚守，已经成为他们依恋自己民族心态的表现。我们看到，无论西北少数民族走到哪里，是到外地工作，还是到外地旅游、休闲，他们人虽然在故乡之外，但是他们依恋民族之情的心态依旧，始终不渝地坚守自己民族的风俗习惯。即使他们中的某些人已经成为一定级别的领导干部或者是收入丰厚的富贾巨商，这个依恋故乡的心态始终没有改变。笔者去过西北少数民族的很多领导干部、各界著名人士家中做客。一个明显的感觉就是，他们首先是西北少数民族的一员，然后才是他们现在的这个职位和名望的占有者。第一次接触他们，就感到他们的民族特色很鲜明。在工作岗位，他们着装正规，说话带有职业风格，处理问题照章办事。但是，生活中的他们喜欢穿着民族服装，吃着民族食品，听着民族歌曲，说着浓浓的未改的乡音。许多住在一位西北少数民族领导干部家旁边的群众很奇怪，为什么这位领导干部家里出出进进的人很多是来自他的家乡的身穿民族服装的普通农牧民群众。其实，这就是民族依恋之情的民族心态的表现。看到故乡的父老乡亲，听着亲情浓厚的乡音，才能感受民族的手足之情，牢记自己的民族之根。笔者看到，无论身居城市还是身居县乡的信仰伊斯兰教的西北少数民族，在过开斋节、古尔邦节、圣祀日等重要节日时，家家都要炸馓子、油馃、蜜圈圈和油香，其中以炸馓子和油香最为普遍。在节日期间，都要宰牛、羊、鸡、鸭，宴请宾客以全羊席最为隆重。全羊席做法是把整只羊加上调料煮熟，按肋条、脊背、前后腿、髋、脖子、尾巴分部位切割开，然后带骨剁成一指厚、手掌大的肉块，每个部分装一盘上桌，供就餐者选用，羊的头、蹄、杂碎煮汤，也是一种美食。笔者也看到，无论身居城市还是身居县乡的信仰藏传佛教的西北少数民族在庆祝诸佛菩萨圣诞期间，都身穿民族服装，准备了最好的食物。客人进门，一家人迎接,奶茶上桌,还要向客人献上洁白的哈达表示尊敬,也表示同贺同庆,各民族一家。

西北的穆斯林群众喜欢喝紫阳茶和细毛尖茶,一般每餐离不开茶,多数用盖碗泡茶,也有用小茶壶的。盖碗亦称"三炮台",即由茶盖、茶碗和底盘座组成。在节日或喜庆的日子,待客时不仅饭菜讲究,饮茶也不同于平常的日子,届时要在茶碗内泡上冰糖、桂圆,称为三香茶,有的还要放上杏干、葡萄干称为五香茶,甚至连茶具也要选用好的。奶和茶在信仰藏传佛教的西北少数民族日常生活中占有十分重要的位置,民间有一日三茶一饭或两茶一饭的习惯。裕固族每天早晨起床后,一般都先将净水或刚开锅的茶舀一勺洒在帐篷周围,意味着新的一天已经开始,然后调入酥油、食盐和鲜奶反复搅动后饮用。如果再加上酥油、奶皮、曲拉(奶疙瘩)、炒面、红枣或沙枣就可当早点了。中午也要喝茶,有的人家就炒面,有的人家就烫面或烙饼,算作午餐。下午还是喝茶,在茶内加酥油和奶或吃稠奶(酸奶)。到了晚上,待一切劳动结束后,才开始正式吃饭。

(3)最简群体范式。笔者在西北少数民族中调查研究,发现了一个对民族依恋之情的典型事例,这个典型事例可以用"最简群体范式"解读。我们先来看这个典型事例的内容。在东乡族男人中间,一直保留有"吃平伙"的习惯。即在农闲时,一些人凑在一起,选一只肉膘好的栈羊,在羊主人家或茶饭做得好的人家,把羊宰了,整羊下锅,杂碎拌上调料上锅蒸,吃平伙的人就喝茶、吃油饼,等"发子"熟了,一人一碗,而后又在肉汤里揪面片吃,完了再把煮熟的羊肉按羊的全身部位分成若干份,每人一份,最后大家摊钱给主人,也可以用东西和粮食折价顶替。吃平伙不但注重吃肉,还注重"论",东家服侍到底,参加吃平伙的人边吃边山南海北地聊天。对"吃平伙"的事例,一些学者试图从民族习惯方面解释这个事例,但是,这个解释不能把这个事例说得很清楚,因为这个事例不仅反映了民族的习惯,还反映了民族的深层心理活动。另外一些学者试图从群体关系方面解释,但是,也不能把这个事例说得很清楚。因为这个事例不仅反映了群体的关系,还反映了群体的另外一些内容,包括群体与群体的关系,甚至是内群体与外群体的关系。"最简群体范式"是美国社会心理学家泰费尔在1979年提出。泰费尔是这样论述"最简群体范式"的:"在这些群体之间没有利益冲突或预先存在的敌意,在被试之间也没有社会互动发生,在个人经济利益与内群偏好之间也没有任何关联。因此这些群体纯粹是认知上的,因此被称为'最简的'。"① 由此可见,"最简群体范式"就是通过认知联系起来的旨在表明内部群体具有共同一致的共同利益的文化符号。凡是具有"最简群体范式"特征的民族通常都是民族凝聚力很强的民族。所以,东乡族的"吃平伙"从表面看是民族习俗的流传,也是群体关系的延续,但是,究其实质,则是民族之间认知的体现,证明了民族的感情、民族的认知与民族的发展相伴随。

(三)对故乡依恋之情的爱国心态

西北少数民族多居住在自然条件艰苦的山区、草原和边疆地区。但是,西北世居少数民族没有因为自然条件艰苦而怨天尤人,他们努力改天换地、建设家乡,与严酷的自然条件进行了顽强的抗争,取得了明显的成绩,促进了经济和社会的进步。西北少数民族对自己的故乡一往情深,无论故乡的环境和条件怎样不好也不弃不离。

西北少数民族农区大都地处穷困山区,山地约占80%,以旱作农业为主,农业基础薄弱,农作物受制因素多,如西北南部高山少数民族地区,绝大多数海拔在2500米以上,高寒阴湿,气温低凉,仅有100天以下的无霜期,一般农作物很难生长成熟,俗语有"山高地凉,大燕麦不黄",道出了这里自然条件的恶劣。甘肃陇南境内,山高沟深,少数民族大都生活在崇山峻岭中,从当地民谣"一山重一山,出门就爬山,隔山能对话,相见大半天,地是卧牛间,无雨禾苗枯,有雨连根翻"中,可以看出当地少数民族居住的地理环境的险恶。但是,西北的少数民族没有向恶劣的自然条件屈服,仍然努力奋斗、顽强拼搏,创造了新的人间奇迹。笔者在西北民族地区调查研究时发现,少数民族群众最喜欢的还是自己的家乡。如果你说他们的家乡不如一线城市繁荣,不如沿海地区富裕,不如南方气候温润,他们会反驳你,认为你忘记了一个基本事实,这就是西北民族地区的空气是干净的,没有污染。西北民族地区的牛羊肉是鲜美可口、营养丰富的。西北民族地区的民族是可爱的,纯朴善良。这些对西北民族地区的难以割舍的感情只有对故乡有强烈依恋之情的西北世居少数民族才能说出来。

无论信仰伊斯兰教还是信仰藏传佛教的少数民族对本民族的依恋之情

---

① [英]迈克尔·A. 豪格、[澳]多米尼克·阿布拉姆斯:《社会认同过程》,高明华译,中国人民大学出版社2011年版,第9页。

除了表现在他们离不开养育自己的一方水土外，还表现在建设自己的家乡、改变自己家乡的面貌的雄心壮志上。无论你走在西北民族地区的哪一块土地上，你都能够听到各个民族对自己家乡的未来和前途充满信心，他们的豪迈的激情让你也不禁被感动，为他们有这样好的未来和前途高兴。笔者去甘肃省甘南藏族自治州调查研究，州委宣传部的赵部长向笔者介绍了这个州发生的五大变化，这就是经济建设有了长足发展、基础设施明显改善、社会事业发展迅速、援助甘南工作成效明显、少数民族干部队伍不断壮大。为了证明这一点，笔者选取了一个牧民家庭采访。该牧民叫扎西才让，45岁，一家四口人，两个孩子分别上初中和小学，都是寄宿制学校，学费全免。

笔者曾经去甘肃省甘南藏族自治州临潭县流顺乡宣讲民族政策。笔者在流顺乡党委书记撑起的遮阳伞下一口气讲了近两个小时。原以为群众对理论政策不感兴趣，也没有听报告的习惯。令笔者惊讶的是，全场的500多位群众听得津津有味，无一人离去。在接近结束的半个小时前，一位农妇荷锄归来，竟然挂着锄头聚精会神听到完。有两位妇女大概耐不住口渴出去买了可乐，提着可乐瓶子又返回来继续听。此情此景，让陪同的县委组织部的敏生才部长感慨不已，说这个农妇挂着锄头听报告的场面只在电影上看到过，这次竟然出现在这里。我们都遗憾没有把这个场面拍照下来。笔者所以能够成功吸引该乡的群众，原因很简单，就是讲他们的故乡好，故乡的人好，推而广之，讲我们的国家好，我们国家的政策好。笔者特别举例说明稳定对少数民族发展的意义。同行的县委组织部的敏生才部长告诉笔者，他看到，听报告的群众的脸上都洋溢着对故乡的自豪之情，他也很感动。

这说明，西北少数民族的故乡已经不是他们昔日的那个旧故乡，而是经过他们不断努力而改变了面貌的新故乡，是充满希望、充满欢乐的新故乡。这个新故乡决不是某种开天辟地以来就直接存在的、始终如一的东西，而是工业和社会状况的产物，是历史的产物，是世世代代活动的结果。新故乡作为西北世居少数民族努力奋斗的结果也只有在社会主义制度的保障下才能达到这样的水平和境界。

三　西北少数民族日常交往爱国心态与社会发展的关系

西北少数民族日常交往的爱国心态与社会发展的关系主要体现在其对

中华民族文化传统的发展与对中华民族良心学说的发展两个方面。

(一)对中华民族文化传统的发展

我国的传统文化,重视整体观念和民族大义,重视人生理想、情操,重视人际关系和人的价值,重视道德修养和道德教育,强调利民、富民、民为贵的民本主义思想,具有反对分裂祖国、抵抗外来侵略的优良传统,强调齐家、治国、平天下道德的社会价值。我国西北少数民族日常交往的爱国心态,以反对剥削和压迫,以维护祖国的统一和反对外国帝国主义和各种敌对势力的侵略为其主要内容和基本精神,进一步突出了我国传统文化中的以群体、人民利益至上的思想,体现了中华民族不愿任人宰割、受人欺辱的民族气节,反映了中华民族热爱祖国的强烈民族自豪感和民族自尊心。

自秦汉基本形成了我们这个统一的多民族的国家以后,西北少数民族的国家意识便随着社会的发展和历史的进步而得到建立和巩固。各少数民族与汉族之间以通贡、通商、互派使节、互相学习等方式密切了联系,加强了合作。西北少数民族的统治者一方面借和亲、称臣结成甥舅等亲戚关系来抬高自己的地位;另一方面也由此表现出对汉族文化的向往和追求。当西北少数民族与汉族在经济、政治、文化上相互依靠、相互融合的关系越加发展、越加丰富时,西北少数民族就更愿意不仅从地缘上认同自己是中华民族的一员,而且也从人文上认同各民族的文化都是祖国文化的一个部分。所以,当1840年中华民族陷入帝国主义侵略和疯狂瓜分的悲惨境遇时,西北少数民族便以中华民族的一员投入到反侵略、反压迫的民族解放斗争中来,与汉族人民共同保卫中华民族的疆域和主权。无论陕甘回军血洒京城抗击八国联军,还是新疆各族人民反击沙俄的侵略;无论是蒙古族人民抵抗英法的侵略,还是藏族人民反击英国侵略者的斗争,都表现了可歌可泣、一往无前的中华民族精神和少数民族与祖国不可分割的血肉联系,验证了中华民族的各个民族都是中国这个大家庭的一员的颠扑不破的伟大真理。

从西北少数民族反抗外来侵略、捍卫国家主权的思想和行为中,我们可以看到他们对祖国深厚的感情。那么,从西北少数民族反抗封建剥削和压迫的斗争中,则可以看出,西北少数民族日常交往爱国心态的另一个特点,就是追求各民族的一律平等。虽然我国各民族同处于一个统一的多民族的国家里,但是,由于主客观的诸多原因,各民族所获得的发展机会并不均等。在这种不均等的机会面前,有的民族,尤其是汉民族因为种种原因在经济、政治、文化方面发展较快，领先于其他民族，容易产生骄傲自满和老子天下第一的心理感受，容易滋生瞧不起少数民族的思想和行为。为了追求民族平等的待遇，各少数民族通过各种方式向先进的汉族文化学习，尽可能吸收汉族的生产技术、人文思想、生活方式。这使得汉族文化甚至以其不能抵抗的魅力与少数民族文化相结合，促进了文化的交流交往交融。在一定程度上，这种做法也改变了一个民族的历史文化构成和社会发展面貌。这方面最典型的例子莫过于蒙古族统治者入主中原后所受汉族文化的影响。

平等是与自尊相联系的。西北少数民族的民族自尊心既要求能够被平等公正对待，又希望不要被人轻视或瞧不起。如果厚此薄彼、不能平等地对待西北各少数民族，必然会引起他们的不满和反抗。这从回民起义、回纥改名回鹘都能看得很清楚。这种追求平等的思想是对儒家仁义观的丰富和发展，由平等而出的自尊是对儒家注重人格修养、强调人要有点精神思想的丰富和发展。

儒家的仁义说从根本上讲是一种非常良善的道德感情，儒家对人格的重视，反映了儒学对人的精神境界的强调和培养。西北少数民族以平等作为日常交往爱国心态的原则，以自尊作为日常交往爱国心态的精神，无论从感情倾向还是从精神境界上，都升华了儒家做人的意识，体现出更强烈的民本主义、人本主义精神。

（二）对中华民族良心学说的发展

中华民族是一个十分注重良心的民族。从孟子提出良心的概念到明代王阳明建立的有关良知的伦理学说，总起来看，是将良心和仁义之心或道义之心相结合，甚至是将二者等同起来，其含义与仁心、良知等观念基本上没有什么不同。

良心作为人特有的道德意识和道德情感，既是人对其思想和行为的自我评价能力，又从根本上体现出对个人所应尽的社会责任和社会义务的认识和感受。构成良心的认知成分、情感成分、行为意向成分，从西北少数民族日常交往的爱国心态中都有程度不同的体现。

西北少数民族日常交往爱国心态的认知成分指对国家、民族道德规范的认识和理解并产生评价意义的部分。少数民族对爱国主义这个至高无上的道德规范认识是非常清楚的，因此，能主动协调和处理好与国家的关系，深明大义。我们不能排除少数人向帝国主义侵略势力、向封建剥削和压迫屈服投降的事例，但是，西北少数民族从来也没有以一个民族的整体身份屈服和投降，相反却整体地投入到反帝反封建的斗争之中。即使是对白彦虎率陕西回民起义军投奔阿古柏、三区革命开始之始宣布脱离中国，也要从历史的角度作出具体分析。白彦虎所处的环境是清对回族实施民族压迫最残酷、最野蛮之时，是迫不得已、走投无路情况下的抉择，是他坚决与清血战到底气概的体现。三区革命宣布脱离中国，只是脱离国民党的反动统治和所奉行的民族压迫政策，并不是要分裂祖国。这从三区革命领导人所宣布的治疆政策以及愿意接受中国共产党的领导等方面是可以认识到的。

良心不仅具有认知功能，而且蕴含了丰富的内心情感体验，具有情绪感觉的功能。良心的情感成分是个人在道德活动中对一定的行为动机、行为倾向、行为结果的赞成或不赞成、喜爱或厌恶、同情或冷淡的感情，是人们根据国家和民族的道德标准，从道德原则的角度理解道德现象时所体验到的感情。西北少数民族在长期的历史活动中，对各民族在政治、经济、文化方面的密不可分的关系有着深切的体验和共同的认识。当这种互相依存和融合的民族关系经过实践的巩固和发展，经过各民族人民的倡导和推动，变成一种源远流长的传统和习惯，固定为各民族都要遵从的道德规范和指导行为的道德原则时，其所形成的结果必然就是以热爱祖国、建设祖国为最大光荣，以分裂祖国、破坏民族团结为最大耻辱。我们看到，西北少数民族日常交往的爱国心态中的情感取向十分引人注目，这就是对爱国的行为永远产生敬佩、羡慕、赞成的情感，对卖国的行为永远产生鄙视、厌恶、轻蔑的情感。

良心的行为意向指良心与行动相联系的动机、意念、行为倾向部分，集中体现为道德意志。道德意志是一种实行道德原则并坚持到底的精神和克服困难、障碍的决心的体现，能够激励和鞭策人们自强不息、顽强奋斗、提高精神境界，创造和锻炼高尚的品质。西北少数民族的日常交往的爱国心态在良心的行为意向方面具体表现为国家和民族利益至上的道德意志，表现为各民族对祖国的发展所负的不可推卸的民族责任和民族义务。正因为如此，西北少数民族才能广泛开展经济、政治、文化交流，学习和吸收汉民族的先进文化和科学技术，推动本民族的进步；才能不容忍封建统治阶级所实行的残酷的剥削和压迫制度，举行声势浩大的反抗斗争，并与帝国主义的侵略展开坚决的斗争，不惜一切代价保卫中华民族的利益和祖国领土的完整、主权的统一。这充分显示了少数民族日常交往爱国心态特有的品格和精神风貌。少数民族从日常交往的爱国心态方面，对中国传统文化的良心学说的丰富和发展，表现在既不是孟子的"不学而能"和"不虑而知"的良知良能，也不是王阳明对道德的自明的原理的认识，而是对一个人、一个民族所应尽的社会责任和社会义务的认识与实践。西北少数民族日常交往的爱国心态能够将道德意识、道德情感、道德行为统一在一起，形成了一个心理反应模式，使中华民族的良心学说，扩充为不仅以仁义礼智信来处理人际和族际交往关系，而且以超越一个民族的利益的责任去尽到对祖国的责任和义务。良心对于西北少数民族日常交往的爱国心态来说，不仅仅是对自己、对自己的民族共同体的良心，而且是对祖国的良心。这是一种实践特色非常鲜明的良心思想，着眼点在实践，强调要以实践完成良心的命令。这个良心学说反映了西北少数民族日常交往的爱国心态是知行合一的心态，是言行一致的心态。正如马克思所说："实际上，而且对实践的唯物主义即共产主义来说，全部问题都在于使世界革命化，实际的反对并改变现存的事物。"① 由此看来，西北少数民族日常交往的爱国心态与历史唯物主义的实践观是一致的。西北少数民族日常交往的爱国心态表明，人不仅是自由的存在、美的存在、思想的存在，也是现实的存在、社会的存在、民族和国家的存在，而且是这些存在的各种关系的反映。良心对于西北少数民族的爱国心态来说不是别的什么东西，仅仅是现实的人对国家和民族的责任在现实中的实现。这个良心反映了西北少数民族真实的完全健康的人的本性。这是追求社会更美好、更光明、更完善的人的本性，是要改造和变革现存的让人处于剥削和压迫中的社会现状人的本性。在西北少数民族看来，良心上的错误、恶习、罪过也不是别的什么，是缺少责任和义务造成的人的缺陷。西北少数民族日常交往的爱国心态最活跃、最真实、最纯洁的良心活在维护国家和民族至高无上的利益里。

第五节　西北少数民族日常交往的宗教心态

宗教对西北少数民族日常交往的心态产生了特别重要的影响。西北

---

① 余培源、吴晓明主编：《马克思主义哲学经典文本导读》，高等教育出版社2005年版，第152页。

少数民族日常交往的宗教心态是以宗教信仰的态度构成的反应方式，表现为以宗教的敬畏心态从事日常交往，以对待神的态度对待人，在日常交往关系的处理上增加了一层宗教的色彩。"一切能影响群众的精神手段中第一个和最重要的手段依然是宗教。"① 恩格斯的这个论断，对研究西北少数民族日常交往的宗教心态具有重要的指导意义。研究西北少数民族日常交往，就不能不研究他们的宗教心态。这不仅因为西北少数民族基本上是全民信教的民族，宗教在他们的生活中占据了至高无上的地位，对日常交往影响很大，而且因为宗教经过历史的传承和文化的积淀已经成为西北少数民族日常交往心态的有机组成部分。研究西北少数民族日常交往的宗教心态，可以看到宗教怎样影响西北少数民族的日常交往，西北少数民族又是如何通过日常交往表达他们的宗教心态。西北少数民族日常交往宗教心态的独特性就在于他们以宗教的反应方式和信仰的态度处理日常交往，以对待神的态度对待人。西北少数民族信奉的伊斯兰教和藏传佛教都有很强的地域性，与西北少数民族的日常交往关系密切，对西北少数民族的日常交往心态影响很大。这两种宗教，都有历史悠久性、影响广泛性、信仰全民性、问题复杂性、政治差异性、文化冲突性、矛盾易发性特点。所谓西北少数民族日常交往的宗教心态，主要是伊斯兰教和藏传佛教造成的心态。

一　西北少数民族日常交往宗教心态构成的三要素

作为一种精神现象和主体心智结构的精神表现形式，西北少数民族日常交往的宗教心态既以宗教信仰的态度对待日常交往，也把社会心理的知情意的结构合为一体，构建起社会主体对"存在意义"和"生活价值"的一种理性省悟，形成了个人的文化认同、心理归属与价值取向，在主体心灵世界的丰富情感的基础上，孕育出一个高度稳定的"信仰的世界"，这一世界的呈现即是以宗教的敬畏心态从事日常交往。这就是说，西北少数民族日常交往的宗教心态实质上就是以对待神的态度对待人，在日常交往关系的处理上增加了一层宗教的色彩。西北少数民族日常交往的宗教心态由下列三个要素构成，即宗教的价值取向心态、宗教的思维方式心态、宗教的行为模式心态。

---

① 《马克思恩格斯选集》第3卷，人民出版社2012年版，第387页。

（一）宗教价值取向心态

西北少数民族的宗教的价值取向是他们对"是好是坏""有用无用""值不值得"等价值取向的取舍。西北少数民族的价值取向由隐显两方面构成。隐的价值取向是隐藏在人们心灵深处的评估事物的好坏轻重、权衡利害得失的"天平"和"尺码"。显的价值取向则外显为人生观、生活观、价值观、历史观等，构成价值取向的理论学说，它属于意识形态层面的问题，即是观念形态的文化。宗教的价值取向心态就是西北少数民族的隐的价值取向。在西北少数民族日常交往中明显表现为"我为信仰存在，我为信仰活着"。无论信奉伊斯兰教的少数民族还是信奉藏传佛教的少数民族皆以自己的宗教信仰为最高价值，凡是符合自己宗教信仰的就是好的，否则就是不好的。为了捍卫自己的宗教信仰，他们愿意付出一切，甚至生命。宗教信仰好像太阳指引着他们生活的方向。这种宗教的价值取向心态如果走向极端就会形成唯我独尊、唯我独大的感觉，很容易被利用成为影响和谐民族关系的偏激情绪。

（二）宗教思维方式心态

西北少数民族宗教的思维方式心态是反应模式在他们的心理凝聚。一般说来，反应模式是人们遇到问题而感到应该怎样作出反应的融认识、情感、意志为一体的心理模式。虽然人们在思考问题、认识事物的时候，总要按照一定的模式、方式或路径去进行。但是，在这些模式、方式、路径后面还隐藏着认识和情感的关注点、认识和情感的切入点、认识和情感的过程等差异。这些与思考问题的方式、模式密切相关的心理源头，就形成一定的思维方式心态。西北少数民族宗教的思维方式心态表现为形成了认同本民族的历史文化、本民族的风俗习惯的心理定式。在这个心理定式的支配下，西北少数民族热爱本民族居住的地域、本民族的生活方式、本民族的语言文化。这个宗教的思维方式心态在定义本民族的同时也定义了其他民族，如果走向极端就会形成排斥性的心理认同，即抬高自己民族的优点，贬低其他民族的优点。

（三）宗教行为模式心态

被价值取向和思维方式支配的行为经过不断反复而经常化就构成人们的行为模式。任何一种行为模式都会被相应的心理定式所左右，这些左右人们行为模式的心理凝聚就是行为模式心态。西北少数民族的宗教行为模式心态就是他们对宗教坚持的精神在日常交往中的体现。例如，信奉伊斯兰教的少数民族坚持一天做5次礼拜，一次也不能缺少。在非伊斯兰教的人看来，这种行为可能过于机械、呆板，没有意义。但是，对于信奉伊斯兰教的穆斯林来说，他们的宗教行为模式心态已经把这个行为模式化，通过这个行为才能证明自己有信仰、有追求、有坚强的意志，才能获得心理的慰藉。信奉藏传佛教的少数民族严格遵守不杀生的佛教戒律，戒律对于信奉藏传佛教的群众来说是个人修行水平的标志，基本含义是制止身、口、意三业不作恶，也叫止持。止就是禁止，持就是坚持。一方面禁止，另一方面坚持，长期积淀下来就成为藏传佛教信教群众的宗教行为模式心态。在这个心态下，藏传佛教的信教群众，不仅坚持不杀有生命的各种动物，连平平常常的植物也不去伤害。这在不信奉藏传佛教的人看来近乎可笑。但是，对于信奉藏传佛教的少数民族来说这是他们有信仰、有思想、有意志的表现，这样做是为了更好践行自己的宗教信念，获得心理的满足。

二　西北少数民族日常交往的宗教心态表现

西北少数民族之所以能够形成日常交往的宗教心态一方面是宗教的历史渊源、文化渊源的作用；另一方面是宗教的社会功能使他们进一步认识和理解了与人更好相处的意义和方法。这说明在西北少数民族的日常交往的宗教心态中起决定作用的就是信仰的力量。西北少数民族日常交往的宗教心态表现为与人交往的虔诚心态、与人交往的严肃心态、与人交往的健全心态、与人交往的仪式心态。

（一）与人交往的虔诚心态

前文提及，就信仰的类别看，西北少数民族分为信奉伊斯兰教的民族和信奉藏传佛教的民族。无论伊斯兰教还是藏传佛教都强调"两世说"，即今世和后世。伊斯兰教认为："谁想获得今世的报酬，我（真主）给谁今世的报酬。谁想获得后世的报酬，我（真主）给谁后世的报酬。"[①] 藏传佛教强调业报轮回，即善有善报，恶有恶报，为善下世好报，为恶下世坏报。藏传佛教的两世说强调业报。这个业报是一事一报，凡事必报，只是有因果报应的早晚之别。报的好坏就表现在轮回上，好人有好报，来世有福；坏人有恶报，来世遭轮回之罪。西北少数民族日常交往的这个宗教

---

① 《古兰经》，马坚译，中国社会科学出版社1996年版，第90页。

心态不是对一时一地、对某人某物的反映，而是对人生的全面反映，是贯穿现世、来世和今世的态度，是对我们所居住的这个世界的性质如何的反映。因为西北少数民族认为我们有来世，但是不是在我们之外，而是在我们之内，所以，他们总是以宗教的虔诚与人交往。宗教的虔诚就是他们真实的人性的流露。"只有人性的东西才是真实实在的东西；因为只有人性的东西才是有理性的东西；人乃是理性的尺度。"①笔者调查了新疆的信奉伊斯兰教的哈萨克族和信奉藏传佛教的锡伯族对与之交往的对象的虔诚心态产生的原因时发现，哈萨克族、锡伯族都认为虔诚待人是有信仰的人的特征，虔诚就是真诚，真诚者才会进天堂，免遭轮回之苦，下辈子享受人间的幸福。

（二）与人交往的严肃心态

西北少数民族各个民族共同体的成员几乎都是有宗教信仰的人。凡是具有宗教信仰的人，都对现实的人生抱有严肃的态度。他们不会游戏人生，不会看淡人生，而是把现实的人生看得很重要。西北少数民族与人交往的这个严肃心态来自他们把世界看成是神造的，把其他人看成与自己一样都是神的子孙。对世界的亵渎、对他人的不友善都是不敬神的表现，都是违背宗教信仰的被谴责的行为，不仅与自己的宗教信仰相抵触，也与本民族的风俗习惯不相容。对这个道理，詹姆士看得很明确，詹姆士认为："假如有一句话可以包含宗教的普遍意义，那么这句话应该说'在这个世界，一切都不是虚荣，无论表面所暗示的如何'。"②詹姆士认为这就是宗教的态度，他指出："宗教的态度，必须含有肃穆的、庄重的并慈柔的态度，假如态度是欢喜的，那么，他不至于冷笑和暗笑；假如是愁苦的，必须不至于绝叫或诅咒。"③亚当·斯密指出："人们通常会非常相信似乎深受宗教思想影响的那些人，诚实正直。人们认为，这些人的行为除了受到别人行为同样起调节作用的准则的约束，另外还有一种约束……这就是，他不干则已，一干起来就要像那位至尊的神在场那样审慎，这位至尊的神最终会根据他的实际行动给以补偿。"④为了证实西北少数民族与人交往的

---

① 《费尔巴哈哲学著作选集》，荣振华、李金山等译，商务印书馆1984年版，第181页。
② [美]威廉·詹姆士：《宗教经验之种种：人性之研究》，蔡怡佳译，商务印书馆2002年版，第35页。
③ 同上。
④ [英]亚当·斯密：《道德情操论》，蒋自强等译，商务印书馆1997年版，第207页。

严肃心态,笔者调查了西北民族地区的公众对信教群众和不信教群众在可信度方面的态度,结果发现西北民族地区的公众对信教群众的接受度大于对不信教群众的接受度。被调查的 500 位公众来自社会的不同阶层,包括公务员、商人、教师、学生、农牧民。他们异口同声认为信教群众处理问题有一个基本态度,这就是严肃。不信教群众处理问题也有一个基本态度,这就是不严肃。前者表现为诚实可信,为人处世严谨。后者则可信度较低,为人较为轻浮。

(三)与人交往的健全心态

西北少数民族各民族共同体的成员作为有宗教信仰的人天生乐观,不仅性格乐观,而且看待世界乐观,总是相信世界有光明的未来、人生有光明的前途。藏传佛教虽然把人看作苦水做的,也相信通过此一生的行善还会扭转局势,消解痛苦,获得快乐,为来生转世创造条件。詹姆士把宗教的这种心态概括为健全的心态。詹姆士认为有两种心态,一种是无意的健全心态,另一种是有意的健全心态。直接来自事物的快乐心态是无意识的健全心态,把一切都看作好的心态是有意识的健全心态。西北少数民族日常交往的健全心态"是一个比实际世界美丽得多,清净得多,善良得多的诗的幻想"[①]。笔者为了证实西北少数民族的与人交往的健全心态,对信奉伊斯兰教和藏传佛教的群众与无信仰的非少数民族群众做了对比调查,发现西北少数民族的信教群众比不信教的非少数民族群众在对社会、个人的乐观评价度方面的指数要高出近 10 位数。被调查的非少数民族的不信教群众的收入则比信教的西北少数民族群众平均高出 20%。这就说明与人交往的健全心态的形成与宗教的关系最密切,与经济条件的关系则较为淡薄。

(四)与人交往的仪式心态

西北少数民族各民族共同体的成员作为有宗教信仰的人为人处世总是谨小慎微,颇多讲究。究其原因,不外乎他们总是认为无论他们身居何处,做什么事情,都有神在观察和记录。如果他们把善事做得多了,他们就会因善得福,进入天堂,转世顺利,享受快乐。如果他们把恶事做得多

---

① [美]威廉·詹姆士:《宗教经验之种种:人性之研究》,蔡怡佳译,商务印书馆 2002 年版,第 88 页。

了，他们就会因恶得祸，下到地狱，转世艰难，遭受痛苦。所以，无论信奉伊斯兰教还是信奉藏传佛教的西北少数民族在日常交往中都循规蹈矩，很在乎待人接物的每个环节的礼仪。这个仪式心态不仅表现在日常交往的迎来送往、端茶递水、一言一行中，而且表现在穿着打扮、座位排序等方面。亚当·斯密指出："判断行为功过的那些一般准则就这样被看出某个无所不能的神的规则，这个神在观察我们的行为，并在来世报答遵守这些规则的人和惩罚违反他的人。"① 一个诚信的人"他从来不敢有片刻时间忘掉公正的旁观者对他的行为和感情所作的评价。他从来不敢有片刻时间放松对内心的这个人的注意。他总是习惯于用同他共处的这个人的眼光观察与自己有关的事物。这种习惯对他来说已经非常熟悉了"②。亚当·斯密的这个论断被笔者的调查证实。笔者对西北少数民族一部分信教群众的调查表明，所有被调查访谈的信教群众都异口同声表示，对与之交往的客人抱有仪式心态，不仅仅是对人的尊重和爱护，更是神的教导和指引，神就站在你身旁看着你怎样接待来访的客人，怎样与人交往。

综上所述，西北少数民族日常交往的宗教心态来自由宗教信仰决定的对神的敬畏。这就是说，西北少数民族日常交往的宗教心态既包括对信仰的尊敬，信仰至高无上，神圣不可侵犯，也包括对信仰的畏惧，即不能亵渎信仰，不能偏离信仰。尊敬崇拜对象与畏惧神的惩罚构成了西北少数民族日常交往的宗教心态的丰富性、多样性和复杂性。把对神的敬畏拿来处理日常交往就构成了西北少数民族日常交往宗教心态的鲜明特色。

三 宗教对西北少数民族日常交往宗教心态形成的影响

宗教对西北少数民族日常交往的宗教心态形成的影响不仅表现为伊斯兰教和藏传佛教的历史悠久、传播时间长，而且表现为下列三个重要要素的影响。这三个要素构成了西北少数民族日常交往宗教心态形成的外因和内因。正是在这个外因和内因的影响下，西北少数民族才形成了日常交往的宗教心态。

---

① ［英］亚当·斯密：《道德情操论》，蒋自强等译，商务印书馆1997年版，第208页。
② 同上。

（一）宗教环境的影响

西北各省的宗教活动情况的数据统计结果表明，西北各省的信教群众不仅人数多，宗教活动场所多，而且宗教教职人员数量多，宗教团体多。这些数据表明，西北少数民族深受宗教的影响，他们生活在浓厚的宗教气氛中，宗教是他们生活的重要组成部分。

（二）宗教信仰的影响

与上面的问题密切相关的是，正是因为伊斯兰教与藏传佛教对西北少数民族的影响大，不可替代，所以，宗教依然是西北少数民族的主要信仰，处于至高无上地位。2009—2010 年，笔者与研究团队到西北民族地区进行了一项调查，在信奉伊斯兰教的 10 个民族中选取了 1 万人做样本，在信奉藏传佛教的 5 个民族中选取了 5000 人做样本，结果证明了上述论点是可信的。信教的群众不是简单地选取宗教作为自己的信仰，而是对宗教都有不同程度的认识和理解。表 8-1、表 8-2、表 8-3 是调查数据的统计。

表 8-1 西北少数民族信仰宗教情况调查之一

被调查样本数	调查民族	完全信仰宗教	基本信仰宗教
10000 人	回族、维吾尔族、哈萨克族、柯尔克孜族、东乡族、撒拉族、保安族、塔吉克族、乌兹别克族、塔塔尔族	9000 人	1000 人
5000 人	藏族、蒙古族、土族、裕固族、锡伯族	4500 人	500 人

资料来源：2009—2010 年西北少数民族信教情况调查。

表 8-2 西北少数民族信仰宗教情况调查之二

被调查样本数	调查民族	相信两世说	相信果报
1000 人	藏族、蒙古族、土族、裕固族	960	980
1000 人	回族、维吾尔族、哈萨克族、东乡族	96%	98%

资料来源：2009—2010 年西北少数民族信教情况调查。

姚维一对新疆的"你认为目前社会上最受人尊敬的职业"所作的调查表明，宗教职业者普遍被认同（被访问人数 467 人，实答人数 327 人）。

表8-3　　　　　　　西北少数民族信仰宗教情况调查之三

职业	教师	宗教人士	科学家	公务员	演员
人数	246	158	91	56	39
排序	1	2	3	4	5
比例	52.67%	33.8%	19.48%	15.1%	11.9%

资料来源：姚维一：《新疆维吾尔族群众宗教心态分析》，《新疆师范大学学报》2009年第3期。

（三）宗教社会功能的影响

宗教在当今社会的主要社会功能就是构建人与人之间的关系、调整自我与社会的关系，现在宗教的这个作用越来越大。通过对西北少数民族日常交往宗教心态的调查，可以明显看到宗教不仅在信教群众的自我的心理调节方面的作用更加突出，而且与信教群众的日常生活结合得更加紧密。这个结合不仅表现在信教群众形成了鲜明而强烈的日常交往的宗教心态，而且表现为信教群众在这个心态的支配下，以宗教信仰的态度作为处理日常交往的构建和调控手段。这一点可以概括为宗教教人与人更好相处。教人与人更好相处的最好方法就是用对待神的态度对待人。要达到这个目的就要形成宗教心态。笔者和其研究团队进行的2009—2010年的西北少数民族信教情况调查证明了这一点。这次调查涉及新疆、青海和西北的5个民族自治州、10个民族自治县的信奉伊斯兰教和藏传佛教的信教群众各500位，结果表明98%的被调查对象都表示宗教信仰可以教人与人更好相处（见表8-4）。

表8-4　　　　　　　西北少数民族信仰宗教情况调查之四

项　目	教人与人更好相处	保持民族特色	一生平安	一生快乐
样本1000人	980人	750人	680人	870人
比　例（%）	98	75	68	87

资料来源：2009—2010年西北少数民族信教情况调查。

由此看来，宗教的社会功能主要表现在宗教日益成为调整现实的人与人、人与社会之间关系的手段。

四　西北少数民族日常交往宗教心态形成的数据检测分析

对西北少数民族日常交往的宗教心态的形成产生重要影响的上述三个要素究竟哪一个影响更大呢？这不是主观臆测能够解决的问题，必须通过对相关要素的级差统计检测才能够得到令人信服的科学的结论。笔者对这三个方面的要素与西北少数民族日常交往的宗教心态的关联度进行了皮尔逊级差相关检测分析，其结果如表8-5所示。

表8-5　西北少数民族日常交往宗教心态的各要素的皮尔逊级差相关检测

项　目	宗教环境	宗教信仰	宗教的社会功能
宗教价值取向心态	0.195*	0.280**	0.215**
宗教思维方式心态	0.205*	0.278**	0.275**
宗教行为模式心态	0.205*	0.270**	0.285**
与人交往的虔诚心态	-162	0.260**	0.250**
与人交往的严肃心态	-170	0.270**	0.220**
与人交往的健全心态	-160	0.260**	0.250**
与人交往的仪式心态	-190	0.255**	0.260**

说明：* $p<0.05$ 皮尔逊级差相关系数（信赖水准为95%）；** $p<0.01$ 皮尔逊级差相关系数（信赖水准为99%）；"-"为负相关。

（一）皮尔逊级差相关检测结果分析

通过这个检测结果，可以对三个影响西北少数民族日常交往宗教心态的要素说明如下。

（1）宗教环境的影响。宗教环境对宗教的价值取向心态、宗教的思维方式心态、宗教的行为模式心态的影响比较大，但对与人交往的虔诚心态、与人交往的严肃心态、与人交往的健全心态、与人交往的仪式心态则没有影响。

（2）宗教信仰的影响。宗教信仰对宗教的价值取向心态、宗教的思维方式心态、宗教的行为模式心态有很大的影响，对与人交往的虔诚心态、与人交往的严肃心态、与人交往的健全心态、与人交往的仪式心态也有很大影响。皮尔逊级差相关检测的结果表明此项内容的相关系数达到99%，如此高的关联度说明了宗教信仰对形成西北少数民族日常交往的宗教心态起到了决定性作用。

（3）宗教社会功能的影响。宗教社会功能要素对宗教的价值取向心态、宗教的思维方式心态、宗教的行为模式心态有很大的影响，对与人交往的虔诚心态、与人交往的严肃心态、与人交往的健全心态、与人交往的仪式心态也有很大的影响。皮尔逊级差相关检测的结果表明此项内容的相关系数达到99%，如此高的关联度说明了宗教的社会功能对形成西北少数民族日常交往的宗教心态起到了决定性作用。

皮尔逊级差相关检测的结果表明对西北少数民族日常交往的宗教心态的形成产生最大影响的要素是宗教信仰、宗教的社会功能。

（二）宗教信仰、宗教的社会功能影响大的原因分析

宗教的信仰、宗教的社会功能之所以对西北少数民族日常交往的宗教心态形成产生巨大影响，主要原因在于可以帮助西北少数民族形成信仰的力量。信仰的力量来自宗教心态，宗教心态一旦与日常交往相结合，就表现为对人与人、自我与社会关系的调控功能。信仰的力量在西北少数民族日常交往中的调控功能表现如下。

1. 以信仰的力量构建人与人的关系

任何宗教活动通常都要经历皈依、蒙神恩、体验宗教、得到安身立命的基础这样一个过程。这个过程不仅表现为信教群众的心态由不快乐、不幸福转向快乐和幸福，而且表现为宗教意识占据了信教群众生活的主导位置，使信教群众对世界的理解表现出明显的宗教意义。从宗教发生学看，这是"立意型"和"委身型"的宗教得到建立。美国宗教学家斯塔伯最先提出人与宗教的这两个关系类型。所谓"立意型"就是通过学习和理解逐渐接受了宗教的信仰。所谓"委身型"就是从出生之日起就信仰宗教。西北少数民族的信教群众从一出生就接受宗教的仪式皈依宗教，从小就要学习宗教的典籍、宗教的各种仪式，参加各种宗教活动，宗教对信教群众的影响从未间断。信奉伊斯兰教的孩子要到清真寺请阿訇起名，诵读《古兰经》，参加向真主祷告的仪式。信奉藏传佛教的少数民族要到佛寺去许愿还愿，向孩子灌输佛教的信仰，参拜家里供奉的菩萨。由于有了信仰的基础，信教群众从小就依靠信仰建立人与人的关系，不仅依靠信仰建立本民族的人与人的交往关系，而且依靠信仰建立与其他民族的交往关系。在与其他民族的交往中，西北少数民族坚持自己的信仰，也以自己的信仰与人相处，表现为待人诚实守信、有礼貌、讲义气、重承诺。西北少数民族日

常交往的宗教心态在这方面最突出的特点就是把信仰的价值和意义看得高于一切,从信仰的源头上确认信仰的价值和意义,所以,西北少数民族没有采用实用主义、功利主义的态度对待日常交往,不是把日常交往看作商业活动、赚钱活动,而是注重从处理人与人的关系、人与社会的关系的角度体现信仰的力量。

2. 以信仰的力量调整自我与社会的关系

从信仰看,西北少数民族都是一次出生的人,不是两次出生的人。这个观点为美国宗教学家詹姆士首次提出。詹姆士认为一次出生的人天生具有健全的宗教心态,两次出生的人通过两次出生才能有健全的宗教心态。健全的宗教心态就是把自我和社会都看作具有光明前途和未来的心态。西北少数民族都是一次出生的人,不仅指他们从小就确立了宗教信仰,也指他们通过信仰的确立天生具有健全的宗教心态,这不仅源于他们信奉的宗教的历史渊源、文化渊源,而且也与他们信奉的宗教倡导的"两世说"关系密切。在伊斯兰教和藏传佛教看来,人的前途和未来与天堂和地狱结合,通过行善的努力,每个人的前途和未来就是光明的。就这个意义看,西北少数民族日常交往的宗教心态就是以信仰的态度调整自我与社会的关系,主要表现为以信仰追求自我与社会的和谐关系的心态。为了获得这个心态,就要对不平衡心态进行自我调控。西北少数民族在日常交往中对不平衡心态的自我调整控表现在以下两个重要方面。

(1) 通过对心理上的民族距离之感的调整,以信仰之力减缓这种不适之感。西北少数民族在与本民族的交往中,这种心理上的民族距离之感不存在;在与他民族交往中,这种心理上的民族距离之感表现明显,特别是与宗教信仰、风俗习惯、兴趣爱好明显不一样的民族交往时,心理上的民族距离感更加明显。信仰的力量就表现为以求同存异的方法缩短这个民族距离之感,以众生平等的态度处理彼此的交往。

(2) 通过对心理上的文化距离之感的调整,以信仰之力减轻由此带来的心理压力。与其他民族交往特别是与本民族的宗教信仰、风俗习惯、兴趣爱好不一样的民族交往时,西北少数民族因为心理上的文化距离之感而产生了陌生之感。信仰的力量就表现为通过以诚相见调整心理的文化距离之感,减轻因此带来的心理压力。

通过研究西北少数民族日常交往的宗教心态,我们可以得出一个重要结论,这就是宗教对西北少数民族依然具有不可替代的影响,宗教信仰依然占据了西北少数民族生活的支配地位，认神唯一已经内化为西北少数民族信教群众的宗教心态。西北少数民族日常交往的宗教心态实际上就是以宗教信仰去处理日常交往，以宗教体验感受日常交往的宗教信仰的力量。这明显表现为西北少数民族日常交往的特点是以对待神的态度对待人，与之交往的人在西北少数民族那里享受了神的待遇，对信仰的敬畏转化为对与之交往的关系的宗教心态。这说明在西北少数民族的日常交往的宗教心态中起决定作用的就是信仰的力量。由此看来，宗教心态是西北少数民族日常交往的大心态，西北少数民族日常交往的其他方面的心态则是小心态。因为，信仰居于世界观和方法论的顶层，对日常交往具有统领和指导作用。

第六节　西北少数民族日常交往的伦理心态

伦理关系从民族共同体诞生的那一天起就存在于民族关系中，是民族日常交往关系中最生动、最丰富、最活跃、最重要的内容。它与民族共同体的文化和历史一起成长，是支配、控制、调节各种民族社会关系的主要手段。民族交往关系的历史就是民族共同体的伦理关系形成的历史，民族交往文化的积累和传承不断丰富、发展和壮大民族共同体的伦理关系。西北少数民族日常交往的伦理心态通过形成道德心理反应机制以"道德感"的反应和态度构建了交往的礼貌伦理心态、仪式伦理心态、感情伦理心态、意志伦理心态。这个伦理心态凝聚着西北少数民族的宗教信仰、传统习惯的"善"的伦理本源，积淀和传承着深厚的、独树一帜的民族共同体的伦理文化。

一　伦理心态

伦理是一个内涵丰富、具有多方面指向的概念。伦理的哲学含义指认识和方法论意义上的道德理论，伦理的道德含义指实践和人生意义上的高尚行为，伦理的心理含义指体验和描述意义上的自我反应，伦理的社会含义指规范和制度意义上的约束机制。伦理的定义指社会规范和心理反应机制背后蕴含的精神气质，分为国家、社会和个人三个方面。国家精神气质指以国家意识为核心的国家至上的理念，社会精神气质指以社会意识为核心的集体精神至上的理念，个人精神气质指以自我意识为核心的"客我"

与"主我"并存的理念。

　　心态表现在人们对一些问题会有较为一致的看法。较为一致的看法指自我的独特的反应方式和反应态度。自我的反应要以态度的方式进行，表现在行为中的态度是外在的态度，表现在内心活动中的是内在的态度。人的言谈举止所表现的喜怒哀乐是外在态度，人的隐而不发的喜怒哀乐就是内在的态度。所以，人的反应方式也有两种，外在的反应方式是行动，内在的反应方式是心态。奥尔波特把心态看作自我的心理反应机制，他认为：心态是人的心理的准备状态，是对自我的反应起到指示性和动力性影响作用的经验化的机制。① 米德认为心态是人的第一反应，是行为的开端。他写道："人们必须坚持的是，可以客观地观察的行为在个体内部得到表达，其含义并非指它存在于另一个世界、一个主观世界，而是指它存在于该个体的有机内部。这种行为的某些成分通过我们可以称之为'态度'——即行为的开端——的东西表现出来。现在我们如果回过头看这些态度，我们就会发现，是它引起各种反应。"② 海德认为心态就是态度，是人与事的因果关联表现出来的互相影响。他写道："对人的态度的因果单元的构成互相影响。对一件事情的态度能够改变对引起这件事的那个人的态度，而且，人格对一个人和对一件事的态度是相似的，就会出现一种平衡的构型。"③

　　西北少数民族的日常交往的伦理心态指以伦理的认知方式、情感方式、意志方式通过构建伦理的心理反应机制，形成伦理反应，构成伦理态度，是以包含了"眼光"和"解释"的以"道德感"所进行的"构建"。西北少数民族日常交往的礼貌的伦理心态、交往仪式的伦理心态、交往感情的伦理心态、交往意志的伦理心态就是这个构建的结果。西北少数民族日常交往的伦理心态凝聚着民族共同体的宗教信仰、传统习惯的"善"的伦理本源，积淀和传承着深厚的、独树一帜的民族共同体的伦理文化。

　　西北少数民族的日常交往的伦理心态是以伦理的认知方式、情感方式、意志方式构建的伦理心理反应机制。伦理心态不仅仅是反应和态度的形成，如果这样理解伦理心态，就会把伦理心态等同于"眼光"。伦理心

---

①　万俊人主编：《20 世纪西方伦理学经典》第 1 卷，中国人民大学出版社 2004 年版，第 212 页。
②　[美] 米德：《心灵、自我与社会》，赵月琴译，译文出版社 1992 年版，第 175 页。
③　周晓虹主编：《现代社会心理学名著菁华》，社会科学文献出版社 2007 年版，第 235 页。

态也不仅仅是心理活动的进行,如果这样理解伦理心态,就会把伦理心态等同于"解释"。"眼光"是介于看到与没有看到之间的感觉能力,"解释"是介于理解与没有理解之间的诠释能力。伦理心态则是包含了"眼光"和"解释"的以"道德感"所进行的"构建"。伦理心态不仅要感觉和诠释,更重要的是要以"道德感"构建。尼采把"道德感"定义为情感被综合以后的自我的态度和反应,尼采认为:"被我们当作'道德感'来感受的东西何其多样:其中有尊重、畏惧、感动,诸如为某种神圣的隐秘的东西所感动,其中有某个命令者在说话,某个把自己看得比我们更为重要的东西;某个使人振奋、激动或者使人安静和深沉的东西。我们的道德感乃是曾经在我们祖先的历史中起过支配作用的所有华丽的和恭顺的情感的一个综合、一种同时的鸣响。"① 石里克把道德感定义为按照自由意识表现出来的"自己的欲望"的态度和反应,他认为:"这种感觉就是对自由的意识,而自由的意识也就是对于按照自己的欲望行动的认识。所谓'自己的欲望',也就是那些在特定的情况下个人性格中有规则的产生欲望。它们不像上面说的那样是由某种外力强加的。没有外力强制,这表现在可以按别种方式行动这种人所共知的感觉之中。"②

二 西北少数民族的日常交往伦理心态的四个构建

西北少数民族的日常交往指最大量、最经常、最普遍、最基本的交往,其一般的特点是交往的频率高、重复性强、内容丰富、形式多样、涉及的领域宽广。也可以说,所有的交往都是日常交往,日常交往构成了民族共同体存在、发展和进步的基本条件。伦理心态则在日常交往中通过构建而存在,西北少数民族日常交往的伦理心态表现在四种交往心态的构建里,由此展现了其日常交往的丰富性、多样性和深厚的文化、民俗底蕴,成为支配、调节和控制日常交往开展的阀门。

(一)交往礼貌的心态的构建

西北少数民族素来以讲究礼貌著称。西北的信奉伊斯兰教的穆斯林群众和信奉藏传佛教的少数民族群众交往礼貌的心态是与和谐、敬重、诚实等为人的品质结合在一起的行为,表现为善良、理解、关爱的反应和态

---

① [德]尼采:《权力意志》,孙周兴译,商务印书馆2007年版,第1页。
② 万俊人主编:《20世纪西方伦理学经典》第1卷,中国人民大学出版社2004年版,第176页。

度。这个反应和态度的具体表现如下。

1. 话语表达的礼貌心态

西北穆斯林见面要互致问候，要说"色俩目尔拉孔"（阿拉伯语的原文是 Asseilanmuerlaiku，"色俩目尔拉孔"，后两段：mworehermtonglahei，wobrekatuhu，汉译：外热哈麦同拉嘿，外白热卡图乎。这两段可以在日常问候时省略，但是在庄重严肃的正式场合则不能省略，要完整表述），应答者要说"尔拉孔色俩目"。互相离别时也可以这样互道再见。信奉藏传佛教的少数民族群众见面要互相鞠躬和作揖，以无声的肢体话语互致问候。在牧区，如果骑马的客人来到门前，藏族主妇先走上前去牵住马匹，然后男主人迎上前来，向客人问候。在城镇，客人来到门前，主人问候客人的用语是："你光临了，一路平安吗？"客人进门时，主人站在门口摊开双手招呼客人："请进，请先进。"①

2. 笑的表情的礼貌心态

喜欢笑是西北少数民族的特点，无论是信仰伊斯兰教的共同体成员还是藏传佛教民族共同体成员与任何人见面都以笑脸相迎。笑成为西北少数民族待人接物的礼仪的标志性符号。对于笑脸的作用，亚当·斯密认为："见到一副笑脸，人们的心情甚至会由忧郁变为欢乐和轻快，从而使人们乐于表示同情，并且分享其所表现的喜悦；人们会感到自己原来有的那种忧虑、抑郁的心情顷刻之间豁然开朗和兴奋起来。"② 从笑的方式和类别可以判断西北少数民族对待客人的态度。西北少数民族是感觉敏锐、喜欢以貌取人的民族。如果客人面目可亲、衣衫整洁、温文尔雅、举止得体，他们就以礼相待、眉开眼笑、语言和气。如果客人面目可憎、衣衫褴褛、言语粗鲁、举止失当，他们就表情冷淡、眉头紧蹙、无言以对。

3. 善意过程展现的礼貌心态

西北少数民族的交往礼貌心态还表现为重视善意展现的过程，在过程中表达善意，通过过程体现善意的不同含义。维吾尔族请客人吃饭时，首先要洗手，洗手时由一人持铜壶给每人冲洗。一般是先给客人洗，然后按照辈分和年龄依次冲洗。这是喜爱清洁干净的礼貌。吃饭入座时，最长者先入座，坐首席，其他人按辈分和年龄依次入座。这是尊老爱幼的礼貌。

---

① 马进：《西北少数民族伦理道德研究》，宁夏人民出版社1995年版，第343—344页。
② [英]亚当·斯密：《道德情操论》，蒋自强等译，商务印书馆1997年版，第62页。

坐在椅子上，双腿应该合拢，不能分开；坐在地毯上，双腿不能伸直，尤其不能把脚底朝向他人。这是尊敬他人的礼貌。吃饭时长者先动手，其他人按辈分和年龄依次动手。这是敬老尊老的礼貌。① 藏族请客人吃饭时，主人请客人坐上座，然后男左女右，客上主下。待客人坐好后便上藏餐。藏餐的上法颇有顺序，藏餐的寓意颇为丰富。第一道上红白馍馍和红白奶茶。藏族十分喜爱白色，白代表纯真洁净。红白两色意味着吉祥如意，钱财兴旺。第二道上红色蕨麻的白色米饭，叫作吉祥如意饭，祝愿客人时运亨通，健康长寿，一生平安。第三道上的是包子、手抓肉，还有清汤面片。手抓肉的盘里要有羊尾巴，羊尾巴上要带一撮毛，表示彼此的交往要有头有尾，善始善终。最后一道菜是一碗放有白糖和红糖的酸奶子。这红白两色代表诚实、厚道、快乐和对天地的崇拜。②

（二）交往仪式的伦理心态的构建

仪式的定义可以从不同领域、不同方面界定。哲学的仪式指自由与必然的结合，是理性对感性的抑制和思维的规则和顺序。政治学的仪式指决策的程序，是政治理念运行的机制。管理学的仪式指管理对人财物的控制，表现为管理的层级关系。仪式的伦理的心态指伦理关注机制的形成，表现为伦理与知情意的结合。美国社会学家、仪式社会学的代表人物柯林斯认为仪式是群体情感、群体符号、群体反应、态度的集合体。柯林斯由此把仪式概括为"关注机制"，柯林斯写道："仪式是一种相互关注的情感和关注机制，它形成了一种瞬间的关注现实，因而会形成群体团结和群体成员性的符号。"③ 柯林斯认为仪式与思想感情密切相关："当人们聚集在同一地点，具有身体的协调一致性：涌动的感觉、谨慎或利益感、可察觉的气氛的变化。人们之间相互关注，不管一开始是否对其有明显的意识。这种人身的相互注意是接下来要发生的一切的起点。"④ 柯林斯的观点是仪式就是群体性的聚合，从这一点出发，柯林斯认为："仪式社会学因而是关于人群、会员、会众、观众聚集的社会学。"⑤ 西北少数民族日常交往的

---

① 马进：《西北少数民族伦理道德研究》，宁夏人民出版社1995年版，第343—344页。
② 熊坤新、李建军：《新疆诸民族伦理思想研究》，中央民族大学出版社2008年版，第31—33页。
③ [美]兰德尔·柯林斯：《互动仪式链》，林聚任、王鹏、宋丽君译，商务印书馆2009年版，第69—70页。
④ 同上书，第69页。
⑤ 同上书，第36页。

仪式指交往的过程，也指交往的相互影响和相互改变。西北少数民族日常交往的伦理心态与柯林斯指出的仪式社会学相关，其中认知、情感两大因素起着支配和决定的作用。

1. 交往仪式的伦理心态的认知作用

西北少数民族的日常交往仪式的伦理心态的认知因素表现为角色模式与认知模式的统一。这个统一就是主人—客人、客人—主人、客人—客人的身份与角色的一致性或者互相转换的一致性。日常交往的角色就是主人与客人，日常交往的形式就是主人和客人身份和角色的互换，日常交往的内容就是主人与客人的对话。把主人与客人的角色和对主人与客人的角色认知统一起来，乃是仪式的伦理心态的认知关注机制起作用的结果。认知的关注机制通过角色模式与认知模式的链接和对应引导自我的角色模式与认知模式达到一致。礼仪乃是这种一致性的产物。亚当·斯密把这种一致性表述为"合宜性"。亚当·斯密认为"合宜性"的表现是"旁观者努力体谅当事人的情感和当事人努力把自己的情绪降低到旁观者所能够赞同的程度这样两个基础上……"① 亚当·斯密所说的"合宜性"就是本节的重要观点：角色模式与认知模式的一致性是仪式伦理心态产生的原因。

研究角色模式的权威是英国学者贝尔宾（Belbin），他认为任何一个人都会扮演特定的角色，角色指对处于特定位置的人的一套期待和规范。② 期待指对于担当某一特定角色的"可能"如何表现，规范指它"应该"如何表现。角色也可以看作担任某一职务的人的权利和义务。角色所涉及的内容和活动领域的多样性决定了的角色的多样性。当处于主人的角色时，主人的认知模式就表现为"热情好客"；当处于客人的角色时，客人的认知模式就表现为"相敬如宾"。研究认知模式的英国学者卡尔通（Kiron）认为人的认知模式与角色模式的关系表现为适应与创新的关系，适应的关系将保持角色的和谐，创新的关系表现为角色的冲突。③ 西北少数民族日常交往的主人与客人的角色因为在角色模式与认知模式的关系方面表现为适应的关系，所以能够达到角色模式与认知模式的一致。我们可以把这个关系称作"无冲突"关系。这个"无冲突"关系就是主人的热情友好与客

---

① [英]亚当·斯密：《道德情操论》，蒋自强等译，商务印书馆1997年版，第23页。
② Belbin ed., *M...Team Roles at Work*, Oxford, UK: Butterworth-Heinement, 1993, p. 278.
③ Kiron, M. J., "Adaptors and innovators: A description and measure", *Journal of Applied Psychology*, Vol. 12, No. 1, June 1976, pp. 622–629.

人的相敬如宾的一致性，由此产生出彬彬有礼的角色模式与认知模式的统一。例如，哈萨克族按照本民族的习惯"祖先的遗产一部分是留给客人的"要求，对凡是来访的客人一律好吃好喝招待，对素不相识的过路客人，如果遇到天黑、下雨和下雪则执意挽留，安排食宿，不收分文。亲朋好友来访，为表示诚意和营造快乐气氛，必将宰杀前的羊只牵来让大家表态这个羊只是否最好，如果大家都说好，才可以宰杀，如果有异议再换新的，直到大家满意为止。① 这是典型的"无冲突"的角色模式与认知模式相一致、相统一的适应关系。可以想象，如果主人对过路的客人有诸多疑虑，如果主人对亲朋好友的来访感到厌烦，那么就会出现"热情好客"与"相敬如宾"的矛盾和冲突，导致角色模式与认知模式不统一、不一致。

2. 交往仪式的伦理心态的情感作用

西北少数民族日常交往仪式中的情感因素指友好的感情。亚当·斯密认为友好的感情包括宽宏、人道、善良、怜悯、相互之间的友谊和尊重。"当它们在面容或行为中表现出来，甚至向那些与我们没有特殊关系的人表现出来时，几乎在所有的场合都会博得中立的旁观者的好感。"② 西北少数民族具有表达友好感情的艺术天性。这个艺术天性由"情感的表达艺术"和"情感的说唱艺术"构成。在"情感的表达艺术"方面，无论西北的穆斯林民族还是藏传佛教民族都有一套表达友好感情的方式。穆斯林民族接待客人时，一定要说感谢真主让我们相识，愿真主赐福于你和你的家人。藏传佛教民族接待客人时一定要说感谢我佛安排这个机会让我们见面，愿菩萨保佑你和你的家人平安。亚当·斯密认为友好的感情是天然的具有音乐性的感情："它们天生的调子都是柔和、清晰和悦耳的，它们自然而然地以被有规则的停顿区别开来的乐段表达出来，并很容易有规则地再现和重复。"③ 在"情感的说唱艺术"方面，西北少数民族把口头语言难以表达清楚的情感，特别是与个人生活相关的情感以演唱的方式表现出来，格外动听，堪称一绝。"情感的说唱艺术"的另一个功能是把事情说得头头是道，娓娓动听，感动对方。例如，居住在青海省互助、大通以及甘肃省天祝一带的 24.12 万（2000 年人口普查资料）土族群众的婚礼习

---

① 熊坤新、李建军：《新疆诸民族伦理思想研究》，中央民族大学出版社 2008 年版，第 69 页。
② 同上书，第 69 页。
③ ［英］亚当·斯密：《道德情操论》，蒋自强等译，商务印书馆 1997 年版，第 43 页。

俗可以证明"情感的说唱艺术"的存在。土族的婚礼分为提亲、娶亲、送亲、结婚仪式、谢宴、回门等程序，仪式复杂。由于每一个仪式上都穿插了歌手演唱的环节，所以，每一个仪式的情感因素都很突出，令人感动。例如，土族姑娘出嫁的前一天称作"麻择日"，意思是在女方家招待客人。在这一天，要在前院摆出所有的嫁妆供亲友观赏，特别要把新娘子用的所有针线摆出来，证明新娘针线活技艺的高超。同时，要请来歌手以歌唱的方式颂扬新娘子的针线手艺。之所以这样做，一方面因为土族是一个注重刺绣的民族，以针线活的手艺证明新娘子的贤惠；另一方面也是为了突出仪式的感情色彩，感动亲朋好友，证明这一段姻缘的美满。①

（三）交往情感的伦理心态的构建

伦理心态因为包含着知情意的因素，所以，必然表现出情感倾向。在知情意三者中，如果某个因素占据主导地位，伦理心态就会向某个因素倾斜，表现该因素的特征。在知情意的关系问题上，哲学家认为"知"是哲学的特征，艺术家认为"感"是艺术的特征，政治学家认为"意"是政治的特征。伦理学家则普遍认为"情"是伦理学的特征。情感伦理学的代表人物艾耶尔认为："伦理的词不仅用作表达情感，这些词也可以用来唤起情感，并由于唤起情感而刺激行动。"② "只表达道德判断的句子没有说出任何东西，它们纯粹是情感的表达。"③ 情感伦理学的另一个代表人物斯蒂文森认为：道德评价表示的是元评价性的，不是价值的判断，而是描绘判断理由的情感特征。④ 亚当·斯密则追根溯源，认为人有同情和怜悯他人的本性，"这些本性使他关心别人的命运，把别人的幸福看成他自己的事情，虽然他除了看到别人的幸福而感到高兴外，一无所得"⑤。

西北少数民族以情感世界展示内心世界的纯净真诚，表达对真善美的追求、对假恶丑的鞭笞。西北少数民族日常交往的情感伦理心态突出地表现在承载着厚实的文化底蕴的"花儿会"里。地处黄土高原的甘肃省临夏回族自治州的康乐县的莲花山，以山形酷似盛开的莲花著称。每年的农历

---

① 邢海燕：《土族口头传说与民俗文化》，甘肃人民出版社2008年版，第121页。
② 万俊人主编：《20世纪西方伦理学经典》第1卷，中国人民大学出版社2004年版，第185页。
③ 同上。
④ ［英］亚当·斯密：《道德情操论》，蒋自强等译，商务印书馆1997年版，第1页。
⑤ 同上。

初一到初六，附近各县的回、藏、东乡、保安、撒拉等各民族的男女歌手聚此参加一年一度的"莲花山花儿会"。大家以歌声尽情表达内心深处的思想和感情，以歌声为媒介寻找自己的理想的意中人，以歌声为载体抒发对美好生活的向往。在花儿会的那几天，饱含深情的曲调各异的歌声从大路上、从密林中、从山沟里、从山冈上随风飘荡，跨过高山峻岭、大河小川，传遍四面八方。所有在这里的人都陶醉和沉浸在这歌声的世界、歌声的海洋。

（四）交往意志的伦理心态的构建

黑格尔认为意志就是实践理性，康德认为实践理性就是道德，费尔巴哈认为道德就是意志。可见，哪里有意志哪里就有道德。从伦理学的角度看，道德与意志的关系不仅仅是简单的相等的关系，不是互相代替的关系，而是分属不同类型的概念。意志转化为道德尚需要两个重要环节，一是过渡和转换环节，二是强制和控制环节。认知和情感共同充当了这两个环节。通过认知和情感，意志转化为道德行为，并且持之以恒坚持实践这个道德行为。如果认知和情感不改变，意志坚持的道德行为也不会改变。

西北少数民族的意志的伦理心态的特点是道德与意志的一致性。他们认为正确的，一定要身体力行，坚持到底。他们认为错误的，则深恶痛绝，不姑息迁就，一定口诛笔伐，斗争到底。居住在中亚的中国回族——被俄罗斯文献称为东干族的形成历史就最能够说明这一点。学术界公认东干族的族源是中国的回族。东干族的形成主要与发生在19世纪的西北回族大起义相关。被清政府残酷镇压下去的回民起义军残部宁肯投奔国外，另觅出路，也不愿意向杀害自己同胞的、实行民族歧视政策的清政府投降，表现了高尚的民族气节和宁死不屈的斗争精神。东干族在其内部的日常交往中，坚持回族的风俗习惯，称呼自己为"回回"或"中原人"，拒绝民族同化，坚持使用本民族的语言。现在，东干的老一辈回国探亲访友还保留了陕西话的腔调。①

三　西北少数民族日常交往伦理心态形成的原因

西北少数民族所以能够形成伦理心态，以"道德眼光"和"道德解释"的"道德感"进行"构建"，与两个重要原因密切相关，即与西北少

---

① 杨文炯、张嵘：《跨国境遇下民族认同的讨论》，《中南民族大学学报》2009年第5期。

数民族文化和历史密切相关，与西北少数民族伦理文化中的伦理道德观密切相关。

（一）与西北少数民族文化和历史密切相关

西北少数民族所以能够形成伦理心态，与西北少数民族文化和历史中的善所处于的伦理本源的地位及其作用密切相关。从宗教信仰看，西北少数民族的原住民分为伊斯兰教民族和藏传佛教民族。这些少数民族是与宗教一体化的民族。由于宗教的巨大影响，善在西北少数民族那里居于伦理本源的地位，发挥着塑造民族文化的主导作用。善在信仰伊斯兰教的西北少数民族那里，首先被解释为一种服从真主、在真主的指引下坚守穆斯林道德的信念和意识。此外，还表现为对《古兰经》《圣训》等伊斯兰教经典著作所规定的品行的严格遵守。这就是说，善既是每一个穆斯林必须具备的人格素质，也是每一个穆斯林必须表现的道德行为。《古兰经》强调善有善报，恶有恶报；《圣训》要求穆斯林施舍、行善、济贫、救助弱者，劝告穆斯林勿为非作歹。伊斯兰教要求穆斯林应该坚持公正、宽恕、克己的原则，做人讲诚信、讲原则，言必信，行必果，做老实人，说老实话，办老实事；强调天下穆斯林是一家，注重兄弟姐妹的情意，维护穆斯林之间的团结以及穆斯林与非穆斯林的团结；强调善待客人，施舍时既不吝啬，也不过分。

藏传佛教对善的理解是这样的："害人终害己，而致自他俱害，故为恶。利他终利己，而成自他俱利，故为善。"[①] 这种善表现在实践上就是慈悲为怀、为本。慈悲不是一时一事引发的冲动，不是做给他人看的样子，而是一种植根在内心的信念、信心、信仰，是心理活动与情感活动统一的人的素质。所以，藏传佛教认为"心为善恶之源，行乃有慈悲之举"。藏传佛教还把善分为自性善、相应善、等起善、胜义善等四类，这些善的基本内容排除了"我"这个会引发"贪""嗔""痴"等恶出现的障碍。这种从本质上来讲是"排我主义"的善的思想突出强调了三个方面的重要内容：其一，强调对佛门戒律的遵守：不杀、不盗、不妄语、不饮酒、不邪淫。其二，强调"无贪""无嗔""无痴"。其三，强调布施的重要性。布施为"四摄""六度"的第一条，分为财施、法施、无畏施。财施又具体分为外财施、内财施两种。以金银财宝、饮食衣物施舍叫作外财施；以自

---

① 马进：《西北少数民族心态研究》，《甘肃社会科学》2006年第4期。

己的体力、脑力施舍叫作内财施，包括以自己的生命和身体救助众生的舍生取义之举。说法教化叫作法施。救人所急、帮人所难、解危救困叫作无畏施。

正是在这个含义丰富、要求广泛、形式多样的"善"的信仰、信念、信心，善的感情、慈情、悲情和"善"的规范、戒律、戒规的指引、熏陶和要求下，西北少数民族日常交往的伦理心态才能够以坚定的信仰、深厚的文化积淀和民俗传承充当"构建"的角色，以心理反应机制的方式形成"道德感"的反应和态度。

（二）与西北少数民族伦理文化中的伦理道德观密切相关

西北少数民族所以能够形成伦理心态与西北少数民族积淀和传承着深厚的、独树一帜的民族共同体的伦理文化中的伦理道德观密切相关。信奉伊斯兰教的西北少数民族的民族传统文化是在伊斯兰教的影响下培养出来的。信奉藏传佛教的西北少数民族的民族传统文化是在藏传佛教的影响下培养出来的。宗教对于西北少数民族日常交往来说已经成为其文化传统的最重要的组成部分。与人为善、劝善戒恶是伊斯兰教和藏传佛教所共同倡导的西北少数民族的最核心的伦理道德观，也是西北少数民族与宗教一起成长的民族文化传统。西北少数民族积淀和传承着深厚的、独树一帜的民族共同体的伦理文化中的这个伦理道德观内容丰富，含义深远，特色鲜明，可以从两个方面进行解读。

1. 这个伦理观的核心是倡导以伦理道德作为人生的准则

伊斯兰教和藏传佛教规定了一系列涉及政治、经济、文化、军事、外交、婚姻、家庭等几乎所有社会领域的行为准则。在处理人与人的关系上，伊斯兰教和藏传佛教都要求以公平正义、诚实忠厚、扶危济贫、善良仁慈之心为准则。《古兰经》指出："你们……当孝敬父母，当优待亲戚，当怜恤孤儿，当救济平民，当亲爱近邻、远邻和伴侣，当款待旅客，当款待奴仆。"[①] 藏传佛教主张"惠施"为处理人与人关系的准则，即要有给别人带来好处的包括让别人欢喜的舍心、悲心、喜心、慈心的四无量心在内的帮助。伊斯兰教认为，要做善事，反对"罪恶和横暴"。藏传佛教主张要发"菩提心"，要以利他的思想和感情处理人际关系。伦理道德不但是信奉伊斯兰教的穆斯林群众和信奉藏传佛教的群众处理人与人关系的准

[①] 《古兰经》，马坚译，中国社会科学出版社1996年版，第89页。

则,也是他们处理人与自然关系的准则。信奉伊斯兰教的穆斯林群众从大自然中感念真主的伟大,寻求真主的恩惠。信奉藏传佛教的群众把天地都看作一个整体,看作佛统治的世界,各种事物都互为条件,互相不能分开,彼此和谐相处。所以,真正信奉藏传佛教的少数民族群众对人仁慈,对社会仁慈,对大自然也仁慈。正因为如此,西北少数民族都有强烈的环保意识。这不能不得益于信仰的作用。宗教里的这些丰富的伦理道德思想通过开办经堂教育、举行各种宗教和社会仪式以集体记忆的方式被传承下来,成为西北少数民族珍贵的伦理文化传统,并且积淀为西北少数民族日常交往的心态。与此同时,这些伦理道德的传统也促使西北少数民族构建了人与人、人与社会、人与自然的和谐世界。追求和谐、向往和谐、维护和谐、促进和谐就成为西北少数民族伦理心态的最重要的内容和基本特征。

2. 这个伦理观的道德规范由"前定"和"现定"构成

所谓"前定"就是今世的生活由前世决定。所谓"现定"就是后世的生活由现在决定。"前定"可以培养西北少数民族日常交往心态的沉着淡定、置功名利禄于度外的宽广胸怀,也可以培养他们的性格开朗豪爽、为人坦荡真诚、处事豁达大度的良好习惯。"现定"则可以培养西北少数民族日常交往心态的遵守规范传统的谨慎小心、与人为善、多做好事的良好习惯。"前定"是人生的预先安排,是规范,必须遵守而没有例外。"现定"是人生的自由选择,是认知模式的再现,可以因人而异,不必千人一面。这个"两生论"所体现的是对人生的自由和不自由的限定,等于是制定了有形和无形的人生的伦理道德规范。王岱舆对此作出如下解释:"若无前定,亦无自由。非自由不显前定,然自由不碍前定。"[①]王岱舆的意思是"前定"是不自由的,是宿命论;"现定"则是自由的,是在偶然性中显示必然性的自由。

综上所述,西北少数民族日常交往的伦理心态的形成乃是经过宗教文化、世俗文化交融在一起的双重熏陶、双重潜移默化而逐步形成的具有鲜明特色的伦理文化的体现。

---

① 王岱舆:《正教真诠 清真大学 希真正答》,余振贵校点,宁夏人民出版社1996年版,第23页。

第七节　西北少数民族日常交往的同情心态

中西对同情认识的差异表明同情是一个内涵丰富的概念。情是解读西北少数民族的日常交往特征的最重要、最有效的文化符号。笔者把西北少数民族的这个交往特征的文化符号概括为同情的心态,认为西北少数民族日常交往的同情心态指欢乐和痛苦之情凝合而成的心理反应机制,表现为与他人共享欢乐、与他人共担痛苦的同情的反应、同情的态度。欢乐和痛苦之情的同情心态在西北少数民族交往关系中具体表现为四种心态,即好客的心态、注意对方反应和评价的心态、群己互利的心态、"不忍之心"的心态。这个同情心态的本源来自西北少数民族的宗教信仰、历史文化中的善的积淀和流变。

西北少数民族是多愁善感的民族,是情感丰富的民族,是热情好客的民族。这些对西北少数民族性格特征的描述,揭示了西北少数民族交往关系的一个重要方面,这就是情字为先、以情为美。所以,不知道情为何物的人是无法了解西北少数民族的内心世界包容了多少人间至真至爱之情,也无法真正认识西北少数民族日常交往的特点。情是解读西北少数民族日常交往的最重要、最有效的文化符号。这里笔者把西北少数民族的这个交往特征的文化符号表述为同情的心态,认为同情的心态就是欢乐之情、痛苦之情在西北少数民族日常交往的民族关系中的表现。这个同情心态的本源来自西北少数民族的宗教信仰、历史文化中的善的积淀和流变。因为中西文化背景的差异,同情的含义因理解不同而出现解读和诠释的不同,这正好印证了同情的内涵的丰富博大、中西互补。本节所论及的西北少数民族日常交往的同情心态都与同情的本源是欢乐和痛苦之情的立意密切相关。这些多样化的心态从不同方面、不同角度对同情心态的解读和诠释正好揭示了蕴含在西北少数民族同情心态中的深刻含义和别具一格的民族文化的特色。

一　有关同情的理论阐释

同情最原始的含义指对他人痛苦的分担。亚当·斯密指出:"同情这个词,就其最恰当和最初的意义来说,是指我们同情别人的痛苦而不是别人的欢乐。"① 随着实践的发展和学者给予的理解的差异，同情的含义也不断被扩充、扩展和丰富。在不同的文化背景下，对同情的解读和诠释出现了东西方的差异。在西方历史上有两大同情理论的流派：同情论的感觉主义流派、同情论的理性主义流派。

（一）以休谟为代表的同情论的感觉主义流派

英国哲学家休谟（1711—1776）代表了同情论的感觉主义流派。休谟把同情看作人类的共同感觉，认为同情就是人类彼此相通的三种共同感。

（1）感情的共同感。休谟写道："当我在任何人的姿态和声音中看出情感的效果时，我的心灵就立刻由这些效果转到它的原因上，并且对那样一个情感形成那样一个生动的观念，以致很快就把它转变为那个情感自身。"②

（2）美的共同感。休谟认为美的共同感是借助快乐与痛苦引起。休谟写道："当任何对象使他的所有者发生快乐的倾向时，它总是认为美的。正像凡有产生痛苦的倾向的任何对象是不愉快的丑陋的一样……在这里，被称为美的那个对象只是借其产生某种效果的倾向，使我们感到愉快，那种效果就是某一个其他人的快乐或利益。我们和一个陌生人既然没有友谊，所以他的快乐只是借着同情的作用才使我们感到愉快。"③

（3）道德的共同感。休谟认为道德是人类为谋取社会利益和自身利益人为的设计和人为的发明。人们凭借道德感才能够克制自我，转而对他人的利益的满足感到愉快，这种愉快要依靠同情获取。休谟的结论是："同情是我们对一切人为的德表示尊重的根源。"④

（二）以亚当·斯密为代表的同情论的理性主义流派

另一位英国经济学家、伦理学家亚当·斯密（1723—1790）代表了同情论的理性主义流派。亚当·斯密认为同情是人类的本性，同情通过自然而然的想象而产生。亚当·斯密除了与休谟在同情就是共同感这一点相似外，还把同情看作"合宜性"的表现。这是亚当·斯密的创新。"合宜性"的本质就是理性。亚当·斯密是这样解释"合宜性"的："在当事人的原始激情同旁观者表示同情的情绪完全一致时，它在后者看来必然是正

---

① ［英］亚当·斯密：《道德情操论》，蒋自强等译，商务印书馆1997年版，第52页。
② ［英］休谟：《人性论》下册，关文运译，商务印书馆1996年版，第618页。
③ 同上。
④ 同上书，第620页。

确而合宜的,并且符合它们的客观对象;相反,当后者设身处地发现前者的原始激情并不符合自己的原始感受时,那么,这些感情在他看来必然是不正确的而又不合宜的,并且同激起这些感情的原因不相适应。"① 亚当·斯密对"合宜性"进一步从两个方面进行解释。

(1)"合宜性"是自我的情感与他人情感的一致性、自我的评价与他人评价的一致性。"为了产生这种一致的感情,如同天性去教导旁观者去设想当事人的各种境况一样,天性也教导后者在一定的程度上去设想旁观者的各种情况。""如同旁观者的同情使他们在一定程度上用当事人的眼光去观察对方的处境那样,当事人的同情也使他在一定程度上用旁观者的眼光去观察自己的处境,特别是在旁观者面前和在他们的注视下有所行动时更是这样……"② 亚当·斯密把自我分为审查者和评判者、被审查者和被评判者,是对自我的情感与他人情感的一致性、自我的评价与他人评价的一致性的最好说明。

(2)合宜性本身就是美德。亚当·斯密认为当旁观者与当事人的情感一致、评价一致就会产生温柔礼貌、宽厚仁慈、公正谦虚的美德;当事人与旁观者的感情一致、评价一致时就会产生庄重崇高、自我克制、自我控制的美德。合宜性的美德是亚当·斯密的伦理理想的表现。亚当·斯密认为这种合宜性的美德的最大特点就是抑制自私,表现为利他的倾向,构成了"尽善尽美的人性"。

(三)孟子的同情思想

在中国历史上,孟子(前385—前304)比西方思想家更早提出了同情的思想,只不过孟子没有用同情一词表达他的关于同情的思想。孟子的同情思想建立在性善论基础之上。孟子的性善论强调人的本性的善的内在性、天然性和原始性,认为:"恻隐之心,人皆有之;是非之心,人皆有之;羞恶之心,人皆有之,恭敬之心,人皆有之。恻隐之心,仁也;羞恶之心,义也;恭敬之心,礼也;是非之心,智也。仁义礼智,非由外铄我也,我固有之也,弗思耳矣。"③ 从性善论出发,孟子推论出天下之人都有同情之心的结论,特别举出素不相识的幼儿掉入井中将引起旁观者的同情

---

① [英]亚当·斯密:《道德情操论》,蒋自强等译,商务印书馆1997年版,第14—15页。
② 同上书,第22页。
③ 杨伯峻:《孟子译注》下册,中华书局1981年版,第259页。

来说明同情之心人皆有之的公理，证明人的同情之心乃是人最原始、最基本的本性。孟子以"不忍之人心"表达他的同情的思想，孟子试图借这个同情之心表达他的仁政的政治理念。孟子认为："人皆有不忍人之心。先王有不忍人之心，斯有不忍仁之政矣。以不忍人之心，行不忍人之政，治天下可运之于掌。"①

综上所述，同情的共同点在东西方都指对欢乐和痛苦的感受、感情。在西方主要指欢乐和痛苦在所有人那里的共同感受、共同感情以及表现这种欢乐和痛苦的共同感受、共同感情的合宜性。在中国传统文化中主要指对他人不幸的怜悯的感受、感情。可见，同情包括西方意义上的分有，也包括中国传统文化意义上的共有。就同情对人的共同的感觉、共同的感情的分有来说，西北少数民族的同情之情，乃是从人类本性那里分出来的对一切人的爱之情、关切之情。由此出发的同情就包含了休谟指出的建立在人的基本同情之感之上的美感与道德感，也包含了亚当·斯密的建立在自我与他人的感情之上的相合之感、建立在诸种美德应运而生的道德之感基础之上的"合宜性"。就同情对人的不幸和快乐的共有来说，西北少数民族的同情心态也与孟子的"不忍人之心"相通，表现为以他人之乐为乐、以他人之苦为苦的放眼世界的"天人合一"的博大情怀。

二 西北少数民族同情心态的表现

西北少数民族同情的心态指同情的认知、同情的情感、同情的意志凝合而成的心理反应机制，在这个心理反应机制里既有同情的态度、同情的反应、同情的意志对快乐和痛苦的感觉、感情的共有，也有对痛苦和快乐的感觉、感情的分有。共有表明人之同情心态的人性本源之美，分有表明人之同情心态的人性分享之美。对西北少数民族日常交往的同情心态的分析不仅要注意中西合璧的特色，还要特别注意宗教信仰的影响。西北少数民族的宗教信仰可以分为伊斯兰教与藏传佛教，西北少数民族都是全民信教的民族。宗教信仰的影响无处不有，无处不在。忽视了宗教信仰的影响，对西北少数民族日常交往同情心态的分析就将缺乏说服力，结论也难以令人信服。现对西北少数民族同情心态表现分述如下。

---

① 杨伯峻：《孟子译注》下册，中华书局1981年版，第78页。

(一) 好客心态

好客是西北少数民族的风俗习惯。西北少数民族的好客不是虚情假意的客套,而是发自内心地对客人的尊重、理解、关心和爱护。这种好客之情的实质是西北少数民族希望与客人共同分享快乐、共同分担痛苦的同情心态。维吾尔、哈萨克、塔吉克等穆斯林民族无论在什么场合见到熟人、长辈和尊者都要以手贴胸,欠身问安。如果以单手贴胸,只是一般地表示尊重;如果以双手贴胸就是最尊重的表示。之所以这么尊重客人,乃是因为在西北的穆斯林民族认为客人是真主赐予的最好礼物,必须诚心诚意善待。藏族、土族等藏传佛教的西北少数民族在客人来访时,都要身着崭新的民族服装,把家里以民族的方式精心装扮一番,还要向客人敬献洁白的哈达。西北少数民族对客人的尊重、理解、关心、爱护除了礼数周全、仪式讲究外,还充满感情,情深意切。藏族的谚语:"最好的食品留给客人吃,最好的衣服留给自己穿。"塔吉克族的谚语:"不要打开客人的行囊,不要询问客人动身的时间。"这些谚语表达了西北少数民族待客之道的亲切、和蔼、仁慈,充满了对客人的尊重、理解、关心、爱护和体贴之情。让素不相识的夜晚无法赶路的过路人留宿是西北所有的少数民族的习惯。这是典型的同情心态的表现,也只能以同情之心解释这个现象。西北少数民族想到远方来的客人夜晚无家可归,无人照顾,同情之情就油然而生,留下客人住宿、拿出好吃好喝招待就成为他们同情心态的具体表现,在这样的同情心态支配下的他们很难理解为何顾虑重重的城里人竟然对客人的留宿心存疑虑,担惊受怕。这是不同心态对同一件事情作出不同反应、表现出来不同态度的结果。

(二)"不忍之心"心态

休谟把人们之间的快乐与痛苦的感情相通看作同情产生的根源,亚当·斯密把自我的痛苦与快乐的感情与他人能否理解和接受的一致性看作同情之情产生的根源。对于西北少数民族来说,关心他人的不幸和分享他人的快乐的同情心态是一种为他人设身处地着想的心态,既是休谟"共同感"的表现,也是亚当·斯密"一致感"的表现。正是在这两个方面结合中,产生了西北少数民族日常交往的想他人之所想、急他人之所急的同情心态。笔者把这个心态以"不忍之心"概括。"不忍之心"来自孟子,原意指怜悯之情,在这里"不忍之心"不仅包含着怜悯不幸之心,也包含了分享欢乐之心。西北少数民族对他人的不幸和欢乐决不会无动于衷,一定要产生"不忍之心"。信奉藏传佛教的各少数民族的"发菩提心"、信奉伊斯兰教各少数民族的"同胞主义"都是"不忍之心"的双重意思的表现。"菩提心"在藏传佛教里有三层含义：其一，信心，也称作白净信心，指人天生的纯净无瑕的只知利他、不知利己之心。其二，胜义菩提心，指人经过后天学习而觉悟的利他之心。其三，摩提菩提心，指经过学习和实践的双重努力对纯洁之心的复归。所谓"发菩提心"就是以利他的行为，通过广结善缘，承担他人痛苦、分享他人快乐的同情之心。"同胞主义"来自伊斯兰教的经典《古兰经》，既是"善与人同"的意思，也是"劝人止恶"的意思，对其完整、准确的解释来自著名穆斯林学者王岱舆在《正教真诠》里提出的"克己济人"，即四海之内皆兄弟之心。这就是说"同胞主义"是与天下之人同乐、与天下之人同悲的"不忍之心"。对西北少数民族的"不忍之心"，笔者感触很深。在四川汶川特大地震发生后，西北民族地区的各个藏传佛教寺院、各个清真寺迅速行动，都为受难的同胞举行了祈祷法会和祈祷仪式，同时摆放了功德箱、乜贴箱，号召群众献出一份爱心，积累一份功德。这就是藏传佛教倡导的"发菩提心"，也是伊斯兰教倡导的"同胞主义"。笔者采访了位于兰州市城关区为伊斯兰教门宦哲赫忍耶的传承人马明心而建的、闻名遐迩的拱北清真寺。常在此寺活动的包括教职人员在内200多位信教群众总共向灾区捐款达到6万多元，捐款的数量之大令人惊讶和感动。这200多信教群众85%是普通的从事小本经营的小商小贩，15%是离退休职工、下岗工人，家境都不富裕，每人仍然平均捐款300元。当问到他们为何如此慷慨解囊、共赴国难时，他们的回答是："大家都是一家人，一方有难，八方支援。"有人还风趣地说："就是真主知道了，真主也会笑着赞扬我们做得对。"

（三）注意对方反应和评价心态

同情不仅仅包含自我的反应和态度，也包含了他人的反应和态度。双方共同的反应和态度才构成了同情的心态。这种同情心态不同于与他人同快乐、同痛苦的不忍之心的心态，而是互通、互谅式的心态，指我快乐要让你理解和接受，我痛苦也让你理解和接受。亚当·斯密最早注意到了这个被大家忽略的问题，以"合宜性"表达注意对方的反应和评价乃是同情之情的一个根源。亚当·斯密的"合宜性"一方面指"高级的法庭"、"人心中天然生就的眼睛"、"人们行为的伟大的审判员和仲裁人"、"心中这个半神半人的人"；另一方面指"旁观者""第三者""他人"（以上皆为亚当·斯密的语言）。前者是亚当·斯密解释的"理性、道义、良心"的代名词，后者是亚当·斯密解释的介于"自我与他人之间的公正的原则"的代名词。由此可见，自我的反应和态度是同情的一半，他人的反应和态度是同情的另一半。自我的反应和态度与他人的反应和态度的结合就成为同情心态产生的源泉。

亚当·斯密解释了以合宜性作为同情的标准的两个原因：其一，人性优点的原因。"对自己的优点难以断定，以及期望它得到好评，自然足以使我们渴望了解别人对我们优点的评价；当别人评价良好时，我们的精神就比平时更振奋；当别人评价不好时，我们的精神就比平时更为沮丧。"①其二，人性缺点的原因。亚当·斯密认为人性的自私和偏激往往使自我对自己的利益的关切超过对他人利益的关切，自我往往把自己看得比他人重要。要克服人性的这个缺点，就要改变自己观察问题的位置，既不从自我的眼光出发，也不从他人的眼光出发，"而是第三者所处的地位和用第三者的眼光看待他们。这个第三者同我们没有什么特殊关系，他在我们之间没有偏见地做出判断"。正是基于这样的对人性的看法，亚当·斯密才以"合宜而又公正的感觉"纠正"我们情感中天生的不公正之处"。②藏传佛教的"四无量心"就是注意对方反应和评价的心态的表现。这个"四无量心"是舍心、悲心、喜心、慈心。舍心是清净无我之心，无亲无故，无牵无挂。悲心、喜心、慈心是有我之心，有亲有故，有牵有挂，而且这个牵挂不是来自小小的一个人构成的自我，而是来自千千万万人构成的世界。舍心是我之心、我之情看世界的结果。悲心、喜心、慈心是世界之心、世界之情看我的结果。我的舍心因我而生，我的悲心、喜心、慈心因世界和他人而生。在舍心的引导下我将与我的本心融为一体，在悲心、喜心、慈心的引导下我将与整个世界融为一体。③

伊斯兰教的斋戒同样是注意对方反应和评价的心态的表现。来自《古兰经》的对斋戒的规定分为天命斋、当然斋、圣行斋、可憎斋、犯禁斋五种。穆斯林民族斋戒的目的固然与培养对真主的热爱、扩充仁慈的感情、培养坚强的意志分不开，但是也与注意他人的评价与反应分不开。他人的

---

① ［英］亚当·斯密：《道德情操论》，蒋自强等译，商务印书馆1997年版，第15页。
② 同上。
③ 马进：《西北少数民族伦理道德研究》，宁夏人民出版社1995版，第228—229页。

评价与反应是对穆斯林民族的外部监督和管理，可以督促穆斯林民族更好地遵守教规教律。《古兰经》认为，一个合格的穆斯林就是要以斋戒的行为接受世人的监督，向世人证明自己的虔诚。在西北少数民族的家里做客，对他们十分注意他人的评价与反应的心态的感触尤为深刻。笔者曾经翻越海拔 5000 米的雄伟壮丽的天山山脉到达新疆伊犁地区采访调查。在伊犁首府民族成分达 29 个的伊宁市郊区的一户普通的维吾尔族家庭做客时，主人一家老少三代身着艳丽的民族盛装，与笔者围坐在铺着崭新毡毯的宽大的炕上，吃着摆满了炕桌的各类干鲜果品、甜点小吃，谈着笔者感兴趣的话题。笔者发现主人十分介意笔者对招待食物的评价，如果你说这个食物好，尽管说者无意，甚至是客套，主人也不由分说立即取出更多的这类食物摆放在桌上，一定让你再多吃。如果你稍嫌某个食物不可口、不新鲜，主人立即将此食物撤下去，连声向你道歉。这种注意对方反应和评价的心态表明了维吾尔族群众对客人的尊重、理解、关心、爱护，这是同情心态的要快乐一起快乐、要痛苦一起痛苦的表现。

（四）群己互利心态

群己互利心态指人人为我，我为人人；指为我之时也是为群之时，为群之时也是为我之时，己与群由此互利互惠，良性互动和沟通。无论藏传佛教还是伊斯兰教都体现了这种心态的基本要求。九世班禅大师 20 世纪 30 年代在祖国内地宣讲佛法时曾经把藏传佛教的教义准确地概括为四个字：信、解、行、证。伊斯兰学者编辑的《圣训之冠》将伊斯兰教教义准确地概括为四个字：知、信、行、戒。这些经典对教义的解释和诠释突出地表现了藏传佛教民族与穆斯林民族对群己互利的心态的见解。信、解、行、证四字要求把对藏传佛教的信仰、理解转化为个人的实践，以行为证明信仰的正确和对信仰解释的正确，达到自我与信仰融为一体的境界，做出有利于自我修养的提升与有利于普天大众幸福相结合的事情。知、信、行、戒四字强调要把信仰建立在理解和相信的基础上才能够付诸实施，印证信仰的行为还需要戒律提供保证。无论藏传佛教的四字还是伊斯兰教的四字都构成了影响西北少数民族日常交往的共同的社会单位、时代精神，并且按照这四字塑造了群己互利的民族性格。

正如斯宾塞指出："你可以随意把人们贴上'上''中''下'的标签，你却无法阻止他们成为同一社会单位，受到同一时代精神的影响，按照同一性格的形式被塑造。"① 藏传佛教的"六大缘起论"也能够说明群己互利的心态在藏传佛教诸民族中的影响。藏传佛教认为所有众生包括菩萨、佛在内均由地、水、火、风、空、识六大因素构成。这六大因素从性质上看,有坚、湿、冷、暖、冻的特点;从形状上看,由圆、方、三角、杂形组成;从颜色上看,又有黄、白、赤、黑、青、杂色等。无论是自然界还是社会界,无论是简单事物还是复杂事物,都不能离开上述六大因素而存在,都是这六大因素相结合而产生出来的。由"六大缘起论"产生了藏传佛教民族的群己互利的心态,达成了藏传佛教民族的群己只有互利才能够共存共生的共识。例如,藏族居住区域的大大小小的湖泊、水沟都有一种叫作湟鱼的鲜美可口的珍贵鱼类自由生长。据说这种鱼长到能够食用的长度至少经过六年以上的时间。但是,为什么藏区的湟鱼那么多,藏族群众却不捕捞食用?原因就是在藏族群众看来万事万物都是由地、水、火、风、空、识六大因素构成,并且互相紧密结合,缺一不可。如果你把湟鱼捕捞食用,就会导致一连串破坏生态的灾难,没有鱼。就没有水,没有水,天就不下雨。天不下雨,草原就要枯萎,土地就要荒凉,人也就难以为生。所以,不去吃鱼,表面是利群,其实也是利己,是群己互利。吃了鱼,虽然利己,但是害群,是群己互害。"六大缘起论"构成的逆反思维促进了群己互利心态的形成,是同情之情的观念之源。

三 西北少数民族日常交往同情心态的三个重要特点

亚当·斯密感叹历史上的哲学家们或者倡导为他人牺牲自我的利益,或者倡导为自我牺牲他人的利益,结果是,人们或者同情自己的利益而不同情他人的利益,或者同情他人的利益而不同情自己的利益。亚当·斯密想借助旁观者的眼光纠正这两种互相对立的倾向的偏差,找到兼顾两者的平衡。亚当·斯密的合宜性是构成他人利益与自我利益的平衡点,这是真正的充满理性精神的同情之爱,亚当·斯密把它表述为"一种对光荣而又崇高的东西的爱,一种对伟大和尊严的爱,一种对自己品质尊严的爱"②。休谟感叹:"人类在其情绪和意见方面很少受理性支配,所以他们总是借

---

① [德] 斯宾塞:《社会静力学》,张雄武译,商务印书馆1996年版,第96页。
② [英] 亚当·斯密:《道德情操论》,蒋自强等译,商务印书馆1997年版,第166页。

比较而不借其内在价值来判断各种对象。"① 结果是任何情感达不到满足自我需求的程度就不能引起人们的行动。休谟想说明感情的价值无关功利，而与爱和恨相关。爱和恨的感情的价值无与伦比，自我可以借此而满足高尚的欲望，获得崇高的价值。他认为：爱和恨是人的最原始、最有价值的感情，由快乐和痛苦引起，其他感情都是爱和恨的次生感情，在价值方面要低于爱与恨的感情。休谟的爱与恨的价值至上之情是充满理想精神的同情之爱。

西北少数民族日常交往的同情心态所包含的情感既相当于亚当·斯密的充满理性精神的同情之爱，也相当于休谟的充满理想精神的同情之爱，还包括在宗教信仰和历史文化中形成的善的积淀和流变。这个善包括两种含义：宗教意义的善、文化和历史意义的善。其一，宗教意义的善就是藏传佛教和伊斯兰教中的"善"。藏传佛教的"善"乃是对构成佛教支柱的"佛、法、僧"三宝的信仰，具体表现为教法、理法、行法、果法四大修行，而以善的11心所（11种行为）为验证，以"舍心、悲心、喜心、慈心"四无量心为体现，以针对"身、口、意"三业的各种戒律为保证。藏传佛教就这样把信仰与个人的修行、与惠及天下百姓结合起来，构成了宗教意义的人间善。伊斯兰教的"善"是对真主的信仰，包含三层意思：信仰是信赖，信仰是知识，信仰是责任。伊斯兰教就这样把信仰与每个人在日常生活中担负的责任联系起来，把个人的行善与对他人的扶危济困结合起来，把知识和能力与为社会作出贡献结合起来。其二，文化和历史的善。西北少数民族在践行善的宗教信仰的过程中，逐步将宗教的要求与现实生活紧密结合，使宗教意义的善开始世俗化、平民化和大众化，在改造自然和社会的活动中宗教意义的善逐步走向凡俗，转化为民族共同体的思维习惯、生活习惯和传统习惯，形成了笔者所论及的四种同情心态。西北少数民族日常交往的同情心态由此蕴含了分享他人的快乐和分担他人痛苦的多种表现形式，也表现了三个重要特点。

（一）西北少数民族的同情心态是人性化的感情

亚当·斯密认为同情心是人的本性，可以引导人们设身处地设想他人的痛苦，产生为他的感情。休谟认为同情心是人性的原则，可以刺激人的爱和恨的欲望，帮助自我产生分享他人快乐和分担他人痛苦的感情。孟子

---

① ［英］休谟：《人性论》下册，关文运译，商务印书馆1996年版，第409页。

认为同情心是人性的美好的本性，可以扩充为对人民群众的不幸的怜悯之情和治理国家的高尚的政治品质，进而成就安邦治国的宏伟大业。西北少数民族的同情心态均与藏传佛教和伊斯兰教把人性看作善相关，同情心态就是在人性善基础上形成的爱心、真心和诚心，"人们的心灵是互相反映的镜子"（休谟语），照见了人性的真善美的感情。

（二）西北少数民族的同情心态是道德感情

西北少数民族坚持以"善"为日常交往原则，以尊重、理解、爱护、关心、帮助他人为日常交往的方法，以慈悲和怜悯的反应为日常交往的开始，以群己互利的精神为日常交往的态度。总之，西北少数民族通过同情的心态表现了强烈的爱憎分明的崇高感情、视感情为至高无上的价值的思维方式。由此，爱什么、恨什么、什么是真善美、什么是假恶丑在西北少数民族同情心态的照耀下一清二楚、黑白分明。

（三）西北少数民族的同情心态是美感

亚当·斯密和休谟都承认同情心态的转移作用是美感产生的重要原因。休谟认为人的特点就在于"一看到舒适，就使人快乐，因为舒适是一种美"[1]。亚当·斯密认为欢乐的美感的产生乃源自于人类有庆贺的本能。"我们对欢乐有一种真诚的同情，以及庆贺是人类的一种本能。"[2] 西北少数民族日常交往的同情心态把感觉由物转向活生生的人，由关注自我一己的苦难和欢乐转向关注人间的苦难和人间的欢乐，由此，自我在同情心态的导引下，在悲喜的美感中升华感情，在审美的享受里陶冶情操。

综上所述，西北少数民族日常交往同情心态所包含的情乃是内涵丰富、回味无穷、特色鲜明的利他之情、克制自我之情、慈悲怜悯之情。西北少数民族日常交往的同情心态乃是最道德、最人性化的感情之花在日常交往中的盛开。

第八节　西北少数民族日常交往的幸福心态

马克思的幸福观指人的本质、人的阶级本性的实现。马克思的幸福观经历了一个从抽象人的幸福观到现实人的幸福观的转变。马克思抽象人的

---

[1] ［英］休谟：《人性论》下册，关文运译，商务印书馆1996年版，第401页。
[2] ［英］亚当·斯密：《道德情操论》，蒋自强等译，商务印书馆1997年版，第52页。

幸福观把人的自由自觉的劳动作为人的本质、人的本性看待；马克思现实人的幸福观把人与社会、人与阶级联系起来考察，认为认识和改造世界的能动的革命实践活动才是人的本质、人的阶级本性。这一明显的转变，标志着马克思的历史唯物主义幸福观的形成。这个幸福观在新实践观基础上强调人的本质、人的阶级本性在认识与改造世界的活动中的巨大价值和重要作用，其根本着眼点是人的能动的革命实践活动。西北少数民族日常交往的幸福心态受到宗教信仰的影响，以道德至上的理念为依据，表现为善的幸福心态、慈的幸福心态、公正的幸福心态。宗教信仰构成了西北少数民族日常交往幸福心态的价值取向。西北少数民族就是通过宗教信仰形成的幸福心态，体验和感受日常交往的快乐和满足。这种独特的心理体验过程只有西北少数民族这样拥有自身特殊历史和文化的民族共同体才能获取。

一 马克思关于幸福的阐释

马克思关于幸福的阐释就是马克思的幸福观。马克思的幸福观指人的本质、人的阶级本性的实现。马克思的历史唯物主义的幸福观具有强烈的革命倾向，强调能动的革命实践活动的伟大意义，倡导在认识和改造世界的革命实践中获得幸福。马克思的幸福观经历了一个从抽象的人的幸福观到现实的人的幸福观的转变。马克思的抽象的人的幸福观把人的自由自觉的劳动作为人的本质、人的本性。马克思的现实的人的幸福观把人的认识和改造世界的活动作为人的本质、阶级的本性。

（一）马克思的抽象的人的幸福观

认识马克思的抽象的人的幸福观首先要认识抽象的人的含义。根据马克思的思想，抽象的人的含义是：其一，对自己本质的占有。所谓人的本质在马克思看来就是自由自觉的劳动，这个劳动可以把人的本质力量反映到劳动对象中去，当劳动成为人的自由自觉的活动，劳动就可以成为建立新社会的强大动力。其二，"富有的人"和"总体的人"，这是作为需要存在的人、作为产生自我本质活动的人。富有指他们具有全面丰富的感觉和需要。总体指他们能够得到全面发展。

马克思的抽象的人的幸福观包括三个主要内容。

1. 抽象的人的幸福观的最高理想就是人的本质的实现

在马克思看来，人的本质就是自由自觉的劳动。自由自觉的劳动之所以成为人的本质，是因为人不仅为生命延续而存在，也是为意识活动和意识的满足而存在。人有自觉的意识，就可以意识到人的类本质，就可以为实现这个类本质而努力奋斗。所以，人不会满足仅仅活在这个世界上，人还要对自然界"事先进行加工"以便把自然界作为人的"享用和消化的精神食粮"（马克思语）。马克思指出："无论在人那里还是在动物那里，类生活从肉体方面来说就在于人（和动物一样）靠无机界生活，而人和动物相比越有优越性，人赖以生活的无机界的范围越广阔，从理论上来说，植物、动物、石头、空气、光等等，一方面作为自然科学的对象，一方面作为艺术的对象，都是人的意识的一部分，是人的精神无机界，是人必须事先进行加工以便享用和消化的精神食粮；同样，从实践领域来说，这些东西也是人的生活和人的活动的一部分。"① 马克思通过把人的意识活动与自由自觉的劳动这个实践活动结合起来，改写了人类的历史，不仅第一次向世界宣布：劳动是伟大的、光荣的，是人类的最崇高的活动，而且更重要的是，马克思把自由自觉的劳动与工人阶级结合起来，使被压迫、被剥削的处于社会下层的被资产阶级瞧不起的无产阶级一跃而成为代表社会未来的新的社会力量。马克思通过这样的结合，实现了费尔巴哈期望的把哲学从"僵死的精神境界"引导到了"有血有肉、活生生的精神境界"，"从美满的虚幻的精神乐园下降到多灾多难的现实人间"。这种转变在费尔巴哈看来"是下一代人才能做到的事情"。②

2. 抽象的人的幸福观的内容就是劳动

马克思赞成黑格尔的观点，即人的劳动是人的本质，但是，马克思反对黑格尔把劳动看作抽象的精神活动，看作是人的自我精神的生成活动。马克思在《1844年经济学—哲学手稿》（以下简称《手稿》）里，对黑格尔的劳动概念进行了唯物主义的改造。劳动在《手稿》里被赋予新的含义，其基本点是人改造劳动对象的活动，是体现人的生命本质的活动。马克思写道："整个世界历史不外是人通过人的劳动而诞生的过程，是自然界对人来说生成的过程，所以关于他通过自身而诞生，关于他的形成过程，他有直观的、无可辩驳的证明。"③ 在马克思看来，劳动就是改造世界

---

① 余培源、吴晓明主编：《马克思主义哲学经典文本导读》，高等教育出版社2005年版，第68页。
② 《费尔巴哈哲学著作选》上卷，商务印书馆1984年版，第234页。
③ 同上书，第289页。

的实践活动，人通过劳动这种改造世界的实践活动证明自己是"有意识的类的存在物"（马克思语），也创造了一个"对象世界"（马克思语）。马克思写道："因此，劳动生活是人的类生活的对象化：人不仅像在意识中那样在精神上使自己二重化，而且能动地、现实地使自己二重化，从而在他所创造的世界中直观自身。"① 在马克思看来，人要能够认识自己、理解和把握自己，仅仅认停留在对自我的认识这个一重化的层面上是不够实现人的本质的对象化要求的，还要通过劳动做到二重化才能达到这个要求，克服异化。劳动的二重化就是把自我反映在劳动对象中去，即"能动地、现实地使自己二重化"。马克思正是通过克服黑格尔从自然以外寻求自然的本质、在人之外寻求人的本质、在思维之外寻求思维的本质，克服在抽象的基础上建立哲学体系的局限性，实现了对黑格尔思辨哲学的革命性改造，使其具有黑格尔哲学所缺少的直接统一性、直接确定性和直接的真理性。

3. 抽象的人的幸福观的目标就是建立共产主义社会

在马克思看来，劳动作为体现人的本质和规律的活动，不仅是人的自由自觉的活动，也是人按照美的规律改造对象的活动，这个对象不仅是人的劳动对象、劳动产品，也包括人本身。人所创造的劳动产品、人的活动结果都应该体现人对真善美的追求，体现人对自然社会和人本身发展规律的把握。马克思写道："动物只是按照它所属的那个种的尺度和需要来构造，而人懂得按照任何一个尺度来进行生产，并且懂得处处都把内在的尺度用于对象；因此，人也是按照美的规律构造。"②马克思笔下的劳动的这种完美性和真实性，在马克思看来，只有到了未来的共产主义社会才能真正得到实现。马克思写道："共产主义是私有财产即人的自我异化的积极扬弃，因而是通过人而且为了人而对人的本质的真正占有；因而它是人向自身、向社会的即合乎人性的人的复归，这种复归是完全的、自觉的和在以往全部发展的全部财富范围内生成的。"③ 未来的共产主义社会之所以能够实现人的劳动的完美性与真实性的结合，能够促进人的全面自由和谐的发展，保证人的活动与人的本质的一致性，最重要的是，在共产主义社会

---

① 《费尔巴哈哲学著作选》上卷，商务印书馆1984年版，第69页。
② 余培源、吴晓明主编：《马克思主义哲学经典文本导读》，高等教育出版社2005年版，第69页。
③ 同上书，第83页。

里，消灭了产生剥削、产生压迫和迫使人奴隶般服从分工的资本主义私有制。这是抽象的人实现的幸福的基本条件，也是抽象的人幸福的目标。马克思认为，这是历史必然性和人的发展的必然结果。资本主义是阻挡不住这个历史趋势的。

（二）马克思的现实的人的幸福观

马克思的历史唯物主义的幸福观就是建筑在新的实践观基础上的具有强烈实践倾向的幸福观，是体现人与现实统一、思维与存在的统一、人与人的统一、人与阶级的统一这个哲学的最高原则的幸福观。这个幸福观的核心是人的本质、人的阶级本性体现在人的认识与改造主观与客观世界的活动中，根本着眼点是人的革命实践活动。按照这个幸福观的要求，人的幸福来自人的阶级的革命实践活动。人的阶级的革命实践所反映的是人所在的阶级对现实生活的物质关系的认识，以及改造世界的实践活动本身，如马克思所说："实际上，而且对实践的唯物主义即共产主义来说，全部问题都在于使世界革命化，实际的反对并改变现存的事物。"① 人的本质在《提纲》中被表述为"一切社会关系的总和"。在《形态》中则增加了无产阶级的阶级本性这个更能够表现人的本质是一切社会关系总和的表述。马克思的历史唯物主义幸福观认为，现实的人的本质包含在社会与人、阶级与人的统一中，这个统一建立在生产力与生产关系的矛盾运动中，建立在自我与"交往方式"（马克思语）相区别的实在性上。这就是说，现实的人的本质的真理不存在于人的思维里和人的感性实践中，而是存在于人的认识世界和改造世界的革命实践中。人的本质是阶级的本质、生产方式的本质等各种反映社会关系的实践活动的总和。我们可以从以下三个方面认识和理解马克思的历史唯物主义幸福观的主要内容和基本要点。

1. 现实的人是马克思的历史唯物主义幸福观的出发点

与《手稿》以抽象的人为出发点强调理想的人的类型不同，《提纲》、《形态》以"现实的人"代替抽象的、模式化的人，更重要的是现实的人是历史唯物主义幸福观的起点和基础。现实的人的含义是什么呢？首先，与《手稿》论及的人的本质是人的类本质、固有的抽象物有了根本不同，《形态》指出：全部历史的第一个前提就是有生命的个人存在。《形态》

---

① 余培源、吴晓明主编：《马克思主义哲学经典文本导读》，高等教育出版社2005年版，第152页。

进一步解释了这个有生命的个人存在的含义就是"现实的个人"。《形态》指出:"我们开始要谈的前提不是任意提出的,不是教条,而是一些只有在想象中才能撇开的现实前提:这是一些现实的个人,是他们的活动和他们的物质生活条件,包括他们已有的和由他们自己的活动创造出来的物质生活条件,因此,这些前提是可以用纯粹的经验的方法确认。"①此外,《形态》还指出:"现实中的个人"是从事活动的、进行物质生产的、在一定的前提和条件下活动的个人。《形态》特别强调:"我们不是从人们所说的、所设想的、所想像的东西出发,去理解有血有肉的人。我们的出发点是从事实际活动的人,而且从他们的现实生活的过程中还可以描绘出这一生活过程在意识形态上的反射和反响的发展。"②由此可见,现实的个人有来自现实的欢乐与痛苦、爱与恨、笑与哭,有来自现实的需要和满足、动机与欲望,从事着满足人的需要的物质生活资料的历史活动。

2. 现实的人的幸福的实现是推翻旧的世界

《形态》认为资本主义社会存在的劳动分工使生产力、社会状况、意识三者产生矛盾。在马克思看来,劳动分工与私有制是同义词,劳动分工指资本主义赖以生存的生产活动,私有制指资本主义的生产活动导致的最终结果。解决资本主义社会存在的生产力、社会状况、意识三者之间的矛盾的方法是消灭资本主义私有制和私有制条件下的劳动分工。《形态》与《手稿》相同之处都在于指出了资本主义本身是造成人异化的原因。《形态》在这方面与《手稿》是一致的。《形态》认为:"只要分工还不是出于自愿,而是自然形成的,那么人本身的活动对人来说就成为一种异己的、同他对立的力量,这种力量压迫着人,而不是人驾驭着这种力量。"③出现这个现象的原因就是分工。分工出现之后,任何人都有了一个被强加给他的、限制他进一步发展的活动范围,在这样的社会里,人不可能得到自身全面自由的发展,也不可能享受自身活动的乐趣。在马克思看来,改变这种状况,就必须使现实革命化。这个革命化批判了黑格尔为现存的东西辩护的保守意识,也划清了与费尔巴哈理解现存世界的方法的界限,他明确提出:"在实践中,即通过革命,使自己的存在同自己的本质协调一

---

① 余培源、吴晓明主编:《马克思主义哲学经典文本导读》,高等教育出版社2005年版,第152页。
② 同上书,第156页。
③ 同上书,第163页。

致的时候予以证明。"① "……然而一个真正共产主义者的任务却在于推翻这种存在的东西。"②

3. 现实的人的幸福是以追求共产主义的实现为目标

《手稿》里的抽象的人和《形态》里的现实的人的幸福都以推翻资本主义私有制、建立共产主义为目标。不过，《形态》里的共产主义是人与人互相联合的共同体的建立，《手稿》里的共产主义是对人的本质、人的本性的复归。前者是对占人口大多数的无产阶级而言的现实的共产主义，后者是对抽象的、完美类型的人而言的想象中的共产主义。《形态》提出作为人们之间的联合体的共产主义，是人获得全面发展才能的手段，也是人获得自由的地方，只有建立这种共产主义的联合体，才能消灭私有制和在私有制基础上产生的物的力量驾驭人的力量的人的自我异化，实现人的真正的幸福。《形态》明确指出："在这个共同体中各个人都是作为个人参加的，它是个人的这样一种联合（当然是以当时发达的生产力为前提的）：这种联合把个人发展和运动的条件置于他们的控制之下。而这些条件从前是受偶然性支配的，并且是作为某种独立的东西与单个人对立的。"③《形态》与《手稿》的另一个不同之处在于，前者认为在阶级社会里，每个人都属于一定的阶级，个人的社会地位、个人的发展都由所属的阶级利益所决定，后者则把人的本质归入人的类本质中，认为人的共同性大于人的阶级性，忽视了阶级斗争对社会发展的动力作用，强调人的自由自觉的劳动对异化的纠正是社会发展的推动力。《形态》则批判了《手稿》的这个观点，明确指出，以思辨哲学的方式、以类的方式认识人的本质是对"历史莫大的侮辱"。进一步指出：把整个历史发展过程看作是人的自我异化过程，一开始就撇开了人现实条件，把人的先验的本质强加于每一个历史阶段现实存在的人，把历史的发展过程理解为人的自我意识的发展过程。《形态》与《手稿》的共同点是都把自由看作人的幸福的基本内容、基本存在形式。《形态》比《手稿》更强调自由在共产主义社会中的作用，《手稿》从克服异化强调自由，认为共产主义的自由给人以劳动的自由和自觉性。《形态》从范围强调自由，认为共产主义的自由给人以无限活动

---

① 余培源、吴晓明主编：《马克思主义哲学经典文本导读》，高等教育出版社2005年版，第171页。
② 同上书，第186页。
③ 同上书，第163页。

的范围，这个范围将发展人的完整性、人的一切力量和能力。《手稿》中的共产主义是人的劳动获得解放、人的异化得到克服的共产主义。《形态》中的共产主义是人的自由得到全面释放、人的潜力得全面开发的共产主义。《手稿》、《形态》都谴责资本主义社会使人退化到机器的范围内，剥夺了人的人性，使人成为国家发展的牺牲品。资本主义社会的不人性就表现为让人的自由丧失，人的自由的丧失则意味着人的本质、人的本性的丧失。

马克思的幸福观的两个支撑点是人的本质和社会冲突。从第一个支撑点看，马克思把抽象的人的本质归结为人的类本质、类本性，把现实的人的本质、人的本性归结为社会本质、阶级本性，前者是思辨哲学和旧实践观的产物，后者是唯物史观的新实践观的产物。人的类本质、类本性本身就是抽象的、概念化的结果，人的阶级本性则是来自人的社会关系和人的社会现实。对于抽象的人来说，人的本质、人的本性就是抽象和完美意义上的自由自觉的劳动，按照美的规律从事改造劳动对象、创造劳动产品的实践活动；对于现实的人来说，人的本质、人的本性最重要的表现就是社会性与阶级性，按照社会性与阶级性的要求，无产阶级的本性就是革命实践。这个革命实践在马克思看来有两个意思：一是高度联合，无产阶级只有联合起来，才能达到真正的普遍性，即全社会的所有生产工具和财产归于每一个人的"现代的普遍交往性"、推翻资本主义社会的"革命的联合的普遍性"。二是高度自由。在共产主义社会，现实的人在活动方面拥有完全的自主活动的自由，在劳动方面也拥有完全自主活动的自由。现实的人"都没有特殊的活动范围，而是都可以在任何部门发展，社会调节着整个生产，而我有可能随着自己的兴趣今天干这事，明天干那事，上午打猎，下午捕鱼，傍晚从事畜牧，晚饭后从事批判，这样就不会使我老是一个猎人、渔夫、牧人或批判者"[①]。从第二个支撑点看，马克思把抽象的人的幸福的实现理解为人的本质、人的本性与社会的冲突的克服和解决，也就是说，社会的公正和平等是实现抽象的人幸福的条件。马克思把现实的人的幸福理解为阶级斗争和阶级矛盾的克服和解决的产物。现实的人的幸福实现的必然性就表现为消灭资本主义制度和建立共产主义制度的必然

---

① 余培源、吴晓明主编：《马克思主义哲学经典文本导读》，高等教育出版社2005年版，第152页。

性。在马克思看来,现实的人是不完善的人,是有缺陷的人,这是现实的制度和现实的关系存在的缺陷在现实的人身上的反映,是"旧社会的遗留物"在现实的人身上的表现。所以,无产阶级"只有在革命中才能抛弃掉自己身上的一切陈旧的肮脏的东西,才能成为社会的新基础"①。

马克思的唯物史观解决了思维与存在、具体与抽象、原因与结果、无限与有限、社会与个人等对立统一的关系,恢复了历史的本来面貌,也解决了抽象的人与现实的人的幸福观的对立统一的矛盾关系问题。

在马克思的历史唯物主义幸福观看来,人不仅是自由的存在、美的存在、思想的存在,也是现实的存在、社会的存在、阶级的存在,而且是这些存在的各种关系的反映。在马克思的历史唯物史观幸福观看来,幸福不是别的什么东西,仅仅是现实的人的无产阶级阶级的本性在现实中的实现。这个本性是真实的、完全健康的人的本性,是追求社会更美好、更光明、更完善的人的本性,是要改造和变革现存的让人异化、让劳动异化的社会现状的人的本性。错误、恶习、罪过也不是别的什么,是资本主义社会造成的人的缺陷、人的旧有的肮脏物,无产阶级的阶级本性要求改写社会对于人性的扭曲的现状,要求通过创造人与人的联合共同体去实现人本身的自由全面发展。在推翻资本主义和建立共产主义的革命实践中,人的解放才能获得现实性,人也才能实现真正的幸福。从这个意义上看,马克思的历史唯物主义的幸福观,是改造自我与改造社会的革命实践的幸福观,是集体主义与自我、他我结合的充分反映个人利益与社会利益相结合的幸福观。这个幸福观是无产阶级对自己的阶级和自身应尽的义务,这些义务不是别的什么,仅仅是按照未来的共产主义社会的面貌,认识和改造现实的社会状况,这对无产阶级保持和获得身体和精神的健康是必要的,是无产阶级追求幸福的表现,也与整个社会的幸福、与人的本质是一致的。它从人的社会关系的总和里提取出来,反映了人的真正的本质、本性。在这个幸福观里,幸福的最活跃、最真实、最纯洁的良心活在无产阶级的阶级本性的自我实现里。

二 幸福心态的含义

马克思的幸福观对于我们研究少数民族幸福心态有着重要的指导意

---

① 余培源、吴晓明主编:《马克思主义哲学经典文本导读》,高等教育出版社2005年版,第152页。

义。此外，在伦理学领域，幸福是一个贯穿古今中外的重要话题。西方幸福论，从总的发展趋势上看，经历了三个历史阶段：第一阶段的古希腊罗马奴隶制时代的幸福观具有朴素的自然主义特征，决定了理性主义的幸福论在这个时代占据主导地位。第二阶段的中世纪封建社会时代的幸福观具有超自然主义的特征，决定了神学幸福论在这个时代占据统治地位。第三阶段的近代以来资本主义社会的幸福观具有个人主义特征，决定了主观感受幸福论在这个时代占据主导地位。① 以亚里士多德为代表的美德幸福观认为，幸福就是人的终极目的或最高善的实现。以康德为代表的义务论幸福观认为幸福就是人的责任和义务的实现。以边沁为代表的功利主义幸福观认为幸福就是谋求大多数人的最大利益。以奥古斯丁为代表的基督教幸福观认为幸福就是信仰上帝。以孔子为代表的人格幸福观认为幸福就是齐家、治国、平天下。王海明总结中西关于幸福的看法，认为幸福是人生重大需要、欲望、目的得到实现的快乐的心理体验，是达到生存和发展的某种完满的快乐的心理体验。②

心态是人的丰富的精神世界构成的心理反应机制，是对外界的理智、情感和情绪反应的统一。心态由四个重要的因素组成：认知、情感、意志和行为。③ 认知是人们经过个人的知识水平、判断能力和价值取向所产生的看法。情感是人们在认知的基础上产生的对外界的心理体验过程，分为积极情感和消极情感。如果人们对外界的看法产生积极的情感，就会对其坚信不疑，进而形成意志，产生信念，展开行动。因此，心态的形成是以认知为基础，以情感为核心，以意志为保证，以行为为结果。

据此，幸福心态就是个人的价值取向导致的快乐、满足和愉悦的心理体验过程和结果。西北少数民族的幸福心态就是在宗教信仰所形成的价值取向的支配下、在与他人交往过程中形成的快乐、满足和愉悦的心理体验过程。

三　西北少数民族日常交往幸福心态的三个表现

维柯指出："在所有的民族之中的民政世界都是从宗教开始的。"④ 西

---

① 冯金科：《西方幸福论》，中华书局2011年版，第28—29页。
② 王海明、孙英：《美德伦理学》，北京大学出版社2011年版，第23页。
③ ［意］维柯：《新科学》上册，朱光潜译，商务印书馆1997年版，第10页。
④ 同上。

北少数民族也不例外。西北少数民族不仅作为一个民族共同体存在，也作为一个宗教共同体存在。作为民族共同体的存在，西北少数民族有自己的居住区域、风俗习惯、思维方式、行为方式和心理定式。作为宗教共同体的存在，伊斯兰教、藏传佛教构成了西北少数民族日常交往幸福心态的精神渊源。在宗教信仰的影响下，西北少数民族日常交往的幸福心态主要表现在以下三个方面。

（一）善的幸福心态

无论是信仰伊斯兰教还是信仰藏传佛教的西北少数民族在日常交往中都坚持以善为本的原则。在这个原则的指导下，西北少数民族形成了一个普遍的共识，即伊斯兰教的"劝善戒恶"、藏传佛教的"广结善缘"是日常交往的基本原则。①

1. 伊斯兰教日常交往的善的幸福心态的体现

信仰伊斯兰教的西北少数民族的日常交往的善的幸福心态表现在以下四个方面。

（1）善是监督。伊斯兰教强调信天使，即安拉创造的天使供安拉驱使，执行安拉的各种命令。每个人的左肩、右肩上各有一位天使，右边的天使记录善行，左边的天使记录恶行。在末日审判来临之际，真主将根据天使的记录，进行审判。善行者进天堂，恶行者入火狱。因此，信仰伊斯兰教的西北少数民族与人交往坚持以善为本的原则。

（2）善是德行。穆罕默德说过："我的使命就是完美人类的道德。"② 善行就是通过遵守伦理道德规范而表现的德行。伊斯兰教认为，恪守伊斯兰的一切行为规范，用善行走好人生之旅，可以超越自我，善待他人，爱国爱教，追求学问，用劳动和智慧争取今世幸福，谋求两世吉庆。所以，信仰伊斯兰教的西北少数民族在日常交往中注意行善止恶，远奸近贤，广交良友，施舍济贫，公正宽厚，孝敬父母，热爱祖国，友爱兄弟，追求学问，遵守教规戒律。

（3）善是遵循真主的教诲。伊斯兰教认为：人生的最终目的是"取悦安拉，代治今世"。所以，人的最根本的需要，就是信仰真主，遵循真主的教诲，弘扬美德。"谁遵循我的正道，谁不会迷误，也不会倒霉；谁违

---

① ［意］维柯：《新科学》上册，朱光潜译，商务印书馆1997年版，第10页。
② 马进：《西北世居少数民族日常交往的心态研究》，民族出版社2011年版，第42页。

背我的教诲，谁必过窘迫的生活。"① 因此，信仰伊斯兰教的西北少数民族与人交往坚持"认主归真"，在对真主的信仰上坚定不移、纯洁无瑕。注意把真主诸多的完美品德体现在日常的交往中，即以坚强的意志履行对真主的责任，以广博的知识认识真主的全能，以优良的品性与主合一。

（4）善是两世幸福。伊斯兰教强调信后世，信复生，信末日审判，相信人们都要经历今世和后世。终有一天世界会毁灭，世界有末日。曾经在今世生活过的一切人、事、物都将复生，接受安拉的总清算、总裁判，行善者进天堂，作恶者下火狱。伊斯兰教认为，今世是短暂的，后世是永久的，人们不可迷恋今世，但是也不可以放弃今世。应该超越自我，争取今世幸福，谋求两世吉庆，用善行走完人生旅途。

伊斯兰教强调信前定，即世间一切事物都是安拉预先安排好的，人们的富贵贫贱、吉凶祸福、美丑善恶、生死寿限，自然界风雨雷电、四季变化、山川草木、日月星辰、宇宙循环，都要服从安拉的意志。

信仰伊斯兰教的西北少数民族在与人交往过程中追求今世幸福，也追求来世幸福，注重两世幸福。他们为了能够进入天堂，言行谨慎，为人善良，做事勤劳。在他们看来，今世的"信道"与"行善"是通向后世的桥梁。最亏折、最虐待自己的人便是为了一闪即逝的享乐而抛弃永久幸福的人，最盈利者是用牺牲短暂的欲望换取与天地同欢乐的人。他们常说："一个人归信了伊斯兰，生活便有所依靠，安拉又使他对他所得的给养十分满足。这种人的一生最成功，最快乐。"②

2. 藏传佛教日常交往的善的幸福心态的体现

（1）强调"舍"对形成善的作用。在这方面，藏传佛教的萨迦派很有代表性。"萨迦"（sa-skya）的藏语原意为灰白色的土地。萨迦派的经典（《十三种不越外围之金法》③）中的"道果法"强调"舍"通过三个过程可以达到善的境界。其一，舍去"非福"（"恶业"、做坏事），专心于行善，来生即可投生三善趣之中。其二，舍去"我执"（指执于一切有形或无形的事物）。"我执"一舍去，烦恼苦痛便无从生起，人也可从流转轮回的痛苦中得以解脱。其三，舍去"一切见"。一切见指"断见"（指片面

---

① 《古兰经》，马坚译，商务印书馆1999年版，第22页。
② 冯今源：《伊斯兰教的教义——三大教义与六大信仰》（http://www.china-review.com/sao.asp?id=1953）2011年10月26日。
③ *The Teaching of Buddha*, Tokyo: Bukkyo Dendo Kyokai, 1985, pp. 424–426.

解释"宇宙万物皆非实有")和"常见"(指一般人的见解)。萨迦派认为,要防止"断见"和"常见",走中道,这样才能达到智。这是信仰藏传佛教的西北少数民族日常交往的理念。

(2)强调以佛、法、僧为三宝,追求无我、无常是善的最高境界。藏传佛教强调佛、法、僧为三宝,要求在个人的内心世界里建立佛国净土,返回到自性清净。在藏传佛教里,无我、无常是善的最高境界,自性善、相应善、等起善、胜义善是善的四个范畴,11 个心所(心的归宿)是善的具体的、可以感知的表现,八正道则是达到善的境界的八条道路。藏传佛教尤其注意正精进和正语对善的境界形成的作用。正精进,即精进努力,不逸杂念,念念趣求,勤于善业。《维摩经》中说:"精进是菩萨净。"① 正语,即不说妄语欺骗别人,不以两舌搬弄是非,不以恶口辱骂他人,不作巧语,为人之言做到了诚实、和蔼、礼貌。

居住在青藏高原上的信仰藏传佛教的西北少数民族的淳朴善良,闻名遐迩。与人交往表现出来的真诚和热爱自己民族的自豪和骄傲,令久在城市生活的我们感佩不已。笔者曾经到达平均海拔达到 3700 米的甘南藏族自治州的玛曲县,那里的藏族同胞安居乐业,穿着打扮时髦的女孩和男孩到处可见。羞涩的藏族同胞与人交谈,胸怀坦荡。

(二)慈的幸福心态

所谓慈,就是慈悲。慈悲在伊斯兰教的含义主要是仁慈,以仁心表现慈爱之情。

1. 伊斯兰教的慈

在伊斯兰教看来,人之所以优越于动物和能表现出人的尊严与高贵之处,就在于人能有道德,人能依照道德的要去行动。这个道德的要求最根本的就是要有仁慈的胸怀。伊斯兰教倡导人们要有宽容的、仁慈的胸怀,通过广交真正的朋友,培养"助丧、探病、释讼、解事、顾爱亲戚、和睦邻里、恤孤弱、悯贫困"② 的美德;要求人们以诚实、公正的态度从事活动,在待人接物中奉行容忍、仁慈、宽恕的原则,反对有损于团结的行为(如猜疑、嘲弄、诽谤等),要像穆罕默德那样,做一个"可信者"。

---

① *The Teaching of Buddha*, Tokyo: Bukkyo Dendo Kyokai, 1985, pp. 424–442.
② 马坚峰:《回教哲学史》,商务印书馆 1944 年版,第 99 页。

2. 伊斯兰教的慈的幸福心态的表现

在伊斯兰教传入中国后，其经典作家结合伊斯兰教教律和回族的实际状况，吸收并融合了中国儒家文化的精华，提出人道五典，即夫妇关系、父母与子女的关系、君臣关系、兄弟关系、朋友关系，并且将天命五功与人道五典紧密结合在一起，构成了慈的幸福心态。"有天地而后万物生，有男女而后人类化。"① "有夫妇而后有上下，在家为父子，在国为君臣。有上下而后有比肩，同出为兄弟，别氏为比肩，人伦之要，五者备矣。"②

（1）五典之一是夫妇关系。夫道为教义礼法，要样样娴熟。要以正当合法的经济活动，担负起养家糊口的职责，要以"欢洽和顺、团结不离"的原则处理家庭关系，不因妻子有过失而轻易离异，不因妻家贫寒而朝三暮四。妻道的核心是对丈夫顺从和忠诚。对丈夫的过失要好言相劝，对家庭的困难要与丈夫合力克服，要洁身自好。

（2）五典之二是父母与子女的关系。"天地代主育物，父母代主育人。"③ 所以，父母一定要教育好子女。教育子女要从胎教开始。"胎教于生前，家教于幼习，学教于少知。"④ 胎教被回族称作先天之教，礼教学教则称作后天之教。回族要求父母虽生活困难也要供"子习学"，同时对子女"无姑息"，给予严格要求，待"男长为之娶，女长为之嫁"⑤，就完成了父道。子道则要以孝亲和学习并重。一方面对父母尽孝，对父母的过失，要和颜劝止，使父母不高兴的事不要做；另一方面认真学习宗教知识和各种学问，为父母子弟增光。"一人有学，穷则善身，达则善世，流芳千古……有子失学，不认主，不孝亲，不体圣，不知法，轻犯宪章，累及宗族。"⑥

（3）五典之三是"君臣之道"。伊斯兰教认为，君主代替真主治理天下，体现了真主的旨意，所以，效忠君主是每位穆斯林的义务和职责。但是穆斯林并不是对任何一个君主都效忠，而是对那些尊重真主、仁慈公正的君主表示忠顺。

---

① 马进：《西北少数民族伦理道德》，宁夏人民出版社1995年版，第170页。
② 同上。
③ 同上。
④ 同上。
⑤ 同上。
⑥ 同上。

（4）五典之四是处理好兄弟关系。提倡兄宽弟忍，注意公与儿媳、叔伯与妯娌不直接交往，以示辈分有别。也注意并非至亲的男女一般不随意同席而坐，以示男女有别。伊斯兰教认为："兄弟义共，天下与颂；兄弟义畔，天下好成。"①

（5）五典之五是处理好朋友的关系。伊斯兰教认为不交友是不可能的，但交友一定要慎重。交友要有助于德行完善，通过广交真正的朋友，培养"助丧、探病、释讼、解事、顾爱亲戚、和睦邻里、恤孤弱、悯贫困"②的美德。

3. 藏传佛教的慈

慈在藏传佛教的含义主要是慈悲。藏传佛教的慈悲来自梵文。慈是给人以快乐，悲是解除人的痛苦，两个字合起来就是"拔苦与乐"。藏传佛教认为幸福心态的形成就是慈悲在社会生活中的体现，要注意表现利他主义的道德观和利他主义的情感观。

首先，利他主义的道德观。慈悲在藏传佛教中就是利他主义道德观在情感上的表现。在该教看来，凡是对他人有利的便是善，凡是对他人有害的便是恶。这里又可以分出几种情况：一种是对己对他都有利的是善，对己不利但对他人有利是大善；另一种是对己对他人都不利的是恶，对己有利对他人不利的是大恶。这种利他主义道德观，被称作慈悲。所谓"佛心者慈悲也"③便是这个道理。"大慈与一切众生乐；大悲拔一切众生苦，大慈以喜乐因缘与众生，大悲以离苦因缘与众生。"④

其次，利他主义的情感观。藏传佛教的慈悲是用来处理人际关系的，是佛教义理在个人感情上的体现。慈心是希望别人得到快乐，慈行是帮助他人得到快乐；悲心是希望他人解除痛苦，悲行是帮助他人解除痛苦。要帮助他人得到快乐，就要把他人的快乐视作自己的快乐，要帮助他人解除痛苦，就应该把他人的痛苦视为自己的痛苦。所谓"无缘大慈，同体大悲"⑤便是这个意思。由此可见，慈悲即利他。

---

① 马进：《西北少数民族伦理道德》，宁夏人民出版社1995年版，第170页。
② 马坚峰：《回教哲学史》，商务印书馆1944年版，第99页。
③ 桑杰端智：《藏传佛教心理学内涵与文化更新》，《西北民族大学学报》（哲学社会科学版）2005年第1期。
④ 同上。
⑤ 同上。

再次，坚持有利他人的四摄度。藏传佛教的有利他人的四摄度是：其一，实施摄。你要存心救人，就应该先观察你所要救的人，他喜欢财便布施给财。他喜欢法，就献给他法，使他生发亲爱之心，喜欢佛道。其二，蔼语摄。要善于随众生根性，用好听的语言、和蔼的态度、生动的比喻来安慰他人，使其明了其中善恶，生出亲爱之心，皈依佛门。其三，利行摄。起身口意善行，利益众生，使其生出亲爱之心，皈依佛道。就是说，要言行一致，以身作则。其四，同事摄。以法眼观察众生根性，随其所乐，分形示现，同其所作，使沾利益，而令皈依佛门。就是说要善与人同，人有善行，我助成之，己有善行，必与人同作，共收善果。

藏传佛教的慈的幸福心态最有代表性的例子当推20世纪80年代初，被邓小平称赞为"最好的爱国者"的十世班禅大师在西北民族大学的演讲。当时，十世班禅大师说："我懂藏语，我也懂汉语，我还懂英语。今天，我既不用藏语讲话，也不用英语讲话，我用汉语讲话。因为在座的除了藏族同胞外，还有汉族同胞。各民族同胞汇聚一堂，我就用大家都能听懂的汉语讲话。"十世班禅大师的这次讲话成为民族团结的经典佳话，至今传诵。

（三）公正的幸福心态

不论在宗教事务中还是在日常生活中，西北少数民族都很重视以不偏不倚、一视同仁、平等互助等为内容的公正的原则。这个观念被宗教化和伦理道德化以后，就深入到了西北少数民族的内心世界，成为西北少数民族的幸福心态的一个主要方面。

1. 公正在伊斯兰教的含义

伊斯兰教认为：善恶由人，赏罚由主。人或为善或为恶，今世便可确定下来；真主对人的善和恶的赏罚，后世才能定下来。后世就是真主对每个人的赏罚而使从善从恶之人各得其所的那个时候。真主将按照每个人的所作所为来做出最公正的判决。在那个时候，人所做的一切，不论是不易被察觉的纤毫隐忽的细微末节，还是其他什么行为，都会像镜中照容一样，美者现美，丑者现丑，无须刑讯或文字及口头表达，就会自行显示。

伊斯兰教所说的对人前世的审判，充分表达了公正的思想。这个公正的思想的要点是：

（1）人们在生活中可以有善有恶，甚至会出现从善者贫穷和受剥削、压迫等不公平现象。

（2）真主则"浑万物而不遗一物，统万事而不失一事，妙万形而不灭一形"。① 真主不论大小美丑善恶，都会让它们显露原形。作为无所不知、无所不能、无所不全、无所不善的真主，聚万世如一世，合万古于一时，对万众如一人，理万事如一事，毫厘不爽，微尘不遗。

（3）真主作为正直无私的化身，还表现于人在真主面前口不用辩，是非不用说出来，在人为善为恶时的全部情境甚至包括心理活动都会纤毫毕现。

（4）今世恶未罚，善未赏，冤屈未申，但是，后世仍然有一个真主的世界，必然要使今世没有报的事，全部果报。而且，真主对人的罪孽有可赦免的，也有不可赦免的。对那些无意中犯罪或初犯罪者是可赦的，对公然为非作歹而肆无忌惮者，必定不会赦免他们的罪过。同时，对有悔过之心或做错事出于善良之心者，都可赦免。除上述不可赦免的罪过外，对无恐惧之念者，本能为善却作恶者，奸诈险恶、以权傲物、以势凌人的人，不能赦免。伊斯兰教认为，世上有欺我屈我之人，主无屈我欺我之意，真主要以屈对屈我者报之，以欺对欺我者报之。所以，今世非后世不显，后世非今世不彰。两世合为一世。

伊斯兰教对人们所提出的真主赏善罚恶为何在后世而不在今世这个问题是这样回答的：如果为善为恶，不论大小，顷刻赏罚，那么，不善者善，善者愈不善，恶者亦不恶，欲为恶者也终不敢为恶，其结果是既不能将人的真实显示出来，也不能使人等待圣人的教化。设立天堂和地狱，作为为善为恶者的归所，这可以显示真主无私无偏的公平。天堂是真主为报答所有善人所建造的。

2. 伊斯兰教的公正就是坚持真理，意志坚定

穆罕默德认为："人们的威胁不能阻止你们中的任何一人说出真理，只要真理在他们手中。"②《古兰经》指出："信道的人们啊！你们当维护公道，当为真主而作证，即使不利于你们自身，和父母和至亲。无论被证的人，是富足的，还是贫穷的，你们都应当秉公作证；真主是最宜于关切富翁和贫民的。你们不要顺从私欲，以致偏私。如果你们歪曲事实，或拒

---

① 马坚峰：《回教哲学史》，商务印书馆1944年版，第299页。
② 《穆罕默德生平》，北京清真书报社1951年版，第78页。

绝作证,那么,真主确是彻知你们的行为的。"①

伊斯兰教所说的公正,指为坚持自己的信仰,要能经得住任何困难的考验和能经得起任何磨炼,不仅在艰难困苦中,矢志不渝,保持信念;而且在富贵中仍然忠于真主,坚持到底。穆罕默德在回答什么是怯懦时说,酷爱今世,讨厌死亡。意思就是反对人因贪恋尘世荣华富贵而不敢坚持对真主的信仰,失去正直的品性和做人最起码的尊严。

3. 公正在藏传佛教中的含义

藏传佛教认为,公正就是不偏不倚。可见,藏传佛教将公正理解为一种平等。藏传佛教认为:不仅人与人、人与一切有生命的动、植物都是平等的,而且,人与组织、政府也应该平等。因此,九世班禅大师曾以孙中山先生遗教三民主义的平等观与佛教平等观做对比,认为二者是相同的,没有一点不一样的地方。② 藏传佛教进而认为,"我执"所酿成的种种自私自利、舍公求私一类事端,皆使平等无从体现。所以,平等最主要的含义是,不能只求物体或地位的平等,必须先有平等的"心",不把心调伏,不把私利除却,以观出本然清净的光明,平等也许只能达到物体和地位的平等而已。但是,因心地不平等的缘故,对于那些已经得到的平等人们也一样不能加以认识,反而会生出忌妒贪婪等念头。

九世班禅大师以为:讲求平等的道理便是以慈爱心为先导,富救贫,有知识、有学问的人拿出知识和学问去救无知识、无学问的人,使大家都得到学问和智慧,更需将自己的一切财产、生命、智能拿出去,贡献给国家和人民,以谋公众利益。不能专一为自己求利益,或用自己的势力去侵占他人的利益。如果因无法获得而怀恨或仇恨,这不叫平等,反而会破坏世间一切幸福。有平等心,就是念前世时曾受众生种种大恩,此生应对他人讲求平等、慈爱,更应回报恩心,去为人民救苦,为国家效忠。③

4. 藏传佛教的公正就是做人正直、言行一致

藏传佛教所强调的十善业就含有做人正直和言行一致的意思,要求人们心口如一,言行一致,忠于信仰,刻苦修行。

藏传佛教认为,按宗教轮回之说,人身最不易得。既得人身,凡立身

---

① 《穆罕默德生平》,北京清真书报社 1951 年版,第 78 页。
② 《班禅大师全集》,正中书局 1942 年版,第 156—157 页。
③ [意] 维柯:《新科学》上册,朱光潜译,商务印书馆 1997 年版,第 14 页。

处世，自应以"道德"二字做生活准则。除谋正当职业外，尤当崇奉佛教，虔诚诵经，以正身心，不能只顾目前，不修来世，将数十年大好时光轻易放过。

藏传佛教认为，应该信、解、行、证相一致。所谓信，就是作为佛门弟子，定要立志救人救事，努力行善。只要真心诚意做一件救人善举，也能筑成自己成佛的根基。成佛的目的便是救世救人。身为佛门弟子，对于佛祖所传授给自己的一切，都要至诚信仰，至诚尊重，身、口、意三者完全一致，皈依三宝，绝不能有半点怀疑。只有信仰，才是万善发生、诸行成就的根源，是成佛度生的起点。所谓解就是诵读诸佛经论，要正确理解其中的含义，不能囫囵吞枣，不求甚解。同时，通晓字义后，还应领悟其中的深刻意义，听出弦外之声。所谓行，便是将信、解的结果从行为中体现出来，没有行，就没有信和解。所谓证，便是自己从佛法佛理中所得到的一切体会和收获，都要从自己那里得到证明。证不能放在信、解、行前面去求，只要如实信，如实解，如实行，便自然因果圆满，有证道的一天。

藏传佛教强调：人不能放逸，要学会克制自己。投宿人家，不择上下贫贱之家，不住有新生婴儿家，不去众多人饮酒和淫乱处，不去婚礼和众人议论处，不去有恶狗的地方。乞食所得，一分为三，一份供佛陀，一份通无碍，一份自食。

藏传佛教强调：做人当有威严，不去音乐歌舞婚礼处，不诽谤在家出家人，不吃残渣剩饭甚至一切祭鬼神食。所获种种生活用品，不能独占己有，要尽可能满足他人所求种种之愿。念诵经言时，不大声，不小声，不缓不急，似江河奔流不息。凡是足迹达到青藏高原的人都有一个普遍的共识，即藏族同胞为人正直，表里如一，言行一致，究其原因，很大程度上就是藏传佛教影响的结果。

宗教信仰对于西北少数民族日常交往幸福心态的重要性主要表现为宗教信仰构成了西北少数民族日常交往幸福心态的价值取向。这就是说，宗教信仰在西北少数民族幸福心态的形成过程中扮演了决定其幸福观的不可替代的角色。进一步说，宗教信仰与价值取向是幸福心态的一体两面，一体是幸福心态，外显的一面是宗教信仰，内敛的一面是价值取向。西北少数民族就是通过幸福心态的价值取向展示宗教信仰的地位和作用。维柯认为:"一切优良的品质都植根于虔诚与宗教。"① 西北少数民族就是通过宗教信仰去体验和感受优良的品质带来的日常交往、幸福、快乐和满足。这种独特的心理体验过程只有西北少数民族这样拥有自身特殊的历史和文化的民族共同体才能获取。

---

① [意]维柯:《新科学》上册,朱光潜译,商务印书馆1997年版,第14页。

第九章

西北民族地区宗教信仰与民族团结的互动关系

从族际关系理论看，宗教作为民族分野最重要的标志，对民族团结影响最大。一种宗教如果倡导团结，信教群众就会坚持民族团结，反对民族分裂，维护国家统一，增强国家认同意识。西北少数民族伊斯兰教、藏传佛教中有着丰富的民族团结思想，是对伊斯兰教、藏传佛教传统团结思想的创造性继承和发展。本章主要阐释西北民族地区宗教信仰与民族团结的互动关系问题。

第一节 中国共产党的宗教理论与民族团结理论

中国共产党的五代中央领导集体在马克思主义中国化伟大实践中，经过艰辛探索、反复实践，形成了中国特色的宗教理论和民族团结理论，来之不易，我们要倍加珍惜，在实践中认真贯彻执行。

一 中国共产党五代中央领导集体的宗教理论

中国共产党五代中央领导集体是具有中国特色的宗教理论，是对马克思主义宗教理论的继承和发展，是做好中国宗教工作解决好中国宗教问题的正确的指导思想，必须始终不渝坚持。

（一）马克思的宗教理论

马克思科学揭示了宗教的本质、社会作用和宗教产生和发展的规律。马克思认为："一切宗教不过是支配人们日常生活的外部力量在人们头脑中的幻想反映。在这种反映中，人间的力量采取了超人间的力量形式。"① 马克思认为宗教必然伴随人类掌握了自己的命运、到达自由的境界才能走向消亡。在阶级社会，宗教是统治阶级达到自己目的的工具；科学社会主义在世界观上与宗教对立，二者不能调和；不能采取简单粗暴的方法对待宗教，要实行宗教信仰自由政策，实行教会与国家分离、教会与学校分开的政策；不能把宗教和无神论提高到不适当的地步。

（二）列宁的宗教理论

列宁首先强调必须以马克思主义辩证唯物主义与历史唯物主义的世界观和方法论指导宗教工作。列宁分析了经济社会中宗教的社会根源主要是阶级根源，认为宗教是剥削阶级维护自己统治的精神工具，教职人员的上层是统治阶级的一部分，教会组织是隶属于剥削阶级的国家机构。列宁坚持马克思主义的科学社会主义与宗教在世界观上是不能调和的观点，强调无产阶级政党处理宗教问题要服从于社会主义的总任务、总目标。列宁认为宗教对国家来说是私人的事情，对工人阶级的政党来说就不是私人的事情；要消灭宗教剥削和宗教特权，实行教会与国家、学校的分离；要团结争取进步的宗教人士，对宗教不能采取简单粗暴的处理方法，要在广大人民中间进行无神论教育。

（三）毛泽东的宗教理论

从新中国成立到1956年建立社会主义制度后，毛泽东宣布：尊重和保护公民的宗教信仰自由是中国共产党的一项长期的基本政策；要谨慎对待民族地区的社会改革和宗教问题，要继续保持和发扬党与宗教界的统一战线；宗教信仰是精神世界的问题，不能完全等同于政治；要慎重对待群众的宗教信仰。毛泽东认为宗教要在国家的法律和制度内活动，社会主义时期的宗教将长期存在。

（四）邓小平的宗教理论

邓小平的宗教理论集中反映了以邓小平为核心的党的第二代中央领导集体在"文化大革命"后的拨乱反正、中国特色社会主义开创时期处理宗教问题的基本观点。邓小平的宗教理论包括的内容如下：宗教是一种社会历史现象，宗教在社会主义条件下必将长期存在，宗教的矛盾主要属于人民内部矛盾，处理宗教问题要注意反对"左"的倾向，处理宗教问题的基

---

① 《马克思恩格斯选集》第1卷，人民出版社2012年版，第9页。

本原则是有利于建设中国特色社会主义的现代化国家，实行宗教信仰自由政策，使宗教活动正常化，共产党员不得信仰宗教，运用马克思主义研究宗教。

邓小平理论的宗教理论的历史贡献是系统总结了新中国成立以来，中国共产党在处理宗教问题上的正反两个方面的经验教训，全面系统地提出了处理社会主义时期宗教问题的基本原则和基本政策，进一步继承和发展了马克思主义的宗教思想，为党和国家的宗教工作实践提供了科学的指导思想。

（五）"三个代表"重要思想的宗教理论

"三个代表"重要思想的宗教理论集中反映了以江泽民同志为核心的第三代中央领导集体进入 21 世纪后关于我国社会主义时期宗教问题的新的理论贡献，表明中国特色社会主义宗教理论已经成熟。"三个代表"重要思想的宗教观包括：宗教问题无小事；全党要高度重视宗教工作；正确认识和处理宗教问题要有世界眼光；社会主义时期的宗教问题突出表现为长期性、群众性和特殊的复杂性；社会主义时期的宗教作用具有积极与消极的二重性；实行宗教信仰自由政策是尊重人权的表现；同宗教界政治上团结合作，思想信仰上互相尊重；国家要依法对宗教事务进行管理；要积极引导宗教与社会主义相适应；共产党员不能信仰宗教；要对群众进行唯物论和无神论教育。

（六）科学发展观的宗教理论

党的十六大以来，以胡锦涛同志为总书记的第四代中央领导集体，根据中国特色社会主义建设的新要求，在宗教理论和宗教实践方面都有新的创建和新的发展，主要包括：能否保持宗教关系的和谐关系中国特色社会主义事业的全局和构建和谐社会主义的进程；宗教工作要立足党和国家的工作大局，始终服务于服从于发展这个第一要务；要积极引导广大信教群众投身中国特色社会事业；在围绕中心地位、在服务大局中尽责始终是宗教工作把握的原则；努力实现宗教与社会和谐，各个宗教相处和谐，信教群众和不信教群众、信仰不同宗教的群众和谐。

（七）习近平治国理政的宗教理论

2014 年 3 月 27 日，习近平在联合国教科文组织总部发表了重要演讲，列举了各宗教传入中国后，对中国历史文化的形成与发展起到的重要作用。2014 年 4 月 30 日，习近平在新疆考察工作时，专程视察了宗教活动场所,并同新疆宗教代表人士进行了座谈。他对做好宗教工作高度重视,希望新疆广大宗教界人士继续发扬爱国爱民的优良传统,旗帜鲜明地反对宗教极端思想,通过科学途径,引导广大信教群众正确理解宗教教义,让大家都能安安心心发展经济、改善生活。2015年5月18日至20日,在新中国成立以来首个中央统战工作会议上,习近平再次强调,民族工作、宗教工作都是全局性工作。围绕宗教问题,习近平专门强调,宗教工作本质上是群众工作,要全面贯彻党的宗教信仰自由政策,依法管理宗教事务,坚持独立自主自办原则,积极引导宗教与社会主义社会相适应;积极引导宗教与社会主义社会相适应,必须坚持中国化方向,必须提高宗教工作法治化水平,必须辩证看待宗教的社会作用,必须重视发挥宗教界人士作用,引导宗教努力为促进经济发展、社会和谐、文化繁荣、民族团结、祖国统一服务。

2016年4月22日至23日,全国宗教会议在北京举行,习近平发表重要讲话。习近平强调,发展中国特色社会主义宗教理论,全面提高新形势下宗教工作水平。习近平治国理政的宗教理论包括以下方面:

1. 宗教问题始终是我们党治国理政必须处理好的重大问题。宗教工作在党和国家工作的全局中具有特殊重要性,关系中国特色社会主义发展,关系党同人民群众血肉联系,关系社会和谐、民族团结,关系国家安全、祖国统一。

2. 做好宗教工作必须坚持党的宗教工作的基本方针,要全面贯彻党的宗教信仰自由政策,依法管理宗教事务,坚持独立自主自办原则,积极引导宗教与社会主义社会相适应。

3. 做好党的宗教工作,把党的宗教工作基本方针坚持好,关健是在"守"上想得深,看得透,把得准,做到"守"之有方,"守"之有力,"守"之有效,牢牢掌握宗教工作的主动权。

4. 做好新形势下的宗教工作,就要坚持用马克思主义的立场、观点、方法认识和对待宗教,遵循宗教和宗教工作规律,深入研究和妥善处理宗教领域各种问题。

5. 构建积极健康的宗教关系,促进宗教关系和谐。处理我国宗教关系,必须牢牢把握坚持党的领导、巩固执政党地位、强化党的执政基础这个根本。必须坚持政教分离,坚持宗教不得干涉国家职能实施,坚持政府依法管理宗教,提高宗教法治化水平,教育引导信教群众提高法治观念。

中国共产党的五代领导集体关于宗教的理论,尽管产生的时期不同,具有不同时期和阶段的特点,但是,都围绕中国社会主义建设事业中的宗教的重要性、长期性、复杂性构建宗教观。其基本思想既与马克思主义的宗教理论一脉相承,又不断与时俱进,丰富创新,表现了鲜明的中国特色。中国共产党的历代中央领导集体的宗教理论是中国特色社会主义理论体系的重要组成部分,是马克思主义宗教观中国化的具体体现,反映了中国特色社会主义的宗教理论体系已经建立,并且日趋成熟和完善。

二 中国共产党五代中央领导集体的民族团结理论

中国共产党五代中央领导集体的民族团结理论,立足于中国这个统一的多民族国家的基本国情,着眼于中华民族多元一体的历史形成的格局关系,创造性回答了在中国怎样加强和巩固中华民族大团结的问题,进一步丰富和发展了马克思主义的民族理论,形成了中国特色社会主义的民族团结理论。

(一)毛泽东的民族团结理论

李瑞认为,毛泽东民族团结理论是各民族"平等的联合思想",既包括国内各民族团结,也包括"联合世界上以平等待我之民族"的团结。[①] 何龙清认为,毛泽东在每个时期都有要把全国人民团结起来的著述,正是这些理论指导,使我党团结带领各族人民取得了革命和建设的胜利。[②] 韦胜强认为,毛泽东民族团结思想包括四个方面:对我国民族关系状况的估价、对影响民族团结主要因素的分析、民族团结的意义、民族团结的途径。毛泽东的民族团结思想,是马克思主义民族观在中国的具体运用和重要发展,对于加强中华民族的团结具有十分重要的指导意义。[③]

(二)邓小平的民族团结理论

20世纪90年代,国内对于邓小平民族团结的思想研究逐步开展。余建华认为,以邓小平为核心的党的第二代中央领导集体创立的中国特色社会主义民族理论的核心就是民族团结。[④] 杨梅等认为,邓小平民族团结理论主要包括现阶段影响民族团结的主要因素、关于中华民族的民族团结的

---

① 李瑞:《论毛泽东民族思想及其在新时期的发展》,《内蒙古社会科学》1993年第3期。
② 何龙清:《毛泽东的平等、团结理论及其意义》,《贵州民族研究》1993年第4期。
③ 韦胜强:《试论毛泽东的民族团结观及其伟大意义》,《广西民族学院学报》1993年第4期。
④ 余建华:《邓小平民族团结思想浅论》,《社会科学》1996年第7期。

重要性、关于实现中华民族大团结的途径三个重要方面。邓小平的民族团结理论的基本内容和科学内涵就是坚持社会主义方向，实现各民族共同富裕。这对于实现中华民族的伟大复兴，建设中国特色社会主义的伟大实践都具有十分重要的意义。①

（三）江泽民的民族团结理论

1999年，江泽民在视察新疆时，提出了"三个离不开"的民族团结思想，进一步继承和发展了中国共产党关于民族团结的思想，是马克思主义中国化的最新成果，标志着中国共产党民族团结思想的成熟。马惠兰分析了"三个离不开"提出的时代背景和重要意义，认为"三个离不开"的民族团结理论推进了马克思主义中国化民族团结理论的发展，深刻揭示了民族团结与中国国情的联系，深化了民族团结思想的内涵。②

（四）胡锦涛的民族团结理论

进入21世纪以后，国内外形势发生了深刻变化，民族团结面临着前所未有的机遇和挑战。以胡锦涛为总书记的第四代中央领导集体根据新形势、新任务，审时度势，提出新世纪民族工作的主题是"共同团结奋斗、共同繁荣发展"。胡锦涛在国务院于2009年10月29日举行的第五次全国民族团结进步表彰大会上的重要讲话指出："我国民族团结进步事业是中国特色社会主义事业的重要组成部分。""民族团结进步是中华民族的生命所在、力量所在、希望所在。"胡锦涛对民族团结进步事业的重要地位和重要作用的新表述、新论断，是对马克思主义民族团结理论的创新，是马克思主义民族理论中国化的最新成果，进一步继承和发展了中国共产党关于民族团结的思想，为加强民族团结，形成团结、和谐和友爱的中国特色社会主义的民族关系指明了方向。

（五）习近平治国理政的民族团结理论

党的十八大以来，以习近平同志为核心的新一届中央领导集体高度关注民族工作。2014年1月29日，习近平赴内蒙古调研时强调，要始终高举民族团结旗帜，坚持和发扬各民族心连心、手拉手的好传统，深入开展民族团结进步宣传教育，精心做好民族工作。2014年3月4日，习近平看望出席全国政协十二届二次会议的少数民族界委员时指出，团

---

① 杨梅、马奎：《邓小平民族团结理论的内容和特点》，《中南民族学院学报》1999年第4期。
② 马惠兰：《从"两个离不开"到"三个离不开"》，《中共党史研究》2000年第3期。

结稳定是福，分裂动乱是祸。要坚持各民族共同团结奋斗、共同繁荣发展的主题，深入开展民族团结宣传教育，使各民族同呼吸、共命运、心连心的光荣传统代代相传。全国各族人民都要珍惜民族大团结的政治局面，都要坚决反对一切危害各民族大团结的言行。要坚决依法惩处和打击暴力恐怖活动，筑牢民族团结、社会稳定、国家统一的铜墙铁壁。2014年5月29日，习近平在第二次中央新疆工作座谈会上指出，要高举各民族大团结的旗帜，在各民族中牢固树立国家意识、公民意识、中华民族共同体意识，最大限度团结依靠各族群众，使每个民族、每个公民都为实现中华民族伟大复兴的中国梦贡献力量，共享祖国繁荣发展的成果。各民族要相互了解、相互尊重、相互包容、相互欣赏、相互学习、相互帮助，像石榴籽那样紧紧抱在一起。在2014年9月召开的中央民族工作会议上，习近平全面分析了我国民族工作面临的国内外形势，深刻阐述了当前和今后一个时期我国民族工作的大政方针，明确指出，民族团结是我国各族人民的生命线。做好民族工作，最关键的是搞好民族团结，最管用的是争取人心。要正确认识我国民族关系的主流，多看民族团结的光明面；善于团结群众、争取人心，全社会一起做交流、培养、融洽感情的工作；加强各民族交往交流交融，尊重差异、包容多样，让各民族在中华民族大家庭中手足相亲、守望相助。引导各民族牢固树立正确的祖国观、历史观、民族观，用法律保障民族团结。让各族人民增强对伟大祖国认同、对中华民族的认同、对中华文化的认同、对中国特色社会主义道路的认同。习近平指出：加强中华民族大团结，长远和根本的是增强文化认同，建设各民族共有的精神家园，积极培养中华民族共同体意识。2015年9月30日习近平会见基层民族团结优秀代表时强调，我国56个民族都是中华民族大家庭的平等一员，共同构成了你中有我、我中有你、谁也离不开谁的中华民族命运共同体。实现中华民族伟大复兴的中国梦是各民族大家的梦，也是我们各民族自己的梦。

此外，学术界关于民族团结的研究还包括对巩固民族团结的基础和保证的研究、对贯彻《民族区域自治法》与民族团结关系的研究。更多的研究集中在以下方面。

1. 关于民族团结的原因

徐杰舜分析了中国民族团结的原因，认为祖国的凝聚力、各民族互动整合力、中华文化内聚力、草原文化和农业文化结合产生的亲和力、边疆对中央的向心力、国家行政管理的稳定力构成了中华民族团结的原因体系。罗树杰认为中华民族团结真正的原因是历史上各民族形成的相互依存的经济文化关系，在抵抗外来侵略斗争中形成的休戚与共的共同对敌关系。

2. 影响民族团结和社会稳定研究

段超认为影响民族团结和社会稳定的因素有五个：一是民族地区与发达地区的差距拉大；二是民族地区人民群众负担过重；三是民族权益没有完全得到保障；四是少数民族风俗习惯与宗教信仰没有得到完全尊重；五是民族地区一些干部的工作方法欠妥，造成干部与群众的对立。毛公宁认为，影响民族团结、社会和谐的因素主要是民族地区贫困、风俗习惯差异、少数民族流动人口和散杂居人口权益得不到保障、历史积怨和偏见的干扰、少数民族政治利益诉求表达机制建设与现实需要有较大距离以及敌对势力的破坏。

3. 关于散杂居民族地区的民族团结

王国勇认为，影响散杂居民族地区民族团结的主要因素表现为四个方面：一是民族歧视存在；二是对民族政策宣传落实不力、对群众开展教育不够；三是一些干部以权谋私破坏了民族平等关系；四是一些单位和一些干部在民族经济利益产生矛盾时工作不力，处理不当。

综上所述，国内关于民族团结的研究集中在以下方面：中国共产党的领导人的民族团结思想、怎样加强民族团结、民族团结出现问题的原因。整体上看，探讨宗教对民族团结的影响具有重要的理论与现实意义。

三 正确认识宗教的长期性、复杂性和群众性

在实践中，我们要从各方面更深入认识宗教的长期性、复杂性和群众性，避免在宗教问题上产生思想方法的简单化、片面化。

（一）宗教影响大

课题组的调查数据表明，在信仰伊斯兰教的 10 个民族的 5000 个调查对象中，信教者是 100%。在信仰藏传佛教的 5 个民族的 2500 个调查对象中，信教者是 100%。这说明宗教的影响是很大的。原因如下：

（1）宗教的历史悠久。伊斯兰教从 7 世纪开始就传入中国，逐步成为中国穆斯林的信仰。藏传佛教在松赞干布时期就在藏区初兴，11 世纪后，广为流传。

（2）宗教与民族相结合。宗教在西北少数民族形成过程中起到重大作

用，导致宗教与民族相结合。信仰伊斯兰教的西北的 10 个少数民族与信仰藏传佛教的西北的 5 个少数民族基本上是全民信教。

（3）宗教依然是西北少数民族的信仰。课题组的调查表明，宗教依然是西北民族地区少数民族的主要信仰，依然处于至高无上的地位。2009 年至 2012 年，笔者与研究团队到新疆、西北、青海民族地区进行了一项调查，在信仰伊斯兰教的 10 个民族中选取了 5000 人作样本，在信仰藏传佛教的 5 个民族中选取了 2500 人作样本，结果证明了上述论点是可信的。信教群众不是简单地选取宗教作为自己的信仰，而是对宗教都有不同程度的认识和理解。

（4）信仰情况多样化。在西北少数民族中，既存在不同民族信仰同一宗教的现象，也表现为同一民族信仰不同宗教的现象。表 9-1、表 9-2、表 9-3 是宗教在新疆、西北、青海和宁夏的情况，可以帮助我们认识西北的宗教情况：

表 9-1　　　　　　　　新疆维吾尔自治区宗教信仰情况

项　目	伊斯兰教	佛教	道教	基督教	天主教
信教人数 1100 多万，占总人口 72.58%	1100 万	20 万	4 百	5 万	5 千
宗教场所 24000 多个	23900 处	51 处	1 处	91 处	15 处
宗教团体数 191 个	42 个	53 个	29 个	27 个	40 个
教职人员数 27690 余人	27000 人	298 人	2 人	21 人	12 人
宗教院校数	伊斯兰教经学院 1 个	佛学院 1 个			

表 9-2　　　　　　　　甘肃省宗教信仰情况

项　目	伊斯兰教	佛教	道教	基督教	天主教
信教人数 311 万，占总人口 11.88%	176.32 万	98.3 万	23.83 万	10 万余人	3 万余人
宗教场所 5387 个	3954 处	771 处	241 处	316 处	105 处
宗教团体数 191 个	42 个	53 个	29 个	27 个	40 个
教职人员数 30150 余人	16496 人	10863 人	1655 人	299 的人	109 人
宗教院校数	伊斯兰教经学院 1 个	甘肃省佛学院 1 个			

表 9-3　　　　　　　　　　青海省宗教信仰情况

项　目	伊斯兰教	佛教	道教	基督教	天主教
信教人数311万，占总人口41.65%	71.13万	132.46万	7.22万	1.31万	0.18万
宗教场所2130个	1382处	694处	17处	9处	4处
宗教团体数191个	42个	53个	29个	27个	40个
教职人员数29614余人	2168人	27323人	77人	13人	4人
宗教院校数	伊斯兰教经学院1个	佛学院1个			

宁夏穆斯林有 200 多万，约占全区人口的 42.94%。全区共有阿訇 5300 多人，满拉 7000 多人，清真寺 3500 多座，拱北、道堂 50 余处。伊斯兰教现有 6 个教派，其中格的目约有信教群众 45 万人，哲合忍耶约有信教群众 40 万人，伊赫瓦尼约有信教群众 38 万人，虎夫耶约有信教群众 32 万人，嘎德忍耶约有信教群众 10 万人，赛莱菲耶约有信教群众 1 万人。

以上资料均来源于对新疆、西北、青海、宁夏2011年统计资料整合。

(二) 宗教的长期性、复杂性和群众性是西北民族地区的国情

在西北民族地区不仅宗教的认识根源、心理根源、社会根源将长期存在，而且这些问题与西北少数民族的历史文化、经济发展、风俗习惯和自然环境紧密结合，交织在一起。此外，信教群众是宗教的主体，群众成为宗教重要的社会力量。我们必须看到，宗教作为意识形态的要素，与政治关系密切。境内外敌对势力利用宗教违法犯罪、分裂祖国、破坏民族团结。宗教成为阶级斗争的领域。这就使西北民族地区的宗教问题表现出长期性、复杂性和群众性的特点。宗教的长期性、复杂性和群众性是西北民族地区的国情。

(三) 宗教问题关系西北民族地区社会稳定

宗教具有二重性。一方面宗教对信教群众的思想和行为具有极强的约束和控制作用，能够凝聚人心，调节心理，维护社会稳定；一方面信教群众为保持自身宗教的纯正性，对不同宗教、同一宗教内部不同教派、信

群众和不信教群众不宽容，境内外的"三股势力"以及"藏独"分裂势力利用信教群众高度信赖宗教权威的心理，打着宗教名义，进行渗透分裂活动。"藏独"分子制造的"3·14"事件、"东突独"分子制造的"7·5"事件就是一个典型。所以，如果宗教问题处理不妥当，就会直接影响民族关系的团结和睦，影响民族地区经济社会发展稳定的大局。据统计，在2008年3月14日以来甘肃甘南发生的打砸抢烧事件中，共有94名公安民警、武警官兵和干部群众受伤，其中重伤10人；公私财产损失共计2.3亿余元，其中甘南州105个县市直部门受到冲击，共造成财产损失5795.55万元，27个乡镇及113个乡镇所属单位、22个村委会和14个村文化室被打砸抢烧，共造成财产损失8970.64万元，22个国有企业和442个私营企业及个体工商户在打砸抢烧中损失财产7965.44万元，另外还造成321名（户）各级干部群众个人财产损失299.6万元。

第二节　伊斯兰教与民族团结

伊斯兰教传入中国后，中国伊斯兰教经典作家继承伊斯兰教传统的团结思想，在"感主恩"基础之上，创造性发展出来具有中国穆斯林特色的团结思想：其一，尊崇真主与尊崇人君相结合的人主合一思想；其二，天道五功与人道五典相结合的天人合一思想；其三，真主前定思想。在现实生活中，中国伊斯兰教上述团结思想通过宗教信仰、宗教节日、知恩图报、和谐相处、交往平等影响回族群众，与民族团结形成良性互动关系，巩固和增强了回族群众国家认同意识、促进了民族团结和民族进步。

一　中国穆斯林特色的三个团结思想

从伊斯兰教教义看，伊斯兰教强调团结，注重人际关系和谐，反对民族压迫、民族歧视。伊斯兰教的团结思想建筑在"感主恩"基础之上。伊斯兰教认为，每一个穆斯林都应该"感主恩"，因为真主是世界万事万物的创造者和主宰者。真主能够保佑一切行善者，惩罚一切不行善的人。在末日审判来临之际，真主会对每个人作出正确判决，行善者进天堂，做恶者入地狱。《古兰经》指出："他是真主，除他外，绝无应受崇拜的。他是君主，他是圣洁的，是健全的，是保佑的，是见证的，是万能的，是尊严的，是尊大的……他是真主，是创造者，是造化者，是赋形者……"① 伊斯兰教传入中国后，中国伊斯兰教经典作家结合伊斯兰教教律和回族群众的实际状况，吸收并融合了中国儒家文化精华，在继承伊斯兰教传统团结思想的基础上，创造性发展出来具有中国穆斯林特色的三个团结思想，即：

（一）尊崇真主与尊崇人君相结合的人主合一思想

马邻翼指出："主即无形之君，君即有形之主。"② 王岱舆认为："所以，人能顺主、赞主、拜主、感主恩，而不能忠君、赞圣、孝亲、济人者，则前事亦不足为公。而徒忠君、赞圣、孝亲、济人者，而不能顺主、赞主、拜主、感主恩，则前事几为左道。"③ 把宗教的神与人间的君结合，是中国穆斯林的创造，反映了中国穆斯林国家观的特点，这就是看重权威，注重大局，强调团结，倡导爱教和爱国的统一、宗教与国家的并重。在中国穆斯林看来，人间的君不仅仅是国家的君，而且是国家的象征。可以说，中国的穆斯林把国家看作"是地上行走的神"（黑格尔），与真主的地位相似，不过，真主是穆斯林的宗教世界的君，国君则是穆斯林世俗生活的君。

（二）天道五功与人道五典相结合的天人合一思想

伊斯兰教要求每个穆斯林在思想上要有信仰，在行动上要严格遵守五种宗教功课，即念、礼、斋、课、朝，处理好人道五典的夫妇关系、父母与子女的关系、君臣关系、兄弟关系、朋友关系。中国穆斯林经典作家认为仅仅遵守这五大功修还不能完全说明穆斯林的精神境界的高尚和完整，也不能完全证明穆斯林对社会和国家的忠诚和责任，应该把天道五功与人道五典相结合，在天人的结合中，注意处理好宗教信仰关系和现实生活的人际关系，以促进天道五功与人道五典的结合，体现天人关系的和谐。人道五典与儒家的人间五伦，即父子有亲、君臣有义、夫妇有别、长幼有序、朋友有信也极为相似，比较起来看，人道五典更注重和谐关系的建立，人间五伦更注重和谐的等级关系的建立。前者是对伊斯兰教的天下穆斯林一家思想的人间诠释，后者是对三纲五常封建伦

---

① 《古兰经》，马坚译，中国社会科学出版社1981年版，第234页。
② 马邻翼：《伊斯兰教概论》，商务印书馆1942年版，第39页。
③ 王文东：《宗教伦理学》下册，中央民族大学出版社2006年版，第671页。

理的现实诠释。天道五功与人道五典相结合的天人合一思想表达了中国伊斯兰教对团结的重视，确立了团结在伊斯兰教的崇高地位。天道五功与人道五典相结合的天人合一思想与中国穆斯林注重团结的关系，可以用德国社会学家舒茨"共同世界"的观念进一步诠释。舒茨认为：我们所体验和经历的生活，都会体现在对同时代人的关系里。这就是说，你会借助先前形成的对世界和人生的观念认识和理解你的同时代的他人。你和同时代的他人在这个条件下构成的世界就是"共同世界"。在"共同世界"里，中国穆斯林开展了"有立场的意识体验"，即把天道五功与人道五典相结合的天人合一思想拿来处理与本民族和其他民族的民族关系，通过天人合一的思想构建的"共同世界"，中国穆斯林将自己与社会、国家和他人相结合，与之和谐相处。中国穆斯林构建的"共同世界"不仅仅是天人合一的世界，而且是把他人看作与自己是一家人的世界。实践无可辩驳地证明了这个观点对中国穆斯林是合适的。中国穆斯林正是借助天道五功与人道五典相结合的天人合一思想认识和理解各民族之间的关系，坚持团结和谐为本。

（三）真主前定思想

伊斯兰教真主前定思想认为真主创造了人世间、大自然的一切，真主无所不能，无所不包，无所不在，神通广大，现世的一切都由真主定好，不可改变，是不以人的主观意志为转移的铁定法则。中国穆斯林在坚持真主前定思想的同时，更多加入儒家的注重仁慈的特色。王岱舆指出真主前定思想反映了真主的仁慈："真主普慈今世，独慈后世，所以能足万物所需，略无缺乏。其恩泽广大，无壅无塞，至公无私，诸天世界，无所不及，微虫世界，无所不及也。"① 按照伊斯兰教经典作家的解释，真主前定思想体现了真主对人世间安排的合理性、秩序性，可以使大家各得其所、人尽其才。在伊斯兰教前定思想看来，君与臣、父与子、夫与妇、贤与愚乃至婚丧嫁娶、贫穷富贵等都是真主根据个人的禀赋提前做出的最合适的安排。王岱舆以中国穆斯林的方式对这个思想进行了富有新意的解释，指出：这个前定思想的含义就是"高者高之，下者下之，因才而用，各得其

---

① 王岱舆撰：《正教真诠 清真大学 希真正答》，余振贵校点，宁夏人民出版社1996年版，第33页。

宜……"① 真主前定思想所包含的"存在的就是合理的，合理的就是存在的"这个命题被中国穆斯林改造为"存在的就必须是仁慈的，仁慈的才是合理的"②。

二 伊斯兰教反对民族压迫、民族歧视

中国伊斯兰教注重团结和谐，所以从历史上看，任何一个朝代统治阶级如果不能正确对待伊斯兰教，就会引起民族冲突乃至社会动荡。清朝统治中国时，对回族实行压迫的程度超过任何朝代。清政府要统治包括汉族在内的中华各民族，不能不联合汉族地主阶级共同进行统治。在这种情况下，回族群众与汉族群众的矛盾就经常发生。例如，清统治阶级怀着极深的民族成见，对回族群众一味镇压，并驱逐回族群众到边远不毛之地，这就形成了满汉地主阶级共同对回族群众的武装镇压和经济掠夺的局面，回族群众被迫武装反抗。对于回族群众内部的派系斗争，清政府也加以利用和镇压，于是就扩大了回族群众反抗清朝廷的斗争。清朝曾颁发了许多限制回族群众的法令，拆毁了全部新教清真寺，不许回族群众重添清真寺，甚至不许回族群众集聚清真寺礼拜。清朝在处理回汉纠纷时，长期实行的是"以汉制回、以汉抑回"的政策。由于有意偏袒，所以造成的结果是："回民即得直，而犹以为曲。"③ "宁夏一路……官吏偏袒汉民，任其出入其法。回民杀汉抵死，汉杀回者赏殓银二十四两。"④ 陕西关中一些地方，"向来地方官偏袒汉民，凡争讼斗殴，无论曲直，皆压抑回民"。⑤ 哪里有民族压迫，哪里就有回族群众的反抗。西北回民起义，自清顺治年间开始到清同治年间发展到高潮，遍及现在西北的全部地区，其面积之广，人口之多，规模之大，都是中国历史上所空前的。

陕西的回民起义还与太平天国取得联系，形成汉回人民联合反抗清朝廷的客观形势。值得注意的是回民起义中出现宗教领袖担任起义领袖的事例。马化龙是哲赫忍耶的教主，在回族中享有很高威信。他经周密准备，以金积

---

① 王岱舆撰：《正教真诠 清真大学 希真正答》，余振贵校点，宁夏人民出版社 1996 年版，第 33 页。
② 同上。
③ 同上书，第 443 页。
④ 同上书，第 341 页。
⑤ 同上书，第 280 页。

堡为重点，于 1863 年 12 月一举攻占宁夏府城，以后又接连攻破平罗、宝丰、石嘴山等地，基本上控制了宁夏地区。1869 年，陕甘总督左宗棠开始倾注全力进攻金积堡。面对由陕西进至灵州和由固原扑过来的占据优势的清军，马化龙沉着应战，多次反击，先后击毙刘锦棠的提督姚连升、谭建高、杨清源、张四维等多人。尽管起义军有时也有局部胜利，但青壮年多已牺牲，外围堡垒尽失，粮食缺乏到只能以草根、麦秸甚至以死尸为食的地步。在这种情况下，马化龙提出以己一人抵死罪，死无所恨，但对部下给予宽恕的要求。在刘锦棠允诺后，马化龙毁堡缴械，自缚入清营。但清军违背诺言，不仅残酷杀害了马化龙及其长子、家属，而且对其部下也进行屠杀，尸体遍地，惨不忍睹。马占鳌是河州人，也是华寺门宦著名阿訇。他领导的回、东乡族起义军，广泛联系汉族群众，于 1863 年攻占河州，并于 1867 年攻占五泉山，从广武门逼近兰州市内。后因兵力不足而撤回。1871 年，马占鳌在太子寺大胜清军，杀左宗棠手下的提督徐文秀、傅先宗及总兵郑守南、李其祥、刘笃志。然而，在取得这样的重大胜利后，马占鳌并未乘胜扩大战果，反而派人"涕泣求抚"，向清军交出所有枪械。这使得失败后的左宗棠喜出望外，始料未及，立即欣然接受马占鳌的投降。

三 伊斯兰教团结思想与民族团结的互动关系

伊斯兰教团结思想通过宗教信仰、宗教节日、知恩图报、和谐相处、交往平等影响信教群众，与民族团结形成互动关系。特别是对党和国家的知恩图报的感恩情感，促进信仰伊斯兰教群众形成高度的国家认同，有效促进了民族大团结和民族进步。

（一）宗教信仰、宗教节日与回族的互动关系

在西北地区，无论是城市还是乡村，信仰伊斯兰教的回族群众绝大多数都有"绕寺而居"的历史传统，哲玛提（Jamaat）居民区由此形成。哲玛提的核心是清真寺。在宁夏、西北、青海、新疆的回族群众聚居区的每一个哲玛提里，都建有大小不一的清真寺、拱北或麻扎，分属于格底目、伊赫瓦尼、虎夫耶、哲赫忍耶、嘎德忍耶等教派和门宦。现在的哲玛提不是过去的封闭小区，而是各民族交错居住的街区。以兰州市为例，全市建有五大哲玛提，里面建有清真奶站、清真饭馆、民族手工艺品店、民族学校、阿语学校、穆斯林婚介所、穆斯林养老院、回民医院等设施，也建有其他民族可以自由进入的非清真饭馆、日用品超市和普通学校。为什么西

北地区信仰伊斯兰教的回族群众这样宽容大度，能够接纳其他民族共同生活呢？原因就是回族群众深受伊斯兰教团结思想的影响，认为各个民族都可以互相往来，彼此照顾。根据伊斯兰教造物论思想，真主就是要为穆斯林创造一个和谐有序的世界。这个造物原理被刘智概括为"万物全美"。

回族与其他信仰伊斯兰教的少数民族一年中最重要的节日有三个，即开斋（大尔德）节、古尔邦（小尔德）节和圣纪节（穆罕默德诞辰）。当三大节日来临时，是信仰伊斯兰教的回族最繁忙、最热闹、最喜庆的日子。节日里，家家喜气洋洋，忙着炸油香、馓子、股儿、秋叶子，捏糖饺子、肉包子、菜包子，蒸花卷（馍馍），以便款待节日期间来访的亲戚朋友和其他民族的兄弟姐妹。节日期间，回族男子都要到清真寺去礼拜，听宗教宣讲，名之为"做尔提"。圣纪节上男女老幼，都可以到清真寺去集资（出海底呀）过节纪念圣人穆罕默德。与此同时，回族群众过节不忘其他民族的朋友，不仅将油香、馓子、股儿、秋叶子等名目繁多的油炸食品送给其他民族的同事、朋友和邻居，而且邀请他们一起庆祝节日，增加节日的喜庆。课题组调研表明，城市回族群众与其他民族同庆同贺节日的机会比农村多，杂居回族群众比聚居回族群众与其他民族同庆同贺节日的机会多。《古兰经》指出在节日中"你们应当吃，你们应当喝，但不要过分，真主的确不喜欢过分者"。① "真主为他的臣民们创造的服饰和佳美的食物，谁能禁止他们去享受呢？"② 在节日里，各民族在欢乐的气氛中增进了互相之间的认识和理解，促进了友谊和团结。课题组调研表明，100%的非穆斯林群众认为通过这些节日进一步认识和了解了回族群众的宗教信仰、风俗习惯和为人处世的方式，增强了民族团结，加深了民族友谊。

（二）感恩图报与回族的互动关系

西北民族地区的发展仅仅靠回族群众自身力量远远不够，主要依赖国家的帮持。例如 2010 年甘肃省临夏回族群众自治州城镇居民人均可支配收入仅为全省城镇居民人均可支配收入的 62.63%，农牧民人均纯收入仅为全省农民人均纯收入的 69.35%；截至 2011 年 11 月，即使按照国家的人均收入 1196 元的旧扶贫标准，临夏回族自治州州贫困人口仍高达 53.34 万人，贫困面高达 30.6%。西北回族地区在市场发育程度、对外开放水平、城镇化率、

---

① 《古兰经》，马坚译，中国社会科学出版社 1981 年版，第 234 页。
② 同上。

基本公共服务水平、资源环境承载力等方面也与西北其他地区平均水平存在较大差距。自然环境恶劣、生态环境脆弱、气象地质灾害频发是西北回族地区的显著特点。西北民族地区地形以高原、山地、沟壑为主，沙滩、戈壁、草原相间，优质土地资源匮乏，土地贫瘠，产出率低。根据相关统计数据，2010 年甘肃省东乡族自治县粮食平均亩产仅为 187.76 千克，为同年西北粮食平均亩产的 82.29%，仅为全国粮食平均亩产的 56.63%。西北民族地区党委和政府根据《中国农村扶贫开发纲要（2010—2020 年）》《国务院关于促进牧区又好又快发展的若干意见》《国务院办公厅关于进一步支持西北经济社会发展的若干意见》，抓住国家深入实施西部大开发战略，不断加大对回族地区基础设施建设、生态环境保护与治理、社会事业发展的投入，精心谋划、全力实施对回族地区的扶持措施，有力促进了回族地区的经济发展、社会进步和人民生活水平提高。例如，甘肃省委、省政府根据国办发〔2010〕29 号文件精神于 2011 年下发《关于建设各民族共同团结奋斗共同繁荣发展示范县（市、区）的意见》，确定七里河区、阿克塞哈萨克族自治县、肃南裕固族自治县、天祝藏族自治县、张家川回族群众自治县、崆峒区、成县、临夏市、广河县、合作市等 10 个民族工作基础较好的县（市、区）为全省"两个共同"示范区建设示范点，促进了回族地区经济社会的明显进步。甘肃省临夏回族自治州的临夏市 2012 年全年完成生产总值 148.5 亿元，比上年增长 14.4%；固定资产投资 154.99 亿元，全年完成 202.6 亿元，增长 45%；财政收入 13.45 亿元，全年完成 16 亿元，增长 16%；社会消费品零售总额 34.21 亿元，全年完成 47.5 亿元，增长 18.2%；农民人均现金收入 2769 元，全年农民人均纯收入 3151 元，增长 17%；城镇居民人均可支配收入达到 11418 元、增长 17%。张家川回族自治县主打民族牌，以建县 60 周年县庆活动为平台，精心谋划了一批适合张家川经济社会转型发展的项目，全力促进了张家川经济社会转型跨越发展。崆峒回族群众区积极整合资源，仅 2013 年就确定了新农村建设、特色产业开发、社会事业建设和干部培训等"两个共同"重点建设项目 9 项，总投资 1.04 亿元，建成 6 个新农村建设示范点、11 个千头肉牛养殖小区以及 3 个村级文化活动场所等一批示范亮点。调查表明，通过党和政府对回族地区的帮扶，回族群众切身感受了党和政府的关怀，看到了社会主义制度的优越性，增进了对党和政府的感情。样本调查显示，居住在宁夏、青海、西北和新疆的 90% 以上的回族群众高度认同党和政府的路线、方针和政策，对党和政府的感恩之情溢于言表。为什么回族群众从党和政府的帮扶政策中受益后会增强国家认同意识以及对党和政府的情感呢？这与人性中感恩戴德的基本人情固然密切相关，更与回族群众的宗教信仰密切相关。《古兰经》说："行一件善事将得到十倍报酬，做一件恶事将得到同样惩罚。"①"你们应当行善，真主确实喜欢行善之人。"② 伊斯兰教的这些要求被党和政府在更高层次、更大范围上体现在回族群众的民生改善上，回族群众得到了切实的利益。回族群众的"感主恩"的感情通过人主合一的方式凝聚为现实的感恩情感，形成对党和政府的知恩图报的感恩之情，有效巩固和增强了回族群众的国家认同意识。

（三）和谐相处与回族的互动关系

甘肃省的甘南藏族自治州，下辖 7 个县，在近 60 万人口中有 24 个民族，在该州的临潭县境内两个最大的少数民族共同体回族和藏族都有自己的寺院，回族著名的西道堂、藏族著名的明代修建的侯家寺都在该县落户。该县从未发生过民族宗教纠纷。各个民族日常交往以礼相待，互相从不干涉彼此的民族习惯和宗教信仰。两个民族共同体、两大宗教派别相安无事，和谐相处。

各民族交错居住而相安无事。课题组带着这个问题选取了甘肃省甘南藏族自治州临潭县的回族乡作为伊斯兰教对民族交往影响的样本进行调研。该乡有回族、藏族、汉族、东乡族 4 个民族，乡镇总户数 527 户，乡镇总人口 2449 人，其中回族占全乡总人口的 76.2%，藏族占全乡总人口的 15.7%。全乡总面积 21.99 平方公里，占全县总面积的 1.5%。1963 年建立人民公社，1980 年改为乡人民政府，1985 年成立回族群众乡至今。该乡伊斯兰教派门宦主要有依赫瓦尼、西道堂，有西道堂寺、南寺（依赫瓦尼）、尕寺（华寺）三座清真寺。藏传佛教的教派也在这里建寺，信教群众络绎不绝。该乡地处青藏高原东北边缘，属青藏高原与黄土高原交汇过渡地带，是农区与牧区、藏区与汉区的结合部，境内属高山丘陵地区，地形西高东低，海拔在 2209—3926 米之间，平均海拔 2825 米。气候属高寒半湿润型，年均气温 3.2℃。在这样艰苦的生存环境中，该乡信仰伊斯兰教的少数民族与信仰藏传佛教的少数民族相处融洽，团结和睦，情同手足，亲如一家，鸡犬之声相闻，彼此过从甚密。

---

① 《古兰经》，马坚译，中国社会科学出版社 1981 年版，第 234 页。
② 同上。

经过调研分析，发现这里民族和睦、民族团结与伊斯兰教的团结思想分不开。这里的穆斯林认为他们与谁为邻居，不是他们能够决定的，是真主前定的。所以回族乡的回族群众认为与谁相处、与谁交往都是真主的前定，不是个人能够改变的事实。所以，要乐天安命，各得其所，各尽其能，各民族应该和睦相处，团结奋斗。当地回族认为既然如此，就必须与他民族同处一个"共同世界"，成为情同手足的一家人。

（四）交往平等与回族的互动关系

回族群众在日常交往中深受伊斯兰教的影响，形成了积极劳动、诚实劳动的生产观，公平交换、信守契约的交换观、合理分配、平均贫富的分配观，合理消费、尚简去奢的消费观。在伊斯兰教的交往平等观影响下，西北地区回族群众形成了诚实守信、以诚为本的交往原则。在整个西北地区，从改革开放到今天，回族群众没有出现在经济交往中严重的买空卖空、投机倒把、违法乱纪的行为。西北地区的回族群众以自己的实际行动树立了日常交往的诚信声誉，赢得了各个民族的一致好评。这与伊斯兰教认为经济交往要遵循公平的原则密切相关，伊斯兰教反对损人利己，倡导公平交易；反对投机，倡导平等竞争；反对垄断，倡导凭约守信。伊斯兰教认为，人们世俗的经济生活中所使用的度量衡是真主安拉所设置和赐予，人们相信安拉，就要遵循安拉设定的法度，注意买卖公平。尽管西北地区大多数回族群众经济交往的规模比较小，采用的经营手段也较为原始与简单，但是他们在生产经营与商贸活动中，严格恪守伊斯兰教以买卖公平为核心的商业规范和商业道德，严守伊斯兰教规定的穆斯林不能经营六种生意的教律，即：第一，不经营未长成、未成形的商品，比如怀孕的母牛、未出世之牛仔。伊斯兰教认为果树结成的果实虽然可望丰收，但在果实未成熟之前，不得论价出售。羊身上毛已丰厚，未剪下来之前，不得交易。穆斯林的先知穆罕默德说："未熟的果实、尚未脱离羊身的毛、没有从母牛乳房中挤出的奶、还没有从奶液提炼出来的奶油，都不许可当作正式商品出售。"① 第二，不经营无依无靠的商品，比如散失的家畜、未捕获的野物、仍在海中的鱼类。穆斯林的先知穆罕默德说："不要购买未被捕捞上岸的海中鱼，因为这个生意不可靠。"② 第三，不经营质地不佳的商

---

① 孙振玉等：《伊斯兰教与构建和谐回族群众社会》，中央编译出版社2012年版，第12页。
② 同上书，第223页。

品。所有商品必须有充分的品质保证，交易中没有欺骗行为，才可成交。第四，不与三角债户共同经营。第五，不经营不洁商品。第六，禁止将公共物品当作商品经营。课题组调查表明西北地区回族群众和其他信仰伊斯兰教的少数民族群众，对经济交往中缺斤短两、以次充好、假冒伪劣产品、皮包公司欺诈、三角债、拖欠货款、敲诈勒索客户等不良经济行为，深恶痛绝。

调研中，我们发现西北地区回族群众经营的餐饮业严格执行由宁夏伊斯兰协会制定，新疆、西北、青海伊斯兰协会响应的《清真（HALAL）餐饮服务通用标准》《清真（HALAL）乳制品加工通用标准》。这从表面看，是穆斯林餐饮业的行业标准；究其实质，则是民族团结的标准和象征。其他民族通过这个餐饮业的标准不仅可以放心享用穆斯林精湛手艺制作的美味餐饮，而且可以感受西北地区穆斯林的诚实守信、顾客至上、信誉第一的精神境界和优良品质。西北伊斯兰教西道堂组建的汽车运输队以良好的信誉和超人的吃苦精神被誉为青藏线的"运输铁军"。该汽车运输队现拥有大型载重货车70多辆，每年完成货运量近10万吨，每年向国家上交各种税费近百万元。新疆的顺达商贸有限责任公司，是由当地回族群众经营的一家集牛羊肉加工、商贸运输、物资信息服务为一体的综合性企业，因为注意商业声誉和诚信经济交往原则，发展规模和发展速度都令人瞩目。目前已经拥有回、藏、汉员工145人，拥有固定资产1000多万元，流动资金300多万元，在广东（广州）、浙江（义乌、柯桥）、福建（晋江、石狮）、四川（成都）、重庆、上海、西北（兰州、合作）、青海（西宁、格尔木）、西藏（樟木口岸）等地设立了公路运输机构，在武汉、西安、青岛、潍坊、常熟等城市建立了信息网络点，与印度、尼泊尔、巴基斯坦等国建立了商务联系，其货运运输业务已从国内走向国际，年货运量两万吨。还为青藏线等线路上从事运输业的车辆提供货运咨询，部分网点已实现了办公计算机自动化和货运信息网络化。通过建立"公司＋农户"的经营模式，带动了邻近各乡镇回、藏和其他少数民族农户畜牧养殖业的发展。

调研中，我们发现西北地区回族群众的消费观也是严守伊斯兰教教律，形成了合理消费、尚简去奢的消费观。《古兰经》要求穆斯林的消费

"不要过分,不要忘却你在今世的定分"①。劝诫穆斯林适度消费,不利用财产从事教法禁止或谴责的消费活动如饮酒、吃禁食、赌博等,在"用钱的时候,既不挥霍,又不浪费,谨守中道"②。对死去的人,伊斯兰教主张速葬、薄葬,反对葬礼大操大办,禁止葬礼铺张浪费,禁止在墓穴内放置任何金银器皿等奢侈品、陪葬品,禁止修建奢华的陵墓。

回族群众深受伊斯兰教团结思想的影响,伊斯兰教团结思想通过宗教信仰、宗教节日、知恩图报、和谐相处、交往平等与回族形成良性互动,有力促进了民族团结和民族进步,有效巩固和增强了回族群众的国家认同意识。这说明经过伊斯兰教经典作家对伊斯兰教团结思想的中国化继承和发展、解释和说明,中国伊斯兰教不仅与回族群众的实际状况相适应,而且与中国特色社会主义相适应。可以预计,回族群众在中国化伊斯兰教团结思想的影响下,在党和政府领导的中国特色社会主义的伟大实践中,将会进一步增强对党、对祖国、对社会主义的高度认同意识,也将会为建设团结合作互助和谐的民族关系,作出更大贡献。

第三节 西北地区藏传佛教与民族团结

藏传佛教的团结思想建筑在"六大缘起论"和"佛心慈悲"理论之上。在现实生活中,藏传佛教团结思想通过宗教信仰、知恩图报、众生平等影响信教群众,与民族团结形成互动关系。特别是对党和国家的知恩图报的感恩情感,促进信教群众形成国家认同,有效促进了民族大团结。西北地区的青海和甘肃两省都是藏传佛教的重要传播地。全国 10 个藏族自治州中有 6 个分布在青海,1 个在甘肃,总面积近 74 万平方公里。甘肃、青海两省的土族、裕固族、蒙古族乃至一些汉族都深受藏传佛教影响。本节通过探讨藏传佛教的团结思想,立足藏传佛教与民族团结的互动关系,说明藏传佛教对民族团结产生的积极影响。事实无可辩驳地证明,藏传佛教不是有些人误解的是动乱之源,而是讲求团结之源,应该注意发挥宗教在团结人民、促进民族发展和进步、加强民族团结中的重要作用,引导宗教与社会主义相适应。

---

① 《古兰经》,马坚译,中国社会科学出版社 1981 年版,第 234 页。
② 同上。

一 藏传佛教团结思想的本源

藏传佛教与伊斯兰教一样都强调团结。不同之处是，伊斯兰教强调通过人际关系的妥善处理增进团结，藏传佛教强调通过人与世界各种因素的结合增进团结。藏传佛教团结思想的本源建筑在"六大缘起论"[①]和"佛心慈悲"[②]的思想之上。

（一）藏传佛教的"六大缘起论"团结思想

藏传佛教从公元7世纪形成后，便宣扬"六大缘起论"，即万物、众生乃至佛都是由地、水、火、风、空、识"六大"所构成。这"六大"有六性、五用、六形、六色等表现形式，以此构成世界的无穷无尽的各种现象。藏传佛教强调心物合一，物由心构。在这"六大"中，客体的物由"地、水、火、风、空"构成，主体的心由"识"构成，世界的完整性和统一性就表现在物和心的不可分割。物和心存则共存，亡则共亡。藏传佛教认为"六大无碍"，即：地、水、火、风、空、识，这"六大"的每一个要素都独立存在，同时又互相包含，形成你中有我，我中有你的共存共生关系。藏传佛教把这种关系表述为："异类无碍、同类无碍。"[③]藏传佛教以为六大的最好结合便是形成"大日如来"。"大日如来"是藏传佛教主要尊奉的对象，藏传佛教借此说明万物、众生都具有佛体、佛性，众生外无佛，佛外无众生。

藏传佛教的团结思想以"六大缘起论"为源，解释了世界万事万物相互依存、互为条件的关系，说明每个人由因缘和合生成，都是世界的一个组成部分，不能离开他人和社会单独存在。对于个人来说，必须存在社会之中，对于社会来说，必须将每个人结合在一起，每个人相互不能分开，一个社会要有助于凝聚每个人成为一体。进一步来说，一个人要想成佛，就必须依靠他人的帮助，依靠社会的支持。凡是以成佛为目标的众生，都应该向别人伸出帮助之手和求救之手，给别人以快乐，给自己以喜悦。任何把人与社会、人与人分离的做法都违反"六大缘起论"，只能造成社会混乱，人情冷漠，人际关系疏离，是逆道而行的愚蠢行为。

---

① 《班禅大师全集》，正中书局1942年版，第123页。
② 同上。
③ 《大藏经》第3卷，频伽精舍民国初年版（线装）1911年版，第567页。

(二) 藏传佛教的"佛心慈悲"团结思想

"佛心慈悲"是藏传佛教团结思想的另一个源泉。慈悲来自梵文。慈是给人以快乐，悲是解除人的痛苦，两个字合起来就是"拔苦与乐"。① "大慈与一切众生乐；大悲拔一切众生苦，大慈以喜乐因缘与众生，大悲以离苦因缘与众生。"② 所谓慈悲，就是藏传佛教利他主义思想在情感上的表现。在藏传佛教看来，凡是对他人有利的便是善，凡是对他人有害的便是恶。对己对他都有利的是善，对己不利但对他人有利是大善。对己对他人都不利的是恶，对己有利对他人不利的是大恶。这种利他主义思想，在藏传佛教中被表述为"佛心慈悲"。③

藏传佛教不仅深刻阐明了"佛心慈悲"的含义，而且认为应该把"佛心慈悲"表现出来，才能算得上真正慈悲。"佛心慈悲"的知行统一观被藏传佛教称作"发菩提心"。《金刚经》说："凡人欲，为善之与恶皆先标其心，而后成其志，是以欲依密教之教旨求无上菩提者，当发菩提心。"④ 藏传佛教将菩提心分成三种：一是无上菩提心，即天生具备的上根大智、大慈大悲、一心为人、毫无自私自利之心；二是胜义菩提心。即通过修行获取的慈悲之心；三是摩地菩提心；这种菩提心的获取，不仅要依靠学习，还要靠修行。藏传佛教的舍心、悲心、喜心、慈心四无量心是发菩提心的具体表现。舍心是舍去个人的亲、疏、爱、憎，舍行是平等待人。悲心是希望解除他人痛苦，悲行是帮助他人解除痛苦。慈心是希望他人得到快乐，慈行是帮助他人得到快乐，喜心是把他人的喜悦视做自己的喜悦，喜行是要帮助他人达到喜悦。这四无量心归结起来就是所谓"无缘大慈，同体大悲"。⑤

藏传佛教的"佛心慈悲"团结思想是以人与人建立真诚的感情和关系为基础的团结，是把他人的利益看作自己利益的众生平等的团结。无论藏传佛教的"六大缘起论"的团结思想，还是"佛心慈悲"的团结思想，都强调人与人和谐团结关系的形成。比较起来看，"六大缘起论"的团结思想强调团结关系的形成依赖于人与外界各种因素的结合，人与社会互不分

---

① 《大藏经》第 3 卷，频伽精舍民国初年版（线装）1911 年版，第 567 页。
② 同上。
③ 同上书，第 231 页。
④ 同上。
⑤ 罗布江村、刘俊哲：《藏传佛教哲学思想资料辑要》，民族出版社 2007 年版，第 316 页。

离。"佛心慈悲"的团结思想强调团结关系的形成依赖于人与人之间互通的感情结合，心心相印。由此看来，藏传佛教的团结思想有助于加强民族团结，促进民族发展，形成平等团结互助和谐的民族关系。

二 藏传佛教的团结观念

藏传佛教以慈悲为本，注重团结，很强调对别人甚至对犯有严重过失的人要团结和宽容，坚决反对以言语、行为、思想对人乃至众生的伤害。信奉藏传佛教的民族，在其待人接物中，以慈悲、利他、宽容为原则，同时慈悲、利他又是藏传佛教的核心思想。藏传佛教的这些团结观念及其在日常生活中的表现，从一定程度上反映出藏传佛教对团结的重视，也反映出信奉藏传佛教的各民族将团结和的观念置于一个重要的位置上。这同时也表明，团结的观念在西北各少数民族群众心目中居很重要的位置。

对各少数民族所表现出的团结的观念，我们还可从一些事例中得到印证。

古代蒙古人的团结一致不仅表现在每个氏族出于同一个祖先上，而且表现在氏族长老既享有特权，又和氏族祭礼有特殊关系上。据《蒙古秘史》记载：成吉思汗做了大游牧帝国首领后，对他的战友们论功行赏，曾任命官职。他曾对一个叫尼孙的老人说，这个老人可以做骑白马、穿白衣、坐在众人上面的别乞。据许多研究蒙古族历史的学者考证，所谓"别乞"的称号，既含长者之意，又含族长之意，只有酋长又兼巫师的人才能带有这个最高称号。拉施特哀丁所著《史集》所讲的巴阿邻氏族的老人尼孙，不仅坐在众人之上，与诸王同样坐在右手，而且他的马与成吉思汗的马并立。

除此而外，蒙古族重视团结还有一定的历史渊源。在远古时代，部落为了集结起来进攻某一部落，或击退敌对部落进攻，很重视部落的团结，并选举首领，在战争或大规模围猎场合更是如此。这个被选为首领的人通常被称作"罕"，如青年时代的成吉思汗就被推举为罕，所以，《蒙古秘史》将成吉思汗也称成吉思合罕。从《蒙古秘史》记载的几个"罕"的情况看，"罕"的人品十分重要，比如成吉思汗的个人品质中就包括宽容大度、勇敢坚强。

藏族人民的团结可举出十三世达赖与九世班禅的关系为例子。藏族的谚语说：天上太阳、月亮，地上达赖、班禅。这句谚语既反映了达赖、班禅在藏族人民心中的地位，也反映了两人友好共事的关系。然而，在1931

年，藏军东进攻打康青的时候，国民党册封班禅为"护国宣化广慧大师"，定年俸12万元，由于没同时册封达赖十三世，且较之达赖清末受封时所定的年俸1万两高出许多，引起十三世达赖和噶厦的极大不满。达赖代表贡觉仲尼上书行政院以及蒙藏委员会，要求中央收回成命，撤销班禅办事处，达赖办事处以及拉萨三大寺、噶厦政府僧俗官员发表宣言，对班禅离藏和去内地活动作了全面诋毁和攻击。班禅办事处亦发表谈话，针锋相对地列举达赖的十大罪状。噶厦政府再次指责班禅受册封是向蒙藏委员会重金行贿而取得的，蒙藏委员会又发表声明反驳。达赖、班禅的争端相持数年。在双方相互攻讦的过程中，双方一致指出英国历次侵略西藏及制造分裂的罪行，各自表示对祖国的忠诚之意，都希望能得到中央的信任和支持，并针对日本挑起的侵华事端，呼吁全国团结抗日。

当十三世达赖圆寂之夕（1933年12月），恰逢九世班禅抵内蒙古锡林郭勒盟和乌兰察布盟宣扬中央爱护蒙民的德意，并将数万牛羊马匹及现金分捐各大小寺院，令各喇嘛按年奉诵作基国宏德大经、祝中国永庆升平之时。这一天晚上，班禅令百灵庙各招全体燃灯，使10公里内昼夜通明，诵经三日不断，缁素蒙地。对此举当时许多人感到莫名其妙，后南京班禅办事处来电告知，众人始知班禅已预知达赖圆寂消息。12月28日，班禅电告内外蒙古青海西康各王公寺院和各办事处，要求诵大经致哀。他还亲写一经追荐达赖，并以10万元分汇印藏康青蒙五地为超荐达赖的香火之资。

第二年的2月25日是班禅诞辰的日子，国民党政府的重要官员于右任、汪精卫均有珍贵礼品馈赠，班禅以国难期和十三世达赖圆寂为由，对各方所赠一律辞谢，并谢绝宾友往贺，诵长寿经一天，行财布施及于孤寡。戴季陶对班禅三度入南京，两番赴蒙，护国宣化，深为敬佩，所撰一联如下：

慈无量悲无量喜无量护无量寿命亦无量，
施吉祥爱吉祥利吉祥宣吉祥世界同吉祥。

三 藏传佛教团结思想与民族团结的互动关系

藏传佛教的团结思想与民族团结的互动关系通过信教群众的宗教信仰、对党和国家的感恩意识和众生平得到表现。

(一) 宗教信仰与民族团结的互动关系

甘青两省的信教藏族群众与其他民族在历史上就形成交往频繁、无冲突的民族关系。多元民族文化能够和平共处延续至今，究其原因，主要由于藏传佛教团结思想的深入人心。甘、青两省信教群众对"六大缘起论"和"佛心慈悲"的思想坚信不疑，心地善良，为人质朴，注重修养，维护民族团结。课题组调查了甘、青两省公众对信教群众和不信教群众对民族团结的作用，结果发现甘、青两省公众认为信教群众在民族团结方面的作用大于不信教群众在民族团结方面的作用。被调查的5000位公众来自社会的不同阶层，包括公务员、商人、教师、学生、农牧民。他们异口同声地认为信教群众处理民族团结问题有一个基本态度，这就是促进民族团结；不信教群众处理民族团结问题也有一个基本态度，这就是未必促进民族团结。前者诚实可信，做事认真负责；后者可信度较低，做事不够认真负责。

甘、青两省藏区的特点是寺院众多、寺院历史悠久。这对信教群众接受宗教信仰起到了重要作用。甘、青两省藏区不仅乡乡有寺院，而且村村有寺院，有的地方发展到舍寺院外无学校，舍宗教外无教育，舍僧侣外无教师。甘、青两省藏区信教群众的居住特点是"围寺而住"。这个居住特点既是风俗习惯所致，也是宗教信仰所致。甘、青两省藏区共有各类藏传佛教寺院近千座，著名的寺院包括：始建于明嘉靖三十九年（1560年）的塔尔寺，占地1000亩，是我国藏传佛教格鲁派六大喇嘛寺之一（其余五寺为西藏的色拉寺、哲蚌寺、扎什伦布寺、甘丹寺和西北的拉卜楞寺）；创建于1710年的拉卜楞寺，总占地面积为1234亩，仅普通僧舍就超过500间；创建于1748年的郎穆木赛赤寺，供有金银汁书写的《甘珠儿》《丹珠尔》。创建于1780年的尼玛外香寺，藏有大藏经5部、宗喀巴的著作以及松赞干布的靴子、文成公主的手镯、宗喀巴自制的檀香木佛像等许多珍贵文物；噶举派创始人米拉日巴创建的安多米拉日巴佛阁是唯一一所供奉藏传佛教大师的高层名刹；创建于1295年的禅定寺是萨迦派领袖八思巴亲自选址、奠基、命名和派人建造的名刹。

藏传佛教对民族团结的影响，一方面通过宗教寺院影响信教群众；一方面通过戒律影响信教群众。信教群众以藏传佛教的戒律来体现民族团结的行为。藏传佛教的戒律主要是"十善业"，即"不杀生、不偷盗、不邪淫、不妄语、不离间语、不恶口、不杂秽语、不贪欲、不嗔恚、不邪见"，相对应的杀生、偷盗、邪淫、妄语、离间语、恶口、绮语、贪欲、嗔恚、邪见便是"十恶业"的内容。作为一名佛教徒，最重要的要遵守"五戒"：不杀生、不偷盗、不邪淫、不妄语、不饮酒。"五戒"和"十戒"仅是佛戒的一部分，没有完全穷尽所有佛戒。由此可见，藏传佛教对信教群众的行为要求十分严格。课题组在甘、青两省藏区的调研表明，凡是真正信仰宗教的群众，没有一个干过违法乱纪的事情，他们的一个基本特点就是严格按照宗教的戒律生活。其最突出的表现就是沉默寡言，谨慎小心。究其原因，就是藏传佛教的戒律严格，就语言方面看，"五戒"中的"戒妄语"就要戒四种妄语，一是戒妄言：口是心非，心口不一；二是戒绮语：花言巧语，油腔滑调；三是戒恶语：恶语中伤，诽谤诬蔑；四是戒两舌：搬弄是非，挑拨离间。藏传佛教认为善的最高要求是达到无我、无常的"觉"的境界。藏传佛教把"觉"分成本觉、始觉两种。"本觉"指一切众生原本具有的认识和理解事物本质的能力。"始觉"指众生已经具有和达到认识和理解事物本质的能力。在藏传佛教看来，人只能皈依佛门，远离罪恶，心生慈悲，才能进入"觉"的境界。由此可见，真正严守藏传佛教戒律的信教群众根本不可能反对党和政府，与国家为敌，站在中华民族的对立面。课题组访谈了参与甘南2008年"3·15"打砸抢烧的被判处刑罚的4个藏族青年。他们对藏传佛教的"六大缘起论"和"佛心慈悲"倡导的团结思想一无所知。当课题组讲给他们听的时候，他们告诉我们，要是早点知道这个教理就不会干出违法犯罪的事情了。

（二）对党和国家的感恩情感与民族团结的互动关系

甘青两省信仰藏传佛教的民族聚居区，绝大部分为山地、高原、裸岩、冰川以及干旱半干旱的高寒阴湿地区，能够为生产生活所利用的地理空间极为有限。这里生态环境脆弱，自然条件相对恶劣，海拔高，空气稀薄，严重缺氧。牧区枯草期长达7个月之久。青海黄河源头地区沙漠化面积以每年数万公顷的速度扩大，草地普遍贫瘠，退化严重。甘南藏族自治州有藏、汉、回、土、蒙古等民族，藏族人口占全州总人口的55.6%；农牧业人口54.56万，占总人口的80.2%。甘南州是青藏高原生态屏障的重要组成部分。近年来，由于自然灾害、气候变化等因素的影响，甘南州生态环境破坏较为严重，草地退化，水土流失，土地沙化。天然动植物资源减少。藏传佛教传播的甘青地区，经济总量小，发展水平低。在青海省藏族聚居的海北州、海南州、黄南州、玉树州、果洛州、湟南州，土地面积占到了全省面积的一半以上，但 GDP 水平在 2011 年仅仅占全省的 19%；产业结构不合理，第一产业的比重普遍占到 60% 以上，是典型的农牧业经济结构；与市场经济相联系的金融、房地产、信息、物流等新兴产业比重低，城镇居民可支配收入和农牧民人均纯收入远远落后全国平均水平。

很明显，甘青藏区主要依赖国家的扶持发展。甘、青两省的党委和政府根据《中国农村扶贫开发纲要（2010—2020 年）》《国务院关于促进牧区又好又快发展的若干意见》《国务院办公厅关于进一步支持西北经济社会发展的若干意见》精心谋划、全力实施对藏区的扶持措施，主要包括：一是通过贫困劳动力转移培训，实现智力扶贫。加大农牧业实用技术培训，加快富余劳动力转移。二是采取物质文化遗产和非物质文化遗产保护措施，有效保护和创新民族文化。三是发展高原特色生态畜牧业和生态农业，实现产业扶贫。充分依托西北民族地区的资源优势，加快推进青稞、油菜、中藏药材、蔬菜等产业规模化发展，大力发展特色农业。以牦牛、藏羊繁育为主，大力发展高原特色畜牧业，实施农牧互补战略。四是通过异地搬迁，实现生态扶贫和移民扶贫。教育群众改变故土难离的观念，对一些生态遭到严重破坏地区的群众实施异地搬迁，消除生存发展的瓶颈制约。五是充分利用国家政策倾斜和资金支持的大好机遇，实施基础设施建设扶贫。通过兴修改造乡村道路、新建改建人饮工程、更新改造民族用品加工厂、改造翻新危房，改善农牧民生产生活条件。六是结合民族特点和旅游资源分布情况，大力发展高原特色生态旅游、草原文化产业。

通过以上措施，甘、青两省藏族群众的生活明显得到改善，收入增加。统计数据表明，青海藏区农牧民人均收入 2012 年比 2009 年增加 40%，西北甘南藏区群众 2012 年人均收入比 2009 年也增加近 50%。甘、青两省藏族牧民均告别逐水草而居的帐篷，住进温暖的政府建房。甘、青两省藏族群众对党和政府的认同意识在生活逐步改善的同时得到增强。这是从民族认同到国家认同的转变和发展。认同被定义为"个体知晓他／她归属于特定的社会群体，而且他／她所获得的群体资格会赋予其某种情感和价值意义"。① 对国家认同就是对党和国家全局利益与个人利益一致性的认同，就是对党和国家实行的路线、方针和政策的支持和拥护。课题组在

---

① ［澳］迈克尔·A. 豪格、［英］多米尼克·阿布拉姆斯：《社会认同过程》，高明华译，中国人民大学出版社 2011 年版，第 4 页。

甘、青两省的调研表明,对国家认同的藏族农牧民都占到甘、青两省藏族农牧民的90%以上。最典型的是西北藏区出现的自焚事件已经从原来的不明真相的信教群众帮助自焚者完成自焚到信教群众主动站出来制止自焚。课题组走访了甘青藏区的信教群众,他们异口同声说反对党和政府违背了藏传佛教教义中的"恩田"要求,是不道德的行为。"恩田"要求对自己有恩德之人,应该知恩、感恩、报恩,不能置之不理,更不能恩将仇报。他们说对党和政府的恩情将永记在心,会像草原的青草永远在生长。一些信教群众告诉我们,在藏区民生不断改善和人民生活越来越好的事实面前,一些不明真相的人可以通过黑白业转换,悔过自新。藏族群众说的黑业就是违反藏传佛教团结思想和相关戒律产生的恶果,白业就是通过修行改正黑业得到的善果。信教群众以宗教的教义教理说明民族团结的重要性,再一次证明了党和政府在信教群众心目中享有很高的威望。

(三)众生平等与民族团结的互动关系

对信仰藏传佛教的少数民族影响最大的九世班禅大师以为,众生平等乃是藏传佛教最重要的道理,一个不理解众生平等的人就不能理解藏传佛教。藏传佛教的众生平等以慈爱心为先导。九世班禅大师认为众生平等下的慈爱心就是追求社会的公平正义,具体表现为济富救贫,有知识有学问的人拿出知识和学问去救无知识无学问的人。九世班禅大师认为慈爱心的最高表现是将自己的一切财产、生命、智能拿出去,贡献给国家和人民,以谋公众利益。藏传佛教的众生平等就是念前世时曾受众生种种大恩,此生应对他人讲求平等和慈爱,回报恩心,去为人民救苦,为国家效忠。藏传佛教认为,不仅人与人,而且人与一切有生命的动、植物以及人与政府都是平等的。因此,九世班禅大师曾以孙中山先生遗教三民主义的平等观与佛教平等观作对比,认为二者是相同的,没有一点不一样的地方。藏传佛教进而认为:"我执"所酿成的种种自私自利、舍公求私一类事端,皆使众生平等无从体现。所以,众生平等最主要的含义是,不能只求物体或地位的平等,必须先有平等的"心",不把心调伏,不把私利除却,以观出本然清净的光明,平等只能达到物体和地位的平等而已。但是,因心地不平等的缘故,人会生出忌妒贪婪等许多违背平等的念头。课题组在调查中发现,上述思想极大影响了甘、青两省信教群众。众生平等已经成为信仰藏传佛教的群众的行为准则。不仅寺院里的僧人对这些思想了如指掌,可以娓娓道来,而且信教群众也可以将这个微言大义流畅表述,身体力行。例如，甘南州是甘肃省主要的畜牧业基地，拥有草场4084万亩，占全州总面积的70.28%，草地可利用面积3848万亩，占草场面积的94.22%，是青藏高原天然草地中载畜能力较强、耐牧性较强的草场。此外，甘南是甘肃省主要药材产区之一，境内蕴藏的纯天然野生中藏药材850余种，中藏药材蕴藏量为5243万公斤。水能资源得天独厚，黄河、白龙江、洮河、大夏河4条河流及其120多条支流纵横全州，水力资源理论蕴藏量361.37万千瓦，占全省水能总蕴藏量的21%。面对这样丰富的自然资源，藏族群众没有人为了发财致富而违反国家法律，乱砍滥伐，乱建乱挖，人为破坏生态资源环境。藏族开店，出售的也大多是与藏传佛教和藏族居民生活有关的器物，比如酥油灯、唐卡、藏袍等。凡是去藏族同胞开设的商店购物，决不会吃亏上当。他们的众生平等表现在经济交往中就是对他人的尊重和爱护，一视同仁，而不是把顾客看作摇钱树，任意在价格上砍宰。汉族和回族在藏区开店，主要经营服装、餐饮、五金、文具等。各民族之间不仅不存在商业上的竞争，而且在经济上形成了互补与合作的关系。

考察民族团结的一个重要指标，就是族际通婚。马戎教授认为，两个民族的族际通婚率如果达到总人口的10%以上，那么民族关系就是好的，民族就是团结的。① 在甘、青两省的藏区里，跨越族际最常见的三种通婚形式是藏回通婚、藏蒙通婚、藏汉通婚。究其原因，还在于藏传佛教的众生平等的思想深入人心，影响了甘、青两省少数民族的婚姻心理。调查表明影响族际通婚的原因与族群人口的规模、数量以及族群所处地理位置不可分割。

藏回通婚多为藏女嫁回男。历史上，回商到藏区做生意，不允许携带家眷。部分回商在经商的过程中，为了生活方便就娶当地藏族妇女为妻。例如拉卜楞寺附近屠户多为回族，他们就与本地的藏族妇女结婚，"藏族妇女与本地人十婚配者，多系屠夫"。② 在顾执中、陆治所著《到青海去》一书中，就提到甘南夏河县第一小学的学生"有父是回民母是番民"。历史上，甘青藏区藏回通婚现象相当普遍。与藏族通婚的回族，多住在藏区边缘，他们甚至在那里建起清真寺，吸引更多回民至此与藏族开展商贸交

---

① 马戎：《民族与社会发展》，民族出版社2011年版，第212页。
② 《班禅大师全集》，正中书局1942年版，第332页。

往。时至今日，甘南地区藏回通婚依然比较普遍。谈到藏回结婚后夫妻双方的宗教信仰是否会发生冲突，当地人解释，不存在男女哪一方强迫另一方接受宗教信仰的问题，双方极少因为宗教问题发生家庭矛盾。回族妇女婚后即使不信仰藏传佛教，不去佛寺进香，也能得到夫家的理解。同样的，女方娘家人也不强迫藏族男子因与回族妇女缔结婚姻关系而一定要加入伊斯兰教。在日常饮食禁忌上，回族拒绝食用的猪肉、肮脏食物等，恰好也不在藏族的传统饮食之列。两个民族都喜爱食用牛羊肉、奶制品，都讲究饮茶。双方在饮食爱好上无冲突。饮酒虽被伊斯兰教和藏传佛教所禁止，但因藏区气候寒凉，藏民喜爱饮酒，回族妻子不会因为丈夫饮酒而发生家庭矛盾。

藏蒙通婚多发生在青海藏蒙杂居地区。共同的信仰，共同的生活习俗，历史上的密切往来，语言上的亲近性，使得藏蒙通婚没有什么障碍。课题组调查显示，藏族和蒙古族都认为双方的关系总体是非常好或者比较好，不认为族际之间通婚有什么不好。历史上，藏蒙通婚不受禁约，青海省黄南州河南蒙古自治县亲王的"福晋"中就有4人出身藏族。藏蒙婚姻中的家庭成员同进一座庙，同烧一炉香，同诵一本经，夫妻间关系和谐亲密。调查发现，藏蒙通婚的实际发生率并不如想象中的那么高。究其原因，与这类婚姻受族群人口规模和数量大小的影响相关。在其他条件相同的情况下，一个族群规模越大，成员越多，族群内部通婚比例超过与族群外部通婚比例。课题组查阅了青海省藏区某市2002年至2012年的婚姻登记档案，发现10年藏蒙通婚的总计只有20对，远远小于汉藏、汉回族际通婚比例。主要原因是蒙古族人口数量众多，藏族人口数量较少。如果一个族群所处地理位置与其他族群相邻，这个族群即使人口规模和数量较大，也会出现跨越族群的婚姻。课题组对青海省黄南州的河南蒙古族自治县调查显示，该县藏蒙通婚比例很高。原因是该县位于青海省的东南部，东临甘肃省甘南藏族自治州的夏河县、碌曲县，南临甘肃省甘南藏族自治州玛曲县，西北与青海省果洛藏族自治州玛沁县和海南州同德县毗连，从地理位置上看，该县东南西三个方位都与藏区紧密相连，居住格局是藏蒙交错杂居。藏蒙人口占到该自治县93%以上。汉藏通婚，同样受到人口规模和数量的限制，课题组对甘南汉藏杂居的某村问卷调查显示，虽然该村85.6%的农牧民对汉藏通婚表示赞成，但是该村仅有5%的农牧民选择了汉藏通婚。究其原因，还是人口问题的限制。汉藏通婚，一般多发生在外出学习和打工的藏族青年中。由于接触汉族机会多，汉藏青年容易自由恋爱。汉藏通婚生育的孩子，一般会有两个名字，一个取汉姓，另一个则取藏姓。因为国家对少数民族在升学、就业、入伍、计划生育方面采取诸多优惠照顾政策，几乎所有汉藏通婚家庭所生育子女，在族别上都填报为藏族。

藏传佛教倡导团结的"六大缘起论"和"佛心慈悲"思想是正确认识藏传佛教与社会主义相适应的重要基础。这说明藏传佛教能够增强民族团结，促进民族发展、进步，也能够与社会主义相适应。藏传佛教认为，按宗教轮回之说，人身最不易得。既得人身，凡立身处世，自应以"团结"二字作生活准则。除谋正当职业外，尤当崇奉佛教，虔诚诵经，与人为善。藏传佛教认为，应该信、解、行、证相一致。所谓信，就是作为佛门弟子成佛的目的便是救世救人。对于佛祖所传授给自己的一切，都要至诚信仰，至诚尊重，身、口、意三者完全一致，皈依三宝，绝不能有半点怀疑。所谓解就是诵读诸佛经论，不仅要通晓字义，还应领悟其中的深刻意义。所谓行，便是将信、解的结果从行为中体现出来，没有行，就没有信和解。所谓证，便是自己从佛法佛理中所得到的一切体会和收获，都要从自己的身、口、意三业的止持①中得到证明。这说明，藏传佛教在加强民族团结、促进民族发展进步、维护祖国统一、形成社会主义的民族关系方面能够发挥重要的促进作用，指责藏传佛教是动乱之源有违藏传佛教之本意。藏传佛教是团结之源。凡是坚持信仰、恪守教规的信教群众都认同党和政府的路线、方针和政策。少数违法犯罪的人都是对藏传佛教不了解、不清楚的糊涂之人。这些人早就远离了藏传佛教的教义和教理，我们不能把这些人归入信教群众之中。

宗教问题的复杂性在于要正确区分宗教问题上的两类不同性质的矛盾。在民族关系依存度日益增长的今天，各民族之间的交往日益扩大，宗教问题与民族问题、其他社会问题紧密结合，交织在一起，愈加复杂。民族宗教问题无小事。因此，在注意发挥宗教本身在民族团结方面的积极作用外，更应该注意引导信教群众在法律的范围内开展宗教活动。在保护正常的健康的宗教活动的同时，严防宗教极端势力、民族分裂势力、国际恐怖势力对我国民族地区宗教的渗透和利用，坚决打击利用宗教破坏民族团

---

① 止持：藏传佛教用语，意思是制止身、口、意三业不作恶意。

结、分裂祖国的违法犯罪行为。

第四节　宗教信仰与西北少数民族的互动关系
——以"趋社会性情感"联动机制为视角的研究

"每一个人类社会都在进行建造世界的活动，宗教在这种活动中占有一个特殊的位置。"[①] 宗教信仰在西北少数民族互动关系中的特殊位置表现为通过构建"趋社会性情感"的联动机制构建民族共同体的共同情感世界、想象共同体世界和智者世界。这三个世界里的内生性、外生性和共生性相互交融的民族互动关系，构成西北少数民族的对民族和国家的"共有态度"，即以中华民族一体化凝聚力的总体场域促进各民族的交流和互动，构建和谐平等互助合作的社会主义民族关系，进一步加强各民族的大团结，增强中华民族的整体凝聚力。我们认为宗教信仰不仅具有民族共同体精神生活的图腾价值和凝聚意义，而且具有形成民族关系的内生性、外生性和共生性相互交融的价值和意义。宗教信仰与民族关系互动的紧密结合是西北少数民族交往的最大特点。

一　"趋社会性情感"与民族共同体的"三个世界"

"趋社会性情感"这一概念由美国学者赫伯特·金迪思和萨缪·鲍尔斯共同提出。他们认为人类拥有的认知、语言和自然而然形成的能力可以引导人类自身形成遵守社会行为规范的条件，产生将这些规范内化为内心信念的心理需求。他们把人类的这种内化社会规范的社会倾向概括为以合作为主的"趋社会性情感"。他们认为："趋社会性情感是一种导致行为者从事合作性行为的生理和心理反应。"[②] 西北地区少数民族的"趋社会性情感"是一种以宗教信仰为价值观、以宗教伦理约束为实践着眼点的处理社会与自我关系的联动机制。宗教信仰正是通过这个联动机制形成内容丰富、形式多样的民族共同体的互动关系。西北地区少数民族的这种"趋社会性情感"不仅是人类社会性倾向的一般表现，而且是在特殊环境、特殊

[①] ［德］彼得·贝格尔：《神圣的帷幕——宗教社会学理论之要素》，高帅宁译，上海人民出版社1991年版，第7页。

[②] ［美］赫伯特·金迪思、［美］萨缪·鲍尔斯：《人类的趋社会性及其研究》，浙江大学跨学科社会科学研究中心译，上海人民出版社2013年版，第56页。

条件之下形成的历史和文化的产物。这就是宗教信仰对这个"趋社会性情感"联动机制的构建。宗教信仰通过构建这个"趋社会性情感"联动机制构建了民族共同体的三个世界,即共同情感世界、想象共同体世界、智者世界。

(一)共同情感世界

宗教信仰作为人的"真实与本性显露"、作为人对神的"主观性深度依赖",表达了信教者本人追求现实幸福和来世幸福的情感需求。无论是信仰伊斯兰教的西北地区少数民族的"两世观",还是信仰藏传佛教的西北地区少数民族的"三世观",都聚焦在对笼罩在宗教信仰之中的共同感情世界的获取和体验上。彼此之间的细微区别就是信仰伊斯兰教的西北地区少数民族体验着伊斯兰教的知、信、行、戒。信仰藏传佛教的西北地区少数民族体验着班禅九世活佛将佛教教义概括的信、解、行、证。这种被奥地利社会学家舒茨界定为"充满内容的我们的关系"构成了蕴含在西北地区少数民族族际互动之中的互相理解、互相支持、互相合作的深度交流和深度依存关系,产生了西北地区少数民族独具特色的表达模式和诠释模式。西北地区少数民族的表达模式就是口出善言,行做善事,以言行一致的方式表达自己的宗教信仰。西北地区少数民族的诠释模式就是知、信、行、戒和信、解、行、证的相互印证的一致性。夸夸其谈、只说不做或者表面一套背后一套为西北地区少数民族所深恶痛绝。西北地区少数民族的表达模式和诠释模式也是他们的历史和文化凝成的根深蒂固的习性。这就是为什么无论国内外形势发生怎样的变化,西北地区民族关系始终处于内生性、外生性和共生性相结合的稳定有序状态的根本原因。也正因为如此,无论过去还是现在,任何插手西北地区民族关系的"三股势力"企图利用宗教信仰从事颠覆和破坏的图谋不仅在纵向的历史过程中没有得逞过,在横向的现实进程中也遭受了不可避免的失败。发生在甘肃省甘南藏族自治州的"自焚事件"从2013年以后就销声匿迹,这与藏传佛教的注重国家利益和个人利益结合的表达模式和诠释模式与之格格不入关系密切。藏族的表达模式和诠释模式之中的黑业和白业表明个人对现实生活的态度,可以通过善恶的转换建立,而不能通过消灭人本身建立。在藏传佛教看来,消灭人本身的暴力是与善对立的恶,是黑业,所导致的结果是上堕地狱,中堕饿鬼,下堕畜生。与此同时,对人生态度的调整则是善的表现,是白业,做了恶事的人,如果能够及时忏悔改过,坚持扬善惩恶,也能够得到善果。白业要求信教者经常反省，及时改过，不断完善和充实自我。由此可见，藏传佛教将人本身的生命存在看作是通向成善之路的阶梯，人本身的生命是不能轻易毁灭和伤害的珍宝。西北少数民族的宗教信仰强调，无论人生遇到多么大的困难和麻烦，都要与社会和他人和谐相处，沟通交流，不能损害他人和国家利益，要通过与他人、社会结成善缘和反复刻苦修炼的努力，获取今生和来生的幸福。在西北地区少数民族宗教信仰里根本没有与国家、社会对立的破坏性和颠覆性基因。

西北地区少数民族宗教信仰的"趋社会性情感"联动机制构建的西北地区少数民族的共同情感世界包括个体生命情感世界和民族共同体情感世界。个体生命情感世界就是宗教信仰带来的为生存的意义和价值而活动的生命冲动。梅洛·庞蒂认为生命冲动是无法想象的笼罩在神秘之中的认识，"是来自事实的不透明，是对没有料到的结论的震惊，或者是对一种难以表达的体验"。①包含在宗教信仰之中的生命的冲动其实就是渴望生命获取认识世界和改造世界的力量和价值的行为。主导这种行为的动机超越了基本生活需求的低级层面，要向更高层面的需求索取生命的意义和价值。对于西北地区少数民族来说，生命本身限于环境和条件，很多时候无法被占有者从现实中看到蕴含其中的意义，将其与精神层面的宗教信仰结合，以宗教信仰体现生命的意义，就能够将生命的价值和意义从狭小的地域向广阔的空间扩展，从崎岖艰苦的人生向充满魅力的天堂投送。从这个意义上看，宗教信仰是西北地区少数民族不可缺少的通向更富有意义人生阶段的重要精神支柱。这也是宗教信仰的神秘性、不透明性和不可思议的神奇性的一种表现。所谓民族共同体情感世界就是符号构成的世界。这是一个视角多样化的世界，也是认知行为和认同行为凝练而成的世界。"伴随象征形式，出现了这样一种行为：它为它自己表达刺激，它向真理、向事物本身的价值开放，它趋向于能指与所指、意向与意向所指的东西之间的相符。"②例如，西北地区的回族禁忌表现为禁止偶像崇拜、算命测字、装神弄鬼、风水阴阳，但是，他们在房屋内部的布置上则展示了民族共同体情感世界的符号构成。一进回族群众的堂屋门，就会看见家家墙上挂有

---

① [法]梅洛·庞蒂：《行为的结构》，杨大春、张尧均译，商务印书馆2005年版，第233页。

② 同上。

一幅世界穆斯林在麦加天房朝觐"克儿拜"图和一个颇具穆斯林特色、状似清真寺的漂亮的挂钟。这个挂饰行为的象征性的符号含义就是真主与大家同在，真主赐福给大家。信仰藏传佛教的西北地区少数民族对表现"佛、法、僧"三宝的器物符号格外珍惜，认为这是他们宗教信仰的投射。这些器物符号具有了宗教信仰的意义才被信教群众所神化。梅洛·庞蒂认为：在符号世界里，行为不是只具有一种含义，它本身就是含义，因为行为与符号合二为一。信仰伊斯兰教和藏传佛教的西北地区少数民族之所以珍惜表现宗教信仰的各类符号，就是因为符号世界与他们的信仰行为相一致、相交融，他们对宗教信仰符号的崇敬，表现为与他们的宗教行为仪式和日常生活行为仪式的结合。西北地区日常生活不乏这样习以为常的例子，比如，西北地区少数民族信教群众只要看见与宗教信仰相关的符号，立即表现为毕恭毕敬的心态和行为，就好像他们身处庄严肃穆的寺院正在从事宗教仪式活动。这些体现宗教信仰的符号与信教群众的信仰心态、行为之所以能够产生联动式的互相注释就是因为两者已经合二为一。

（二）想象共同体世界

美国社会学家本尼迪克特·安德森对民族进行了极具创造性的定义，即："民族是一个想象的共同体。"①这个定义与我们通常接触到的关于"民族"的定义有很大的不同。斯大林1913年在《马克思主义和民族问题》关于"民族"的经典定义是大家所熟悉的。中国共产党在2005年的全国民族工作会议上对"民族"这个概念作出的迄今最完整、最全面和最科学的定义更为大家所熟悉。费孝通先生则把中华民族分为历史形成的自在部分和近代形成的自觉部分。②杨文炯认为中华民族从自在到自觉的民族觉醒过程发生在近代，特别是抗战。③胡岩认为：中国人在接受、理解和使用"民族"这个概念过程中，也进行了中国化的改造和诠释。我们现在使用的"民族"这个概念，已经带有鲜明和独特的中国特色。④对于"民族"一词涉及的这样复杂的关系，这样丰富的内涵，本尼迪克特·安

---

① ［美］本尼迪克特·安德森：《想象的共同体》，吴叡人译，上海世纪出版集团2011年版，第8页。
② 费孝通：《中华民族多元一体格局》，中央民族大学出版社1999年版，第9页。
③ 杨文炯：《从民族自在到民族自觉——近代至抗战时期中华民族的觉醒与国家认同的熔铸》，《北方民族大学学报》2015年第4期。
④ 胡岩：《近代以来中国人"民族"概念的形成和演变》，《中国民族报》2011年7月29日第5版。

德森认为我们根本不能对"民族"下一个定义，只能将"民族"这个"异常现象"定义为在本质上是想象的同时，又是一个拥有主权的共同体。

本尼迪克特·安德森对"民族"的独辟蹊径地定义的角度是社会认知。在他看来，民族的定义必须着眼于人类认知方式的改变。在前资本主义时代，人类的认知方式以地域疆界、政治权力、管辖范围、文化异同等多重因素汇聚为民族划分的笼统标准。这种旧的认知方式随着资本主义时代的来临丧失了霸权地位，人们开始想象民族这个"世俗的、水平的、横向共同体"的确切含义。为了挽救对民族"晚期托勒密式"的旧世界观不至衰落，恢复民族定义的"哥白尼精神"，本尼迪克特·安德森认为应该在各种独立的历史力量的复杂的交汇过程中，自觉萃取提炼一个新的结果，即：民族是一个本质上有限的拥有主权的想象共同体。这就是说民族的边界是有限的，民族的人数是有限的，民族的范围是有限的。但是，民族作为想象的共同体，边界是无限的，人数是无限的，范围也是无限的。民族作为想象的共同体如同网络一般把从未谋面的本民族和其他民族的人们联系在一起，对居住在不同地域、拥有不同文化背景的各个民族共同体进行构建，形成民族的关联性和整合性的人们共同体。

西北地区少数民族的民族想象共同体形成的很重要的一个原因就是源于他们对本民族宗教信仰的认识和理解。信仰伊斯兰教和藏传佛教的西北地区少数民族以宗教信仰中的善作为起点，通过想象和现实生活，与其他民族共同体成员展开互动和交往，形成了超越本民族共同体的中华民族共同体。这种将宗教信仰的普遍性原则与现实的特殊性原则并立的行为，意味着不管宗教信仰者的生活的世界多么宽广和深邃，他们对民族关系持有怎样的看法，事实上，宗教信仰者还是以与对方同处一个民族共同体的面貌和身份出现，好像与之互动和交往的对象是与自己一模一样的同宗教信仰者、同族源的一体者，而不是宗教信仰和民族共同体的"他者"。信仰伊斯兰教和藏传佛教的西北地区少数民族的善是构建这个想象的民族共同体的轴心。这个"善"是一个含义丰富、历史悠久、指向广泛的概念，既包括对神的虔诚和崇拜，也包括对世界的认识和看法，还包括对宗教戒律的严格遵守。总而言之，信仰伊斯兰教和藏传佛教的西北地区少数民族的这个"善"尽管内涵丰富，但是，就信仰方面看，其认知的特色无可置疑的鲜明和突出。就对世界的认知方面看，伊斯兰教强调尊崇真主与尊崇人君、独善其身与扶危济困相结合的人主合一、自我和他者同在的理念。这种"顺主、赞主、拜主、感主恩"（王岱舆语）的认知取向很容易导致一种对现实的中华民族共同体的认同态度。这就是为什么穆斯林要"忠君、赞圣、孝亲、济人"（王岱舆语）的原因。藏传佛教的认知取向可以从重视心法中清楚看到。藏传佛教认为在所有与人相关的法里心法无疑最重要，认为从修持角度看，心法修持不同，人生结果也不同。在心法诸因素中，藏传佛教特别强调"阿赖耶识"的重要性。"阿赖耶识"为梵语音译，意译为"藏"。藏传佛教认为它是产生一切现象的根源，含有"无漏（善、净）种子"和"有漏（恶、染）种子"这样两类"种子"。信教者通过修炼，才可将"有漏种子"转变为"无漏种子"，进入涅槃境界。正因为如此，藏传佛教很容易通过认知取向把信教群众对宗教信仰的一致认同导向对现实的民族关系的一致认同。这是藏传佛教的信教群众认为不叛教就是不叛国的认知来源。

（三）智者世界

笔者借用柏拉图的话语，将西北地区少数民族宗教信仰者的世界称之为智者世界。柏拉图认为：由于这个领域的特殊性，智者不容易被大家看清楚，"因为大众之言无能力对他们进行持续关注"。① 宗教信仰者作为智者，一方面是属神的，一方面是属人的。他们既从事"原本制作术"，也从事"仿像制作术"，他们能够把多个整体结合成为单一理念，又能够把多个整体进行清楚区分。在柏拉图看来，智者"逃匿于非是的黑暗之中，练就一套本领"，所以，他们的智慧不同寻常。西北地区少数民族的宗教信仰者认为他们从至高无上的神那里得到启示和教导，获取的是人间最大的智慧。他们之间的互动和交往所构成的世界不是通常意义上的世界，而是一个笼罩着神秘之光、具有常人智慧所达不到的智者世界。这个世界在信仰伊斯兰教的西北地区少数民族那里是认主独一。《古兰经》指出："除真主之外，假如天地间还有许多神明，那么大地必然破坏了。"② 在信仰藏传佛教的西北地区少数民族那里是修炼成佛的涅槃境界。正因为智者世界的这种独特性，我们理解西北地区少数民族的思维方式也就随之转化，这就是应该看到现实世界与宗教世界的结合对智者世界构成的重要性。西北地区少数民族的信教者一方面以现实世界作为立足点，一方面以宗教世界

---

① ［古希腊］柏拉图：《理想国》，詹文杰译，商务印书馆2013年版，第73页。
② 丛恩平、沙宗平：《伊斯兰教教义简明教程》，宗教文化出版社2010年版，第21页。

作为立足点，以此创新了许多在不信教的世界里看不到的现象。在西北民族地区，十多岁的孩子辍学到清真寺学习伊斯兰教经文，到寺院学习藏传佛教经典已经不是个案，而是较为常见现象。由于寺院具有诱人的等同于学校教育和感化的功能，在西北民族地区，有的地方甚至出现了寺院多于学校的现象。生活在智者世界的信教群众正因为把自己看成智者就出现了为社会做贡献的想法和事迹。被誉为"理想社会之模型"的甘肃省临潭县的西道堂以宗教信仰维系人心，以共同经济活动为基础，以共同幸福为追求目标，以在今世中求来世，在现实中求未来为指导，组织信教群众开展商业活动，大幅度提高了信教群众的生活水平。2013年，城镇信教群众人均可支配收入13557元，净增2021元，增长17.5%；乡村信教群众人均纯收入3260元，净增459元，增长16.4%。智者世界里的信教者的话语来自经典，行为来自戒律，形成了这个世界的"共有态度"。有的时候，智者世界之外的非信教者对这个世界里的信教者不理解，感到信教者的宗教信仰荒唐可笑，原因很简单，就是非信教者没有掌握这个智者世界的奥秘。智者世界的一个重要的奥秘就是其语言的独特性。米德指出："掌握一种新的语言就等于获得一个新的灵魂，就能以新的态度、新的思维方式看问题，与另一个共同体成员和谐相处。"① 在米德看来，语言是历史和文化的荟萃，传达的是特有的民族精神，只有掌握这种语言，才能与使用这种语言的民族共同体产生共有态度，形成心灵共鸣。例如，信仰藏传佛教的西北地区少数民族很忌讳对佛、菩萨和佛教寺院不恭敬的语言。信仰伊斯兰教的西北地区少数民族很忌讳对真主、穆罕默德和清真寺不恭敬的语言。如果对这个智者世界的禁忌话语不知道，置若罔闻，就会触犯信教者的尊严，伤害他们的自尊心。语言是智者世界信教者的灵魂，不掌握信教者的语言，就不可能理解信教者的思想和感情。宗教的凝聚力就来自依靠语言形成的共有态度。

智者世界的文化构成有其独特的不同凡响的奇特一面。笔者举出在研究过程中所看到的几个现象作为佐证。甘南藏族自治州是全国10个藏族自治州之一，州内有藏、汉、回、土、蒙古等24个民族，总人口68万，其中藏族34万，占总人口的50%；农牧业人口56.04万，占总人口的82%。白晓霞发现生活在这里的藏族同汉族一样在端午节举行诸多仪式，

---

① ［美］乔治·H. 米德：《心灵、自我与社会》，赵月琴译，译文出版社1992年版，第249页。

纪念本民族重要人物，如河澳地区对欣木措吉的纪念，舟曲地区对莲芝姑娘的纪念，天祝地区对药神桑吉曼拉的纪念。作者认为，这种与汉族纪念端午节不一样的文化重构表达了埋藏在藏民族记忆深处的历史回忆。[①]甘南藏族自治州南与四川阿坝州相连，西南与青海黄南州、果洛州接壤，东面和北部与本省陇南、定西、临夏毗邻。全州总面积4.5万平方公里，处于青藏高原和黄土高原过渡地带，地势西北部高，东南部低。境内海拔1100—4900米，大部分地区在3000米以上。为什么生活在海拔这样高的甘南藏族同胞不存在呼吸困难和高原病等症状，对于没有去过那里的人会对此觉得不可思议，惊讶不已。美国加利福尼亚大学伯克利分校米莉亚·维尔塔·桑切斯领导的研究团队的研究结果表明，藏族人的EPAS1基因中含有大约生活在4万年前已经灭绝的居住在中亚阿尔泰山脉的丹尼索瓦人的基因。藏族适应缺氧状态的这一基因可能通过与丹尼索瓦人通婚得以保留和延续。研究人员总结说："我们的研究结果表明，与其他种族通婚能够产生帮助现代人适应新环境的基因变种。"[②]该研究成果发表在《自然》周刊。智者世界的文化构成不仅是某个民族的独特历史和独特文化的传承和见证，而且反映和见证了我们这个多民族国家文化的博大精深、丰富多彩和别具一格。

二 "趋社会性情感"与"三个世界"和宗教信仰的关联性

为了说明"趋社会性情感"与民族共同体的共同情感世界、想象共同体世界、智者世界，与西北地区少数民族宗教信仰的关联性，证明其民族共同体的"三个世界"的存在不仅是真实的，而且就是在宗教信仰影响之下所形成，笔者在2014年7月至8月采用随机抽样的方法在新疆伊犁地区的霍城、青海黄南藏族自治州的乌屯、西北临夏回族自治州的三甲集三个长期选用的田野作业点，从维吾尔族、藏族、回族的干部、农民、商人中各选取300人作为样本，采用SPSS统计软件包进行统计推论检测，结果表明宗教信仰的"趋社会性情感"联动机制建造的民族共同体的"三个世界"与样本人数的关联度最高，宗教信仰对这民族共同体的"三个世界"

---

① 张广裕：《甘南藏族自治州人口与环境问题研究》，北京林业大学博士学位论文，2010年，第18—19页。

② 陈征：《藏族人高原适应能力或源于史前人类》，《北京日报》2014年7月9日第17版。

影响最大。这说明宗教信仰的"趋社会性情感"联动机制及其"三个世界"存在的可信度、真实性和影响力都是现实存在的。

（一）宗教信仰的"趋社会性情感"联动机制数据检测结果

这个检测说明了宗教信仰的"趋社会性情感"联动机制与民族共同体的共同情感世界、想象共同体世界和智者世界的建造和形成究竟有没有关联（见表9-4）。

表9-4 宗教信仰的"趋社会性情感"联动机制推论检测结果（N=800）

Variable 变项	M 中数	SD 离散差	ICC 关联度	R 相关系数
共同情感世界	7.60	0.67	0.17*	0.22
想象共同体世界	5.23	0.70	0.13*	0.18
智者世界	5.64	1.00	0.33*	0.37
其他因素	4.57	0.86	-17	0.22

说明：*$p<0.05$ 皮尔逊级差相关系数（信赖水准为95%）；"-"为负相关。

①M 这个中数表明本研究选取的西北少数民族干部、农民、商人样本人数具有集中趋势，这说明他们对宗教信仰的"趋社会性情感"联动机制建造的民族共同体的"三个世界"的真实存在不仅相信，而且具有比较一致的认知。

②SD 离散差在-1和+1之间，这说明宗教信仰的"趋社会性情感"联动机制建造和形成的民族共同体的"三个世界"不仅是真实存在的，而且被本研究所选取的西北少数民族干部、农民、商人样本人数所承认。

③ICC 关联度表明民族共同体的"三个世界"与宗教信仰的"趋社会性情感"联动机制关联度达到了 $p<0.05$ 的信赖水准。这就是说95%的样本人数与之具有关联性。

④R 相关系数表明，上述数据都在相关系数之内，统计结果是真实和可信的。

上述检测表明宗教信仰的"趋社会性情感"联动机制与民族共同体的共同情感世界、想象共同体世界和智者世界的建造和形成关联密切。宗教信仰的"趋社会性情感"的存在真实可信，毋庸置疑。如果宗教信仰的"趋社会性情感"不存在，当然就不存在民族共同体的"三个世界"，前者为因，后者为果。

(二) 皮尔逊级差相关检测数据结果分析

为了进一步说明宗教信仰等与之关联密切的因素对"趋社会性情感"联动机制构建的民族共同体的共同情感世界、想象共同体世界和智者世界的影响，说明相互之间关联度的密切程度，尤其要说明寺院、家庭、学校和大众传媒哪一个对民族共同体的这"三个世界"的建造和形成影响最大，笔者对所收集数据进行了皮尔逊级差相关检测，在这里，笔者把寺院作为宗教信仰的标记，是宗教信仰的另一种话语表述。检测结果见表9－5。

表9－5　　　　　皮尔逊级差相关检测数据结果（N＝800）

项　目	共同情感世界	想象共同体世界	智者世界	相关系数范围
寺院影响	0.28*	0.27*	0.29*	0.33
家庭影响	0.18*	0.15*	0.13*	0.23
学校影响	0.17*	0.12*	0.20*	0.30
大众传媒	0.10*	0.12*	0.13*	0.26

说明：* $p<0.05$ 皮尔逊级差相关系数（信赖水准为95%）；** $p<0.01$ 皮尔逊级差相关系数（信赖水准为99%）。

①寺院（宗教信仰）对共同情感世界、想象共同体世界和智者世界的建造和形成影响最大，其关联度系数最高，在26以上，接近30。这与西北地区少数民族基本上是全民信教的事实相符合。

②家庭对共同情感世界、想象共同体世界和智者世界的建造和形成所产生的影响仅次于寺院，其关联度系数比寺院影响的关联度系数要低。这可以从与寺院关联度系数比较中得以说明。家庭的作用之所以明显，原因是家庭构成的宗教氛围随处可见，渗透到日常生活的许多方面，往往产生不知不觉的潜移默化的影响。

③学校对共同情感世界、想象共同体世界和智者世界的建造和形成的影响次于寺院，这可以从与寺院、学校关联度系数的比较中得以说明。这不是说学校已经成为宗教活动场所，宗教活动进入学校可以畅行无阻，而是表明宗教信仰者的后代聚集在一起就可能有意或者无意地传播宗教信仰，形成宗教氛围，彼此互相影响。

④大众传媒工具对共同情感世界、想象共同体世界和智者世界的建造

和形成所产生的影响次于寺院、家庭和学校。这与大众传媒工具的特殊性和独特性相关。不管所有的人愿意还是不愿意，大众传播工具都在有形和无形地影响所有人的精神和情感世界的建造和形成。

通过皮尔逊级差相关检测数据结果分析，我们可以得到这样的结论，宗教信仰的"趋社会性情感"联动机制建造和形成的民族共同体的共同情感世界、想象共同体世界和智者世界与西北地区少数民族宗教信仰的关联是真实的、可信的。原因是寺院、家庭、学校和大众传媒对民族共同体的三个世界的影响是持续、长期和不间断的，对民族共同体的这三个世界起到了稳定、加固和促进的作用。

三 宗教信仰的"趋社会性情感"对民族共同体互动关系的影响

对宗教信仰的"趋社会性情感"与民族共同体的互动关系，国内尚无系统完整的研究。但是，这并不是说没有一些近似的观点出现。这些观点归纳起来主要表现在三个方面。其一，民族互动关系的内生性，指民族关系的形成和发展主要依靠内生性变量和各种外在因素的交互作用。其二，民族互动关系的外生性，即民族关系的形成和发展主要依靠外生性变量和环境因素的交互作用。① 其三，民族互动关系的共生性。即内生性变量与外生性变量的组合作用共同促成了民族互动关系。我们通过研究西北地区少数民族宗教信仰构建的"趋社会性情感"联动机制构建的民族共同体的三个世界发现，宗教信仰是民族互动关系的内生性、外生性和共生性产生的最重要的源泉，具有孵化、促成和丰富民族互动关系的功能。

宗教信仰对民族关系的内生性影响表现为促进民族共同体的群体凝聚力的形成和发展。民族共同体依靠宗教信仰的"趋社会性情感"形成的三个世界产生群体凝聚力。豪格和阿布拉姆斯认为群体凝聚力可以使"个体处于一个共同的或共享的社会自我范畴化或社会认同之中"。② 群体凝聚力作为一个"总体场域"，"会提升民族共同体内群的群体表现，促进民族共同体成员对群体规范的遵从，改善群体成员的精神状态和工作满意度，促

---

① 陈征：《藏族人高原适应能力或源于史前人类》，《北京日报》2014年7月9日第17版。
② 杨盛龙、白正梅、孙懿等：《民族互动与民族发展》，民族出版社2010年版，第133—134页。

进群内沟通"。① 宗教信仰对民族关系的外生性影响表现为促进民族共同体之间的外部关系和睦。

宗教信仰对民族关系的共生性影响表现为促进各个民族共同体形成思想、观念和价值评估的一致性和共同性。这个一致性和共同体不是把一个民族共同体同化在另一个民族共同体之中,而是每一个民族共同体都共处于一个代表、涵盖各个民族共同体利益的整体之中。这个整体具有结构主义理论强调的三个重要特点。其一,这个结合了各个民族共同体利益的整体的任何变化将会影响每一个民族共同体的生存和发展。这个整体如果兴旺发达,各个单一的民族共同体也将兴旺发达。这个整体如果衰败,各个单一的民族共同体也会衰败。中华民族的共同整体就是中华民族的多元一体化,其表现就是"各民族共同团结奋斗,各民族共同繁荣发展"。其二,这个整体的价值大于每一个部分的价值。只有整体的价值得到维护,个体的价值才能不被损害。其三,这个整体的功能不仅仅是每一个部分功能的合成,而且是每一个部分功能的互补和进一步完善。有人举出西北民族地区的"万人扯绳""花儿会""族际通婚"作为民族互动关系的内生性、外生性和共生性的典型表现,说明民族互动关系与宗教信仰之间的联系不如想象的那样密切。事实上,在民族关系的互动中,依然可以看到宗教信仰构建的"趋社会性情感"的重要作用。以"万人扯绳"为例,这个从明代延续下来的习俗原本是为了祭祀历史上为这个地区的发展和稳定作出贡献的英雄人物,英雄人物通过各民族都参加的扯绳得到纪念,这是为了唤起久远的历史记忆,表达对历史的尊重。这样的祭祀类似前文提及的"想象共同体世界"。通过这个"想象共同体世界",西北地区的回、藏群众把历史上出现的令他们敬佩的英雄人物及其具有象征意义的扯绳互动纳入自己的民族行列,既有历史传承的特色,更有宗教信仰的神圣意蕴。这与西道堂的穆斯林穿戴具有相似之处。西道堂的男子在2000年前一律头戴黑色无檐六角尖顶号帽作为标志。到2000年左右,西道堂为了与哲合忍叶门宦教民和汉民妇女穿戴区别,将传统的号帽和头巾作了改进,男子统一头戴手工钩织的无棱角的帖头白线号帽,妇女一律头戴浅色头巾作为标志。妇女统一用纱巾裹头,中老年妇女戴白纱巾,青年妇女戴颜色比较鲜

---

① [澳]迈克尔·A.豪格、[英]多米尼克·阿布拉姆斯:《社会认同过程》,高明华译,中国人民大学出版社2011年版,第115—117页。

艳、面料比较时尚的纱巾，白线号帽和不同颜色纱巾成了西道堂教民的新标志。西道堂穆斯林穿戴的改变看起来与宗教信仰没有直接关系，但是，细细思索，就可以看到与宗教信仰的关系依然密切。西道堂的穆斯林在共同情感世界构建中，不仅需要通过想象的共同体对自己与"他者"世界划界，突出宗教信仰的鲜明特色，而且需要智者世界的"原本制作术"和"仿像制作术"的统一，体现宗教信仰的"趋社会性情感"联动机制的决定作用。他们穿戴的改变乃是宗教信仰的符号更换，不是宗教信仰本身的更换，目的是更强调他们对宗教信仰的坚守和秉持。

无论宗教信仰的"趋社会性情感"与民族共同体互动关系多么密切，有一点任何人都必须承认，这就是宗教信仰只有与国家的整体利益相一致，只有与社会发展相适应，才能发挥团结信教群众、促进社会稳定和经济发展、为民造福的功能作用。这也进一步说明只有积极引导宗教与社会主义相适应，宗教才能健康和谐发展。

正是由于宗教信仰的"趋社会性情感"形成的民族共同体的共同情感世界、想象共同体世界和智者世界，西北地区少数民族的民族互动关系才可能出现内生性、外生性和共生性相互结合的特点，其结果是出现民族互动关系的共有态度，即以中华民族一体化凝聚力的总体场域去构建各个民族共同体的谁也离不开谁的中华民族交流和互动的交往行动关系，形成西北地区少数民族交往关系的思维方式和行动方式的一体化和差异化相结合的鲜明特色。各民族互动关系的共有态度证明，各民族的共同体无论差异性多么大，都完全可以同处中华民族整体框架内，互相之间求大同，存小异，在此基础之上进行思想、观念和情感的深度互动和广泛交流，形成中华民族共有的价值观。这是宗教信仰的"趋社会性情感"能够促进中华民族大团结、增强中华民族大家庭凝聚力的主要原因。通过各民族互动关系的共有态度、总体场域，西北地区少数民族的交往行动关系一而再、再而三地证明了一个谁也颠扑不破的真理，这就是中华民族是一个多元一体的充满文化活力和文化朝气的不断进步和发展的统一整体。中华民族整体兴，各民族个体兴，中华民族整体衰，各民族个体衰。我们应该永远记住这个道理。

第十章

宗教信仰与西北地区回族日常交往心态

宗教信仰标志着回族完成了从个体化的自我向社会化的自我的转变。这个转变的标志表现为两个方面：一是塑造了回族日常交往的认主至上的心态、以主为荣的心态、以主为神圣的心态；二是塑造了回族庄重严肃和慈善仁爱的宗教态度，分别构成回族日常交往的无意的健全宗教心态和有意的健全宗教心态。本章主要阐述宗教信仰与西北地区回族日常交往心态的关系问题，研究宗教信仰与回族日常交往心态的关系，就要通过探讨回族从个体化的自我向社会化的自我转变过程中宗教信仰的重要作用，特别是通过探讨宗教信仰怎样塑造了回族日常交往的心态，进一步认识回族与宗教信仰的关系，认识回族的历史与文化，更好地促进民族关系和谐稳定发展。

第一节 宗教信仰与回族日常交往心态的二元建构

回族日常交往心态的二元建构，即无意健全的宗教心态和有意健全的生活心态，分别是回族对其族源形成的历史必然性的回应和适应，对其族体发展的客观现实性的回应和适应。就宗教心态来说，回族的日常交往以认主独一为本，表现了健全的宗教心态。就生活心态来说，回族的日常交往以真诚为本，表现了健全的生活心态。回族日常交往心态的二元建构是回族对善的独特建构的结果。

回族就其族源的形成和族体的发展来说，都算得上是中华民族大家庭中较为独特的成员。这个独特性就是回族族源形成的外来性、融合性和族体发展的国内化、本土化。由于这个独特的原因，在宗教信仰方面，回族有自己的教门教派。在世俗生活方面,回族有自己的与人相处之道,与社会相处之道。回族日常交往心态一元建在宗教信仰上,一元建在世俗生活上。因此,探讨回族日常交往心态的二元建构,对于认识和理解回族历史和文化的特殊性,促进各民族的相互认识和相互理解,做好民族团结进步工作都具有重要意义。笔者认为,回族日常交往心态的二元建构反映了回族无意健全的宗教心态和有意健全的生活心态。这两种心态的形成,是回族对善的独特建构的结果。

一 回族日常交往心态的二元建构的数据检测分析

回族日常交往心态的二元建构,一元建构于宗教,一元建构于生活,分别表现为无意健全的宗教心态和有意健全的生活心态。为了说明回族日常交往二元心态建构的真实性和关联性,笔者从回族的国家公务员、中小学教师、农民、商人中各选取200人作为样本,对其日常交往心态的二元建构进行了皮尔逊级差相关检测。

（一）皮尔逊级差相关检测数据结果

表10-1　　　皮尔逊级差相关检测数据结果（N=1000）

项　目	无意健全的宗教心态	有意健全的生活心态
国家公务员	188	278
中小学教师	198*	288*
农民	298*	259**
商人	278*	239*

说明：* $p<0.05$ 皮尔逊级差相关系数（信赖水准为95%）；** $p<0.01$ 皮尔逊级差相关系数（信赖水准为99%）。

（二）皮尔逊级差相关检测数据结果分析

（1）回族的国家公务员与无意健全的宗教心态和有意健全的生活心态的关联度达到了 $p<0.05$ 以及95%的信赖水准。回族的中小学教师、商人、农民与无意健全的宗教心态和有意健全的生活心态的关联度达到了 $p<0.01$ 以及99%的信赖水准。这说明回族的四个阶层与上述两种心态都有关联,即回族的这四个阶层都具有这两种心态。

（2）回族的国家公务员、中小学教师、商人、农民与无意健全的宗教心态和有意健全的生活心态的关联度说明，回族既生活在宗教里，也生活在现实中。宗教是天，现实是地。回族的无意健全的宗教心态面对天理，与宗教信仰相关。回族有意健全的生活心态面对人世间，与世俗生活相关。

（3）无意健全的宗教心态和有意健全的生活心态是回族这四个阶层在日常交往中最经常、最频繁的心态。样本的代表性表明无意健全的宗教心态和有意健全的生活心态是回族日常交往中出现的最经常、最频繁的心态。

（4）回族国家公务员与无意健全的宗教心态的关联度低于其他阶层，仅达到 $p<0.05$ 以及 90% 的信赖水准。这说明回族国家公务员的宗教意识比其他阶层淡薄。其原因是国家公务员必须建立适应社会主义意识形态要求的国家意识。其宗教意识必须服从国家意识。

（5）通过皮尔逊级差相关检测数据结果分析，我们可以得到这样的结论：回族日常交往心态的二元建构是客观、真实的存在。本章主要解析这个二元建构的丰富内涵、表现形式以及形成原因，认识这个二元建构的独特性。

二　回族无意健全的宗教心态和有意健全的生活心态

本章以无意健全的宗教心态和有意健全的生活心态，阐述回族日常交往心态的二元建构，解释皮尔逊级差相关检测的数据结果。

（一）回族无意健全的宗教心态及其形成

1. 回族无意健全的宗教心态

这个心态由对宗教的认知构成。对宗教的认知就是将世界以宗教的方式符号化，赋予世界以宗教的意义，以建立宗教生活的根基，形成日常交往的基础。从历史上看，回族无意健全的宗教心态的认知是不由自主的、偶然为之的产物。从现实看，回族无意健全的宗教心态的认知在很大程度上是环境潜移默化、耳濡目染的结果。即回族无意健全的宗教心态的认知，具有无意被接受的特点。回族无意健全的宗教心态的认知中，坚持信仰的认主独一的理念。当这个"一"建立后，回族就以这个"一"来认识和理解宗教活动的价值和意义，在"一"的指导下，从事宗教活动，以一驭万就是回族日常交往宗教心态的认知特色。就其根源看，这个认知的产生是历史延续和文化传承的结果。这能够减免类似哲学家、艺术家形成认知的那个程序化、阶梯化的烦琐过程，但是丝毫不低于哲学家、艺术家在其领域所表现出来的无人企及的高超的辨识能力。回族的认知在辨识能力方面具有对宗教的直觉敏感性和直观感应性。

在日常交往中,回族喜欢接触与伊斯兰教相关的事务,厌恶与伊斯兰教相背离的事务。笔者看到,在祖国的西北地区,回族喜欢女戴头巾,男戴白帽,认为这是穆斯林的标志。回族喜欢到写有清真字样的饭馆用餐,认为这是符合伊斯兰教教义要求的饮食行为,是坚持信仰的标志。他们也喜欢去回族经营的商店购物,认为这些商店诚实可信,购物不会上当受骗。回族在日常交往宗教心态方面形成的认知虽然不及哲学家、艺术家形成认知的时间密集和受到的训练严格,但是,依然拥有与哲学家、艺术家相当的认知水平和认知能力。而且,回族的这个认知就其形成过程来看,时间更加漫长和持久。回族一生的全部时间,都在为磨炼这个认知而努力。因为,如果以这个认知形成的时间来计算,从回族的婴儿降生就已经开始,至其生命结束都没有终结。回族的孩子一出生要到清真寺取经名,接受阿訇的祝福。在其成长过程中,6岁就可以阅读经文,12岁就可以到清真寺礼拜。回族归真后,还有来世生活,继续培养和锻炼认知的能力和水平。这是一个有开始而没有结束的工作。由此可见,回族日常交往宗教心态的认知极为重要,因为这个认知决定了回族信仰的确立、民族的延续和个人的定位。回族通过这个认知的形成,建立了日常交往的宗教心态。

2. 回族无意健全宗教心态的形成

由于族源的外来性、融合性,回族的宗教信仰具有历史的延续性和选择的不可更改性。在这个背景下,回族在宗教信仰方面形成了无意健全的宗教心态。无意指回族宗教心态的形成不仅在族源的来源方面无意,也指回族在族体的形成和发展方面无意。前者表现为选择的无意;后者表现为成长的无意。回族在无意之间通过外来族源带来了自己的宗教信仰,也在无意之间的族体形成和发展中传承了自己的宗教信仰。回族在这种无意之间受到了潜移默化、耳濡目染的影响,不知不觉形成了自己的宗教心态。就历史方面看,无意是回族对宗教信仰历史必然性的回应和适应,是历史效应叠加的结果。就现实方面看,无意是环境效应的结果。由于无意的历史性和无意的现实性的双重作用,回族形成了无意健全的宗教心态。回族无意健全的宗教心态之中的健全,就其历史的延续性看,不仅在对伊斯兰教的掌握方面达到了与其族源起源地的民族相同的水平;而且就其现实的客观存在看,回族坚持自己的宗教信仰不动摇,坚持伊斯兰教的戒律不动摇,坚持穆斯林的风俗习惯不动摇。

中国的穆斯林前辈早就认识到了回族无意健全的宗教心态形成的特点。从明清时期开始，回族就把伊斯兰教传入中国称作天赐，把认主独一的宗教信仰称作天理。王岱舆认为："天理者，当然也，非关天命，不即圣行。乃天然之成，出自本心，自然而然者也。"① 由于中国穆斯林的前辈找不到更恰当、更合适、更准确的词语来表现回族的无意健全的宗教心态形成的特点，只能从儒家文化的现成词汇里借用天理表达上述意思。这足以说明回族的无意健全的宗教心态一方面的确无意，一方面的确健全。

（二）回族有意健全的生活心态及形成

这是回族在族体本土化、中国化的过程中为了求生存、求发展而形成的心态。这个心态表现为与人相处之道、与社会相处之道有一个立足的根基。这个根基就是以真诚为本，所以回族日常交往的生活心态健全。回族有意健全的生活心态的本源来自伊斯兰教，所以根基牢固。这种心态从伊斯兰教传入中国就没有改变，始终支撑着回族的日常交往。伊斯兰教认为，从来天地必有一真境，万物必有一真机，光阴必有一真时，这是自然之真、世界之真。作为人来讲，要仿效自然和世界，也一定要有一个真德，真德的依据便是真主借人来显示世界的真。万物的真、天地的真、光阴的真与人的真德是贯通的，所以，真主所创造的这一切构成了世界的一体化和世界的大用。有先天就有后天，有理世就有象世，但是，后天必然归于先天是因为天地要回到真境，万物要回到真机，光阴要回到真时，人要回到真德，这样，全宇宙才能成为一个真的世界，世界才能返璞归真。所以，从根本上说，人一以贯之的是真诚。回族形成后，不仅要坚持自己的宗教信仰，还要在本土谋求自己的生存和发展。为了实现这个目的，回族仅仅依靠宗教信仰还不够。他们必须适应社会的现实，学习生存和发展之道。所以，宗教所要求的回族的认主独一就转化为回族与人相处之道、与社会相处之道的真诚。回族与人交往，在社会生存，均以真诚为本，这是他们生活的原则和亘古不变的信条。从古至今，经商的回族同胞从来不为蝇头小利短斤缺两，欺行霸市。开饭馆的回族同胞从来没有因为食物弄虚作假被民众嗤之以鼻。在祖国大江南北的回族经营的餐饮业保持了良好信誉，形成了自己独特的品牌。在西北地区地沟油、垃圾牛羊、假酒假药

---

① 杨宗山、沙宗平、穆卫宾等：《圣训基础简明教程》，宗教文化出版社 2010 年版，第 122 页。

猖獗的时候，西北回族经营的餐饮业依然生意兴隆，大家明白吃回族的饭菜是放心的、安全的。从这个角度看回族的前辈从明清时期开始的翻译伊斯兰教经典著作之举，无非是为了给回族提供文化的生存空间，谋取回族在中华民族的一席之地。笔者认为，这个努力可以归结为形成回族日常交往的生活心态。回族日常交往的生活心态一方面必须与宗教信仰相结合，另一方面必须与儒家思想相结合。宗教信仰是回族日常交往生活心态的精神来源，儒家思想是回族日常交往生活心态的精神来源正确的证明。回族的宗教信仰必须在儒家思想的航道中寻求自己的发展空间，在儒家思想框架内寻求立足点。否则，回族的宗教信仰，无论多么让人心悦诚服，独树一帜，也仅仅能够被回族接受，却很可能遭到其他民族的排斥和打击，被列为离经叛道之说，甚至惨遭围剿。王岱舆眼光独到，把伊斯兰教的"天命五功"与儒家的"仁义礼智信"相对应，认为"天命五功"就是儒家的"仁义礼智信"。这是将伊斯兰教与儒家思想结合的范例，是回族先贤对回族文化发展作出的重要贡献。从回族日常交往看，也把回族的宗教心态与生活心态成功地结合到了儒家精神世界里。

（三）回族两种心态的比较

回族日常交往的宗教心态是在无意间建立起来的，是对回族族源外来性、融合性的回应和适应。回族日常交往的生活心态是有意建立起来的，是对回族族体形成和发展的国内化、本土化的回应和适应。回族无意健全的宗教心态是宗教世界观在回族心理的积淀，是以宗教世界观认知现实的表现方式。回族有意健全的生活心态是人生观在回族心理的积淀，是以主观与客观结合的态度反映世界的方式。前者是习得的产物，后者是努力的产物。这是两种不同的至善在不同领域的表现。宗教生活需要信仰之至善，生活领域需要真诚之至善。回族日常交往心态的二元建构分别表现了这两个方面的至善，为回族的生存和发展提供了强大的精神支持以及谋求现实生活能力运作的空间。回族日常交往心态的二元具有以下不同。

1. 两种心态的形成路径不同

回族无意健全的宗教心态很大程度上是环境潜移默化、耳濡目染的结果，是回族在不知不觉之中的有形和无形的传承，是在模仿和习得中造就出来的天赐。这种心态是历史、文化和环境交互作用的结果。这种心态的形成是客观性大于主观性，客我适应主我的产物。回族有意健全的生活心态是自我主动学习和努力的结果，是主观性大于客观性，主我主动适应客我的结果。

2. 两种心态的特点不同

回族无意健全的宗教心态具有先天性、传承性和无意性等特点。回族有意健全的生活心态则具有后天性、获致性和有意性等特点。相比之下，前者更多的是在叠加环境效应的作用下感悟、感受的产物，后者更多的是在实践中自我发挥主动性、能动性学习、思考的产物。

三　回族日常交往心态二元建构的分析

通过皮尔逊级差相关检测数据结果，我们可以看到回族日常交往心态的二元建构的实际表现、主要特点和运行方式。

（一）回族日常交往心态二元建构的实际表现

回族无意健全的宗教心态主要表现在回族的宗教生活中。回族的宗教生活就是五大功修的外五功，即念、礼、斋、课、朝。回族宗教生活的至善就是认主独一，回族宗教生活的主要场所是清真寺。因此。为了宗教生活的方便，回族通常都"围寺而居"。回族宗教生活的方方面面都与认主独一的至善相关联，都是为了这个至善而展开。回族的有意健全的生活心态源于生活本身，是为适应现实而产生的心态。回族有意健全的生活心态的一个鲜明特点就是以真诚谋求生活的至善。这个至善的要求就是回族要兼修五大功修的内五功。外五功是"天命五典"，内五功是"人道五典"，即君臣关系的处理；父母与子女关系的处理；夫妇关系的处理；兄弟关系的处理；朋友关系的处理。非常有意思的是，回族的宗教生活和世俗生活通过无意健全的宗教心态和有意健全的生活心态结合在一起。回族的清真寺就是这个结合的地点。回族的以真诚为至善就是这个结合的观念点。始建于公元996年，在1474年被明王朝命名的北京牛街礼拜寺最有代表性。这个清真寺的大殿分为两层，外面的一层大殿正中悬挂着庆亲王手赐的"清真古教"匾额，两面悬挂着清朝同治年间御赐的匾额，分别写着"掌握天人"和"纲维礼数"。这个大殿类似汉族建筑的大堂，匾额的天人合一、纲常礼教似乎是儒家建的学堂。大殿的内层完全是伊斯兰教宗教化的场所，不论殿顶还是墙壁的文字、雕饰、各处悬挂的匾额均以阿拉伯风格精心处理，用阿拉伯文字写就的《古兰经》中的名言随处可见。当礼拜的回民进入大殿的外层时，心态是生活心态；进入内层，心态就要转化为宗教心态。回族在这里感受了世俗生活的至善和宗教生活的至善，实现了日常交往心态的二元建构。

（二）回族日常交往心态二元建构的主要特点

回族日常交往心态的二元建构的关联度表明回族不仅具有无意健全的宗教心态和有意健全的生活心态，而且这两种心态对回族来说都具有同样重要的意义。它们并存于回族的日常交往之中。通过皮尔逊级差相关检测数据结果，我们可以看到无论是回族的四个阶层之中的哪一个阶层，其二元建构的反映方式并无二致。回族日常交往心态二元建构的特点就是两种心态并存，两种心态分别对应两种生活，同时又互相适应，互相配合，互相转化。回族日常交往心态的二元建构"是一个比实际世界美丽得多，清净得多，善良得多的诗的幻想"。①

（三）回族日常交往心态二元建构的运行方式

回族按其族源来说是全民信教的民族。但是，由于回族的人口分布问题，特别是城市人口生活在一个多文化构成的"他人在场"，导致回族的宗教信仰的分化。在宗教生活里，回族的无意健全的宗教心态占据主导地位；在世俗生活里，回族的有意健全的生活心态占据主导地位。回族的一只脚在宗教里，另一只脚在世俗里。如果回族只是生活在宗教里，就会把宗教生活当作唯一的生活。如果回族只是生活在世俗里，就会沾染庸俗之气，很难保持信仰的纯洁和真诚，正因为回族两种生活共有共存，回族才能以信仰保持民族文化的高尚，以日常生活显示信仰的高尚。

四 回族日常交往心态二元建构的原因

回族之所以同时拥有日常交往的无意健全的宗教心态和有意健全的生活心态，而且能够把两者结合起来，源于回族对两种生活共存的至善的建构。无意健全的宗教心态之善乃是宗教之善，来自信仰。有意健全的生活心态之善乃是生活之善，来自生存和发展之道。这两种至善的结合点是回族心目中最神圣、最高贵、最伟大的存在者，这就是真主。康德看到了凡俗生活之中的至善与纯正宗教生活之中的至善分属不同领域，互不相识。宗教中的至善者往往是生活中的糊涂者，生活中的至善者往往是宗教中的低能儿。康德指出："为使这种至善可能，我们必须假定一个更高的、道

---

① ［美］威廉·詹姆士：《宗教经验之种种——人性之研究》，唐钺译，商务印书馆2007年版，第88页。

德的、最圣洁的和全能的存在者，唯有这种存在者才能把至善的两个因素结合起来。"① 回族日常交往心态二元建构的两个至善就这样被结合在真主那里。《古兰经》指出："除真主之外，假如天地间还有许多神明，那么大地必然破坏了。"② 真主是这个世界的一，也是这个世界的宗教之至善和生活之至善的结合，是新的、更高、更大的至善。只有真主"一"，才能做到和完成两个至善的完美结合。为什么宗教至善与生活至善能够在真主那里被结合在一起呢？原因是产生了"本体之德"的结合、快乐与享受的结合。

（一）"本体之德"的结合

回族的宗教之至善是认主独一之善，是信仰之善。这是理性构成的善。"一个依据理性以领导他人的人，其行为不是出于冲动，而是基于仁爱和友好，并且他的内心也是完全一致的。"③ 回族生活之至善则是真诚之善，是道德之善。在信仰之至善与道德之至善、理性之至善与感性之至善的关系中，我们发现了康德所谓的"本体之德"。康德的"本体之德"乃是一个能够结合宗教与世俗之善的具有两面性的结合体，一面表现宗教之善，一面表现世俗之善，同时又是两者的源泉、两者之化成。回族日常交往心态的二元建构的两个至善结合在康德所谓的"本体之德"里。"本体之德"之所以能够容纳这两个至善，原因是它一方面是抽象的，另一方面又是具体的。回族日常交往的宗教心态和日常交往的生活心态的至善从信仰方面看是抽象的，从实际表现看又是具体的。抽象的至善是原则，具体的至善则是规定。在原则的指导下遵从规定就构成了回族的"本体之德"。作为一个穆斯林，回族言行既不能与《古兰经》相抵触，也不能与伊斯兰教的教法相抵触。抽象的至善与具体的至善结合的"本体之德"就通过这些规定表现为可以遵守的戒律。

（二）快乐与享受的结合

回族日常交往心态的二元建构构成了快乐与享受的结合。斯宾诺莎指出："当心灵认知它自身和它的活动力量时，它将感觉愉快。换言之，就心灵是主动的而言，它将是愉快的。"④ 由于回族把认主独一作为自己的信

---

① ［德］康德：《单纯理性限度内的宗教》，李秋零译，商务印书馆2012年版，第3页。
② 《古兰经》，马坚译，中国社会科学出版社1981年版，第136页。
③ ［荷］斯宾诺莎：《伦理学》，贺麟译，商务印书馆2012年版，第198页。
④ 同上。

仰，自觉自愿按照真主的旨意待人接物，回族日常交往心态的二元建构对于回族来说就是精神的快乐和精神的享受，对象越是快乐，对象就越是善，享受也就越彻底。回族的戒律较多，常人或许感觉是对人的限制，回族则把遵守这些戒律看作快乐，认为这是在享受真主之恩和作为穆斯林的独有之乐。伊斯兰教规定的犯罪有酗酒罪、偷盗罪、通奸罪、诬陷私通罪、抢劫罪和叛教罪。伊斯兰教规定："禁止你们吃自死物、血液、猪肉，以及诵非真主之名而宰杀的、勒死的、锤死的、跌死的、抵死的、野兽吃剩的动物。"① "凡为饥饿所迫而无意中犯忌的人，虽吃了禁物，真主也以仁慈之心给予宽恕。除禁食的东西不要吃以外，其余一切美味佳肴尽可去吃，但要有所节制。真主讨厌过分的人，饮酒、赌博、拜像、求签问卜都是不法行为，应予远离。"② 伊斯兰教禁止拜佛、拜物、算卦、抽签、门口挂镜、请风水先生看阴阳、请巫婆和神汉占卜算命。笔者的调查表明，回族对这些戒律的遵守是建立在快乐与享受结合的基础之上的，没有一位回族同胞对笔者说过遵守这些戒律剥夺了他的快乐，也没有一位回族同胞对笔者说过遵守这些戒律失去了享受。相反，所有调查对象都把这些戒律视作回族的法律，认为这是回族的信仰的坚定性、自觉性和独有性的表现，是回族获得快乐与享受的精神源泉。

综上所述，回族日常交往心态的二元建构体现了回族族源形成的特色和族体发展的特色，也表现了回族对善的含义的特殊理解。天赐、天理是回族无意健全的宗教心态形成的最好说明。族体形成和发展的本土化、国内化则是回族有意健全的生活心态的最好说明。善在回族的语境中，不但具有宗教意蕴，而且具有世俗生活的意蕴，两者结合在认主独一的信仰中，表现为"本体之德"，将快乐与享受结合。通过探讨回族日常交往的二元建构，我们可以看到回族日常交往心态与宗教信仰结合在一起，依靠信仰建立，依靠信仰支撑，借助信仰表现。回族的有意健全的生活心态则把宗教信仰转化为真诚，以真诚建立，依靠真诚支撑，借助真诚表现。

第二节　回族日常交往的认同心态

回族日常交往的认同心态经历了自我认同、民族共同体认同、国家认

---

① 《古兰经》，马坚译，中国社会科学出版社2003年版，第136页。
② 同上。

同三个阶段。这三个阶段的认同呈现了三种不同的心态表现形式,即自我认同心态是觉醒心态、对民族共同体的认同心态是觉悟心态,对国家认同的心态是觉知心态。觉醒心态是自我及其相关血缘关系至上的心态。觉悟心态是自我归属的民族和宗教至上的心态。觉知心态是国家利益至上的公民心态。回族通过国家认同心态的生成,一方面与其他民族共同形成了中华民族的社会凝聚力;另一方面将内群与中华民族相统一,将个人吸引与社会吸引相统一。

一 回族日常交往认同心态的数据检测分析

回族日常交往的认同心态乃是在交往、沟通和交流基础之上所表现出来的赞同什么、反对什么的心理态度,是被社会主流文化所要求和所接受的心理反应机制,表现为在认知水平引导下的情感、情绪、意志和行为的一致性。从这个意义上看,认同心态乃是归属的代名词。归属在什么样的国家观、价值观、荣辱观、民族观和宗教观之下,就会产生什么样的认同心态。认同心态一方面表现为社会认同,另一方面表现为被社会认同。正如豪格和阿布拉姆斯指出:"社会认同被定义为个体知晓他/她归属于特定的社会群体,而且他/她所获得的群体资格会赋予其某种情感和价值意义。"①

认同心态的层次性、多样性和变化性表明,认同心态是动态的、发展的和有序存在的心理反应机制,认同心态的认知水平、情感水平、意志水平和行为水平分别源于自我的发展阶段和成熟程度。

(一)皮尔逊级差相关检测的数据结果

笔者把回族日常交往的认同心态中的自我发展阶段和自我成熟程度分为三个部分,即觉醒心态的自我、觉悟心态的自我、觉知心态的自我。这三个部分构成自我发展和变化的排列序列,即觉醒心态的自我把自我本身置于自我的首位,觉悟心态的自我把自我的民族归属和宗教归属置于首位,觉知心态的自我把国家的归属置于首位。以此,我们可以看到回族日常交往认同心态的生成经过了三个自我序列的发展变化过程见图 10-1。

---

① [澳]迈克尔·A. 豪格、[英]多米尼克·阿布拉姆斯:《社会认同过程》,高明华译,中国人民大学出版社 2011 年版,第 4 页。

```
第一阶段觉醒        第二阶段觉悟        第三阶段觉知
心态自我被置  →    心态民族宗教   →    心态国家被置
于首位              被置于首位          于首位
```

图 10 – 1

下面是对 500 位回族的公务员、学生、农牧民和商人调查问卷的四类自我与回族日常交往的三类认同心态的皮尔逊级差相关检测的数据结果见表 10 – 2。

表 10 – 2　　四类自我与回族日常交往三类认同心态的皮尔逊级差相关检测结果（N = 500）

项目	我个人最优	我的民族最优	我的宗教最优	我的国家最优
觉醒心态	0.260 **	0.215 *	0.205 *	0.210 *
觉悟心态	– 175	0.260 **	0.278 **	– 150
觉知心态	– 160	0.200 *	0.215 *	0.270 **

说明：* $p < 0.05$ 皮尔逊级差相关系数（信赖水准为 95%）；** $p < 0.01$ 皮尔逊级差相关系数（信赖水准为 99%）；" – "为负相关。

（二）皮尔逊级差相关检测数据结果分析

（1）回族日常交往认同心态发展的第一个阶段：觉醒心态与"我个人最优"的关联度达到 $p < 0.0199\%$ 的信赖水准，说明觉醒心态是一种属于个人的以自我为中心的认同心态。这是自我等同自我的心态。

（2）回族日常交往认同心态发展的第二个阶段：觉悟心态与"我的民族最优"和"我的宗教最优"的关联度达到 $p < 0.0199\%$ 的信赖水准，说明觉悟心态是一种属于个人所属的民族和所属的宗教的民族共同体成员的具有血缘关系的认同心态。

（3）回族日常交往认同心态发展的第三个阶段：觉知心态与"我的国家最优"的关联度达到 $p < 0.0199\%$ 的信赖水准，说明觉知心态是一种属于个人所属国家的公民认同心态。

（三）回族日常交往认同心态的相关问题

通过皮尔逊级差相关检测数据结果，我们可以进一步分析和阐述回族日常交往认同心态的有关问题。

（1）认同心态的内涵和外延都有明确的标记。所以，回族日常交往的认同心态表明："我们不需要一种先验的、与生俱来的无意识的自我。"①

（2）认同心态的内涵和外延在向前移动和扩大。因此，"我们需要一个更宽泛的社会心理学。社会心理学试图理解和解释个体的思想、感情和行为怎样受到他人实际的、想象的或暗示的在场影响"。②

（3）认同心态表现为埃里克森的认同是一个"逐渐形成的认知结构"。按照埃里克森的解释，这个"逐渐形成的认知结构"是对生命周期在不同阶段发生变化的内驱力和社会压力的反映，是一个完整的、连续的认同意识的生成。

二 回族日常交往认同心态的阶段

回族日常交往认同心态的形成绝非一朝一夕之功，是经过了一个不断发展、不断建构、不断充实和调试的过程。我们也可以说回族日常交往认同心态的形成是回族自我意识、民族意识、国家意识觉醒、觉悟、觉知的发展。

（一）觉醒心态阶段

觉醒心态阶段指回族的民族共同体成员尚处于以自我为中心的只是认同自我及其周围的亲人主要指与自己关系密切的血缘亲人的第一个认同阶段。这个阶段的认同心态与自我的年龄、心理和智力水平具有最密切的联系。自我把看到、听到和感觉到的一切组织到心态之中，形成了以自我为中心的意识。这时自我的所见所闻、所思所想受到环境、地域和人际关系等诸多因素的限制，尚不具备进一步完善自我、拓展自我的社会条件和自身条件。自我的这种认同心态反映了个人最简单、最一般的初始认知能力。这也类似于皮亚杰的认知发展理论揭示的认知感觉运动阶段、认知前运算阶段。这个阶段个体正在经历从分不清物我、缺乏自我意识到形成以自我意识为中心的转变。皮亚杰认为自我形成了完整的认知结构系统、能进行形式命题的各种思维、智力心理发展趋于成熟与自我意识的发展密切

---

① ［澳］迈克尔·A. 豪格、［英］多米尼克·阿布拉姆斯：《社会认同过程》，高明华译，中国人民大学出版社2011年版，第24页。

② 同上书，第14页。

相关。所以，这个阶段的不成熟、不完善的认同心态是自我认知结构不完善、不完整的反映，也是自我尚处于年龄、智力和心理发育阶段的自我意识不完善的产物。虽然如此，这个阶段的认同心态构成了接下来的第二、第三个认同心态的基础和起点。离开这个认同阶段，就不会出现第二、第三个认同阶段。这与人的自我意识的特征不无关系。黑格尔指出："每个人都以自身为目的，其他在他看来都是虚无，但是，如果他不同别人发生关系，他就不能达到他的全部目的，因此其他人便成为特殊人达到目的的手段。"[①] 正因为如此，回族的觉醒心态阶段必然要向觉悟阶段心态转变。

（二）觉悟心态阶段

觉悟心态阶段指回族民族共同体成员因为认知结构的趋于完善和趋于完整开始改变以自我为中心的只是认同自我及其周围的亲人的认同心态，形成了自我的民族意识、宗教意识，构建了以自我的民族意识、宗教意识为起点的思维方式、行为方式和思想感情方式。这个阶段有一些值得我们重视的新的促进回族日常交往认同心态形成的因素开始出现。

1. 经堂教育

就回族来说，经堂教育的重要作用不容忽视。所谓经堂教育就是对信仰伊斯兰教的民族共同体成员进行的宗教信仰、宗教教义和宗教教规的教育。我国自16世纪便开始的经堂教育延续至今。回族的经堂教育除了学习和钻研伊斯兰教的最为重要的14本经典著作以外，还要进行宗教实践方面的培养训练，主要是"五大功修"的培养训练。外修外五功、内修内五功是经堂教育的任务，形成完善的人格和周全、细致的教门是经堂教育的目标。在经堂教育中，最值得注意的是经堂语这一特殊的语言现象的出现。经堂语包括阿拉伯语、波斯语的汉语译音，如"安拉乎"（主宰）、多斯提（朋友）；汉语意译，如"定然"（命定）、"解明"（铨释）、"禄量"（滋养）等；借用佛、道等宗教术语，如"造化""参悟""本体""无常"等。我们千万不要小看这些词语的出现。首先，民族共同体成员通过使用这些在别的民族共同体成员看来不可思议的语言取得了美国社会学家米德提出的"共有态度"。米德指出："某人学会了一种新的语言，并且如我们所说，有了一种新的灵魂。他让自己采取使用该语言的那些人的态度。不采取那种特殊态度，他便不能读用这种语言写作的作品，不能与

---

① ［德］黑格尔：《法哲学原理》，范扬、张企泰译，商务印书馆1996年版，第197页。

属于该共同体的人交谈。"① 此外，表现为埃里克森提出的"逐渐生成的认知结构"的新特点、新进展。回族认同心态在这个阶段已经在自我之中，增加和扩大了客我的比例和分量，主我与客我在结合方面出现了客我对主我的控制和掌握。这就是说认同心态的第一个阶段的以自我为中心的认知结构正在被认同心态的第二个阶段的以民族共同体的民族和宗教意识为中心的认知结构所取代。这一变化表现在语言方面就是民族共同体的共有语言被大量、普遍和经常地运用于日常交往行动。谁的这个共同语使用得越熟练，谁就越具有民族共同体的民族意识和宗教意识。笔者做过一个数学统计，在200位回族的30—60岁年龄段的人群中，清真寺的阿訇的经堂语的使用频率最高。而阿訇在回族中正是属于民族意识、宗教意识最强烈的群体。

2. 仪式化活动增加

随着年龄的增加，更随着民族意识、宗教意识的确立，回族民族共同体成员的仪式化活动也随之增加。回族的仪式化活动与宗教紧密相关。按照法国社会学家涂尔干对宗教的定义，任何宗教都包括三个组成部分，即信仰、仪式和教义。按照仪式社会学家柯林斯对仪式的定义，"仪式是一种相互关注的情感和关注机制，它形成了一种瞬间的关注现实，因而会形成群体团结和群体成员性的符号"。② 回族坚持外五功和内五功的结合、天命五功与人道五典的结合，外修宗教规范的养成，内修伦理道德的积淀。这外五功和内五功就构成了回族"相互关注的情感和关注机制"（柯林斯语）的仪式符号。回族就是依靠这个仪式符号开展日常交往行动，显示民族共同体的一致性和共同性。对仪式化符号的掌握随着"逐渐生成的认知结构"的发展变化，越来越成为回族的日常交往行动的不可须臾离开的构件。回族凭着这些反映民族特色的文化符号展现民族意识、宗教意识，开展日常交往行动，强化民族共同体的一致性和共同性。

首先回族通过念、礼、斋、课、朝五大功修把语言、生活、时间、空间和日常交往都仪式化。念，即常念诵清真言"除安拉外，再无神灵。穆罕默德是安拉的使者"。这是回族把反映民族宗教意识的语言仪式化的结

---

① ［美］乔治·H.米德：《心灵、自我与社会》，赵月琴译，上海译文出版社1992年版，第249页。
② ［美］兰德尔·柯林斯：《互动仪式链》，林聚任、王鹏、宋丽君译，商务印书馆2009年版，第69—70页。

果。礼，即礼拜，一日五次礼拜，分别在黎明（晨方）、午后（晌礼）、日偏西（晡礼）、黄昏（昏礼）、夜晚（宵礼）。每周一次主麻礼拜（聚礼），在星期五午后举行；每年两次会礼，分别在开斋节和古尔邦节举行。这是回族把时间加以浓缩的仪式化。斋，即伊斯兰教历九月为斋月。斋月里，每个身体健康的成年男女穆斯林都应在每日黎明前进食，至日落前禁食（包括茶水），日落后开斋进食。这是回族把生活内容的仪式化。课，即在开斋节日按自己的能力，拿出钱财交作课税用于济贫。这是回族把经济收入的仪式化。朝，即如条件允许，每个穆斯林一生要去麦加朝觐天房克尔白一次。这是回族把生活空间的仪式化。

此外，回族把家庭生活也仪式化。回族的风俗是在进家门时诵读真主尊名，进家门时用穆圣念的杜阿（祈求真主保佑之语）做杜阿，然后给家人说赛俩目问候，无论家里是否有人都说赛俩目。不要没有通知、请求许可而偷偷或突然进家门，以免看到不愿看到的或让家人害怕，特别是长期在外归来时。要保守家里的特殊秘密，不要把家庭特殊秘密公布给任何人。出门时告知家人并说赛俩目，给家人告诉所去的地方。出门时诵读出门念的杜阿。

3. 加强民族共同体成员之间的互动往来

在祖国大西北生活的西北农村回族聚集区的男人中间，一直保留有"吃平伙"的习惯。吃平伙的人不仅仅注重吃，还注重"论"，吃论结合。所谓"论"就是在东家周到的服侍之下，参加吃平伙的人边吃边山南海北地聊天，兴尽方止。

（三）觉知阶段的认同心态

觉知心态阶段指回族民族共同体成员因为认知结构的社会化程度和水平的加强和提升改变以自我的民族意识和宗教意识为中心的只是认同自我归属的民族和宗教的认同心态，形成了以国家意识为顶层的公民认同心态。这个阶段的认同心态表现为认同国家的大政方针、治国方略和发展状况，拥护党和国家的治国理念，以自己是国家的公民为自豪和光荣，自觉维护祖国统一和民族团结。由此可见，觉知阶段的认同心态是建立在公民基础之上的心态。按皮亚杰的认知发展理论，这一阶段的认知发展达到形式运思期的水平，具备了假设演绎推理、命题推理和组合推理能力，标志着个体的思维能力达到成熟阶段。皮亚杰认为在这个阶段自我以后增加的只是从生活经验中获得的知识，而不会再出现思维方式的改变。回族日常交往的觉知阶段的心态也类似黑格尔指出的国家法阶段。黑格尔把国家法阶段与个人的关系描述为神与人的关系。在他看来，国家是地上行走的神，人对国家拥有绝对服从的义务，不能有任何反抗和抵制的行为。黑格尔认为在这个阶段，自我与国家达到高度的和谐统一。回族觉知阶段认同心态的特征如下。

1. 最简群体范式出现

美国社会心理学家泰费尔在 1970 年提出的最简群体范式理论，解释了群际行为规范的认知原因。泰费尔的实验表明，在没有任何经济、政治、文化的背景下由素不相识的个人组成的最简单的群体中，认同意识的决定性因素是认知判断能力。在觉知心态阶段，回族的自我意识向公民意识转变。回族公民意识的形成表明，回族不再以单一的民族、单一的宗教意识为日常交往心态的生成条件，而是以法律和契约意识为日常交往心态生成的条件，即把自己认为是同一意识的人作为自己人对待，尽可能多的与他们在共同性、一致性的基础上展开日常交往行动。我们看到，回族对国家认同的公民心态通过最简群体范式得到巩固和发展。回族作为流动性最强、居住最分散的中国少数民族，之所以从未出现要求分裂和独立于祖国之外的问题，能够为中华民族的团结和统一作出贡献，就是因为回族不仅从历史和文化的传承中保持民族的统一性，而且在最简群体范式的经常、大量和普遍的运用中获得了牢固的国家认同意识。

2. 自我范畴化

自我的范畴化就是将自我分类。这是通过在社会比较中对自我进行归属的结果，与自我的认知水平分不开。

（1）自我的范畴化就是自我分类

个人属于哪一个群体，不属于哪一个群体，需要自我把自己进行分类，按照最简群体范式规范的理论，分类过程就是认知的过程。回族日常交往觉知阶段心态的认知一方面将自我归属于本民族和本宗教的范畴，以此设立了回族与其他民族的族际边界；另一方面弱化、模糊了回族与其他民族的族际边界，将自我归入中华民族这个最高的民族宗教范畴，建立了中华民族公民意识的共同性和统一性。按照社会心理学的双维度理论，在一个维度上的两个不同的自我范畴出现时，在另一个维度上产生的两个自我范畴的相似性能够对不相似的自我范畴进行界限拆除和去冲突化处理。回族作为一个有着自己族群特征的民族共同体，在与其他民族日常交往时，虽然表现了独特而鲜明的民族意识、宗教意识，但是，回族的民族意识、宗教意识在与国家意识相比较时，则成为大局与小局、主流与支流、服从于被服从的关系。通过选择国家意识，回族表现了国家意识高于民族意识、法律意识高于宗教意识的公民意识的认同心态。这就是回族的经典《古兰经》中讲的"顺"。《归真总义》解释："感恩者即顺命之穆民……凡依乎天理而不依乎人之私欲者曰顺。"① 这里的天理明显含有国家存在为至上、个人须服从国家的意思。

（2）自我范畴化产生内群

在觉知阶段的认同心态中，最引人注目的是回族生成了内群的概念。所谓内群指"个体处于一个共同的或共享的社会自我范畴化或社会认同之中"。② 内群形成的意义是"群体凝聚力会提升群体生产力和群体表现，促进对群体规范的遵从，改善成员的精神状态和工作满意度，促进内群沟通"。③ 豪格和阿布拉姆斯把这个群体凝聚力称作"总体场域"。回族的"总体场域"不仅仅是在宗教信仰之中加强本民族的团结和凝聚力，而且在与其他民族的日常交往行动之中，发展出来与其他民族互相亲近、互相依存的平等关系。

为什么内群总是比外群得到积极评价，其原因就是自我定位后赋予自我所在的范畴以积极的价值，赋予他人所在的范畴以消极的价值，而且，自我还会从自我定位后为自己所在的范畴创造出自尊感和自豪感。笔者对分布在祖国大江南北的 12 个省市的清真寺的阿訇在周五主麻日宣讲《古兰经》的语言进行了归类分析，发现颂扬和批评的语言比例最高，在颂扬的语言中对党和国家的民族和宗教政策的颂扬的语言与对本民族、本宗教的颂扬语言的比例达到 2∶4。由此可见，回族把自己所在的民族和整个中华民族都以内群对待，把自己的民族和中华民族视作一个整体。

与此同时，笔者对 300 位回族公职人员、私营企业主和一般群众进行了抽样分层调查，发现这三个层次的回族在社会生活中以法律和契约维护自我的权利方面、在与人交往注意按照诚信原则建立人际关系方面有着基

---

① 余振贵、阿地利江、高占福、马建龙：《中国伊斯兰教历史文选》（上册），宗教文化出版社 2010 年版，第 157 页。
② ［澳］迈克尔·A. 豪格、［英］多米尼克·阿布拉姆斯：《社会认同过程》，高明华译，中国人民大学出版社 2011 年版，第 133 页。
③ 同上书，第 135 页。

本的一致性和基本的共同性,这就是都具有公民社会所要求的基本的法律常识和互利平等的基本交往意识。究其原因,与促进回族日常交往觉知阶段的认同心态形成的两个途径相关。

首先是社会流动。社会流动对觉知阶段的认同心态的重要作用是:自我可以离开一个他认为不满意的群体加入另一个他满意的群体。这种对原初群体的去认同化可以改变一个人的认同心态,但是不会改变自我的归属。"对于离开那些原初群体的成员来说,如果新的群体不接纳他们,他们会有边缘化的感觉。"① 回族是全国少数民族中流动人口比例最高、流动范围最大、流动方式最为多样的民族。笔者对宁夏、西北和云南的回族的问卷调查表明,年青一代回族对本民族的发展状况持有不满意的态度,希望走出封闭和保守,增广见识,学习其他民族之长处。回族通过社会流动,实际上争取的是公民社会的社会权利。这个权利就是社会为其公民提供平等交往的机会和交往条件。社会权利作为公民权利的组成部分,使回族在流动中没有产生被新的环境、新的人群边缘化之感觉。

此外是社会变迁。社会变迁对于回族日常交往觉知阶段的认同心态意义是:回族不仅能够通过重新定义自我改变日常交往的认同心态,而且通过在一个新的维度上将自我所在的群体与其他群体展开比较、重新定义自己所在群体的价值观以获取新的日常交往认同心态。回族是一个不甘落后、敢于挑战自己的民族。回族人口的经商比例和到国外学习的人数比例都居国内少数民族之首。究其原因,不外乎是回族在比较中看到了本民族与其他民族的差距,产生了紧迫感和危机感,希望通过经商和求学,经风雨,见世面,闯天下以改变本民族的面貌。

三 回族日常交往认同心态的社会凝聚力

回族经过觉醒阶段的心态、觉悟阶段的心态和觉知阶段的心态三个阶段生成日常交往认同心态的社会凝聚力。

(一)认同心态的社会凝聚力就是内群吸引

内群吸引就是内群成员的互相喜爱。自我的范畴化是产生内群吸引的最重要的原因。自我和他人同一范畴化的结果是刻板化印象的产生。内群

---

① [澳]迈克尔·A. 豪格、[英]多米尼克·阿布拉姆斯:《社会认同过程》,高明华译,中国人民大学出版社2011年版,第70页。

刻板化印象在评价的方面是积极的,有助于自尊感的建立,可以把内群积极的特质赋予其他内群成员。回族日常交往认同心态所产生的社会凝聚力,一方面赋予自己所在民族以凝聚力,形成民族内部的团结和睦;另一方面赋予其他民族以范畴的相似性,形成各个民族互相学习、互相交流、取长补短的谁也离不开谁的新型民族关系。

(二)认同心态的社会凝聚力就是社会吸引和个人吸引的结合

"我们将这种根植于群体资格,产生于自我范畴化过程的人际吸引形式称作社会吸引。"① 社会凝聚力来源于社会吸引。社会吸引建立在个人吸引基础之上。个人吸引建立在个人习性癖好基础之上和植根于亲密人际关系基础之上。社会吸引是自我与他人、我族与他族同一范畴化的结果。回族的社会吸引是中华民族56个民族具有情同手足、亲如一家的统一性和共同性的表现。对于回族来说,植根于个人的习性癖好基础之上的和植根于亲密人际关系基础之上的个人吸引只不过是觉醒阶段的心态和觉悟阶段的心态在日常交往行动中的反映,只有觉知阶段的心态才能够表现有利于中华民族大家庭凝聚力的社会吸引。

第三节 后现代语境中的回族日常交往

回族的日常交往不可能不受到西方后现代语境的影响。后现代语境中的回族日常交往具有交往主体的多元化、对称的你我关系、关心"他者"、道德空间、美学空间被拆除、作为游戏场的共在、追求感受的变化六个鲜明特点。由于回族日常交往保存着民族性与宗教性相结合的特点,后现代语境中的回族日常交往既有吸收借鉴外来文化的一面,更有保持民族文化优良传统的一面。这就促进了回族文化的新发展、新变化。

一 后现代语境简述及皮尔逊级差相关检测分析

后现代语境是西方当代文化症候的代名词。在改革开放背景下,西方后现代语境不可能不对回族的日常交往产生影响。认识西方后现代语境与回族日常交往的关系,对于我们把握回族文化在新形势下的新发展、新变

---

① [澳]迈克尔·A.豪格、[英]多米尼克·阿布拉姆斯:《社会认同过程》,高明华译,中国人民大学出版社2011年版,第133页。

化，对于把握回族日常交往的丰富内涵和对外来文化的吸收借鉴，对于促进各民族之间的相互认识和相互理解，都具有重要的意义。

（一）后现代语境简述

后现代语境是当代西方文化多元化、复杂化和混杂化的反映。后现代语境的三大思想来源分别是尼采的权力意志、弗洛伊德的精神分析学说、后结构主义思想。后现代语境就是借助这三大思想表现新奇、新异、反传统、反现实、反常规的世界观和人生观。"后现代"的概念首先被美国沙龙画家查普曼使用，以表明他想开创比法国印象派绘画还要前卫的绘画。1917年，德国文化学家潘维茨用这个词表示他心目中的理想人的特点，试图以"后现代人"的观点解决当时出现的人的危机问题。1934年，西班牙文学家奥尼次以"后现代主义"概括文学领域的新思潮。1990年，美国的著名学者、西方新马克思主义的代表人物哈维一锤定音，以"时间维度的崩溃和专注于片刻"①的权威定论指出了后现代语境的最本质、最鲜明的特点。这就是：其一，表达与"过去彻底、完全的激烈决裂意义的新时代和新文化的明亮和昏暗、变化不定的特色"。②其二，表达今人对世界五光十色的外表和光怪陆离现象的感受。概括起来说，后现代语境是对外表而非对根源的依附，是对拼贴而非对有深度的作品的依附，是对附加的复述形象的依附而非对经过加工的外表的依附，是对崩溃了的时间空间的意义而非对牢牢获得的文化制品的依附。后现代语境描绘的世界是飘忽不定、难以确定的符号世界，是充满变数、规律和本质被扭曲和沉沦的奇异世界，是"充满五花八门条目的剪贴簿"。③

（二）皮尔逊级差相关检测的数据结果

为了说明后现代语境对回族日常交往的影响，笔者抽取了600多名回族公务员、教师和商人作为研究样本，对其日常交往的四个重要方面进行了皮尔逊级差相关检测。回族传统习惯意义的日常交往表现为重视交往的民族性和宗教性。回族的后现代语境中的日常交往表现为重视交往的感受变化性和交往的对等性。以此，我们可以发现回族日常交往的后现代语境特点，见表10-3。

---

① ［美］戴维·哈维：《后现代的状况——对文化变迁缘起研究》，阎佳译，商务印书馆2004年版，第82页。
② 同上书，第228页。
③ ［美］理查德·沃林：《文化批评的观念》，张国清译，商务印书馆2007年版，第47页。

表 10 – 3　　回族日常交往的四个重要方面的关联（N = 500）

类　别	重视交往的宗教性	重视交往的民族性	重视交往的感受变化性	重视交往的对等性
公务员	0.260 **	0.215 **	0.205 **	0.210 **
教师	0.275 **	0.260 **	0.278 **	0.250 **
商人	0.260 **	0.200 **	0.215 *	0.270 **

说明：* $p < 0.05$ 皮尔逊级差相关系数（信赖水准为 95%）；** $p < 0.01$ 皮尔逊级差相关系数（信赖水准为 99%）。

（三）皮尔逊级差相关检测数据结果分析

（1）回族公务员、教师和商人的日常交往与重视民族性和宗教性的关联度达到 $p < 0.01$，说明信赖水准为 99%。这表明回族在日常交往中重视传统习惯意义的交往，注意保持本民族的历史和文化，内群意识强烈。

（2）回族公务员、教师和商人的日常交往与重视感受的变化性、对等性的关联度达到 $p < 0.01$，说明信赖水准为 99%。这表明回族在日常交往中，包含后现代语境因素，具有时代特色。

（3）我们从这个检测结果，不仅看见了回族日常交往的传统习惯包含的宗教性、民族性等历史文化因素的存在，而且看见了后现代语境中的"他者世界、他者的理想、他者关注、他者的世界、他者的人的思想"[①] 的存在。

（4）回族传统习惯语境中的日常交往强调日常交往在理性—信仰支配下的秩序感、道德感、标准化、规范化，包括认知的一致性、审美的宏大、美感的教育功能，注意通过日常交往建立自己的他人形象、创造和谐快乐的人际关系、保持传统和习惯的连续性、继承性和规范性，以及交往的互利互惠、和睦和谐。

（5）后现代语境中的日常交往虽然不否认日常交往是社会得以存在、发展和进步的基本条件，是维持、改善、提高人的生存条件和竞争能力不能缺少的基础，但是，更站在尼采的"重估一切价值的尝试"的视角里看待日常交往，允许弗洛伊德的自我的各种正常的、非正常的、反常的各种

---

① ［美］理查德·沃林：《文化批评的观念》，张国清译，商务印书馆 2007 年版，第 213 页。

表现形式的存在，强调"自我努力抛弃和根除他性以构造生命等级"①，倡导后结构主义的"闲散的社会图画"。②

（6）回族日常交往重视交往的感受变化性和交往的对等性表现了后现代语境中交往的特点。后现代语境的代表人物福柯对此写道："通过增值、并置和分离发展行动、思想和愿望，偏爱那些积极的、多样性的东西，偏爱差异胜于统一性，偏爱灵活的安排胜于各种系统。要相信丰饶多产的不是定居下来，而是四处游牧。"③后现代语境的日常交往认为感受的变化性和交往的对等性，能够"从我们时代之美短暂、流变的各种形式中发现普遍与永恒，萃取生活之酒苦涩或者醉人的风味"。④

二　后现代语境中回族日常交往的表现

皮尔逊级差相关检测的结果证明，回族日常交往心态的最大特点就是既注重交往的民族性和宗教性，也重视交往的感受的变化性和对等性。感受的变化性和对等性是英国学者海默尔指出后现代语境的"日常生活的状态"。因为感受的变化性和对等性的存在，后现代语境中的回族日常交往呈现了一幅赏心悦目、多姿多彩的画面。我们可以把回族日常交往的后现代语境的感受的变化性和对等性从以下六个方面进行描述。

（一）交往主体的多元化

后现代语境中的回族日常交往的主体由两个部分构成，其一，表象主体，即各种各样不同个性、不同职业、不同性别的主体。其二，话语权主体，即可以自由表达自我对日常交往的认识和评价的主体。后现代语境下的主体就是表象主体和话语权主体的合成，即"各种知识形式、生活计划和行动模式享有不可超越的权利、没头没脑的敢冒天下之大不韪的主体"。⑤回族的表象主体在日常交往中表现为"公正的旁观者"。一个"公正的旁观者""他从来不敢有片刻时间忘掉公正的旁观者对他的行为和感情所作的评价。他从来不敢有片刻时间放松对内心的这个人的注意。他总

---

① [美]理查德·沃林：《文化批评的观念》，张国清译，商务印书馆2007年版，第298页。
② 同上书，第299页。
③ [法]福柯：《权力知识》，城市大学出版社1972年版，第345页。
④ 同上。
⑤ [美]戴维·哈维：《后现代的状况——对文化变迁缘起研究》，阎佳译，商务印书馆2004年版，第167页。

是习惯于用同他共处的这个人的眼光观察与自己有关的事物。这种习惯对他来说已经非常熟悉了。"① "公正的旁观者"在回族日常交往中就是真主。真主无所不在、无处不有、无时无刻不注视着回族日常交往的一举一动、一言一行。回族的话语权主体是可以自由表达个人对日常交往评价和认识的主体。所以,回族的日常交往具有相当大的灵活性和自由支配的随意性。我们看到回族与本民族交往、与外民族交往可以超越民族性和宗教性,注意适应性和情景性。他们的居住格局的大分散、小聚集以及与其他民族混居的特点证明了回族交往的这个特点。此外,回族在全国少数民族中的流动人口的数量最大,也证明了这个交往特点。笔者的抽样调查表明,在西北的流动人口中,回族是融合性、兼容性和交融性最强的民族。他们与各个民族都能友好相处,无障碍沟通。

(二)对称的你我关系

在后现代日常交往中,交往的各方互为主体,彼此没有主次之分,说者和听者的位置在不断地互换中达到对称,双方或者多方之间在平等的基础上对称地互为听者,互为说者,互为质疑者,互为指责者。彼此只是对彼此负责,那些存在于工作中、职业里的等级关系、职务关系都被置于次要位置而显得无足轻重。在对称的你我关系里,"邻居的面孔对我来说意味着一种不可抗拒的责任,优先于所有的自由承诺、所有合同、所有签约"。②

回族日常交往的不分民族、不分尊卑贤愚的对称的你我关系首先由回族的信仰决定。回族的信仰包含四个含义,其一,服从真主、热爱真主、尊崇真主;其二,在真主的指引下坚守穆斯林道德的信念和意识;其三,对《古兰经》《圣训》等伊斯兰教经典著作所规定的品行的严格遵守;其四,就是对称的你我关系。在回族看来,日常交往中的人与人的关系、民族与民族的关系是平等的、不分尊卑贵贱的对待关系等。

回族认为人与人之间关系的唯一不平等、不对称的关系就是善有善报,恶有恶报。"判断行为功过的那些一般准则就这样被看出某个无所不能的神的规则,这个神在观察我们的行为,并在来世报答遵守这些规则的

---

① [英]亚当·斯密:《道德情操论》,蒋自强、钦北愚等译,商务印书馆2006年版,第207页。

② [美]理查德·沃林:《文化批评的观念》,张国清译,商务印书馆2007年版,第41页。

人和惩罚违反他的人。"① 正如《古兰经》所说："谁想获得今世的报酬，我给谁今世的报酬。谁想获得后世的报酬，我给谁后世的报酬。"②

（三）关心"他者"

后现代语境中日常交往的鲜明特点就是"将他者作为一个他者来关注"。这个"他者"是在场的、被尊重的、被赋予权力的"他者"，不是传统习惯语境中缺席的、被打压的、无话语权力的"他者"。在日常交往意义上的"他者"可以被界定为少数人、持有不同观点的人、脾气性格与众不同的人，甚至是怪异的、奇特的、喜欢奇谈怪论、容易牢骚满腹的人。"他者"在日常交往中也可以被界定为陌生的、新奇的、难以理解的、令人不快乐的思想、理论、观点、语言。"他者"在后现代语境中被作为一个文化符号使用，代表形形色色的人和五花八门的思想观点。

在后现代语境中，回族日常交往对"他者"的关心不仅表现在本民族之间互相本着平等、对等和均等的关系进行交往，而且表现为与其他民族交往时注重尊重其他民族的历史与文化、风俗与习惯。笔者对居住在西北地区的十个城市的民族关系的调查研究表明，各个民族都认为回族是一个十分容易相处的乐天安命的民族。80%的被调查者甚至认为除了回族的男子头戴白帽、女子头戴纱巾盖头外，没有感觉到回族与汉族的差异。90%的被调查者认为回族最容易沟通，谈什么话题都不会触及回族的禁忌。这个原因其实很简单，就是回族日常交往的"他者"不是无足轻重、可有可无的，而是被尊重、被关怀、被理解的对象。回族之所以在日常交往中关心"他者"，原因很多，主要与伊斯兰教的"同胞主义"密切相关，所谓"同胞主义"，即把世界所有的人以同胞善待。回族的斋戒习俗最能体现"同胞主义"的精神。《古兰经》把斋戒规定分为天命斋、当然斋、圣行斋、可憎斋、犯禁斋五种。每年的斋月回族群众都要根据伊斯兰教的要求封斋一个月。在封斋期间，通过反省一年的所作所为，检查缺失，明确努力方向，更重要的是要培养怜悯之情，培养戒心、戒口的毅力，使口总是发善言，使心总是充满善良同情之情。回族通过亲身体验饥饿干渴的痛苦的感觉，体会普天之下处于饥寒交迫的百姓的痛苦生活，建立感恩之情、

---

① ［英］亚当·斯密：《道德情操论》，蒋自强、钦北愚等译，商务印书馆2006年版，第208页。

② 王岱舆：《正教真诠 清真大学 希真正答》，余振贵校点，宁夏人民出版社1996年版，第145页。

人道之情和悲悯之情。

（四）道德空间、美学空间被拆除

道德空间是认知存在的地方，美学空间是价值存在的地方。后现代语境中的日常交往反对与认知达成一致、与某种价值达成妥协，强调人际交往中的各个主体的认知模式、审美态度的个性和差异，强调人际交往空间的包容、宽容和气度，允许它们和平相处，互相补充，各美其美。此外，后现代语境中的日常交往还强调参加日常交往的各方都不必以自我认知的道德的尺度、美学的标准评价强求一律，强调求同存异而不是党同伐异。这尤其表现在对陌生人的态度上。传统习惯语境中的日常交往对陌生人采取排斥、否定的态度，不希望陌生人在场，担心意见不合导致互相冲突和互相伤害。后现代语境中的日常交往则欢迎陌生人在场，希望异质的认知、差异的审美能够互相交流和彼此沟通。

后现代语境中回族日常交往的鲜明特色就是通过以善为本拆除道德空间、美学空间。我们知道日常交往如果过分强调道德和美学标准的一致性和规范化，就会导致日常交往中唯我独尊、唯我独大的打压和排斥别的民族文化的心理滋生蔓延。回族通过拆除日常交往的道德空间和美学空间，允许异质文化的道德和美学的存在，构建了和谐团结平等的民族关系，促进了各民族之间的互相学习、互相交流和互相进步。笔者在甘肃回族聚集区调查发现，不仅回族聚集区里居住着藏、汉、蒙古、东乡、保安、撒拉等民族，建有基督教堂、佛教寺院，而且各个民族亲如一家，情同手足，彼此相安无事，团结友爱。调查表明越是回族与其他民族混居的区域，社会越安定，人民越安居乐业。

（五）作为游戏场的共在

后现代语境的日常交往的这个观点是针对传统习惯语境中的日常交往是严肃的、庄重的类似会议的特点而提出的。在后现代语境的日常交往看来，传统习惯的日常交往的程序化、教条化色彩浓厚，是为实现一个预设的目标展开的交往，功利化明显。后现代语境中的日常交往理论把日常交往作为游戏场共在。所谓作为游戏场共在指的是日常交往中的愉悦性才是主导交往的主旋律。作为游戏场共在的后现代语境的交往要求交往的各类主体放弃在工作、学习、教育等语境中的非娱乐、非快乐的规范化、程序化、教条化的交往，而把喜欢不喜欢、乐意不乐意、满意不满意置于交往的中心，以愉悦身心作为交往的第一目的。

回族日常交往一方面保持了传统习惯交往语境下的一般特点，这就是交往的民族性和宗教性；另一方面也注意到了交往对身心愉悦的作用。笔者对600多名回族老中青年龄的群众随机抽样调查表明，无论与本民族交往还是与外民族交往，昔日的那种你高我下、你尊我卑、你打我通的传统习惯语境下的交往已经过时，大家更喜欢互相参与、互相交流、互相启发、互相愉悦的交往。作为游戏场的共在表明回族的日常交往注意拓展和丰富交往的精神境界，注意追求和品尝生活质量提升后的人生乐趣。在问到"你最厌恶什么样的日常交往"时所有调查者都回答是有压力、不愉快的交往。轻松、愉快的日常交往不仅保证了回族日常交往的身心愉悦，而且创造了各个民族交往的空间和机会。笔者对藏、蒙古和裕固三个民族500名群众的调查表明，这些民族与回族交往不仅感到方便容易，而且感到"有乐趣"。

（六）追求感受性的变化

后现代语境中的日常交往倡导追求个人的感受性的变化，强调具有"自身特定的修辞"和"个人习语的文本"①的优先性，拒绝"一切有权威的或者在想象上永远不变的审美判断标准"②，反对交往的"人没有深度"③，要求交往的各方"偏爱那些积极的和多样性的东西，偏爱差异胜于统一性，偏爱流动性胜于单一，偏爱灵活的安排胜于各种系统"。④正如福柯指出的："在每个场合发生的事情不可能通过诉诸某种中心的普遍理论来理解。"也是利奥塔强调的"把体验变成一系列无关联的现在"。⑤

回族的日常交往在追求感受性变化中，由于坚持交往传统习惯的民族性与宗教性，所以，既避免了交往主体追求感官刺激、寻求自我陶醉于声色犬马、灯红酒绿之中的弊端，又能够做到"不要在事物中寻找意义，而要把意义插入事物中"。⑥回族的日常交往的主体可以按照民族性和宗教性的结合解释交往行动的意义，同时也可以根据变化的语境赋予交往行动以多样化的价值，保证交往行动的持续进行。回族的后现代语境交往可以做

---

① ［美］齐格蒙特·鲍曼：《后现代伦理学》，张成岗译，江苏人民出版社2003年版，第167页。
② 同上书，第178页。
③ 同上书，第231页。
④ 同上书，第137页。
⑤ 同上书，第100页。
⑥ ［德］尼采：《权力意志》上卷，孙周兴译，商务印书馆2007年版，第278页。

到以时代变迁为交往的基本依据,以文化变迁作出价值判断,以世界的纷纭复杂的现象为描述对象,以异质性和差异性的包容作为重新界定时代和文化变迁的话语以及思想的符号标志。福柯对此写道:"通过增值、并置和分离发展行动、思想和愿望,偏爱那些积极的、多样性的东西,偏爱差异胜于统一性,偏爱灵活的安排胜于各种系统。要相信丰饶多产的不是定居下来,而是四处游牧。"①

回族是与时俱进的民族。后现代语境中的回族日常交往运用最多的词汇除了来自民族性与宗教性的真主、安拉外,就是来自这种感受性变化的改革开放、科学发展、民族繁荣进步。笔者对某市公务员的抽样调查表明,他们认为回族头脑的灵活性表现为跟着时代走,时代要求什么,回族就干什么。类似笛卡儿的"我思故我在"。回族的日常交往"从来不受历史演变的威胁",能够"从我们时代之美短暂、流变的各种形式中发现普遍与永恒,萃取生活之酒苦涩或者醉人的风味"。②

三 后现代语境中回族日常交往的研究

后现代语境中的回族日常交往是特定时代、特定文化背景的产物,一方面因为回族坚持民族性与宗教性结合的传统习惯,保持了日常交往的健康、积极的主流;另一方面,也表现了回族对外来文化的吸收和借鉴,促进了民族文化的新发展、新变化。下面几个要点需要在研究后现代语境中的回族日常交往时引起足够的注意。

(一)后现代语境中的回族日常交往是一个各种力汇合的"场"

每个交往主体不论其处于哪个社会阶层、具有什么样的职业、身价如何,都是这个"场"的一个平等的、不分等级的对等的"力"。这些"力"互相依存、平等相处、各美其美,共同构成了回族日常交往的异彩纷呈的特色。这个"场"就是被尼采解释为个人权力的感觉升值,被后结构主义解释为"无拘无束的自我经验、反中心主体体验的经验、震惊效果的经验、诗意的语言自治的经验"③,被法兰克福学派解释为非同一性的和谐与乌托邦的结

---

① [法]福柯:《知识考古学》,谢强、马月译,顾嘉琛校,生活·读书·新知三联书店2008年版,第87页。
② [美]戴维·哈维:《后现代的状况——对文化变迁缘起研究》,阎佳译,商务印书馆2004年版,第63页。
③ [美]理查德·沃林:《文化批评的观念》,张国清译,商务印书馆2007年版,第41页。

合，被存在主义解释为"人总是处于创造中"①，被精神分析学派解释为自我的各种意识的混合。与西方后现代语境不同的是，主导这个"场"的回族日常交往的力还是民族性与宗教性的结合。回族的历史文化和信仰信念并没有因为这个"场"的存在和构建而被瓦解和被碎片化。

（二）后现代语境中回族日常交往是重新审视和评估传统的社会行为和社会关系的产物

后现代语境中回族日常交往是重新审视和评估传统的社会行为和社会关系的产物，也是今天的网络社会、消费社会、知识社会对传统习惯交往的改变。通过回族日常交往在后现代语境中的变化，我们可以看到回族日常交往的基本脉络是从崇拜神到崇拜人再到崇拜创造的三者的结合。这是后现代语境中回族日常交往与西方后现代语境中的日常交往的相同之处。不同之处是，回族日常交往的上述特点依然与回族的民族性与宗教性相结合，表现了日常交往的真挚之情。例如宰牲节通过宰牲，回族的同情之情、手足之情和怜悯之情汇合为日常交往的真挚之情。回族无论与哪一个民族交往都讲究以诚交往、以情交往。

（三）后现代语境中的回族日常交往的新变化表明回族注重交往主体的多元化、多样化

回族注意日常交往的宽松、宽容、宽敞的空间和环境，注意日常交往的主体精神的丰富和自我价值的实现。这是回族日常交往与西方后现代语境的一致之处。回族日常交往与西方后现代语境不同之处是"真荣真辱、世荣世辱"②。这样，回族日常交往的主体就成为"正道之人"（王岱舆语），而不是西方后现代语境中日常交往的"异端之人"（王岱舆语）。王岱舆指出："正道之人行善，增真荣而减真辱，或增世荣而减世辱；异端之人行善，止轻真辱而不能无真辱，或增世荣而减世辱。行恶者反是。"③ "正道之人"也是亚当·斯密指出的诚实正直、谨慎小心的谦谦君子。亚当·斯密指出："人们通常会非常相信似乎深受宗教思想影响的那些人，诚实正直。人们认为，这些人的行为除了受到别人行为同样起调节作用的准则的约束，另外还有一种约束……这就是，他不干则已，一干起来就要

---

① ［美］理查德·沃林：《文化批评的观念》，张国清译，商务印书馆2007年版，第41页。
② 王岱舆：《正教真诠 清真大学 希真正答》，余振贵校点，宁夏人民出版社1996年版，第93页。
③ 同上。

像那位至尊的神在场的那样审慎。这位至尊的神最终会根据他的实际行动给以补偿。"①

（四）建立具有中国气派和中国风格的后现代语境中的各民族日常交往机制与模式

随着我国各个民族的日常交往的日益扩大和空前活跃，需要吸收借鉴后现代语境中对交往各个主体的平等对待、对交往精神的差异的尊重、对生命的关怀、对创造的倡导、对他者的宽容和理解。但是，也要注意摒弃后现代语境倡导的反传统、反现实、反常规的倾向和崇尚个人主义、利己主义、虚无主义的世界观和人生观，防止走向无限制、无标准、无原则的交往的另一个极端。要通过研究后现代语境中的日常交往的丰富内容、表现形式、文化内涵、理论基础，洋为中用，建立具有中国气派和中国风格的后现代语境中的各民族日常交往的机制和模式，为国内开展后现代语境中的日常交往创造符合中国实际的环境和条件。

第四节　宗教信仰与回族日常交往心态的关系
——以 A 县 B 回族乡为视角

笔者以 A 县 B 回族乡为视角说明宗教信仰对回族日常交往心态的影响，论证宗教信仰与回族日常交往心态的关系是通过宗教态度的形成所建构的。

一　A 县 B 回族乡基本概况

A 县 B 回族乡有回族、藏族、汉族、东乡族 4 个民族，乡镇总户数 527 户，乡镇总人口 2449 人，其中回族占全乡总人口的 76.2%，汉族占全乡总人口的 6.7%。全乡总面积 21.99 平方公里，占全县面积的 1.5%。1963 年建立人民公社，1980 年改为乡人民政府，1985 年成立回族乡至今。该乡回族伊斯兰教派门宦主要有依赫瓦尼、西道堂。有西道堂寺、南寺（依赫瓦尼）和尕寺（华寺）三座清真寺。该乡地处青藏高原东北边缘，属青藏高原与黄土高原交汇过渡地带，是农区与牧区、藏区与汉区的接合

---

① ［英］亚当·斯密：《道德情操论》，蒋自强、钦北愚等译，商务印书馆 2006 年版，第 207 页。

部,境内属高山丘陵地区,地形西高东低,海拔在 2209—3926 米,平均海拔 2825 米。气候属高寒半湿润型,年均气温 3.2℃。

B 回族乡的回族与任何一个信仰宗教的民族都一样,是以信仰为核心建立日常交往的心态。这个日常交往心态的特点是由伊斯兰教的特点决定的。伊斯兰教强调信真主、信经典、信天使、信后世、信前定、信使者,其中核心是认主独一,即对真主的信仰高于一切,至高无上。这就是说,伊斯兰教的信仰是围绕真主建立的。真主居于六大信仰的核心位置,其他的信仰服从对真主的信仰。因此,回族在日常交往中很注意伊斯兰教信仰的统一性,这个统一性表现在日常交往的心态上就形成了下列三个心态。

(一)认主至上的心态

B 回族乡的回族在日常交往中无论语言的使用还是行为的表现,都与认主至上的心态密切相关。笔者对 B 回族乡日常交往中使用最多、出现最频繁的词语进行了统计,发现"真主"这个词居于首位,与真主相关的词语包括"礼拜""开斋""封斋""宰生""行善""宽厚"等更是频繁地出现在他们日常交往的谈话中。真主控制和掌握 B 回族乡回族日常交往的话语权说明认主至上的心态的重要作用。此外,该乡回族群众的住房也体现了认主至上的心态。该回族乡的回族和其他民族群众的住房在结构和样式上没有明显区别,但是,在房屋内部的布置上就有了区别。一进回族群众的堂屋门,就会看见家家墙上挂有一幅世界穆斯林在麦加天房朝觐的"克儿拜"图和一个颇具穆斯林特色的状似清真寺的大挂钟。近年来,由于出外做生意或在村子里开办养殖场等产业的回族越来越多,赚了钱的回族便将旧有的土木结构老房拆除后建成砖混结构的瓦房或二层平顶小洋楼。但是,房屋外部的变化并没有影响内部的布置,显示致富的主人依然保持真主至上的心态。当 B 回族乡的回族在日常交往中一看到这个认主至上的摆设,就从心底里涌现出来认主至上的感情。

(二)以主为荣的心态

真主是回族的荣耀,其中最重要的是真主创造了人世间、大自然的一切,无所不能,无所不包,无所不在,神通广大,魅力无穷。王岱舆指出:"真主普慈今世,独慈后世,所以能足万物所需,略无缺乏。其恩泽广大,无壅无塞,至公无私,诸天世界,无所不及,微虫世界,无所不及也。"① 令 B 回族乡的回族自豪的是，真主对人世间的安排体现了各得其所、人尽其才的仁慈。君与臣、父与子、夫与妇、贤与愚乃至婚丧嫁娶、贫穷富贵等都是真主根据个人的禀赋做出的最合适的安排，谁也不要抱怨，要乐天安命，各得其所，各尽其能。"高者高之，下者下之，因才而用，各得其宜，非慈悲而何？"② 因此，无论是什么人，无论做什么事，无论面对什么变故都要感谢真主，并且以真主为荣耀。B 回族乡的日常交往中以主为荣的心态随处可见，虽然这种心态没有变成标语口号到处张扬，但是，在 B 回族乡的回族由衷赞美真主的礼拜里，在他们互相交谈时时刻不忘感谢真主的言辞里，在他们显示自己信仰的优越性的眼神里，都能够感觉到他们以主为荣的心态。

在 B 回族乡的节日文化里，回族以主为荣的心态得到一次大爆发。众所周知，一个民族过什么样的节日，不是随便由谁能够决定的，不仅与一个民族的历史和文化相关，而且是一个民族借以炫耀自己优势的标志。回族的优势就是有信仰。节日可以说是回族自我满足心理的一次炫耀，是回族灵魂深处隐秘的光辉向人世间的灿放。B 回族乡一年中最重要的节日有三个，即：开斋（大尔德）节、古尔邦（小尔德）节和圣纪节（穆罕默德诞辰）。三大节日是 B 回族乡的回族最繁忙、最热闹、最喜庆的日子。节日里，B 回族乡的回族家家喜气洋洋，忙着炸油香、馓子、股儿、秋叶子等名目繁多的油炸食品，户户意气风发，忙着捏糖饺子、肉包子、菜包子、蒸花卷（馍馍），以便款待节日期间来访的亲戚朋友。在开斋（大尔德）节和古尔邦（小尔德）节上，B 回族乡的回族男子都要到清真寺去礼拜听宗教宣讲，名之为"做尔提"。圣纪节上回族不分男女老幼，都可以到清真寺去集资（出海底呀）过节，纪念圣人穆罕默德。圣纪节也有在自己家请阿訇念经赞圣过节，但所选时间与清真寺组织的过节时间必须错开。B 回族乡的回族以主为荣耀的心态通过与这三大节日相关的活动从朦胧逐渐清晰。因为《古兰经》指出，在节日中"你们应当吃，你们应当

---

① 余振贵、阿地利江、高占福、马建龙：《中国伊斯兰教历史文选》上册，宗教文化出版社 2010 年版，第 40 页。

② 同上书，第 41 页。

喝，但不要过分，真主的确不喜欢过分者。"① "真主为他的臣民们创造的服饰和佳美的食物，谁能禁止他们去享受呢?"②

（三）以主为神圣的心态

神圣的意思就是崇拜的代名词。回族信仰伊斯兰教，崇拜真主。真主化身在穆斯林的仪式里。仪式通过功修体现。回族坚持"外五功"和"内五功"的结合、天命五功与人道五典的结合，外修宗教规范的养成，内修伦理道德的积淀，心口相传，积年累月，建构了回族特有的以主为神圣的心态。这个心态首先表现为对饮食禁忌的要求。《古兰经》指出："禁止你们吃自死物、血液、猪肉，以及诵非真主之名而宰杀的、勒死的、锤死的、跌死的、抵死的、野兽吃剩的动物。"③ 此外，回族在交往方面的禁忌表现为禁止拜佛、拜物、算卦、抽签、门口挂镜、请风水先生看阴阳、请巫婆和神汉占卜算命。B 回族乡的回族以主为神圣的心态凝结为乐天安命、知足常乐的淡定。他们从不怨天尤人，从不自暴自弃，喜欢默默无闻地生活和工作。他们视很满足现在、很珍惜现在的大家是亲如一家的民族共同体。因为《古兰经》指出，只有生活在现在、享受现在的穆斯林才能够找到进入天堂的门路。

二 A 县 B 回族乡宗教态度与宗教心态

宗教信仰促使 B 回族乡的回族完成从个体化的自我向社会化自我转变的一个突出标志就是该乡的回族形成了宗教的态度。这个宗教的态度划出了该乡回族的两个世界，一个是他们生活的现实的日常世界，一个是深藏在他们内心里的只有他们才能悟出的神圣的较为隐秘的宗教世界。

（一）宗教态度

宗教态度是以宗教的方法思考、认识和理解世界、作出反应的方式。宗教态度通常表现为两个方面，即庄重严肃和慈善仁爱两个方面。对于这两个方面的含义，美国哲学家詹姆士指出："宗教的态度，必须含有肃穆的、庄重的并慈柔的态度，假如态度是欢喜的，那么，他不至于冷笑和暗

---

① 杨宗山、沙宗平、穆卫宾、杨会应：《圣训基础简明教程》，宗教文化出版社 2010 年版，第 127 页。

② 同上。

③ 同上书，第 122 页。

笑；假如是愁苦的，必须不至于绝叫或诅咒。"①

第一，弗洛伊德的理论。对于宗教的态度的这个庄重严肃的方面，弗洛伊德的理论最具代表性。弗洛伊德在研究了原始图腾信仰后，认为宗教态度起源于原始部落的儿子们集体对父亲的谋杀。由于被谋杀过后的忏悔心理所驱使，这些对父亲充满愧疚、恐惧和自责的儿子们便通过举行宗教仪式，例如各种禁忌仪式、崇拜强壮的动物的仪式和分食这些动物的骨肉的仪式，象征性地重演和洗清这个重大的不可饶恕的原型罪恶。所以，弗洛伊德认为任何宗教都包括庄重严肃的一面。

第二，伊斯兰教的理论。宗教态度的另一个方面是慈善仁爱的态度。在这方面，伊斯兰教的真主最具有代表性。《古兰经》把真主用99个名字称呼。这99个名字可以分为两类，一类是令人敬畏的称呼，例如惩恶者、智慧者、统管者、独存者、至尊者、万能者，等等。另一类就是令人肃然起敬的仁慈的称呼，例如普慈者、仁慈者、宽恕者、厚施者、公正者，等等。无论是哪一种对真主的称呼，都是对真主作为宗教的慈善仁爱的荟萃者和实行者的赞美。

（二）宗教心态

与上述两个方面相对应，存在两种詹姆士认为的宗教心态，一种是无意健全的宗教心态，一种是有意健全的宗教心态。直接来自宗教的快乐心态是无意健全的宗教心态，把一切都看作好的心态是有意健全的宗教心态。回族日常交往的健全心态"是一个比实际世界美丽得多，清净得多，善良得多的诗的幻想"。②

B回族村的回族在宗教信仰中形成的正是这样两种宗教心态。我们看两个例子足以证明这两种健全心态的存在不是妄言。

一是无意健全的宗教心态。B乡回族青年的婚姻是该乡回族无意健全的宗教心态的佐证。该乡回族青年婚姻的程序是：男女双方相中后，由媒人说合，经过给女方送打门礼、提落话礼、拿大礼、拿手（送衣服、衣料、首饰等）、送鞋面（订婚后结婚前每年要送一两套衣服）、娶亲等手续。结婚时除按照婚姻法办理相关手续，登记领取结婚证外，还要依照伊

---

① ［美］威廉·詹姆士：《宗教经验之种种——人性之研究》，唐钺译，商务印书馆2007年版，第35页。

② 同上书，第88页。

斯兰教的习惯法请阿訇念"尼卡和"（证词），履行宗教程序，取得宗教上的合法性。这时要向来宾和围观者撒"喜果"（核桃、红枣等）表示有儿有女，美满吉祥。B回族乡的回族把世界的一切都看作真主的恩赐、真主的创造、真主的仁慈，所以，婚姻也是真主的旨意和安排的体现，他们以感恩之心操办婚姻，从中既感受婚姻本身的快乐，也感受婚姻主赐的快乐。这就是无意健全宗教心态的表现，也是有意健全的宗教心态的表现。

二是有意健全的宗教心态。B回族村小，人口少，历史上回族有不送孩子去学校念书的习惯，认为孩子一旦念了非伊斯兰教文字的书籍，就会远离教门，被汉化成异类，乃至因离经叛道而做出与伊斯兰教教义相违背的事情，干下许多罪孽，有辱教门和家门。因此，自古以来，B回族乡这块地方就没有出过几个读书人，更没有出过什么有名的读书人，做官的就更没有了，就是有名一点的商人也没有。

为什么会这样呢？这又是两种日常交往的有意和无意的健全宗教心态导致的结果。其一，从表层看，B回族乡的回族直接来自宗教的无意健全的快乐心态来自这个民族已经把对真主的信仰内化为可以自然而然表达的思想感情。他们说话办事都置身于真主无处不在、无时不有、时刻在监督和管理每个穆斯林的所作所为的考量之中，所以他们口不离对真主的感恩，身不离伊斯兰教的要求，心口相应，表里如一。其二，B回族乡的回族把一切都看成好的快乐的有意的健全的快乐心态来自他们对真主的理性认识。一是他们认识了真主的重要性。《古兰经》指出："除真主之外，假如天地间还有许多神明，那么大地必然破坏了。"[①]《古兰经》还特别指出了真主的8个最重要特点，即独一的、原有的、永活的、大能的、全知的、全聪的、全明的、意欲创造的，以此证明真主是重要的不可缺少的特别是穆斯林必须终身信仰的对象。由此可见，真主不仅弥补了人类的能力有限、作用有限、功能有限这些天生的局限性，而且给人类提供了心理的慰藉、精神的支持和感情的帮助，是人类不可缺少的认识世界、改造世界的伟大的万能的神。真主既然这样重要，当然就是B回族乡的回族的有意的健全心态的快乐的源泉。二是他们认识了真主的神奇。伊斯兰教认为真主不是任何视觉、听觉、触觉可以描绘的偶像、图腾和绘画，真主通过天使、启示、暗示和警诫对信徒进行教诲和引导。这就体现了伊斯兰教的信

---

① 丛恩平、沙宗平：《伊斯兰教教义简明教程》，宗教文化出版社2010年版，第21页。

仰在理解上具有通俗易懂、雅俗共赏的特点，在行动上具有简便易行、立竿见影的特点。伊斯兰教认为真主是"能言"的，即通过《古兰经》、诸位天使表述思想。伊斯兰教还认为真主是"可见"的，即通过各种启示、暗喻使虔诚的穆斯林看到自己。因为真主以如此神奇的方式主导了穆斯林的思维方式、行为方式和交往方式，所以，B回族乡的回族把真主视作永远的指路明灯、放之四海而皆准的真理化身。这样的日常交往的心态当然会是健全的宗教心态。

三 宗教态度的意义

回族的自我的社会化是通过形成日常交往的宗教心态完成的。回族的日常交往的宗教心态的形成可以用两个重要理论给予说明，即美国社会学家米德的理论与美国心理分析学家沙利文的理论。米德认为自我的社会化经历了三个阶段，即嬉戏阶段、团体游戏阶段和泛化的他人阶段。自我的社会化的标志是形成米德称之为自我充分发展出来一种与他人相似的"共有态度"。米德指出："通过把其他个体的态度组织成为有组织的社会的或群体的态度，使之成为对包括他和他人态度在内的普遍系统中社会或群体行为形式的一种个体反应，自我达到了其充分的发展。"[①] 沙利文指出自我社会化经历了三个阶段，即整合倾向阶段、共情联结阶段和自我系统阶段。自我的社会化的标志是形成沙利文称之为自我充分发展出来开始按照社会的需要塑造自己的行为的能力，产生出来"好我"和"坏我"的意识。

在B回族乡的回族日常交往的心态中，我们既能看到米德指出的"共有态度"的作用，也能看到沙利文指出的"好我"与"坏我"的区别。这两个方面首先在B回族乡的回族语言上得到体现。B回族乡的回族除通用汉话、汉文外，一些人还精通藏话，可以和藏族结交和作生意。几乎所有的回族人都能用阿拉伯语背诵《古兰经》章节。这说明宗教信仰在回族群众的交际语言中扮演着神圣的角色。调查发现，B回族乡的回族群众在12岁以后就能够熟练使用伊斯兰经典著作的概念互相交流，并且对人和事作出好与坏的判断。这个现象的出现就其日常交往心态看，是宗教态度的出现，其意义如下。

---

① ［美］乔治·H. 米德：《心灵、自我与社会》，赵月琴译，译文出版社1992年版，第140—141页。

（一）出现了新的心态构成

出现了新的心态构成，即增加了"共有态度"的共同点，赋予语言以互相理解、互相共鸣的普遍意义。米德指出："某人学会了一种新的语言，并且如我们所说，有了一种新的灵魂。他让自己采取使用该语言的那些人的态度。不采取那种特殊态度，他便不能读用这种语言写作的作品，不能与属于该共同体的人交谈。"[①] 在米德看来，由于语言的含义是新的思想和观念成分的增加和扩大，在这个意义上，某人成为一个不同的个体。这时候，他就不可能把一种语言作为纯粹的抽象词语来使用，必定在某种程度上传达了其背后的生活理念。而这个结果与个体所在的群体的共有态度产生联系，该个体掌握这种语言的结果就是使他加入民族共同体的"共有态度"之中，他的语言也能够表现民族共同体的这个"共有态度"。正是由于 B 回族乡的回族在语言方面有了"共有态度"，他们日常交往的心态的构成就出现了新的思想成分、新的观念元素。他们凭借这些与宗教信仰相联系的新成分和新元素，就可以更有效地学习和认识宗教信仰的深远意义，在民族共同体之间展开深度交流。B 回族乡的回族有一个相传已久的习惯，即晚聚。晚饭后，成年回族男子聚集一起，说东道西，互通信息，对所见所闻评头论足，大家畅所欲言，类似举办一场专题研讨会，在此还能听见不同的意见和争论。这说明 B 回族乡的回族在语言方面产生的"共有态度"使他们的日常交往不仅仅局限在柴米油盐酱醋茶等生活琐事上，而且具有了视野的广阔性、互动的深刻性和共鸣的一致性，即开始了思想、观念和情感的互动和交流。

（二）加速了情感的社会化

情感是人际交流的符号，这个符号决定了情感的表达受到认同的限制。所以，对情感作为一种符号的认同就是情感社会化的形成。情感社会化的标志就是美国社会学家汉斯林指出的"情感规范"的确立。"情感规范"的前提是一致性、共同性。米德指出："如果要进行交流，符号必须对所有有关有个体都意味着同样的东西。"[②] "如果当某人用某一声音时心中有那个观念，而他所用的那个姿态，比如说一个有声的姿态，在另一个

[①] ［美］乔治·H. 米德：《心灵、自我与社会》，赵月琴，译文出版社 1992 年版，第 249 页。

[②] 同上书，第 50 页。

人那里引起了同样的姿态,那么后者的那个姿态会在他心中引起同样的观念。这样我们便有了一个具有一种共同意义的特殊符号。如果它对构成该群体的所有的成员都具有这一意义,那便有了借助表意的符号进行交流的基础。"① B 回族乡的回族群众的情感表达受到宗教信仰的限制,什么场合表达什么样的感情、不表达什么样的感情都与宗教信仰密切相关。宗教信仰给 B 回族乡的回族遵循"情感规范"提供了一致性、共同性的基础和前提。

调查显示,下列时候 B 回族乡的回族表达了喜欢的感情。当该回族乡的回族中老年人见面时相互道"色兰"问安祝福时,当老年男子身穿俗称"准拜"的对襟黑色长袍、头戴白色无檐小帽俗称"号帽"时,当中老年妇女身穿黑色或深蓝等颜色较深的侧襟长衫子、头戴黑色"乔其纱"盖头、戴金戒指、戴金耳环、戴玉石或银子的手镯时。西道堂教民头上戴的与该乡其他回族人有所不同。西道堂的男子在 2000 年前一律头戴黑色无檐六角尖顶号帽作为标志,到 2000 年左右,西道堂为了与哲合忍叶门宦教民和汉民妇女之穿戴区别,将传统的号帽和头巾作了改进,男子统一戴手工钩织的无棱角的帖头白线号帽,妇女一律以头苫浅色毛巾作为标志。妇女统一用纱巾裹头,中老年妇女戴白纱巾,青年妇女戴颜色比较鲜艳面料比较时尚的纱巾,白线号帽和纱巾成了西道堂教民的新标志。B 回族乡的回族群众之所以会产生这样的情感,是因为"情感规范"所导致,即情感社会化的结果。所谓情感社会化其实就是情感的表达依据一定的标准,按照一定的方式,互相共鸣,互相感染。B 回族乡的回族的穿着打扮之所以能够产生"情感规范",就在于这种喜爱的情感经过了宗教加工,达到了宗教的共同性、一致性的水准。《古兰经》指出信教的穆斯林的穿戴一方面是遮蔽身体,抵御严寒;另一方面也是为了装饰身体。衣服的这个功能"属于真主的迹象,以便使他们(信教群众)觉悟"。②

B 回族乡的回族的日常交往心态展示的是经过宗教社会化的自我,此外,B 回族乡的回族日常交往心态还有经过世俗社会化的自我。这两个自我构成的 B 回族乡回族精神世界,宗教化的自我是这个精神世界的活的灵

---

① [美]乔治·H. 米德:《心灵、自我与社会》,赵月琴译,译文出版社 1992 年版,第 50 页。
② 杨宗山、沙宗平、穆卫宾、杨会应:《圣训基础简明教程》,宗教文化出版社 2010 年版,第 127 页。

魂，所体现的就是宗教最普遍的意义。"假如有一句话可以包含宗教的普遍意义，那么这句话应该说'在这个世界，一切都不是虚荣，无论表面所暗示的如何。'"① B 回族乡的回族日常交往的心态所表现的宗教态度不是为了别的，而是宗教的普遍意义的现实化和生活化。我们从这种心态中感受的不仅仅是宗教的气息，而是比宗教更浓郁的真实的人的丰富而活跃的思想和感情。

---

① ［美］威廉·詹姆士：《宗教经验之种种——人性之研究》，唐钺译，商务印书馆 2007 年版，第 35 页。

第十一章

西北民族地区社会偏差行为与社会心态建设

西北民族地区的社会偏差行为是社会发展和进步过程中社会矛盾的反映，是社会急剧变革时期必然出现的社会现象。我们应该实事求是地分析和对待这些问题、这些现象，既不要对这些问题和现象的出现大惊小怪、无限上纲，更不能把西北民族地区的社会偏差行为看成西北民族地区的改革和建设出了问题，也不能视而不见、置之不理。正确的态度是客观分析这些社会偏差行为的表现形式、产生的各种原因，对症下药，综合治理，通过社会心态的建设，找到解决的方法，注意从源头上杜绝这些社会偏差行为产生的原因。本章主要分析和阐述西北民族地区社会偏差行为与社会心态建设问题。

第一节 社会偏差行为的理论研究

西北民族地区正处于社会转型的关键时期，诸多社会问题和社会矛盾都会在少数民族的社会心态中有所表现和反映。民族地区的社会偏差行为包括的范围很广，既有政治方面的分裂和反分裂、法律方面的违法与守法、日常生活方面的遵守与违背道德规范、传统习俗与习惯规范。民族地区的许多社会偏差行为是与社会心态中的认知、情感、意志、行为密切相关的。解决民族地区的社会偏差行为不能仅仅局限在政治手段、法律手段、政策手段、文化手段，还必须注重社会心态的建设。

一 偏差行为

偏差行为是近年来众多学科中研究的一个重要领域。社会学对其研究更为关注和偏重。在社会学中，偏差行为指社会成员不同程度地偏离或违反了既有的社会规范的行为，也被称为越轨行为、离轨行为或差异行为等。偏差行为表现形式多样，主要通过日常所说的不适当行为、不良行为、不道德行为、心理偏差行为等来表现。偏差行为在社会各种群体中都有不同程度的体现，偏差行为毫无疑问是负面行为。

随着今天社会的日益开放，社会变迁的速度加快，各民族有了更多的选择思想和行动的机会，偏差行为的出现也不可避免。对民族地区的社会偏差行为的认识和控制已经成为政府工作需要重点关注的问题。笔者所指的民族地区的社会偏差行为，是指在民族地区的社会发展和进步过程中包括少数民族在其自身社会化过程中，所出现的偏离和违反社会规范的行为，包括违犯社会法律规范的行为。

二 社会偏差行为的实质、特征和表现

社会偏差行为的实质就是社会问题在个人或者群体行为中的表现。社会问题是随着社会构成要素变动而必然产生的社会现象。作为社会关系失调或社会失范的集中表现，社会偏差不仅干扰着社会正常的秩序，而且会影响国家的稳定与发展。

一般来说，不同类型的社会问题在社会不同的发展阶段表现出不同的特征。从普遍意义上看，民族性、复杂性、持久性、国际性等构成了社会偏差行为产生的复杂原因。

（一）民族性

对于社会而言，一方面，不同的民族群体及其成员共同生活在一定的区域范围内，他们之间在接触和交往中通过相互比较，使那些具有差异性的社会事实在某一民族群体中得以彰显或强化，由此形成的社会问题往往是该民族群体共有的社会问题；另一方面，有些社会问题是在与民族特性相互结合过程中形成的，与该民族的生活习俗、宗教信仰、风俗习惯等紧密相关。

（二）复杂性

社会问题的复杂性体现在社会问题之间的相互联系上。社会的形成和发展有一定的规律性，并且在不同的发展阶段有不同的内容和性质。然而，在特定历史时期，不同发展阶段的具有不同内容和性质的社会问题，往往会共存于不同社会的共同现实生活之中。这使社会问题具有复杂性特

征。社会问题的复杂性还体现在不同社会问题的多因多果上。多数情况下，社会问题的产生具有多种原因，有历史、自然、经济、政治、社会等诸多方面的原因。偏差行为的复杂性也决定了对偏差行为的解决要采取多角度、多领域、多层次的方式方法与手段。

（三）持久性

社会的经济、政治、文化发展并不是一蹴而就的，而是经过较长时间甚至是曲折地进行。社会在其发展过程中难免出现各种摩擦与矛盾，因此，社会发展的长期性决定了某些类型的社会问题的持久性。这些问题可能会对社会的整体发展构成威胁。例如，社会生活中危机事件的实质就是潜在的各种社会矛盾和社会问题积聚激化后的表现，或者说是冲突的人群试图通过非常规或极端的方式，促使政府部门解决没有预见或长期无力解决的问题。社会问题在其他民族中也会不断地反复出现，成为国家发展中的难点问题。

（四）国际性

当今世界，由于跨国界民族在不同的国家或地区之间大量存在，因而某些社会问题不仅会影响本国的社会稳定与发展，而且会影响其他国家或地区的社会稳定与发展，甚至演变为国际社会的公共问题。

社会问题的国际性在很大程度上与西方少数国家推行霸权主义和强权政治有关。近年来，西方一些国家以"人权""人道主义"等为借口，蓄意地夸大发展中国家的民族社会问题，导致社会问题的国际化。

在多民族国家发展过程中有些社会问题长期得不到缓解，是世界范围内多民族国家都存在的共性问题。

与社会问题相关的极端民族主义、民族分裂主义、宗教极端主义，对国际社会稳定构成极大的挑战，也是其国际性特征的一种极端表现。

三 社会偏差行为产生的一般原因

可以从社会存在的贫困问题、就业问题、人力资源问题、教育问题、生态问题等方面，阐释社会偏差行为产生的主要原因。

（一）贫困问题

作为社会偏差行为的原因，贫困问题比较普遍，是社会中少数弱势群体的生活水平和生活质量长期处于较低水平的一种社会现象。具体而言，社会的贫困问题主要包括以下几点。

1. 城市和农村的贫困问题

城市少部分成员因为个人能力或者城市发展与变迁，成为城市新的贫困人口。在农村，农民目前仍主要以农业生产为生活资料来源，农业产品的收入受土壤、气候、地理等自然环境的影响，往往会出现贫困问题。

2. 欠发达地区的贫困问题

由于经济发展差距拉大，经济水平和经济总量较低，使某些地区处于相对贫困的状态。当前，欠发达地区的贫困问题在某些国家发展中表现比较突出，已成为社会的一种公共问题。

3. 少数民族的贫困问题

多数情况下，少数民族因人口规模、生产条件、经济收入、社会资源、文化水平等与人数较多的民族相比，存在着较大的差异。这也往往使少数民族群体及其成员沦为贫困状态。在那些由传统社会向现代社会转型的国家，少数民族在社会分化中也属于发展水平较低的群体，经常面临贫困的困扰。

（二）就业问题

在国家发展过程中，少数民族的就业问题是公共问题，也是当前引发偏差行为问题的主要原因。反过来说，如果某个民族的成员大量失业，将会造成劳动力资源的巨大浪费，极大地消耗社会产品，导致社会资源紧张，影响社会的稳定与发展。从就业问题产生的原因看，主要表现在以下几个方面。

1. 不同民族成员之间就业的不平等

由于国家的就业制度及政策与法律规定上的限制，地方政府、劳动主管部门、经济社会组织等很难为所有的社会成员，尤其是处于弱势的少数民族成员提供平等的就业条件，这难免使少数民族成员在就业种类、就业待遇、就业环境等方面存在着一定程度的困难。

2. 城市化进程对进城人员产生的就业压力

进城人员最为重要的事情就是寻求工作，要求提供社会福利。在城市化进程中，城市发展需要在知识、技术、能力等方面具有较高综合素质的劳动者。城市本身无法提供足够的就业岗位来吸纳过多的剩余劳动力。这些在很大程度上对进城人员产生了就业压力。高失业率不仅是个经济问题，而且是个社会问题。之所以是经济问题，是因为它意味着要浪费有价值的资源。

（三）人力资源问题

1. 人力资源使用不足

西北民族地区市场化程度不高，在观念上缺乏创业意识和积累冲动，不利于形成企业家成长的社会基础。人力资源使用不足的另一个表现是，制度上未能为现存人力资本提供充分流动的机会（如使党政机关的冗员流向民营、乡镇企业或相关专业的其他岗位）。以部门为主体的条式分割和块式分割，切断了人力资源城乡之间甚至城镇之间、不同产业部门之间的有效流动，再与经济性因素相结合，便形成了习惯性的非流动偏好，导致大量人力资本存量不能转化为现实经济发展优势而显得相对过剩。同时，由于民族地区企业少且效益差，大量科技人员从事着与自己专业不相关的工作，造成人力资源的浪费，也造成党政机关冗员过多无所事事。一些科技人员虽在对口专业部门工作，但因缺乏科研经费，立项困难，自身因没有进修机会而技能退化等，导致长期闲置。

2. 农村过剩的廉价劳力缺少就业机会，不能为本地经济创造价值

民族地区开发中对农村劳动力的开发和配置将影响经济开发的深度和广度，民族地区的现代化在很大程度上是占人口多数的农民的现代化。西北民族地区农村有大量过剩劳动力，但乡镇企业的发展却极为落后。加之城镇和广大农村的人才与劳务市场处于发育初期，阻塞了农业剩余劳动力的人力资本投资的方向选择。

3. 人才严重流失

近年来，西北民族地区人才流失使本已落后的科技事业雪上加霜。这样，西北民族地区在很困难的状况下向教育投资形成的人力资本流向城市和东部。一部分城市和东部经济发展所用的人力资本是从民族地区免费流入的。由民族地区投资形成的人力资本却没有回流并形成收益。其结果是：民族地区人力资源开发越是困难，由教育投资等形成的人力资本越是往城市和东部流动。这就是民族地区发展的"人力资源开发困难：人力资本积累少并流失——经济发展水平低——人力资源开发困难"的恶性循环。

（四）教育问题

教育问题主要是指少数民族教育问题，其作为民族偏差行为产生的原因，不仅与少数民族经济发展缓慢密切关联，而且也与西北少数民族教育观念较弱、教育质量较低、教育资源缺乏等问题紧密相关。

在西北的一些少数民族地区，少数民族成员旧的教育观念根深蒂固，科学观念和创新意识相对缺乏，这对少数民族教育发展产生了制约作用。少数民族较为封闭的居住环境使他们不愿接受外界的新事物，而是依赖于现有的自然环境，对改善自身生活状态缺乏动力；较为落后的思想意识使少数民族的一些成员不敢承担风险，缺少进取精神，缺乏社会责任感，教育观念滞后。

以甘肃省为例，改革开放以来，随着科教兴国战略的全面实施，全省民族教育事业有了长足发展。民族地区教育投入不断加大，办学条件逐步改善，教师素质不断提高。小学、初中、高中教师学历合格率分别达到92.68%、81.7%、41.5%。"两基"工作有了很大进展，14个民族县普及了初等义务教育，4个民族县普及了九年义务教育，"双语"教学进一步加强，教育教学质量稳步提高，为民族地区经济建设和社会发展作出了重要贡献。2003年，玛曲县、东乡县、积石山县普及了初等义务教育，使民族地区全面实现了"普初"目标；2004年，永靖县、天祝县普及了初等义务教育；2005年，合作市、临夏县、临潭县普及了九年义务教育，使民族地区40%以上的县实现了"两基"目标；2006年，张家川县、迭部县、舟曲县普及了初等义务教育；2007年，康乐县、夏河县普及了初等义务教育；2008年，广河县、和政县、卓尼县普及了初等义务教育；2010年，东乡县、积石山县、玛曲县、碌曲县普及九年义务教育，使民族地区全面实现了"两基"目标。目前，甘肃省已确立从实现"两基"，深化改革、增加投入、强化教师队伍、普及信息技术教育、双语教学、办民族重点班等9个方面入手，努力开创该省所辖的甘南藏族自治州和临夏回族自治州的教育新局面，力争到2010年，使两民族州普及九年义务教育和扫除青壮年文盲，整体实现"两基"。同时，办好一批省、州、县示范性民族中学，办好高等院校的少数民族班，用特殊办法培养少数民族的博士、硕士人才。实现教学手段现代化，信息技术教育开设率中学达100%，小学达80%，教师学历合格率达100%。确保每个民族县（市）建成一所以上职业技术学校，使农牧区初、高中回乡青年实用技术培训人数达到50%，城镇知识青年的职前培训人数达到85%。

民族地区教育事业发展中还存在着不少困难和问题。还有3个民族县未普及初等义务教育，17个县未实现"两基"目标；普通高中和中等职业教育发展缓慢，高中阶段教育规模偏小。加快"两基"进程，实现九年义务教育发展规划的任务还相当艰巨。

甘肃省政府下发了《关于加快发展民族教育的意见》，决定实施一系列加快改革发展民族教育的硬性举措，如从2004年起，每年投入专项资金400万元，用于扶持少数民族牧区和边远山区寄宿制学校建设；每年从省内高等院校、普通中专、发达地区中小学抽调100名教师到民族地区支教，民族地区每年选派100名教师到发达地区学校挂职学习；5年内建设10个现代远程教育工程项目、2个乡镇学校信息站、13个教育信息化项目等。

（五）自然环境问题

在社会发展过程中，自然环境受到巨大的破坏将影响社会的发展，成为社会偏差行为产生的原因。

自然环境是社会成员生活资料的基本来源，是社会发展的物质基础。如果自然环境受到严重破坏，将会损害社会成员的物质利益，制约社会的持续发展。目前在有些国家的自然环境问题主要包括：由于过度的放牧、垦荒、滥砍、滥伐等人为原因，导致原始森林和灌木林急剧减少，草原和草场逐步退化，植被大面积毁坏；由于水资源不合理开发和人为的水污染等原因，导致江河断流、湖泊萎缩、地下水位下降，使当今世界多数地区水资源短缺；随着重工业和资源性企业的大规模发展，废水、废气、废渣的排放给空气、河流与地下水等带来极大的污染；随着农业生产的不断增加，化肥、农药及有害化学产品的使用给空气、土地、水等同样带来极大的污染等。

由于历史上的各种原因，西北少数民族基本上分布在远离中心城市和交通沿线的边远、高寒、干旱地带。以甘肃省为例，从居住地域看，少数民族主要居住在省境南部的甘南高原，中部的陇西黄土高原、陇山地区，以及祁连山地和河西走廊西端山地。这些地区的地形特点是：高原、山地、沟壑居多，沙漠、戈壁、草原相间。其中甘南高原为青藏高原东部边缘部分，阿尼玛卿山从青海插入，西倾山和积石山分别为西北和西南屏障，整个地形东低西高，海拔从3000米增至4000米以上，缓缓上升，地处积石山的乔木格峰，海拔4800米。这些地区气候寒冷潮湿，作物生长期短，大面积草滩广有分布，为西北主要畜牧业基地。甘南藏族自治州处于该区，藏族同胞多从事畜牧业。陇西黄土高原，亦称西北中部干旱区，为黄土高原最西部分，海拔1200米至2500米。区内黄土层深厚，沟壑纵横，植被稀疏。临夏回族自治州在区内，商品经济比较发达，但因气候干旱，农业受到影响。陇山山地，位于西北与宁夏交界处，海拔平均在2000米以上，全长120公里。在西北境内的山地平均宽度为20公里，山地平缓，适宜于农业生产，但水源少，灌溉不足，农业产量低而不稳。祁连山地，位于西北河西走廊以南，甘、青两省交界处，东起乌鞘岭，西至当金山口，长1000多公里，大部分海拔在3500米以上。其东部气候湿润，为西北的重要牧区和林区之一。西部干旱，多为荒漠、半荒漠、草原。这一带主要生活着藏族、土族、裕固族、蒙古族和哈萨克族。肃北蒙古族自治县的马鬃山地区，位于河西走廊以北的北山山地，东西长1000多公里，海拔2000米至3400米。山地周围有广阔的荒漠和半荒漠草原，能放牧，有少量牧畜。

西北少数民族农区大都地处穷困山区，山地约占80%，以旱作农业为主，农业基础薄弱，农作物受制因素多。如南部高山少数民族地区，绝大多数海拔在2500米以上，高寒阴湿，气温低凉，仅有100天以下的无霜期，一般农作物很难生长成熟，俗语"山高地凉，大燕麦不黄"，道出了这里自然条件的恶劣。陇南境内，山高沟深，少数民族大都生活在崇山峻岭中，从当地民谣"一山重一山，出门就爬山。隔山能对话，相见大半天。地是卧牛间，无雨禾苗枯，有雨连根翻"中，可以看出当地少数民族地理环境的险恶。

（六）文化环境问题

文化环境是一种软环境，相对经济、政治环境而言，文化环境与数字、指标等相距较远。文化环境主要指文化的软实力构成。西北民族地区文化环境问题主要表现如下。

1. 民族文化资源流失问题

一方面，社会中大量的民族乐器、民族服饰、民族雕刻品、民族盛物器皿等物质文化流失严重；另一方面，在社会发展过程中，不少民族习俗、民族工艺、民族文学等非物质文化在强大的现代文明冲击下逐渐流失。

2. 民族文化资源过度利用问题

经济利益的驱动，导致掠夺式开发利用民族文化资源，结果致使民族文化资源遭到严重的破坏。

3. 民族文化资源保护、继承与创新问题

在民族文化的保护、继承与创新方面，应该把大力发展民族文化，正确处理好经济发展、政治昌明、社会发展与民族文化的传承、保护和推陈出新的关系。

第二节 西北民族地区宗教偏差行为

偏差行为表现形式多样，偏差行为在社会各种群体中都有不同程度的体现。本节主要阐述西北民族地区的宗教偏差行为及其影响。

一 宗教仍是西北少数民族的主要信仰

宗教对西北少数民族的影响大，不可替代，所以，宗教依然是西北少数民族的主要信仰，处于至高无上地位。2010—2012 年，笔者与研究团队到西北民族地区进行了一项调查，在信仰伊斯兰教的 10 个民族中选取了 5000 人作样本，在信仰藏传佛教的 5 个民族中选取了 2500 人作样本，结果证明了上述论点是可信的。信教的群众不是简单地选取宗教作为自己的信仰，而是对宗教都有不同程度的认识和理解。调查数据的统计表明，在信仰伊斯兰教的 10 个民族的 5000 名调查对象中，信教者是 100%。在信仰藏传佛教的 5 个民族的 2500 名调查对象中，信教者也是 100%。这说明宗教的影响是很大的。在被调查的对象中，我们特别问到为什么信仰宗教，几乎无一例外地都会回答，相信善有善报，恶有恶报。被调查的对象也几乎无一例外地回答，他们相信"两世说"。我们还问到这些被调查的对象，你认为什么职业最受欢迎，几乎无一例外地被调查对象回答的前五个职业的排序是教师、宗教人士、科学家、公务员、演员。为什么宗教人士的排序居于前列呢？在被调查的对象看来，宗教是善的标志，宗教人士在善的指导下为人处世，接人待物，在他们身上，表现了宗教纯洁、善良的品质，从他们身上，可以看到宗教的力量。

此外，西北伊斯兰教门宦发展影响很大。甘肃省既是伊斯兰教派门宦最为集中的省份，也是伊斯兰教诸多教派门宦的发源地。西北有中国的四大教派（格迪目、伊赫瓦尼、西道堂、赛莱菲耶）和四大苏非学派（虎夫耶、哲合忍耶、嘎德忍耶、库布忍耶）及下属的 40 多个门宦分支。一项调查显示，西北青年宗教职业者 67.8% 有教派之分，16.1% 有门宦之分。

另一项社会调查显示,"与择邻倾向相关度最高的因素是教派"。保安族中,新教(伊赫瓦尼)、高赵家门宦、格底目和崖头门宦的影响很大。一撒拉族农民认为,寻亲的时候专门要问教门,因为教门不一样,参加宗教事情互相之间的关系不好处。两名积石山县政府民族干部认为,民族之间通婚是这几年的变化,与信仰门宦有一定的关系。门宦的界限分明了,同一门宦之间就可以通婚。两名聚居区农民认为,最理想的结亲是本教门本民族的人。

二 西北民族地区宗教偏差行为

我们首先应该看到,在西北民族地区,爱国宗教人士是西北宗教发展的积极力量。爱国宗教人士,即宗教教职人员,指持有爱国宗教团体颁发的任职通知书和合格证书、担任一定宗教职务并履行正常职责的信教公民。宗教教职人员通过组织和主持宗教活动,同信教群众在精神上有十分密切的联系,有着不可忽视的重要影响。他们是党和信教群众联系的桥梁和纽带,是党向信教群众宣传民族宗教及各项政策的喉舌。在西北民族发展的过程中,爱国宗教人士一直起着促进的作用,正如毛泽东所言:贵族也有革命的贵族。新中国成立以来,西北民族地区各爱国宗教人士积极参与国家的政治活动,为民族地区的发展和稳定,为信教各民族宗教信仰自由权利的维护都作出了较大贡献。如甘南的拉卜楞寺,是藏传佛教格鲁派六大寺之一,寺内的嘉木样、贡唐仓等活佛在甘青川藏区享有很高的威望。五世嘉木样于1940年从西藏学习返寺后,又进行了改革……由于接受了新的思想,意识到文化落后是经济落后的根子,于是,他于1944年秋向教育部建议成立喇嘛职业学校,得到批准,教师则由通晓藏文和藏语的人士担任。新开课程有算学、国文(即汉文)、常识等普通课。这对西北宗教改革和民族教育的发展影响深远。但是,也应该清醒地看到,西北民族地区的宗教偏差行为时有发生,具体表现如下。

(一)非法宗教活动

"非法宗教活动",主要是指一些宗教人士和信教群众法制观念淡薄或不熟悉、不了解法律、法规、政策,单纯出于宗教感情而进行的一些违背国家宪法、法律、法规、政策及地方性法规、条例的宗教活动。由于西北民族地区宗教意识浓厚,一些非法宗教活动寻机滋事生非。一些宗教人士借传统宗教威望干预行政、司法、公共教育、婚姻、计划生育、文化娱乐等国家和社会行为,干预民事纠纷、经济活动。如在涉及不同民族群众出现民事纠纷时,多有宗教人士参与,给政府和当事人施加压力。在一些公共工程项目中,宗教人士参与组织民族群众增加谈判力量,致使一些重大项目不能及时开工;有些宗教人士企图恢复宗教特权,干涉宗教信仰自由;有些信教群众和宗教人士,本着朴素的宗教和民族认同感情,对一些犯罪分子予以保护,对公安人员抓捕犯罪分子进行干扰;非法宗教活动在争夺教权、教产、教众中往往造成重大事故。我们在社会调查时,总能听到宗教人士非法参与政务的情况。有关调查材料表明,"在一些地方农村,宗教组织甚至挟持群众,干预党政事务,争夺基层政权,甚至把持村委会"。在西北某乡村以"党支书和阿訇谁的威信高"为题的调查中,有的答阿訇,有的答一样高,但没有答党支书高于阿訇的。西北某县一位领导说:"目前,许多村的伊玛目的威信远远超过支部书记和村长。"有些村不是无处开会就是召集不起来会议,只好趁村民做完礼拜后,借用宗教场所召开会议,传达文件。在一些乡村选举中,宗教人士利用做礼拜之机,公开鼓动信徒选谁不选谁,控制了基层干部的选举。个别宗教人士甚至自作主张撤换基层干部,有的甚至染指司法,在某种程度上起到了政治领导的作用。

(二)违法宗教活动

在国际反华势力把民族问题和宗教问题作为对我国实行西化和分化的政治背景下,极端宗教分裂势力妄图破坏祖国统一、民族团结,利用宗教进行违法犯罪活动和危害国家安全。民族分裂主义分子通过派遣人员、邮寄宣传品等方式在农牧民聚居区进行民族分裂的宣传和煽动活动。由于西北民族地区多种宗教并存,各民族大杂居、小聚居,多民族混居,因宗教信仰、民族习俗不同产生的矛盾和纠纷导致的偏差行为时有发生。在我国法治不断加强的过程中,在法律范围和人民调解机制下,问题是很好解决的。但是由于极端宗教分裂分子的恶意破坏,宗教往往成为群体性事件和族群冲突的导火线。宗教分裂分子私办经文点,向青少年灌输反动思想,培植民族分裂主义分子,秘密发展反动组织,攻击、谩骂爱国人士,争夺宗教活动场所和宗教团体的领导权,以讲经为名宣传"圣战",蓄意歪曲经典教义,煽动宗教狂热和民族仇恨,攻击党的领导和社会主义制度,进行危害祖国的宣传,破坏社会安定,利用群众的宗教感情,煽动不明真相的群众非法游行示威,冲击党政机关,搞打、砸、抢活动,蓄意制造动乱和暴乱。"藏独"分子制造的"3·14"事件、"东突独"分子制造的"7·5"事件就是触目惊心的事实,对西北民族地区的政治和社会稳定造成了非常消极的影响。

(三)宗教依附性偏差行为

宗教对西北民族地区的信教群众具有至高无上的权威作用,往往左右信教群众的思想感情。我国法律规定,公民参与社会经济、文化和政治活动,都是独立的。但在现实中,在宗教气氛浓厚的西北民族地区,这种法律规定没有在一些信教群众中真正落实。一些信教群众出于宗教信仰的虔诚,被不法之徒打着宗教的旗号欺骗,参与违法活动,包括参与甘南"7·15"事件。有的信教群众出于宗教感情,被人煽动,参加群体事件,违法乱纪。

三 引导发挥宗教的正面社会功能

宗教之所以长期存在,与其社会功能有关。一般认为,宗教具有五大社会功能。宗教是不可能短期之内消亡的,作为一种历史文化现象,还将长期存在。因此,必须引导发挥宗教正面的社会功能。对此,我们需要认识和理解宗教的社会功能,以便发挥好、运用好、引导好宗教与社会主义相适应,与改革开放相适应,与中华民族伟大复兴的中国梦相适应。

(一)宗教的心理调节功能

宗教是采取内在的解释方式应付人生的实际问题,运用使之在心理上合理化的方式消除危机和矛盾,以非现实的手段自我慰藉,从而消除信教者的空虚,减轻痛苦,稳定情绪。它增强了人们的心理承受能力,提高了人们应付各种现实问题的心理强度,这对于社会安定,人民安居乐业具有积极的作用。

(二)宗教的社会调节功能

宗教的社会调节功能主要表现为调节人与人、人与社会之间的关系。几乎所有的宗教都主张泛爱,不少宗教都有财产公有、人人平等之类的政治思想和禁恶扬善、济世利他之类的伦理思想,宗教信徒从现世做好事,来世入天堂出发,严守宗教规范,这在客观上有利于家庭、地区乃至国家的团结稳定。据喀什一些农村干部反映,自参加宗教的人多起来后,他们那儿再未发生过酗酒的事,子女不尊敬父母的事也很少发生。宗教可以在爱国主义的旗帜下,起到团结民众的作用。信教的与不信教的、信这种教的与信那种教的都本着爱国一家的原则,结成民族同盟,共同对敌。抗日战争中,西北民族的爱国宗教人士和信教群众积极支持抗战就是明证。

（三）宗教的社会整合功能

在一般形态上,宗教由宗教意识、宗教活动、宗教关系和宗教组织等要素构成。宗教是凝聚社会力量的黏合剂,宗教具有使社会结成整体,并稳定和维护这个整体的作用。宗教通过共同的信仰体系,为社会提供了共同的目的和价值观念的基础,有助于实现社会意识的统一。宗教还通过一起参加共同的宗教仪式和执行共同的行为规范,统一人们的行为,集中社会的力量,实现群体活动的基本一致,巩固和加深了群体成员之间的认同感和亲密感,增强了他们之间的沟通和团结。

（四）宗教的社会控制功能

宗教由于以信仰作为维系人群的纽带,具有较强的道德约束力,易于形成内控力,因而在实际生活中发挥了一定的社会控制作用。宗教控制的最大特征在于,它借助神灵的威名,实行自上而下的绝对控制和自下而上的绝对服从,采取以神治人的方式,约束人的行为。宗教的经典、教义、教阶、教规,通过激励教徒遵守执行或严厉处罚犯规教徒,使教徒接受各种社会控制,自觉用教义和教规来规范自己的思想和行为。

（五）宗教的社会教化功能

宗教道德作为一种行为规范,是人的行为的调节器。宗教把道德抬高为宗教教义、信条、诫命和律法,并加以神化和人格化。在宗教文化中,宗教被奉为全部道德的源泉,一切道德的基础。社会生活中的伦理准则和道德规范以宗教信仰来规范,促使教徒去恶向善,并为教徒的道德行为提供神圣的保证,为生活伦理秩序和道德净化奠定可靠的基础。

第三节　民族地区社会群体事件背后的群体心态

我国已经进入社会群体事件的高发期、高危期。分析西北民族地区发生的社会群体事件,可以明显地感觉到群体心态的独特作用和不可低估的影响力。群体心态在时间上的突发性、在情绪上的感染性、在后果上的无法预测性往往使群体事件在利益表达上具有合理性外的矛盾性,在反映民意上具有民主意识表达外的情绪偏激性,在维权行为上具有尊重法律外的非理性诉求。总之,群体心态对社会的发展和进步具有二重性的作用。

一个社会越是开放，越是进步，这个社会越是可能出现大量的新问题、新矛盾。社会群体事件就是我国进入改革开放攻坚阶段、社会深层转型时期特有的社会冲突现象。我国所发生的社会群体事件不同于社会封闭时期的官逼民反、聚众闹事，也不同于民主法制完善时期的示威游行、民众请愿，而是二元社会结构对抗、多元利益格局冲突、体制机制运行不顺畅的产物。从社会发展看，这是前市民社会向市民社会过渡、权力型社会向法理型社会转变、管制型政府向服务型政府发展的特殊时期的特殊产物。现在，我国已经进入社会群体事件的高发期、高危期。社会群体事件在我国不仅发生频繁，而且涉及的社会领域多，参与的人数多，仅2008年11月一个月我国就接连发生了重庆、海南三亚、云南大理、西北永登的出租车、个体司机的集体罢运事件以及甘肃省的"陇南事件"。分析各地发生的社会群体事件，我们可以明显地感觉到群体心态的独特作用和不可低估的影响力。

一 群体心态

心态就是心理状态的简称。早在1918年，美国社会心理学家托马斯就展开了对波兰移民心态问题的研究，这是西方学者最早开展的心态问题研究。心态的经典性定义源自西方社会心理学家奥尔波特在1935年出版的《社会心理学指导手册》一书。奥尔波特对心态的定义如下："是心理和神经的准备状态，通过经验机制化，对个人的心理的所有反映起到指示性和动力性的影响作用。"[①] 我国社会心理学界最有代表性的观点认为，心态是"人们对一定对象的相对稳定、内部制约化的心理反应倾向"。[②] 中西对心态的解释表明，心态乃是人对外界做出的第一反应的心理状态。这个心理状态是尚未来得及思考和加工的心理直觉，是过去经验和阅历本能地对现实的扫描，是情绪对理性压抑后的真实宣泄。从范围上划分，心态分为个体心态、群体心态、社会心态。从类别上划分，心态分为阶层心态、阶级心态、职业心态。从性质上划分，心态分为善的心态、恶的心态。从与社会与他人的关系上划分，心态分为有益心态、有害心态。与群体心态最接近的是社会心态。

[①] Alcock. J. E ed., *Social Psychology*, Canada: Joho Deyell Company, 2008, p. 96.
[②] 沙莲香主编：《社会心理学》，中国人民大学出版社2007年版，第211页。

笔者认为群体心态是社会的一群人对社会感受的情绪化的表达。这一群人对社会的感受可能是正面的、积极的、乐观的，也可能是消极的、负面的、悲观的，更可能是两者兼备。这个感受不可能被这一群人总是埋藏在心里隐而不发，正像高兴要笑，难过要哭一样。这一群人总是要把这个感受宣泄出来，而这种宣泄如果以情绪化的方式表达，就是他们的心态；如果以理性、逻辑的方式表达，就是他们的认识。心态是这一群人当下的、非掩饰性的、没有来得及加工的直观心情，是他们与时间相匹配的、与现场感觉相联系的、调动过去经验和阅历的心理反应。

我们所探讨的群体的心态虽然属于社会心态的一个组成部分、一个片段，但是，与作为带有整体性、全局性、普遍性的社会心态相比较，其差异性不仅表现在内容、形式、结构、特点方面，而且表现在最后的结果方面。从结果看，社会心态的主流和方向总是正确的，社会心态的方向和趋势，总是代表了社会发展的潮流和未来，而群体心态则与局部的、地方的、敏感的社会问题相关联，是针对某个或者某几个具体的社会问题有感而发，不涉及社会心态所关联的历史发展规律、社会走向、国家的未来等大问题，群体心态的特殊性的鲜明特色就在于它所涉及的问题仅仅与一部分人的利益相关，主要是与这些人的民生问题中的衣食住行相关，如果不解决他们的这些问题就要影响他们的日常生活，群体心态要表达的是不满多过满意、愤慨多过快乐、宣泄多过节制、感性多过理智的情绪。经验和常识所认定的有什么样的社会心态就有什么样的群体心态对理解群体心态会产生歧义。社会心态与群体心态两者的关系不是互相包含、互相代替、彼此可以复制的关系，而是原则与现实、普遍与特殊、一般与个别的关系。所以，群体心态不能照搬社会心态的定义来确定，而要按照其特殊性、个别性、现实性的一面确定。

二　社会群体事件中的群体心态表现

群体事件中的群体心态与其他情景下的群体心态不一样。这是因为这时候的群体心态是处于群体之中，受各种情绪的感染机会比较多，与平时的正常心态有明显的不同，对有的人来说，还有很大的不同，很容易走向极端，表现为直接性、分化性、传递性的特点。

（一）群体心态的特点

笔者赋予上文给群体心态下定义时所涉及的"一群人"以特定的含

第十一章　西北民族地区社会偏差行为与社会心态建设

义,这个"一群人"既不是德国社会学家马克斯·韦伯的官僚组织里的正式在编的公职人员,也不是美国行政学家麦格雷格的具有善恶鲜明的X、Y特点的企业人员,更不是被相似的世界观、人生观、价值观、兴趣、爱好吸引而构成的霍桑实验所定义的非正式组织成员。对"一群人"的最好解释当是美国社会心理学家黎朋所说的"群众"①。黎朋认为"群众"是个人的集合体,是偶然相遇的人群。黎朋把这样的"群众"叫作"组织化的群众"和"心理学的群众"。在这个集合体里,个人的性别、年龄、职业、民族成分等特点都已经溶解到群体的心态里,表现为个人心态所不具备的普遍性和综合性。王雅君认为社会心态以"无直接利益冲突"的方式表现出来,具有逆反、盲从、失落和政治参与四个主要特点。这是对社会心态特点的准确概括。但是,以此概括群体心态则不够到位。群体心态固然有社会心态的混杂性、多样性和政治性的一般特点,但是,群体心态表达的是社会领域中的局部利益、职业领域中的某个行业的利益、民生中的生存利益,这就决定了群体心态具有与社会心态不同的独特的特点。

在群体心态里,个人受各种情绪的感染,与平时的正常心态有明显的不同,对有的人来说,还有很大的不同,表现为直接性、分化性、传递性的特点。所谓直接性,就是不像平时,心态受到环境和其他因素的制约,表现得比较平和,而是一反常态,表现出激烈的偏激的对立情绪。所谓分化性就是把过去对某一件事情的心态表现在目前的这件事情上,移花接木。所谓传递性就是各种负面情绪互相传递、互相影响、互相感染,这些错综复杂的情绪混杂在一起,构成一条情绪沸腾宣泄的直线,极易造成社会偏差行为。甘肃省"陇南事件"就很能够说明心态的这些特点。2008年11月17日甘肃省陇南市武都区东江镇的30多名拆迁户集体到市委上访,要求对陇南市政中心搬迁后他们面临的住房、土地和今后生活等问题作出答复。陇南市委和相关部门的干部及时进行接访,但未能与上访人员意见达成一致,上访人员打出"反对搬迁"的横幅,呼喊"反对搬迁"的口号,围堵政府大门,当晚围观和看热闹的群众一度达到千人以上,其中400多人参与冲击市委机关,在11月17日傍晚到18日清晨这段时间里,一些人砸坏车辆和办公设施,打伤维护秩序的武警战士,造成了总计500多万元的损失。事件发生后,公安部门传唤讯问违法人员110人,刑事拘

---

① 周晓虹主编:《社会心理学名著菁华》,社会科学文献出版社2006年版,第17页。

留 30 人。① 这说明在"陇南事件"中真正违法犯罪的人是极少数，大多数人抱着看热闹、跟着起哄、表达非相关利益的心态参与这个群体事件。震动全国的贵州瓮安"6·28"事件、陕西府谷的"7·3"事件、云南孟连的"7·19"事件都反映了心态的这个"误导"的共性特征。

（二）社会群体事件中群体心态类型

群体心态是社会的一群人对群体事件中社会感受的情绪化的表达，是这一群人当下的、非掩饰性的、没有来得及加工的直观心情，是他们与时间相匹配的、与现场感觉相联系的、调动过去经验和阅历的心理反应。所以，一方面社会群体事件的群体心态是消极的、负面的；另一方面又是积极的、正面的。我们应该辩证地看待群体事件中的群体心态。

1. 看客心态

这些看客对社会上发生的大大小小的事情都很热心。他们不是热心排忧解难、热心路见不平、拔刀相助，而是热心围观，热心看热闹，甚至热心到去起哄，去推波助澜，把原本一件小事导向另外一个方向，造成相反的结果，促成社会偏差行为的产生。鲁迅先生早就对这类心态做了无情的批判，发出要改造造成这类心态的国民性的呐喊，这也成为他弃医从文的重要原因。时至今日，鲁迅针砭的看客心态依然存在，成为阻碍我国社会文明进步的一大障碍。

2. 发泄不满的心态

人们对社会的现状肯定会有诸多不满，这是正常的社会现象，有不满才能产生变革社会的愿望。但是，由于体制机制的原因，人们对不满的投诉管道不畅通，乃至不满无处表达，群体事件就成为发泄不满的管道。还有的人借题发挥，指桑骂槐，把此事产生的不满发泄到彼事上，进行情绪转移，其目的只是为了追求内心的所谓平衡，却引爆了群体事件中的杂乱情绪，造成场面的失控。

3. 破坏心态

有的人的认知模式存在缺陷，不能理性地观察和认识自己、他人和社会，把事业上的不如意、生活中的挫折、人生中的烦恼都归因于他人和社会，而很少或者从未反思和检讨自己的过失。在他们的眼里，社会黑暗，人心叵测，工作和生活之路暗流汹涌，社会和他人对自己的亏欠无法忍

---

① 崔木杨：《陇南事件评述》，《兰州晚报》2008年12月8日第1版。

受，群体事件给了他们一个发泄这种情绪的机会，变成他们蓄积已久的破坏心态的直接表现场所，这就是为什么群体事件会产生破坏公共财物的重要原因。

4. 寻求权力的心态

当代社会冲突论的主要代表人物德国社会学家达仑多夫指出社会冲突的基础是不可避免的社会变迁带来的利益冲突。在达仑多夫看来，这个利益冲突是权力不均衡分配的结果。我国目前存在的权力过于集中在政府、利益分配不公、人民群众参与国家管理的渠道不畅等体制机制、社会结构、治理模式等方面的先天性缺陷，造成了上下隔阂、官民对立、管制与放开、民主与法制、监督与权力的二律背反。政府力求通过高度集中的旧的管理体制的改革、政府职能转变，通过社会建设、政治建设、法律建设等走出这个二律背反，人民群众也希望通过与政府合作，获得更多的政治、经济、文化、社会管理等方面的决策权和知情权以走出这个二律背反。在双方都未能够找到最佳的结合点和话语沟通点的时候，部分群众就难免会通过群体事件寻求属于自己的权力，维护自己的利益。

5. 推动改革开放的心态

改革开放对人民群众的好处多过对政府的好处，人民群众是改革开放的最大受益者，改革开放最能够体现人民群众是历史的动力这个历史唯物主义的命题。人民群众希望改革开放的速度、质量、效益都能够更快更优更好，也希望从中获取更多的实惠。但是，改革开放不可能一步到位，是一个渐进的过程，其复杂性、艰巨性和革命性包含着新与旧、进与退、善与恶、美与丑、必然性与偶然性等无数难以想象的矛盾和问题。从政府方面看，大的路线方针政策、大的措施步骤都是为了推进改革开放，加快发展，但是，地方一些政府部门和工作人员普遍存在的陈旧的思想观念、拖拉的工作作风、滞后的处理问题的方式方法都对改革开放的大局产生了消极影响，而对改革时机的把握的不准确、对改革前景预测的不到位，也有意无意地违背了民意，带来人民群众的利益损失。这是产生群体事件的群体心态的另一个重要原因。

由此可见，社会群体事件背后的群体心态具有正面和负面两种形态，其正面的群体心态反映了基层人民群众渴望政府管理体制机制早日完善、维护切身利益、实现社会的公平正义的呼声和愿望；其负面的群体心态则是混杂了无关正面心态的反社会、反规则的偏差心态，宣泄了影响社会稳定、影响人民安居乐业的偏激情绪。

三 辩证看待社会群体事件背后的群体心态的善和恶

群体心态的善与恶的两种表现形式，决定了群体事件对社会具有双重作用。就群体心态所表现的恶的这一面而言，要辩证地看，其对社会的进步和发展的意义，特别是对推动进一步改革开放的意义，是应该肯定的，总体上是利大于弊。社会群体事件暴露了政府在执政为民时存在的大量的体制机制、社会管理、社会文明建设、公平公正利益处理等方面的问题，敲响了政府工作进一步改进的警钟，客观上，有利于加快改革开放向纵深发展的速度和水平，有利于解决妨碍构建和谐社会的诸多民生问题，突出政府以人为本的执政理念，促进服务型政府的早日建立。就群体心态表现的善的一面看，群众的好心没有得到好报，群众主观上追求公平公正、维护合法权益、推进改革开放的愿望在群体心态的作用和感染下，被转化为善恶混杂、良莠难辨甚至以假乱真的矛盾表现形式，客观上造成了影响社会稳定、冲击社会秩序的结果。

究竟怎么看待群体心态的善与恶的关系呢？笔者倾向于以恩格斯的观点为依据进行判断。恩格斯在谈到善与恶对社会进步和发展的意义时，特别肯定了黑格尔关于恶的思想，否定了费尔巴哈关于善的思想。因为费尔巴哈的善的思想宣扬的是不分阶级、不分场合的内容贫乏单调的爱，本身不仅缺乏深刻丰富的内容，而且无视在历史的发展进程中起到推动作用的革命斗争的巨大作用。黑格尔的恶的思想则完全不同，体现了否定之否定的辩证法，内容丰富深刻。恩格斯写道："在黑格尔那里，恶是历史发展的动力借以表现的形式。这里有双重意思，一方面，每一种新的进步都必然表现为对某一神圣事物的亵渎，表现为对陈旧的、日渐衰亡的、但被习惯尊崇的秩序的叛逆；另一方面，自从阶级对立产生以来，正是人类的情欲、贪欲和权势欲造成了历史发展的杠杆。"[①]

社会群体事件背后的群体心态从表面上看是恶的，但是，通过这个形式上的恶，在内容上却体现了人民群众所理解的善的意义，这就是政府应该关心和重视人民群众的利益，应该倾听人民群众的呼声。从本质上看，这是人民群众对政府抱有信心、寄予希望的表现。在现实生活中，体制机

[①]《马克思恩格斯选集》，人民出版社2012年版，第263页。

制、社会结构、政府治理等方面的重重问题损害了人民群众的一些利益，群体心态所要表达的正是这种呼唤社会公平公正归位的诉求。应该看到，群体心态的无节制性、无约束性是群体行为最容易走入歧途、被某些别有用心的人所利用的主要原因，按照黑格尔的观点，这种混乱的状态只有国家才能有权力控制和解决。黑格尔认为国家代表着人类的理性和市民社会的普遍意志，而个人则体现的是特殊意志、特殊利益，只有把特殊性提升为普遍性，特殊性的存在才能够获得普遍性的价值和意义。

对群体心态的调控，就政府层面来说，最重要的是建立完善的体制机制，以保障人民群众的合法利益不被损害，同时加快转变职能的步伐，为人民群众提供优质、周到的服务。就精神层面的内容来说，最重要的是确立全社会公认的公共价值观。这个公共价值观是共性与个性的统一、个人自由与社会自由的统一、民主与法制的统一、自律与他律的统一，其主要内容是以社会主义的核心价值观为基础，以社会价值观、家庭价值观、职业价值观、日常生活价值观统领人们各个领域的行为，培养人们的公共心态，即以法律、道德和理性为归依的心态。如同黑格尔在《法哲学原理》第197节指出的："个别的人，作为这种国家的市民来说，就是私人。他们都把本身的利益作为自己的目的。由于这个目的是以普遍物为中介的，所以在他们看来普遍物是手段，所以他们要达到这个目的，就只能以普遍的方式来规定他们的知识、意志和活动，并使自己成为社会联系的锁链的一个环节。"[①]黑格尔所说的普遍的方式、社会联系就是笔者所说的公共价值观，只有建立了公共价值观，并且在体制机制方面提供保障，人们才能以统一的、规范的、一致的公共心态按照法制、道德和理性的要求面对各种社会问题，维护社会稳定和发展的大局。这是一个社会充满活力、兴旺发达、蓬勃向上、欣欣向荣的重要标志。

第四节 西北民族地区社会心态建设

西北自古以来就是个多民族聚居的省份。甘肃省民族地区诸多社会问题和社会矛盾都会在少数民族的社会心态中有所表现和反映。通过加强日常交往的社会心态建设、加强宗教社会心态建设，可以探索解决好甘肃省

---

① ［德］黑格尔：《法哲学原理》，商务印书馆1996年版，第201页。

民族地区出现的社会偏差行为的新途径、新方法，促进民族地区的社会和谐，加强民族团结，维护祖国统一，推动民族地区的社会进步。

一 加强日常交往社会心态建设

日常交往是最经常、最大量、最频繁的交往，加强日常交往社会心态建设，将有助于将心态建设经常化、日常化、常态化和动态化，有助于形成社会心态建设的实效性。

（一）抓住日常交往心态特点开展以下心态建设

一是重视社会公德建设，开展内容丰富、形式多样的社会主义荣辱观教育，培养西北少数民族群众的高尚道德，形成人人讲道德的良好习惯。

二是重视职业道德建设，开展职业道德教育，培养西北少数民族群众良好的职业道德，形成人人热爱工作、爱岗敬业的良好习惯。

三是重视民族团结的教育，充分利用甘肃省的民族团结月等开展以热爱祖国、热爱中国共产党、热爱社会主义制度的教育，培养西北少数民族群众对祖国、对党、对社会主义的感情。

四是重视法制教育，开展以普法为核心的社会主义法制教育，培养遵纪守法的意识，提高遵纪守法的水平。

（二）构建多元化矛盾纠纷解决机制

一是认真贯彻实施民族法律法规。在充分了解民族自治地方的民族历史、经济、政治、文化、民俗等情况下，充分行使变通权，在民族区域自治法规定的自治权事项范围内，采取更为特殊的政策措施，用好用活上级国家机关给予的各项优惠政策，使国家法律、政策和民族特点有机结合起来，体现民族特色，使之有针对性地解决民族自治地方的实际问题。

二是发挥司法机关化解矛盾纠纷的职能作用。要坚持法律面前一律平等的司法原则，对汉族和少数民族在适用法律上做到不偏不倚，平等对待，尊重少数民族宗教信仰和风俗习惯，保护少数民族群众的合法权益。

三是依靠人民调解组织化解矛盾纠纷。全面加强人民调解组织的建设，进一步调整、充实、巩固乡镇（街道）、村（居）委会调解组织、发展行业性调解组织、规范企事业单位调解组织，建立面向社会服务的专业化、行业性的人民调解组织机构。司法行政机关、人民法院要加强对人民调解组织的业务指导，规范人民调解组织的工作，提高人民调解组织的调解水平。

四是利用宗教、非政府组织化解矛盾纠纷。西北民族地区信教群众所占的比重较大。为此，要鼓励、支持教职人员对教义教规作出符合社会进步要求的阐释，深入挖掘其中蕴含的有关和谐的思想资源，借以团结动员发动信教群众。在信教群众之间发生纠纷后，有关部门和组织可以邀请宗教教职人员参加调解，引用宗教的教义作群众的思想疏导工作，平息各方矛盾纠纷。

五是建立诉讼与非诉讼手段解决纠纷对接机制。要引导群众把人民调解作为解决纠纷的第一选择，把到人民法院起诉作为解决纠纷的最后手段。要探索建立基层组织联合调解矛盾纠纷机制，基层社会矛盾纠纷发生后，派出所、基层法庭、司法所要密切配合，共同做好调解工作。

六是最大限度地畅通人民群众诉求渠道。民族地方政府要建立健全社情民意反映机制和有效的运行机制，全面推行政务公开，采取讨论、服务、合作、激励等容易沟通的办法，使群众的意愿得到充分表达。要建立公共利益诉求的保障机制，广泛听取群众意见，及时研究解决群众的合理诉求。

（三）建立民族关系的调节机制

（1）行政调节。行政调节是指行政机关包括那些经过授权的组织通过制定、实施政策或直接查处、干预有关事件，来调节民族关系。

（2）社会调节。所谓社会调节，就是利用民间（非官方）——个人、团体和舆论的力量处理民族关系中出现的问题。因此，应充分发挥民间团体和舆论的调节作用，使西北世居少数民族的日常交往的法制心态与社会主义法制建设相适应。

（3）法律调节。法律调节就是指通过法律的制定、执行、遵守以及宣传教育来规范民族关系。

（四）建立与民族区域自治相适应的国家法心态

西北民族地区的少数民族的社会心态通过民族自治将达到国家法的水平，这个心态指要按照民族区域自治的规定处理各种问题、各种矛盾。

二　建设坚持党的宗教政策的社会心态

建设坚持党的民族宗教政策的社会心态就要认真学习党的宗教政策，以党的宗教政策处理日常交往的宗教问题。这样的社会心态如果形成就会把党的宗教政策落到实处，成为西北民族地区少数民族群众的自觉行动。

党的宗教政策强调各民族一律平等，都有信教和不信教的自由。毛泽东认为："宗教信仰自由，可以是先信后不信，也可以是先不信后信。""除非他自己不信教，别人强迫他不信教是很危险的。"邓小平指出："对于宗教，不能用行政命令办法，但宗教方面也不能搞狂热，否则同社会主义，同人民的利益相违背。"中共中央制定并印发的《关于我国社会主义时期宗教问题的基本观点和基本政策》规定："每个公民既有信仰宗教的自由，也有不信仰宗教的自由；有信仰这种宗教的自由，也有信仰那种宗教的自由；在同一宗教里面，有信仰这个教派的自由，也有信仰那个教派的自由；有过去不信教而现在信教的自由，也有过去信教而现在不信教的自由。"宗教的信仰是"公民个人的私事"，不受任何人的干预。"同时，绝不允许宗教干预国家行政、干预司法、干预学校教育和社会公共教育，绝不允许任何人特别是十八岁以下少年儿童入教、出家和到寺庙学经，绝不允许恢复已被废除的宗教封建特权和宗教压迫剥削制度，绝不允许利用宗教发对党的领导和社会主义制度，破坏国家统一和国内各民族之间的团结。"1991年1月30日江泽民同志在对我国宗教界领导人的谈话中明确提出了"我们处理同宗教界朋友之间的关系的原则是政治上团结合作，思想信仰上互相尊重"的著名论断，1993年11月7日在全国统战工作会议上的讲话中，江泽民同志明确提出在宗教问题上，"一是全面正确地贯彻执行党的宗教信仰自由政策，二是依法加强对宗教事务的管理，三是积极引导宗教与社会主义社会相适应"。2001年12月10日在全国宗教工作会议上的讲话中，江泽民同志在谈到21世纪宗教工作的基本任务时，将"三句话"扩展为"四句话"，即"全面贯彻党的宗教信仰自由政策，依法管理宗教事务，积极引导宗教与社会主义相适应，坚持独立自主自办的原则"。党的十六大报告中，这"四句话"正式确定为党的宗教工作基本方针。2004年9月19日，在中共十六届四中全会通过的《中共中央关于加强党的执政能力建设的决定》中，胡锦涛同志从"推进社会主义民主制度化、规范化和程序化，保证人民当家做主"，"不断提高发展社会主义民主政治的能力"的角度，提出了"全国做好党的宗教工作，贯彻党的宗教信仰自由政策，依法管理宗教事务，坚持独立自主自办的原则，积极引导宗教与社会主义社会相适应"。胡锦涛强调，无产阶级政党对待宗教问题的基本原则和态度，概括起来主要有三条：其一是实行政教分离和宗教信仰自由，绝不可采取行政命令禁止宗教的原则；其二是用科学的世界观教育群众,对待宗教问题要服从于无产阶级政党基本任务的原则;其三是维护无产阶级政党马克思主义指导思想的纯洁性,坚持宗教对国家关系同对无产阶级政党相区别的原则,即宗教对国家来说,是私人的事情,但宗教对无产阶级政党来说,绝不是私人的事情。因此,不允许共产党员信仰宗教。

我们党还主张,信教群众和不信教群众在政治上、经济上的根本利益是一致的。由于消灭了剥削阶级和剥削制度,宗教存在的阶级根源已经基本消失,宗教问题上的矛盾主要已经属于人民内部矛盾,宗教和宗教团体从总体上说与政治体系的作用方向是相一致的,这是宗教对政治稳定产生积极影响的前提。建立在这一基础上的宗教组织,在团结群众、引导群众、维护社会与政治稳定方面起着非常积极的作用,是党和政府维护、保持民族地区政治稳定的重要力量。同时,因为非法宗教和极端宗教活动的存在,宗教也常常成为一定范围的政治与社会不稳定的导火索。我们党还认为,宗教具有长期性、群众性、民族性、国际性、复杂性的特点。因此,对宗教问题应当坚持全面的、科学的观点,正确区分不同性质的宗教活动,深入细致地开展工作,力戒"一刀切"和简单粗暴的方法,因势利导,引导宗教与社会主义制度相适应,避免由于人为原因而产生和酿成较大事端,以达到维护社会和政治稳定的目的。把信教群众的意志和力量集中到建设现代化的社会主义强国这个共同目标上来,是我们贯彻执行宗教信仰自由政策,处理一切宗教问题的根本出发点和落脚点。

三 建设宗教与社会主义相适应的社会心态

建设宗教与社会主义相适应的心态就是要引导信教群众积极参加各项事业的建设,投身改革开放的伟大实践,在实践中,增长知识和才干。这个心态就是要在认同自己的民族、认同自己的祖国、认同中国共产党、认同社会主义制度的基础上产生。具体表现为具有社会主义核心价值体系的价值观,只有在这个价值观的指引下,才能建立与社会主义相适应的社会心态。

中国共产党把宗教问题同革命和建设任务紧密结合起来,引导宗教随着革命和建设的发展,逐步走向革新和进步。新中国成立后,在基督教、天主教中开展反帝爱国运动,推行自治、自养、自传,驱逐了帝国主义在中国的传教士,断绝了与帝国主义的经济、政治联系,建立了宗教界广泛的反帝爱国统一战线，从而使基督教和天主教由受帝国主义控制的侵略工具，变为中国教徒独立自办的宗教事业。同时，废除藏传佛教和伊斯兰教中的封建压迫剥削制度，宗教走上与社会主义相适应的道路。

新中国成立之初，针对喇嘛宗教人士一不生产物质，二不生产人的问题，毛泽东认为："喇嘛要从事生产，搞农业，搞工业，这样才可以维持长久。"实际就提出了宗教与社会主义相适应的思想。江泽民曾指出："包括信教群众在内的广大人民群众的根本利益的一致性，我国各宗教自身的改革和进步，是宗教与社会主义社会相适应的两个基础。""支持他们努力对宗教教义作出符合社会进步要求的阐释。""鼓励和支持宗教界发挥宗教中的积极因素为社会发展和稳定服务。""宗教作为思想上层建筑的一个部分是被经济和政治决定的，是服从于一定社会的经济和政治的。这是社会发展的一个规律。正是这个规律决定着任何一个社会的宗教都要适应它所处的社会。"

在宗教与社会主义相适应的思想指导下，西北成立了省、州（行署、市）、县伊斯兰教协会，创办了伊斯兰教经学院、佛学院，举办了阿訇、僧人进修班；各寺院都成立了寺管会组织，引导宗教人士团结开寺，以寺养寺，减轻信教群众的宗教负担，不仅使群众过上了正常的宗教生活，而且逐步把宗教活动纳入法制化轨道，在爱国主义的旗帜下把爱国与爱教统一起来，自主办教，从而使伊斯兰教、藏传佛教等的活动走上了与社会主义社会相协调相适应的道路。如西北临夏市伊斯兰教协会制定了爱国公约，协助市委市政府贯彻宗教信仰自由政策，积极配合政府，植树造林，美化市区，捐资助教助学，推动和发展民族教育，宣传计划生育政策，促进了民族团结、安定社会秩序。从来没有读过书的穆斯林老人马孝忠1993年捐资创办了临夏市第一所民办幼儿园——木场幼儿园，1996年又捐资创办了临夏市第一所民办小学——和平小学。西北伊斯兰教协会会长杨森主张："我们阿訇讲的卧尔兹要坚持承前启后、继往开来、与时俱进的精神，既要将《古兰经》、'圣训'原原本本讲给穆民，又要坚持科学发展观，严格遵照教义、教法原则，紧密联系现实生活中事关穆斯林民族利益的方方面面的事去讲，目的在于引导大家增长知识，开阔视野，提高素质，跻身中华民族的先进行列，为国家为民族作出应有贡献。"因此，《甘肃省新编卧尔兹演讲集》基本体现了这种与时俱进的精神，取得了很好的社会效果。

自 1984 年在佛教界提倡"人间佛教""以寺养寺""农禅并举"以来，在信仰藏传佛教的藏族、裕固族地区内，各个寺院的管理委员会积极响应，组织僧众开展自养活动。1997 年，甘肃甘南州已有 106 座寺院不同程度地开展了寺院生产自养事业，占全州寺院的 61%；生产自养的项目也由原来的几项增加到 20 多项，其收入也在逐年增加。寺院经济出现在藏区社会，对藏区的社会经济发展产生了巨大而深远的影响，是藏区经济发展的一种补充形式。如拉卜楞寺从寺中抽调年轻的喇嘛到甘肃省民族出版社、甘南报社学习机器印刷业务，开办了铅版机器印刷厂，收入甚丰。另外，拉卜楞寺还经营饭店、旅店、书店，等等，在僧人中普及和推广科学文化知识。甘南藏族自治州从 2007 年开始，将贫困僧尼纳入社会低保对象，给予生活补助和医疗救助。甘南藏族自治州把宗教活动场所切实纳入新农牧村建设范围，帮助解决存在的困难和问题，寺院是农牧村重要的组成部分，僧人是国家公民，要求基层政府要与村委会、村民小组和村民同样对待。这样，广大僧众既过上了正常的宗教生活，也过上了正常的公民生活，可谓僧俗两利、僧俗两便。

四 建设依法管理宗教事务的社会心态

建设依法管理宗教事务的社会心态，不仅指政府对宗教的管理要在法律的范围内进行，不能离开法律处理宗教问题，也包括各种宗教活动必须依法进行，不能脱离法律控制和约束，更不能使宗教活动违法乱纪。所以，建立依法管理宗教事务的社会心态是纠正宗教偏差行为的重要措施。建立依法管理宗教事务的社会心态是西北民族地区走向法制化、现代化的必然要求，坚持依法管理宗教事务，就是要保护合法的宗教活动，制止非法的宗教活动，抵御国外三种势力的渗透，打击宗教犯罪活动，确保宗教活动规范有序进行，这是国家管理宗教的基本政策。依法管理宗教，就是要改变历史上存在的那种以个人好恶对待宗教的做法，一切以法律为依据，以法律为判断是非的标准，保护一切合法的宗教活动，反对一切非法的宗教活动，就是要保证一切宗教活动都在法律范围内开展，按照法律规定有秩序地进行。坚持这一要求，对于处理好当前西北民族地区的宗教问题十分重要。

1. 正确理解依法管理宗教事务的含义

1991 年《中共中央、国务院关于进一步做好宗教工作若干问题的通知》中首次提出"依法管理宗教事务"。它包含两个方面的内容：一方面是通过这种管理，依法纠正违背宗教法规和宗教政策的现象，切实保障宗教信仰自由，保护宗教团体和寺观教堂的合法权益，保护宗教教职人员履行正常的教务活动，保护信教群众正常的宗教活动，使党的宗教政策得到全面正确的贯彻执行。另一方面是通过这种管理，把宗教活动纳入法律、法规和政策允许的范围，防止宗教活动出现无序状态，防止和制止不法分子利用宗教制造混乱、违法犯罪，抵制境外敌对势力利用宗教进行渗透。

2. 维护法律尊严，承担公民法律义务

作为信仰宗教者，西北民族地区的信教群众具有公民和教民两种身份。作为国家公民，就要对国家承担一定的法律和社会责任；作为教民，就要对所信仰的宗教承担一定的责任和义务。公民的法律和社会责任表现为遵守国家法律，把国家利益放在首位，与一切破坏民族团结、分裂祖国的思想和行为展开坚决的斗争，在这个大是大非面前，任何一位信教群众都必须立场坚定，旗帜鲜明。宗教活动必须是在宪法和法律规定的范围内活动，不得妨碍社会秩序、工作秩序和生活秩序。如果宗教教义、教规与宪法、法律、法规和政策有抵触之处，则应依照宪法、法律、法规和政策办事。从实际情况看，在一些基层地方还存在着不可忽视的思想认识问题，信仰宗教者对依法管理宗教事务认同度不高，教民意识高于公民意识。对西北民族地区一些宗教氛围比较浓厚的乡村的调查显示，信教群众中有26%的人不了解《宗教事务条例》，65%的人认为可以在任何场所进行宗教活动；在宗教人士中，有67%的人认为宗教信仰自由就是宗教不受限制的自由，任何人或组织不得干预宗教自由。这说明，建立依法管理宗教的社会心态迫在眉睫，势在必行。

第十二章

西北民族地区民族团结教育、民族发展与民族关系

民族团结是民族团结进步事业的基础，是我们这个统一的多民族的国家的民族关系中的最重要、最基本、最丰富的构成要素，是各个民族共同进步发展、共同繁荣昌盛的基础和保障。通过民族团结教育促进民族团结进步事业是当前民族工作面临的重要任务。本章分析和阐释西北民族团结教育中社会心态的调节和生成作用，解析影响西北民族地区民族关系的内部和外部因素，提出构建西北民族地区和谐民族关系的路径。

第一节 民族团结教育中社会心态的调节和生成

马克思主义中国化、全面建设小康社会、应对全球金融危机形势下的民族团结进步事业对民族团结教育的质量、水平和效果都提出了更高、更严、更具有创新性的标准和要求。为此，我们着重探讨在民族团结教育过程中，如何通过社会心态的调节和生成作用，增强民族团结的教育效果，"巩固和发展平等团结互助和谐的社会主义民族关系"[①]，推进民族团结进步事业在我国的大发展、大繁荣。

一 民族团结与社会心态

民族团结是各民族社会主义团结互助友好和谐关系构建的大事。如何

[①] 本书编写组：《十七大报告辅导读本》，人民出版社2007年版，第31页。

才能搞好民族团结,始终是我们这个多民族的社会主义国家面临的艰巨、重要的任务。在以往行之有效的做法的基础之上,笔者提出通过社会心态的调节和生成进一步加强和巩固民族团结。

(一)民族团结

什么是民族团结?我国学术界最有代表性的观点有三种,其一,金炳镐认为:"民族团结是指不同民族在社会生活和交往联系中的和睦、友好和协调、联合。"① 其二,徐杰舜认为,民族团结是一个历史范畴,是民族与民族之间互动中认同的整合关系。② 其三,李善凯认为,民族团结是民族之间的相互认识、友谊情感和合作意志三种心理成分的构成。③ 金炳镐从民族共同体的社会生活和交往关系的角度定义民族团结,徐杰舜从民族共同体认同的角度定义民族团结,李善凯从民族团结的认知模式的角度定义民族团结。由此看来,民族团结的含义可以从不同层面、不同角度加以界定。交往、交流意义上的民族团结指民族关系的和睦、和谐;认同、认知意义上的民族团结指对国家统一和国家的民族生成的确认;政治意义上的民族团结指对民族不平等、民族歧视的消除;经济意义上的民族团结指对民族发展差异、民族进步距离的缩小;文化意义上的民族团结指对各民族文化的尊重、爱护和扶持。总而言之,民族团结是在中国共产党领导下的中华民族的各个民族不可分割的大联合。这个大联合的观念的含义是胡锦涛总书记指出的:"我国民族团结进步事业是中国特色社会主义事业的重要组成部分。""民族团结进步是中华民族的生命所在、力量所在、希望所在。"这个大联合的政治含义是各民族一律平等,这个大联合的经济含义是各民族共同富裕,这个大联合的文化含义是中华民族的文化是多元一体,这个大联合的社会含义是中国是一个统一的多民族的社会主义国家。这个大联合的事实含义是"汉族离不开少数民族,少数民族离不开汉族,各少数民族之间也互相离不开"。民族团结包含了如此丰富的内涵和深远的意义,必须通过深入、广泛和持久的民族团结教育才能深入人心,被大家理解和接受。

(二)民族团结中的社会心态

社会心态是19世纪中叶由法国年鉴学派所创立的心态史学提出的用

---

① 金炳镐:《民族理论与民族政策概论》,中央民族大学出版社2006年版,第304页。
② 尹可丽、尹邵清:《民族团结心理的研究的内容与方法的建构》,《云南民族大学学报》2008年第3期。
③ 同上。

来概括一个社会普遍存在的心理、精神、情感状态的概念。现在，社会心态已经成为社会科学中所有学科运用最广泛、最普遍、最经常的内涵丰富、指向多样的概念之一。哲学从认知模式中的自由出发研究社会心态对理性的影响，文学从审美模式中的情感出发研究社会心态与审美的关系，政治学从政治体制中的自我的认同感出发研究社会心态，经济学从经济结构中的自我的生产和消费的心理状态出发研究社会心态，社会学从社会的阶层结构的互动关系出发研究社会心态。这些不同层面、不同角度的对社会心态的研究进一步丰富、扩充和延伸了社会心态的内涵和外延，使社会心态的研究早已经超越了当年法国的心态史学的研究范围，而将社会心态的研究推及到思想、文化、政治、经济、社会的各个领域、各个方面，呈现出学科多样、涉及面宽广、定义角度各异、分歧争议层出不穷的特色。综合各个学科对社会心态的定义，社会心态的最基本的共性含义是人们通过"对某一目标的评价性（好—坏）的判断"① 所形成的心理状态，是人们在社会生活中依靠思想感情、价值取向、符号体系构成的形形色色、千姿百态的反应和态度。

民族团结社会心态在本书的含义是指人们对民族团结教育的反应和态度。社会心态意义上的反应和态度的最大特点是直接性、快捷性、转移性和里外一致性。

1. 直接性、快捷性

直接性就是社会心态的反应和态度是自我当时、当地、当下的反应和态度，快捷性就是社会心态的反应和态度是自我立竿见影、不加修饰和掩盖、立即表现出来的反应和态度。

2. 转移性

转移性就是社会心态可以把这个反应和态度向另一个反应和态度转移，造成一件事情有双重甚至多重的反应和态度的混合。

3. 里外一致性

里外一致性指社会心态是自我有什么样的反应就有什么样的态度的表现。反应与态度好像孪生姐妹，构成社会心态，反应深藏不露，态度见之于形，"形而上者为道，形而下者为器"。"道"作为社会心态的反应是看不见的心理活动，"器"作为看得见的心理活动，把社会心态的"道"表

---

① ［美］米德：《心灵、自我与社会》，赵月琴译，上海译文出版社1992年版，第190页。

现出来,构成行为的开端。反应是可以调整的,态度是可以改变的,社会心态可以通过调整反应和态度生成新的心态,增强民族团结教育的效果。一个对民族团结教育持有不正确态度的人,对民族团结教育就会采取抵触的行为;一个即使是认识了民族团结教育重要意义的人,如果社会心态有问题,也不会对民族团结教育采取积极的态度。所以,要保证民族团结教育的效果,就要改变旧的心态,生成新的心态。

(三)产生民族团结教育的心态问题的原因

产生民族团结教育的心态问题可能有三方面的原因。其一,认识不到位,认为民族团结教育不重要;其二,情感不到位,认为民族团结教育惹人反感;其三,意志不到位,认为民族团结教育分散精力。这三个方面的问题都与社会心态相关联,说明知情意三者本身以及互相的配合出现了问题。如果三者和谐一致,互相配合,自我就能够形成正确的反应和正确的态度;如果三者互相对立,互相冲突,杂乱无章,自我就会做出错误的反应,形成错误的态度。因此,社会心态的调节和生成作用实际上就是怎样处理好知情意三者的关系的方法。

二 社会心态对民族团结教育的调节

社会心态通过四个方面重要关系的调节,生成四种心态,促使自我形成对民族团结教育的正确反应和正确态度,建立民族团结观。

(一)调节自我的心理状态与其他人的心理状态的关系

社会心态通过调节自我的心理状态与其他人的心理状态的关系,生成自我与他人结合的心态。某个人的心理状态和其他人的心理状态是英国哲学家艾耶尔[①]概括社会道德的话语。某个人的心理状态由自我的认知、情感、意志和欲望构成,其他人的心理状态由自我之外的所有人的认知、情感、意志和欲望构成。这两个方面状态的统一才能构成自我完整的社会心态。完整的社会心态既是自我的心态,也是集体的心态,是个人心态与集体心态在社会化的、主流化的世界观、人生观、价值观、荣辱观基础上的统一。

如果自我的心理状态脱离其他人的心理状态,在民族团结方面就会出现下述三个认识问题。其一,56个民族共同组成的中华民族的大家庭的现

---

① [美]米德:《心灵、自我与社会》,赵月琴译,上海译文出版社1992年版,第175页。

实可以保证民族团结自发形成，民族团结教育多余；其二，以民族区域自治法等为核心的各项有关民族问题的法律法规自然会促成和保证民族团结，民族团结教育可有可无；其三，民族团结是国家富强、人民生活水平提高的产物，民族团结教育应该成为经济发展的衍生品。"多余论""自然论""衍生论"都是经不起实践检验的错误认识。事实证明，民族团结既不多余，也不能自发形成，更不是经济发展的衍生品。拉萨"3·12"事件、乌鲁木齐"7·5"事件已经无情地粉碎了这些幼稚、简单的幻想。这些认识之所以经不起实践的检验，从某个人的心理状态和其他人的心理状态的关系看，是以自我的心理状态单独作出反应、形成态度的结果。多余论是自我的心理状态的以静态的思想方法看问题的结果，而没有把其他人的心理状态结合起来，融进动态的思想方法看待民族团结的现实。静的民族团结的现实就是我国这个统一的多民族国家的现实是理想的现实，是谁也改变不了的现实，用不着开展民族团结教育。动的民族团结的现实就是我国的统一的民族国家的现实离理想的现实尚有距离，还需要不断加强和巩固。自然论是自我的心理状态以偏的思想方法而没有结合其他人的心理状态的以全的思想方法看待民族团结教育的结果。偏的思想方法导致自我只见树木，不见森林，只看见一点，看不见点与点、点与面的联系。全的思想方法则纠正了偏的思想方法的偏差，看到了加强民族团结教育，不能仅仅依靠法律规范形成的行为约束，这仅仅是一个着力点起作用，还要注重转变人们的思想认识，引导人们树立坚不可摧的民族团结观。衍生品是自我的心理状态的现象的思想方法看问题的结果，而不是结合其他人的心理状态的以本质的思想方法看问题的结果。国家富强、人民生活水平提高只是事物的一个方面，是事物的现象，事物的本质还需要从社会现象背后的社会发展规律和自我的思想深处的认识根源去寻找。民族团结观念的形成固然与环境的影响分不开，但是，最根本的还是要通过民族团结教育的培养才能最终形成。环境的改变与人的改变在实践意义上是一致的，改变的环境是改变的人的产物，人在改变环境的过程中居于主导地位。

社会心态就是通过调节自我的心理状态与其他人的心理状态的关系，纠正自我的心理状态的片面的思想方法，生成自我与他人结合的心态。这个心态将保证自我对民族团结教育重要性和紧迫性的认识的到位，改变自我对民族团结教育的不正确的反应和态度。

（二）调节主我与客我的关系

社会心态通过调节主我与客我的关系，生成主我与客我结合的心态，自我由主我和客我的统一构成。美国社会学家米德是这样解释主我和客我的含义的。"主我是当共同体的态度出现在个体的自己的经验之中对个体这种态度所作的反应。"① "客我本质上是社会群体的成员，因而代表该群体的价值观，代表该群体是指成为可能的那种经验，它的价值观是该社会所有的价值观。"② 由此看来，主我仅仅代表个人，客我才代表社会。完整的自我就是两者的结合。主我对客我的适应、接受和改造，客我对主我的约束和控制是自我作出正确反应，形成正确态度的原因。只有主我构成的社会心态是缺乏实际内容、不完整的、片面的社会心态，是个人主义、利己主义的自私的社会心态，这种心态就是德国哲学家费希特批判的"人的恶根"的本源。只有客我的社会心态，同样是缺乏自主性、独立性的不完整、不全面的无实际内容的社会心态，也不能对客观世界作出正确的反应，形成正确的态度。主我和客我的统一的社会心态是自我经过社会化的加工和整理后正确处理社会利益与个人利益的反应和态度。祖国和人民的利益高于一切是主我和客我相统一的社会心态的基本原则。

有些人的自我里的主我游离在客我之外，表现了反社会、反集体、反传统的倾向，追求所谓绝对的自我设计、自我发展、自我完善，造成主我与客我的反应和态度互不相容的尖锐对立。表现在民族团结教育方面就产生对包括民族团结教育在内的所有的思想教育相抵触的所谓逆反心理的反应和态度，武断认为思想教育都是假大空、是脱离实际、没有意义的空洞乏味的说教。对于民族团结教育的主体的青年一代来说，其逆反心理的反应和态度的形成有着复杂的原因，既有社会环境、思想教育、家庭教育中存在的问题，也有青年一代尚不成熟的问题。西方所谓"圈养的一代""我一代"，我国学术界称为的"X一代""愤青一代""富二代""穷二代"都反映了青年一代在成长过程中的矛盾心态在这方面存在的问题。对于逆反心理形成的反应和态度仅仅依靠行政的手段解决只能事与愿违。这时就要运用客我的力量介入改变主我的心态，自我的心态偏向逆反源于主

---

① ［美］兰德尔·柯林斯：《互动仪式链》，林聚任、王鹏、宋丽君译，商务印书馆2009年版，第36页。

② 同上书，第69—70页。

我在自我的空间里所占比例过大，客我在自我的空间里所占比例过小。这时候就要想办法增加客我的比例，降低主我的比例。客我一旦在比例上占据上风就会产生三种力量：客我的规范约束的力量、客我的环境塑造力量、客我的心理压力力量。客我的三种力量合而为一就会形成对主我改变的力量，强迫主我接受客我的约束，按照客我的要求重新塑造自己，做出必要的心理调整，改变强烈的逆反心理，形成主我与社会要求相一致的反应和态度。

社会心态通过改变主我的心态，调节主我与客我的关系，以客我主导主我的反应和态度，生成主我与客我结合的心态。持有这个心态的自我将对民族团结教育抱有积极的、热情的、主动的反应和态度，自觉接受民族团结教育产生的积极有效的影响，自觉形成民族团结观。

（三）调节个体与群体的关系

社会心态通过调节个体与群体的关系，生成仪式与非仪式结合的心态。什么是仪式，美国社会学家柯林斯的解释被公认具有权威性。柯林斯把仪式看作是群体的互相关注、互相交流、互相沟通的机制。柯林斯写道："仪式是一种相互关注的情感和关注机制，它形成了一种瞬间的关注现实，因而会形成群体团结和群体成员性的符号。"①"当人们聚集在同一地点，具有身体的协调一致性：涌动的感觉、谨慎或利益感、可察觉的气氛的变化。人们之间相互关注，不管一开始是否对其有明显的意识。这种人身的相互注意是接下来要发生的一切的起点。"② 柯林斯把他对仪式的认识归纳为仪式社会学，他认为："仪式社会学因而是关于人群、会员、会众、观众聚集的社会学。"③

民族团结教育意义上的仪式与柯林斯对仪式的定义具有共同性，都是指关注机制的建立和形成，都是指群体成员通过互相关注才能创造新的文化和新的价值。群体在柯林斯的关注机制里关注的重心是文化符号。这个文化符号可以是思想意识、情感意志，也可以是一种标志、一个行为。总之，文化符号带有固定性、解释性和可解读性。一旦文化符号被群体关注就有了确定的含义，也有了社会价值。民族团结教育要取得良好的效果，

---

① ［美］兰德尔·柯林斯：《互动仪式链》，林聚任、王鹏、宋丽君译，商务印书馆2009年版，第36页。
② 同上书，第38页。
③ 同上书，第69页。

就必须成为大家关注的文化符号和社会价值。大家共同关注民族团结教育，就能够形成关注机制。形成关注机制就使民族团结教育具有了仪式的特点，没有形成关注机制就使民族团结教育具有非仪式的特点。当人们还没有形成群体时，人们处于非仪式的状态，当人们处于群体时就处于仪式状态。只有处于仪式状态的社会心态才能够形成关注机制，处于非仪式的社会心态则不能够形成关注机制。换句话说，在仪式状态的自我才能够获得对民族团结教育的正确反应和正确态度，在非仪式状态的自我不能够获得对民族团结教育的正确态度和正确反应。因此，民族团结教育必须注意形成仪式，处理好仪式与非仪式的关系。社会心态通过调节个体和群体的关系，将个体与群体结合起来，生成仪式与非仪式结合的社会心态。个体加入群体，就必须以群体的反应为自己的反应，以群体的态度为自己的态度。一句话，要具有群体的社会心态，接受群体的世界观、人生观、价值观、荣辱观。社会心态意义上的群体一方面能够容忍个体的独立性和自主性；另一方面也能够改变个体的自我心态，防止个体对群体的背离。社会心态意义上的个体一方面能够自我忍让、自我克制；另一方面也能够积极吸纳群体的规范和要求，成为群体欢迎的个体。社会心态就是个体心态与群体心态的结合、仪式心态与非仪式心态的结合和生成。自我生成了上述两个结合的心态，就能够形成关注机制，以群体的眼光和胸怀处理个体与群体的关系，做到个体与群体的结合。

民族团结教育中的仪式心态与非仪式心态的结合就意味着个体的个性保留在群体的共性里，同时，群体的共性也保留在个体的个性里。个体将按照群体的要求形成反应和态度。这个心态将使民族团结教育从表层的各个民族互相认识和互相理解彼此的生活习惯、风俗特点、居住区域、人口构成深入各个民族互相认识和理解彼此的历史文化、宗教信仰、思想感情。"汉族离不开少数民族，少数民族离不开汉族，各少数民族之间也互相离不开"，正是这种心态形成的反应和态度。

（四）调节心态的各个成分的关系

社会心态通过调节心态的各个成分的关系，生成知情意相统一的心态。社会心态是知情意三者的统一，是三者整合起来形成的心理反应机制。自我如果只是发挥某个要素的作用，而忽视各个要素的配合，就会导致社会心态走向极端，这是形成错误的反应和错误的态度的开始。理性的心态一般说来较容易扩张，也较容易压制感情、意志的心态。理性的心态在民族团结教育中如果与社会心态的其他因素不互相配合，和谐共生，就会导致认识的偏激，仍然不能保证民族团结教育的效果。理性心态所解决的仅仅是理性范围的原则的大是大非问题，尚无法解决情感、意志因素的喜好问题。在民族团结教育中，各个民族要不要团结的大是大非问题容易解决，各个民族如何加强和巩固的民族团结的问题则相对复杂，前者涉及原则的确立，后者涉及思想方法的形成。原则容易确立，思想方法则不容易掌握。因此，在对民族团结教育的看法方面，自我要调整过于理性化的心态，注意各个要素的结合和配合，以便形成对民族团结教育的正确的反应和态度。

人接受什么，反对什么，往往与自我经验中快乐与痛苦的经历相关。如果经验此事的快乐大于痛苦，自我就会乐于从事此事，享受其中的快乐，避免遭受痛苦。如果经验此事的快乐小于痛苦，自我就会从心理上拒绝此事，逃避可能带来的痛苦，寻找另外的快乐代替这种心理的不适应。在民族团结教育中，社会心态的任何一个因素的单独发展，都会导致这个因素与其他因素处于矛盾和冲突状态中，都可能造成受教育者的不快乐。理性因素独立发展极容易导致大道理讲得多、小道理讲不透的问题出现，感情因素独立发展极容易导致语言形式与实际内容的矛盾，造成民族团结教育辞藻华丽、情感激昂而缺乏深度。意志的因素独立发展极容易造成不顾被教育者的感受一味追求形式的问题。正确的反应、正确的态度是在社会心态的各个要素的配合和协调中形成的。

知情意相统一的社会心态将使自我把民族团结中的核心要求各民族一律平等体现和贯彻到反应和态度中去，以"巩固和发展平等团结互助和谐的社会主义民族关系"作为自我的责任和义务。因此，民族团结之树将在心态的各个要素的互相结合、互相配合的土壤中保持青春的生命，结出丰硕的果实。

三 通过社会心态的调节发挥民族团结教育作用

社会心态通过调节反应和态度、生成新的心态发挥在民族团结教育方面的作用。自我能够作出对民族团结教育的正确反应，形成对民族团结教育的正确态度就是依赖社会心态的调节和生成作用。新的心态就是新的态度，新的态度就是新的行为。态度开启了行为。美国社会学家米德第一次明确提出了态度是行为的开端的观点，他写道："人们必须坚持的是，可以客观地观察的行为在个体内部得到表达,其含义并非指它存在于另一个世界、一个主观世界,而是指它存在于该个体的有机内部。这种行为的某些成分通过我们可以称之为'态度'——即行为的开端——的东西表现出来。现在我们如果回过头看这些态度,我们就会发现,是它引起各种反应。"①

从这个意义上看,社会心态的调节和生成作用下的民族团结教育将更加最大化、最优化地扩大影响,产生效果。社会心态通过"四个调节"和"四个生成",发挥了"四大重要作用"。其一,通过调节自我的心态与他人的心态的关系,生成自我与他人结合的心态,保证了民族团结教育的纠偏效果,纠正了对民族团结教育的认识偏差,引导自我认识民族团结教育是一项任何人都不能回避和必须接受的教育。其二,通过调节主我与客我的关系,生成主我与客我结合的心态,保证了民族团结教育克服逆反心理,成为被大家自觉、主动、热情接受的教育,变为全民健身运动。其三,通过调节个体与群体的关系,生成仪式与非仪式结合的心态,保证了民族团结教育由表及里、由浅入深、由此及彼、由少到多的良好效果,强化了"三个谁也离不开谁"的民族团结观。其四,通过调节社会心态各个成分的关系,生成知情意统一的心态,保证了民族团结教育对社会主义新型民族关系的促进作用,落实了民族团结教育的责任和义务。总而言之,社会心态的调节和生成作用,构筑了自我对民族团结教育的正确反应与正确态度,形成了民族团结的心态,最大化地增强了民族团结的教育效果。社会心态的作用如此巨大,就正如米德所说整个世界都可以用有机体内部发生的事情加以说明。

民族团结作为今天生活在中国土地上的每一个中国人必不可少的思想意识、精神追求,理想信念是社会心态的基本内容,也是社会心态能够发挥调节和生成作用的内在原因。所有的中国人都应该以民族团结的心态,处理56个民族的民族关系,维护真、善、美的牢不可破的民族团结,反对假、恶、丑的民族分裂行径。因此,社会心态的调节和生成作用对民族团结教育就是一个不容忽视的、必须高度重视的重要问题,值得我们深入研究。

---

① 《米德文选》,丁东红等译,社会科学文献出版社2009年版,第234页。

第二节　西北民族地区民族关系发展与民族团结对策研究

建立社会主义的平等、团结、互助、和谐的民族关系是中国特色社会主义题中应有之义，是社会主义制度优越性的表现，是马克思主义民族观的具体体现。在西北民族地区，促进社会主义的民族关系的发展与民族团结就必须注意消除影响社会主义民族关系的不利因素，增强各民族之间的团结。

一　民族关系释义

民族关系内涵丰富，涉及范围广泛。无论是汉族与少数民族的关系，还是少数民族之间的关系，都是中国社会发展中的重要社会问题。历史上，各个民族之间的交往频繁，各民族之间关系也不断发展变化，其中有和平交往的关系，也有冲突战争的关系。民族关系是涉及政治、经济、文化等社会生活各个领域的特殊社会关系。按照金炳镐教授的研究，民族关系可以分为：其一，政治领域的民族关系。民族是具有一定共同特征的人们共同体，也是一个利益群体。因此，民族关系涉及民族的政治地位、待遇、权利等问题，涉及国家结构形式中的联邦制、民族自决权政治形式，涉及日常社会活动中的政治权利。其二，经济领域的民族关系。经济是民族生存和发展的前提、基础。民族关系的核心内容是利益关系。民族交往中最经常、最大量的也是民族间的经济交往，因而经济领域的民族关系是交往最频繁的关系。其三，文化领域的民族关系。民族在一定意义上可以说是一种文化共同体。[①] 每个民族都有独具特色的民族文化，构成世界多元文化的宝库。在民族的生存发展中，不同民族间的文化交流经久不息，在不断发展的文化关系中，各个民族都需要吸收其他民族文化精华，补充、丰富和发展本民族文化。其四，社会领域的民族关系。各民族在相互交往中出现民族间通婚等社会交往关系。这些关系又对民族人口的变化起着一定的甚至是重要的作用。社会生活领域的民族关系也是值得重视的研究范围。

---

① 参见金炳镐《民族关系理论通论》，中央民族大学出版社2007年版，第7页。

民族关系是在一定历史条件下具有特定内涵的特殊社会关系,是民族发展过程中相关民族之间相互交往、联系和作用、影响的关系,是双向的、动态的。"民族关系是在人们的交往联系中,不仅具有社会性,而且具有民族性的社会关系,本质上是涉及民族这个社会人们共同体的地位和待遇,民族这个社会利益群体的权力和利益,民族及其成员的民族意识和感情的特殊的社会关系。"① 随着改革开放和社会主义市场经济的发展,各民族之间的交往日益频繁,民族关系比较以往也呈现出动态性、丰富性和复杂性,研究民族关系的新情况、新发展和新变化,对于我们认识民族关系的本质和规律,进一步巩固各民族的大团结有着重要的理论意义和现实意义。

二 影响西北民族地区民族关系的因素

影响民族关系的因素包括经济、政治、文化等方面的因素,也包括城市化引起少数民族人口流动、依法治国方略和国家发展规划的实施、国际分裂势力和敌对势力的活动等因素。按照内因和外因的划分,笔者将这些影响因素分为影响民族关系的内部因素和影响民族关系的外部因素。

(一)影响民族关系的内部因素

影响民族关系的内部因素可以从经济基础、民族文化和民族素质三个方面认识和理解。

1. 经济基础因素

经济基础是一个民族的整体发展状况、水平的主要标志。"各民族之间的相互关系取决于每一个民族的生产力、分工和内部交往的发展程度。这个原理是公认的。"② 西北少数民族地区经济较为落后,群众收入水平偏低。以甘肃省临夏州为例,2007 年,全州年生产总值 72.92 亿元,在全国 30 个少数民族自治州中列第 30 位,在全省 14 个市州中位列第 13 位;农民人均纯收入 1595 元,在全国 30 个少数民族自治州中列第 28 位,在全省 14 个市州中列 13 位。西北民族地区除了地理自然条件恶劣外,经济结构也不尽合理。以甘南为例,"甘南州三大产业比重分别为 28.70%、

---

① 金炳镐:《民族关系理论通论》,中央民族大学出版社 2007 年版,第 166 页。
② 高勇:《把各族群众的呼声带到全国人大会议上去——全国人大代表甘肃民族工作组视察临夏纪实》,《人民之声报》2009 年 9 月 4 日第 4 版。

24.15%、47.15%，全省三大产业比重分别为 14.3%、47.3%、38.4%"。① 第一产业比重过大，第二产业发展迟缓，第三产业尚未成熟。这种状况直接影响其文化、人口家庭结构，进而造成整个民族结构畸形发展，民族之间的政治、经济、文化等关系也难免处于一种不正常状态。

2. 民族文化因素

民族文化是民族观念的符号或载体。一个民族的文化意识结构如何，往往影响或制约该民族成员与其他民族成员交往的态度、方法、状况和程度。比如，教育结构不合理的民族，其民族成员受教育层次相对较低，接受新知识、新技能的能力差，必然导致民族整体素质不高，在与其他民族交往中就可能处于劣势，产生民族自卑心理，封闭保守。这些就不利于平等、和谐的民族关系的建立和健康发展。西北民族地区的情况是少数民族学生的辍学率较高，许多家长不愿意让孩子上学。这在西北民族地区的偏远山区、农牧区表现尤为突出。

3. 民族素质因素

民族素质是支撑当前民族关系格局并推动其发展的内力，主要包括民族科学文化素质、思想政治素质和心理意识素质等。民族科学文化素质的高低，影响民族间交往的方式、态度，对民族关系产生多种影响。西北民族地区教师队伍数量不足，质量不高，适龄儿童入学率较低。以甘肃省临夏州为例，按国家教职工和学生比例，全州共缺教师4000人，非师范类毕业生占专任教师的37.5%，东乡、积石山两个民族自治县，适龄儿童入学率仅为34%。民族思想政治素质在很大程度上影响、制约一个民族的精神境界。思想政治素质高的民族往往自觉维护国家统一和民族团结，努力实现本民族与他民族或者国家协调发展。民族心理意识素质对民族关系往往会产生直接影响。一个心理意识素质良好的民族能客观地认识、评价本民族，虚心学习其他民族的优点，平等地对待其他民族，民族间关系融洽和谐。

（二）影响民族关系的外部因素

影响西北民族关系的比较重要的社会因素有：城市化引起少数民族人口流动、依法治国方略和国家发展规划的实施、国际分裂势力和敌对势力

---

① 《甘南州2014年政府工作报告》，第15页。

的活动。①

1. 城市化引起西北少数民族人口流动

西北少数民族流动人口是一个特殊群体，目前现状主要表现为以下几个方面：①流动速度加快。党的十六大以后，西北少数民族人口向大中城市迁移流动的速度明显加快。②流向比较明确。西北大部分少数民族具有从世居地向城镇扩散的趋势，而且流向比较明确。从迁移地区来看，西北少数民族流动人口大多是由西部地区向东部沿海地区迁移流动。③"大分散、小聚居"分布。进入城市的西北少数民族流动人口作为城市中的一个特殊群体，从总体上讲是人口少居住分散，但从局部看，由于历史的原因和经济、生活、文化、心理等方面的需要，散居于城市的西北少数民族又形成自己相对集中的聚居区和聚居点。④从业特征明显。据调查，西北的少数民族流动人口职业构成主要有三类：一是普通务工，大多在建筑工地、搬家公司等劳动密集型企业从事体力劳动；二是从事工商业，尤其是零售行业、个体经济，主要是经营牛羊肉、拉面、葡萄干、切糕等特色行业；三是流动商贩，多贩卖药材、藏刀、首饰。

2. 依法治国方略和国家发展规划的实施效果之间的差距

国家规定，各民族都有发展经济、改善人民生活的权利，但当前西北民族地区还有数十万群众没有解决温饱问题，其中扶贫难度最大的人群分布在西北少数民族群众当中，这会使他们发展经济、改善生活的权利受到很大限制。再如，各民族都有受教育的权利，但西北一些少数民族地区，缺乏学校、师资、资金，很多少数民族学生交不起学费，他们受教育的权利也就会大打折扣。

3. 国际分裂势力和敌对势力的活动

在全球化的今天，多民族国家确实面临影响国内民族关系的国际因素，这些因素也是一些国家民族纷争不断、国家解体的重要原因。通常情况下，影响民族关系的国际因素表现在以下几点。

（1）全球化因素。霸权主义国家利用全球化的通道，以推行民主价值观为借口，推销本国的价值观，实现本国全球化的利益等，都会冲击主权国家的民族关系和社会稳定。

（2）霸权主义、强权政治因素。"冷战"结束后，霸权主义、强权政

---

① 参见金炳镐《民族关系理论通论》，中央民族大学出版社2007年版，第67页。

治及其附庸者已成为世界不安宁的根本性因素，也是一些国家民族纷争的关键性因素。

（3）世界性宗教因素。世界性宗教因素是指外国政府、政党、社团等组织利用宗教问题干涉别国内政，引发民族矛盾或纠纷冲突的因素，或多民族国家境外某些势力打着宗教旗号从事破坏、分裂多民族国家，试图建立宗教信仰相同的国家的行为。当前，影响民族国家的世界性宗教因素主要表现为泛伊斯兰主义、伊斯兰教原教旨极端主义等，它们往往与各种民族分裂主义共生一体。这些国际因素对西北少数民族也产生了一定影响，甘南的"3·14"事件就是这个影响的产物。

三 处理好各民族之间的关系、促进民族团结的对策

处理好各民族之间的关系、促进民族团结是西北民族地区稳定、发展和繁荣的根本保证。为此，笔者提出三个方面的对策，期待各级组织在工作中参考，在实践中完善。

（一）促进民族地区和少数民族的经济发展，提高少数民族的自身素质

按照辩证唯物主义和历史唯物主义的原理，经济是基础，是社会发展和人民幸福的决定性因素。所谓发展是硬道理，就是指经济发展的重要性和优先性。对于西北少数民族地区和西北少数民族来说，应该抓紧做好以下工作。

1. 加快经济结构调整

（1）在产业结构方面，保持第一产业健康发展的同时，要扩大第二产业比重，发挥第三产业的经济带动作用。例如甘肃省甘南州发展农业的条件较差，平地少，坡地多，水地少，旱地多，产量低，成本高，霜冻期长，生长期短，这决定了发展农业的先天条件不好。相比较而言，发展牧业的条件要好一些，因此要推进畜牧业的产业化和农业的现代化，重点发展畜牧业、种植业和林果业，调整优化农业结构，合理配置农牧业资源；甘肃省临夏回族自治州地处西北内陆，位于西北西南部，州内山谷多，平地少，属高原浅山丘陵区，平均海拔2000米，大部分地区属于温带半干旱气候。西南部山区高寒阴湿，东北部干旱，河谷平川温和，可以发挥蚕豆等作为临夏的传统优势作物的作用，扩大外贸出口；甘南、临夏可围绕旅游业，充分利用本地资源优势，搞好旅游业规范化经营，以旅游带动开

放，以开放促进发展，发挥旅游业对第三产业的带动作用。

（2）大力发展农牧业产业化经营，建立龙头企业，拓宽农牧民增收渠道。扶持发展龙头企业，带动工业基地建设；以加快发展特色产业为重点，如加快甘南青稞、藏药等特色产业基地建设，大力开发特色产业和农畜产品加工业，积极开拓特色农牧产品市场，加强临夏大麻、唐汪大接杏基地建设。发挥区域的比较优势，建立特色产业结构，实行市场的错位竞争。从整体上提高农牧业生产的经济效益，要以发展县域经济为契机，进一步提高县域内整合和配置资源的能力，不断提升县域经济竞争力。

（3）推进西北民族地区经济体制改革创新，进一步规范市场体系。一要以民族地区特色经济优势为依托，建成一批商品贸易市场；二要大力发展资本、劳动、技术等要素市场；三要以地级市为中心，县城为重点，积极发展农副土特产品和生产资料批发市场；四要创造公平的竞争环境，给各民族的经营主体以均等的发展机会。通过实现产业结构合理化，促进产业结构向集约化、高科技化、高附加值化发展，大力培植特色产业，不断地完善市场体制，使这一地区的经济体系尽快成熟起来，以便为建立和谐的民族关系、促进民族团结打下坚实的基础。

2. 提升民族地区教育水平

教育是一种与经济因素不一样的生产力，教育的生产力是后发的生产力，是未来的生产力。教育水平的提升就是对未来生产力的储备，就是为经济社会发展创造后发优势。

（1）增加民族教育投资。从可持续发展的角度讲，少数民族的高等教育必须建立在扎实的基础教育之上，如果基础教育长期滞后，那么高等教育的质量和数量就会缺乏发展后劲，其在民族关系进一步发展过程中的副作用会逐渐显露。因此，国家及各级政府应通过政府拨款、社会集资等多种渠道增加民族教育投资，尤其是基础教育投资。民族地区各级政府应遵照国家法律和相关政策精神，结合本地实际，制定科学、合理的发展民族教育的政策，为促进当地民族教育发展，提高民族素质创造良好的政策环境，从而进一步推动该地区民族关系的和谐发展。

（2）加强民族教育师资的培训。各级政府应高度重视教师队伍的建设问题，设立教师培训专项资金，加大教师培训的投入，重点培养短缺学科教师，改善教师队伍学科结构，不断增加师范院校在甘南、临夏等民族地区定额定向招生的人数，为该地区培养一支合格的相对稳定的中小学教师队伍。其次，积极培训在职师资队伍，根据本地区现有师资数量、质量、结构现状和民族教育发展对师资的需求，在符合实际的分析和预测的基础上，制订出可行的中远期师资培训计划，各级政府应加强对师资培训的领导管理，充分发挥现有各级民族师范院校、教育和进修学院的作用，使其发挥民族师资培训基地的作用，采取多种形式，形成培训制度，有效地提高师资力量。

（3）继续开展双语教育。实行双语教学，体现了少数民族保护和使用本民族语言文字和保护传统文化的平等权利。各民族社会经济文化发展的差异是引发民族关系问题的基本因素，其中作为民族文化重要载体的各民族语言文字方面存在的差异是诱发民族关系问题最为敏感的因素之一。各少数民族对本民族语言文字都有着深厚的民族感情，它成为各民族成员间相互联系和与其他民族文化交流的纽带。基于对民族语言文字的特点和作用的充分认识，我们就要充分利用它来促进各民族间的文化交流，使各民族先进的文化得到广泛的传播。

（二）加强宗教管理工作

对于西北民族地区和西北少数民族来说，宗教的重要性是人人皆知的。我国社会主义的性质决定了宗教管理必须加强。通过加强宗教管理工作，才能引导宗教与社会主义相适应，才能保证宗教在法律和政策的范围活动。宗教活动的合法性、合规性是加强宗教管理的目标。

1. 发挥宗教文化的凝聚与稳定作用

坚持宗教文化与先进文化的发展方向相适应，充分利用宗教的影响力和宗教文化的优势。首先，发扬各民族宗教文化中的优良精神，构建和谐民族关系。藏、汉、回等民族的传统文化中都体现了与人为善，提倡爱人如己和救生济世精神，追求和谐，所以，应充分发挥宗教在社会生活中独特的调节作用。其次，发扬各民族传统文化中注重保持生态平衡的文化资源，实现民族地区人与自然的和谐发展。如藏族文化中的山神崇拜、森林崇拜等，实际上就体现了一种生态平衡的思想。伊斯兰文明中的饮食禁忌等也体现了对于人与自然和谐相处的重视。再次，开发与保护相结合，实现民族文化和现代化的协调。现代社会发展的核心精神动力是理性化，以理性化为核心精神的文化价值观以及人们的行为取向，是推动经济社会发展，实现现代化的重要精神资源。而有些民族文化中的理性化传统相对淡薄，以信仰为中心的价值观念占有重要的支配地位。这一状况不利于少数民族地区的现代化，也不利于和谐民族关系的构建。因此，必须推进传统文化的现代转型，促进民族文化与社会主义现代化相适应。

2. 充分发挥宗教界人士的积极作用

维护西北民族地区各民族团结与社会稳定，应该充分重视宗教界上层人士在广大信教群众中的影响力和号召力，认真贯彻党的宗教政策，充分发挥宗教界人士在维护民族团结中的积极作用。应该认识到爱国宗教团体在中国共产党和政府联系宗教界人士与信教群众中的桥梁作用，应该看到宗教界上层人士在宗教中所处的特殊地位和在广大僧尼及信教群众中具有的强烈感召力，以及宗教固有的凝聚力和向心力。

3. 加强对宗教活动的依法管理

充分发挥党和政府对有关宗教的法律、法规和政策的贯彻实施进行的行政管理和监督作用，使宗教活动纳入法律、法规的范围，使公民的宗教信仰自由和宗教合法权益有效地受到法律的保护。按照依法治国的要求，根据不同的情况，采用教育、行政、法律等不同的手段，既保护公民信仰或不信仰宗教的权利，保护宗教团体和宗教教职人员的合法权益，又要坚决制止和打击利用宗教和宗教活动从事违法犯罪行为。

4. 加强对广大信教群众的科学文化教育

西北民族地区社会经济发展速度缓慢，经济效益不理想，生产力水平不高等，原因之一就是广大信教群众的宗教感情与价值取向过分地倾向于宗教范畴，他们的行动轨迹过多地纳入了宗教教义、教规所限制的种种戒律范畴之内。社会和谐在很大程度上取决于经济社会发展水平，促进民族地区经济发展，推进和谐社会建设进程，就要从根本上转变观念，解决宗教信仰主宰下的价值判断与经济社会发展之间的矛盾冲突。同时，减少寺庙对经济的干预，在政府的指导下，开展多种形式的、多元化的寺庙经济经营活动，提倡、鼓励和支持宗教团体发展自养事业，切实减轻信教群众的负担。

（三）在城市化进程中促进民族发展、民族团结，处理好民族关系

城市化是当代中国发展的重点。随着城市化进程的加快，越来越多的少数民族人口开始进入城市，越来越多的少数民族人口加入了人口流动大军。各民族在城市化进程中的交往交融越来越多。在城市化进程中促进民族发展、民族团结，处理好民族关系已经成为摆在各级党政组织面前的重要任务。以下工作是摆在各级党政组织面前的重要工作。

1. 认真做好外来少数民族流动人口的管理工作

在对少数民族流动人口管理的过程中,要坚持管理和服务并重的原则。一方面要管好管严,使之规范化、合法化;一方面要服务好,体现民族平等、民族团结的社会主义民族关系的丰富内涵和精神实质。

(1) 要在思想上关心少数民族流动人口,在生活上关照他们。由于外来少数民族流动经商人员的流动性比较大,常处于无组织状态。他们来到陌生的地方,往往感到无依无靠,更需要所在地地方政府的关怀。因此,城市民族工作部门常常成为他们的临时"娘家",他们有问题有困难往往首先找民族工作部门,要求民族工作部门出面协调解决。城市民族工作部门要本着"婆婆嘴"、"跑细腿"和"蛤蟆肚"的工作态度和作风经常帮助他们。要利用少数民族外来经商人员信任的优势,经常主动、深入他们的生活和居住地了解他们的思想状态,了解他们的生活工作情况和遇到的困难及存在的问题,并在力所能及的范围内帮助他们解决问题,使他们在异地他乡感觉到党和政府的温暖和关怀。

(2) 在政策上给予扶持,在经营上依法管理,在权益上依法保护,对犯罪活动依法打击。民族工作部门要本着高度的责任感和同情心,积极向公安、工商、税务、城管等部门反映外来少数民族群众的困难和呼声,帮助他们解决一些实际问题,发给临时经营许可证,合理适当减免一些税费,对待他们要与对待当地群众有所区别,政策上给予适当的照顾。要根据不同情况反复宣传有关政策法规,教育外来少数民族人员要依法经营,服从当地政府及有关部门的领导和管理。民族工作部门要本着维护民族团结和社会稳定的原则,依法出面帮助少数民族群众反映情况,争取有关部门支持,保护其合法权益。对极个别少数民族违法犯罪分子要依法进行打击;对蓄意挑起事端、破坏民族团结、触犯刑律的,要依法追究刑事责任。

(3) 尽快建设各地"民族工作信息网"和"民族宗教网",把民族工作纳入信息化快车道。发挥城市知识中心和信息中心的主体和辐射作用,建立开放式的城市民族信息网络平台。少数民族群众可以通过网络了解相关政策、学习文化知识甚至可以寻找工作、求职应聘,进行快捷有效的信息沟通。

2. 切实关注少数民族农民工的生产和生活

加强对少数民族农民工的教育和培训,提高其基本素质和职业技能。

随着产业结构的升级和现代化建设步伐的加快,城市对进城务工素质要求也越来越高。因此,加大对少数民族农民工的免费岗前教育和职业技能培训,提高其素质,增强就业竞争力,不仅是解决农村劳动力转移的问题,也是处理好城市民族关系的重大举措。同时,要形成全社会关爱少数民族农民工的良好氛围,千方百计维护农民工的各项权益。要把关爱少数民族农民工作为考核政府业绩和城市文明程度的硬性指标并加以量化,营造全社会关爱农民工并为他们办实事的社会环境。要尽快出台确保少数民族农民工权益的政策。

3. 加强民族工作机构建设和民族干部培养,进一步做好培养选拔少数民族干部工作

各级民族工作部门要加强自身建设,与时俱进,更新观念,深入调查研究,提高工作水平,使自己成为党委和政府处理民族问题的"参谋部",成为政府解决民族问题的"工作队""战斗队"。各级政府要不断改善民族工作部门的办公条件,增加城市民族工作经费。①

第三节　西北民族地区和谐民族关系的构建

随着国家改革开放各项事业的发展,越来越多的西北少数民族人口开始在全省、全国范围内流动,包括外出打工、求职求学、旅行休闲等活动日益增多,少数民族与非少数民族、这个少数民族与那个少数民族交往日趋频繁。加强民族团结,构建和谐的民族关系,应该在寻找共同点的基础上注意处理好以下三个关系。

一　正确处理多与少的关系,构建各民族互相理解的认同关系

多就是多讲共同点,少就是少讲分歧点。少讲分歧点,多讲共同点,可以避免引起文化冲突,构建各民族互相理解的认同关系。文化具有聚合与分化的作用。在民族关系中多讲共同点就容易产生文化的聚合作用,多讲分歧点就容易产生文化的分化作用。文化的聚合就是通过产生文化认同,凝聚共识,促进各民族的交往。文化的分化则是通过比较文化的差

---

① 张时空:《城市化对民族发展及民族关系的影响》,《内蒙古师范大学学报》(哲学社会科学版) 2008 年第 5 期。

异，决出优劣，分出胜负，目的是抬高自己民族的文化，贬低其他民族的文化，所谓看别人豆腐渣，看自己一朵花，就是这种不健康的文化心理的表现。通过多讲共同点加强民族团结，淡化民族矛盾，可以有效避免文化冲突对民族团结的负面影响。

我们西北民族地区的一些人不善于正确处理多和少的关系。他们总是把一些经济社会发展水平低的少数民族地区与经济发展水平高的汉族地区进行比较，或者把一些经济社会发展水平低的少数民族地区与经济发展水平高的少数民族地区进行比较，把民族地区与落后联系起来，或者，把这个少数民族贬低，把那个少数民族抬高，冷嘲热讽，以致出现了某些少数民族与非少数民族、这个少数民族与那个少数民族为此激烈争论的场面。这是个别人、个别事情，但是对民族感情有很大伤害。由此，西北各少数民族之间、少数民族与汉族之间只要正确处理多与少的关系，就能够构建各民族互相理解的认同关系。

二 正确处理大和小的关系，构建各民族互相平等的友善关系

大就是要进行大文化交往，要把西北民族地区的文化放进中华的大文化里、西北的大文化里互相交流，这样才能眼界开阔，胸襟豁达，才能彼此平等对待，互相一视同仁。小就是小文化交往，只是在本民族的范围内交往，自我欣赏，自我陶醉，故步自封。把本民族的文化作为优秀文化看待而贬低别的民族文化是不能正确处理大和小的关系的结果。小文化沟通特别容易产生民族偏见。一个有民族偏见的人，不大喜欢与自己不同的民族、不同的文化的人交往，容易产生歧视其他民族文化的言论，总认为自己高人一等，别人都不如自己。西北地区有些非少数民族、有些少数民族不善于处理大和小的关系，讲到中华民族的文化，竟然把西北少数民族的贡献排除在外；讲到西北文化，竟然把有的少数民族排斥在外；谈到西北少数民族则津津乐道历史上西北民族地区的各种纠纷和不可避免的战争，把"三股势力"的少数代表人物制造的民族动乱说成这个民族爱闹事，让少数民族听后产生厌恶心理。由此可见，只有正确处理大和小的关系，才能构建各民族互相平等的友善关系。

三 正确处理浓和淡的关系，构建各民族互相尊重的情感关系

浓就是把自己归属的民族感情因为看得重要而表达得过于浓烈，淡就

是把别人归属的民族感情因为看得次要而淡漠对待。奥地利心理学家特纳提出的社会认同感理论解释了人的感情的浓和淡对跨文化交往的影响。特纳认为我们对自己的认同与我们对社会的认同其实都表达了人所需要的归属感。"如果把对自己归属的民族的感情表达得过于浓烈,就会把对别人归属的民族的感情看得很淡漠。"① 由于受到这种感情的影响,人们习惯抬高自己归属的民族,压低别人归属的民族。这种偏颇的社会认同感对跨文化交往的影响,主要就表现在"它会以特定的感情、特定的分析事物的原因与结果的方式以及特定的行为倾向方式划定一个泾渭分明的界限,厚此薄彼"。②

西北有的人不善于处理浓和淡的关系,讲到中华民族、甘肃省情时,自觉或不自觉地把西北的一些少数民族遗忘,或者排除在中华民族大家庭之外,认为中华民族就是汉族构成的,中华民族的文化就是单一的儒家文化,无意中把西北少数民族归为外来民族,把西北少数民族文化归结为外来文化。有的人讲起甘肃省情就谈一穷二白,认为少数民族不值一提,无可奉告。有的人讲起西北的儒家文化情不自禁,讲起西北的少数民族文化就无话可说或者三言两语,一带而过。就在这一浓一淡中,造成了跨文化沟通的文化冲突。

文化心理学表明,当一个人把过于浓烈的感情投给自己的民族,对自己民族的归属感会格外强烈,无形中在定义自己民族特性的同时定义了其他民族的特性。这个疆界一方面把自己划入一个优势群体,一方面把别人划入另一个劣势群体,在说"我们是谁"的时候,已经把"他们"排除在我们之外。对本民族归属感的感情偏好是人类追求正面自我的一个方式,本来无可厚非,但是这个方式在跨文化交往中的负面效果也是明显的,往往会导致一个光环效应,给自己归属的民族罩上神圣、高尚和伟大的光环,给别的民族打上落后、保守和没有前途的暗淡印章。盲从的心理反应也会随着这种感情偏好的影响而产生,有的人会不加分辨地追随这种把民族划分优劣的没有根据的看法之中。由此可见,只有正确处理浓和淡的关系,才能构建各民族互相尊重的情感关系。

---

① 彭凯平、王伊兰:《跨文化沟通心理学》,北京师范大学出版社 2009 年版,第 102 页。
② [美]罗伯特·F. 墨菲:《文化与社会学引论》,张鲲译,商务印书馆 1991 年版,第 10 页。

第十三章

西北民族地区的跨文化沟通和交往

中华民族的文化是多元一体的文化。跨文化交往指在中华文化的框架内进行的不同民族的不同文化之间的沟通和交往。随着国家改革开放和现代化建设事业的蓬勃发展，越来越多的西北少数民族进入社会发展的各个领域、各个地区和各个行业，与汉族同胞一起从事国家建设。与此同时，在这个过程中，也出现了一些跨文化沟通和交往问题。本章主要分析和阐释以下问题，即西北民族地区的跨文化沟通问题，社会主义核心价值观引领西北民族地区跨文化交往问题、跨文化交往视野下的西北民族地区中国梦的实现问题。

第一节 西北民族地区的跨文化沟通问题

西北民族地区的跨文化沟通问题的主要表现就是文化之间冲突的产生。文化冲突的产生的重要原因是文化隔阂、文化陌生引起的互相之间不理解、不尊重、不沟通。文化冲突当然是因为不同文化相互接触而产生。所以，只要处理好，文化冲突就可以转化为正面的、积极的、促进各民族相互之间认识和理解的因素。

一 跨文化沟通的含义

沟通指人与人之间的思想感情的传递和交流，分为同文化沟通和跨文化沟通。同文化沟通指同一文化背景的人与人之间的思想感情的沟通。跨文化沟通的范围更大一些，指不同文化背景的人与人之间、民族与民族之间的思想感情的沟通。跨文化沟通心态指对不同民族、不同文化沟通的反应方式和反应态度,这个反应方式和反应态度由对跨文化沟通的认识、情感、意志和行为构成。我们知道,中华文化是多元一体的文化,各民族文化都是中华文化的重要组成部分。中华文化的最大特点是同文化与异文化并存,同中有异,异中有同。中华文化的这个特点是由中国是一个统一的多民族国家的基本国情决定的。所以,各少数民族在中华文化的背景下既有同文化沟通,也有跨文化沟通。跨文化沟通与同文化沟通的最大区别在于沟通的双方拥有不同的文化背景,即拥有不同的生活方式、思维方式、行为方式。由于文化背景的差异,必然会出现沟通方式、沟通内容和沟通结果的不同。一件事情对于同文化的人来说,由于立场、观点和方法的基本一致,很容易产生共同的感受和共同的语言,互相也容易理解,即使彼此出现分歧,也容易协商解决。但对于不同文化背景的人来说,就没有这么简单了。由于立场、观点和方法的不同,在出现理解上的分歧时,彼此之间的误解、猜疑乃至敌视都可能出现,这都是跨文化沟通中经常出现的文化冲突问题。

二 西北民族地区跨文化沟通冲突的表现

西北各少数民族在宗教信仰、现实状况、地域环境、生活习俗等方面都有自己的特殊性,有些方面与汉族的差别较大,即使各个少数民族之间也存在差别。所以,拥有不同文化背景的少数民族之间、少数民族与汉族之间在跨文化交往方面存在的文化冲突难以避免,这些冲突虽然是中华文化内部的非对抗性的矛盾,是一家人内部的事情,但是,毕竟这是一个摆在我们面前的严峻事实,不容忽视。具体表现如下。

(一)宗教信仰引起的文化冲突

西北民族地区的少数民族都有自己的宗教信仰,宗教信仰除了具有崇拜的对象外,还有一整套仪式和行为。由于对宗教信仰认识的差异,一些非少数民族对少数民族的宗教信仰不理解,认为信仰宗教是落后的表现,双方为此产生了文化冲突。2010年11月兰州某大学发生的一件事情就是这方面的一个例证。一天夜晚,某回族女研究生正在宿舍做礼拜(这是每天礼拜五次的宵礼,指夜间的礼拜,阿拉伯语为"而沙宜"),同一宿舍的另一位汉族女研究生认为影响了她的休息,故意来回走动,口里说些冷嘲热讽的话。回族女研究生认为这是在亵渎她的信仰,嘲笑她的民族习俗,打了汉族女研究生。事发后,校方对打人的回族女研究生作出了纪律处分，但是回族女研究生依然认为自己捍卫了民族尊严和个人的尊严，不认为自己的行为有错。她周围的少数民族学生也对她的行为表示了某种程度的同情和理解。由此可见，宗教信仰引起的文化冲突不解决好就会演变为民族关系的冲突，影响民族团结。

（二）生活习俗引起的文化冲突

西北少数民族多数来自民族地区，保持着本民族的生活习俗，在日常生活方面讲究较多。就饮食方面来看，回族等穆斯林是禁食猪肉的民族，藏族等信仰佛教的民族是禁止杀生的民族。对这些习俗，一些非少数民族不理解，感到不可思议，甚至加以嘲笑。许多冲突因此而生，导致社会偏差行为的出现。例如，一些信仰伊斯兰教的少数民族对嘲笑他们饮食习惯的人不仅恶语回击，而且使用肢体语言。一些信仰藏传佛教的少数民族对嘲笑他们生活习俗的人不仅拳脚相加，而且以损害公物的方式发泄不满情绪。

（三）现实发展引起的文化冲突

总的看来，由于种种原因，西北少数民族地区的发展与汉族地区是存在一定差距的，特别是与东南沿海地区比较，这个差距就更大。这个差距突出表现在汉族地区与少数民族地区的社会发展和人均收入存在差距。这个差距产生的反差对西北少数民族的心理产生了强烈影响，由此，西北一些少数民族群众出现自卑心理，出现对那些先富起来的地区的排斥心理，一些人甚至认为这是剥夺少数民族地区资源、使用少数民族廉价劳动力的结果。其实，这个差距的产生有着复杂的历史与现实的原因，最重要的历史与现实的原因就是西北民族地区的基础建设薄弱，经济社会发展的起点和水平低。这与西北民族地区长期处于黑暗的旧制度直接相关，也与长期以来西北民族地区没有找到一条适合自己实际情况的发展之路相关。由于对这些问题缺乏正确的认识和理解，一些非少数民族，甚至一些少数民族把这个差距归结为少数民族的文化落后、少数民族本身封闭保守。这就造成民族之间的对立情绪，乃至出现互相争吵等社会偏差行为。

（四）"高情境文化沟通"引起的文化冲突

西北少数民族与非少数民族都是在中华文化这个大圈子里成长起来的，就其沟通方式看，都属于"高情境文化沟通"。所谓"高情境文化沟通"，指双方在沟通时的信息和意义的交换不是由直接说出来和表现出来的那部分内容来决定，而是由表达的方式、姿态、语调、语速等情境性因素来决定。由于缺乏对少数民族历史和文化的认识和理解，有些非少数民族总是认为少数民族的"少"不仅表现为少数民族的人口数量少,而且表现为现代文明素养"少"、现代科学技术"少"、前沿类的东西"少"、让人感兴趣的东西"少"。在这种偏见的影响下,他们甚至认为少数民族逢年过节喜欢穿的民族服装土里土气,不合时宜。少数民族高兴时载歌载舞唱的"花儿"等民族歌曲不好听,"锅庄舞"等舞蹈动作是下里巴人,缺少音乐美。这些不正确的认识表现在高情境文化沟通中就出现了对少数民族在词语的表达上、在说话的口气上、在情感的流露上不知不觉带上了把少数民族当作"异类"看待的问题。少数民族由此产生了被歧视、被低看乃至被侮辱的感觉。一些文化冲突因此引发。

文化冲突是由思维和行为的文化差异所导致。不同民族的思维虽然表现为感知过程、处理信息过程和在处理因果关系时的心理活动过程的一致性,但还有很大的文化差异。在思维过程中文化的差异表现为思维的关注点、思维的兴趣点、思维活动的情绪等方面的差异,也表现为行为方式在礼仪、服饰、食物选择、待人接物等方面的差异。跨文化交往的最大障碍就是这个思维和行为的文化差异造成的误解和敌意。随着各民族交往的增多,人口流动,特别是西北少数民族越来越多地进入城市和非少数民族聚居区,文化差异造成的误解和敌意时有发生。我们应该看到,西北各少数民族不是以个人的身份与非少数民族进行沟通,少数民族群众是代表着自己的文化与另一种文化进行交往,彼此是文化互动,不仅仅是一般意义的交往,如果忽视了文化差异,不注意求同存异,由此引发的文化冲突就不可避免。

三 解决跨文化沟通的偏差行为

在跨文化沟通之中,跨文化沟通偏差行为的作用不容低估。跨文化沟通偏差行为损害各民族的自尊心,伤害各民族的感情,破坏民族团结,有百害而无一利,应该引起警惕。解决跨文化沟通的偏差行为不仅是一个正确的跨文化的态度和行为的培育和践行,而且是一种跨文化思维方式、价值观念的培育和践行。在跨文化沟通思维方式里,不存在对别的民族的偏见,不存在对别的民族的排斥,恰恰相反,跨文化沟通的思维方式倡导一种包容和悦纳的精神。对于别的民族,跨文化沟通的思维方式所起的作用是通过包容和宽容,与别的民族和谐相处,共同进步。在跨文化沟通的价值观里,各个民族的文化都是优秀的,都是各个民族经验智慧的结晶。在民族文化之间,不存在落后和先进、保守和开放之别。

寻找共同点是解决跨文化沟通中的偏差行为的最为重要的方法，也是跨文化沟通能够保持和进行下去的最为重要的环节。

（一）寻求彼此经历的共同点

中华民族自古以来就是统一的多民族国家，每个民族的历史有长有短，发展有先有后，人数有多有少，变化有大有小，但是，与祖国的关系是永远不会改变的，各民族都是中华民族的一员。所以，各民族革命和建设时期的经历大致相同。寻求双方经历的共同点，可以增进彼此的亲切感，淡化文化的陌生感。

（二）寻求现实交往的共同点

没有任何一个时代能够像今天这样通过社会主义核心价值体系把各个民族紧密联系起来，万众一心，为建设富强、民主、文明的社会主义现代化国家而奋斗。这个伟大的目标赋予每个民族以高度的责任感和使命感去创造自己的新生活。这是一个交流沟通的双方都认同的现实交往的共同点。有了这个共同点，少数民族和非少数民族就会产生维护大局的积极心态，产生求同存异的心理需求。在这样的感觉和要求下，双方的冲突意识就会淡化，交流沟通的愿望也会随之而加强。

（三）寻求未来民族关系的共同点

党的十八大报告提出的各民族共同发展、共同繁荣把各族人民紧紧联系在一起，开辟了各族人民追求美好的明天之路。党的领导和社会主义制度将保证各个民族荣辱与共，风雨同舟。各民族共同的奋斗目标、共同的理想信念、共同的利益取向更容易使沟通的双方产生一种宽广的胸怀和视野，从而主动寻找消除双方差异和歧义的动机和愿望。

（四）寻求"和而不同"的共同点

中国是一个统一的多民族国家，每个民族都有自己的文化和历史，都有与其他民族的不同之处。这个不同之处往往是民族特色最为鲜明、最为突出之处，必须理解和爱护，不能冠以落后、陈旧和不合时宜予以排斥打击和冷嘲热讽。

第二节　社会主义核心价值观引领西北民族地区跨文化交往

社会主义核心价值观建设为各民族跨文化交往提供了共同共享共荣的

国家文化基础，为发展和谐的社会主义民族关系指明了正确方向。当前，民族研究的重要课题就是探讨如何把各民族的多元文化、多元价值统一到社会主义核心价值观的引领之下，建设社会主义先进文化。西北民族地区要精神崛起、思想崛起、文化崛起，就必须加强社会主义核心价值观建设。这是西北民族地区文化和道义的制高点，体现了西北少数民族共同的价值目标，共同的精神纽带。通过社会主义核心价值观引领西北民族地区的跨文化交往，各民族才能够继承和发扬本民族文化的优良传统，学习其他民族的长处，改造自己的文化，在统一意志和统一行动中实现中华民族的文化发展和繁荣。

一 西北民族地区跨文化交往概述

在西北民族地区培育和践行社会主义核心价值观，能够促进西北少数民族对祖国、对中华文化、对社会主义道路、对中国共产党的领导价值认同，引导西北少数民族在具体利益矛盾、各种思想差异之上最广泛地达成价值共识，有效引领整合纷繁复杂的社会思想意识，有效避免利益格局调整可能带来的思想对立和混乱，形成团结奋斗的强大精神力量，维护社会稳定的目标，实现社会和谐。

（一）国内外相关研究的学术史梳理及研究动态

西方古典经济学的对个人利益最大化的经济理性追求是人类所有交往行为的发生基础和本质原因的观点影响深远，20世纪60年代，美国学者布劳将这一观点延伸至社会学界，将包括婚姻在内的诸多社会交往行为视为个体为寻求个人利益最大化的经济交换。这种社会交往的"经济化"过程成为西方经济学帝国主义思潮的重要组成部分。

哲学、政治学与人类学以另一种视角解读人类的交往行为。霍布斯反对经济理性人的观点，构建了交往行为的文化与情感维度。休谟认为情感维度的共感是人类交往行为的核心，将人们的交往行为从古典经济学的经济理性框架中解放出来，建构了以"人性论"为基础的交往理论。美国人类学家格尔茨则将人视为"悬挂在自己编织的文化意义之网上的动物"，认为不同族群之间的交往行为实际上是不同文化模式之间的碰撞和交流。狄尔泰的生命哲学、雅斯贝尔斯的交往理论、舍勒的哲学人类学、维特根斯坦的游戏理论、海德格尔的在世学说、萨特的存在主义、阿佩尔的交往伦理学、阿伦特的交往学说、安德森的想象共同体理论、泰勒的社会想象理论、西方马克思主义的社会批判理论以及科学哲学等都有人与人之间交往关系的详细论述，其中，尤以哈贝马斯交往行为理论影响为大。"主体间性"是哈贝马斯用以建构交往理论范式的核心范畴，他明确指出人类交往行为以一定的"沟通理性"为目标，具有独特的社会文化属性。马克思交往理论是哈贝马斯理论的重要资源。马克思的交往理论认为，人与人之间的交往活动是社会实践总体的有机组成部分，在交往实践中形成的人的社会性与文化性密切相关。纵观当前西方学界，人类交往行为的"经济理性"论与"文化情感"论、族际关系的社会想象论与社会现实论仍时有争鸣，多元性、批判性与新颖性构成当前交往研究的主要理论取向。

党的十六大以前，学界围绕团结互助合作研究中国各民族交往关系，随着党中央对民族进行新的定义和首提和谐是社会主义民族关系的特征，学界开始关注对和谐民族交往关系的研究。2010年党中央提出"加强各民族交流交往交融"，学界对族际交往交流交融研究加强，成果空前，凸显多元多样色彩，代表性论著有马戎的《西北少数民族地区社会发展与族际交往》、金炳镐的《论各民族交流交往交融》、李静的《民族交往心理的跨文化研究》、马进的《西北世居少数民族日常交往心态研究》、崔延虎的《多元文化场景中的文化互动与多民族族际交往》、杨盛龙等的《民族交往与发展》等。纵观当前的族际交往研究论著，其内容大致涉及以下方面：其一，关于各民族交流交往交融的理论研究。其二，族际交往的心理学研究。其三，经济体制改革与族际交往发生的关系结构研究。其四，具体的区域族际交往现状的实证性研究。就其视角而言，多强调影响族际交往的心理因素、历史因素以及社会因素，缺乏对族际交往得以建构的文化基础的关注。就其研究方法而言，多采用文献查证、历史回顾以及心理学的方法，从而使研究结果重心理活动而轻文化分析，重历史考证而轻现实深度。就其研究背景而言，大多数研究将族际交往行为视为一种多重因素构成的社会活动，将其与大制度环境下的社会主义核心价值观建设这一国家文化建设形态相分离，研究往往缺乏"国家"这一关键主体的在场，从而使研究结论不具有足够的信服力和影响力。

为此，笔者选择以西北地区为研究地域范围，以社会主义核心价值观引领各民族跨文化交往为研究内容，以形成各民族共同共享共荣文化为研究对象，为社会主义核心价值观在西北地区交往路径和方法构建提供有效路径和运行模式。

(二）学术价值和应用价值

（1）笔者以民族学"文化相关性"的视角关注构建西北少数民族跨文化交往的文化基础的有效路径和运行模式。目前，学术界民族关系研究，或强调经济利益分配结构对于民族关系格局的影响，或强调各民族的历史文化与其民族认同、国家认同的相关性，较少研究成果关注社会主义核心价值观引领西北民族地区跨文化交往文化机制。从这个意义上说，本章进一步拓展了当前民族关系研究的理论范式。

（2）笔者在理论形态的把握上把社会主义核心价值观作为构建各民族跨文化的文化基础，探究其有效路径和运行模式，有利于国家文化形态建设的理论研究的深化以及社会主义核心价值观研究的拓展，也为社会主义核心价值观的理论与实践之间的衔接提供了一条可供操作的连接点。

（3）2014年9月，习近平总书记在中央民族工作会议的重要讲话中指出，要加强各民族交流交往交融，强调要推动相互嵌入式的社会结构与社区环境建设。本章对于坚持以社会主义先进文化为引领，推动各民族形成水乳交融、唇齿相依、休戚与共、荣辱与共、和谐发展与共同富裕的民族关系具有重要现实意义，能够为和谐民族关系与互嵌式民族社区的建构提供必要的理论和实践支持。

(三）总体研究框架

（1）各民族跨文化交往行为不是一种基于"经济理性"的单纯经济交换行为，与之相反，各民族跨文化交往是着眼于形成共同共享共荣文化维度的文化行为。这个特征决定了社会主义初级阶段的共同文化共享共荣文化总是"嵌入"各民族社会结构与交往模式之中，也使得社会主义核心价值观成为跨越不同民族文化特质的引领各民族跨文化交往的国家文化形态。

（2）社会主义核心价值观是国家文化建设的方向和基础，具有包容性、兼容性与跨文化性的特性，可以成为不同文化体系下的各民族跨文化交往的文化基础。各民族之间跨文化交往以社会主义核心价值观为引领和共同文化为基础，为发展和谐的社会主义民族关系指明了正确的方向：民族交往是社会主义民族关系的具体形式，民族交流是社会主义民族关系的具体内容，民族交融则是民族交流交往的本质要求。

（3）各民族跨文化交往要积极适应"新常态"。习近平总书记2014年11月在APEC会议中提出"中国经济呈现新常态"的观点。社会主义核心价值观作为积淀着中华民族精神追求和精神基因的各民族的共同共享共荣文化可以"潜移默化"的非强制性方式成为各民族跨文化交往的文化基础。社会主义核心价值观是民族文化发展的创新驱动,有别于过去的要素驱动、投资驱动,必须与民族地区城镇化建设、富民兴边、两个共同区建设、改革开放同步,要在继承创新基础之上注重协同创新。

(4)社会主义核心价值观是各民族之间跨文化交往行为的共同文化基础的有效途径和运行模式的构成要素。其一,四个强调。强调自主意识的培养,要求创新要素与内容选择要适应主体发展文化需要。强调跨界意识的培养,实现主体选择的最优化。强调贯通意识培养,将创新要素和内容有机结合,形成独特的民族文化品格。强调协同意识培养,集中民族优秀智慧,对民族文化进行必要的转化升级。其二,三个目标。建立体系构建的协同机制,促进民族地区公共文化服务体系的标准化。建立群众评价反馈机制,推动文化惠民项目和群众需要的有效对接。建立相关公共服务设施,建设综合性文化服务中心,推动文化服务的社会性发展,引导群众在文化建设中自我表现、自我服务、自我发展。其三,三讲。讲和谐,使人心不争。讲凝聚,使人心不散。讲陶冶,使人心不俗。

二 西北民族地区跨文化交往路径

党的十六届六中全会首次提出了建设社会主义核心价值体系的战略任务。党的十七大明确指出:"社会主义核心价值体系是社会主义意识形态的本质体现。"党的十七届四中全会,把学习践行社会主义核心价值体系与建设马克思主义学习型政党联系起来。党的十七届六中全会明确指出:社会主义核心价值体系是兴国之魂,是社会主义先进文化的精髓,决定着中国特色社会主义发展方向。党的十八大第一次明确提出:"积极培育和践行社会主义核心价值观。"提出了24字社会主义核心价值观:富强、民主、文明、和谐;自由、平等、公正、法治;爱国、敬业、诚信、友善。文化在任何时候都是一个动态的、开放的、不断变化着的系统,它的发展、壮大永远离不开与其他文化的交流、沟通和传播。当前,西北地区各民族交往日益密切,西北各民族互相之间的跨文化交往、与其他民族和其他地区的跨文化交往如果缺乏统一的指导思想,缺乏共同的文化基础,不仅难以进行,而且会产生矛盾和冲突,导致不应该发生的民族问题发生。现阶段,西北少数民族在跨文化交往过程中,由于地理、经济、文化、宗教和生活习惯差异造成的各民族在群体和个体意识形态上的不同，对社会主义核心价值观的认识和理解难免存在一些问题。在社会主义市场经济带来的利益重组和利益分化过程中，一些少数民族群众的利益难免受损，他们需要站在国家立场上认识和理解暂时出现的局部问题，随着国家现代化建设事业的发展和深入，西北少数民族的事情会越办越好。这一切都说明，社会主义核心价值观是形成统一的认识和意志，形成统一的民族观、国家观、社会观的重要思想基础，是团结人民、教育人民，解决社会问题、民族问题的重要途径和方法。

（一）在社会主义核心价值观的引领下，尊重各民族文化的多样性

说要以社会主义核心价值观引领各民族跨文化交往不是说不要和排斥少数民族文化，也不是说少数民族文化就被社会主义核心价值观代替。这种认识是与社会主义核心价值观引领各民族跨文化交往背道而驰、格格不入的。说以社会主义核心价值观引领各民族跨文化交往是为了提供各民族跨文化交往的文化基础。这个文化基础就是各民族互相之间认识和理解、交流和交往的共同点。有了这个共同点，无论各少数民族是在自己的家乡还是在异乡他地，无论是在自己的民族之中还是在其他民族之中，他们都有一种归属共同精神家园的自豪感，都会寻求到理解和关心，都会获得被认同的民族身份和国家身份。这就是社会主义核心价值观引领各民族跨文化交往的真正和确切含义。

（二）在社会主义核心价值观的引领下，建设先进的国家文化

社会主义核心价值观是社会主义先进文化的具体体现。以社会主义核心价值观引领各民族跨文化交往就是为了建设国家的先进文化。但是，建设国家先进文化不是不要各少数民族的文化，更不是说各少数民族文化落后。这是因为社会主义核心价值观贯穿于各民族文化的各个层次、各个领域，是民族文化的"灵魂"。加强民族文化建设最重要的就是推进国家文化建设，把社会主义核心价值观与各民族文化发展相结合，形成你中有我、我中有你，互相之间谁也离不开谁的良性互动局面。

（三）在社会主义核心价值观的引领下，掌握跨文化交往的尺度

社会主义核心价值观倡导建设富强、民主、文明、和谐的国家，倡导建设自由、平等、公正、法治的社会，倡导做一个爱国、敬业、诚信、友善的公民，这种总体的包含国家、社会和个人核心价值观的意识形态为各民族成员确立了正确的跨文化交往的价值标准，这价值标准是各民族跨文

化交往的重要尺度。凡是符合这三个倡导的跨文化交往都是正确的、值得提倡的，凡是背离这三个倡导的跨文化交往都是要反对和避免的。

（四）在社会主义核心价值观引领下，增强三个自信

各民族的跨文化交往本质上是增强三个自信的问题。因为只有通过各民族的跨文化交往，各民族才能从一个个体走向一个群体，从一个群体走向一个国家。通过这样的递进关系，各民族开阔了视野，拓展了交际范围，认识了超越自己和自己民族的许许多多新鲜事物、新鲜人事，学习了许多新的知识。他们的足迹所至，眼光所至，使他们亲身感受了中国特色社会主义的伟大成就，增强了作为中华民族一员的共荣感和自豪感，各民族团结一心走中国特色社会主义道路就会成为他们最大的心声。

（五）在社会主义核心价值观的引领下，提高民族素质

能不能进行跨文化交往，敢不敢进行跨文化交往，是封闭与保守、落后与先进之间矛盾和冲突的表现。"综观历史，一种文明不能自身封闭、孤立生成与发展，不同文明总是在和谐的跨文化交往中，互相融会与学习，从而不断丰富与发展，这是人类文明进步史的主流。跨文化交往历来是多样性世界文明发展的重要动因。"[①] 西北少数民族要进步和发展，要走在时代前列，需要大踏步追赶世界文明大潮。这里的一个关键问题就是要在社会主义核心价值观引领下提高民族素质。西北少数民族的素质包括政治素质、法律素质、道德素质、文化素质、教育素质等。这些综合素质的提高和增强离不开跨文化交往。跨文化交往就是提高民族素质的机会，民族素质如何要通过跨文化交往检验。

三 跨文化交往的文化自觉和文化自信

我们建设的文化强国是社会主义文化强国，我们建设的西北民族地区的文化是社会主义的先进文化。社会主义的先进文化的性质由社会主义核心价值观性质决定和表现。我们判断社会主义文化是否先进就要看社会主义是否凝练出社会主义核心价值观。社会主义核心价值观引领西北民族地区跨文化交往，就要注意凝练社会主义核心价值观构建的各民族跨文化交往的国家文化形态，创造有利于跨文化交往的互相包容、互相贯通的和谐

---

① 姚介厚：《跨文化交往和世界文明共同进步》，《浙江大学学报》（人文社会科学版）2007年第7期。

气氛和宽松环境。

社会主义核心价值观引领各民族跨文化交往的理论和实践表明,建设社会主义文化强国,关键是增强全民族的文化创造活力。增强全民族的文化创造活力就要深化文化体制改革,解放和发展文化生产力,发扬学术民主、艺术民主,为人民提供广阔文化舞台,让一切文化创造源泉充分涌流,开创全民族文化创造活力持续迸发、社会文化生活更加丰富多彩、人民基本文化权益得到更好保障、人民思想道德素质和科学文化素质全面提高、中华文化国际影响力不断增强的新局面。社会主义核心价值观在功能方面必须注意增强全民族文化创造活力。

因此,社会主义核心价值观引领各民族跨文化交往就要注意增强各民族的文化自觉、坚持文化个性和保持文化自信。

(一)增强文化自觉

文化自觉既是中华民族与世界上其他民族之间的共处之道,也是中国社会内部多民族、多文化之间的共生之道。对于西北少数民族来说,做到文化自觉,首先要学会尊重与欣赏自己民族的文化,自觉把本民族文化看作是中华民族文化的一部分,依循平等的原则来处理本族文化与他族文化的关系,尊重与欣赏别的民族的文化,既不妄自菲薄,也不妄自尊大;既拒斥"文化霸权主义",也反对"我族中心主义";要持"和而不同"的立场处理好不同文化、不同民族之间文化的关系。[①]

(二)坚持文化个性

西北少数民族都有个性鲜明与众不同的独特文化形态,也都为西北地区的社会发展、经济繁荣做过重大贡献,并且在中华文化中占有一席之地。西北少数民族地区的经济社会有发达与欠发达的差异,但是,西北少数民族的民族文化与其他文化相比却不存在先进与落后的问题。文化自觉就是建立在对自己民族文化的自信心基础之上,坚持不同文化之间多元并存、相互吸收、共同发展的文化自觉理念。坚持不同文化之间的交流互动、取长补短、互相学习的文化自觉态度,坚持尊重每一个民族独特的生活方式、思维习惯、风俗礼仪、宗教信仰的文化自觉立场,坚持保护每一个民族的物质文化和制度文化、尊重每一个民族的文化创造性的文化自觉

---

① 苏国勋、张旅平、夏光:《全球化:文化冲突与共生》,社会科学文献出版社2006年版,第45页。

观点。

（三）保持文化自信

保持文化自信，对于西北少数民族来说就是要坚持和传承自己民族文化的传统，任何时候、任何情况下都不动摇对自己民族文化的信心。有一些人看到民族文化的一些问题就大惊小怪、惊慌失措，就丧失了对自己民族文化的自信心；有一些人看到别的文化的一些优点就盲目向往，竭力吹捧，贬低自己民族的文化，抬高另外的文化。这两种态度都不是我们提倡的，是我们反对的。我们既不提倡文化虚无主义，也不提倡文化沙文主义，我们坚持马克思主义的各民族一律平等的民族观，坚持中国共产党倡导的各民族团结互助友好和谐的民族政策。坚持和传承民族文化传统与跨文化交往在社会主义核心价值观引领下进行不仅不矛盾，而且相辅相成，共同进步。坚持和传承民族文化的一个很重要的方面就是通过跨文化交往促进文化的互相学习，互相借鉴，互相交流。西北少数民族只有在社会主义核心价值观引领之下才能培养文化自信，将民族文化传统发扬光大。

第三节 跨文化交往与西北民族地区中国梦的实现

各民族跨文化交往与西北民族地区中国梦的实现具有密不可分的关系。各民族跨文化交往为中国梦实现奠定了坚实的共同心理基础、思想基础和意志基础。

一 中国梦与社会主义理想

中国梦不仅体现了社会主义理想的一般特征，而且体现了社会主义理想的中国化特征，即实现中国梦必须走中国道路，实现中国梦必须弘扬中国精神，实现中国梦必须凝聚中国力量。中国梦是合理性与现实性的统一，是社会发展的规律性与人的主观选择性的统一。中国梦与社会主义理想从来没有像今天这样在西北民族地区的实践中紧密结合在一起，社会主义理想也从来没有像今天这样以如此真实、如此感人的面貌在西北少数民族面前展现出光明的前景，具有实现的必然性。认识和理解中国梦与社会主义理想的关系，对于在西北民族地区坚持和发展中国特色社会主义的伟大事业，实现中华民族伟大复兴的中国梦，增强西北少数民族的道路自信、理论自信、制度自信，具有重要的意义。

（一）中国梦的提出

习近平于2012年11月在参观《复兴之路》展览时首次提出中国梦。学界对中国梦界说大致可以分为"目标论"和"过程论"两类。"目标论"认为中国梦就是到中国共产党成立100年时全面建成小康社会，到新中国成立100年时建成富强民主文明和谐的社会主义现代化国家。①"过程论"认为中国梦就是"坚持和发展中国特色社会主义"②。中国特色社会主义由道路、理论体系、制度三位一体构成。中国特色社会主义道路是实现中国梦的途径，中国特色社会主义理论体系是实现中国梦的行动指南，中国特色社会主义制度是实现中国梦的根本保障。"坚持和发展中国特色社会主义"就是要坚持和发展中国特色社会主义的道路、中国特色社会主义理论体系和中国特色社会主义制度。

本章认为，为了全面完整理解中国梦，应该在"目标论"和"过程论"之外另立一说，这就是"理想论"。"理想论"强调要从习近平指出的"坚持和发展中国特色社会主义是一篇大文章"的高度，贯通社会主义的历史和现实，对中国梦进行纵深开掘，将中国梦与人类文明成果的社会主义理想相联系、相贯通。这样解读中国梦就不仅能够看到中国梦的中国价值和中国意义，而且能够看到中国梦的世界价值和世界意义。这就是说中国梦不仅代表了中华民族、中国的社会主义事业的光明前景，而且代表了全世界无产阶级、被压迫民族、被压迫阶级的光明前景，代表了社会主义事业的光明前景。本章提出的"理想说"立论清楚，有所依托。习近平在新进中央委员会的委员、候补委员学习贯彻党的十八大精神研讨班开班式上发表重要讲话，在强调坚持和发展中国特色社会主义的同时，从六个阶段分析了社会主义思想从提出到现在的历史过程，即空想社会主义产生和发展，马克思、恩格斯创立科学社会主义理论体系，列宁领导十月革命胜利并实践社会主义，苏联模式逐步形成，新中国成立后中国共产党对社会主义的探索和实践，中国共产党做出改革开放的历史性决策、开创和发展中国特色社会主义。③ 就这个意义来看，无论对中国梦从上述三种认识

---

① 《习近平等参观复兴之路展览》，《人民日报》2012年11月30日第1版。
② 同上。
③ 《紧紧围绕坚持和发展中国特色社会主义　学习宣传贯彻党的十八大精神》，《人民日报》2012年11月19日第1版。

的哪一种去解读,都可以归结到一点上去,这就是中国梦就是社会主义的梦,正如习近平指出:"只有社会主义才能救中国,只有中国特色社会主义才能发展中国。"①

(二) 中国梦的渊源

中国梦承载的社会主义理想就其历史渊源来说是从批判不平等、不公正的阶级社会开始的。翻开人类历史,可以看到人类进入阶级社会后,虽然创造了光彩夺目、蔚为大观的古代文明和现代文明,并且这些文明成果对人类社会发展都起到了至关重要的促进作用;但是,这些文明成果没有哪个能够改变阶级社会存在的人剥削人、人压迫人的严酷现实,都不能实现"人道、正义和真理"②。对这个斯芬克斯的谜语,"能解答的就生,不能解答的就死,世界人类的命运完全系在这个谜语上面"③。谁能解答这个谜语呢?"宗教能令人想象未来的天堂,但不能为我们解除目前的痛苦。教育能够给予我们大量的知识,但不能为我们生产一日衣食。法律能惩罚人,但不能给人一日快乐。军备能屠杀人,但不能救人生命。"④ 资本主义对这个谜更不能解答,因为资本主义就是这个谜的制造者。正如马克思恩格斯指出的,资本主义赖以生存的条件就是私有制。私有制成为人类进入阶级社会以来阶级矛盾和阶级斗争日趋尖锐激烈的根源。只有消灭了私有制,才能解答人类社会的斯芬克斯之谜,解决难以调和的阶级矛盾和阶级斗争问题,实现社会的"人道、正义和真理"。所以,马克思恩格斯指出:"共产党人可以用一句话把自己的理论概括起来:消灭私有制。"⑤

围绕消灭私有制和以此产生的贫富差距问题,产生了社会主义理想这个超越阶级社会的古代文明和现代文明的新文明。这个新文明代表了人类追求美好幸福生活的新期盼、新要求,是人类对社会发展规律不断探索、不断认识的必然结果,任何人都不可能阻挡这个文明的实现。如果我们这样看待社会主义理想的缘起,就可以把中国梦承载的社会主义理想产生的时间向历史的深处推移。古希腊时期的"自然权论"是最早的社会主义理

---

① 《紧紧围绕坚持和发展中国特色社会主义 学习宣传贯彻党的十八大精神》,《人民日报》2012年11月19日第1版。
② [日]幸德秋水:《社会主义神髓》,马采译,商务印书馆2012年版,第6页。
③ 同上。
④ 同上书,第7页。
⑤ 《马克思恩格斯选集》第1卷,人民出版社1996年版,第265页。

想,也是所有的社会主义理想的起源。自然权论指人类社会早期遵循的一种社会组织原则,即遵守公平正义的自然法则。柏拉图在《法律篇》里描述这种社会组织的优越性是"高尚的风俗习惯影响人心"。他认为在这个无贫无富的社会里常常有许多"高尚的风俗习惯影响人心"。在这个社会里没有不公道,没有人对人的侮辱,甚至没有嫉妒和争论,人和人都很善良,都很淳朴。亚里士多德认为"自然权论"的好处是没有不公平的问题,因为主人对奴隶的压迫和剥削与自然法则背道而驰。"自然权论"显然是人类对建立在私有制基础上的不平等的社会现实的反抗,是人类对平等的、公正的原始时期共产主义生活的留恋和追忆。基督教诞生后,第一个以社会主义理想为指导原则的基督教团体成立,参加者都是当时的犹太无产者。这个团体以贫困自夸,大家一起生活,实行按需分配原则。在这个早期的社会主义组织里,没有一个人说集体的东西哪一样是自己的,一切东西都归大家公用。他们认为私有财富是罪恶的根源,贫困才是神圣的品质。后来的基督教徒建立的共产主义宗教组织,完全生活在一切公有、一切公共的原则之下,乃至妻子都成为公有财产。在12—13世纪的欧洲,反对教会的群众组成一个叫作纯洁派的组织。他们严守摩西十诫,反对教会、国家,反对财产私有制以及建立在这个制度之上的不平等的社会。他们追求共同生活的原则,不从事贸易和经商活动,不追求财富,只要有生活必需品就感到心满意足。资本主义社会起源于私有制,被产业革命创造。卢梭在1757年出版的《论人类不平等的起源》一书中指出:"第一个把一片土地圈围起来的人说道,这是我的,而又使那些脑筋简单的人还相信他的话,这样一个人就是资产阶级社会的真正创立者了。"① 资本主义社会把一切都变成可以以货币进行买卖的交换关系。资本家带着货币进入市场购买劳动力和生产资料。在生产过程完成后,又带着产品回到市场,把产品变成货币。这个过程增加的货币就是马克思所称的剩余价值。剩余价值构成资本家的收入,也构成马克思指出的"生产的直接目的和决定动机"。马克思认为当劳动力成为可以买卖的商品时,就开始了资本主义时代,马克思甚至认为仅仅就是这一个过程就包含了一部世界史。资本主义时代,一方面生产力快速增长,社会发展步伐加快;另一方面两极分化严

---

① [英]麦克斯·比尔:《社会主义简史》,佳桃、启芳译,生活·读书·新知三联出版社2008年版,第381页。

重，工人阶级贫困化加剧。围绕对资本主义罪恶的批评，产生了空想社会主义理想和科学社会主义理想。空想社会主义理想的三大代表人物傅立叶、圣西门和欧文认为："社会主义是绝对真理、理性和正义的表现，只要把它发现出来，它就会用自己的力量征服世界。"① 圣西门的实业制度，即人们可以享有最大限度的自由、人们可以得到最大安宁的快乐的制度；傅立叶的和谐社会，即以自愿参加为原则的生产和消费社会；欧文的公社制度，即铲除恶环境、创造善环境的制度，都是"想建立理性和永恒正义的王国"（恩格斯语）。这些空想社会主义的代表人物都不相信工人阶级能够自己解放自己，认为通过教育启蒙的方法，不必通过阶级斗争，就可以和平改变现状。傅立叶的建立人类新秩序的合作化理想不过是资本家、工人和管理者的和平共处的结合。圣西门的人人相爱、人人是兄弟的新基督教不过是调整劳资关系，将无产阶级地位的提高与促进资产阶级得到好处相结合的幻想。欧文1820年在英国和美洲建立共产主义移民地，希望通过环境的改变把资本主义改造成为社会主义社会，培养聪明、善良和有用之人。这些伟大的空想社会主义的理想都离开了当时的社会条件侈谈社会主义，都不约而同否认阶级斗争和无产阶级革命的作用，只能是昙花一现，成为历史过客。社会主义理想的生命力并没有因为空想社会主义而终结，科学社会主义的理想是空想社会主义理想的继承和发展。科学社会主义理想由三个阶段构成，即马克思恩格斯的社会主义理想、列宁斯大林的社会主义理想、中国的社会主义理想。中国社会主义理想可以划分为毛泽东时期的社会主义理想和中国特色社会主义时期的中国梦理想。马克思恩格斯的社会主义理想是科学社会主义第一阶段的理想。他们认为共产主义社会分为两个互相区别又互相联系的阶段，即以按劳分配为主要特征的共产主义社会第一阶段和以按需分配为主要特征的共产主义社会高级阶段。列宁的人民过好日子、活得比旧制度好、利用资本主义建设新社会的社会主义理想，斯大林的采用高度集中的经济政治体制建成社会主义的理想，是科学社会主义第二阶段的理想。毛泽东的通过解决生产力与生产关系、上层建筑与经济基础之间矛盾实现中国现代化的社会主义理想，是科学社会主义第三阶段的理想之一；另一个就是今天我们热议的中国梦。

---

① 《马克思恩格斯选集》第1卷，人民出版社1996年版，第265页。

（三）中国梦承载的社会主义理想

通过追溯社会主义理想的简要历史，我们不难看到，以往的社会主义理想只是表达了社会主义理想的一般特征、一般特点，没有把社会主义理想的合理性和现实性很好结合在一起，没有找到将这个一般特征和特点与特殊的国情、世情、民情相结合的实现道路。因为社会主义理想肯定能够实现并不意味着这个实现可能性就一定会变为现实性，社会主义理想向现实转化的关键是要有一条道路贯通。这条道路空想社会主义伟大思想家没有找到，科学社会主义的伟大代表人物也没有找到。中国梦承载的社会主义理想之所以能够实现，就在于这条道路已经被中国共产党人找到，这就是中国特色社会主义道路。除此之外，实现中国梦还有中国特色社会主义理论体系的指导、中国特色社会主义制度的支撑。这就是说，中国梦是中国特色的梦，依靠中国人民自己的力量完全能够实现。习近平将这个意思表达为：中国梦是国家的、民族的，也是每一个中国人的。因此，中国梦既表达了社会主义理想的一般特征，也表现了社会主义理想的中国化特征，为社会主义理想的实现开辟了广阔的前景，具有实现的历史必然性。中国梦的中国化特征是：实现中国梦必须走中国道路，中国特色社会主义道路。实现中国梦必须弘扬中国精神，以爱国主义为核心的民族精神，以改革创新为核心的时代精神。实现中国梦必须凝聚中国力量，中国各族人民大团结的力量。中国梦承载的社会主义理想可以概括如下。

（1）人民至上的社会主义理想。马克思主义认为人民群众是历史的创造者和历史的主人。马克思的一个重要贡献就是把昔日被人瞧不起的无产阶级与社会主义理想相联系，使人民这个历史的主体成为代表未来前进方向的社会主人。在社会主义时代，人民是国家主人，具有神圣不可侵犯的地位。人民利益高于一切。我国宪法明确规定：人民依照法律规定，通过各种途径和形式，管理国家事务，管理经济和文化事业，管理社会事务。习近平对人民至上的社会主义理想做出深刻阐述："我们要随时随刻倾听人民呼声、回应人民期待，保证人民平等参与、平等发展权利，维护社会公平正义，在学有所教、劳有所得、病有所医、老有所养、住有所居上持续取得新进展，不断实现好、维护好、发展好最广大人民根本利益，使发展成果更多更公平惠及全体人民，在经济社会不断发展的基础上，朝着共同富裕方向稳步前进。"①

（2）人民与国家一体化的社会主义理想。在社会主义社会，人民与国家的关系是平等和谐的一致关系，人民代表国家，国家属于人民，国家利益与人民利益完全一致。所以，每个人的奋斗是为自己奋斗，也是为国家奋斗；每个人的价值属于自己，也属于国家。人人都可以通过奋斗，实现自己的理想；人人都可以通过奋斗，实现自己的价值。这就是空想社会主义者傅立叶提出的：当人的动机处于一个良好的环境时就能够创造财富、快乐与和平。习近平指出："生活在我们伟大祖国和伟大时代的中国人民，共同享有人生出彩的机会，共同享有梦想成真的机会，共同享有同祖国和时代一起成长与进步的机会。有梦想，有机会，有奋斗，一切美好的东西都能够创造出来。全国各族人民一定要牢记使命，心往一处想，劲往一处使，用13亿人的智慧和力量汇集起不可战胜的磅礴力量。"②

（3）爱国统一战线的社会主义理想。空想社会主义者当年希望的人人享受社会的发展进步成果，人人做社会新主人的思想，在今天的社会主义中国表现为爱国统一战线的社会主义理想。这就是巩固和发展最广泛的爱国统一战线，加强中国共产党同民主党派和无党派人士团结合作，巩固和发展平等团结互助和谐的社会主义民族关系，发挥宗教界人士和信教群众在促进经济社会发展中的积极作用，最大限度团结一切可以团结的力量。③

（4）青春中国的社会主义理想。梁启超在1900年写的《少年中国说》中指出：未来中国的希望全在少年，"少年进步则国进步，少年胜于欧洲则国胜于欧洲，少年雄于地球则国雄于地球"④。毛泽东将朝气蓬勃的青年比作早晨八九点钟的太阳，认为中国和世界的希望在青年。习近平特别强调了中国梦的青春中国特征，指出："用中国梦打牢广大青少年的共同思想基础，用中国梦激发广大青少年的历史责任感，为每个青少年播种梦想、点燃梦想，让更多青少年敢于有梦、勇于追梦、勤于圆梦，让每个青少年都为实现中国梦增添强大青春能量。"⑤

---

① 《习近平在第十二届全国人民代表大会第一次会议上的讲话》，《人民日报》2012年3月17日第1版。
② 同上。
③ 同上。
④ 梁启超：《饮冰室文集点校》，吴松、卢云昆、王文光、段炳昌点校，云南教育出版社2009年版，第700页。
⑤ 《习近平同各界优秀青年代表座谈》，《人民日报》2012年5月5日第1版。

综上所述，我们说中国梦肯定能够实现，是因为中国梦承载着厚重、先进的社会主义理想，中国梦表现了人类对未来新社会的向往和追求；另外，中国梦还表现了理想的合理性与理想的现实性的统一、社会发展的规律性与人的主观选择性的统一。中国共产党和中国人民选择中国梦是以对社会发展规律的深刻认识为前提，以自己的双手付出的劳动为基础，以祖国和民族的利益为出发点和归宿点。中国共产党和中国人民将以中国梦展现社会主义的光明前景，实现中华民族的伟大复兴，为人类的发展和进步作出贡献。

社会主义的理想在中国梦里获取新的生命，焕发新的生机，中国梦里的社会主义理想不仅仅是人类对社会发展规律的认识和探索的结果，更是经过中国人民的努力完全可以实现的美好现实。站在新的历史起点看，实现中国梦已经不是遥不可及的虚幻故事，而是就要来到的造福中国人民和世界人民的现实。这就是说一个新中国将要出现。"新中国航船的桅顶已经冒出地平线了，我们应该拍掌欢迎它。"[①]

二 跨文化交往是西北民族地区中国梦夯实的基础

西北民族地区的跨文化交往，重点指向不同民族成员之间的跨文化交往。以甘肃省为例，甘肃是一个有着54个民族成分的省份，少数民族人口241.05万人，占全省总人口的9.43%。甘肃民族地区包括2个自治州（甘南藏族自治州和临夏回族自治州）、7个自治县（张家川回族自治县、天祝藏族自治县、肃北蒙古族自治县、肃南裕固族自治县、阿克塞哈萨克族自治县、东乡族自治县和积石山保安族东乡族撒拉族自治县）。民族自治地方国土面积17.9万平方公里，占全省总面积的43%；常住人口319.5万人，占全省总人口的12.4%。西北民族地区各少数民族在宗教信仰、文化背景、生活习俗、语言风格等方面具有自己的特殊性，有些方面与汉族的差别比较大，各个少数民族之间也存在差别。因此，难免会出现文化冲突。在日常交往中，我们应该通过寻找共同点，解决跨文化沟通中的文化冲突问题。

（一）中国梦的实现需要社会主义核心价值观引导各民族之间的跨文化交往

西北民族地区实现中国梦需要社会主义核心价值观引导各民族之间的

---

① 《毛泽东选集》第2卷，人民出版社1991年版，第709页。

跨文化交往。西北民族地区的中国梦是民族团结、民族进步的梦，它的实现需要各少数民族之间加强交往，合理地解决交往冲突。一方面，不同的文化具有不同的价值观，本民族的社会成员总是对自己民族的文化充满自豪感，大多数人总是有意无意地将自己的民族文化视为正统，而对其他民族的价值观不轻易认同；另一方面，各个民族之间又存在着某些共同的、互通的文化内容，"无论是信仰伊斯兰教还是信仰藏传佛教的西北少数民族在日常交往中都坚持以善为本的原则"①。善赋予了人们美德，也促进了人们之间的日常交往。此外，"民族成员的自身发展也需要交往"②。个人只有通过不断地与其他人的交往，才能更好地丰富和发展自己。因此，交往成为必要与必需。中国梦的实现需要这样的基础，要求我们一方面要加强民族地区社会成员之间的跨文化交往；另一方面又促使我们以民族团结与民族进步为前提，引领好民族成员之间的跨文化交往。

（二）中国梦的实现，需要增强社会成员的共同心理基础

西北民族地区实现中国梦，需要在跨文化交往的过程中增强社会成员实现中国梦的共同心理基础。解决跨文化交往中的冲突问题需要一个大前提的树立，即中国梦的实现。笔者分别调研了处在西北民族地区（选取了甘肃省临夏回族自治州的临夏市河西乡，天祝县塞什斯镇、华藏寺镇，东乡族自治县唐汪镇、果园乡，永靖县三塬镇，广河县三甲集镇以及甘南藏族自治州的卓尼县柳林镇、长东乡，临潭县流顺乡等乡镇）的 100 户少数民族家庭和 100 户汉族家庭，对其进行了问卷与访谈调研。西北民族地区人们对中国梦基本都了解一些，但不够深入，分别有 36% 的少数民族居民和 16% 的汉族居民选择了"不知道"，原因主要是平时读书看报少、有的忙于劳作很少看电视、没听说过，个别群众甚至认为与己无关。可见，中国梦还没有真正深入人心，我们还需要加大宣传力度，让人们了解中国梦，愿意将自己的梦想与中国梦的实现有机结合起来，最终形成人们交往的共同心理愿景，即实现了中国梦也就是圆了自己的梦。

（三）中国梦的实现，需要加强社会成员交往的思想基础

西北民族地区实现中国梦，需要在跨文化交往的过程中加强社会成员

---

① 王瑞萍：《西北少数民族的宗教信仰与幸福心态研究》，《民族论坛》2014 年第 5 期，第 49 页。

② 金炳镐：《民族关系理论概论》，中央民族大学出版社 2007 年版，第 121 页。

交往的思想基础。西北民族地区社会成员对中国梦的理解是生活幸福安康、国家繁荣富强、自我价值充分实现。人们在日常交往中出于方便的需要，更多喜欢与本民族成员交往，与其他民族的交往主要看中交往对象诚实、热情、能干、乐于助人等品质，看中相互的交往能否给彼此带来共同的利益。当前，民族团结和民族平等意识基本深入人心，加强跨文化交往，还需要社会主义核心价值观的引领，只有各族人民在认同共同的社会价值理念的基础上，才能更好地推动中国梦的伟大实践活动。

（四）中国梦的实现，需要加强各民族人们的认同感

西北民族地区实现中国梦，还需要在跨文化交往的过程中加强各民族人民的认同感。文化差异而导致冲突的原因，正是不同文化背景下的人员各自按照自己本民族文化中约定俗成的思维定式来处理问题而造成的误解。因此，文化认同就显得尤为重要。这里的"认同"包括对中华民族的认同、对中华文化的认同、对社会主义中国的认同、对党的领导的认同。只有解决好各族群众的认同问题，才能使各族群众在大是大非问题上分辨清楚，才能形成统一思想、统一认识、统一行动，中国特色社会主义的伟大事业才能兴旺发达、后继有人、薪火相传，西北民族地区的中国梦才能顺利实现。

三 跨文化交往是西北民族地区中国梦关系处理的基础

德国社会学家哈贝马斯在他的著作《交往行动理论》中，提出了著名的交往行动理论，他从语言学、哲学的角度将交往的核心要素诠释为"理解"，认为只有建立在共同价值规范和充分论证基础上的平等对话，才具有交往行为的合理性。"交往行为合理化的社会才是一个人人相互理解、平等、和睦相处的社会，人才能实现作为人的意义，不受拘束地获得发展。"[1] 西北民族地区多民族、多元文化集聚的特性决定了在跨文化交往中要注意各民族之间的平等对话，既要处理好差异性和共同性的关系、文化冲突与适应的关系，还要坚决反对传统的"大汉族主义"观念。

（一）跨文化交往要正确处理差异性和共同性

通过跨文化交往，交往双方不但会发现和认知对方的文化特征，也会帮助自己加深对自身文化的理解，从而做到客观地把握各自的文化特性。

---

[1] 李静：《民族交往心理的跨文化研究》，中国社会科学出版社2010年版，第57页。

调查中，当问及少数民族成员"遇到困难时，是否得到过汉族成员的帮助？"这一问题时，选择"得到帮助"的占到78%；同样的问题问及汉族成员时，选择"得到帮助"占57%。可见，在西北民族地区之间互相帮助有着良好的氛围，相比少数民族成员，汉族家庭在外出打工、受教育程度、政策了解程度等方面明显高于少数民族。少数民族在经商、凝聚力等方面要高于汉族。积极推行跨文化交往，并不是要取消或抹杀民族之间的差异性与特殊性。通过跨文化交往，使得各民族之间能够达到优势互补，互学互融，各族群众共同生活、共同创造、共同实现梦想的社会条件才能最终实现。

（二）跨文化交往要注意文化冲突与适应

"一个族群的信仰、观念与风俗习惯都是在长期的历史中形成的，具有自身的独特性和价值。因此，如果能够努力发现他者和自身世界观、文化结构与逻辑等方面的异同，对文化交流和碰撞中的双方及其未来都是有意义的，并可在与他者的互动中获得自己的文化自觉。"① 在西北民族地区的历史进程中，正是有了各民族自我文化传递与民族间的文化交往，才能在文化上形成你中有我、我中有你的交往状况。"一个民族的文化只有遇到更先进的文化，在冲突与融合中才能获得更新与发展。"② 各民族之间在发生交往时，特别是有激烈冲突的时候，任何民族都不希望也不愿意使自己的文化融入其他民族文化之中，都会倾向于在本民族文化基础上，吸纳其他民族优秀文化成果使自己立于不败之地。在跨文化交往中，如果不了解对方的文化背景，就会无法准确地接受和理解对方的信息，从而产生交往冲突与障碍。因此，在跨文化交往中，各民族都需要具有现代的眼光、宽大的包容心，在保持本民族固有文化血脉的基础上，不断吸收其他民族优秀文化成果，排除偏见与偏执，才能有益于民族文化的建设与发展。

（三）跨文化交往要坚决反对传统的"大汉族主义"观念

调研中，当问及"生活中，您和其他民族成员的关系状况时"，选择"关系融洽"的少数民族成员占78%，汉族成员占46%；选择"一般"的少数民族成员占19%，汉族成员占45%；选择"很差"的均占2%；选择"没来往"的少数民族成员占1%，汉族成员占7%。这个结果表明，当前

---

① 蒋立松：《文化人类学概论》，西南师范大学出版社2008年版，第138页。
② 同上书，第137页。

西北民族地区民族成员之间的交往基本融洽，但汉族中仍然存在着"大汉族主义"的传统交往观念，个别汉族成员歧视甚至不愿与少数民族交往。这些观念的存在人为地设置了各族人民之间交往交流的障碍。如果我们对任何文化特征的概况都持有片面性的认识乃至存在主观上的偏见的话，无疑就会给跨文化交往设置一道鸿沟。在实际的交往过程中，某一民族成员的交往方式可能因个体个性产生差异，但不能因为有这些个体的差异而产生以偏概全的认识。加强跨文化交往就是要让各族人民真心相待、坦诚相处，和谐、平等、团结的民族关系才能形成并得到巩固。

四 跨文化交往是西北民族地区中国梦实现的基础

不同文化背景下人们之间的相互交往是一个非常复杂的过程。处在跨文化交往中的人们由于跨越了交往双方不同的价值观念、思维模式、认知模式的界限，因此，交往双方对同一事物、同一问题会产生不同的认识和理解。在决定交往是否顺利的诸多因素之中，价值观最为关键。要让西北民族地区的人们统一于中国梦的旗帜之下，必须要找到他们与中国梦之间的契合点，才能更好地推动各民族成员之间交往，才能够为"中国梦"在西北民族地区的实现奠定坚实的思想文化基础。

（一）团结是西北民族地区中国梦实现的前提

通过加强跨文化交往，不断拓展民族交往的方式与途径，巩固民族间团结稳定的基础。随着西北社会、政治、经济与文化的发展，增进了各民族之间的密切交往，各民族在交往过程中相互学习、相互帮助、相互影响，取得了共同发展。但是，面对国内外敌对势力利用民族宗教问题企图分化、分裂民族团结大好局面的行为，我们要保持清醒的头脑，通过形式多样的民族团结教育活动，让各族群众充分认识维护民族团结的重要性。只有各族人民齐心协力，才能形成为实现中国梦而努力的良好社会氛围。

（二）发展是西北民族地区中国梦实现的关键

调查中，当问及"你认为家乡要发展最重要的因素是什么？"这一问题时，"政策扶持"、"民族团结"、"人才"三个因素排在了前三位。当问及"你现在的生活急需改变的是什么？"时，"财富"、"机遇"、"社会地位"排在了前三位。当问及"如果你感到生活不幸福，主要原因是什么"时，选择"收入太低"占到45%，其次是"担心将来生活不稳定"占11%，"身体不好"占16%，"家庭矛盾"占9%，"个人问题"占13%，

"其他问题"占6%。可见,西北民族地区社会成员目前最希望能够有有利于本地区发展的政策环境,抢抓机遇,加快经济发展,使民族地区富裕起来,人民收入得到增加、生活得到改善,增强生活幸福感。"民族经济发展程度与民族交往发展程度成正比例。"① 加强民族交往,发展经济,是实现中国梦的重要前提。

(三) 法律是西北民族地区中国梦实现的保障

在调研中,当问及"生活中如果与其他民族成员产生矛盾时,最先想到用什么方法解决问题?"时,汉族成员选择"通过法律途径解决"的占30%,少数民族成员占18%;选择"自己解决,甚至私了"的汉族成员占38%,少数民族成员占46%。当问及原因时,他们大多说自己不知道是否有相关的法律,部分成员甚至表示法律的程序过于复杂,如果是一些小问题不如用人们之间约定俗成的方式来解决,只有涉及一些利益相关甚至人身安全等问题时才会诉诸法律。访谈中笔者还发现,民族地区群众普遍希望国家有稳定连续的民族政策,能够让民族地区的利益得到切实的保障。由于"我国西部民族地区正处在从传统社会向现代社会转型时期,要实现社会的政治稳定,必须依靠法律,把民族工作纳入法制化轨道"②。加强民族地区法治建设任重道远。

(四) 文化是西北民族地区中国梦实现的载体

调研中,当问及"你认识其他民族成员最直接的方式是什么"时,"通过他们的服饰、习惯、信仰、语言等了解和认识"这一选项成为大家不约而同地首要选择。当问及汉族成员"你欣赏少数民族成员身上的哪些品质?"这一问题时,排在前面的品质主要有善歌舞、勤劳朴实、忠诚可靠。同样的问题,少数民族成员认为汉族成员身上的品质,他们最欣赏的是自信宽容、眼界开阔、吃苦耐劳。访谈中,当问及"生活中,你与其他民族成员最好的交流方式主要通过什么载体实现?"的问题时,54%的汉族群众和49%的少数民族群众选择了"文化娱乐活动",他们认为在文艺会演、送戏下乡、电影放映等一些集体性的活动中,增加了大家见面的机会,活跃了气氛,各族群众沟通起来也轻松快乐了很多。此外,群众普遍认为民族地区文化建设投入不足,有的乡镇甚至连一个像样的群众文化团

---

① 金炳镐:《民族关系理论通论》,中央民族大学出版社2007年版,第129页。
② 赵新国:《西部民族地区政治文明建设研究》,中央民族大学出版社2009年版,第136页。

体也没有。在一些偏僻的地方，放映一场电影都成为奢望。加强文化建设，让文化产品成为各族人民跨文化交往的重要载体，显得尤为重要。

综上，不同民族及其成员相互交往的过程，其实质就是不同特质、不同层次的文化彼此接触、交流并相互作用与交融的过程。在实现中国梦的伟大征途上，西北民族地区面临着前所未有的发展机遇与挑战，只有各民族成员在共同利益的基础上，加强跨文化交往，努力克服各民族之间存在的不和谐现象，才能更好地促进和发展各民族之间的友好融洽关系，为实现西北民族地区中国梦添砖加瓦。

五 坚持"三个"原则，促进西北民族地区民族文化转型

实现西北民族地区各民族传统文化的转型实质是在先进文化的引领下，使社会主义意识形态在满足人民群众文化需求的基础上发挥统一思想、凝聚人心的作用。以现代性、社会主义性质、共同性为原则，促进西北民族地区民族文化转型。

（一）民族文化转型要坚持现代性

中华文化，或者中华民族文化，包括传统文化和现代文化。中国的现代文化，从根本上而言是在坚持马克思主义的前提下，在继承传统文化的基础上，在借鉴吸收世界各种优秀文化元素的条件下，立足于当今中国特色社会主义制度而发展形成的社会主义文化。其突出特征就是与当今中国特色的政治经济基础相适应。现代文化形成发展于中国社会主义现代化建设的进程中，与中国社会的发展趋势相统一，可以说现代文化的基本特点是现代性，或者说是先进性。

文化归根结底是一种思想的上层建筑，形成于特定的历史阶段，与特定的政治经济基础相适应。相比较而言，中国传统文化诞生发展于中国的传统社会，其相适应的政治经济基础主要是封建社会，而与当今中国特色社会主义制度是不相一致的，是有一定冲突的。因此，实现传统文化的现代化就成了必然的历史选择，需要在社会主义现代化建设的过程中引导传统文化实现现代化，使中华传统文化的传承、弘扬、发展统一于社会主义文化建设的历史进程中。也就是说，社会主义现代文化建设的一个基本要求就是要实现传统文化的现代化转型。

西北民族地区文化建设的总体背景是相对复杂的，文化建设的任务是相对繁重的。应对境内外敌对势力的思想文化渗透，最为根本的就是要实现各民族

文化的转型，在地区文化建设中突出文化建设的时代性，建设社会主义先进文化。为此，在西北民族地区文化建设的历程中，要特别注意抵御腐朽文化的侵袭，以现代文化引领民族文化现代转型，将各民族文化建设成为面向世界、面向现代化、面向未来的社会主义先进文化的有机组成部分。

（二）民族文化转型要坚持社会主义性质

社会主义文化是中国文化建设的根本归宿，这是由中国特色的社会主义制度决定的。服从和服务于中国特色社会主义的经济政治基础，要求中国的文化建设，包括各民族地区的文化建设都必须坚持现代文化的社会主义性质。马克思主义是社会主义文化的灵魂，决定着中国当代文化建设的性质和方向。西北民族地区作为多民族、多宗教、多元文化特征突出的地区，尤其要确保文化建设的社会主义性质，巩固马克思主义在文化建设中的指导地位。

马克思主义在西北民族地区的群众基础是较为深厚的。在新民主主义革命、社会主义革命的进程中，共产党人在西北民族地区积极有效地传播了马克思主义，和各族群众建立了密切的联系，从政治经济等各个方面将各族人民从沉重的压迫中解放出来，获得了各族人民的支持和拥护，也使各族群众接受了马克思主义。改革开放以来，中国发展取得了举世瞩目的成就，各族人民的现实生活得到了大幅度的提高，西北民族地区作为欠发达地区也获得了前所未有的发展成就，让各族人民认识到了马克思主义和中国实际相结合的正确性和巨大魄力，用事实论证了马克思主义的科学性。因此，西北民族地区各族人民对马克思主义的认同度是比较高的。在这样的背景下，西北民族地区要充分利用各种资源、各种途径、各种方法，使各族人民坚定马克思主义的信仰。

（三）民族文化转型要培养共同性

中华文化是社会主义意识形态的重要载体，提高中华文化认同、繁荣发展中华文化是增强社会主义意识形态认同力、凝聚力的基本要求和重要途径。"在西北民族地区整体上有着较高的认同度，但在不同地区和不同群体的个别个体中还存在着对中华文化认同度不够高、缺乏认同意识或不认同的现象。"[1] 因此，在西北民族地区文化建设中，尤其要注意培养各民

---

[1] 张倩：《新疆多元文化背景下建设中华民族共有精神家园对策探析》，《昌吉学院学报》2010年第3期。

族人民对中华文化的认同,文化建设要培养共同性。"但文化认同的多样性在特定社会历史文化条件下的放大给这一问题的解决增加了难度。"①

确立正确的文化观是提高各族人民中华文化认同的前提。确立正确的文化观就是要让各族人民真正认识到中华文化是中华民族各族人民的共同创造,真正地解决人们思想认识和心理感情方面的深层次问题。在文化宣传中,要针对西北实际多强调文化创造的共同性,而不要过分强调某种文化形态的单个民族属性。

民族在某种程度上就是一种文化存在。"真正把人们维系在一起的是他们的文化,即他们所共同具有的观念和准则。"② 共同的民族文化是一个民族群体认同的基础。建立文化认同的根本途径在于建设共同的文化,进行中华文化一体化建设。西北民族地区文化多样性的特征突出,从西北民族地区社会稳定和长治久安的目标出发,引导民族文化转型,进行文化建设的过程中要更多地培养共同性,更充分地促进各民族文化的交流交融,更充分地吸收世界各种优秀文明成果,坚持共同的指导思想,高举共同的旗帜,弘扬共同的主题,培育共同的理想,实现各民族传统文化的现代化,建设先进的社会主义文化。

六 加强文化交流与推动西北民族地区民族文化创新

文化是一个国家、一个民族的身份证明,是一个国家、民族的基本特征。各民族传统文化都是中华文化的宝贵组成部分,但固守传统,墨守成规,不能促建民族文化发展。只有创新才能保持文化的活力,也只有创新才能维持文化的生命力。"拒绝接受外来文化,拒绝原有文化的更新改造,不仅在过去没有成为维护文化安全的有效手段,而且在今天更不可能真正维护国家文化安全。"③ 在对自身文化形成正确认识的基础上,创新民族文化,以使民族文化体现出时代性,符合时代发展的要求,是文化发展的基本要求。

(一)在文化自觉的基础上,推动文化发展

在西北民族地区,文化的多样性特征比较突出,各民族文化都为本民族自身的存续、发展作出了巨大贡献,共同构成了丰富的、具有顽强生命

---

① 刘大先:《文化差异与国家认同》,《粤海风》(网络版)2008年第5期。
② [美]露丝·本尼迪克特:《文化模式》,王炜等译,上海三联书店1993年版,第18页。
③ 刘跃进:《国家安全学》,中国政法大学出版社2004年版,第154页。

力的中华文化。发展西北民族地区的民族文化，必须对各民族的文化进行理性、科学的评估，科学地对待各种文化资源。所谓"文化自觉"就是要"对自身文化的来源和历史发展以及其特点（包括优点和缺点）等等自觉地作出认真的思考"①。对各民族文化进行历史的、实事求是的认识和评价，挖掘其精华，找出其不足，以形成科学完整的认识。清晰地看待自己，既可以消除狂妄，又可以避免自卑，在文化的交流中，真正做到维护精华，吸收精华，弘扬优秀文化，剔除自身糟粕，弥补自身不足，拒斥外来糟粕。要正确处理继承与发展、吸收与创新、普及与提高、主旋律与多样化、社会效益与经济效益之间的关系，实现西北地区民族文化民族特色、地域特色、时代特色的统一。

（二）积极参与文化交流，吸收各种优秀文化元素

文化的发展需要各种文化的交流。"人类的历史证明，一个社会集团，其文化的进步往往取决于它是否有机会吸取临近社会集团的经验。一个社会集团所获得的种种发现可以传给其他社会集团；彼此之间的交流愈多样化，相互学习的机会也就愈多。大体上，文化最原始的部落也就是那些长期与世隔离的部落，因而，它们不能从邻近部落所取得的文化成就中获得好处。"② 弘扬、发展民族文化要不断挖掘民族文化中的精华部分，但也要不断吸收外在优秀的文化因素。

"民族文化发展的特性包括民族性与时代性的统一，涵延性与主导性的并存，兼容性与选择性的一致。"③ 在西北民族地区文化建设中，要坚持先进文化的前进方向，积极借鉴、吸收各种优秀文化因素。西北民族地区，是中国对外开放的通道，外联国际文化市场，内靠祖国大地，优越的地理条件和环境，为西北民族地区实施"走出去"与"引进来"的策略提供了较好的条件。积极参与文化交流，要更加广泛地开展与祖国内地的文化交流，要积极开展对外的文化交流，特别要深化各民族文化尤其是汉文化的文化交流。

（三）反对各种腐朽落后与有害文化

西北地区在某种程度上是汉民族文化与中华民族其他民族文化汇聚之

---

① 汤一介：《在经济全球化形势下的中华文化定位》，《中国文化研究》2002年第4期。
② ［美］斯塔夫里阿诺斯：《全球通史——1500年以前的世界》，吴象婴、梁赤民译，上海社会科学院出版社1992年版，第57页。
③ 马翀炜：《民族文化的资本化运用》，《民族研究》2001年第1期。

地，是中外文化交流的走廊，这使得西北民族地区极易受到外来文化的渗透，在中华文化内部的融合中也会在一定程度上发生碰撞，很容易受到各种腐朽落后、有害文化的影响。在西北民族地区旗帜鲜明地反对各种腐朽落后、有害文化对于西北民族地区维护文化安全是异常重要的。坚决反对全盘西化论和极端民族主义思潮。全盘西化论和极端民族主义是民族文化发展的两种极端形式，这两种思潮对于西北民族地区的文化发展极其有害，必须坚决反对。

抵御西方霸权文化的渗透。西方文化作为当今社会的主流文化，为实现其对外战略和政治目的，利用其强势地位，打着民主、自由、人权的幌子，标榜其价值与生活方式的先进性，利用互联网、广播、电影等各种文化传播途径和各种文化载体进行文化渗透，改变人们的传统观念，使西北民族地区的文化安全受到很大威胁。在西北民族地区，维护文化安全就必须抵御西方霸权主义文化的渗透，应该有针对性地运用文化手段限制外来文化的渗透，规范文化市场和文化产品准入。对不符合我国国家利益，甚至会产生严重负面影响的文化产品，要坚决阻止其进入。

反对各种极端势力、分裂主义反动文化的侵袭。由于历史和现实的众多原因，西北民族地区反对各种极端势力、分裂主义反动文化侵袭的任务十分繁重。以新疆为例，就要坚决抵制泛伊斯兰主义和宗教极端主义文化观的渗透与威胁，它们煽动民族分裂，损害地区稳定，危害国家统一，对新疆的发展、稳定等造成极大危害。

七 西北民族地区的中国梦理论和现实的集体行动逻辑

西北民族地区的中国梦理论的集体行动逻辑表现了理论最基本的结构和功能，这就是理论的整体性结构、转换性结构和激励性功能。西北民族地区中国梦现实的集体行动逻辑表现了实践意义上的"体验基模"和"诠释基模"。所谓"体验基模"就是各民族进入新的经验脉络里再次体验原来在理论脉络里体验到的那种理想化的兴奋。所谓"诠释基模"就是将理论的集体行动逻辑转化为现实的集体行动逻辑。西北少数民族要从四个方面进一步构建中国梦的理论和现实的集体行动逻辑，即构建中国梦的信仰体系，构建中国梦理论与现实集体行动逻辑的"视域"，构建趋社会性情感，构建文化的根行动逻辑力量。

中国梦之所以吸引了全世界的眼光，激发了中国人民建设自己国家的豪情壮志，关键在于中国梦构建了理论和现实的集体行动逻辑。中国梦获得西北民族地区群众基础的广泛性、坚实性和普遍性就在于中国梦蕴含了西北少数民族的理论和现实集体行动逻辑。

（一）西北民族地区中国梦的理论集体行动逻辑

中国梦之所以构成西北少数民族的理论集体行动逻辑，就在于中国梦具有理论的整体性结构、转换性结构和激励性功能。所谓理论的整体性结构就是这个理论不是一个观念、一个思想的去历史化的产物，而是理论的历史、现实和未来的组合和交织，具有时间和空间的多重构成。就中国梦的时间构成看，中国梦一方面连接着社会主义在西北民族地区的发展和实践等一系列历史和现实的系列脉络；另一方面又把未来延伸到西北民族地区进一步发展和完善的方向脉络。这就是皮亚杰说的"结构的整体性"①。就中国梦的空间构成看，中国梦把西北民族地区的各个地方、各个部门、各个群体、各个民族紧密联系在一起，构成了中华民族团结奋斗的理论和现实的"共同世界"。在这个世界里，"生活在我们伟大祖国和伟大时代的西北少数民族，共同享有人生出彩的机会，共同享有梦想成真的机会，共同享有同祖国和时代一起成长与进步的机会。有梦想，有机会，有奋斗，一切美好的东西都能够创造出来"②。这个由时间和空间构成的整体性结构在时空交错中，在各种要素的结合中，一方面形成了一个由西北民族地区所有民族组成的"大公共性存在"；另一方面以机制的建构产生转换性结构。在转换性结构里，中国梦在西北民族地区的时间资源、空间资源和各种要素可以通过新的结构产生结构转换能量。例如，中国梦的理论结构向西北民族地区的现实结构转换，构成一个横跨结构和纵跨结构的更广泛、更深入的理论与实践的结合，产生辩证唯物主义的精神变物质、物质变精神的互动过程。在这个文化控制机制构成过程中，中国梦不仅是西北少数民族头脑中发生的事情，而且是西北少数民族运用被米德等人的有意义的象征符号进行互动和交流的过程。此类符号使西北少数民族的行为充满意义和可以认识理解。通过这类符号会出现美国社会学家阿克塞尔罗德指出

---

① ［瑞士］皮亚杰：《结构主义》，倪连生、王琳译，商务印书馆2009年版，第3页。
② 习近平：《在第十二届全国人民代表大会第一次会议上的讲话》，《人民日报》2012年3月18日第一版。

的"规范博弈"①，即引导西北民族地区的各民族参与集体合作。所有的人参与"规范博弈"就会形成一个集体的逻辑力量，这就是中华民族的大团结的力量。正如习近平主持召开中央全面深化改革领导小组第三次会议时强调："改革要聚焦聚神聚力抓好落实，着力提高改革针对性和实效性。"② 任何一个有意义的公共产品不仅是人人都能够享有，而且还要人人都能够为这个产品增值。这个增值的过程需要"规范博弈"支持。"规范博弈"的好处是让每个群体和个人都能够将享受和参与统一起来，将理论与实践结合起来。各民族参加"规范博弈"不仅仅是参与和理论的诉求，而且是享受和实践的展开，"规范博弈"使西北民族地区的各民族都从中受益。中国梦的"规范博弈"解决了西北少数民族如何为获取一个众人都接受的公共产品去奋斗的关键问题。我们通常都使用目标的一致性解决这个问题，不太注意"规范博弈"的解决方式。事实上，目标的一致性如果不与"规范博弈"相结合，是不能引导和推动各民族形成自觉自愿行动的。因为目标一致性解决不了各民族个人目标如何与国家的大目标结合的问题，也解决不了公共产品为各民族共享的问题。虽然可以说个人的事情再大也是小事，国家的事再小也是大事，但是对于各民族来说，其出发点和归宿点乃是其可以享受的切身利益，他们不可能把自己的利益边界与国家的利益边界平行起来。当引进"规范博弈"作为解决方法时，"规范博弈"就把各民族是不是按照规范行动作为考量和打分的唯一标准。这就是说，各民族都在规范的前提下开展合作和竞争，都可以按照规范的要求参与和享受，平等获取自己的酬劳和享受自己的劳动成果。现在，西北民族地区之所以还存在不诚信、不公平、不正义等背离现代社会发展的基本思想和行为，不是各民族不需要、不想要这些对各民族成长和生存都至关重要的东西，其中一个主要原因就是失范导致的大家在获取个人所得时与诚信、公平和正义的"差距太大"。付出的这些构建现代社会的成本，其实就是"规范博弈"缺位的结果。总之，理论的集体行动逻辑使中国梦不仅成为各民族交往的社会性的话语，能够开展社会性话语对话；而且可以导致中国梦获得"各民族的一致性"的高度和广度。

---

① ［美］阿克塞尔罗德：《合作的复杂性——基于参与者竞争与合作模型》，梁洁、高笑梅等译，上海世纪出版集团2008年版，第13页。
② 习近平：《主持召开中央全面深化改革领导小组第一次会议并发表重要讲话》，《人民日报》2014年1月22日第1版。

（二）西北民族地区中国梦的现实集体行动逻辑

西北民族地区中国梦现实的集体行动逻辑表现了实践意义上的"体验基模"和"诠释基模"。所谓"体验基模"就是各民族进入新的经验脉络里再次体验原来在理论脉络里体验到的那种理想化的兴奋。在理论脉络里，各民族体验的理想状态只是行动的主观构成，还没有与行动的客观构成合二为一，理论状态的无意识行动体验也没用被现实的有意识的行动体验所代替。理论状态的各民族实际上处于想象和虚幻之中，对现实的把握和理解还隔着一条实践的鸿沟。所谓真正的认识也没有在这个状态中展开，认识还是主观地停留在个人的头脑和心灵里。在"体验基模"里，各民族都可以从理论的人走向现实的人，获得新的认识、新的体验。按照马克思的话语表述，就是把认识世界和改造世界结合起来。所谓"诠释基模"就是将理论的集体行动逻辑转化为现实的集体行动逻辑。理论的集体行动逻辑是思想处于时空中；西北民族地区现实的集体行动逻辑则是思想处于生命的流程中。各民族借助"诠释基模"构成系列进步状态，在每一个状态中，各民族都在丰富发展和完善。各民族用理论注释现实，行动的体验就变得有意义。理论仿佛是语言中的语法，行动则是运用这个语法对现实的组织。原本较低的无法触及的个人的经验脉络通过"诠释基模"构成视域的聚焦，可以对行动体验以不同方式对待和挖掘，所有过去的经验不再是一盘散沙，而是呈现为有秩序的状态。这时候的各民族拥有关于同时代人的经验、关于社会集合体的经验、关于文化对象的经验。

西北民族地区中国梦现实的集体行动逻辑通过"体验基模"和"诠释基模"的构建表现为现实的"共同世界"的构建。与理论构成的"共同世界"不同，现实的"共同世界"构成中的某个民族对其他民族的意识体验，不是以类型化的方式出现，不是以遥不可及的无法观察的意识体验推论方式进行，而是以对当下所出现的一个特别自我的体验方式进行。这就是说，我与这个当下他我的关系的构成不是借助意识形态的关系形成，而是借助对共同生活的国家认同关系构成；不是借助他我的匿名形式构成，而是与现实的鲜活的他我的关系构成。只要双方的国家认同关系存在，一个民族和另一个民族之间就可以互相认识、互相理解。不论各民族的关系是近是远，是间接是直接，这种国家认同关系都可以使双方感受到对方的存在，都可以让双方感觉自己的尊严和人格。习近平在第二次中央新疆工作座谈会上强调："在各民族中牢固树立国家意识、公民意识以及中华民族共同体意识,最大限度团结依靠各族群众,使每个民族、每个公民都为实现中华民族伟大复兴的中国梦贡献力量,共享祖国繁荣发展的成果。"① 习近平强调的三个意识:国家意识、公民意识以及中华民族共同体意识,就是构建西北民族地区"共同世界"的三块基石。西北民族地区现实集体行动逻辑的"共同世界"构成一般来说有两种:一种各民族对他们熟悉的人的意识和经验都会被移用到对同时代人的意识和经验里,这种移植的思维方法将认识的间接性转化为认识的直接性,将对"邻居"和"匿名人"的意识和经验转化为对同时代我们所熟悉的人的意识和经验。另一种是"互为主体的一致性"。在西北民族地区现实集体行动逻辑的"共同世界"里,一个民族认为自己的行动有意义,也会认为别的民族的行动有意义。这种"互为主体的一致性"引导各民族共同生活和工作,互相理解和信任。为了构建这样的"共同世界",各民族就要借助更多的体验来诠释行动的意义,对行动的意义进行重建,行动的意义问题就是"共同世界"的核心。"共同世界"的意义重建,不仅仅是外在时间问题,更重要的是内在的时间意识。这就是说一个民族的行动必须与其他民族相关,视其对其他民族的意义决定行动是否合适。此外,西北民族地区自我的集体行动逻辑意义由自我的社会行为决定和赋予。自我的行动意义只有与他人、他我结合才能有集体行动的逻辑意义。自我的集体行动逻辑的形成取决于自我的行为是不是以他人行为为导向。因此情绪型、偏激型的行为都是没有社会意义的行为,这种行为超出了现实的集体行动逻辑的"共同世界"的底线,完全是主观构建的任意行为,这种人理解世界的方式完全是凭借纯粹的主观行动逻辑,构建的是一个反生成的主观世界。我们所说的现实的"共同世界"的构建是主观意识和客观意识的结合,是公意,是自我和他我有意识地构建的合成,对于主观意识而言,这个客观意识具有不变的特点。习近平在第二次中央新疆工作座谈会上强调:"要在各族群众中牢固树立正确的祖国观、民族观,弘扬社会主义核心价值体系和社会主义核心价值观,增强各族群众对伟大祖国的认同、对中华民族的认同、对中华文化的认同、对中国特色社会主义道路的认同。"② 在西北民族地区,自我的

---

① 习近平:《在第二次中央新疆工作座谈会上发表重要讲话》,《人民日报》2014年5月28日第1版。

② 同上。

逻辑行动意义就是由祖国观、民族观、社会主义核心价值体系和社会主义核心价值观、对伟大祖国的认同、对中华民族的认同、对中华文化的认同、对中国特色社会主义道路的认同所构成。

（三）构建西北民族地区中国梦的理论和现实的集体行动逻辑

中国梦的理论和现实的集体行动逻辑是西北民族地区发展的必然趋势，是西北少数民族创造的一切美好因素的凝练和综合。要从四个方面进一步构建西北民族地区中国梦的理论和现实的集体行动逻辑，即构建西北民族地区中国梦的信仰体系，构建西北民族地区中国梦理论与现实集体行动逻辑的"视域"，构建西北民族地区趋社会性情感，构建西北民族地区文化的根行动逻辑力量。按照习近平的提法这就是做到"坚持和发展中国特色社会主义"的统一和结合。

（1）构建西北民族地区中中国梦的信仰体系。中国梦的信仰体系是包容宽和的文明信仰体系，西北民族地区各民族不同利益群体的不同利益追求都可以在这里安家落户。虽然这个信仰体系的马克思主义指导地位不能被弱化，但是，正因为马克思主义信仰与西北少数民族各种信仰互相共融共生，才使马克思主义充满生机活力，也才使西北少数民族各种信仰获得正能量。应该倡导在中国梦框架内信仰的马克思主义一元化与各民族其他信仰的多元化的统一，允许各民族不同利益群体拥有不同的信仰，以进一步构建西北民族地区中国梦的理论和集体行动逻辑。习近平在联合国教科文组织总部的演讲中指出："历史告诉我们，只有交流互鉴，一种文明才能充满生命力。只要秉持包容精神，就不存在什么'文明冲突'，就可以实现文明和谐。这就是中国人常说的：萝卜青菜，各有所爱。"[①] 构建西北民族地区中国梦的信仰体系就是要实现各种文明和谐共生。实现各种文明和谐共生将进一步提升西北民族地区中国梦的理论和现实的集体行动逻辑力量。这就是我们常说的大文化比小文化更有行动力量。

（2）构建西北民族地区中国梦理论与现实集体行动逻辑的"视域"。每一个人都有一个独特的与众不同的视域，每一个民族也有一个独特的与众不同的视域，这些视域构成各民族对世界体验的多元方式。西北民族地区中国梦的理论和现实的集体行动逻辑则要求各民族视域的一致性和共同性。这个意义上的视域，应该是奥地利哲学家舒茨指出的"高阶次序的多

---

① 习近平：《在联合国教科文组织总部的演讲》，《人民日报》2014年3月28日第1版。

元综合"，即视域的整体性。① 视域的整体性并不排除每个民族的独特视域，但是每个民族自我化视域是中华民族整体性视域的一个构件。每一个民族的视域都要通过中国梦加工被重新构建，形成新的超越个体的意义脉络，视域整体性意义脉络依靠自我化视域的同一性凝聚。各民族以此为新的体验对原来的体验做出反思和诠释。这就是说，西北民族地区的价值观依然要以集体主义、爱国主义、社会主义、共产主义为依归，要依靠这些传统和现代结合的适合中国国情的价值观塑造各民族的灵魂和行为。不这样，就不能进一步构建西北民族地区中国梦的理论和现实的集体行动逻辑。

（3）构建西北民族地区趋社会性情感。社会冲突、社会矛盾和社会危机很大程度上源于人们的趋社会性情感的淡薄乃至沦丧。趋社会性情感由美国学者赫伯特·金迪思和萨缪·鲍尔斯共同提出。他们认为人类拥有的认知、语言和自然形成的各种能力可以引导人类自身形成遵守社会行为规范的条件，产生将这些规范内化为内心信念的心理需求。他们把人类的这种社会倾向概括为以合作为主的趋社会性情感。他们认为："趋社会性情感是一种导致行为者从事合作性行为的生理和心理反映。"② 趋社会性的情感是一种与社会和他人和谐相处的情感，主要表现为与社会和他人的合作行为。如果没有趋社会性情感，正如美国社会学家鲍尔斯指出的："不管怎样加强契约制度、政府的法治力和提高声誉，我们都会成为反社会的人。"③ 减少反社会的人、降低反社会倾向的最好办法就是培养各民族的趋社会性情感。具有趋社会性情感的民族和个人带着与人为善的合作意识和行为进入新的社会环境将是一个强互惠者。西北民族地区中国梦的趋社会性情感的构建将促进中国梦的集体行动逻辑的形成和发展。

（4）构建西北民族地区文化的根行动逻辑力量。无论西北少数民族是经济人还是理性人，都仅仅是构成集体行动逻辑的一个方面，起决定作用的还是西北少数民族文化的根行动逻辑力量。西北少数民族文化的根行动逻辑力量表现为文化不仅构成了西北民族地区的信念体系，引导西北少数

---

① ［奥］舒茨：《社会世界的意义构成》，谢淙祺译，商务印书馆2012年版，第3页。
② ［美］赫伯特·金迪思、萨缪·鲍尔斯：《人类的趋社会性及其研究》，上海人民出版社2013年版，第56页。
③ ［美］金迪思、鲍尔斯等编：《人类趋社会性及其研究》，汪丁丁、叶航、罗卫东主编，上海世纪出版集团2006年版，第56页。

民族遵从被国家认可的重要的促进民族进步的基本观念,而且构成了西北民族地区的价值体系,提供估价各类行为是否有价值的判断标准,如提供良好行为的判断标准。此外,西北少数民族文化的根行动逻辑力量还表现为引导各民族对规范的遵守和执行。西北少数民族文化的根行动逻辑力量形成的核心是习近平在北京市海淀区民族小学主持召开座谈会时指出社会主义核心价值观在全社会、全民族的形成。习近平指出:"一个民族的文明进步,一个国家的发展壮大,需要一代又一代人接力努力,需要很多力量来推动,核心价值观是其中最持久最深沉的力量。"[①] 社会主义核心价值观就是今天西北少数民族文化根行动逻辑力量的表现。文化根行动逻辑力量是信仰模式、价值模式和行为模式的统一。如果西北少数民族依靠文化的根力量展开中国梦的集体行动逻辑,就会把中国梦与社会主义信仰、社会主义核心价值观、社会主义的法治和西北民族地区的现代化建设紧密结合起来,有效推进西北民族地区中国梦的理论和实践向深度和广度发展。西北民族地区今天发展中存在的问题,从根本上看,就是这种文化根行动逻辑力量的弱化乃至缺失带来的精神和物质损伤。如果不去治理这个顽疾,就会导致西北民族地区难以持续进步和发展,更谈不上形成和构建集体行动逻辑。

西北民族地区中国梦的理论和集体行动逻辑将把多边的自我和多边的他我组织起来构成中国力量、中国精神、中国制度的大潮流。从发展和进步角度看,这是更大公共性的形成。通过这个大公共性和小公共性的结合,将发展出一个超越经济学分析和政治学分析的新的构建,即社会性感情的凝结。这种源自中国梦的社会性感情凝结了西北少数民族自己的元素、自己的创作,西北民族地区中国梦就是这样在集体行动逻辑方面循着民族元素、民族创作以自己的逻辑方式运行。在西北民族地区中国梦的集体行动逻辑里,有一些民族与国家的旧概念,我们是清楚的,还有一些民族与国家新概念正在形成,或者我们现在还不很清楚,需要西北少数民族进一步创新和构建使之明晰化。这正是西北民族地区中国梦需要我们"深描"和"浅描"之处,也正是中国梦需要西北少数民族自己动手实现和构建之处,以便构成西北民族地区中国梦多重奏的"一个社会的完整文化"。

---

① 习近平:《在北京市海淀区民族小学主持召开座谈会时的讲话》,《人民日报》2014 年 5 月 30 日第 1 版。

西北民族地区中国梦所构成的理论和集体行动逻辑的基本原理告诉我们，西北少数民族的每个人都是中国梦这个总谱中的一个乐音，都是构成中国梦总谱的集体行动逻辑的一个分支，同时，西北少数民族的每一个人都在演奏发展这个总谱的乐音，都以某些知识和技巧进入中国梦表演状态。而构成这一切的就是西北民族地区的中国梦通过理论和现实的集体行动逻辑而展开的对中华文化的新构建，对新的体验基模、新的诠释基模的新构建。只要西北民族地区处理好中国梦的适存与构建的关系，西北民族地区的中国梦就会以趋社会性感情的凝结通过继承和发扬、保留与创新、传统与现代诸多元素的整合进一步构建中国梦的理论和现实的集体行动逻辑。